CH. LYON-CAEN,
Membre de l'Institut de France, Professeur à la Faculté de Droit de l'Université de Paris, Doyen Honoraire.

P. CARPENTIER,
Avocat à Lille,
Ancien Bâtonnier de l'Ordre

F. DAGUIN,
Avocat à la Cour d'Appel de Paris, Secrétaire-Général de la Société de Législation Comparée, Associé de l'Institut de Droit International.

LES LOIS COMMERCIALES DE L'UNIVERS

RECUEIL COMPRENANT L'ENSEMBLE DES TEXTES RELATIFS AU DROIT COMMERCIAL, AVEC DES RÉFÉRENCES AU DROIT CIVIL, AUX LOIS D'ORGANISATION JUDICIAIRE ET A LA PROCÉDURE

TOME XXVI

FRANCE — TUNISIE — MAROC — MONACO

COLLABORATEURS DE CE VOLUME: MM.

S. BERGE, Ancien Conseiller à la Cour de Paris, Directeur honoraire de la Justice en Tunisie, Premier Président de la Cour d'Appel du Maroc (Tunisie); **G. HORN,** Avocat à la Cour d'Appel de Paris (France); le Bon. **HECTOR DE ROLLAND,** Premier Président de la Cour d'Appel de Monaco (Monaco); **KARL STEINFÜHRER,** Drogman à la légation d'Allemagne à Tanger (Maroc).

TRADUCTION (DE LA NOTICE SUR LE MAROC) PAR
ROBINET DE CLÉRY, Ancien Avocat-général à la Cour de Cassation.

PARIS
LIBRAIRIE GÉNÉRALE DE DROIT ET DE JURISPRUDENCE
Ancienne Librairie Chevalier-Marescq et Cie et ancienne Librairie F. Pichon réunies
F. PICHON ET DURAND-AUZIAS, ADMINISTRATEURS
Librairie du Conseil d'État et de la Société de Législation comparée
20, RUE SOUFFLOT, 20

1914

Liste des Collaborateurs de l'Edition Française.

MM.

Alix (Edmond), Docteur en droit, Avocat à la Cour d'Appel de Paris.

Baumann (Th.), Docteur en droit.

Beauchet (L.), Prof. à la Faculté de Droit de l'Université de Nancy.

Berge (St.), Premier-Président de la Cour d'Appel de Rabat (Maroc).

Bosc (Henri), Avocat à Marseille.

Boys (du), Ancien Directeur aux Affaires Etrangères.

Bureau (Paul), Professeur à la Faculté libre de Droit de Paris.

Carpentier (André), Docteur en droit, Avocat à Lille.

Carpentier (P.), Avocat à Lille, Ancien Bâtonnier de l'Ordre, Lauréat de l'Institut de France.

Cheuvreux, Ancien Avocat à la Cour d'Appel de Paris.

Cordier (J.), Docteur en droit, Avocat à la Cour d'Appel de Nancy.

Daguin (F.), Docteur en droit, Avocat à la Cour d'Appel de Paris, Secrétaire-Général de la Société de Législation Comparée.

Decugis (H.), Docteur en droit, Avocat aux Cours d'Appel de Paris et de Londres.

Dosfel (L.), Docteur en droit, Avocat à Termonde.

Dubarle (L.), Docteur en droit, Ancien Magistrat.

Duchemin (M.), Avocat à la Cour d'Appel de Paris.

Duchesne (M.), Avocat à la Cour d'Appel de Paris.

Gail (le Bon de).

Gamblin (G.), Avocat à Dunkerque.

Giraud (Em.), Avocat à la Cour d'Appel de Paris.

Goulé (P.), Docteur en droit, Ancien Magistrat.

Hacquin (S.), Professeur aux Ecoles Supérieures de Commerce de Lille et de Roubaix.

Hasselot(D.), Traducteur-juré à Paris.

Hennebicq (L.), Docteur en droit, Avocat à la Cour d'Appel de Bruxelles.

Héron de Villefosse (E.), Docteur en droit, Chef de Bureau honoraire au Ministère de la Justice, à Paris.

Hoon (H. de), Avocat-Général près la Cour d'Appel de Bruxelles, Professeur à l'Université libre de cette ville.

Horn (G.), Docteur en droit, Avocat à la Cour d'Appel de Paris, Diplômé de la Faculté de Droit de Vienne.

Lamouche-Bey (Le Lieutenant-Colonel du Génie, L.), Licencié en droit, Détaché au Service Central de la réorganisation de la Gendarmerie Impériale Ottomane, à Constantinople.

Lecarpentier, Avocat à la Cour d'Appel de Paris.

Leduc (E.), Docteur en droit, Avocat à la Cour d'Appel de Paris.

Lenoble, Avocat à la Cour d'Appel de Paris.

Lepelletier (F.), Docteur en droit, Professeur à la Faculté libre de Droit de Paris.

L'Evesque (Ch.), Docteur en droit, Secrétaire de la Commission de Codification au Ministère de la Justice, à Bangkok.

Lyon-Caen (Charles), Membre de l'Institut de France, Professeur de Droit Commercial à la Faculté de Droit de Paris, Doyen honoraire.

Maniu (Grégoire), Avocat, Rédacteur au journal: *Dreptul*.

Mallieux (F.), Docteur en droit, Avocat à la Cour d'Appel de Liége.

Moncault (de), Docteur en droit, Ancien Magistrat.

Müller (Daniel), Ancien Sous-Préfet.

Paulian (Adrien), Docteur en droit, attaché à la Présidence de la Chambre des Députés, à Paris.

Paulian (André), Professeur à l'École des Hauts-Études Commerciales de Paris.

Pelsemaeker (F. de), Docteur en droit, Chargé de Cours à l'Université de Gand.

Prudhomme (H.), Docteur en droit. Juge au Tribunal Civil de Lille.

Rapoport (J.), Docteur en droit, Avocat à la Cour d'Appel de Paris.

Reitlinger (Henri), Avocat à la Cour d'Appel de Paris.

Reuter(E.), Docteur en droit, Avocat à la Cour d'Appel de Luxembourg.

Robinet de Cléry (G.), Ancien Avocat-Général à la Cour de Cassation de France.

Sansas (G.), Juge au Tribunal de Montpellier.

Théry (M.), Docteur en droit, Avocat aux Cours d'Appel de Paris et de Londres.

Triantaphyllidès (G.), Avocat à la Cour d'Appel de Paris.

Turrel (E.), Ancien Avocat-Général de la Principauté de Monaco, Avocat à la Cour d'Appel de Chambéry.

Wieland (F.), Docteur en droit, Avocat-Conseil de l'Ambassade d'Allemagne, à Paris.

Liste des auteurs des Travaux originaux.

MM.

Aguirre (Carlos), Avocat à Mexico.

Allan (Murisan), Avocat à Penang (presqu'île de Malacca).

Astroem (A.), Docteur en droit, Avocat à Malmoe.

Azpuru (José), Avocat et notaire à Guatemala.

Ballantine (H. B.), Bachelier ès-arts et ès-lois, Avocat à San-Francisco, ancien Professeur adjoint à la Faculté de Droit de l'Université Hastings.

Baptista (Joseph), Avocat et ancien Professeur de Jurisprudence à l'École de Droit du Gouvernement Local, à Bombay.

Baty (Th.), Avocat à Londres.

Benito (Lorenzo), Docteur en droit, Professeur à l'Université de Droit Commercial à Barcelone, Avocat aux barreaux de Madrid et de Barcelone.

Berro-Garcia (Ad.), Bachelier à Montevideo.

Bittl (H.), Docteur en droit, Vice-Consul Impérial d'Allemagne à Constantinople.

Breit (James), Docteur en droit, Avocat-Avoué à Dresde.

Brodmann (E.), Conseiller au Tribunal de l'Empire, à Leipzig.

Bustillo (Pedro-J.), Avocat à Tegucigalpa (Honduras).

Chichmanow (M. St.), Ancien Conseiller de Légation, Vienne.

Chipman (Frank E.), Bachelier ès-lois et Conseiller ès-lois à Boston.

Chung-Houi-Vang, Docteur en droit à Canton.

Crueger (H.), Professeur, Conseiller de Justice à Berlin-Westend.

Cohn (Georges), Professeur de droit à l'Université de Zurich.

Cueto (Le Professeur del), Doyen de la Faculté de Droit à La-Havane.

Cupowitch (Charles), Professeur de droit à l'Université d'Agram.

Dally Alves de Sa (Eduardo), Avocat à Lisbonne.

Devlin, (Hon. R. T.), Procureur des États-Unis, California.

Dimitriu (Basile), Professeur à l'Université de Jassy.

Diobouniotis (G.), Privat-Docent pour le Droit Commercial à l'Université d'Athènes.

Djurowitch (M.), Avocat à Cettigné.

Dumreicher (F. de), Docteur en droit, Avocat à la Cour d'Appel mixte d'Alexandrie, Conseil des Consulats d'Allemagne et d'Autriche Hongrie, au Caire.

Engel II (Carl), Docteur en droit, Conseiller de Justice à Berlin.

Felkner (Wladimir de), Conseiller aulique au Département Impérial russe des Finances, à Berlin.

Fernandez-Pradel (Arturo), Avocat à Santiago (Chili).

Flaislen (Georges), Docteur en droit, Conseiller à la Cour d'Appel de Bucarest.

Forke (A.), Docteur en droit, Professeur au Sémin. Oriental de Berlin.

Gane (Stégan), Docteur en droit, Avocat à Botosani (Roumanie).

Garcia-Acevedo (le Dr. Daniel), Avocat à Montevideo.

Georgewitch (André), Professeur à l'École Royale Supérieure de Belgrade Conseiller d'État en retraite du Royaume de Serbie.

Gertscher (Adalbert), Docteur en droit Président de la Cour d'Appel de Trieste.

Giannini (Torquato-Carlo), Professeur à l'École des Postes et Télégraphes de Rome.

Goldschmidt (Siegfried), Avocat-Avoué à Berlin.

Greenfield(James), Docteur en droit, à Tabriz.

Hamangiu (C.), Procureur Général à la Cour d'Appel de Jassy.

Hambro (E.), Conseiller à la Cour Suprême de Christiania.

Hekmeijer (F.-C.), Président du Tribunal de la Haye.

Hennebicq(L.), Docteur en droit, Avocat à la Cour d'Appel de Bruxelles.

Horn (G.), Docteur en droit, Avocat à la Cour d'Appel de Paris.

Huberich (Ch.-H.), Docteur en droit (Heidelberg), Docteur ès-lois (Yale), Docteur ès-lois (Melbourne), Conseiller ès-lois, Berlin et Paris, ancien Professeur à la Faculté de Droit de l'Université Leland Stanford junior à Palo-Alto (Californie).

Huss (Henri), Interprète de la Légation Impériale d'Allemagne à Bogota.

Huston (Ch.-A.), Bachelier ès-arts, Docteur en droit, Professeur adjoint à l'Université Leland Stanford junior (Californie).

Jaeger (E.), Docteur en droit, Professeur à l'Université de Leipzig.

Kallenberg (E.), Docteur en droit, Professeur à l'Université de Stockholm.

Kiser (Donald-J.), Conseiller ès-lois à Chicago.

Klibanski (Henri), Conseiller de Justice, Avocat-Avoué à Berlin.

Koenig (B. de), Conseiller intime de Légation en exercice, Berlin-Schlachtensee.

LES LOIS COMMERCIALES DE L'UNIVERS

TOME XXVI

TYPOGRAPHIE SPAMER, LEIPZIG

ÉDITION ALLEMANDE

Die Handelsgesetze des Erdballs, ouvrage publié par: M. le Docteur Oscar BORCHARDT, de Berlin; M. le Docteur Josef KOHLER, Conseiller intime de Justice, Professeur titulaire à l'Université de Berlin; M. le Conseiller intime de Justice Henri DOVE, Syndic de la Chambre de Commerce de Berlin, 2e. Vice-Président du Reichstag; M. le Conseiller intime de Justice Docteur Félix MEYER, Conseiller à la Cour d'Appel de Berlin, et M. le Docteur Hans TRUMPLER, Syndic de la Chambre de Commerce de Francfort-sur-le-Mein.

R. v. DECKER'S VERLAG
G. SCHENCK, KÖNIGLICHER HOFBUCHHÄNDLER
BERLIN SW. 19

ÉDITION AMÉRICAINE

The Commercial Laws of the World, ouv. publié par M. Thomas-Edward SCRUTTON, Juge à la Cour du Banc du Roi, Division de la Haute Cour de Justice de Londres (Consulting-Editor), M. W. BOWSTEAD, Avocat à Londres (General-Editor), M. le Docteur Ch. H. HUBERICH, Conseiller-ès-lois à Berlin et à Paris, Professeur de Droit à l'Université Leland-Stanford-Junior à Palo-Alto (Californie.)

BOSTON-BOOK CO., BOSTON, MASS.

ÉDITION ANGLAISE

The Commercial Laws of the World, ouv. publié par M. Thomas Edward SCRUTTON, Juge à la Cour du Banc du Roi, Division de la Haute Cour de Justice de Londres (Consulting-Editor), et M. W. BOWSTEAD, Avocat à Londres (General-Editor).

SWEET & MAXWELL Ld
LONDON

LES
LOIS COMMERCIALES
DE L'UNIVERS

RECUEIL COMPRENANT L'ENSEMBLE DES TEXTES RELATIFS AU DROIT COMMERCIAL, AVEC DES RÉFÉRENCES AU DROIT CIVIL, AUX LOIS D'ORGANISATION JUDICIAIRE ET A LA PROCÉDURE

TEXTES ORIGINAUX ET COMMENTAIRES AVEC TRADUCTION FRANÇAISE EN REGARD

PAR

DE NOMBREUX COLLABORATEURS DE TOUS PAYS

ÉDITION FRANÇAISE

DIRECTEUR:

M. CHARLES LYON-CAEN, MEMBRE DE L'INSTITUT DE FRANCE, PROFESSEUR DE DROIT COMMERCIAL A LA FACULTÉ DE DROIT DE L'UNIVERSITÉ DE PARIS, DOYEN HONORAIRE.

RÉDACTEURS EN CHEF:

MM. PAUL CARPENTIER, AVOCAT A LILLE, ANCIEN BÂTONNIER DE L'ORDRE, ET FERNAND DAGUIN, AVOCAT A LA COUR D'APPEL DE PARIS, SECRÉTAIRE GÉNÉRAL DE LA SOCIÉTÉ DE LÉGISLATION COMPARÉE, ASSOCIÉ DE L'INSTITUT DE DROIT INTERNATIONAL.

SECRETAIRE DE LA RÉDACTION:

M. HENRI PRUDHOMME, DOCTEUR EN DROIT, JUGE AU TRIBUNAL CIVIL DE LILLE, SECRÉTAIRE GÉNÉRAL DE LA SOCIÉTÉ GÉNÉRALE DES PRISONS, MEMBRE CORRESPONDANT DE L'ACADÉMIE DE LÉGISLATION DE TOULOUSE.

PARIS

LIBRAIRIE GÉNÉRALE DE DROIT ET DE JURISPRUDENCE

Ancienne Librairie Chevalier-Marescq et Cie et ancienne Librairie F. Pichon réunies.

F. PICHON ET DURAND-AUZIAS, ADMINISTRATEURS.

Librairie du Conseil d'État et de la Société de Législation comparée.

20, RUE SOUFFLOT, 20

CH. LYON-CAEN,
Membre de l'Institut de France, Professeur à la Faculté de Droit de l'Université de Paris, Doyen Honoraire.

P. CARPENTIER,
Avocat à Lille,
Ancien Bâtonnier de l'Ordre.

F. DAGUIN,
Avocat à la Cour d'Appel de Paris, Secrétaire-Général de la Société de Législation Comparée, Associé de l'Institut de Droit International.

LES LOIS COMMERCIALES DE L'UNIVERS

RECUEIL COMPRENANT L'ENSEMBLE DES TEXTES RELATIFS AU DROIT COMMERCIAL, AVEC DES RÉFÉRENCES AU DROIT CIVIL, AUX LOIS D'ORGANISATION JUDICIAIRE ET A LA PROCÉDURE

TOME XXVI

FRANCE — TUNISIE — MAROC — MONACO

COLLABORATEURS DE CE VOLUME: MM.

S. BERGE, Ancien Conseiller à la Cour de Paris, Directeur honoraire de la Justice en Tunisie, Premier Président de la Cour d'Appel du Maroc (Tunisie); **G. HORN,** Avocat à la Cour d'Appel de Paris (France); le Bon. **HECTOR DE ROLLAND,** Premier Président de la Cour d'Appel de Monaco (Monaco); **KARL STEINFÜHRER,** Drogman à la légation d'Allemagne à Tanger (Maroc).

TRADUCTION (DE LA NOTICE SUR LE MAROC) PAR
ROBINET DE CLÉRY, Ancien Avocat-général à la Cour de Cassation.

PARIS
LIBRAIRIE GÉNÉRALE DE DROIT ET DE JURISPRUDENCE
Ancienne Librairie Chevalier-Marescq et Cie et ancienne Librairie F. Pichon réunies.
F. PICHON ET DURAND-AUZIAS, ADMINISTRATEURS.
Librairie du Conseil d'État et de la Société de Législation comparée.
20, RUE SOUFFLOT, 20

FRANCE ET COLONIES.

LÉGISLATION COMMERCIALE

CODE DE COMMERCE ET LOIS ANNEXES.

PAR

G. HORN,

Avocat à la Cour d'Appel de Paris,
Docteur en Droit,
Diplômé des Facultés de Droit de Paris et de Vienne.

PARIS

LIBRAIRIE GÉNÉRALE DE DROIT ET DE JURISPRUDENCE

Ancienne Librairie Chevalier-Marescq et Cie et ancienne Librairie F. Pichon réunies.

F. PICHON ET DURAND-AUZIAS, ADMINISTRATEURS.

Librairie du Conseil d'État et de la Société de Législation comparée.

20, RUE SOUFFLOT, 20

FRANCE ET COLONIES

DROIT COMMERCIAL

Introduction.

La France mérovingienne comprit de bonne heure les avantages qu'il est possible de tirer d'un commerce régulier. Elle dota de priviléges certaines villes du Midi, Marseille, Arles, Narbonne, et en fit, dès le VIIe siècle, autant de centres commerciaux. Plus tard, lorsque des relations s'établirent avec l'Orient, Charlemagne envoya même une ambassade au calife Haroun-al-Raschid.

L'essor donné au commerce par les premiers rois francs ne fut cependant pas de longue durée. La féodalité ne tarda pas à le ruiner de fond en comble. L'agglomération des terres entre les mains d'un petit nombre de personnes n'était d'ailleurs pas favorable à la pratique des échanges. Le travail, interdit aux hommes libres, n'était fourni que par les *glebae adscripti*, et les échanges étaient gênés ou arrêtés par les multiples entraves du droit féodal.

Un changement ne se produisit qu'avec les croisades. Les guerres saintes avaient appauvri les gentilshommes et enrichi les quelques commerçants entraînés à leur suite. Certaines villes étrangères, Pise, Florence, Venise, Gênes, Hambourg, étant, grâce au négoce, parvenues à d'immenses richesses, et la France se mit à les imiter, en instituant de grandes *foires* (foires de Champagne, du Lendit, de Notre-Dame du Puy, en France) où se réunissaient des marchands du monde entier, notamment de très nombreux Juifs et Lombards, qui apportèrent avec eux l'usage de la lettre de change et d'autres institutions commerciales du plus haut intérêt pratique.

Parallèlement avec le commerce terrestre, se développa le commerce maritime. Ce dernier semble même, à certains moments, avoir été plus important que l'autre. Du moins, était-il réglé avec plus de minutie, ce qui s'explique par le danger que la piraterie faisait courir à ceux qui s'y livraient. Trois recueils méritent à ce propos une mention toute spéciale, savoir: le *Consulat de la Mer*, les *Jugements* ou *Rôles d'Oléron*, et le *Guidon de la Mer*. Le premier date du XIIe, le second du XIIIe, le dernier du XVIe siècle. Nous croyons devoir dire un mot de chacun d'eux.

Le *Consulat de la Mer*[1] est le premier recueil d'ensemble des règles maritimes. Composé de 297 chapitres, dont les quarante-cinq premiers n'offrent pas d'intérêt général, on en discute et l'origine et le caractère. Les uns en placent la naissance en Orient, les autres en France ou en Espagne; ceux-ci y voient une œuvre législative, ceux-là une œuvre simplement doctrinale. Quoi qu'il en soit de ces divers points, ce qui est certain, c'est que le *Consulat de la Mer* fut scrupuleusement observé pendant plusieurs siècles dans tout le bassin de la Méditerranée.

Les *Jugements* ou *Rôles d'Oléron* n'étaient suivis que dans l'Océan. Ils datent du XIIIe siècle, mais leurs prescriptions étaient si sages et si raisonnables qu'ils inspirèrent plus d'une fois le législateur moderne[2].

Le *Guidon de la Mer* enfin a vu le jour dans la patrie de Corneille, à Rouen. Une seconde édition étant de 1607, il n'est pas téméraire d'en placer la naissance au XVIe siècle. Son influence, indéniable sur les rédacteurs des ordonnances de Louis XIV, se perpétue encore aujourd'hui dans nos codes.

La découverte de l'Amérique et du nouveau chemin des Indes imprima au commerce une nouvelle direction. Le commerce, détenu jusqu'alors par les villes italiennes, se déplaça progressivement mais constamment au profit de l'Espagne, du Portugal, de la France et de la Hollande. Il se produisit une véritable poussée vers le Nouveau-Monde. L'Orient fut abandonné peu à peu par les esprits aventureux, qu'attira l'Amérique avec ses immenses richesses. Pour faciliter les transactions commerciales, devenues très nombreuses, la royauté française, dont la prépondérance absolue venait de définitivement l'emporter sur la féodalité affaiblie, entreprit de réglementer la matière d'une façon uniforme, et aux législations locales fut substitué le régime des *ordonnances* obligatoires pour la France entière.

---

1) Le mot „consuls" signifie „juges de commerce". On dit encore aujourd'hui „juges consulaires" pour „juges commerciaux". — 2) V. Ch. Lyon-Caen et Renault, *Traité de Droit Commercial*, tome I, page 17.

Le mouvement libérateur commence avec l'ordonnance de l'Hospital, de 1563, *qui crée la juridiction des juges et consuls de Paris et règle leur compétence*, et continue avec les deux fameuses ordonnances du Roi-Soleil, de 1673 et de 1681. La première, généralement appelée *Code Marchand* ou *Code Savary*, du nom de son principal codificateur, est relative au commerce terrestre et se compose de douze titres, rangés à peu près dans le même ordre que le Code de 1806[1]. L'autre, adoptée par l'Europe presque entière[2], règle le commerce sur mer et est encore aujourd'hui à la base de nos relations maritimes. Composée de cinq livres, subdivisés en titres, elle est, sans contredit possible, le premier code moderne[3].

* * *

Les grandes ordonnances de Louis XIV avaient perdu beaucoup de leur valeur au cours du XVIIIe siècle. Nombreuses en étaient les dispositions devenues surannées dès avant la guerre de l'Indépendance. Le besoin d'une législation plus moderne se faisait sentir universellement. Aussi, à la veille même de la Révolution, en 1778, fut-il institué une grande commission, qui avait pour mission de préparer une révision. Mais la commission ne put aboutir à cause de la gravité des événements. L'idée fut reprise quelques années plus tard, en 1801, où un arrêté consulaire du 3 avril (13 germinal an IX) la rétablit sur une base nouvelle. La situation d'ailleurs n'était plus la même. Les esprits n'avaient pas chômé pendant les 14 années qui venaient de s'écouler. Un monde nouveau était né depuis Louis XVI. Mais, dans l'intervalle, la liberté du commerce, de l'industrie et du travail avait été proclamée par la constitution du 1791. Comme le dit un auteur estimé[4], l'Assemblée constituante qui «avait trouvé le cultivateur corvéable ou même serf; la terre surchargée de droits féodaux; l'industrie gênée par les maîtrises et jurandes, par la multiplicité des impôts indirects, par les priviléges; le commerce paralysé par les compagnies, par les barrières de douanes», supprima tous ces obstacles et donna l'essor à l'industrie et au commerce.

La commission de 1801 se composait de sept membres. Dès le 4 décembre, elle présenta un projet qui, sur la proposition du ministre Chaptal, fut imprimé et envoyé au Tribunal de Cassation, aux tribunaux d'appel et aux conseils de commerce, qui furent invités à présenter leurs observations dans un délai de deux mois[5]. Ainsi amendé, le projet fut renvoyé au Conseil d'État, où il sommeilla pendant plusieurs années. Ce n'est qu'en 1806, à la suite de scandaleuses faillites, que l'étude en fut reprise sur l'ordre de Napoléon. Cette fois les choses marchèrent rapidement: 61 séances, dont 4 présidées par l'empereur en personne, furent tenues du 4 novembre 1806 au 29 août 1807, et le projet promulgué dès le mois de septembre 1807. En réalité, tout le code ne parut pas le même jour, ni en une seule fois. Il y eut cinq lois différentes, votées et promulguées à des dates diverses. Mais une loi du 15 septembre 1807 les réunit en un tout, et en fixa leur mise en vigueur au 1er janvier 1808.

L'article 2 de cette loi édicte qu'à dater du 1er janvier 1808, toutes les anciennes lois touchant les matières commerciales sur lesquelles il est statué par le Code, sont abrogées. Mais comme il y a des matières sur lesquelles le Code n'a pas statué, nous sommes encore aujourd'hui régis par un certain nombre de lois qui datent d'avant l'Empire et la Révolution. Il nous suffira de citer à ce propos: une partie de l'ordonnance de 1681 sur la marine; un règlement du 30 août 1720 et un arrêt du Conseil du 26 novembre 1781 sur les agents de change; la loi du 28 ventôse an IX et l'arrêté du 27 prairial an X sur les Bourses de commerce; la loi du 18 mars 1806, portant établissement de conseils de prud'hommes; etc.

D'autre part, un avis du Conseil d'État, du 13 décembre 1811, prescrit aux tribunaux de juger d'après le droit commun et les usages commerciaux les questions que le Code n'aurait pas prévues. Il s'en suit que les principes généraux du Code Civil sont applicables aux matières qui n'ont été réglementées par aucune loi particulière.

---

1) V. Ch. Lyon-Caen et Renault, *op. cit.*, tome I, page 20. — 2) V. Répertoire général alphabétique du droit français, v° Codes, no 66. — 3) Sic: Ch. Lyon-Caen et Renault, *op. cit.*, tome I, page 19. — 4) E. Levasseur, *Histoire des Classes Ouvrières en France depuis Jules César jusqu'à la Révolution*, tome I, page 132. — 5) Locré, *Législation civile, commerciale et criminelle de la France*, tome I, page 123.

Une nouvelle édition officielle du Code de Commerce a été promulguée le 31 janvier 1841. C'est elle qui nous régit encore. Elle a comme principale caractéristique l'incorporation de la nouvelle loi sur les faillites (28 mai 1838).

* * *

Le Code de Commerce est divisé en quatre livres, qui portent comme titres: — *Du commerce en général;* — *Du commerce maritime;* — *Des faillites et banqueroutes;* — *De la juridiction commerciale.* — Chaque livre est divisé en titres, et chaque titre en chapitres. Le nombre des articles est de 648.

Depuis sa mise en vigueur, les temps ont marché. Ce qui était vrai au début du XIXe siècle, ne l'est plus au XXe. Beaucoup de questions ont changé de face; d'autres sont nées, qui s'imposent à l'attention du législateur et des juristes. Des besoins nouveaux suscitent journellement de nouvelles organisations. En 1841 on avait eu la sagesse de mettre la loi au point. Mais depuis cette époque déja reculée que de dispositions nouvelles! Les lois sont faites et défaites avec une hâte qui porte bien la marque de son temps. Dans les cinq dernières décades surtout elles sont devenues trop nombreuses. Le juriste le plus attentif et le plus consciencieux ne se reconnaît souvent qu'avec peine dans ce dédale de dispositions, auquel il n'est guère de remède efficace que dans une codification et une refonte générales.

En attendant ce moment bienheureux, dont nous souhaitons, de toutes nos forces, l'approche sans toutefois trop oser l'espérer, nous essayerons de donner ci-après une liste à peu près complète des principales lois réformatrices ou complémentaires qui ont vu le jour avant le 15 octobre 1913. Ce sont:

La loi du 28 juillet 1824, relative aux altérations ou suppositions de noms sur les produits fabriqués;

La loi du 14 juin 1841, relative à la responsabilité des propriétaires de navires (modification des articles 216, 234 et 298 du Code de Commerce);

La loi du 25 juin 1841, sur la vente aux enchères des marchandises neuves;

Les lois des 5 juillet 1844, 31 mai 1856, 7 avril 1902 et 26 décembre 1908, sur les brevets d'invention;

La loi du 17 juillet 1856, relative à l'arbitrage forcé (abrogation des articles 51 à 63 C. Com.; modification de l'article 631);

La loi du 23 juin 1857 et celle du 3 mai 1890, sur les marques de fabrique et de commerce;

La loi du 28 mai 1858 et celle du 31 août 1870, sur les négociations concernant les marchandises déposées dans les magasins généraux;

La loi du 28 mai 1858, sur les ventes publiques de marchandises en gros;

La loi du 3 mai 1862, portant modification des délais en matière civile et commerciale et réduction des délais en matière de lettre de change et de délaissement maritime (modification des articles 160, 166, 373, 375 et 645 C. Com.);

La loi du 2 juillet 1862, sur les agents de change (modification des articles 74, 75 et 90);

La loi du 6 mai 1863, sur les sociétés en commandite (modification des articles 27 et 28);

La loi du 23 mai 1863, sur le gage commercial (modification du livre I, titre VI);

Les lois des 14 juin 1865, 19 février 1874 et 30 décembre 1911, sur les chèques;

Les lois des 18 juillet 1866, 22 mars 1893 et 13 juillet 1911 (art. 10 et 11), sur les courtiers de marchandises;

Les lois des 24 juillet 1867, 1er août 1893, 9 juillet 1902 et 16 novembre 1903, sur les sociétés de commerce;

Le décret du 22 janvier 1868 et celui du 10 juin 1901, sur la constitution des sociétés d'assurances;

Les lois des 21 décembre 1871, 5 décembre 1876, 8 décembre 1883, 18 juillet 1889 et 23 janvier 1898, sur l'organisation et la compétence des tribunaux de commerce;

La loi du 12 février 1872, relative au privilége du propriétaire en cas de faillite du locataire (modification des articles 450 et 550 du code);

La loi du 15 juin 1872 et celle du 8 février 1902, sur les titres au porteur;

La loi du 28 mars 1885, sur les marchés à terme;

La loi du 10 juillet 1885, qui modifie celle du 10 décembre 1874, sur l'hypothèque maritime;

Les lois des 12 août 1885, 30 janvier 1893, 7 avril 1902, 12 mai 1905 et 19 avril 1906, sur la marine marchande;

La loi du 12 janvier 1886, relative à la suppression du maximum légal du taux de l'intérêt de l'argent en matière commerciale (modification des lois des 3 septembre 1807 et 19 décembre 1850);

La loi du 11 avril 1888, relative aux actions de recours en cas d'avaries, pertes ou retard de marchandises (modification des articles 105 et 108 du code);

La loi du 4 mars 1889 et celle du 4 avril 1890, portant modification à la législation des faillites;

La loi du 24 mars 1891, sur l'abordage (modification des articles 435 et 436 du code);

La loi du 27 décembre 1892, relative à la conciliation et à l'arbitrage facultatifs en matière de différends collectifs entre patrons et ouvriers ou employés;

Les lois des 9 avril 1898, 22 mars 1902 et 12 avril 1906, sur les accidents du travail;

Les lois des 31 décembre 1903, 31 mars 1906 et 23 mars 1908, sur la réhabilitation des faillis (portant modification des articles 604 à 612 du Code);

La loi du 28 mars 1904, portant que les effets de commerce échus un dimanche ou un jour férié légal ne sont payables que le lendemain (modification de l'article 134 du Code);

La loi du 8 décembre 1904, interdisant l'assurance en cas de décès des enfants de moins de douze ans;

La loi du 23 décembre 1904, portant que lorsque les fêtes légales tombent un dimanche, aucun paiement ne peut être exigé ni aucun protêt dressé le lendemain des fêtes;

La loi du 17 mars 1905, relative à la surveillance et au contrôle des sociétés d'assurances sur la vie, et de toutes les entreprises dans les opérations desquelles intervient la durée de la vie humaine;

La loi du 17 mars 1905, relative aux avaries dont est responsable le voiturier (modification de l'article 103 du code);

La loi du 13 juillet 1905, décidant que, lorsque les fêtes légales tombent un vendredi, aucun paiement ne peut être exigé ni aucun protêt dressé le lendemain de ces fêtes; et que, lorsqu'elles tombent le mardi, aucun paiement ne peut être exigé ni aucun protêt dressé la veille de ces fêtes;

La loi du 15 juillet 1905, relative à la composition des bureaux de jugement et à l'organisation de la juridiction d'appel des conseils de prud'hommes;

La loi du 28 mars 1906, relative au mode de votation en matière de concordat (modification de l'article 509 du code);

La loi du 13 juillet 1906, établissant le repos hebdomadaire dominical en faveur des employés de commerce et des ouvriers;

La loi du 20 décembre 1906, modifiant l'article 1er de la loi du 13 juillet 1905 et décidant que, lorsque les fêtes légales tomberont un vendredi, aucun paiement ne sera exigé ni aucun protêt ne sera dressé le lendemain de ces fêtes; et que, lorsqu'elles tomberont le mardi, aucun paiement ne sera exigé ni aucun protêt ne sera dressé la veille de ces fêtes;

La loi du 22 décembre 1906, modifiant l'article 176 du Code de commerce;

La loi du 30 décembre 1906, sur les ventes au déballage, complétant la loi du 25 juin 1841;

La loi du 30 janvier 1907 (art. 3), sur les formalités à remplir pour l'émission, l'exposition, la mise en vente et l'introduction sur le marché en France d'actions ou d'obligations de sociétés françaises ou étrangères;

Les lois des 27 mars 1907, 13 et 15 novembre 1908, concernant les conseils de prud'hommes;

La loi du 13 juillet 1907, réduisant à 20 centimes par 1 000 francs le droit de radiation de l'hypothèque maritime;

La loi du 19 décembre 1907, relative à la surveillance et au contrôle des sociétés de capitalisation;

La loi du 19 février 1908, relative à l'élection des chambres de commerce et des chambres consultatives des arts et manufactures;

La loi du 13 avril 1908, relative à la protection temporaire de la propriété industrielle dans les expositions internationales étrangères officielles ou officiellement reconnues, et dans les expositions organisées en France ou dans les colonies avec l'autorisation de l'administration ou avec son patronage;

La loi du 17 juillet 1908, modifiant l'article 623 du Code de commerce, abrogeant l'article 13 de la loi du 8 décembre 1883, et prolongeant le mandat de juge consulaire;

La lois des 17 mars et 1er avril 1909, relatives à la vente et au nantissement des fonds de commerce;

La loi du 14 juillet 1909, sur les dessins et modèles;

La loi du 29 octobre 1909, prorogeant la date des échéances lorsque le 1er novembre sera un lundi;

La loi du 27 janvier 1910, relative à la prorogation des délais des protêts et des actes destinés à conserver le recours en matière de valeurs négociables;

La loi du 8 avril 1910 (art. 24), portant exemption du droit de timbre de quittance de 0 fr. 10 pour les écrits constatant la reprise des marchandises livrées à condition;

La loi du 9 avril 1910, relative à la protection du droit des auteurs en matière de reproduction des œuvres d'art;

La loi du 16 juillet 1912, sur l'exercice des professions ambulantes et la réglementation de la circulation des nomades.

La loi du 8 août 1912, relative aux récompenses industrielles.

La loi du 8 août 1913, relative au warrant-hôtelier.

Bibliographie.

I. Ouvrages généraux.

A) Bibliographies de droit.

Bibliographie générale et complète des livres de droit et de jurisprudence. Paris. Paraît annuellement.

Catalogue de la Bibliothèque des Avocats à la Cour d'Appel de Paris. 2e éd. Paris. 1880—1882.

Catalogue de la Bibliothèque du Comité de Législation Étrangère. Paris. 1889. — Supplément. Paris. 1902.

Catalogue de la Bibliothèque administrative de la Préfecture du département de la Seine. Paris. 1890.

Catalogue de la Bibliothèque de la Société de Législation Comparée. 2e éd. Paris. 1899.

B) Recueils de lois.

Annuaire de législation française, publié par la Société de législation comparée, contenant le texte des principales lois votées en France. Paris. 1872 et s.

Bulletin des lois de la République française (1806—1814: de l'Empire français; 1814—1848: du Royaume de France; 1848—1852: de la République française; 1852—1870: de l'Empire français; 1870 et s.: de la République française). Paris. 1793 et s.

Bulletin officiel du Ministère de la justice: Décrets, arrêtés, circulaires, décisions. Paris. 1876 et s.

Carpentier, A.: Codes et lois pour la France, l'Algérie et les Colonies. 11e éd. complètement refondue. 2 vol. Paris. 1907.

Durand, E., et Paultre, E.: Nouveau Code général des lois françaises. Edition entièrement refondue et complétée du code général des lois françaises, de E. Durand et E. Paultre. Nouv. éd. Paris. 1896.

Duvergier: Collection complète des lois, décrets, règlements, avis du conseil d'Etat. Paris. 1788 et s.

Isambert, Decruzy, Jourdan et Taillandier: Recueil général des anciennes lois françaises depuis 420 jusqu'à 1789. 30 vol. Paris.

Lefrançois: Table perpétuelle des textes législatifs, constinuée par Schaffhauser et Chevresson. Paris. 1880 et s.

Le **Moniteur** universel: 5 mai 1789—31 décembre 1868. — Le **Journal** officiel de l'Empire Français: janv. 1869—sept. 1870. — Le **Journal** officiel de la République Française: sept. 1870 et s.

Paillet: Manuel complémentaire des Codes Français contenant les lois, ordonnances, édits, etc., antérieurs à 1789 et restés en vigueur. 2 vol. Paris. 1845.

Recueil des lois usuelles. Paris. 1875 et s.

Rivière, H. F., **Hélie**, Faustin, et **Pont**, P.: Codes français et lois usuelles. Paris. 1907.

Roger, A., et **Sorel**, A.: Codes et lois usuelles. Paris. 1907.

Tripier, L., et **Monnier**, H.: Les Codes Français. 57e éd. Paris. 1907.

Walker: Collection complète des lois, édits, traités de paix, ordonnances, antérieurs à 1789, restés en vigueur. 5 vol. Paris. 1846.

C) Recueils généraux et comparés de droit. Dictionnaires. Encyclopédies.

Annuaire de législation française. Paris. 1872 et s.

Bertheau, Hippolyte: Dictionnaire général de droit et de jurisprudence. Répertoire raisonné de la pratique des affaires à l'usage des notaires de France, d'Algérie et des colonies, des avocats, avoués. 12 vol. T. 1.—9 parus. Paris. 1890—1906.

Clément, H.: Études sur le droit rural, civil, commercial, administratif et pénal, sur les anciens usages qui sont encore appliqués, sur plusieurs lois spéciales, sur la doctrine et la jurisprudence. 2e éd. Arras. 1877.

Dalloz: Dictionnaire pratique de droit. Publié sous la direction de Gaston Griolet [et] Charles Vergé. Avec le concours de Koehler. Paris. 1905.

Dalloz: Jurisprudence générale ou Répertoire méthodique et alphabétique de législation, de doctrine et de jurisprudence. 44 vol. Supplément. 19 vol. Paris. 1887—1897.

Dévilleneuve et **Massé**: Dictionaire du contentieux commercial et industriel. 6e éd. par G. Dutruc. 2 vol. Paris. 1875.

Guyot, Yves, et **Raffalovich**, A.: Dictionnaire du commerce, de l'industrie et de la banque. Paris, s. d. Assurances, Banque et Bourse; Droit commercial, terrestre et maritime; Économie politique appliquée; Marine marchande; Questions fiscales; etc.

Pandectes françaises. Nouveau répertoire de doctrine, de législation et de jurisprudence, rédigé sous la direction de Rivière par M. Robert Frémont; continué sous la direction de André Weiss par H. Frennelet. 59 vol. Paris. 1886—1905.

Répertoire général alphabétique du droit français, fondé par Fuzier-Herman et publié par Carpentier et Frèrejouen du Saint. 37 vol. Paris. 1886—1906.

Répertoire encyclopédique du droit français par F. Labori, en collaboration avec Schaffhauser. 12 vol. Paris. 1889—1897.

Roy de Saint-Florent, Georges: Nouveau traité encyclopédique de toutes les lois françaises et des sciences commerciales et industrielles. Paris. 1880.

Ruben de Couder, J.: Dictionnaire de droit commercial, industriel et maritime. Troisième édition, dans laquelle a été refondu l'ancien ouvrage de Goujet et Merger. — Paris. 1877—1881. Suppléments. 1897—1899.

Sacré, A.: Dictionnaire de commerce et de droit commercial. Paris. 1883.

Teulet, A. F.: Dictionnaire des codes français, ou manuel de droit, dans lequel toutes les matières que renferment les codes sont distribuées textuellement par ordre alphabétique. Paris. 1875.

D) Revues de droit commercial.

Annales du droit commercial et industriel, français, étranger et international. Publiées par Thaller. Paris. 1887 et s.

Bulletin de la Société des Études Législatives. Paris. 1902 et s.

Journal de jurisprudence commerciale et maritime. Marseille. 1882 et s.

Journal des Tribunaux de Commerce. Paris. 1890 et s.

Revue du commerce et de l'industrie. Législation commerciale. Renseignements commerciaux. Enseignement technique. Publiée sous la direction de G. Paulet. Paris. 1894 et s.

Revue générale du droit, de la législation et de la jurisprudence en France et à l'étranger. Paris. 1877 et s.

Revue critique de la jurisprudence en matière civile, adminstrative, commerciale et criminelle, formant le complément doctrinal des recueils d'arrêts, publiée par C. Demolombe et autres. Paris. 1851 et s.

Revue critique de législation et de jurisprudence. Paris. 1852 et s.

Revue critique des sociétés et du droit commercial. Paris. 1902 et s.

Journaux quotidiens.

Le **Droit**. Paris.

La **Gazette du Palais**. Paris.

La **Gazette des Tribunaux**. Paris.

La **Loi**. Paris.

E) Recueils d'arrêts.

Bulletin des arrêts de la Cour de Cassation depuis l'an VII (1798). Partie civile.

Journal du Palais. Paris. 1791 et s.

Jurisprudence de la Cour de Cassation ou notices des arrêts les plus importants ... [depuis 1808]. Recueil général des lois et des arrêts en matière civile, criminelle, commerciale et de droit public; fondé par Sirey, redigé [depuis 1831] par L. M. Devilleneuve et autres. 110 vol. et 10 vol. de tables. Paris. 1809—1907.

Jurisprudence générale. Répertoire méthodique et alphabétique de législation, de doctrine et de jurisprudence en matière de droit civil, commercial, criminel, administratif, de droit des gens et de droit public. Nouvelle édition, considérablement augmentée et précédée d'un essai sur l'histoire général du droit français; par D. Dalloz aîné, et par Armand Dalloz, avec la collaboration de plusieurs jurisconsultes [ou par P. Dalloz aîné avec la collaboration de M. Armand Dalloz et celle de plusieurs jurisconsultes]. 61 vol. et 5 vol. de tables. Paris. 1845 et s.

Pandectes françaises chronologiques. Paris. 1886 et s.

Recueil de jurisprudence du tribunal de commerce de Lyon, publié sous la direction de M. le président du tribunal. Lyon. 1896 et s.

II. Ouvrages spéciaux de droit commercial.

A) Code de commerce.

a. Commentaires, Manuels et traités généraux.

Alauzet, J.: Commentaire du Code de Commerce et de la législation commerciale. 3e éd. 8 vol. Paris. 1879.

Bédarride, J.: Commentaire du Code de Commerce. 2e éd. Paris. 1877.

Boeuf, F.: Résumé sur le droit commercial et maritime. 17e éd. Paris. 1907.

Boistel, A.: Précis de droit commercial. Cours professé à la Faculté de Droit de Paris (1872—1879). 3e éd. considérablement augmentée, mise au courant de la jurisprudence et de la doctrine. Paris. 1884.

Boistel, A.: Manuel de droit commercial. 3e éd. Paris. 1899.

Boistel, A.: Théorie juridique du compte-courant. Paris. 1883.

Bravard-Veyrières, M.: Traité de droit commercial. Publié, annoté et complété par Ch. Demangeat. 2e éd. 6 vol. Paris. 1888—92.

Brunel: De la conciliation en matière commerciale. Paris. 1898.

Cohendy, Em[ile], et Darras, Alcide: Code de Commerce annoté. Paris. 1901.

Constant, C.: Manuel pratique de droit commercial industriel et maritime contenant sous la forme alphabétique un résumé complet des documents les plus récents de législation et de jurisprudence. 1 vol. Paris. 1892.

Cosack, C.: Traité de droit commercial, traduit sur la 6e édition allemande (1903), avec l'autorisation de l'auteur, par L. Mis. Paris. 1904—1905.

Coxe, H. C.: Manual of French Law and Commercial Information. London. 1902.

Dalloz: Code de Commerce, suivi des lois commerciales, industrielles et ouvrières, avec annotations d'après la doctrine et la jurisprudence, et renvois aux ouvrages de Dalloz. Publié sous la direction de G. Griolet, et Ch. Vergé, avec la collaboration de H. Bourdeaux. 4e édition, revue, corrigée et augmentée. Paris. 1905.

Dalloz: Les codes annotés. Supplément au Code de Commerce annoté et expliqué d'après la jurisprudence et la doctrine. Par E. Dalloz fils, C. Vergé, C. Vergé fils, G. Griolet. Paris. 1896.

Devilleneuve et **Massé**: Dictionnaire du contentieux commercial et industriel. 2 vol. Paris. 1875.

Goirand: Treatise upon french commercial law, and the practice of all the courts, with a theoretical and practical commentary and text of the laws relating there to including the entire Code of Commerce with a dictionnary of the french judicial terms. 2e éd. London 1898.

Haumont, A., et Levarey, A.: Eléments de droit commercial, à l'usage des élèves des écoles supérieures de commerce et des commerçants. Paris. 1902.

Hoechster, E. G., Sacré, Auguste, et Oudin, L.: Manuel de droit commercial français et étranger. 2 vol. Paris. 1876.

Laurent, C.: De la fusion du droit civil et du droit commercial. Paris. 1903.

Laurin, A.: Cours élémentaire de droit commercial, contenant toutes les matières du code de commerce et des lois postérieures exposées dans un ordre méthodique. 2e éd., revue et corrigée. Paris. 1888.

Lyon-Caen, Ch., et **Renault**, L.: Précis de droit commercial comprenant le commentaire du Code de commerce, etc. Paris. 1880.

Lyon-Caen, Ch., et **Renault**, L.: Manuel de droit commercial. 7e éd. Paris. 1904.

Lyon-Caen, Ch., et **Renault**, L.: Traité de droit commercial. 4e édition. En cours de publication. Paris.

T. I. Indroduction. — Des actes de commerce. — Des commerçants. — Des tribunaux de commerce. — Des conseils de prud'hommes. — Des chambres de commerce. — Des consuls.

T. II. Des sociétés; avec un appendice contenant la loi du 1er août 1893, modifiant la loi du 24 juillet sur les sociétés par actions.

T. III. Règles générales sur les contrats commerciaux. — Des preuves. — De la vente. — Du gage. — Des magasins généraux, des récépissés et des warrants. — De la commission. — Du contrat de transport.

T. IV. Des lettres de change. — Des billets à ordre. — Des chèques. — Des opérations de banque. — Du compte courant. — Des bourses et des opérations de bourse.

T. V. Des navires. — Des propriétaires de navires et de leur responsabilité. — Des gens de mer. — Du capitaine. — De l'affrètement.

T. VI. Des avaries et de leur règlement. — Des abordages. — Des assurances maritimes. — Du prêt à la grosse. — De l'hypothèque maritime. — Des privilèges sur les navires.

T. VII. Des faillites, banqueroutes et liquidations judiciaires: première partie.

T. VIII. Des faillites, banqueroutes et liquidations judiciaires: deuxième partie.

Marie, Léon: Études commerciales comprenant un cours de comptabilité basé sur le code de commerce. Berlin. 1871.

Martin: Droit commercial et législation industrielle. Paris. 1906.

Massé, G.: Le droit commercial dans ses rapports avec le droit des gens et le droit civil. 3e éd. 4 vol. Paris. 1874.

Oudin, L.: Le Code de Commerce mis en concordance, article par article, avec les principales législations étrangères. Paris. 1875.

Paulet, G.: Code annoté du commerce et de l'industrie. .. avec un commentaire tiré des circulaires ministérielles, de la jurisprudence du Conseil d'État et de la Cour de Cassation. Paris et Nancy. 1891.

Pelletier, M.: Manuel pratique de droit commercial, industriel et maritime, contenant sous la forme alphabétique un résumé complet des documents les plus récents de législation et de jurisprudence. 2 vol. Paris. 1895.

Poulle, G.: Commentaire théorique et pratique de la loi du 11 avril 1888 portant modification des articles 105 et 108 du Code de Commerce. Paris. 1891.

Pradier-Fodéré, P.: Précis de droit commercial, contenant l'explication des articles du code de commerce et des lois commerciales les plus récentes, suivi d'un appendice exposant l'état actuel de la législation et de la jurisprudence. 2e éd. Paris. 1872.

Rivière, H. F.: Répétitions écrites sur le code de commerce. 8e éd. Paris. 1882.

Rogron, J. A.: Code de Commerce expliqué par ses motifs par des exemples et par la jurisprudence. 14e éd. par G. de Boislisle. Paris. 1892

Rosse, R.: Manuel pratique et juridique du commerçant. Paris. 1892.

Salzedo, N., et **Clotet**, L.: Le droit commercial français et étranger. (Traité pratique de droit commercial international, français et étranger.) Paris. 1894.

Sirey, J. B.: Code de Commerce annoté, contenant toute la jurisprudence des arrêts et la doctrine des auteurs; continué par P. Gilbert. 3e éd. Paris. 1905. Avec appendice.

Spaing, W.: Französisches und englisches Handelsrecht im Anschluß an das Deutsche Handelsgesetzbuch. Berlin. 1888.

Thaller, E.: Traité élémentaire de droit commercial, à l'exclusion du droit maritime, 3e édit., refondue et augmentée, contenant les principes de la propriété industrielle et des assurances, ainsi que les lois du 19 novembre 1903 sur les actions de priorité et du 31 décembre 1903 sur la réhabilitation. Paris. 1904.

Valabrègue, E.: Traité résumé de droit commercial et maritime. Paris. 1898.

Valabrègue, E.: Nouveau cours de droit commercial. Paris. 1898.

Wilhelm, A.: Le droit commercial résumé en tableaux synoptiques. Paris. 1891.

b. Traités spéciaux.

1. Commerçants; commerce.

Deshayes de Merville, Louis: Du nom commercial en droit français. Thèse. Paris. 1883.

Feltaine, E[douard]: De la publicité commerciale. Annonces commerciales et industrielles. Notes d'histoire, de doctrine et de jurisprudence. Thèse. Caen. 1903.

Grenier, Paul-Émile: De la condition juridique des commis de marchands. Thèse. Paris. 1886.

Klotz, Adrien: Du nom commercial en droit français. Thèse. Paris. 1898.

Linger, Maurice: De la preuve écrite en matière commerciale et spécialement de la preuve par acte sous seing privé. Thèse. Poitiers. 1898.

Manoury, M.: Droit romain. De l'*auctoritas tutoris*. — Droit français. Du nom commercial. Thèse. Paris. 1894.

Vogel, Jakob: Die Prokura nach deutschem, schweizerischem und französischem Recht. Diss. Bern. 1903.

2. *Sociétés.*

a. Commentaires, Manuels et traités.

Barberet, J.: Les Sociétés de secours mutuees. Commentaire de la loi du 1er avril 1898. 4e éd. revue et augmentée. Paris. 1904.

Barclay, T.: Companies in France. The Law relating to British Companies and Securities in France and the Formation of French Companies. London. 1899.

Benoist, J., **Le Vavasseur**, A., **Cellier**, A., et **Taudière**, H.: Sociétés et Associations. Règles pratiques de constitution et de fonctionnement. 7e éd. Paris. 1904.

Bouvier-Bangillon, A.: La législation nouvelle sur les sociétés. Loi du 1er août 1893. Commentaire théorique et pratique. Paris. 1894.

Bouquillard, Honoré: Des sociétés civiles à forme commerciale, d'après la loi du 1er août 1893. Thèse. Paris. 1898.

Casteras, R. de: Étude sur les sociétés civiles à formes commerciales. Thèse. Paris. 1899.

Deloison, G.: Traité des sociétés commerciales françaises et étrangères. 2 vol. Paris. 1882.

Derecq, Fernand: Des sociétés civiles à formes commerciales. Thèse. Paris. 1884.

Doussand, A.: Une loi à refaire ou: Critique de la loi sur les sociétés des 24—29 juillet 1867; suivie d'un appendice contenant la législation depuis 1859 jusqu'en 1880. Paris. 1882.

Dreyfus, E.: Des sociétés civiles à formes commerciales en France et à l'étranger. Étude théorique et pratique. Paris. 1888.

Dürrenmatt, Hugo: Die Kollektivgesellschaft in der Gesetzgebung Frankreichs, Deutschlands und der Schweiz. Diss. Herzogenbuchsen. 1900.

Duseigneur, Marcel: Des sociétés coopératives. Thèse. Lyon. 1886.

Faure, A.: La nouvelle loi sur les sociétés par actions. Commentaire théorique et pratique de la loi du 1er août 1893 et du décret du 1er décembre 1893. Paris. 1894.

Floucaud-Pécardille, É.: Les sociétés par actions. Traité pratique avec formules. 2 vol. Paris. 1899.

Gariel, Georges: Les sociétés coopératives et la réforme législative. Thèse. Paris. 1896.

Genevois, H.: Régime des sociétés. Commentaire de la loi du 1er août 1893. Précédé du texte définitif de la loi du 24 juillet 1867 modifiée. Paris. 1894—95.

Genevois, H.: Le nouveau régime des sociétés. 2e éd. Paris. 1896.

Guillory, J.: Des sociétés commerciales en France. Commentaire législatif de la loi du 18 mai 1873. Bruxelles. 1878.

Houpin, C.: Traité général théorique et pratique des sociétés civiles et commerciales. Avec formules. 3e éd. 2 vol. Paris. 1901.

Labarthe, Napoléon Bacqua de: Commentaire de la loi sur les sociétés des 24—29 juillet 1867, contenant un exposé historique de la législation antérieure. Paris. 1868.

Lehmann, K.: Die geschichtliche Entwicklung des Aktienrechts bis zum Code de Commerce. Berlin. 1895.

Le Hoc, M.: La société anonyme en Angleterre et en France. Différences de la doctrine législative. Thèse. Caen. 1906.

Lescoeur, C.: Essai historique et critique sur la législation des sociétés commerciales en France et à l'étranger. Paris. 1877.

Lyon-Caen et **Renault**: Traité des sociétés commerciales. Paris. 1892.

Maria, P.: Les sociétés commerciales par actions. Manuel. Paris. 1906.

Maria, P.: Projet de loi sur les sociétés par actions. Rapport. Marseille. 1906.

Michet, J.: Code annoté des sociétés commerciales anonymes. Paris. 1884.

Oving, Herman Ellens: Jets over Vennootschappen van Koophandel in Frankrijk. Amsterdam. 1895.

Perrin, L.: Les sociétés par actions. Loi du 1er août 1893. Texte et commentaire suivis du texte intégral modifié de la loi du 24 juillet 1867 et de 8 formules. Paris. 1894.

Pont: Commentaire des sociétés civiles et commerciales. 2e éd. 2 vol. Paris. 1880—84.

Poulle, Guillaume: Traité théorique et pratique des associations commerciales en participation. Paris. 1887.

Rousseau, R.: Questions nouvelles sur les sociétés commerciales étudiées d'après la doctrine et la jurisprudence. Paris. 1882.

Rousseau, R.: Loi du 1er août 1893 sur les sociétés par actions modifiant dans certaines de ses dispositions la loi sur les sociétés du 24 juillet 1867. Texte, historique, analyse, commentaire, jurisprudence, documents parlementaires. Paris. 1893.

Rousseau, R.: Des sociétés commerciales françaises et étrangères. Traité théorique, comprenant une étude du régime fiscal des sociétés commerciales et suivi de formules annotées répondant à tous les actes de la vie sociale. 3e éd. 2 vol. Paris. 1906.

Salles, Felix, und **Winiwarter,** Franz von: Die französische Gesetzgebung über die Handelsgesellschaften. Deutsche Übersetzung der einschlägigen Gesetze nebst Erläuterungen. Brünn. 1878.

Vavasseur, A.: Commentaire de la loi du 1er août 1893 sur les sociétés par actions servant de supplément au traité des sociétés civiles et commerciales. Avec la collaboration de J. Vavasseur. Paris. 1893.

Vavasseur, A.: Traité des sociétés civiles et commerciales, 5e éd., augmentée du commentaire des lois des 9 juillet 1902 et 16 novembre 1903 sur les actions de priorité par Jacques Vavasseur. Paris. 1897—1904.

β. Journaux.

Journal des sociétés civiles et commerciales. Paris. 1880 et s.

Revue critique des sociétés et du droit commercial. Recueil mensuel de doctrine, de jurisprudence et de législation, publié par R. Barbier. Paris. 1902 et s.

Revue des Sociétés, par Vavasseur. Paris. 1883 et s.

Revue trimestrielle du nouveau régime des sociétés. Publiée sous la direction de H. Geenvois. Paris. 1897 et s.

γ. Traités spéciaux.

Amieux, Alphonse: De l'apporteur en nature dans les Sociétés par actions. Thèse. Lyon. 1901.

Appleton, P.: Du droit pour les assemblées extraordinaires dans les sociétés par actions de modifier les statuts sociaux. Paris. 1902.

Arthuys: De la constitution des sociétés par actions. Paris. 1896.

Aubry, G.: Droit romain: Du contrarius consensus considéré comme mode d'extinction des obligations. Droit français: Des obligations émises par les sociétés, l'État, les départements et les communes. Thèse. Dijon. 1891.

Auvray, M.: De la société en commandite. Caen. 1882.

Avond, Louis: La part de fondateur. Thèse. Lyon. 1899.

Baradez, L.: Du conseil de surveillance dans la société en commandite par actions. Nancy. 1882.

Barbier, Jacques: De la responsabilité des administrateurs et des membres des conseils de surveillance envers les porteurs d'actions. Thèse. Paris. 1902.

Bastide, J[oseph]: Des dividendes fictifs. Thèse. Toulouse. 1903.

Bauge, Henri: Du rachat, par une Société, de ses propres actions. Thèse. Paris. 1898.

Belin, M.: Étude sur la responsabilité civile des administrateurs de sociétés anonymes. Paris. 1904.

Bellier, Gaston: Du groupement collectif des obligataires d'une société par actions. Thèse. Paris. 1902.

Bossy, Louis: De l'augmentation et de la réduction du capital dans les sociétés par actions. Thèse. Paris. 1899.

Bourcart, Charles: Des assemblées d'obligataires dans les sociétés anonymes. Thèse. Paris. 1902.

Bourcart, G.: De l'organisation et des pouvoirs des assemblées générales dans les sociétés par actions. Paris. 1904.

Bourguet, André: Du caractère juridique de la liquidation d'une société commerciale. Thèse. Paris. 1900.

Boursan Georges-G.: De l'administration des sociétés anonymes. Thèse. Paris. 1883.

Boutry, G.: Droit romain: De l'action de peculio. Droit français: Des assemblées générales d'actionnaires, de leur organisation et de leurs pouvoirs. Paris. 1884.

Boyard, E.: Droit romain: Du contrat de société, étude sur l'histoire de l'esprit d'association au moyen-âge; droit français: De la société en commandite par actions (loi du 24 juillet 1867). Boulogne-sur-Mer. 1882.

Boyer, Germain: De la faillite des sociétés commerciales. Thèse. Montpellier. 1887.

Boyer-Montégut, Robert de: Conditions de l'efficacité des engagements des sociétés commerciales. Thèse. Toulouse. 1902.

Brandeis, Pierre: De la protection des obligataires dans les sociétés commerciales. Thèse. Dijon. 1900.

Brun, G.: Droit romain: De la garantie en cas d'éviction dans les ventes de choses incorporelles; droit français: Des personnes tenues de libérer des actions de sociétés et des recours qu'elles peuvent avoir les unes contre les autres. Paris. 1884.

Castier, Georges-Alexandre: De la condition légale des sociétés étrangères en France et dans les pays voisins. Thèse. Douai. 1884.

Catheu, P. de: De la responsabilité civile des fondateurs de sociétés anonymes. Paris. 1899.

Cellérier, Lucien: Étude sur les sociétés anonymes en France et dans les pays voisins. Paris. 1905.

Charmolu, A.: Manuel des sociétés anonymes et des sociétés en commandite par actions. Paris. 1883.

Chausse, Emile: Des administrateurs des Sociétés anonymes. Thèse. Marseille. 1901.

Chauveron, J. de: Droit romain: De la *manus*. Droit français: Des actions non libérées dans les sociétés anonymes. Thèse. Paris. 1889.

Clément, C.: Des pouvoirs des assemblées générales d'actionnaires dans les sociétés anonymes relativement aux modifications du pacte social. Thèse. Lille. 1897.

Courtais fils, Alph.: Manuel des fonds publics et des sociétés par actions. 8e éd. Paris. 1883.

Couty: De la nature des actions dans les sociétés. Thèse. Paris. 1900.

Danjou, Henri: Les conditions de forme des assemblées générales des sociétés anonymes. Thèse. Lille. 1900.

Decugis, Henri: De la responsabilité civile envers les tiers dans la gestion des sociétés par actions. (Droit français et anglais.) Thèse. 1898. Paris. 1899.

Decugis, Henri: Du régime légal des sociétés françaises en Angleterre. Paris. 1903.

Decugis, Henri: Les actions d'apport et les actions de priorité. 2e éd. Paris. 1904.

Delacourtie, Louis-Hélie-Marie: Des droits du syndic dans la faillite des Sociétés par actions. Thèse. Paris. 1891.

Delecroix, E.: Du contrat de société. Lille. 1879.

Deneyers, Paul: De la société d'acquêts en droit français. Thèse. Paris. 1883.

Deseure, F.: Responsabilité des administrateurs et des commissaires dans les sociétés anonymes. Législation en Belgique, en France et en droit comparé. Bruxelles. 1904.

Denfert-Rocherau, Aristide-Georges-René: Des fonctions et de la responsabilité des administrateurs des sociétés anonymes. Paris. 1888.

Donzel, L.: Des sociétés par actions qui échappent au prescrit des articles 1, 2, 3 et 4 de la loi du 24. juillet 1867. Paris. 1883.

Donay, Auguste: De la constitution des sociétés par actions à capital fixe. Thèse. Lille. 1889.

Drouin, L.: De la condition juridique des sociétés commerciales étrangères en France. Thèse. 1897. Paris. 1898.

Du Fresnay, C.: Des pouvoirs des assemblées générales d'actionnaires en matière de modifications de statuts. Thèse. Paris. 1902.

Du Laurens de la Barre, F.: Des sociétés par actions dans leurs rapports avec les opérations de bourse. Paris. 1879.

Duplessis, F.: Comptabilité des sociétés par actions. Paris. 1903.

Durandy, D.: Droit romain: Des particularités juridiques des sociétés de publicains. — Droit français: Les assemblées d'actionnaires dans les sociétés anonymes. Thèse. Nice. 1893.

Escoffier, P. H.: Droit romain: Des voies de secours entre les correi debendi et les cofidéjusseurs; droit français: De la constitution des sociétés par actions à capital fixé. Paris. 1882.

Flamarion, L.: Droit romain: De l'usucapion *pro herede*. Droit français: Des fondateurs de sociétés anonymes. Thèse. Autun. 1891.

Fournier, Louis: De la responsabilité des administrateurs des sociétés anonymes. Thèse. Dijon. 1899.

Furrer, Reinhold: Die Haftung des Kommanditisten im Vergleich mit der Haftung des Komplementärs auf Grundlage des französischen, schweizerischen und deutschen Handelsrechtes. Diss. Luzern. 1902.

Gauckler, Edouard: Des associations commerciales en participation en droit français. Thèse. Nancy. 1883.

Girerd, Sylvain: Du droit d'assister aux assemblées d'actionnaires. Thèse. Paris. 1902.

Godin, François: Des titres attribués aux fondateurs dans les sociétés anonymes. Des actions d'apport. Des parts de fondateur. Thèse. Lille. 1897.

Goiffon, Louis: De la condition de la société par actions pendant la période constitutive et des contrats se rapportant à sa fondation. Thèse. Paris. 1898.

Goirand, L.: Die deutschen, österreichischen und ungarischen Actien-Gesellschaften im französischen Recht. Wien. 1902.

Goirand, L.: Formulaire annoté des sociétés par actions. Paris. 1897.

Goirand, L.: Les sociétés anonymes belges devant la loi française. Paris. 1901.

Goirand, L.: Traité des sociétés par actions. 3 vol. Paris. 1897—1901.

Grandperret, L. A. J.: Droit romain: De la fonction originaire et normale de l'interdit uti possidetis. Droit français: De la condition juridique en France des sociétés étrangères par actions. Thèse. Lyon. 1894.

Grivet, G.: Droit romain: Des exceptions en général et spécialement des exceptions d'équité dans les actions de bonne foi. Droit français: Des obligations émises par les sociétés par actions. Thèse. Lyon. 1891.

Guérin, Louis-Lucien: De la responsabilité des administrateurs dans les sociétés anonymes. Thèse. Paris. 1893.

Guilhal, Florent: Des obligations émises par les sociétés par actions. Thèse. Angers. 1898.

Hébrard, François: Du sort des biens d'une association en cas de dissolution. Thèse. Paris. 1902.

Jarjavay, E.: Des droits et des obligations des actionnaires. Paris. 1883.

Jaspar, Maurice-Alexandre-Léon: Des associations commerciales en participation. Thèse. Paris. 1887.

Jonescu, J. A.: Les sociétés étrangères en France et en Roumanie. Thèse. Paris. 1901.

Lauret, Jules-Ernest: Des obligations émises par les sociétés. Thèse. Paris. 1890.

Larue, F.: Droit romain: De la ratification des actes du gérant d'affaires; droit français: De la responsabilité des fondateurs, des administrateurs et des commissaires de surveillance de la société anonyme. Paris. 1883.

Lasbordes, H.: Essai critique sur la notion de la personnalité des sociétés, en droit romain. De la constitution des sociétés anonymes, d'après la loi du 24 juillet 1867, en droit français. Toulouse. 1884.

Lecouturier, E.: La nouvelle législation des actions de priorité. Paris. 1903.

Lecouturier, E.: Traité des parts de fondateur. Paris. 1903.

Ledru, A.: Organisation, attributions et responsabilité des conseils de surveillance des sociétés en commandite par actions. (Loi du 24 juillet 1867.) Nouv. éd. Paris. 1884.

Legros, René: Des apports en nature dans les Sociétés par actions. Thèse. Nantes. 1903.

Lenfantin, H.: Étude sur les obligations émises par les sociétés. Angers. 1882.

Léo: Le gouffre des capitaux. Étude d'un actionnaire sur les sociétés par actions, contenant les modifications et additions proposées à la loi de 1867 sur les sociétés. Paris. 1884.

Leven, M.: De la nationalité des sociétés et ses effets juridiques. Paris. 1900.

Levi-Lion, J.: Droit romain: Du partage amiable; droit français: De la liquidation des sociétés commerciales; pouvoirs et responsabilité des liquidateurs. Paris. 1883.

Massart, Auguste: De la condition de la société par actions pendant la période constitutive. Thèse. Rennes. 1901.

Massot, Joseph-Paul. Étude sur les sociétés civiles à formes commerciales. Thèse. Paris. 1899.

Mazas, Antoine: Les parts de fondateur. Thèse. Lyon. 1901.

Michet, J.: Code annoté des sociétés commerciales anonymes. Paris. 1884.

Montégu, Paul: Essai sur la liquidation des sociétés. Thèse. Lyon. 1894.

Mornard, P.: Des sociétés en commandite par actions. Paris. 1881.

Mouret, Henri: De la responsabilité des fondateurs et administrateurs des sociétés anonymes. Thèse. Toulouse. 1894.

Muralt, J. de: De la fondation des sociétés anonymes d'après les législations française, allemande, belge, italienne, etc., et d'après le code fédéral des obligations. Paris. 1887.

Noaillat, Georges T. de: Étude sur la fusion de sociétés. Thèse. Paris. 1899.

Ollivier, D.: Droit romain: De la société de publicains. Droit français: Des obligations des actionnaires dans les sociétés commerciales. Thèse. Paris. 1889.

Ostrorog, L.: Constitution des sociétés anonymes en France, dans l'empire allemand et en Grande-Bretagne. Essai de législation comparée. Paris. 1893.

Pavitt: Les compagnies „limited“ anglaises et les sociétés anonymes françaises. Paris. 1890.

Pelloux, Augustin: De la commercialisation des Sociétés civiles constituées sous forme de sociétés anonymes ou en commandite par actions avant la loi du 1er août 1893. Thèse. Paris. 1897.

Percerou, J.: Des fondateurs de sociétés anonymes. Thèse. Montbéliard. 1896.

Perroud, Jean: De l'exercice des actions judiciaires par les actionnaires. Étude de jurisprudence française. Thèse. Paris. 1901.

Petiton, Christian: De la responsabilité des administrateurs dans la société anonyme. Thèse. Paris. 1899.

Pineau, P. M.: Des sociétés commerciales en droit international privé. Condition des sociétés étrangères en France, nationalité des sociétés. Paris. 1894.

Pipi, A. T.: Droit romain: Du bénéfice de compétence; droit français: De la condition légale des sociétés étrangères. Paris. 1884.

Plommet: Des appels de fonds en matière d'actions et d'obligations. Paris. 1900.

Ponnet, A.: Les droits et les devoirs des actionnaires. Paris. 1902.

Prat, Eugène-Marie de: Des reports. Thèse. Laval. 1886.

Prax, René: Étude sur la nullité des sociétés anonymes commerciales. Thèse. Montauban. 1884.

Robert, Ch.: De la liquidation des sociétés (loi du 4 mars 1889). Paris. 1896.

Roger, François-Marie-Gustave: Du droit de mutation à titre onéreux en matière de Société. Thèse. Bordeaux. 1895.

Rousse, E. D.: De la capacité juridique des associations, en droit civil français. Thèse. Paris. 1897.

Rousseau, R.: Sociétés par actions. Étude sur les parts de fondateur, les sociétés anglaises en France, les dividendes fictifs, leur répression civile et pénale. Paris. 1899.

Rubat du Mérac, H.: Des délits relatifs aux sociétés par actions. Paris. 1889.

Savigny: Manuel théorique et pratique des commissaires et censeurs des sociétés par actions. 2e éd. Paris. 1901.

Schneegans, Kauffmann und **Leiber:** Die gesetzliche Stellung der französischen Aktiengesellschaften, insbesondere der Versicherungsgesellschaften in Elsaß-Lothringen. Denkschrift. Straßburg. 1881.

Sée, Edgard: De la réduction du capital social en vertu d'une délibération de l'assemblée générale de la société anonyme. Thèse. Paris. 1899.

Thaller, E.: Des actions nouvelles souscrites et non émises. Paris. 1882.

Tonnellier, G.: Des apports en nature dans les sociétés par actions. Paris. 1885.

Tournon, Edmond-Jean-Joseph: De la personnalité civile des sociétés et des associations. Thèse. Paris. 1895.

Trystam, Émile: Les parts de fondateur. Thèse. Paris. 1902.

Vandernotte, Paul: De l'organisation des Sociétés civiles dans leurs rapports avec les tiers. Thèse. Paris. 1898.

Villard, P.: Des attributions et de la responsabilité des administrateurs dans les sociétés anonymes. Thèse. Paris. 1884.

Villemin, Paul: Des actions sociales et individuelles dans les sociétés en commandite par actions et dans les sociétés anonymes. Loi du 24 juillet 1867. (Thèse. Nancy. 1899.) Paris. 1900.

Wargnier, H.: Situation juridique du conjoint d'un commerçant. Thèse. Paris. 1897.

Zacharia, Sophocle-Jean: Des obligations émises par les Sociétés. Thèse. Marseille. 1897.

Zeraffa, Léon: Des souscripteurs d'actions de Société anonyme. Thèse. Paris. 1901.

3. *Achats et ventes.*

Baudry-Lacantinerie, G., et **Seignat,** L.: Traité théorique et pratique de droit civil. De la vente et de l'échange. 2e éd. Paris. 1900.

Bourdry, André: Des avances sur titres. Thèse. Lille. 1902.

Duchange, Louis: Des actes de commerce par relation. Thèse. Paris. 1900.

Gazagnes, Émile: Étude sur les agences d'affaires. Thèse. Paris. 1898.

Huvelin, P.: Essai historique sur le droit des marchés et des foires. Paris. 1897.

Jonquière, P.: Des traités documentaires. Droits et devoirs du porteur. Thèse. Paris. 1899.

Murgasénu, Nicolas: Du mineur commerçant. Thèse. Paris. 1901.

Nichet, Ernest: Des restrictions conventionnelles à la liberté du commerce et de l'industrie. Thèse. Montpellier. 1900.

Pélissier, Auguste: Des conditions de validité d'une vente de fonds de commerce et du rôle de l'intermédiaire dans cette vente. Thèse. Paris. 1898.

Ponget, André: Du prête-nom. Thèse. Paris. 1901.

Ripert, Emile: Essai sur la vente commerciale. Paris. 1875.

Roussel, J.: Droit romain: De la vente de la chose d'autrui. — Droit français: De la vente commerciale. Thèse. Havre. 1892.

Thibault, E.: De la responsabilité en matière de renseignements commerciaux. Paris. 1900.

4. Commissionaires.

Bédarride, J.: Des commissionaires. (Droit commercial. Commentaire du code de commerce.) 2e éd. Paris et Aix. 1882.

Le Pellerin, Abel: Des rapports du commettant avec le commissionaire dans la commission en matière de marchandises. Thèse. Bayeux. 1900.

Lerebours-Pigeonnière, Paul: Du prête-nom mandataire ou gérant d'affaires agissant en nom propre. Thèse. Paris. 1898.

Pouget: Des droits et des obligations des divers commissionaires. 4 vol. Paris. 1872.

III. Usages commerciaux.

Duhamel, L[éopold]: Statuts des marchands d'Avignon. Paris. 1895.

Pabon, L.: Dictionnaire des usages commerciaux et maritimes de la place de Bordeaux et des places voisines, d'après les arrêts et jugements de la cour d'appel et des tribunaux de commerce de la région. Paris. 1892.

Vacher, A.: Recueil des usages locaux de la ville de Lyon et du département du Rhône. 2e éd. Lyon. 1898.

IV. Lois spéciales de commerce.

a. Effets de commerce: Lettres de change, billets à ordre, chèques, etc.

Arnauné, A.: La monnaie, le crédit et le change. 2e éd. Paris. 1902.

Audier, J.: Titres au porteur, leur législation dans ses rapports avec le droit commun. Paris. 1885.

Azambre, Paul: De la nature juridique et du nantissement des fonds de commerce. Thèse. Lille. 1903.

Bachelot-Villeneuve, Maurice: Du nantissement du fonds de commerce. Thèse. Nantes. 1903.

Bacquet, J.: Du *mutuum* en droit romain. — Des magasins généraux, récépissés, warrants en droit français. Paris. 1880.

Barberot, E.: Du monopole des agents de change. Paris. 1887.

Barclay, Th.: Assimilation des lois concernant la lettre de change, le billet à ordre et le chèque sur la base du projet du Congrès international de droit commercial. Paris. 1888.

Bédarride, J.: Commentaire de la loi de 14 juin 1865 sur les chèques. Paris et Aix. 1888.

Bédarride, J.: De la lettre de change, des billets à ordre et de la prescription. (Droit commercial, commentaire du code de commerce. liv. I., tit. 8.) 2e éd. 2 vol. Paris et Aix. 1877.

Bellon, Amédée: Du nantissement d'un fonds de commerce. Thèse. Paris. 1901.

Bentéjac, Maurice: De la provision dans la lettre de change. Bordeaux. 1894.

Berr, L.: Étude sur les obligations émises par les sociétés, les communes, les départements et l'État. Paris. 1880.

Bonnafy, Henri: Des dispositions générales de la loi du 23 mai 1863 sur le gage commercial. Thèse. Toulouse. 1881.

Borchardt, O.: Recueil complet des lois françaises et étrangères sur la lettre de change publiées dans le texte original. Paris. 1872.

Broussois, Albert: Du monopole des agents de change et de sa suppression. Paris. 1898.

Buchère, Ambroise: Des titres au porteur. Étude économique et juridique. Paris. 1875.

Buchère, Ambroise: Traité théorique et pratique des valeurs mobilières et effets publics, rentes sur l'État, actions de la banque, obligations foncières et communales, actions et obligations des sociétés commerciales, valeurs étrangères, titres nominatifs et au porteur, et de la législation qui les régit, comprenant un commentaire de la loi du 15 juin 1872 sur les titres au porteur perdus ou volés. 2e éd. refondue et augmentée d'après les dernières solutions de la jurisprudence et la loi du 27 février 1880. Paris. 1881.

Catalan, Paul: De la condition juridique des fonds de commerce. Thèse. Paris. 1899.

Cauchetier, Adrien: Des titres de bourse nominatifs en droit français. Thèse. Montdidier. 1883.

Champcommunal: Etude sur la lettre de chan ge en droit international. Paris. 1895.

Chastenet, G.: Étude sur les chèques, leur rôle économique et leur législation. Paris. 1882.

Chotard, Jean-Jaques-Maurice: De la nature et des formes de la lettre de change dans le droit français et dans les principales législations étrangères. Paris. 1887.

Crepon, T.: De la négociation des effets publics et autres droits, obligations, responsabilités des agents de change, coulissiers, banquiers, donneurs d'ordre et de la chambre syndicale des agents de change dans les marchés au comptant et à terme et les transports. Paris. 1886.

Demaison, Maurice: De l'endossement des titres à ordre. Thèse. Paris. 1890.

Dramard: Traité des effets de complaisance. Paris. 1880.

Dulceuse, Henri-Paul-Edmond: Des agents de change. Thèse. Paris. 1889.

Fouilleul, Norbert: De la constitution en gage des fonds de commerce. Thèse. Paris. 1900.

Gallard, Georges: L'hypothèque mobilière sur les fonds de commerce. Thèse. Paris. 1902.

Garassus, A.: De la revendication des titres au porteur perdus ou volés. Étude juridique et critique sur la loi du 15 juin 1872. Thèse. Paris. 1902.

Genevois, Albert: De l'endossement irrégulier et particulièrement de l'endossement en blanc des titres à ordre. Thèse. Dijon. 1901.

Godemel, Jean: Étude sur les warrants agricoles d'après la loi du 18 juillet 1898. Paris. 1900.

Gombeaux, E.: La notion juridique du fonds de commerce. Paris. 1902.

Guichard, Georges: De la protection de l'épargne nationale et des syndicats de porteurs de valeurs étrangères. Poitiers. 1901.

Jencken, H. D.: A Compendium of the Laws on Bills of Exchange Promissory Notes, Cheques, and other Commercial Negotiable Instruments of England, Germany and France. London. 1880.

Jobit, M.: Régime fiscal des valeurs mobilières étrangères en France. Traité pratique donnant le dernier état de la législation et de la jurisprudence avec une étude des prescriptions fiscales en matière d'assurances et d'opérations de bourse. Poitiers. 1893.

Laurin, Henri: Le nantissement des fonds de commerce. La loi du 1er mars 1898 et sa réformation. Thèse. Dijon. 1903.

Lavaud, Emile: Les chèques. Thèse. Paris. 1901.

Lèbre, G., Hartmann, G., et Lèbre, A.: Traité pratique et théorique des fonds de commerce. Paris. 1887.

Le Goss, E.: Étude théorique et pratique sur les titres au porteur perdus, volés, détruits, etc. et les moyens d'en recouvrer la possession et la jouissance. Paris. 1880.

Leval, G.: Le chèque. Doctrine, jurisprudence, législations comparées. Bruxelles. 1896.

Lordereau, Henry: Vente et nantissement des fonds de commerce. Thèse. Paris. 1900.

Lory, Pierre-André: Du mode d'établissement des fondations. Thèse. Paris. 1888.

Magnier, J. B. et Pruvost, O.: Du nantissement constitué sur les fonds de commerce (jurisprudence et législation). Paris. 1895.

Mémin, T.: Examen pratique de la législation et de la jurisprudence en matière de nantissement de fonds de commerce. 2e édition. Paris. 1902.

Le Mercier, E.: Études sur les chèques. Paris. 1874.

Montier, F.: Des nantissements de fonds de commerce. Commentaire théorique et pratique de la loi du 1er mars 1898. Paris. 1900.

Nantet, Edmond: Des fonds de commerce, leur mise en gage, leur vente. Thèse. Laval. 1899.

Nattan, Pierre: L'endossement des titres à ordre. Thèse. Paris. 1897.

La Nièce, Achille: De la responsabilité des agents de change et de leur monopole en droit français. Paris. 1882.

Nouguier, L.: Des lettres de change et des effets de commerce. 4e éd. 2 vol. Paris. 1875.

Nouguier, L.: Des chèques. Commentaire théorique et pratique des lois de 1865 et 1874, avec la collaboration de P. Espinas. 2e éd. Paris. 1874.

Panhard, J.: Droit romain: De l'action institoria. — Droit français: Du chèque. Thèse. Paris. 1893.

Petit, E.: Étude critique des différentes théories de la valeur (dans l'échange intérieur). Paris. 1897.

Petit, A.: Étude sur les titres au porteur. Paris. 1880.

Pietraru, C.: De la provision en matière de lettre de change dans le droit français et dans les principales législations étrangères. Thèse. Paris. 1899.

Potel, A.: Code annoté et jurisprudence des effets de commerce. Lettre de change. Billet à ordre. Chèques. Récépissés. Warrants. Paris. 1898.

Potel: Code annoté et jurisprudence des effets de commerce. Paris. 1897.

Ravon, Georges: Des modifications apportées à l'art. 2075 du code civil par la loi du 1er mars 1898 (Nantissement des fonds de commerce). Thèse. Poitiers. 1903.

Raylet, Eugène: Des warrants agricoles. Essai juridique sur la loi du 18 juillet 1898. Paris. 1899.

Ribadeau-Dumas, Henri: Des warrants agricoles. Commentaire théorique et pratique de la loi du 18 juillet 1898. Paris. 1900.

Ruffelet, Stanislas: Du nantissement des fonds de commerce. Thèse. Paris. 1902.

Salzédo, N.: La Coulisse et la Jurisprudence, étude sur le monopole des agents de change. Paris. 1883.

Sanzeau, A.: Manuel des docks des ventes publiques et des warrants. Nouv. éd. Paris 1877.

Scansa, L.: Traité des magasins généraux, des opérations auxquelles ils donnent lieu (principalement des prêts sur warrants) et des ventes publiques en gros de marchandises neuves en France et à l'étranger, suivi d'un appendice contenant les lois françaises et étrangères sur les magasins généraux. Paris. 1890.

Simon, Pierre-Charles: Le fonds de commerce, sa nature juridique. Ses éléments. Les contrats principaux dont il est l'objet. Thèse. Paris. 1898.

Simon, Carl: Das Wechselblankett nach deutschem Recht unter Berücksichtigung des französischen und englischen Rechts. Diss. Gießen. 1898.

Sourdat, Jean: Des warrants agricoles. Étude sur la loi du 18 juillet 1898. Thèse. Paris. 1902.

Späing: Französisches, belgisches und englisches Wechselrecht mit Anschluß an die deutsche Wechselordnung. Berlin. 1890.

Tandonnet, Jean-Marie-Ambroise-Paul: Des agents de change. Leur rôle économique. Leurs responsabilités. Thèse. Bordeaux. 1900.

Thaller, E.: De la faillite des agents de change et de la liquidation de leurs charges. Paris. 1883.

Touzaud, D.: Des effets de commerce. Étude de législation comparée. Ouvrage couronné. Paris. 1882.

Wahl, Albert: Traité théorique et pratique des titres au porteur français et étrangers. 2 vol. Paris. 1891.

Waldmann, A.: La profession d'agent de change, ses droits et ses responsabilités. Paris. 1888.

Wurmbach, F.: Die Wechselduplikate nach der allgemeinen deutschen Wechselordnung unter Berücksichtigung der einschlägigen Bestimmungen des französischen und englischen Wechselrechts. Inaug.-Diss. Leipzig-Reudnitz. 1893.

b. Banques.

Antonesco, Victor: Banque de l'empire d'Allemagne; organisation et fonctionnement; comparaison avec la Banque de France. Paris. 1895.

Baumes, Henri: De la responsabilité des conservateurs des hypothèques. Thèse. Paris. 1898.

Bois, Georges: La Banque de France et le renouvellement de son privilège. Paris. 1891.

Bousquet, G.: La Banque de France et les institutions de crédit. — Les Banques. — Historique, législation comparée, organisation et fonctionnement. Paris. 1885.

Brocard, L.: De l'émission des billets de banque et du privilège de la Banque de France. Thèse. Dijon. 1896.

Brouilhet, Charles: Le nouveau régime de la Banque de France. Loi du 17 novembre 1897. (Extrait de la Revue d'Économie politique, 1899.) Paris. 1899.

Courcette-Soneuil: Traité théorique et pratique des opérations de banque. 9e éd., revue par A. Liesse. Paris. 1905.

Helbronner, Horace: Droit français du compte-courant. Thèse. Paris. 1867.

Koumans-Binezo: Cours forcé des émissions fiduciaires. Paris. 1883.

Lois et statuts qui régissent la Banque de France. Paris. 1887.

Loubet, Paul: La Banque de France et l'escompte. Thèse. Paris. 1900.

Masselin: Législation et nouvelle jurisprudence en matière de finance et société, sur les opérations de banque, de bourse et de coulisse. 3 vol. Paris. 1888.

Pantel, Louis: Les fonctions de la Banque de France. Thèse. Montpellier. 1903.

Perroud, Jean: Essai sur le billet de banque. Thèse. Paris. 1901.

Ponnet, Antoine: La Banque de France et le renouvellement du privilège. Paris. 1897.

Renaud, Édouard: Les Banques coloniales. Poitiers. 1899.

Richard, V.: Traité élementaire des opérations de banque et des principes de droit commercial, suivi d'un Dictionnaire des expressions usuelles de banque, de commerce et de droit. Paris. 1905.

Sayous: Les banques de dépôt, les banques de crédit et les sociétés financières. Paris. 1901.

Thaller, Edmond: Examen juridique du privilège d'émission de la Banque de France et des billets de banque dans la circulation fiduciaire et accessoirement du droit de la banque relatif à ses escomptes. Paris. 1875.

Thiry, C.: Traité juridique et mathématique des opérations de banque. Manuel pratique à l'usage de l'enseignement commercial, des banquiers, des agents de change, des industriels, des commerçants, des notaires, des avocats, des magistrats, des receveurs et des administrateurs communaux, des rentiers, etc. Gand. 1902.

Vignes, G.: Principales délibérations de l'Union des banquiers des départements en matière législative ou contentieuse de 1881 à 1891, réunies et mises en ordre suivant décision du comité de l'Union. Paris. 1893.

Vignes, G.: Questions de banque et de bourse, Solutions et renseignements extraits des principales délibérations et l'Union des banquiers des départements en matière législative ou contentieuse de 1881 à 1891. Paris. 1899.

Vignes, G.: Manuel des opérations de banque et de placement. 3e éd. Paris. 1899.

c. Bourses, agents de change, courtiers.

Allix, A. E.: Des reports dans les bourses de valeurs. Paris. 1900.

Baratte: La vente à crédit des valeurs à lots. Jurisprudence annotée. 2e éd. Paris. 1900.

Bastiné, L.: Code de la bourse ou exposé méthodique de la Législation et de la jurisprudence belges sur les bourses de commerce, les agents de change et les opérations de bourse. Brux. 1876.

Bédarride, J.: Des bourses de commerce, agents de change et courtiers. (Droit commercial, commentaire du code de commerce, livre I, tit. 5.) 2e éd. Paris et Aix. 1883.

Berland, Léon: La vente à crédit des valeurs à lots et la loi du 12 mars 1900. Thèse. Dijon. 1903.

Bessières, Joseph: Des marchés à terme sur marchandises et valeurs mobilières. Paris. 1898.

Boudry, Lucien: La loi du 28 mars 1885 et les jeux de bourse. Lille. 1899.

Brussois: Du monopole des agents de change et de sa suppression. Paris. 1898.

Buchère, A.: Traité théorique et pratique des opérations de bourse, transferts, mutations et conversions de rentes sur l'Etat, actions, obligations françaises ou étrangères, marchés au comptant et à terme, jeux de bourse et des actions judicaires auxquelles ils donnent naissance. 3e éd. suivie du règlement général des agents de change de Paris. Paris. 1892.

Carteret, Alexandre: Des marchés à terme en droit français. Thèse. Paris. 1883.

Casson, Émile: L'agiotage et les syndicats financiers. Paris. 1889.

Chevalier-Marescq: Recueil chronologique de la jurisprudence des ventes publiques à l'usage des courtiers assermentés. Paris. 1900.

Colion, C.: De la légalité des marchés à terme, d'après la loi du 28 mars 1885. Thèse. Paris. 1897.

Coulouma, Cyrille: Le jeu de bourse. Étude générale sur ses caractères, ses formes, sa réglementation. Thèse. Toulouse. 1903.

Courtois, Alphonse: Traité des opérations de bourse et de change. 13e éd. par. Em. Vidal. Paris. 1904.

Crépon, T.: De la négociation des effets publics et autres droits, obligations, responsabilités des agents de change, coulissiers, banquiers, donneurs d'ordres et de la chambre syndicale des agents de change dans les marchés au comptant et à terme et les transferts. 2e éd. Paris. 1886.

Dumortier, Paul: Des opérations à terme sur marchandises ou marchés à livrer. Tourcoing. 1899.

Fabre, J.: Des courtiers. Courtiers d'assurances maritimes. Courtiers interprètes conducteurs de navires. Courtiers assermentés au tribunal de commerce. 2 vol. Paris. 1883.

Fontaine, H.: La Bourse et ses opérations légales. Paris. 1905.

Frèrejouan du Saint: Jeu et paris au point de vue civil, pénal et réglementaire. Loteries et valeurs à lots. — Jeux de bourse, marchés à terme. Paris. 1893.

Guillard, E.: Les opérations de bourse (histoire — pratique — législation — jurisprudence — reformes — morale — économie politique). 2e éd. Paris. 1877.

Guilmard, E.: De la vente directe des valeurs de bourse. Paris. 1904.

Haupt, O.: Arbitrages et parités. Traité des opérations de banque contenant les usages commerciaux, la théorie des changes et monnaies, les dettes publiques et la statistique monétaire de tous les pays du globe. 8e éd. Paris. 1894.

Hayem, Max: Opérations à terme sur les marchandises en France et dans les principaux pays étrangers. Thèse. Paris. 1894.

Jalenques, Marie-Charles-Louis: Des marchés à terme et de la loi du 8 avril 1885. Paris. 1886.

Janoly, G. P.: Du jeu et du pari. Étude de législation et de jurisprudence. Paris. 1882.

Jeanneret, Jules-Félix: Le jeu, le pari et les marchés de bourse. Thèse. Neuchâtel. 1892.

Lambert, E.: Dictionnaire pratique de législation et de jurisprudence sur les opérations de bourse, la négociation, la transmission et la revendication des valeurs mobilières, les agents de change, la banque et la coulisse. Paris. 1902.

Le Couppey, G.: La spéculation et les reports devant la loi. Paris. 1882.

Lefebvre, Pierre: Du fonctionnement de la spéculation sur les valeurs de bourse. Lille. 1899.

Levé, A.: Code de la vente commerciale, vente à livrer, marchés à terme, à prime, filières. Paris. 1892.

Lyon, C. et **Teissier**, G.: Les opérations de bourse et l'impôt du timbre. Loi de finances du 28 avril 1893. Règlement d'administration publique du 20 mai 1893. Paris. 1894.

Masselin: Législation et nouvelle jurisprudence en matière de finances et sociétés, sur les opérations de banque, de bourse et de coulisse. 3 vol. Paris. 1888.

Maus, J.: Commentaire de la loi sur le jeu du 24 octobre 1902. Bruxelles. 1903.

Mettetal, H.: Les jeux de bourse et législation. Les lois française, belge, anglaise, autrichienne, italienne, russe et les documents parlementaires des chambres belges, italiennes, autrichiennes sur les marchés et opérations à terme. Paris. 1882.

Reboud, P.: Essai sur les changes étrangers. Paris. 1900.

Rivière, Marie-Joseph-Théodore-Louis: Valeurs et effets, d'après la jurisprudence française, des décisions des tribunaux étrangers non déclarés exécutoires en France. Bordeaux. 1900.

Robert, Milles, S.: Die Pariser Börse, ihre Usanzen und Operationen. Ein Handbuch. Leipzig. 1903.

Ruotte: Opérations et travaux de banque. 3e éd. Lyon. 1901.

Salzédo, N.: La coulisse et la jurisprudence. Étude sur le monopole des agents de change. Paris. 1882.

Senn, O.: Étude sur les marchés à terme en marchandises et leur liquidation. Paris. 1888.

Tessier, Albert: Traité théorique et pratique des chambres de compensation. Paris. 1894.

Thaller, E.: Des nouvelles pratiques financières suivies en matière de sociétés: Emissions d'actions à prime, parts de fondateurs. Paris. 1882.

Vallat, Henry: Étude théorique et pratique des ventes à tempérament de valeurs de bourse (loi du 12 mars 1900) et d'objets mobiliers. Paris. 1900.

Weill, Edmond: L'impôt sur les opérations de bourse. Thèse. Paris. 1902.

d. Assurances.[1]

1. Commentaires. Manuels et traités.

Agnel, E.: Manuel général des assurances ou guide pratique des assureurs et des assurés. 3e éd. revue et suivie du commentaire de la loi du 19 février 1889 par M. C. de Corny. Paris. 1889.

Astresse, P.: Traité général théorique et pratique des assurances mutuelles. Paris. 1901.

Baumgartner, E.: Encyclopédie des assurances. Répertoire raisonné des questions de doctrine, de jurisprudence, de législation, de science en matière d'assurances en général, publié avec la collaboration de L. Ambroselli, P. Bailly, J. Barthelemy. Paris. 1898.

Chaufton, Albert: Les assurances, leur passé, leur présent, leur avenir en France et à l'étranger. Etudes théoriques et pratiques. 2 vol. Paris. 1884—86.

Couteau, E.: Traité des assurances sur la vie. 2 vol. Paris. 1881.

Dénis-Weil, P.: Des assurances maritimes et des avaries. Commentaire pratique du livre II du code de commerce. (titre X à XIV.) Paris. 1879.

Hamon, G.: Cours d'assurances ou abrégé historique et pratique des assurances maritimes, incendie, vie, accidents et agricoles. Paris. 1897.

2. Recueils d'Arrêts et Journaux.

L'**Argus**: Journal des Assurances. Paris.

Badon-Pascal: Répertoire des Assurances. 1873—83. Paris. 1884. — 1883—99. Paris. 1900.

Jurisprudence générale des assurances terrestres de 1880 à 1905. Répertoire annoté des décisions . . . Faisant suite à l'ouvrage de Louis Bonneville de Marsangy par Armand Simonin. Vol. 1. Paris. 1906. 4o.

3. Traités spéciaux.

Allaert, Paul: De l'assurance des risques de guerre. Paris. 1900.

Ambroselli, L.: Du contrat d'assurance sur la vie. Obligations de l'assuré et de l'assureur. (Étude des conditions générales des polices.) Paris. 1895.

---

1) V. aussi p. 31 et s.

Ancey: Les assurances de responsabilité. Paris. 1906.

Argis, A. D.: De l'assurance sur la vie. Caen. 1882.

Badon-Pascal: Répertoire général des assurances ou résumé analytique et chronologique des matières contenues dans ce recueil de 1849 à 1872. Paris. 1874.

Bailly: De la transmission du bénéfice du contrat (assurance sur la vie). Paris. 1894.

Baron, C. V.: De l'assurance en cas de décès (vie entière) en droit français. Thèse. Lyon. 1883.

Battier, E.: L'État et l'assurance sur la vie en cas de décès. Réglementation de l'assurance sur la vie en France. Thèse. Bordeaux. 1902.

Bazenet, E.: De l'assurance sur la vie contractée par l'un des époux au profit de l'autre. Paris. 1889.

Béchade: Du contrat d'assurance sur la vie dans ses rapports avec le droit civil et l'enregistrement. Paris. 1889.

Béchade, L.: Des effets de l'assurance sur la vie en droit civil et en droit fiscal et de l'assurance sur la vie par l'Etat. Paris. 1891.

Bedorez, Paul: De l'assurance sur la vie considérée comme moyen de crédit. Thèse. Paris. 1903.

Berdez, Charles: Les bases juridiques et économiques de l'assurance privée. Diss. Lausanne. 1895.

Bigo, Auguste: Des stipulations pour autrui et des assurances sur la vie en tant qu'elles s'y rattachent. Tourcoing. 1901.

Blin, Lucien: De l'assurance sur la vie et spécialement de la donation contenue dans l'assurance au profit d'un tiers en droit français. Paris. 1876.

Cardine, E.: De la condition juridique des sociétés étrangères d'assurances sur la vie en France. Caen. 1900.

Cauvet, Emile: Traité des assurances maritimes. 2 vol. Paris. 1879—81.

Cauvin, P. et **Sainctelette,** G.: Manuel de jurisprudence des assurances terrestres, avec le texte et le commentaire de la loi du 5 janvier 1883 sur la responsabilité locative. Paris. 1883.

Cendrier, Alexis: Des droits des créanciers dans le contrat d'assurance sur la vie. Paris. 1897.

Chanut, E.: Essai sur le contrat d'assurance contre l'incendie (Déclarations de l'assuré; Sanctions); Critique; Réformes possibles. Thèse. Lyon. 1905.

Chorel, André: De l'assurance par l'Etat. Saint Étienne. 1897.

Claro, Charles: Des assurances sur la vie entre époux. Paris. 1893.

Clément, Pierre-Marie-René: Des assurances mutuelles. Paris. 1889.

Clos, J.: Droit romain: De l'extinction des servitudes rurales. Droit français: Des assurances sur la vie, de leur caractère et de leurs effets au point de vue des tiers bénéficiaires. Thèse. Paris. 1891.

Cosmao-Dumanoir, Marcel-Julien: De l'assurance sur la vie dans ses rapports avec le patrimoine de l'assuré. Paris. 1898.

Cosmao-Dumanoir: Der französische Gesetzentwurf über den Versicherungsvertrag. Bd. V. Zeitschrift f. d. gesamte Versicherungs-Wissenschaft. Berlin. 1905.

Cosmao-Dumanoir: Das französische Gesetz über die Beaufsichtigung der Lebensversicherungs-Anstalten. Bd. V. Zeitschrift f. d. gesamte Versicherungs-Wissenschaft. Berlin. 1905.

Coulazou, Jean: De la stipulation pour autrui dans l'assurance sur la vie. Montpellier. 1890.

Courcy, Alfred de: Les sociétés étrangères d'assurance sur la vie. Autorisation. Surveillance. Paris. 1883.

Courcy, Alfred de: Précis de l'assurance sur la vie. 3e édition, revue et corrigée. Paris. 1887.

Courcy, Alfred de: Quelques mots sur le ministère des courtiers publics d'assurances maritimes. Paris. 1880.

Courcy, Alfred de· Le domaine patrimonial et les assurances sur la vie. Paris. 1869.

Coutourier, Jules-Romain: De l'assurance sur la vie en général et spécialement de l'assurance sur la vie entre époux (vie entière). Vienne. 1889.

Cyprès, J.: L'assurance sur la vie et les caisses de retraites. Mémoire couronné. Paris. 1894.

Deblangy, Émile: De l'attribution de l'indemnité d'assurance aux agents dans l'assurance des choses. Paris. 1900.

Defrénois: Du contrat d'assurance sur la vie entre époux. Paris. 1897.

Defrénois: Traité pratique du contrat d'assurance sur la vie. Paris. 1887.

Delalande: Traité théorique et pratique du contrat d'assurance contre l'incendie, avec la collaboration de Couturier. Paris. 1886.

Deroulède, Maxime: Assurances contre l'incendie. Étude comparée de systèmes d'assurances publiques et des systèmes d'assurances privées. Paris. 1899.

Désert, P. H.: Des sociétés d'assurances mutuelles contre l'incendie. Thèse Poitiers. 1906.

Desfrançois, F.: Assurances contre l'incendie. Commentaire des conditions générales de la police. Paris. 1879.

Deslandres, M.: De l'assurance sur la vie. Étude des droits de l'assuré, des bénéficiaires, des cessionnaires et des créanciers. Paris. 1889.

Desplanques, Charles: La mutualité dans l'assurance agricole. Paris. 1902.

Droz, A.: Traité des assurances maritimes, du délaissement et des avaries. 2 vol. Paris. 1881.

Dujarier, C.: De l'assurance en cas de décès justifiée dans sa nature et dans ses effets par les principes du Code Civil. Lyon. 1885.

Dumaine, C.: Du contrat d'assurance sur la vie et des droits de mutation par décès auxquels il donne lieu. Paris. 1882.

Dumaine, C.: Du contrat d'assurance sur la vie en droit civil et en droit fiscal. 2e éd. Paris. 1892.

Dumontet, Albert: De l'attribution des indemnités d'assurances. Paris. 1892.

Dupuich, P.: Traité pratique de l'assurance sur la vie. Paris. 1900.

Feltin, Mathieu: Des droits des créanciers privilégiés et hypothécaires sur l'indemnité d'assurance contre l'incendie. Loi du 19 fevrier 1889. Nancy. 1889.

Ferrié, M.: De l'assurance sur la vie, considérée spécialement dans le cas où elle est contractée au profit de bénéficiaires indéterminés. Thèse. Paris. 1897.

Fey, Ed.: Code des assurances sur la vie. Examen des bases de l'assurance sur la vie, ses avantages économiques et sociaux. Etude juridique des différents contrats d'assurance, de leur mécanisme, des obligations qui en résultent et des effets qu'ils produisent: assurances sur l'Etat, dispositions fiscales, etc. Paris. 1885.

Francez, Jules: Étude sur la réserve des primes, la réduction et le rachat dans les contrats d'assurances sur la vie. Thèse. Paris. 1900.

Fron, E.: De la compétence en matière d'assurances. Loi du 2—3 janvier 1902. Paris. 1902.

Furquim d'Almeida, L.: Des assurances sur la vie, spécialement en cas de décès. Bruxelles. 1893.

Gombaud, Jean-Ernest: De l'assurance sur la vie entre époux. Thèse. Bordeaux. 1896.

Grandmaison, Emile de: L'assurance sur la vie. Thèse 1898. Paris. 1899.

Gronkowski, Camille: Attribution des indemnités d'assurances (Loi du 19 fébrier 1889). Thèse. Paris. 1900.

Guillon, Henri: De la transmission du bénéfice du contrat d'assurance sur la vie. Thèse. Paris. 1899.

Habay, R.: De l'assurance sur la vie dans ses rapports avec la législation de la faillite. Thèse. Paris. 1905.

Harbault: Traité des assurances sur la vie. Paris. 1877.

Hecht, Achille-Ernest: De la prime et de la cotisation dans l'assurance contre l'incendie. Thèse. Paris. 1889.

Henry, P.: L'assurance sur la vie d'après les arrêts les plus récents. Paris. 1895.

Jacobs, V.: Étude sur les assurances maritimes et les avaries. Bruxelles. 1885.

Joire, Louis: De l'assurance sur la vie contractée par un époux au profit de son conjoint. Thèse. Douai. 1894.

Justafré, G.: L'assurance en cas de décès. Droit privé, Droit fiscal. De l'assurance entre époux. Thèse. Montpellier. 1901.

Labraque-Bordenave, V.: Traité des assurances maritimes en France et à l'étranger; polices internationales comparées; unité; réformes. Paris. 1876.

Lalande, H. de: Traité théorique et pratique du contrat d'assurance contre l'incendie d'après la doctrine et la jurisprudence. Avec la collaboration de Abel Couturier. Paris. 1886.

Lamirault, R.: Manuel de l'assurance contre l'incendie. Paris. 1878.

Landousy, Léon: De la réassurance en matière maritime. Thèse. Paris. 1892.

Larère, Xavier: Théorie de l'assurance sur la vie au point de vue juridique. Thèse. Caen. 1903.

Leduc, Louis: De l'assurance sur la vie au profit d'un tiers. Lille. 1898.

Lefort, J.: Etudes des assurances sur la vie. Paris. 1877.

Lefort, J.: Traité théorique et pratique du contrat d'assurance sur la vie. 4 vol. Paris. 1893—1900.

Lefort, J.: Les assurances sur la vie et la Cour de cassation. Paris. 1890.

Lefort, J.: Petit dictionnaire des assurances sur la vie. 2e éd. Paris. 1898.

Legendre, Alexandre Maxime: Des principes d'indemnité en matière d'assurances sur marchandises. Thèse. Paris. 1884.

La Prugne, Ch. de: Traité théorique et pratique de l'assurance en général. Paris. 1895.

Lévy-Ullmann, Henry: Des obligations à primes et à lots. Paris. 1895.

Leyris, E.: De la condition en France des sociétés d'assurances sur la vie étrangères et des réformes à y apporter. Thèse. Paris. 1901.

Languesserre, Jean: L'assurance obligatoire en matière d'incendie. Thèse. Perigueux. 1901.

La Prugne, C. de: Traité théorique et pratique de l'assurance en général. Paris. 1895.

Marchal, Auguste: Du contrat d'assurance sur la vie. Thèse. Toulouse. 1806.

Marcille, R.: De la nature juridique du contrat d'assurance sur la vie au profit d'un bénéficiaire. Rennes. 1898.

Martin, L.: Droit romain: Des origines de la loi Aquilia; droit français: Des assurances contre les accidents et en particulier du contrat d'assurance collective et de quelques actions qui en dérivent pour l'ouvrier. Thèse. Lyon. 1890.

Masson, Alfred: Des assurances sur la vie et spécialement de leur bénéfice. Thèse. Rouen. 1883.

Maurel, L.: De l'attribution du bénéfice dans le contrat d'assurances sur la vie au profit de tiers. Paris. 1900.

Maze, C.: Étude juridique du risque dans l'assurance sur la vie. Thèse. Paris. 1905.

Mazel, R.: De la clause bénéficiaire dans les assurances sur la vie. Paris. 1904.

Molineau, Adolf: Jurisprudence des assurances sur la vie en France et en Belgique au point de vue du droit civil et du droit fiscal en ce qui concerne la validité, l'interprétation et l'exécution des contrats ayant pour objet des assurances sur la vie. Paris et Bruxelles. 1877.

Moretti, Sebastien: L'assurance sur la vie dans ses rapports avec le droit matrimonial. Thèse. Marseille. 1900.

Mornard, Henri: Du contrat d'assurance sur la vie, sa nature et ses effets en cas de décès. Paris. 1883. Paru comme thèse à Paris sous le titre suivant:

Mornard, Henri: De la nature de l'assurance sur la vie et spécialement de ses effets au décès de l'assuré en droit français. Paris. 1883.

Naples, Célestin-Joseph-Étienne: De la stipulation pour autrui et de la gestion d'affaires, notamment dans leurs rapports avec l'assurance sur la vie au profit d'un tiers. Thèse. Bordeaux. 1897.

Pannier, G.: De l'autorisation et de la surveillance des sociétés d'assurance sur la vie. Thèse. Paris. 1905.

Parrocel, Antoine: De la nature juridique du contrat d'assurance sur la vie. Thèse. Aix. 1891.

Paulmier, Fernand: Étude sur les assurances sur la vie tant au point de vue fiscal qu'au point de vue civil. Paris. 1883.

Philouze, P.: Manuel du contrat d'assurance. Assurances contre l'incendie. Assurances sur la vie. Principes et jurisprudence. Paris, 1880.

Piot, Georges: Les rentes viagères servies par les Compagnies d'assurances. Thèse. Paris. 1900.

Piqué, Bertrand: De l'attribution des indemnités d'assurances et de quelques autres indemnités d'après la loi du 19 février 1889. Toulouse. 1898.

Pondicq, Louis: Des assurances sur la vie. Étude du droit de bénéficiaire. Nature et étendue de ce droit. Thèse. Aix. 1896.

Quentin, M.: Des assurances. De l'opinion du risque dans le contrat d'assurance, exagération de valeur, double assurance, polices d'abonnement, réticences et fausses déclarations de l'événement du risque. Paris. 1893.

Rabatel, J.: Des donations entre époux, en droit romain. De la nature de l'assurance sur la vie et de ses effets au décès de l'assuré, en droit français. Voiron. 1886.

Rehfous, L.: Le contrat d'assurance en cas de décès. Genève. 1887.

Réglementation du contrôle des assurances sur la vie. Paris. 1906.

Rossy, G. E.: Assurances contre l'incendie. Des cessions de portefeuille et des réassurances générales. Paris. 1898.

Rousselon, Louis: Des assurances en cas de décès contractées par un époux au profit de son conjoint. Thèse. Lyon. 1901.

Samarue, Lucien: De la situation juridique des agents d'assurances. Étude critique et pratique de jurisprudence française. Montpellier. 1900.

Souffler, E.. De la clause à ordre, spécialement dans les polices d'assurances. Thèse. Paris. 1896.

Senis: Les origines des compagnies d'assurances. Paris. 1900.

Tailliandier, Maurice: Les assurances agricoles en France. Paris. 1899.

Taudière, Henry: Des assurances sur la vie dans le mariage en droit français. Thèse. Poitiers. 1884.

Taupenat, F.: Des assurances sur la vie en droit fiscal. Thèse. Paris. 1899.

Thaller, M.: La jurisprudence de l'assurance sur la vie et la quotité disponible. Paris. 1898.

Tierny, Alphonse: Des droits éventuels de l'assurance sur la vie à la mort de l'assuré. Thèse. Arras. 1894.

Tournau, J.: L'assurance sur la vie en France au XIXe siècle. Paris. 1906.

Typaldo-Bassia, A.: Les assurances sur la vie au point de vue théorique et pratique. Ouvrage couronné. Paris. 1892.

Vêgléris, Theocharis-N.: De l'assurance en cas de décès. Bordeaux. 1890.

Verdier, Frédéric: Les assurances sur la vie dans leurs rapports avec l'histoire, la législation et l'économie sociale. Diss. Génève. 1877.

Vibert, Georges: Le contrat d'assurance sur la vie. — Exposé des questions controversées. — Etat de la Jurisprudence. — Droit fiscal. Paris. 1877.

Vidal, Victor: Le contrat d'assurance sur la vie, sa nature juridique et ses effets à l'égard de l'assureur et de l'assuré. Thèse. Paris. 1898.

Villon, Raoul: Le contrat d'assurance sur la vie. Considérations générales et nature juridique. Paris. 1902.

Vollard, L.: Du contrat d'assurance sur la vie stipulé au profit de la femme mariée sous le régime de communauté. Thèse. Paris. 1902.

Ysnel, Georges-René: De la nature du contrat d'assurance maritime et spécialement des choses qui peuvent et qui ne peuvent pas être assurées. (Loi du 10 août 1885.) Thèse. Paris. 1886.

e. Voituriers, Transport, Chemins de fer, Télegraphie, etc.

Alphandery, Léon: Des clauses d'irresponsabilité dans le contrat de transport. Thèse. Marseille. 1896.

Annales des chemins de fer et tramways. Revue pratique de jurisprudence, de législation et de doctrine, paraissant tous les mois, fondée et dirigée par M. Botton sous le patronage d'A. Picard, avec le concours et la collaboration d'Auburtin, Aynand, Baudouin. Paris. 1898 et s.

Bédarride, J.: Des chemins de fer au point de vue du transport des voyageurs et des marchandises. 3e éd. par H. F. Rivière. 2 vol. Paris. 1891.

Belloc, A.: Les postes françaises, recherches historiques sur leur origine, leur développement, leur législation. Paris. 1886.

Bert, E.: Loi du 11 avril 1888 concernant les transports de marchandises par chemins de fer. Paris. 1888.

Bertin, G.: Étude de législation comparée. La Responsabilité du transporteur de marchandises par chemins de fer en France, avant et après le nouvel article 103 du Code de commerce (loi du 29 mars 1905); Rapprochement avec les systèmes étrangers. Thèse. Paris. 1905.

Cotelle, A.: Voyageurs et bagages. Tracas et soucis des voyages en voitures, chemins de fer, omnibus, tramways et bateaux. Guide des voyageurs français et étrangers en France. Paris. 1891.

Cotelle, A.: Des dommages-intérêts en matière de transports. Paris. 1894.

Dordan, A.: De la lettre d'avis. Les compagnies de chemins de fer sont tenues d'adresser une lettre d'avis au destinataire à l'arrivée des colis expédiés en gare. Paris. 1882.

Drouot, Maurice: Les fins de non-recevoir des art. 105 et 435 du Code de Commerce au profit des transporteurs. Thèse. Paris. 1900.

Duhail, Eugène: L'assurance contre l'incendie. Thèse. Paris. 1883.

Feldmann, A.: De la garantie d'intérêt due par l'État aux compagnies de chemins de fer. Paris. 1894.

Féolde, G.: Des transports par chemins de fer. Voyageurs et marchandises, Paris. 1890,

Féraud-Giraud: Code des transports de marchandises et de voyageurs par chemins de fer. 2e éd. 3 vol. Paris. 1889.

Godet, A.: Recueil de la législation des chemins de fer d'intérêt général. Paris. 1903.

Hadley, Arthur, T.: Le transport par les chemins de fer. Histoire-législation; traduit par A. Raffalovich et L. Guérin, précédé d'une préface par Arthur Raffalovich. Paris. 1887.

Hersent, René: De la fin de non-recevoir et des prescriptions établies en matière de transport par terre. Thèse. Paris. 1890.

Jacqmin, P.: Des obligations et de la responsabilité des compagnies de chemins de fer en matière de transports. Paris. 1881.

Lamé-Fleury, E., et **Sarrut**, L.: Code annoté des chemins de fer en exploitation, ou Recueil méthodique et chronologique des lois, décrets, ordonnances, arrêtés, circulaires, etc., concernant l'exploitation technique et commerciale des chemins de fer, publiés, commentés, annotés au moyen des décisions des autorités administrative et judiciaire. 4e édition, tenue au courant de la législation et de la jurisprudence. Paris. 1905.

La Ruelle, J. de: Code des chemins de fer et tramways. Recueil annoté des lois et règlements, décrets, arrêtés et principales circulaires, relatif tant à l'établissement et à l'exploitation des chemins de fer et tramways qu'au personnel du contrôle et des compagnies, complété par les divers cahiers des charges de la concession des voies ferrées. Paris. 1903.

Lefort, J.: Traité théorique et pratique du contrat d'assurance sur la vie. Paris. 1894—1900.

Lejeune, Henri: De la responsabilité résultant du contrat de transport. Thèse. Paris. 1900.

Leps, M.: Des clauses de non-responsabilité dans le contrat de transport par terre et par mer. Thèse. Poitiers. 1897.

Le Secq Destournelles, G.: Droit romain: Des argentorii; Droit français: Étude historique et économique sur l'établissement des chemins de fer en France. Thèse. Bar-sur-Seine. 1890.

Lois, conventions, décrets, arrêtés et instruction, concernant le service de la correspondance télégraphique. — Janvier 1883. Paris.

Mazen, Henri: Responsabilité civile des Compagnies de chemins de fer dans les accidents de voyageurs. Thèse. Paris. 1899.

Péronne, Lucien-Marie-Jean: Des fins de non-recevoir et des prescriptions en matière de transports terrestres et maritimes. Thèse. Paris. 1885.

Picarda, E.: Précis de législations commerciales étrangères. Ouvrage contenant les textes des conventions internationales de Berne sur le transport international des marchandises par chemins de fer et de Paris pour la protection de la propriété industrielle. Paris. 1903.

Protat: Litiges et réclamations en matière de transports par chemins de fer. Commentaire pratique de la loi du 11 avril 1888. 5e éd. Paris. 1901.

Revue pratique des chemins de fer. Paris.

Rous, J.: Droit romain: De la bonorum venditio et de ses rapports avec quelques autres voies d'exécution. Droit français: Règles principales des transports de marchandises par chemins de fer et en particulier responsabilité des compagnies pour perte, avaries et retard. Gaillac. 1885.

Tabariès de Grandsaignes: Étude scientifique et juridique sur les combustions spontanées ou supposées, spécialement au cours de transports. Paris. 1898.

Vayssié, Louis: Contrat de transport, responsabilité du voiturier. Thèse. Poitiers. 1890.

Verne de Bachelard, Horace: De la responsabilité des chemins de fer en matière de transport. Thèse. Lyon. 1883.

Vidal, Georges: Le téléphone au point de vue juridique, à propos d'une brochure de Cesare Norsa. Toulouse. 1886.

Vigoureux, E.: Législation et jurisprudence des chemins de fer et des tramways, ouvrage contenant tous les textes usuels, reproduits dans un ordre méthodique et commentés au moyen de la jurisprudence, de l'administration et des tribunaux. Paris. 1886.

Vincent, A.: Des clauses d'irresponsabilité dans le contrat de transport par terre et par mer. Paris. 1893.

Weber, E.: Vergleich der Haftung des deutschen Spediteurs und des französischen Commissionnaire de transport. Leipzig. 1900.

f. Commerce et assurance maritimes.[1]

1. Commentaires. Manuels et traités.

Autran: Code international de l'abordage maritime. 2e éd. par de Bévotte. Paris. 1902.

Bédarride, J.: Du commerce maritime. (Droit commercial, commentaire du Code de Commerce.) 2e éd. 5 vol. Paris et Aix. 1876.

Bédarride, J.: Commentaire sur la loi du 10 déc. 1874 sur l'hypothèque maritime. Paris. 1878.

Cauvet, E.: Traité des assurances maritimes. 2 vol. Paris. 1879—81.

Constant, C.: L'hypothèque maritime, commentaire pratique de la loi du 10 juillet 1885. Paris. 1886.

Coulon, H., et **Houard**, G.: Code pratique des assurances maritimes, du délaissement, des avaries, du jet et de la contribution etc. 2 vol. Paris. 1887 et 1888.

Courcy, Alfred de: Commentaire des polices françaises d'assurances maritimes. 2e ed. Paris.

Courcy, Alfred de: Questions de droit maritime. 4 vol. Paris. 1877—87.

Cresp: Cours de droit maritime annoté, complété par A. Laurin. (Code de commerce. Droit maritime.) 4 vol. Paris. 1876—82.

Danjon, D.: Éléments de droit maritime commercial. Paris. 1893.

[1]) V. aussi p. 28 et s.

Desjardins, A.: Traité de droit commercial maritime. (Commentaire du liv. II du code de commerce et droit comparé.) 9 vol. Paris. 1878—90.

Desjardins, A.: Introduction historique à l'étude du droit commercial maritime. Tables générales du traité. Paris. 1890.

Friocourt, A.: Précis de droit maritime, commercial et administratif, manuel à l'usage des capitaines au long cours, des maîtres au cabotage et des candidats aux brevets de la marine marchande. 3e éd., entièrement refondue. Paris. 1903.

Gresp, A., et **Laurin**: Cours de droit maritime. Paris. 1877.

Hoechster, E. G., et **Sacré** A.: Manuel de droit commercial français et étranger. Droit maritime, contenant la législation des pays suivants: France, Belgique, Italie, Roumanie, Espagne, Portugal, Pays-Bas, Allemagne. 2 vol. Paris. 1876.

Laurin, A.: Précis de droit maritime rédigé conformément au nouveau programme des études de licence. Paris. 1892.

Le Moine, A.: Précis de droit maritime international et de diplomatie, d'après les documents les plus récents. Paris. 1888.

Lyon-Caen, C., et **Renault**, L.: Traité de droit maritime. 2 vol. Paris. 1894—96.

Morel, Tranquille: Commentaire théorique et pratique de la loi du 10 décembre 1874 sur l'hypothèque maritime. Paris. 1875.

Pitois, A.: Principes de droit maritime, rédigés conformément au nouveau programme officiel. 2e éd. Paris. 1903.

Valroger, L. de: Droit maritime. Commentaire théorique et pratique du livre II du Code de Commerce. 5 vol. Paris. 1882—1886.

Vidal-Naquet, A.: Saisie et ventes judiciaires des navires. Commentaire du titre 2 du livre 2 du code de commerce modifié par la loi du 10 juillet 1885. Paris. 1893.

Vivante: Traité théorique et pratique des assurances maritimes; traduit et annoté par V. Yseux. Paris. 1898.

2. Revues.

Répertoire de droit colonial et maritime; par D. Penant. Avec lettres-introduction de M. Ballot-Beaupré et de M. E. Etienne et préface de M. Dubreuil. Premières tables décennales (1er juin 1891—1er janvier 1902) du Recueil général de jurisprudence, de doctrine et de législation coloniales, augmenté de jurisprudence maritime; la Tribune des colonies et des protectorats. Paris. 1904.

Revue internationale du droit maritime. Paris et Marseille. 1885 et s.

3. Traités spéciaux.

Aubin: Le crédit maritime en France. Saint-Quien. 1882.

Aubrun, H.: Les avaries particulières dans les assurances sur facultés. Fixation de l'indemnité. Paris. 1903.

Auzoux, A.: Droit romain: Action exercitoire. — Droit français: De la faculté d'abandon en droit maritime. Thèse. Paris. 1894.

Barandiaran, de: Du contrat d'affrétement. Paris. 1898.

Basset, Frank: Du connaissement. Thèse. Paris. 1889.

Bellecroix, Maurice: Rapports entre la batellerie et les ports de commerce maritimes. Thèse. Nantes. 1902.

Bévotte, René de: De la règle *locus regit actum*, et du conflit de lois relatif à la forme des actes en droit maritime. Thèse. Paris. 1895.

Blanc-Guilbault, Félix: Du gage dans le prêt maritime. Prêt à la grosse. Prêt hypothécaire. Thèse. Marseille. 1893.

Bonnin, J.: Du contrat d'engagement du capitaine de navire marchand. Thèse. Paris. 1900.

Bourgarel, Auguste-François-Julien: Règlement d'avaries communes. Thèse. Paris. 1887.

Buchard: La nouvelle loi sur le droit de quai. Paris. 1898.

Capelle, M.: Courtiers maritimes et d'assurances maritimes. Règles professionnelles. Attributions et rétributions. Responsabilité. Paris. 1891.

Cauquil, A.: Droit romain: De l'hypothèque conventionnelle; droit français: De l'hypothèque maritime, commentaire de la loi du 10 juillet 1885. Thèse. Oran. 1887.

Cheguillaume, Joseph: De la copropriété des navires. Thèse. Paris. 1896.

Chevillotte, Julien: Des obligations qu'engendrent pour les propriétaires des navires les faits du capitaine et les engagements contractés par lui. Thèse. Brest. 1896.

Clauzonne, de: Études sur les assurances maritimes. Paris. 1875.

Crouvès, Joseph-Éduard-Monlouis: De l'hypothèque sur les navires. Thèse. Paris. 1889.

Dadre, Louis: De la police d'assurance maritime. Commentaire de l'art. 332, C. Com., Thèse. Aix. 1884.

Danjou, M.: Droit romain: Composition et revenus du domaine de l'État; droit français: Droits des créanciers chirographaires, privilégiés et hypothécaires sur les navires. Paris. 1883.

Davanseau, E.: Considérations générales sur les règlements d'avaries. 2e éd. Alger. 1890.

Deleuze-Laucizolle, Eugène: Effets des actes du capitaine à l'égard du capitaine lui-même, de l'armateur et des propriétaires de marchandises. Thèse. Paris. 1894.

Denisse, L.: Du fret considéré dans les rapports avec l'abandon, l'affrétement, la contribution aux avaries communes et les assurances maritimes. Paris. 1891.

Denisse, L.: Du contrat de transport par mer en droit romain. Paris. 1891.

Depieds, Émile: Des cas de nullités dans les assurances maritimes. Thèse. Aix. 1885.

Dépret, Ernest: De l'abordage maritime. Thèse. Paris. 1889.

Dero, J.: Du délaissement en matière d'assurances maritimes. Thèse. Caen. 1898.

Dithurbide, C.: Droit romain: Du *metus*. Étude sur la violence dans les contrats. — Droit français: Du connaissement. Thèse. Bayonne. 1892.

Droz, A.: Traité des assurances maritimes, du délaissement et des avaries. 2 vol. Paris. 1881.

Duminil, Georges: Caractères juridiques du contrat d'assurance maritime, sa nature, objets susceptibles d'être assurés. Thèse. Cambrai. 1894.

Dussand, P.: Étude sur la propriété des navires. Paris. 1878.

Duverdy, Denis-Maurice-Adolphe: Des navires et des moyens d'en acquérir la propriété. Thèse. Paris. 1885.

Fabre, J.: Des courtiers. Courtiers d'assurances maritimes. Courtiers interprètes conducteurs de navires. Courtiers assermentés au tribunal de commerce. Courtiers libres, etc. Paris. 1883.

Fleury, Georges-Étienne-Auguste: Du délaissement en matière d'assurances maritimes en droit français. Thèse. Paris. 1877.

Foucault, Louis: Des obligations de l'affréteur. Thèse. La Rochelle. 1901.

Gaultier De Kermoal, Ch.: De l'engagement des gens de mer. Thèse. Saint-Brieuc. 1897.

Gentile, Pierre de: De l'hypothèque maritime. Loi du 10 juillet 1885. Thèse. Paris. 1889.

Govare, P.: Traité des avaries communes et de leur règlement. Paris. 1882.

Grivart, René; De l'hypothèque maritime. Thèse. Rennes. 1893.

Guibal, Louis: Essai sur la copropriété des navires, droit français. Législations comparées. Thèse. Montpellier. 1883.

Halgand, Jules: Sauvetage, assistance et obligation de secours en droit maritime. Thèse. Rennes. 1901.

Hanès, Auguste: De l'affrétement. Thèse. Brest. 1889.

Haumont, A., et **Lévarey,** A.: Les transports maritimes. Éléments de droit maritime appliqué. 2e éd. Paris. 1899.

Hornbostel, Nicolas: De l'abordage en droit moderne. Thèse. Aix. 1889.

Hornborstel, X.: Mémoire sur un avant-projet de code maritime. Marseille. 1878.

Jeanbernat, Emmanuel: L'hypothèque maritime en droit français. (Loi du 10. décembre 1874.) Thèse. Paris. 1881.

Kerespert, F.: Code des naufrages et épaves maritimes Lebeau, entièrement refondu et complété de nombreuses décisions sur la matière parues jusqu'au 1er janvier 1888. Dunkerque. 1888.

Labraque-Bordenave: Traité des assurances maritimes en France et à l'étranger. Paris. 1876.

Lavigne, R.: Droit romain: *De lege Rhodia de jactu.* — Droit français: Des atténuations tant légales que conventionnelles à la responsabilité des propriétaires de navires pour les actes et engagements du capitaine. Thèse. Vannes. 1893.

Lebe, Adolphe: L'abordage maritime. Thèse. Toulouse. 1902.

Lebleu, P. A.: Droit romain: *De pignoribus et hypothecis, et qualiter ea contrahantur et, de actis eorum* (Dig. lib. 20 tit. 2, 2, 3); droit français: l'hypothèque maritime (loi du 10 décembre 1874). Lille. 1883.

Le Bourgeois, Georges: Les clauses de non-responsabilité dans le contrat d'affrétement. èse. Paris 1898.

Lefeuvre, L.: Droit romain: Des exceptions *rei judicatæ* et *rei in judicium deductæ*, dans eur développement comparé. — Droit maritime: De la responsabilité des propriétaires de navires t de l'abandon (art. 216, Code de Commerce). Paris. 1883.

Legeay, Martin: Assistance et sauvetage en matière maritime. Thèse. Paris. 1893.

Le Roux de Bretagne, Ch.: Les primes à la marine marchande en France. Étude historique t critique. Thèse. Paris. 1900.

Mainsard, J. B.: Des avaries maritimes considérées en elles-mêmes. Rennes. 1889.

Mallet, E.: L'hypothèque maritime. Paris. 1877.

Marais, Georges: Du gage commercial, spécialement en matière maritime. Thèse. Rouen. 1895.

Marcland, A.: De la responsabilité des voituriers par terre et par eau en matière de transport de marchandises. Thèse. Paris. 1897.

Maurel, F.: Théorie générale des avaries communes. hdèse. Paris. 1903.

Meignen, Eugène-Louis-Marie: De l'action d'avaries particulières. Thèse. Paris. 1886.

Meunier, Paul: Du pilotage. Thèse. Paris. 1894.

Morand, Alexandre-Ludovic-Marcel: Des conflits des lois en matière d'hypothèque maritime, principalement au point de vue du droit positif français. Thèse. Paris. 1888.

Morand, Maurice: Des assurances sur la vie entre époux communs en biens. Paris. 1895.

Morel, Louis: Des avaries du jet et de la contribution dans leurs rapports avec le texte du code de commerce et les règles observées dans la pratique. Paris, 1874.

Pasquiou, Yves: Du droit d'épave, bris et naufrage. Thèse. Paris. 1896.

Paulmier, F.: Étude sur l'hypothèque maritime (loi du 10 décembre 1874). Dunkerque. 1889.

Périès, Paul: Assurances maritimes; du délaissement. Thèse. Paris. 1899.

Petre, Jacques-Louis-Augustin: Du capitaine de navire. Thèse. Paris. 1888.

Pézeril, L.: Droit romain: Des eaux du domaine public à Rome. Droit international: Des navires de commerce français dans les eaux étrangères. Thèse. Havre. 1889.

Picard et **Bonneire**: Droit maritime de l'abordage, de l'assistance et du sauvetage, des fins de non-recevoir. Étude préliminaire et documents. Bruxelles. 1885.

Pin, E.: Essai sur le régime des biens du domaine public maritime. Thèse. Aix. 1888.

Proud'homme, François: Étude sur la responsabilité des propriétaires de navires. Thèse. Paris. 1892.

Regnaud, G.: Des abordages maritimes. Droit français. Législation comparée. Conflits des lois. Paris. 1892.

Rénelé, Henri: Des devoirs et des obligations du capitaine de navire. Thèse. Poitiers. 1901.

Ricordeau, A.: Droit romain: Du pécule de l'esclave; droit français: Du règlement des indemnités en matière d'assurances sur corps de navires. Paris. 1886.

Robert, Jacques-Jean: Des règlements d'avaries communes. Thèse. Bordeaux. 1899.

Robillard de Beaurepaire, Georges de: Des avaries communes. Thèse. Caen. 1890.

Rossel, R.: Droit romain: *Capitis deminutio.* Droit français: Sauvetage et assistance maritime en droit international privé, Thèse. Paris. 1894.

Salanson, U.: De la contribution aux avaries communes. Paris. 1893.

Sauvagnac, Marcel: Du privilége du vendeur de navire. Thèse. Paris. 1899.

Terquem, Henri: De l'engagement des gens de mer. Thèse. Paris. 1894.

Terquem, H.: Droit romain: De la responsabilité des propriétaires de navires à raison des faits et actes du capitaine. Droit français: De l'engagement des gens de mer. Thèse. Paris. 1894.

Thiébaut, L.: De la responsabilité des propriétaires de navires et des armateurs et des divers tempéraments qui y peuvent être apportés tant aux termes de la loi elle-même qu'à l'aide de conventions. Article 216 du Code de Commerce. Paris. 1894.

Thiébaut, L.: Traité théorique et pratique de l'abordage maritime. Paris. 1903.

Thubé, G.: De la responsabilité du propriétaire de navire et de celle du capitaine à raison d'un abordage. Thèse. Paris. 1900.

Tronche-Macaire, P.: Droit romain: Des avaries communes. — Droit français: Du sauvetage et de l'assistance maritime. Thèse. Paris. 1892.

Verneaux, René Augustin: Du connaissement. Thèse. Paris. 1887.

Weil, G. D.: Des assurances maritimes et des avaries. Commentaire. Paris. 1880.

Wittevronghel, Edouard: L'abordage maritime. Thèse. Dunkerque. 1895.

g. Juridiction commerciale.

Acremaut, E.: Exposé théorique des règles de la compétence d'attributions des tribunaux de commerce. Paris. 1875.

Camberlin, E.: Manuel pratique des tribunaux de commerce, à l'usage des magistrats, des justiciables, des officiers ministériels et des divers auxiliaires de la juridiction commerciale. Paris. 1903.

Durand-Morimbau: La juridiction commerciale. Manuel-formulaire des juges consulaires. Paris. 1894.

Houyvet, A.: Les tribunaux de commerce. Organisation, compétence, procédure. Paris. 1894.

Le Poittevin: Compétence et attributions des tribunaux de commerce. Paris. 1874.

Manuel formulaire à l'usage des juges au tribunal de commerce de Lyon. Lyon. 1904

Nimal, H. de: Les tribunaux de commerce. Bruxelles et Paris. 1886.

Relevé de tous les actes du ministère des greffiers des tribunaux civils qui exercent la juridiction commerciale . . . Lons-le-Launier. 1906.

Turlin, G.: Des courtiers de marchandises en droit français. Paris. 1879.

h. Faillites et banqueroutes. Liquidation judiciaire.

1. Commentaires. Manuels et traités.

Alauzet: Commentaire des faillites et banqueroutes. 2 vol. Paris. 1879.

Bédarride, J.: Traité des faillites et banqueroutes, ou commentaire de la loi du 28 mai 1838. 5e éd. 3 vol. Paris. 1874.

Bregeault, J.: La nouvelle réhabilitation des faillis. Commentaire de la loi du 30 décembre 1903. Paris. 1904.

Coulon, H.: La liquidation judiciaire et la faillite. Commentaire de la loi du 4 mars 1889. Paris. 1890.

Courtois, B.: Traité théorique et pratique de la liquidation judiciaire. Commentaire des lois du 4 mars 1889 et du 4 avril 1890. Paris. 1894.

Drouaux, L.: La réforme des faillites. Commentaire de la loi du 4 mars 1889 sur les liquidations judiciaires. 2e éd. Paris. 1893.

Dutruc: Commentaire théorique et pratique de la loi du 4 mars 1889 sur la liquidation judiciaire et la faillite, avec formules. 2e éd. Paris. 1892.

Fremont, R., et **Camberlin,** P.: Code pratique des liquidations et faillites. Commentaire complet de la loi du 4 mars 1889 et de toutes les législations françaises et étrangères. 2 vol. Paris. 1889—90.

Garsonnet, E., et **Cézar-Bru,** C.: Traité théorique et pratique de procédure (Organisation judiciaire; Compétence et Procédure en matière civile et commerciale). 2e éd.; revue, corrigée et mise au courant de la législation et de la jurisprudence. Tome 7. Paris. 1903.

Hervé, E.: Manuel-formulaire des syndics et liquidateurs judiciaires, contenant le commentaire de toutes les lois sur la faillite, la liquidation judiciaire et la réhabilitation des faillis. Paris. 1904.

Lalubie, E.: Liquidation judiciaire. Commentaire pratique de la loi du 4 mars 1889 et revue de la jurisprudence. Paris. 1890.

Laroque-Sayssinel et **Dutruc:** Formulaire général des faillites et banqueroutes. 5e éd. 2 vol. Paris. 1892.

Lyon-Caen, C., et **Renault,** L.: Traité des faillites, banqueroutes et liquidations judiciaires. 2 vol. Extrait de Lyon-Caen, C. et Renault, L.: Traité de droit commercial. 3e éd. Paris. 1903.

Marechal, C.: Traité pratique de la procédure des faillites et des liquidations judiciaires. Paris. 1896.

Rousseau, R., et **Defert,** H.: Code annoté des liquidations judiciaires, des faillites et des banqueroutes. Paris. 1889.

Rousseau, R., et **Defert,** H.: Code annoté des faillites et banqueroutes. Résumé méthodique et analytique de doctrine et de jurisprudence, suivi d'une table alphabétique des matières. Paris. 1879.

Thaller: Des faillites en droit comparé. Étude sur le règlement des faillites en droit international. 2 vol. Paris. 1887.

2. Revues.

Journal des faillites et des liquidations judiciaires françaises et étrangères. Publié par H. Defert. Paris. 1882 et s.

3. Traités spéciaux.

Albanel, L.: Des effets de la déconfiture du débiteur vivant. Paris. 1880.

Bloch, R.: Etude sur la faillite en droit international privé et particulièrement des conflits des lois en matière de faillite au point de vue de la législation française actuelle. Paris. 1892.

Bonnans, Georges: Étude sur la *bonorum venditio* en droit romain et la banqueroute en droit français. Thèse. Toulouse. 1884.

Brun, Louis: Du compte courant en cas de faillite. Thèse. Paris. 1899.

Cottance, Francis: De la compensation des créances dans la faillite ou la liquidation judiciaire. Thèse. Paris. 1899.

Coulon, H.: Législation nouvelle des faillites. Paris. 1890.

Courot, Paul: Du syndicat demandeur en justice dans l'intérêt de ses membres. Thèse. Paris. 1900.

Couroux, Marcel: De l'influence d'un règlement en effets de commerce sur la créance préexistante. Thèse. Paris. 1902.

Delacourtie, L.: Droits du syndic dans la faillite des sociétés par actions. Paris. 1891.

Desticker, Maurice: Des droits du vendeur de marchandises non payées en cas de faillite ou de liquidation judiciaire de l'acheteur. Paris. 1891.

Dombre, Paul: De l'influence de la faillite sur la naissance ou la constitution des hypothèques et sur leur conservation. Thèse. Montpellier. 1896.

Doyen, G.: Des effets de la faillite du débiteur principal sur l'engagement des coobligés solidaires et des cautions. Thèse. Paris. 1896.

Dupin, André: De la faillite civile. Nécessité de son organisation. Étude de droit comparé et de législation. Thèse. Grenoble. 1900.

Duval, Paul-François-Charles: Des ventes judiciaires d'immeubles après expropriation forcée. Faillite et liquidation judiciaire. Thèse. Caen. 1892.

Duvivier, Ch. H. Georges: Traité de la faillite des sociétés. Thèse. Paris. 1887.

Fossé, Paul-Baptiste-Marie: Des fonctions et des pouvoirs du syndic de faillite. Thèse. Dijon-Paris. 1888.

Fouache d'Halloy, Henri: Sort des assurances sur la vie en cas de faillite ou de déconfiture de l'assuré. Paris. 1897.

Fourcade, Pierre: Des faillites non déclarées. Thèse. Lyon. 1889.

Fourcade, Albert: Des effets de la cessation de paiements en matière de faillite, art. 446, 447, 448, §§ 2 et 3, et 449 du C. Com. Thèse. Montauban. 1891.

Garraud, R.: De la déconfiture et des améliorations dont la législation sur cette matière est susceptible. Paris. 1881.

Goethals, Léon: De la détermination de la date de cessation des paiements et de ses effets en matière de faillite et de liquidation judiciaire. Thèse. Roubaix. 1899.

Goguet, René: Des effets du jugement déclaratif de liquidation judiciaire. Thèse. Paris. 1890.

Humblet, L.: Traité des faillites, des banqueroutes et des sursis de payement. Bruxelles et Paris. 1880.

Jean, L.: De la réhabilitation des faillis d'après la loi du 30 décembre 1903. Thèse. Paris. 1906.

Juglar, L.: Droit français. De la situation des obligataires au cas de faillite ou de liquidation judiciaire de la société. Thèse. Paris. 1894.

Jullien, Eugène: Du droit de transcription en matière de licitation. Thèse. Lyon. 1890.

Lamaignère, Gabriel: Du contrôle des opérations de faillite. Thèse. Bordeaux. 1903.

Lambert, Jean-Marie-Ludovic: Examen critique et réforme du régime de la liquidation judiciaire, considéré en lui-même et dans ses rapports avec la faillite. Thèse. Bordeaux. 1898.

Lavrand, Albert: Du sort des actes accomplis pendant la période suspecte par le failli ou le liquidé judiciaire. Thèse. Mâcon. 1892.

Lecat, Arthur: De la vente forcée et de la cession judiciaire des créances. Thèse. Paris. 1900.

Lecomte, M.: Traité théorique et pratique de la liquidation judiciaire. Paris. 1890.

Leduc, L.: Des droits de la femme dans la faillite du mari. Thèse. Lille. 1897.

Lesage, Léon: Des conséquences de la faillite relatives à la lettre de change. Paris. 1894.

Lhéritier de Chezelin, L.: De la restitution de la dot, en droit romain; des droits de la femme dans la faillite du mari, en droit français. Poitiers. 1883.

Malapert, E.: Du régime de la liquidation judiciaire. De ses inconvénients et de ses avantages. De sa comparaison avec le régime de la faillite. Ouvrage couronné. Paris. 1892.

Martin, Evariste: Étude sur les effets de la cessation de paiements en matière de faillite en droit fançais. Thèse. Paris. 1883.

Meunier-Dolfus: Des effets de la faillite et de la liquidation judiciaire dans les rapports internationaux. Thèse. Paris. 1903.

Molènes, H. de: Droit romain: Des origines romaines de la distinction entre la faillite et la déconfiture. Droit français: De la faillite des sociétés par actions. Thèse. Rouen. 1889.

Morin de la Pillière, G.: De l'influence de la faillite sur les loyers. Thèse. Argentan. 1890.

Muchart, H.: Condition des créanciers de la femme du failli restée commune en biens (art. 1446 du Code Civil). Thèse. Toulouse. 1896.

Nachbaur, P.: Droit romain: Étude sur la procédure in jure dans les legis actiones; droit français: De la faillite en droit international privé ou des effets du jugement déclaratif rendu à l'étranger. Nancy. 1884.

Pannier, Ernest: Des conséquences juridiques de la déconfiture. Paris. 1875.

Patoux, A.: De la liquidation par filières des marchés en spéculation sur marchandises. Thèse. Paris. 1899.

Pochet, Maurice: Des effets de jugement déclaratif de faillite sur les contrats synallagmatiques antérieurs. Thèse. Paris. 1897.

Poignard, Daniel-Charles-Louis: De l'influence de la faillite sur les droits des créanciers hypothécaires. Thèse. Paris. 1887.

Poissonnet, Gustave: Effets du jugement déclaratif sur les inscriptions de privilèges ou d'hypothèques prises avant ou après la faillite. Thèse. Paris. 1894.

Ponvert, Emile: Les concordats amiables. Thèse. Paris. 1901.

Popin, Paul: De la vente des immeubles en cas de faillite et de liquidation judiciaire. Thèse. Paris. 1899.

Raffait, L.: La liquidation judiciaire. Loi du 4 mars 1889. Examen critique et projet de réforme. Paris. 1898.

Rivière, H. F.: Commentaire théorique et pratique des lois du 4 mars 1889 et du 4 avril 1890 sur la liquidation judiciaire portant modification à la législation des faillites. Paris. 1891.

Robert, C.: De la liquidation judiciaire des sociétés. (Loi du 4 mars 1889.) Paris. 1896.

Roy, Ch.: La loi du 30 décembre 1903. Réhabilitation des faillis et des liquidés judiciaires. Paris. 1904.

Sabareanu, A. J.: Des droits de la femme dans la faillite ou la liquidation judiciaire de son mari. Thèse. Paris. 1898.

Stelian, T.: Troit romain: La Plèbe à Rome jusqu'au IIIe siècle avant Jésus-Christ. Droit français: La faillite, études de législation comparée et de droit international. Paris. 1885.

Thomas, L.: Études sur la faillite. De la faillite dans le droit français et dans le droit étranger Paris. 1880.

Travers, Maurice: L'unité de la faillite en droit international. Thèse. Paris. 1894.

Travers, Maurice: La faillite et la liquidation judiciaire dans les rapports internationaux. Paris. 1894.

Wacher, H.: Des actions dans lesquelles le syndic de faillite peut jouer le rôle de demandeur ou de défendeur. Thèse. Paris. 1892.

Voron, Augustin-Edouard: De l'aliénation par le syndic des biens du failli. Thèse. Bordeaux. 1901.

Veron, Emmanuel: De la liquidation judiciaire. Lois du 4 mars 1889 et du 4 avril 1890. (Thèse. Lyon.) Paris. 1890.

Wibaux, Alphonse: De la revendication en matière de faillite et de liquidation judiciaire. Thèse. Roubaix. 1896.

1. Droit colonial.

Carpentier, Adrien: Codes et lois pour la France, l'Algérie et les colonies. 2 vol. Paris. 1907.

Dislère: Traité de législation coloniale. 2e éd. 2. vol. Paris. 1897.

Penant: Répertoire de droit colonial et maritime. Jurisprudence, doctrine et législation. Paris. 1904.

Recueil de législation et de jurisprudence coloniales.

Recueil de lois, décrets et arrêtés, concernant les colonies, publié par le Ministère de la marine. 2 vol. Paris. 1877—81.

Algérie.

Béquet et **Simon:** L'Algérie. Gouvernement, administration, législation. 3 vol. Paris. 1886.

Charpentier: Précis de législation algérienne et tunisienne. Alger. 1899.

Estoublon, Robert, et **Lefébure,** Adolphe: Code de l'Algérie annoté. Recueil chronologique des lois, ordonnances, décrets, arrêtés, circulaires, etc., formant la législation algérienne actuellement en vigueur, avec les travaux préparatoires et l'indication de la jurisprudence, suivi d'une table alphabétique de concordance. Alger. 1896. Suppléments. Années 1896—1898. Alger. 1898—99.

Journal des tribunaux algériens.

Larcher, E.: Traité élémentaire de législation algérienne. 2 vol. Paris. 1902—1903.

Martinot: Recueil des lois, décrets, arrêtés en vigueur. Justice musulmane en Algérie. Paris. 1901.

Massougnes, P. de: Le régime commercial de l'Algérie. Thèse. Paris. 1901.

Menerville, de: Dictionnaire de la législation algérienne. Code annoté. 3 vol. Paris. 1881—84.

Narbonne: Répertoire de jurisprudence algérienne.

Sautayra, E., et Hugues: Législation d'Algérie, lois, ordonnances, etc., de 1830—87. Paris. 1878—1888.

Tilloy, René: Répertoire alphabétique de jurisprudence, de doctrine et de législation algériennes et tunisiennes. 8 vol. Paris. 1891—1900.

Annam-Tonkin.

Ganter, D.: Recueil de la législation en vigueur en Annam et au Tonkin. Publié d'après les textes officiels et classé dans l'ordre alphabétique et chronologique. 2e éd. Hanoï. 1895—99.

Antilles.

Rovel: Le régime politique et législatif des Antilles françaises. Nancy. 1902.

Cambodge.

Leclère, Adhémar: Les Codes cambodgiens. 2 vol. Paris. 1893.

Cochinchine.

Laffont, E., et Fonssagrives, J.: Répertoire alphabétique de législation et de réglementation de la Cochinchine, arrêté au 1er janvier 1889. 7 vol. Paris. 1889—1890.

Lassere: Répertoire méthodique et alphabétique de législation, de doctrine et de jurisprudence indigènes. 1879—84. Saïgon.

Tunisie.

Bompard, Maurice: Législation de la Tunisie. Recueil des lois, décrets et règlements en vigueur dans la régence de Tunis au 1er janv. 1888. Paris. 1888. Supplément par Maurice Candel. 1896.

Sebaut, A.: Dictionnaire de la législation tunisienne. Nouv. éd. Dijon. 1896.

Zeys, Paul: Code annoté de la Tunisie. Recueil de tous les documents composant la législation de ce pays au 1er janv. 1901. Avec la collaboration de P. Pomonti. Nancy. 1901. Supplément annuel.

Aperçu de l'organisation et de l'administration judiciaires.

Les tribunaux. Leur compétence.

La justice civile est rendue en France, sous l'autorité du Garde des Sceaux, par des juridictions ordinaires ou de droit commun et par des juridictions extraordinaires ou d'exception. Les premières sont celles qui ont une compétence générale leur permettant, en principe, de connaître de toutes les affaires qu'une loi spéciale ne leur a pas retirées; les autres, au contraire, n'ont que la compétence qu'un texte particulier leur a expressément attribuée. Les juridictions ordinaires comprennent les tribunaux de première instance ou d'arrondissement et les cours d'appel; les juridictions extraordinaires comprennent les justices de paix, les tribunaux de commerce et les conseils de prud'hommes.

Près les tribunaux et pour en surveiller l'action, se trouve placée une magistrature spéciale, *le ministère public.* Enfin, pour faciliter l'administration de la justice, il y a des auxiliaires institués par la loi pour prêter leur concours aux particuliers et aux magistrats. Ce sont d'une part les *greffiers* et les *officiers ministériels* (avoués, huissiers, commissaires-priseurs, etc.), d'autre part les *avocats.*

Au-dessus de toutes ces juridictions est placée la Cour de Cassation, qui siége à Paris et dont l'autorité s'étend sur tout le territoire français.

Il y a donc six ordres de tribunaux, savoir: la cour de cassation, les cours d'appel, les tribunaux d'arrondissement ou de première instance, les tribunaux de commerce, les justices de paix et les conseils de prud'hommes.

Nous ferons notre exposé en partant des tribunaux hiérarchiquement inférieurs.

I. Justices de paix.

Chaque justice de paix se compose d'un juge titulaire et de deux suppléants — à Paris, il peut y en avoir trois, — dont l'un le remplace en cas d'empêchement. Si juge titulaire et suppléants sont tous empêchés, le tribunal de première instance, s'il en est requis[1], renvoie l'affaire devant le juge de paix du canton le plus voisin.

Le juge de paix siége comme juge unique et statue en premier ou en dernier ressort sur des contestations de relativement peu de valeur. Par rapport aux questions qui intéressent directement ce travail, il connaît:

1° *Ratione materiæ:*

A. Sans appel jusqu'à concurrence de 300 francs, et à charge d'appel jusqu'à concurrence de 600 francs, de toutes les actions purement personnelles et mobilières;

B. Sans appel jusqu'à la valeur de 300 francs, et à charge d'appel jusqu'au taux de la compétence en dernier ressort des tribunaux de première instance: *a*) des contestations entre hôteliers, aubergistes ou logeurs et voyageurs ou locataires en garni, leurs répondants ou cautions, pour dépense d'hôtellerie et perte ou avarie d'effets déposés dans l'auberge ou dans l'hôtel, ainsi que de celles entre voyageurs et entrepreneurs de transports par terre ou par eau, voituriers ou bateliers, pour retard, frais de route et perte ou avarie d'effets qui accompagnent les voyageurs; — *b*) des actions entre voyageurs et carrossiers ou autres ouvriers, pour fournitures, salaires et réparations faites aux voitures et autres véhicules de voyage; — *c*) des contestations à l'occasion des correspondances et objets recommandés et des envois de valeur déclarée, grevés ou non de remboursement.

C. Sans appel jusqu'à la valeur de 300 francs, et à charge d'appel à quelque chiffre que la demande puisse s'élever: *a*) des actions en paiement de loyers ou fermages; — *b*) des congés; — *c*) de certaines demandes en résiliation de baux; — *d*) des expulsions de lieux; — *e*) des demandes en validité et en nullité ou mainlevée de saisies-gageries ou de saisies-revendications;

Le tout lorsque les locations verbales ou écrites n'excèdent pas annuellement 600 francs.

D. Sans appel jusqu'à la valeur de 300 francs, et à charge d'appel à quelque chiffre que la demande puisse s'élever: *a*) de certaines contestations entre bailleurs et locataires; — *b*) des contestations relatives aux engagements respectifs des gens de travail et de ceux qui les emploient; des maîtres, domestiques ou gens de service à gages; des maîtres ou patrons et de leurs ouvriers ou apprentis, sans préjudice des lois spéciales relatives à la juridiction prud'hommale ou commerciale, au contrat d'apprentissage et aux lois sur les accidents du travail; — *c*) des contestations entre les compagnies ou administrations de chemins de fer ou tous autres transporteurs et les expéditeurs ou les destinataires, relatives à l'indemnité afférente à la perte, à l'avarie, au détournement d'un colis postal du service continental intérieur, ainsi qu'aux retards apportés à la livraison.

2° *Ratione loci* ou *personæ:*

Des actions ci-dessus énumérées, lorsque le défendeur a son domicile ou sa résidence dans le canton, ou que l'immeuble litigieux y est situé.

En plus des exceptions qui résultent de l'article 59 du Code de Procédure Civile et dont il sera question ci-après sous le paragraphe III, la loi du 2 janvier 1902, relative aux assurances, donne compétence, pour les actions relatives à la fixation et au règlement de l'indemnité, soit au juge de paix du domicile de l'assuré, soit au juge de paix du lieu où s'est produit l'accident ou le sinistre. D'autres exceptions sont prévues par l'article 15 de la loi du 9 avril 1898, l'article 3 de la loi du 8 juillet 1907, les lois des 22 février 1851 et 15 juillet 1905, ainsi que par quelques autres dispositions spéciales.

II. Conseils de prud'hommes.

Les conseils de prud'hommes sont des tribunaux chargés de juger les contestations entre patrons et ouvriers ou employés relativement à leur industrie. Ils

[1]) Décret des 16—24 août 1790, titre III, art. 1; loi du 27 ventôse an IX, art. 3; loi du 16 ventôse an IX, art. 1. — Quant aux grandes villes, elles sont divisées en un certain nombre d'arrondissements de justices de paix, dont la population varie de 10.000 à 15.000 habitants. A Paris, il y a 20 juges de paix, un par arrondissement; plus deux qui sont chargés d'assurer le service du tribunal de police: Décret des 16—24 août 1790, titre III, art. 1 et 2; loi du 8 pluviôse an IX, art. 7; loi du 16 juin 1859, art. 2; loi du 12 juillet 1905, art. 18.

sont établis dans les villes de fabrique par des décrets rendus en forme de règlement d'administration publique et composés d'un nombre égal de patrons et d'ouvriers ou d'employés appartenant à une même profession industrielle ou commerciale, ou à un groupe de professions industrielles ou commerciales similaires. Leurs fonctions sont électives.

Les conseils de prud'hommes statuent:

1° *Ratione materiæ:*

Sur les contestations concernant les professions comprises dans le décret spécial d'institution du conseil et à condition: *a*) que les parties au procès soient marchands ou fabricants d'un côté, et chefs d'atelier, contremaîtres, ouvriers, employés ou apprentis de l'autre; — *b*) qu'il s'agisse de rapports entre personnes appartenant à la même profession industrielle ou commerciale; — *c*) qu'il s'agisse de litiges relatifs à l'exercice de cette commune industrie.

2° *Ratione loci* ou *personæ:*

Sur les contestations entre patrons et ouvriers ou employés travaillant pour une branche industrielle ou commerciale du ressort du conseil fixé par le décret d'institution, quel que soit le domicile ou la résidence des ouvriers ou employés.

III. Tribunaux de première instance ou d'arrondissement.

Dans le chef-lieu de chaque arrondissement, composé de plusieurs cantons, existe un tribunal de première instance qu'on désigne par le nom de ce chef-lieu[1]. Il statue:

1° *Ratione materiæ:*

a) Sur les appels des décisions des juges de paix, des conseils de prud'hommes et des tribunaux d'arbitrage qui, s'il n'y eût point eu d'arbitrage, eussent été, soit en premier, soit en dernier ressort, de la compétence des juges de paix; — *b*) sur toutes les affaires qui ne sont pas de la compétence des juges de paix, des conseils de prud'hommes et des tribunaux de commerce. — La décision est sans appel lorsque la valeur en litige est inférieure à 1500 francs en matière mobilière ou personnelle, et à 60 francs de revenu en matière immobilière. Au delà de ces chiffres, le tribunal d'instance ne statue qu'en premier ressort.

2° *Ratione loci* ou *personæ:*

a) En matière personnelle mobilière, réelle mobilière et personnelle immobilière, lorsque le défendeur a son domicile, et, à défaut de domicile, sa résidence dans l'arrondissement; — *b*) en matière d'état de personnes.

La compétence du tribunal de première instance du domicile du défendeur souffre deux sortes d'exceptions: tantôt la loi impose un tribunal autre que celui du défendeur, et tantôt elle laisse le choix au demandeur entre deux ou plusieurs tribunaux qu'elle désigne elle-même.

A. Font partie de la première exception: *α*) les actions réelles immobilières, qui doivent être portées devant le tribunal de la situation de l'immeuble litigieux (art. 59, § 3, C. Proc. Civ.; art. 2008, C. Civ.); *β*) les actions personnelles et réelles mobilières contre une succession (art. 59, § 5, C. Proc. Civ.; art. 822, C. Civ.) ou contre une société (art. 59, § 5, C. Proc. Civ.; art. 1476 et 1872, C. Civ.), qui sont de la compétence du tribunal du lieu où la succession s'est ouverte, ou du siége de la société; *γ*) les actions relatives à la fixation et au règlement de l'indemnité en matière d'assurances, qui peuvent être portées soit devant le juge du domicile de l'assuré, quelle que soit l'espèce d'assurance (assurance-vie, assurance contre les accidents, incendie, grêle, etc.), soit devant celui du lieu où s'est produit l'accident ou le sinistre, ou de celui où se trouvent les objets ou les animaux assurés (art. 1, loi du 2 janvier 1902)[2]; *δ*) les demandes en garantie incidentes, qui sont portées devant le juge de la demande originaire (art. 59, § 8, et 181, C. Proc. Civ.); *ε*) les demandes formées pour frais par les officiers ministériels, qui sont portées au tribunal où les frais ont été exposés (art. 60, C. Proc. Civ.); *ζ*) les demandes relatives à l'exécution d'un jugement, qui sont de la compétence du tribunal qui l'a rendu, dénommé pour cela tribunal d'exécution (art. 553 et 554,

---

[1]) Excepté dans les arrondissements d'Argelès, Arles, Boussac, Commercy, La Palisse, La Tour-du-Pin, Mauléon et Poligny, dont les tribunaux siégent respectivement à Lourdes, Tarascon, Chambon, Saint-Mihiel, Cusset, Bourgoin, Saint-Palais et Arbois. — Le département de la Seine, qui se compose de trois arrondissements, n'a qu'un tribunal de première instance, appelé Tribunal de la Seine. Son siége est à Paris. — [2]) Mais la loi de 1902 ne s'applique pas aux assurances maritimes.

C. Proc. Civ.); η) les demandes personnelles et réelles mobilières intentées par un Français en France contre un étranger domicilié à l'étranger (art. 14, C. Civ.)[1]; ϑ) les demandes relatives aux rentes ou pensions dues à la suite d'accidents du travail, qui sont portées devant le tribunal du lieu de l'accident (art. 15, loi du 9 avril 1898).

B. La seconde exception comprend les cas où la loi permet au demandeur de choisir entre deux ou plusieurs tribunaux de première instance. Cela arrive: α) en cas de pluralité de défendeurs en matière personnelle et en matière réelle mobilière (art. 59, § 2, C. Proc. Civ.); β) en matière mixte immobilière: le demandeur a le choix entre le tribunal du défendeur et celui de la situation de l'objet litigieux (art. 59, § 4, C. Proc. Civ.); γ) en cas d'élection de domicile faite dans une convention en vue de son exécution. En ce cas, le demandeur a le choix entre le tribunal du domicile élu et celui du domicile réel du défendeur, ou celui de la situation en matière réelle immobilière. Toutefois, si l'élection de domicile avait été faite tant dans l'intérêt du défendeur que dans celui du demandeur, celui-ci n'aurait plus le choix et serait tenu de s'adresser au tribunal du domicile élu.

IV. Tribunaux de commerce.

Toute ville importante a un tribunal de commerce, institué par décret du président de la République, rendu en Conseil d'Etat. Il est composé de trois membres au moins, y compris le président. Mais ce n'est là qu'un minimum; quant au maximum, il est fixé, suivant les besoins du service, par des règlements d'administration publique (art. 617, C. Com.). Celui de la Seine est composé d'un président, de vingt et un juges et d'autant de juges suppléants.

Les fonctions des juges de commerce sont électives et purement honorifiques, c'est-à-dire non rétribuées.

Le ressort du tribunal de commerce se couvre, en principe, avec celui du tribunal civil; là où il n'y en a pas, c'est ce dernier qui en exerce les fonctions (art. 615, 616, 640 et 641, C. Com.)[2].

Les jugements des tribunaux de première instance doivent être rendus par des magistrats délibérant en nombre impair (art. 4, loi du 30 août 1883); ceux des tribunaux de commerce ne sont pas soumis à cette règle (art. 15, § 2, loi du 8 décembre 1883).

Les tribunaux de commerce connaissent:

1° *Ratione materiæ:*

a) des contestations qui s'élèvent entre commerçants relativement à l'exercice de leur commerce; — *b*) des contestations entre non-commerçants quand elles sont basées sur des actes de commerce; — *c*) des contestations qui s'élèvent entre membres d'une société de commerce; — *d*) des actions intentées contre les facteurs et commis des négociants pour le fait de leur commerce; — *e*) des billets faits par les receveurs, payeurs, percepteurs ou autres comptables des deniers publics (art. 634, § 2, C. Com.); — *f*) de toutes les contestations, même civiles, relatives à la faillite (La faillite n'existe que pour les commerçants); — *g*) des contestations relatives aux lettres de change entre toutes personnes, quelle que soit la profession qu'elles exercent, et de celles relatives aux billets à ordre, lorsque ceux-ci portent la signature d'un commerçant (art. 636 et 637, C. Com.); — *h*) des contestations concernant les veuves ou héritiers des justiciables des tribunaux de commerce (art. 426, C. Proc. Civ.).

La décision est sans appel lorsque la valeur en litige n'est pas supérieure à 1500 francs, ou que les parties ont déclaré vouloir être jugées définitivement (art. 639, C. Com.).

2° Ils sont compétents *ratione loci* ou *personæ:*

a) si le défendeur est domicilié dans le ressort du tribunal; — *b*) si la promesse y a été faite et la marchandise livrée; — *c*) si le paiement devait y être effectué (art. 420, C. Proc. Civ.)[3].

---

[1]) Plusieurs traités diplomatiques dérogent à cette règle: Traité du 6 juin 1843 avec la République de l'Equateur; traité du 15 juin 1869 avec la Suisse; traité du 11 janvier 1887 avec la Russie; traité du 8 juillet 1899 avec la Belgique. — [2]) En 1900, il existait en tout, l'Algérie comprise, 331 tribunaux de commerce et 179 tribunaux civils faisant fonctions de tribunaux de commerce. — [3]) La simple mention insérée dans une facture que le prix sera payable au domicile du vendeur, est attributive de compétence si l'acheteur a accepté la facture sans protestation: Cass., 12 février 1906 (Sirey, 1906. I. 461).

Le choix entre ces trois tribunaux appartient au demandeur.

Comme en matière civile, les règles ci-dessus indiquées souffrent certaines exceptions, savoir: α) en cas de pluralité de défendeurs, auquel cas le demandeur peut assigner, à son choix, non seulement devant le tribunal du lieu où la promesse a été faite et la marchandise livrée et devant celui du lieu où le paiement devait être effectué, mais devant celui du domicile ou de la résidence de chaque défendeur; β) en cas d'élection de domicile, qui est attributive de juridiction; γ) en matière de succession et de société, où le tribunal du défendeur est remplacé par celui de l'ouverture de la succession, ou par celui du siége de la société; δ) en matière d'assurances, conformément aux dispositions ci-dessus mentionnées de la loi du 2 janvier 1902; ε) en matière de faillite, les actions nées de la faillite étant de la compétence du tribunal qui l'a déclarée (art. 59, § 7, C. Proc. Civ.; art. 635, C. Com.).

V. Cours d'appel.

Il y a 26 cours d'appel, qui ont pour chefs-lieux: Agen, Aix, Amiens, Angers, Bastia, Besançon, Bordeaux, Bourges, Caen, Chambéry, Dijon, Douai, Grenoble, Limoges, Lyon, Montpellier, Nancy, Nîmes, Orléans, Paris, Pau, Poitiers, Rennes, Riom, Rouen et Toulouse. Chaque ressort, sauf celui de Bastia, comprend plusieurs départements, divisés en arrondissements, dont chacun possède un tribunal, ainsi que nous l'avons dit plus haut.

Les fonctions des cours d'appel sont doubles; elles consistent:

1° à juger les appels formés contre les décisions rendues en premier ressort, dans l'étendue de leur circonscription, par les juridictions qui leur sont immédiatement inférieures: jugements des tribunaux de première instance et de commerce, ordonnances rendues par le juges des référés ou le président des conciliations, sentences arbitrales rendues sur des litiges ressortissant aux tribunaux de première instance ou de commerce, décisions des conseils de l'ordre des avocats;

2° à connaître, comme premier et second degré de juridiction, des procès dans lesquels elles ont exercé le droit d'évocation, et de certains règlements de juges, demandes en renvoi et prises à partie.

VI. La Cour de Cassation.

La Cour de Cassation se compose de trois chambres et siége à Paris. Sa mission essentielle est d'assurer l'unité et la fixité de la jurisprudence en cassant les décisions en dernier ressort des juridictions inférieures qui auraient violé la loi au fond ou en la forme. Mais la Cour de Cassation ne juge jamais en fait: il lui est interdit de connaître du fond même des affaires (décret des 27 novembre—1er décembre 1790, titre I, art. 3). Lorsqu'elle casse une décision, elle renvoie l'affaire devant une autre juridiction du même degré et du même ordre que celle dont elle a cassé la décision.

La Cour de Cassation connaît aussi de certains règlements de juges, demandes en renvoi et prises à partie, et des demandes en annulation des actes par lesquels les juges ont excédé leurs pouvoirs. Ces demandes sont formées par le procureur général près cette cour (art. 80, loi du 27 ventôse an VIII).

Le ministère public.

On appelle *ministère public* une magistrature spéciale, établie auprès de la Cour de Cassation, des cours d'appel et des tribunaux de première instance, pour y surveiller l'action de la justice et défendre les intérêts de l'État, des départements, des communes, des établissements publics et des personnes incapables ou hors d'état de se défendre elles-mêmes. A la différence de la magistrature assise, les membres du ministère public[1] sont essentiellement amovibles. Ils sont entièrement placés sous l'autorité du Garde des Sceaux, qui peut les déplacer ou révoquer à sa guise (par décret rendu par le président de la République). Ils ne jouissent de leur liberté qu'à l'audience, où ils peuvent conclure, suivant leur opinion personnelle, au rejet des réquisitions qu'ils ont formulées par écrit. On caractérise cette situation en disant que «la plume est serve et la parole libre».

---

1) On appelle le ministère public *magistrature debout* par opposition à la magistrature assise qui compose les cours et tribunaux, parce que ses membres se lèvent quand ils prennent la parole.

Plus indépendante encore est la situation des membres du ministère public vis-à-vis des tribunaux, à qui il est interdit, sous peine d'excès de pouvoir, de leur adresser des injonctions ou des ordres; ils peuvent seulement leur demander de prendre des conclusions dans les affaires portées à leur audience. C'est même un des caractères les plus particuliers du ministère public français que la faculté ou l'obligation pour lui de prendre des conclusions même dans les affaires civiles. Dans beaucoup de pays étrangers le ministère public ne jouit pas de cette prérogative.

Le ministère public est également hiérarchisé. La réunion des membres qui exercent cette fonction auprès d'une même juridiction, s'appelle un *parquet*[1]. Il y a un parquet de première instance, un parquet d'appel, et un parquet de cassation. Le parquet d'un tribunal de première instance comprend le procureur de la République (qui n'est lui-même que substitut du procureur général), et un certain nombre de substituts qui l'assistent ou le remplacent, suivant les circonstances.

Le parquet d'une cour d'appel comprend: 1° le procureur général, qui est le chef du ministère public dans tout le ressort de la cour; — 2° autant d'avocats généraux qu'il y a de chambres, sauf à Paris, où il n'y a que sept avocats généraux pour 10 chambres; — 3° un certain nombre de substituts. — Avocats généraux et substituts travaillent sous la surveillance et sur les indications du procureur général.

Enfin, le parquet de la Cour de Cassation se compose: 1° du procureur général de la République; — 2° de six avocats généraux; — 3° d'un secrétaire général, nommé par le procureur général, et révocable par lui. — Il n'y a pas de substituts au parquet de la Cour de Cassation.

Le ministère public agit de deux manières différentes: *par voie d'action*, ou *par voie de réquisition.* Il agit par voie d'action, quand il est *partie principale*, c'est-à-dire quand joue le rôle de demandeur; et il agit par voie de réquisition, quand est *partie jointe*, c'est-à-dire quand n'intervient au procès que pour donner son avis, auquel d'ailleurs, bien entendu, le tribunal n'est pas tenu de se conformer. Pour lui faciliter la besogne, la loi ordonne que les dossiers des affaires qui intéressent l'ordre public lui soient communiqués avant l'audience par les avoués des parties. Ces affaires sont dites *communicables* ou *de communication* (art. 83, décret du 30 mars 1808).

Le procureur général près la Cour de Cassation a encore une autre mission. Il lui est permis de se pourvoir dans l'intérêt de la loi contre les arrêts et les jugements en dernier ressort qui sont entachés d'excès de pouvoir ou de violation de la loi au fond ou en la forme, et contre lesquels les parties intéressées ne se sont pas pourvues elles-mêmes dans les délais légaux. Mais les conséquences de ce pourvoi sont purement théoriques: la cassation ainsi prononcée n'influe en rien sur les droits les parties (art. 88, loi du 27 ventôse an VIII).

Auxiliaires des cours et tribunaux. Mandataires de justice.

Il y a plusieurs sortes d'auxiliaires et de mandataires.

Les *greffiers* font partie des cours et tribunaux, auprès desquels ils remplissent les fonctions de secrétaires. Leur assistance est indispensable dans tous les actes du ministère du juge, dont ils dressent procès-verbal, conservent les minutes et délivrent les expéditions.

* * *

Devant les justices de paix, les conseils de prud'hommes et les tribunaux de commerce, les parties peuvent comparaître en personne ou se faire représenter par qui bon leur semble.

Dans les grandes villes, notamment à Paris, il s'est formé auprès des tribunaux de commerce une catégorie spéciale de mandataires de justice qui jouissent, dans une mesure très restreinte, d'une situation privilégiée, non prévue par la loi, mais consacrée par les usages. C'est la compagnie des *agréés*, c'est-à-dire un petit nombre d'individus qui se consacrent tout spécialement aux affaires commerciales. En réalité, ils n'ont aucun caractère public. La légalité même de leur existence est contestée. La situation qu'ils occupent est une situation intermédiaire entre les très nombreux *agents d'affaires* qu'on rencontre aux abords des tribunaux et les avocats

---

1) Cette expression vient de ce que les siéges des membres du ministère public étaient autrefois placés sur le plancher même de la salle d'audience, aux pieds du tribunal ou de la cour; elle désigne aussi la partie du Palais de Justice qui est affectée à leur usage et à leurs services.

régulièrement inscrits à un barreau, dont d'ailleurs ils sont faciles à distinguer, puisque, n'ayant aucun caractère officiel, ils ne peuvent, en somme, représenter les parties que là où celles-ci sont libres de confier leur défense à qui bon leur semble. En aucun cas, ils ne peuvent plaider devant les tribunaux civils et les cours d'appel.

Les avocats régulièrement inscrits à un barreau, dits *avocats à la cour d'appel* dans les villes où il y a une cour d'appel, plaident devant toutes les juridictions de France, à l'exception du Conseil d'État et de la Cour de Cassation, où les parties doivent se faire représenter par un des 60 *avocats à la Cour de Cassation.*

A côté des avocats, il y a, en matière civile, les *avoués de première instance* et les *avoués près une cour d'appel,* dont le ministère est obligatoire devant les tribunaux de première instance (sauf en ce qui concerne les appels des jugements des prud'hommes) et devant les cours d'appel. D'ailleurs, ils ne peuvent occuper que devant la juridiction auprès de laquelle ils sont admis.

La division du travail entre l'avocat et l'avoué se fait de la manière suivante: l'avoué fait la procédure et surveille les délais; l'avocat plaide et conseille. L'exécution des jugements et la signification des actes sont confiées à *l'huissier.*

Les frais, émoluments et débours des avoués et des huissiers sont tarifés, c'est-à-dire fixés par la loi. L'officier ministériel doit, aux termes de la loi du 24 décembre 1897, provoquer une ordonnance de taxe et la signifier au client. Si celui-ci y fait opposition, la question est jugée en la chambre du conseil, mais le jugement est rendu à l'audience publique. Quant à l'avocat au contraire, ses honoraires ne sont soumis à aucune règle: librement offerts par le client, ils ont le caractère juridique d'un présent et ne sont ni quittancés, ni réclamés en justice. Si le client croit avoir à se plaindre des procédés de son avocat, il s'adresse au conseil de l'ordre des avocats, qui siége comme chambre de discipline.

Les avoués et les huissiers ont également des chambres de discipline qui surveillent leurs membres et donnent leurs avis sur les états de frais à soumettre à la taxe du juge.

Procédure.

Procédure devant les juges de paix.

La procédure judiciaire est réglée en France par le Code de Procédure Civile du 24 avril 1806, complété et modifié par de nombreuses lois postérieures. Les prescriptions générales sont réunies dans la partie relative aux tribunaux d'arrondissement. Nous ne rapporterons donc sous cette rubrique que les règles concernant tout spécialement les justices de paix et dont le but essentiel est de faciliter et d'accélérer l'obtention de la justice.

Les jours d'audience, les parties peuvent comparaître volontairement, sans citation préalable, et demander un jugement par une déclaration écrite et signée (art. 7, C. Proc. Civ.).

Si elles ne comparaissent pas volontairement et que le demandeur et le défendeur demeurent tous deux dans la ville ou dans le canton du juge de paix qui est appelé à connaître de l'affaire, un *billet d'avertissement,* rédigé, sur timbre, par le greffier et envoyé par la poste, doit, en principe, précéder la citation, afin de faciliter une conciliation (art. 2, loi du 2 mai 1855; art. 21, loi du 23 août 1871). Si celle-ci réussit, le juge de paix peut, sur demande, en faire dresser procès-verbal par son greffier, ce qui confère à ce dernier le caractère d'acte authentique.

A défaut de conciliation[1], le demandeur fait donner *citation* au défendeur par *exploit d'huissier.* Le délai de comparution est d'un jour franc si le défendeur est domicilié dans la distance de 50 kilomètres; sinon, il est augmenté d'un jour par 50 kilomètres ou fraction de 50 kilomètres. Toutefois, le juge de paix peut, s'il y a urgence, autoriser, par *cédule,* à assigner de jour à jour et même d'heure à heure.

La citation doit mentionner: 1° la date du jour où elle est signifiée; — 2° les noms, profession et domicile du demandeur; — 3° les noms, demeure et immatricule de l'huissier; — 4° les noms et demeure du défendeur; la mention du lieu où l'acte a été remis et de la personne à laquelle la copie de l'exploit a été laissée; — 5° un exposé sommaire de l'objet et des moyens de la demande; — 6° le juge de paix devant lequel on cite; — 7° le lieu, le jour et l'heure de la comparution; — 8° le coût de l'acte, qui doit être enregistré dans les quatre jours de sa date; — 9° la signature de l'huissier.

---

[1]) Le simple *billet d'avertissement* n'interrompt pas la prescription.

Si, au jour indiqué par la citation, l'une des parties ne comparaît ni en personne, ni par mandataire, l'affaire est jugée par défaut sur la demande de la partie comparante. La partie condamnée peut alors former opposition dans les trois jours de la signification du jugement, à moins que le juge n'ait fixé un délai plus long. Si elle se laissait juger une seconde fois par défaut, aucune autre opposition ne serait plus recevable. (Opposition sur opposition ne vaut.)

Le cité ne peut pas former de demande reconventionnelle à l'audience même; il est obligé de procéder lui-même par voie de citation.

L'affaire exposée, la décision intervient généralement sur-le-champ, mais elle peut aussi être renvoyée à une date ultérieure. Si un *interlocutoire* est ordonné, la cause doit être jugée définitivement dans les 4 mois du jour du jugement. Passé ce délai, l'instance est périmée. Si c'est par la faute du juge que la péremption a eu lieu, celui-ci est passible de dommages-intérêts.

L'exécution provisoire des jugements est ordonnée dans tous les cas où il y a titre authentique, promesse reconnue, ou condamnation précédente dont il n'y a point eu appel. Dans tous les autres cas, le juge peut ordonner l'exécution provisoire nonobstant appel et sans caution lorsqu'il s'agit de pension alimentaire ou que la demande n'excède pas la somme de 300 francs, et avec caution au-dessus de cette somme. S'il y a péril en la demeure, l'exécution provisoire peut être ordonnée sur la minute même du jugement, avant toute signification, avec ou sans caution.

L'appel des jugements des tribunaux de paix n'est recevable, à l'égard des personnes domiciliées dans le canton, ni avant les trois jours qui suivent celui de la prononciation des jugements, à moins qu'il n'y ait lieu à exécution provisoire, ni après les trente jours qui suivent la signification. Celles domiciliées hors du canton ont, pour interjeter appel, outre le délai de trente jours, les délais réglés par les art. 73 et 1033 du Code de procédure civile, lesquels s'étendent, suivant les cas, jusqu'à huit mois pour les pays d'outre-mer, et même jusqu'à seize mois en cas de guerre maritime. Le jour de la signification et celui de l'échéance ne comptent pas. Si le dernier jour est un jour férié, le délai n'expire que le lendemain; et il n'expire que le surlendemain si deux jours fériés se suivent (art. 1033, C. Proc. Civ.).

Les jugements de paix rendus *en dernier ressort* ne peuvent être attaqués par la voie du recours en cassation que pour excès de pouvoir, jamais pour violation ou pour erreur dans l'application de la loi (art. 15, loi du 25 mai 1838). Il en résulte que dans les affaires qui ne sont pas susceptibles d'appel, le juge de paix peut juger en équité, sans s'attacher au texte de la loi. Mais il en est autrement des affaires dont il ne connaît qu'*en premier ressort*. Dans ce cas, comme l'appel des jugements de paix est porté au tribunal de première instance et que celui-ci est tenu de se conformer à la loi, le juge de paix doit lui aussi en observer les prescriptions (V. art. 7, loi du 20 avril 1810).

Procédure devant les conseils de prud'hommes.

Le conseil de prud'hommes renferme deux sortes de bureaux: 1° le bureau particulier ou de conciliation, dont le nom même indique la fonction, et — 2° le bureau général ou de jugement, devant lequel sont renvoyés les différends non conciliés par le précédent.

A. *Bureau particulier ou de conciliation.* — Toute contestation rentrant dans la compétence des conseils de prud'hommes doit faire l'objet d'une tentative de conciliation préalable devant le bureau particulier, lequel est composé d'un prud'homme ouvrier ou employé et d'un prud'homme patron. A cet effet, les parties comparaissent volontairement, ou sur lettre ou citation. Elles sont tenues de comparaître en personne, sauf en cas d'absence ou de maladie, mais elles peuvent se faire assister d'un avocat ou d'un avoué exerçant près le tribunal civil de l'arrondissement.

A défaut de comparution sur lettre, envoyée par le secrétaire du conseil, le défendeur est convoqué soit par lettre recommandée, avec avis de réception, soit par ministère d'huissier.

B. *Bureau général ou de jugement.* — Si la tentative de conciliation a échoué, le bureau particulier renvoie l'affaire devant le bureau général, qui statue sur-le-champ.

Le mode de citation devant le bureau général est le même que devant le bureau particulier. Si le défendeur ne défère pas à l'invitation que lui fait, par lettre, le secrétaire de se présenter devant le conseil, il lui est délivré citation par huissier audiencier.

Les délibérations du bureau de jugement sont prises à la majorité absolue des voix des membres présents, dont le nombre doit être au moins de deux patrons et de deux ouvriers ou employés. En cas de partage, l'affaire est renvoyée dans le plus bref délai possible devant le même bureau de jugement, mais présidé cette fois par le juge de paix de la circonscription ou l'un de ses suppléants.

Dans les affaires entre ouvriers ou entre patrons et ouvriers, les jugements des conseils de prud'hommes sont définitifs et sans appel, sauf du chef de la compétence, lorsque le chiffre de la demande n'excède pas 300 francs en capital. Au delà de ce chiffre, ils sont susceptibles d'appel, mais peuvent être déclarées exécutoires par provision sans caution jusqu'à concurrence de 100 francs, et à charge de caution au-dessus de ce chiffre. Dans celles entre employés et patrons, le conseil n'est compétent que jusqu'à concurrence de 1000 francs.

L'appel est porté devant le tribunal civil, lequel statue comme en matière commerciale, c'est-à-dire sans l'assistance obligatoire d'un avoué. L'appel ne peut être interjeté ni avant les trois jours qui suivent celui de la prononciation du jugement, à moins qu'il n'y ait lieu à exécution provisoire, ni après les dix jours qui suivent la signification. Les parties peuvent se faire représenter soit par un avocat régulièrement inscrit, soit par un avoué, soit par un ouvrier (ou employé) ou un patron exerçant la même profession. Les chefs d'industrie peuvent en outre se faire représenter par le directeur gérant de leur établissement ou par un employé. La décision doit intervenir dans les trois mois de l'acte d'appel.

Les jugements rendus en dernier ressort par les conseils de prud'hommes ne peuvent être attaqués par la voie du recours en cassation que pour excès de pouvoir ou violation de la loi; ceux rendus par les tribunaux civils ayant statué sur appel, peuvent être attaqués pour incompétence, excès de pouvoir ou violation de la loi. Le pourvoi doit être formé dans les trois jours de la signification du jugement, par déclaration au secrétariat du conseil, pour les sentences prud'hommales, et par déclaration au greffe du tribunal, pour les jugements d'appel. Il doit être notifié dans la huitaine, à peine de déchéance. La Cour de Cassation statue dans le mois qui suit la réception des pièces.

Procédure devant les tribunaux de première instance ou d'arrondissement.

Toute demande *introductive d'instance* devant un tribunal civil, susceptible de transaction, doit, sauf exception, être précédée d'un essai de conciliation devant le juge de paix (art. 48 et 49, C. Proc. Civ.). Les parties comparaissent volontairement ou sur citation délivrée à trois jours francs, délais de distance en plus (art. 51, C. Proc. Civ.). — En cas de conciliation, il peut en être dressé procès-verbal par le greffier. Revêtu également de la signature des parties, ce procès-verbal a les caractères d'un acte authentique: les parties n'en reçoivent que des expéditions.

La comparution volontaire produit les mêmes effets que la citation. Le juge de paix ne peut décliner la mission de confiance dont on l'investit, et s'il parvient à accorder les parties, le procès-verbal qu'il en fait dresser par son greffier a la même autorité que s'il avait été saisi par une citation régulière.

Dans la pratique, surtout dans les grandes villes, la procédure de conciliation est rare. Elle est remplacée par *l'ordonnance autorisant à assigner à bref délai*, que le président du tribunal civil, vu l'urgence, délivre, sur requête, au demandeur, et qui a pour conséquence de dispenser du préliminaire de conciliation.

Les affaires commerciales ne sont pas soumises à cette formalité, quel que soit le tribunal appelé à en connaître.

* * *

Les *exploits d'ajournement* doivent être écrits lisiblement (décret du 29 août 1813; art. 20, loi du 2 juillet 1862), en langue française, sur un papier timbré spécial, et délivrés à personne ou domicile par un *huissier*[1]. Cette formalité est essentielle: elle ne saurait être remplacée par aucune autre, pas même par la connaissance personnelle qu'aurait eue le débiteur de l'action dont il est l'objet.

---

1) Les formules peuvent être imprimées (art. 9, loi du 26 déc. 1908).

Si l'huissier ne rencontre au domicile[1] ni la partie citée, ni aucun de ses parents ›u serviteurs, il remet la copie à un voisin, qui signe l'original. Si le voisin ne peut ›u ne veut signer, la copie est remise, contre visa, au maire de la commune ou à on adjoint, et, à leur défaut, au premier conseiller municipal suivant l'ordre du ableau. A Paris et dans les grandes villes, il existe un employé de la mairie qui ›st spécialement chargé de recevoir les copies remises, de faire viser les originaux par [ui de droit, et de les rendre le lendemain à l'huissier. — Si le maire ou celui qui e remplace refuse de donner le visa, l'exploit est porté au procureur de la République, [ui garde la copie et vise l'original.

Lorsque la copie est remise à toute autre personne que la partie elle-même ›u le procureur de la République, elle doit être délivrée sous enveloppe fermée, ıe portant d'autre indication, d'un côté, que les noms et demeure de la partie, et, le l'autre, que le cachet de l'étude de l'huissier apposé sur la fermeture du pli. Mention de cette formalité doit être faite sur l'original et sur la copie à peine de ıullité de l'acte (Loi du 15 février 1899).

L'exploit d'ajournement doit contenir: 1° la date des jour, mois et an de a délivrance; — 2° les noms, profession et domicile du demandeur; — 3° le ıom de l'avoué constitué qui occupera dans l'affaire, et chez lequel l'élection le domicile est de droit, à moins d'une élection contraire dans le même acte; — ł° les noms, demeure et immatricule de l'huissier, les noms et demeure du dé'endeur, la mention du lieu où la copie a été remise et de la personne à laquelle elle a été laissée; — 5° l'objet de la demande (le *libellé*) et l'exposé sommaire les moyens; — 6° l'indication du tribunal qui doit connaître de la demande et le délai de comparution; — 7° la copie des pièces sur lesquelles la demande est fondée; — 8° le procès-verbal de non-conciliation, ou la copie de l'ordonnance autorisant à assigner à bref délai; — 9° la mention du nombre de feuilles de papier timbré employées, celle du montant des droits de timbre dus à raison de a dimension, et celle du coût de l'acte, lequel doit être enregistré dans les quatre jours de sa date (art. 67, C. Proc. Civ.; 20 et 26, loi du 22 frimaire an VII); — 10° la signature de l'huissier, bien qu'aucune loi ne le dise formellement.

* * *

Le *délai d'ajournement* pour ceux qui sont domiciliés en France est de huit jours, à moins que si le président du tribunal n'ait autorisé à assigner à un délai plus rapproché. Ce délai est prorogé au lendemain, si le dernier jour est férié, et au surlendemain, si deux jours fériés se suivent. Il est en outre augmenté 'un jour à raison de 50 kilomètres de distance (art. 72, 74 et 1033, C. Proc. Civ.)[2]. e jour de la signification (*dies a quo*) et celui de l'échéance (*dies ad quem*) ne compent pas.

Pour les pays limitrophes de la France, ainsi que pour la Corse, l'Algérie et les ays-Bas, le délai d'ajournement est d'un mois; pour les autres, il est de deux, de inq ou de huit mois, suivant l'éloignement. En cas de guerre maritime, il est ême doublé pour les pays d'outre-mer.

L'assignation délivrée *en France et en personne*, à une partie domiciliée hors de a France, n'emporte que les délais ordinaires, sauf au tribunal à les prolonger 'il y a lieu.

Aucune signification ne peut être faite, depuis le 1er octobre jusqu'au 30 mars, vant six heures du matin et après six heures du soir, et depuis le 1er avril jusqu'au 0 septembre, avant quatre heures du matin et après neuf heures du soir[3], non lus que les jours de fête légale[4], si ce n'est en vertu de permission du juge, dans es cas où il y aurait péril en la demeure.

L'exploit dont l'original n'est pas valable, est nul, quand même la copie signifiée erait régulière. La partie à laquelle l'exploit a été signifié peut donc exiger la roduction de l'original pour s'assurer qu'il est valable et conforme à la copie. 'ailleurs, cette dernière valant original pour la partie à laquelle elle est signifiée,

[1]) La signification *à personne* peut avoir lieu en quelque endroit que l'huissier rencontre partie, donc même hors de son domicile. — [2]) Les fractions de moins de 4 myriamètres 0 kilomètres) ne sont pas comptées; les fractions de quatre myriamètres et au-dessus augentent le délai d'un jour entier. — [3]) Cette prohibition est tellement absolue que le président u tribunal lui-même ne pourrait pas la lever sous prétexte de péril en la demeure. — [4]) Sont urs de fête légale: les dimanches, l'Ascension, l'Assomption, la Toussaint, Noël, les lundis de âques et de la Pentecôte, le premier jour de l'an et le 14 juillet.

la signification serait encore nulle si la copie seule était irrégulière, l'original lui-même fût-il valable.

* * *

Doivent être assignés: 1° l'État, lorsqu'il s'agit de domaines et droits domaniaux, en la personne ou au domicile du préfet du département où siége le tribunal devant lequel doit être portée la demande, et, dans tous les autres cas, en la personne du procureur de la République de l'arrondissement; — 2° le Trésor public, en la personne ou au bureau de l'agent fiscal; — 3° les administrations ou établissements publics, en leurs bureaux, dans le lieu où réside le siége de l'administration; dans les autres lieux, en la personne ou au bureau de leur préposé; — 4° les départements, dans la même forme que l'État, à moins qu'ils ne plaident contre lui, auquel cas la signification doit être faite à un membre de la commission départementale désigné par elle (art. 54, loi du 10 août 1871); — 5° les communes, en la personne ou au domicile du maire, de son adjoint, ou du premier conseiller municipal suivant l'ordre du tableau, et, à Paris, en la personne ou au domicile du préfet de la Seine; — 6° les sociétés de commerce, tant qu'elles existent, au siége social; et, s'il n'y en a pas, en la personne ou au domicile de l'un des associés. — D'ailleurs, en ce qui concerne les sociétés de commerce, il faut distinguer: pour les sociétés en nom collectif, la signification est faite au siége social au nom de la raison sociale, et, à défaut de siége social, à chacun des associés individuellement, par exploit fait à personne ou à domicile; pour les sociétés anonymes, elle doit être faite au siége social, en la personne d'un des gérants; et quant aux sociétés en commandite, elle est faite, soit au siége social, soit en la personne d'un des commandités, mais jamais en la personne des commanditaires, qui ne peuvent faire aucun acte de gestion (art. 27, C. Com.). — On entend par siége social, non seulement le lieu désigné par les statuts, mais encore le siége apparent, c'est-à-dire le siége du principal établissement, et, lorsqu'il s'agit d'une compagnie de chemins de fer ou d'une société financière, tout lieu où elle est représentée par un agent d'un rang élevé. — En ce qui concerne les sociétés en liquidation, les significations doivent être faites soit à l'ancien siége social, soit en la personne ou au domicile du liquidateur; — 7° les masses de créanciers, en la personne ou au domicile de l'un des syndics; — 8° ceux qui n'ont ni domicile ni résidence en France, par l'affichage de la copie d'exploit à la principale porte de l'auditoire du tribunal où la demande est portée et par la remise d'une autre copie au procureur de la République; — 9° ceux qui habitent le territoire français, hors de l'Europe et de l'Algérie, et ceux qui sont établis dans les pays placés sous le protectorat de la France, autres que la Tunisie, au parquet du procureur de la République près le tribunal où la demande est portée; — 10° ceux qui habitent à l'étranger, au même parquet, qui envoie la copie au ministre des affaires étrangères ou à toute autre autorité déterminée par les conventions diplomatiques; — 11° les personnes qui se trouvent sur un navire, sont valablement assignées à bord (art. 419, C. Proc. Civ.).

* * *

La demande en justice produit plusieurs effets: 1° Elle constitue le litige, fixe la nature, l'objet et le montant des demandes des parties; — 2° Elle saisit le juge et oblige les parties à comparaître si elles ne veulent s'exposer aux peines du défaut; — 3° Elle conserve généralement le droit du demandeur en interrompant la prescription et en perpétuant l'action, et l'augmente souvent, en faisant courir les intérêts moratoires, en rendant le défendeur comptable des fruits de la chose litigieuse, et en allongeant la durée de la prescription libératoire qu'il avait le droit d'invoquer.

La demande en justice, même formée devant un juge incompétent (art. 2246, C. Civ.), n'a pas seulement pour effet d'interrompre la prescription[1] et de substituer la prescription trentenaire à la prescription originaire (art. 2262, C. Civ.), mais encore de faire courir de plein droit les intérêts moratoires (art. 1153, C. Civ.). En ce qui concerne ces derniers, les mêmes effets peuvent être obtenus par une sommation. Si le retard a été causé par la mauvaise foi, le débiteur peut en outre être condamné à des dommages-intérêts distincts des intérêts moratoires[2].

* * *

---

1) La citation en conciliation interrompt également la prescription. — 2) Le taux légal des intérêts moratoires est actuellement de 4 % en matière civile et de 5 % en matière commerciale (loi du 7 avril 1900).

Il y a trois sortes de procédures civiles: 1° la procédure ordinaire; — 2° la procédure sommaire; — 3° l'instruction par écrit.

I. Procédure ordinaire.

La procédure ordinaire est la procédure de droit commun, c'est-à-dire celle qui régit toutes les demandes que la loi n'a pas soumises à une procédure spéciale. Il s'en suit que les tribunaux d'exception eux-mêmes sont tenus de se conformer à cette procédure pour tout ce qui ne fait pas l'objet d'une disposition particulière.

Dégagée de tout incident, la procédure ordinaire accuse quatre phases successives:

a) De l'ajournement à la mise au rôle.

L'assignation lancée et les délais de comparution expirés, il faut que l'affaire soit portée à l'audience. L'accomplissement de cette formalité, dénommée *mise au rôle*, incombe à l'avoué du demandeur seul, si le défendeur n'en a pas encore constitué; dans le cas contraire, elle peut être remplie par chacun des deux avoués. Celui qui en prend l'initiative, remet au greffe une note signée de lui, appelée *réquisition d'audience* ou *placet*, et indiquant les noms des parties et de leurs avoués, la nature et l'objet de la demande. Celle-ci est ensuite inscrite au rôle d'audience, à son rang, et appelée par l'huissier audiencier dès qu'elle vient en ordre utile (*appel des causes*). Si le tribunal est composé de plusieurs chambres, l'affaire est d'abord portée sur le *rôle général*, où s'inscrivent toutes les affaires dans l'ordre où elles se présentent. Le président du tribunal les distribue ensuite aux diverses chambres et en fait informer les avoués des parties par le commis-greffier de la première chambre au moyen d'un *bulletin de distribution*. Aussitôt après, l'un des avoués remet le placet au commis-greffier de la chambre désignée, lequel inscrit l'affaire au *rôle particulier* et la fait appeler quand vient son tour.

De même que le demandeur, le défendeur est tenu de *constituer avoué*, s'il ne veut pas être jugé par défaut. La comparution personnelle des parties, c'est-à-dire sans l'assistance d'un avoué, n'est admise qu'à titre exceptionnel.

La constitution doit avoir lieu dans les délais légaux, qui varient suivant les affaires et les distances. Le minimum est d'un jour franc. Elle est notifiée, soit par un acte d'avoué à avoué, avant l'audience, soit verbalement à l'audience même. Dans ce dernier cas, le tribunal donne à l'avoué acte de sa constitution par un jugement. Si l'avoué ainsi constitué réitère sa constitution dans le jour par une notification à l'avoué du demandeur, le jugement n'est pas levé; mais s'il ne la réitère pas, l'avoué du demandeur peut le lever aux frais de son confrère, afin d'avoir la preuve de la constitution (art. 76, C. Proc. Civ.).

Dans la pratique, on va encore plus loin. La plupart des tribunaux admettent la constitution tant que dure l'audience, et si, par hasard, un jugement de défaut a été pris au cours de l'audience, ils le *rabattent* dès qu'un avoué se présente, pourvu que l'adversaire y consente.

La constitution faite, ni le demandeur ni le défendeur ne peuvent révoquer leur avoué sans en constituer un autre, car la loi déclare valables les procédures faites et les jugements obtenus contre l'avoué révoqué et non remplacé (art. 75, C. Proc. Civ.); si l'avoué meurt ou cesse ses fonctions avant que l'affaire ne soit en état, il doit être remplacé par un autre.

b) De la mise au rôle à la mise en état.

En attendant la sortie du rôle, les avoués des parties échangent les communications et les défenses, celles-ci appelées *conclusions* ou *requêtes*. Pour les signifier, le défendeur a quinze jours à dater de la constitution, et le demandeur huit jours pour y répondre. Si le défendeur ne fournit pas ses défenses dans le délai de quinzaine, le demandeur porte l'affaire à l'audience. Mais ces prescriptions n'ont rien d'impératif: dans la pratique, les conclusions s'échangent jusqu'au dernier moment.

Lorsque les délais pour les défenses sont expirés, l'affaire peut sortir du rôle et venir à l'audience. En province, dans les petits tribunaux, le président réunit une fois par semaine les avoués en son cabinet et s'entend avec eux sur les affaires à porter à l'audience dans la huitaine suivante (art. 67 et 68, décret du 30 mars 1808). Aussitôt après, *avenir* est donné par l'avoué le plus diligent à son confrère, qui est invité à comparaître à l'audience de tel jour. Le délai pour se présenter est d'un jour franc, mais l'avoué qui a l'intention de poser à l'audience d'autres conclusions que celles déjà prises, est tenu de les signifier trois jours au moins à l'avance; sinon, elles peuvent être déclarées non recevables (art. 77 à 80, C. Proc. Civ.; 70, décret du 30 mars 1808).

A Paris et dans quelques autres grandes villes, on ne réunit pas les avoués pour la confection du *rôle d'audience*. Le président de chaque chambre le fixe lui-même et en fait seulement avertir les avoués par des *bulletins de mise au rôle*. Ceux qui désirent un tour de faveur, en présentent la demande au président, soit par l'intermédiaire du greffier, soit en personne avant l'audience.

Le jour d'audience arrivé, l'*huissier audiencier* fait l'appel des causes. Si personne ne se présente, l'affaire est généralement remise d'office à une autre date, mais elle peut aussi être *rayée du rôle* (art. 69, décret du 30 mars 1808). La radiation a pour effet, non pas d'éteindre l'instance, mais d'obliger les avoués de réintégrer l'affaire au rôle d'audience, c'est-à-dire de lui faire subir de nouveau toutes les lenteurs initiales du procès. Aussi la loi les rend-elle personnellement responsables envers leurs parties du préjudice causé par le retard et met-elle à leurs charges les frais du jugement de radiation.

Pour éviter ces rigueurs, on a souvent recours, dans la pratique, à l'expédient des *conclusions exceptionnelles*, qui tendent à la communication des pièces. Le tribunal doit alors vider cet incident tout d'abord, ce qui prend plusieurs jours. Quant à la *communication des pièces* elle-même, elle se fait soit à l'amiable, d'avoué à avoué, soit par la voie du greffe contre récépissé (art. 77, C. Proc. Civ.).

Dès que les conclusions sur le fond ont été prises, l'affaire est en état. A partir de ce moment elle ne peut plus être jugée par défaut, quels que soient les événements qui se présentent: ni la mort d'une des parties, ni la cessation des fonctions de son avoué ne sauraient en arrêter la marche (art. 343, C. Proc. Civ.).

c) De la mise en état au délibéré.

Les conclusions échangées, les *dossiers* sont envoyés aux avocats. Les plaidoiries sont orales. Aucunes conclusions ne peuvent être prises après les plaidoiries, à moins que le tribunal n'ordonne la réouverture des débats.

Certaines affaires doivent être communiquées au ministère public avant le jugement (*affaires communicables*). Ce sont celles qui, par un côté quelconque, intéressent l'ordre ou l'intérêt public. Mais le ministère public peut aussi intervenir dans toutes les autres affaires, s'il le juge à propos. S'il a été entendu, le jugement doit en faire mention (art. 141, C. Proc. Civ.).

Les débats sont publics[1], ce qui doit être constaté dans le jugement (art. 14, loi des 16—24 août 1790). Toute infraction à cette règle entraîne la nullité du jugement, à moins que le huis-clos n'ait été prononcé (art. 87, C. Proc. Civ.).

d) Le délibéré.

Les débats clos, le tribunal met l'affaire «en délibéré». Mais il peut aussi rendre son jugement sur le siége, c'est-à-dire séance tenante, ce qui a lieu dans les affaires peu compliquées. Dans les autres, le tribunal remet le prononcé du jugement à une autre date, généralement au lendemain ou à huitaine. Parfois même il désigne un de ses membres pour lui faire un rapport sur l'affaire. Le rapport doit alors être lu publiquement à l'audience (art. 93 et 111, C. Proc. Civ.).

Incidents.

Plusieurs incidents peuvent se produire au cours d'une instance:

A. Incidents relatifs à la compétence et à la composition du tribunal.

a) Incompétence.

Soulever l'incompétence d'un tribunal, c'est prétendre qu'il n'a pas qualité pour statuer sur l'affaire dont il est saisi. Cette exception doit être opposée *in limine litis*, c'est-à-dire avant toute défense au fond, à moins qu'il ne s'agisse d'une incompétence *ratione materiae*, auquel cas elle peut être opposée en tout état de cause (art. 169 et 170, C. Proc. Civ.).

La demande en renvoi est jugée sommairement et ne peut être réservée, ni jointe au principal (art. 172, C. Proc. Civ.).

1) Sauf pour les affaires gracieuses et celles qui sont plaidées en la chambre du conseil.

b) Litispendance et connexité.

Lorsque deux tribunaux ont été saisis de la même demande, ou lorsqu'ils ont été saisis de deux demandes dont l'une est connexe à l'autre, on peut opposer l'exception de litispendance ou de connexité devant le tribunal saisi en second lieu, pour obtenir qu'il se dessaisisse, ou agir en règlement de juges devant la juridiction immédiatement supérieure, pour la désignation de celui d'entre eux qui devra connaître de la contestation (art. 171 et 363 et s., C. Proc. Civ.).

c) Suspicion légitime pour cause de parenté ou d'alliance avec deux ou plusieurs membres du tribunal.

Lorsqu'une partie a deux parents ou alliés jusqu'au degré de cousin issu de germain inclusivement parmi les juges d'un tribunal de première instance, ou trois parents ou alliés au même degré dans une cour d'appel, ou lorsqu'elle a un parent au dit degré parmi les juges du tribunal de première instance, ou deux parents dans la cour d'appel, et qu'elle-même est membre du tribunal ou de la cour, l'autre partie peut demander le renvoi tant que la cause n'est pas en état. Elle le fait par un acte au greffe contenant les motifs à l'appui (art. 368 à 370, C. Proc. Civ.).

Si les causes de la demande en renvoi sont avouées ou justifiées dans un tribunal de première instance, le renvoi est fait à l'un des autres tribunaux du même ressort; et si c'est dans une cour d'appel, il est fait à l'une des trois cours les plus voisines, où la procédure se continue sur les derniers errements (art. 373 et 375, C. Proc. Civ.). Le jugement de renvoi est susceptible d'appel dans les cinq jours. L'appel est suspensif (art. 376, 377 et 392 et s., C. Proc. Civ.).

d) Suspicion légitime et danger pour la sûreté publique.

A part les cas de parenté ou d'alliance sus-visés (*suprà*, c), chaque partie peut, si elle craint qu'un tribunal ne juge avec partialité ou suivant l'intérêt personnel de ses membres, demander le renvoi de l'affaire devant un autre tribunal (art. 65, constitution du 22 frimaire an VII). Il en est de même en cas de danger pour la sûreté publique, avec cette différence toutefois, que le renvoi, en ce cas, ne peut être demandé que par le procureur général près la Cour de Cassation (art. 79, loi du 27 ventôse an VIII).

e) Impossibilité de juger pour cause d'insuffisance de juges.

La loi n'a pas prévu ce cas, mais la jurisprudence admet que lorsqu'il y a insuffisance de juges, il y a lieu de procéder comme en matière de règlement (V. *suprà*, b). Cette procédure deviendra d'ailleurs de plus en plus rare depuis qu'une loi du 19 avril 1898 est venue conférer au premier président de la cour d'appel du ressort le droit de compléter le tribunal par un juge suppléant d'un autre tribunal.

f) Récusation.

Dans certains cas, pour cause de parenté ou d'alliance notamment (art. 378 et 379, C. Proc. Civ.), les juges peuvent être récusés individuellement. La récusation se fait, à peine de nullité, par une déclaration au greffe contenant les motifs à l'appui, et dans des délais variables suivant les cas (art. 382 à 384, C. Proc. Civ.). Si elle échoue, le récusant est condamné à une amende d'au moins 100 francs, sans préjudice, s'il y a lieu, de l'action du juge récusé en dommages-intérêts (art. 390, C. Proc. Civ.).

Le jugement sur récusation est susceptible d'appel dans les cinq jours, tant de la part des parties que de la part du juge récusé lorsqu'il est devenu partie au jugement de récusation. L'appel se fait par une déclaration au greffe (art. 391 et s., C. Proc. Civ.).

B. Incidents relatifs à la situation personnelle des parties.

a) Caution judicatum solvi.

Tous étrangers, demandeurs principaux ou intervenants, sont tenus, si le défendeur le requiert avant toute exception, de fournir caution de payer les frais et dommages-intérêts auxquels ils pourraient être condamnés. Celui qui ne peut trouver une caution, est reçu à donner à la place un gage suffisant ou une somme fixée par le tribunal (art. 166, C. Proc. Civ.; 2041, C. Civ.).

L'étranger qui possède en France des immeubles suffisants pour répondre des frais et dommages, est dispensé de fournir caution (art. 167, C. Proc. Civ.). Il en est de même en cas de traité diplomatique[1].

b) Exceptions dilatoires.

L'exception dilatoire peut être soulevée: 1° par l'héritier, la veuve et la femme divorcée ou séparée de corps, pendant les trois mois pour faire inventaire et les quarante jours pour délibérer; — 2° par l'appelant en garantie, pendant huit jours, outre les délais de distance (art. 174 et 175, C. Proc. Civ.).

C. Incidents relatifs à la preuve.

a) De la communication des pièces.

Les parties peuvent respectivement demander communication des pièces employées contre elles dans les trois jours de leur signification ou de leur production. La communication se fait entre avoués, sur récépissé, ou par dépôt au greffe. Les pièces ne peuvent être déplacées, si ce n'est qu'il y en ait minute ou que la partie y consente (art. 188 et 189, C. Proc. Civ.).

b) De la vérification des écritures.

Quand il s'agit de reconnaissance et vérification d'écritures privées, le demandeur peut, après sommation et sans permission du juge, faire assigner à trois jours francs pour avoir acte de la reconnaissance ou pour faire tenir l'écrit pour reconnu.

Si le défendeur ne dénie pas la signature, les frais exposés restent à la charge du demandeur; s'il ne comparaît pas, l'écrit est tenu pour reconnu; et s'il dénie la signature qu'on lui attribue, ou déclare ne pas reconnaître celle attribuée à un tiers, la vérification en peut être ordonnée tant par titres que par experts et témoins (art. 193 à 195, C. Proc. Civ.).

S'il est établi que la pièce est bien écrite ou signée par celui qui l'a déniée, il est condamné à 150 francs d'amende envers le domaine, aux dépens, et à des dommages-intérêts envers la partie (art. 213, C. Proc. Civ.).

c) Du faux incident civil.

Celui qui prétend qu'une pièce signifiée, communiquée ou produite dans le cours de la procédure, est fausse ou falsifiée, peut, s'il y échet, être reçu à s'inscrire en faux. A cet effet, il doit au préalable, par acte d'avoué à avoué, adresser une sommation à l'autre partie d'avoir à dire si elle entend ou non se servir de la pièce, avec déclaration qu'au cas où elle s'en servirait, il s'inscrira en faux.

Si le défendeur à la sommation ne fait pas de déclaration dans la huitaine, ou s'il déclare qu'il ne veut pas se servir de la pièce, le demandeur peut se pourvoir à l'audience sur un simple acte d'avoué à avoué, pour faire ordonner que la pièce maintenue fausse sera rejetée du débat. Si le défendeur déclare qu'il veut se servir de la pièce, le demandeur doit déclarer par acte au greffe, signé de lui ou de son fondé de pouvoir spécial et authentique, qu'il entend s'inscrire en faux, et porter l'affaire à l'audience (art. 214 à 218, C. Proc. Civ.).

Si la demande est admise, le tribunal désigne trois experts pour examiner les pièces et faire un rapport, et un juge-commissaire pour présider à l'enquête, s'il y a lieu (art. 232, C. Proc. Civ.).

Le demandeur en faux qui succombe est condamné à 300 francs d'amende et à des dommages-intérêts, s'il y a lieu (art. 246, C. Proc. Civ.).

d) De l'enquête.

L'enquête peut être ordonnée d'office ou demandée par une des parties, par un simple acte d'avoué à avoué, ou même par des conclusions prises à la barre. Les faits avancés doivent être articulés succinctement, et être précis, concluants, admissibles, douteux, vraisemblables et susceptibles d'être prouvés par témoins. Ils ne peuvent être admis que si la loi ne le défend pas. L'adversaire a trois jours pour les reconnaître ou les dénier; s'il ne les conteste pas, ils peuvent être tenus pour confessés ou avérés sans enquête (art. 252 à 254, C. Proc. Civ.).

---

1) A ce propos, nous nous contenterons de rappeler le traité de la Haye du 17 juillet 1905, promulgué en France le 30 avril 1909.

Le jugement d'enquête contient: 1° les faits à prouver; — 2° la désignation d'un juge-commissaire; — 3° les délais dans lesquels l'enquête devra être commencée et ceux dans lesquels elle devra être terminée, à moins que la loi ne les ait fixés elle-même (art. 255 et 258, C. Proc. Civ.). — La preuve contraire est toujours de droit (art. 256, C. Proc. Civ.).

Le juge-commissaire est généralement choisi parmi les membres du tribunal qui a rendu le jugement, mais lorsqu'il y a des témoins éloignés, commission rogatoire peut être donnée à un juge de paix ou à un autre tribunal, qui se décharge alors de ce soin sur un de ses membres. Si le juge-commissaire désigné est empêché de remplir sa mission, il ne peut être remplacé que par un nouveau jugement, à moins qu'en le nommant, le tribunal n'ait délégué à son président le pouvoir de remplir lui-même cette formalité.

Si l'enquête est faite dans le même lieu où le jugement a été rendu ou dans une distance de cinq myriamètres (50 kilomètres), elle doit être commencée dans la huitaine du jour de la signification à avoué. Ce délai court de la signification à personne ou domicile, lorsque le jugement a été rendu contre une partie sans avoué. Dans les deux cas, les délais courent autant contre le demandeur que contre le défendeur.

Si le jugement est susceptible d'opposition, les délais ne commencent à courir qu'après l'expiration des délais d'opposition (art. 257, C. Proc. Civ.).

L'enquête est censée commencée, pour chacune des parties respectivement, par l'ordonnance qu'elle obtient du juge-commissaire à l'effet d'assigner les témoins aux jour et heure par lui indiqués (art. 259, C. Proc. Civ.).

Les témoins sont assignés à personne ou domicile, un jour au moins avant l'audition, lorsqu'ils sont domiciliés dans une distance de cinq myriamètres du lieu où se fait l'enquête; sinon, il est ajouté un jour par cinq myriamètres. — Quant aux parties, on les assigne trois jours au moins avant l'audition, au domicile de leurs avoués, si elles en ont constitué; sinon, à leurs domiciles réels (art. 260 et 261, C. Proc. Civ.).

Les témoins sont entendus séparément, après avoir juré de dire la vérité. Ceux qui sont défaillants, sont réassignés à leurs frais et condamnés à 100 francs d'amende et à 10 francs de dommages-intérêts si le juge-commissaire l'estime convenable. Si, réassignés, ils font encore défaut, le juge-commissaire *doit* les condamner à une amende de 100 francs et les faire amener de force si cela lui paraît utile pour la manifestation de la vérité. Ces ordonnances sont exécutoires nonobstant appel ou opposition, mais si, après coup, le témoin justifie d'un empêchement légitime, il est déchargé, après déposition, des frais de réassignation et de l'amende encourue (art. 262 à 265, C. Proc. Civ.).

Lorsqu'un témoin justifie à temps de l'impossibilité de se présenter, le juge-commissaire peut lui accorder un délai ou se transporter auprès de lui avec son greffier pour recevoir sa déposition, ou encore, si le témoin est éloigné, commettre à cet effet le président du tribunal du lieu (art. 266, C. Proc. Civ.).

En ce qui concerne la commission rogatoire à donner aux autorités d'un État étranger, nous renvoyons aux articles 8 à 16 de la convention de la Haye du 17 juillet 1905, rendue exécutoire en France par un décret du 30 avril 1909.

Nul ne peut être assigné comme témoin, s'il est: 1° parent ou allié en ligne directe de l'une des parties; — 2° son conjoint même divorcé (art. 268, C. Proc. Civ.).

La partie qui a fait entendre plus de cinq témoins sur le même fait, ne peut répéter les frais des autres dépositions (art. 281, C. Proc. Civ.).

Peuvent être reprochés: — 1° les parents ou alliés de l'une ou de l'autre des parties jusqu'au degré de cousin issu de germain inclusivement; — 2° les parents et alliés des conjoints au même degré, si le conjoint est vivant ou si la partie ou le témoin en a des enfants vivants; et si le conjoint est décédé sans avoir laissé de descendants, les parents et alliés en ligne directe, les frères, beaux-frères, soeurs et belles-soeurs; — 3° l'héritier présomptif ou le donataire; — 4° ceux qui ont bu ou mangé avec la partie, à ses frais, depuis la prononciation du jugement qui a ordonné l'enquête; — 5° ceux qui ont donné des certificats relatifs au procès; — 6° les serviteurs et les domestiques de la partie; — 7° les témoins en état d'accusation; — 8° ceux qui ont été condamnés à une peine afflictive ou infamante, ou même à une peine correctionnelle pour cause de vol.

Les reproches ne peuvent être proposés d'office; ils doivent l'être par les parties ou leurs avoués avant la déposition du témoin, qui est tenu de s'expliquer, car il ne faut pas qu'on puisse invoquer un témoignage s'il est favorable, et l'écarter s'il est défavorable. Néanmoins, et par exception, les parties peuvent proposer, même après la déposition, les reproches dont il y a preuve écrite et dont la cause leur était inconnue jusqu'alors.

Les témoins reprochés sont entendus quand même, mais les reproches et les explications sont consignés dans le procès-verbal, pour que le tribunal puisse en tirer telles conséquences que de raison (art. 270, 282 à 284, 287, C. Proc. Civ.).

Si le reproche est admis, la déposition du témoin reproché n'est pas lu (art. 291, C. Proc. Civ.).

Toute enquête doit être parachevée dans la huitaine de l'audition du premier témoin, si le jugement qui l'a ordonnée n'a pas fixé un délai plus long. Mais le tribunal peut accorder une prorogation, s'il en est requis (art. 278 à 280, C. Proc. Civ.).

L'enquête ou la déposition déclarée nulle par la faute du tribunal, du juge-commissaire ou du greffier, peut être recommencée si le tribunal juge à propos de l'ordonner; mais il en est autrement de celle déclarée nulle par la faute de l'avoué ou de l'huissier. Dans ce cas, la partie peut seulement se faire rembourser les frais et allouer des dommages et intérêts. La nullité d'une ou de plusieurs dépositions n'entraîne pas celle de l'enquête entière (art. 292 à 294, C. Proc. Civ.).

L'enquête terminée, l'affaire est reportée à l'audience par un simple acte d'avoué à avoué. La valeur des témoignages est souverainement appréciée par le tribunal, qui en tient le compte qu'il juge à propos. S'il y a des reproches proposés, le tribunal peut, soit vider d'abord l'incident, soit statuer sur le tout par un seul et même jugement (art. 288, C. Proc. Civ.).

e) *Des descentes sur les lieux.*

La descente sur les lieux, c'est-à-dire l'examen personnel des faits par le juge, est une procédure rare et exceptionnelle. La loi, défiante, craint qu'en multipliant ces sortes d'enquêtes personnelles, elle ne fasse sortir le juge de son rôle et ne le transforme en expert. Aussi la descente ne peut-elle être ordonnée que dans les cas où il est impossible de solutionner le litige par voie d'expertise.

La descente sur les lieux est ordonnée d'office ou sur la demande de l'une des parties. L'inspection est faite, soit par le tribunal entier, soit par un ou plusieurs de ses membres, s'il en a été ainsi décidé.

Le juge commis, assisté de son greffier, se transporte sur les lieux aux jour et heure fixés par l'ordonnance, et procède aux constatations qu'il a mission de faire. Les opérations terminées, il en fait dresser procès-verbal par son greffier séance tenante. La partie la plus diligente en signifie expédition aux avoués des autres parties, et poursuit l'audience, trois jours après, par un simple acte d'avoué à avoué.

Les frais de transport sont avancés et consignés au greffe, à peine de déchéance, par la partie requérante (art. 295 à 301, C. Proc. Civ.).

f) *De l'expertise.*

Ordonner une expertise, c'est charger des personnes particulièrement compétentes, ou supposées telles, de faire certaines constatations et de les communiquer au tribunal. En général, le tribunal décide souverainement s'il y a lieu ou non d'avoir recours à cette procédure, sauf certains cas déterminés où il ne peut pas s'en dispenser (art. 302 et 757, C. Proc. Civ.; 1678, C. Civ.).

L'expertise est confiée à trois experts; mais les parties sont libres de ne la confier qu'à un seul, auquel cas le tribunal se borne à leur en donner acte. Si au contraire elles ne peuvent s'accorder, les experts sont désignés d'office par le tribunal, mais avec la mention que cette nomination ne deviendra définitive que si les parties n'en ont pas choisi d'autres dans un délai de trois jours à partir de la signification du jugement (art. 303 à 306, C. Proc. Civ.).

L'expertise peut être confiée à qui plaît au tribunal ou aux parties. Une exception n'existe qu'en ce qui concerne les commissaires-priseurs, qui sont investis du privilége des prisées de meubles au chef-lieu de l'arrondissement où ils exercent (art. 3, ordonnance du 26 juin 1816). Il s'en suit que des mineurs, des femmes, et même des étrangers peuvent être nommés experts. Mais la nomination n'est pas forcément définitive; elle peut recevoir des modifications dans les cas suivants: 1° si le jugement qui a ordonné l'expertise est infirmé par le tribunal d'appel; — 2° si les experts ne peuvent ou ne veulent accepter la mission dont on les investit; — 3° si les parties qui les ont nommés, les révoquent; — 4° s'ils sont l'objet d'une récusation.

Si l'expert n'accepte pas la nomination, ou s'il ne se présente pas pour le serment ou pour l'expertise, il est remplacé sur-le-champ par les parties ou par le tribunal. Si, après avoir prêté serment, il ne remplit pas sa mission, il peut être condamné aux frais frustratoires dont il est la cause, et même à des dommages-intérêts, s'il y a lieu (art. 316, C. Proc. Civ.).

Les experts peuvent être récusés pour les mêmes motifs pour lesquels les témoins peuvent être reprochés. Mais la récusation n'est possible que contre les experts nommés d'office, à moins que les causes n'en soient survenues depuis la nomination et avant le serment. Si elle est proposée pour des causes antérieures à la nomination, elle doit l'être dans les trois jours qui la suivent, si la désignation émane des parties, et dans les trois jours de la signification du jugement aux avoués, si elle émane du tribunal. Quant aux causes de récusation postérieures à la nomination, mais antérieures au serment, elles doivent être proposées dans les trois jours qui suivent le moment où elles ont été connues (art. 308, 309 et 316, C. Proc. Civ.).

La récusation est proposée par un simple acte, signé de la partie ou de son mandataire spécial, contenant les causes et les preuves. Si elle est contestée, l'incident est jugé sommairement. Si elle est admise, le tribunal nomme immédiatement, d'office, un autre ou d'autres experts à la place de celui ou de ceux qui ont été récusés. Si elle est rejetée, la partie qui l'a proposée peut être condamnée à des dommages-intérêts envers l'expert.

Les jugements rendus en matière de récusation sont exécutoires nonobstant appel (art. 311 à 314, C. Proc. Civ.).

Les experts prêtent serment de fidèlement remplir leur mission, s'ils n'en sont dispensés par les parties. Ils le font entre les mains d'un juge-commissaire désigné par le jugement même qui ordonne l'expertise; mais le tribunal peut également charger de cette mission le juge de paix du canton où l'expertise doit avoir lieu. La partie la plus diligente provoque alors une ordonnance du juge fixant le jour et l'heure où le serment sera reçu, et fait sommation aux experts de comparaître devant lui à cet effet.

Si les parties sont présentes à la prestation du serment, l'indication par les experts du jour et du lieu de réunion vaut sommation; au cas contraire, il leur est fait sommation par acte d'avoué à avoué (art. 305, 307 et 315, C. Proc. Civ.).

L'expertise commencée, les parties peuvent faire les observations et les réquisitions qu'elles jugent à propos. Les experts sont tenus d'en faire mention dans leur rapport; mais ils ne sont pas tenus d'y déférer. S'il s'élève une difficulté sérieuse, les parties sont renvoyées à l'audience (art. 317 et 1034, C. Proc. Civ.).

Les experts procèdent conjointement à l'accomplissement de leur mission, car il n'est dressé qu'un rapport et émis qu'un avis à la pluralité des voix. Si les avis sont partagés, ils en indiquent les motifs sans faire connaître l'avis personnel de chacun d'eux. Le rapport qu'ils dressent est rédigé par l'un d'eux, signé par tous, et déposé au greffe du tribunal.

Si les experts refusent de déposer leur rapport, ou qu'ils tardent à le faire, ils peuvent être assignés à trois jours francs, sans préliminaire de conciliation, par-devant le tribunal qui les a commis, pour se voir condamner à le faire (art. 318 à 320, C. Proc. Civ.).

Le rapport déposé, la partie la plus diligente le signifie à la partie adverse par un simple acte d'avoué à avoué. L'audience est poursuivie de la même façon.

Les juges ne sont pas tenus d'être de l'avis des experts si leur conviction s'y oppose. Ils peuvent demander aux experts commis des éclaircissements complémentaires, et même ordonner, d'office ou sur réquisition, une nouvelle expertise, qu'ils peuvent confier, soit aux mêmes experts, soit à d'autres, qui, à leur tour, peuvent demander aux précédents tous les renseignements dont ils pourraient avoir besoin (art. 321 à 323, C. Proc. Civ.).

g) De l'interrogatoire sur faits et articles.

L'interrogatoire sur faits et articles ne peut être ordonné d'office, mais les parties peuvent le demander en toutes matières et en tout état de cause, en conséquence pendant toute la durée des débats et même dans les cas où l'aveu des parties serait inopérant, comme par exemple en matière de divorce ou de séparation de corps.

L'interrogatoire est ordonné par jugement rendu à l'audience et confié, soit au président, soit à un autre juge, soit même, en cas d'éloignement, au président du tribunal ou au juge de paix de la résidence de la partie à interroger. Celui qui le requiert n'est pas admis à y assister.

La partie interrogée est tenue de répondre en personne, sans pouvoir faire aucune lecture et sans l'assistance d'aucun conseil, aux faits contenus en la requête, ou même à ceux sur lesquels le juge l'interrogerait d'office; mais elle ne prête pas serment. Si elle ne comparaît pas, ou si elle refuse de répondre, les faits peuvent être tenus pour avérés; si, au contraire, elle justifie d'un empêchement légitime, le magistrat chargé de l'interrogatoire indique un autre jour, ou se transporte auprès d'elle.

Si, après avoir fait défaut tout d'abord, la partie se présente avant le jugement, elle peut être interrogée, mais doit supporter personnellement les frais du premier procès-verbal et de la signification.

La partie qui veut faire usage de l'interrogatoire, le fait signifier, mais elle ne peut le discuter par écrit, pas plus d'ailleurs que la partie adverse (art. 324 à 335, C. Proc. Civ.).

Une procédure toute spéciale, et bien défectueuse, est prescrite pour l'interrogatoire des administrations d'établissements publics (art. 336, C. Proc. Civ.).

h) De la comparution personnelle des parties.

La comparution personnelle des parties, appelée aussi audition ou audition catégorique, diffère à trois points de vue de l'interrogatoire sur faits et articles: 1° Le tribunal peut l'ordonner d'office; — 2° Elle a lieu devant le tribunal tout entier et non seulement devant un juge unique, en la chambre du conseil ou à l'audience publique; — 3° Les faits sur lesquels les parties doivent être interrogées ne leur sont pas communiqués d'avance. Pour le reste, et notamment en ce qui concerne l'état à faire des déclarations des parties et le pouvoir discrétionnaire du juge de l'ordonner ou de ne pas l'ordonner, les règles sont les mêmes que pour l'interrogatoire sur faits et articles (art. 119, C. Proc. Civ.).

i) Du serment.

Le serment judiciaire est de deux espèces: 1° celui qu'une partie défère à l'autre pour en faire dépendre le jugement de la cause (*serment décisoire*); — 2° celui que le juge défère d'office à l'une ou à l'autre des parties (*serment supplétif*).

Dans les deux cas il naît un incident, puisqu'il faut nécessairement un jugement pour l'ordonner. Mais tandis que le serment décisoire, qui vise un fait personnel à la partie qui le prête, peut être déféré en tout état de cause et sur toutes sortes de contestations, le serment supplétif au contraire ne peut être déféré que sous les deux conditions suivantes: 1° Il faut que la demande ou l'exception sur laquelle il est déféré, ne soit pas pleinement justifiée; — 2° Il faut qu'elle ne soit pas non plus totalement dénuée de preuves. Hors ces deux cas, le juge ne peut qu'adjuger ou rejeter la demande purement et simplement (art. 1357 à 1360 et 1367, C. Civ.).

Quand le serment est déféré par une des parties, celle à qui il est déféré peut le référer à l'autre, à moins que le fait qui en est l'objet ne soit purement personnel à celle à laquelle il est déféré. Il en est différemment du serment déféré d'office par le juge: la partie à laquelle il est déféré ne peut jamais le référer à l'autre (art. 1362 et 1368, C. Civ.).

Le serment ne peut être reçu que sur les faits énoncés dans le jugement, et non sur d'autres. Il doit être fait par la partie en personne et à l'audience. Mais si la partie est empêchée de se présenter, le tribunal peut commettre un de ses membres pour le recevoir chez elle; si elle est trop éloignée, commission rogatoire peut être donnée au tribunal du lieu de sa résidence.

Dans tous les cas, le serment doit être prêté en présence de l'autre partie, ou celle-ci dûment appelée par acte d'avoué à avoué, et, s'il n'y a pas d'avoué constitué, par exploit contenant l'indication du jour de la prestation. Si les parties sont présentes toutes deux, il peut être prêté séance tenante (art. 120 et 121, C. Proc. Civ.).

La prestation de serment n'est soumise à aucune forme particulière. La seule qui soit substantielle, consiste à dire: «Je le jure». Les autres formalités — se tenir debout, ôter le gant, lever la main droite — ne sont pas prescrites à peine de nullité.

Celui qui refuse le serment déféré ou référé, doit succomber dans ses prétentions. Mais le serment une fois prêté, l'adversaire n'est plus recevable à en prouver la fausseté (art. 1362 et 1363, C. Civ.).

D'autre part, la partie qui a déféré ou référé le serment, ne peut plus se rétracter lorsque l'adversaire a déclaré vouloir l'accepter (art. 1364, C. Civ.).

En ce qui concerne le serment sur la valeur de la chose demandée, le juge ne peut le déférer d'office au demandeur que s'il est impossible de la constater autrement; il doit même déterminer la somme jusqu'à concurrence de laquelle le demandeur en sera cru sur son serment (art. 1369, C. Civ.).

Le serment fait ne forme preuve qu'au profit de celui qui l'a déféré ou contre lui, et au profit de ses héritiers ou ayants cause ou contre eux. Néanmoins, le serment déféré par l'un des créanciers solidaires au débiteur, ne libère celui-ci que pour la part de ce créancier; celui déféré au débiteur principal, libère aussi les cautions; celui déféré à l'un des débiteurs solidaires, profite aux codébiteurs; et celui déféré à la caution, profite au débiteur principal. Dans ces deux derniers cas cependant, le serment du codébiteur solidaire ou de la caution ne profite aux autres codébiteurs ou au débiteur principal que lorsqu'il a été déféré sur la dette, et non sur le fait de la solidarité ou du cautionnement (art. 1365, C. Civ.).

D. Incidents qui étendent la sphère du procès.

a) *Des demandes incidentes.*

Les demandes incidentes sont additionnelles, reconventionnelles ou provisoires, et tendent, soit à l'augmentation, à la restriction ou à la modification des conclusions primitives, soit à l'admission d'une demande reconventionnelle, soit enfin à l'obtention de mesures provisoires.

Les demandes additionnelles et reconventionnelles se forment, en principe, par un simple acte d'avoué à avoué contenant les moyens et les conclusions, avec offre de communiquer les pièces justificatives sur récépissé ou par dépôt au greffe; mais cette forme n'est pas la seule sous laquelle elles puissent se présenter. — Quand l'adversaire n'a pas constitué avoué, la demande incidente doit se produire sous forme d'assignation, et rien n'empêche de procéder de la même façon à l'égard d'un adversaire qui est déjà représenté par un avoué. D'autre part, il arrive quelquefois qu'une demande de cette nature se produise au dernier moment, verbalement, à la barre. Dans ce cas, le tribunal remet l'affaire à une autre date pour faciliter la communication des pièces et la régularisation de la procédure.

Les demandes incidentes dont les causes existent déjà, doivent toutes être formées en même temps; sinon, les frais sont mis à la charge de la partie qui les a produites tardivement.

En règle générale, les demandes incidentes sont jugées au préalable; mais le tribunal peut aussi remettre à statuer jusqu'après le jugement de la demande principale, ou ordonner une instruction par écrit (art. 337 et 338, C. Proc. Civ.).

Les demandes provisoires diffèrent quelque peu des demandes additionnelles ou reconventionnelles: 1° Elles ne sont pas nécessairement portées devant le tribunal saisi de la demande principale: quelquefois elles sont soumises au juge des référés, qui peut cependant refuser de statuer et les renvoyer à l'audience; — 2° Elles ne sont pas nécessairement concomitantes à la demande principale, qu'elles peuvent aussi précéder ou suivre; — 3° Les demandes provisoires sont toujours jugées sommairement.

b) *De l'intervention.*

Il y a deux sortes d'interventions: l'intervention volontaire et l'intervention forcée.

a) L'intervention volontaire, active ou spontanée, existe lorsqu'une personne qui n'est pas encore partie au procès, déclare vouloir s'y mêler. Elle peut le faire en tout état de cause, sans pouvoir cependant retarder le jugement de la demande principale complètement instruite et prête à être jugée. Le tribunal est donc maître, suivant les cas, de disjoindre les deux demandes ou de statuer par un seul et même jugement (art. 340, C. Proc. Civ.).

Le droit d'intervention appartient à toute personne à laquelle le jugement à intervenir pourrait préjudicier, quand bien même elle ne serait pas recevable à y former tierce opposition. Il s'en suit que tout intérêt, tant actuel ou pécuniaire que moral ou éventuel, est susceptible de donner ouverture à cette voie de procédure. C'est ainsi par exemple qu'il serait parfaitement possible de poursuivre par voie d'intervention la suppression d'un mémoire injurieux ou diffamatoire, ou l'annulation d'un acte de société à l'occasion de poursuites dont celle-ci serait l'objet à propos d'engagements qu'elle aurait pris. D'où cette conséquence que le droit d'intervention n'appartient pas seulement à ceux qui pourraient procéder par voie d'action directe et principale (*intervention agressive*) comme ayant des droits distincts de ceux des parties en cause, mais encore à ceux qui seraient dans l'impossibilité de procéder ainsi parce qu'ils n'ont pas de droit propre et que n'exerçent que celui de leur débiteur (*intervention conservatoire*) (art. 1166, C. Civ.).

L'intervention n'étant jamais introductive d'instance, n'est pas soumise au préliminaire de conciliation: elle se produit, soit par voie de requête soit par acte d'avoué à avoué. Dans les deux cas, elle doit être signifiée à toutes les parties en cause, en l'étude de leurs avoués, et, s'il y en a qui n'en aient pas constitué, à leurs domiciles respectifs (art. 339 et 341, C. Proc. Civ.).

b) L'intervention forcée se produit, comme son nom l'indique, lorsqu'on oblige une personne de prendre part à un procès auquel elle n'a pas demandé à être mêlée. D'ailleurs, pas plus que la volontaire, l'intervention forcée n'est introductive d'instance.

L'intervention forcée se présente sous deux formes différentes, tantôt sous celle de *mise en cause*, et tantôt sous celle d'*assignation en déclaration de jugement commun*. La première existe, lorsque l'une des parties principales prend des conclusions pour faire condamner personnellement la partie dont l'intervention est requise; la seconde, lorsque les conclusions ne tendent qu'à faire dire qu'il y aura également chose jugée à son égard.

L'application principale de la mise en cause est l'*appel en garantie*, dont nous avons déjà dit un mot à l'occasion des exceptions dilatoires.

Il y a appel en garantie ou demande incidente en garantie, lorsqu'une personne, en procès avec une autre, en appelle une troisième et lui demande de mettre fin aux poursuites dont elle est l'objet, ou à une résistance qu'elle rencontre, et de l'indemniser du préjudice subi. Le délai pour ce faire est de huit jours francs à dater de la demande originaire, outre un jour par cinq myriamètres. S'il y a plusieurs garants, il n'y a qu'un seul délai pour tous, mais il est calculé sur le domicile du garant le plus éloigné (art. 175 et 178, C. Proc. Civ.).

Si le garant à son tour en appelle un autre en sous-garantie, il est tenu de le faire dans les mêmes délais, à compter du jour où il est lui-même appelé, et ainsi de suite pour tous les sous-garants successifs (art. 176, C. Proc. Civ.).

Si le défendeur originaire est un héritier et qu'il soit assigné pendant qu'il est encore dans les délais pour faire inventaire et délibérer, le délai pour appeler en garantie ne commence à courir qu'à partir du jour où ceux pour faire inventaire et délibérer sont expirés (art. 177, C. Proc. Civ.).

La demande en garantie incidente entraîne naturellement le sursis de la demande principale, puisqu'elle a pour but de faire juger la question à l'égard de toutes les parties intéressées. C'est même pour cela que le législateur la place parmi les exceptions dilatoires et qu'il lui assigne des délais assez courts pour se manifester.

Le garant appelé au procès a des moyens de défense plus nombreux que le garanti, car il peut opposer non seulement les moyens qui lui sont personnels, comme par exemple une interruption d'instance ou une clause de non-garantie, mais encore tous ceux qui sont personnels au garanti. Mais si la demande en garantie n'est pas en état d'être jugée en même temps que la demande principale, le tribunal peut disjoindre les deux demandes et ne statuer pour l'instant que sur la demande originaire, sauf à statuer ensuite sur celle en garantie (art. 184, C. Proc. Civ.).

Bien entendu, les appelés en garantie sont tenus de procéder devant le tribunal où est pendante la demande originaire, car lui seul a les éléments nécessaires pour bien juger. S'il ressort cependant avec évidence des faits de la cause que la demande originaire n'a été introduite que pour distraire les garants de leurs juges naturels, le tribunal saisi les renvoie, sur demande, devant qui de droit (art. 181, C. Proc. Civ.).

Quand la demande originaire est une action réelle, c'est-à-dire quand elle vise un droit réel, tel un droit de propriété d'immeuble, la garantie est dite *garantie formelle.* Le garant peut alors prendre le fait et cause du garanti, et celui-ci demander sa mise hors de cause, tout en restant dans les débats pour la conservation de ses droits, de telle sorte qu'au lieu d'être au premier plan, le garanti ne sera plus que spectateur au procès, tout au moins par rapport aux dépens et aux dommages-intérêts auxquels le garant pourrait être condamné; car en ce qui concerne le jugement du fond, il sera exécutoire tout aussi bien contre le garanti que contre le garant lui-même, pourvu qu'il leur ait été signifié à tous les deux.

Même en ce qui concerne les dépens, le garanti pourrait, en cas d'insolvabilité du garant, se les voir mettre à charge s'il n'avait pas été mis hors de cause; et il pourrait en être de même quant aux dommages et intérêts si le tribunal le jugeait à propos (art. 182 et 185, C. Proc. Civ.).

Si le demandeur originaire s'oppose à la mise hors de cause du garanti, l'incident est jugé avant le fond.

Lorsqu'il s'agit d'une *garantie simple*, c'est-à-dire d'une action originaire personnelle, le garant peut intervenir, mais il ne peut prendre le fait et cause du garanti, en sorte que c'est toujours ce dernier qui est le condamné direct du demandeur ou défendeur originaire, sauf son recours contre le garant (art. 183, C. Proc. Civ.).

Bien que l'intervention forcée sous forme d'*assignation en déclaration de jugement commun* ne soit pas prévue par le Code de Procédure, sa recevabilité en tout état de cause n'en est pas moins certaine. Le principal but en est de faire déclarer le jugement à intervenir commun à une personne qui n'est pas encore partie au procès et qui pourrait former tierce opposition si elle n'était pas mise en cause.

E. Interruption de l'instance.

a) *Des reprises d'instances, et constitution de nouvel avoué.*

Lorsqu'une partie meurt, change d'état, ou reste sans avoué par la mort, la démission ou la destitution de celui qu'elle avait constitué, l'instance se trouve interrompue. Mais la situation diffère suivant que le défendeur a constitué avoué ou non. S'il n'a pas constitué avoué, les changements survenus en sa personne n'étant pas officiellement portés à la connaissance du demandeur, celui-ci est censé ignorer la situation nouvelle, et autorisé, par conséquent, à prendre un jugement de défaut. Toutefois, il ne pourra exécuter ce jugement, en cas de décès du défendeur, qu'après l'avoir signifié aux héritiers (art. 877, C. Civ.).

Il en est autrement lorsque les changements surviennent en la personne du demandeur. En ce cas, le défendeur, qu'il ait constitué avoué ou non, peut toujours supposer que la demande a été abandonnée. Il doit donc nécessairement être réassigné à huitaine franche, mais sans nouvelle tentative de conciliation (art. 345, C. Proc. Civ.).

Si le défendeur avait constitué avoué, mais que l'affaire ne fût pas encore en état, la procédure ne serait arrêtée ni par le changement d'état des parties, ni par la cessation des fonctions dans lesquelles elles procédaient. L'interruption n'aurait lieu qu'en cas de décès d'une des parties, ou en cas de cessation de fonctions d'un des avoués. Toutefois, les deux cas ne sont pas identiques; une distinction s'impose: quand c'est l'avoué qui cesse ses fonctions, l'interruption se produit immédiatement, car son décès ne restera pas ignoré longtemps; quand au contraire c'est une des parties qui meurt, ce décès, qui peut rester ignoré pendant des années, ne produira son effet qu'à partir du jour où il aura été notifié (art. 344, C. Proc. Civ.).

L'instance interrompue reste en suspens jusqu'à ce qu'elle soit reprise sur son dernier errement au moyen d'un simple acte d'avoué à avoué, soit par la partie elle-même, si l'interruption vient de la cessation des fonctions de son avoué, soit par ses ayants-droit, si elle résulte de son décès. Les créanciers peuvent, eux aussi, reprendre l'instance en vertu de l'article 1166 du Code civil, pourvu, bien entendu, qu'elle ne roule pas sur des droits exclusivement personnels à leur débiteur (art. 347, C. Proc. Civ.).

Si l'instance n'est pas reprise spontanément par la partie dont l'avoué a cessé d'occuper, ou par ses successeurs, si elle est décédée, l'autre partie peut la faire reprendre elle-même, en assignant en reprise d'instance ou en constitution de nouvel avoué dans les délais ordinaires: en reprise d'instance, lorsque l'interruption vient du décès d'une partie; en constitution de nouvel avoué, quand l'instance a été interrompue par la cessation des fonctions d'un avoué. Cette assignation est signifiée au domicile indiqué dans le dernier acte de procédure (art. 346, C. Proc. Civ.).

Si, à l'expiration des délais, la partie assignée en reprise d'instance ou en constitution de nouvel avoué ne comparaît pas, il intervient un jugement qui déclare la cause reprise et qui ordonne qu'il soit procédé suivant les derniers errements, sans qu'il puisse y avoir d'autres délais que ceux qui restaient à courir. Si la partie assignée conteste, l'incident est jugée sommairement (art. 348 et 349, C. Proc. Civ.).

Au cas où les héritiers renonceraient à la succession, ce qu'ils devraient établir en produisant un certificat du greffier du tribunal de première instance du lieu de l'ouverture de la succession, l'autre partie pourrait provoquer la nomination d'un curateur à la succession vacante et l'assigner en reprise d'instance, de telle sorte que ce serait désormais avec le curateur que le procès se poursuivrait (art. 813, C. Civ.).

Tout ce qui précède ne se rapporte qu'au cas où l'affaire n'aurait pas encore été en état au moment du décès ou de la cessation des fonctions. Mais si elle avait déjà été en état, le jugement ne pourrait plus être différé. Le seul correctif à cette situation dangereuse consiste dans le droit pour le tribunal de remettre d'office l'affaire à une autre date, ou même d'exiger le dépôt de nouvelles conclusions (art. 342, C. Proc. Civ.).

L'affaire est considérée comme étant en état, lorsque la plaidoirie est commencée; et celle-ci est réputée commencée, lorsque les conclusions ont été échangées contradictoirement.

Dans les affaires qui s'instruisent par écrit, la cause est en état quand l'instruction est terminée ou quand les délais pour les productions et réponses sont expirés (art. 343, C. Proc. Civ.).

b) *De la péremption.*

Toute instance, encore qu'il n'y ait pas eu constitution d'avoué, s'éteint par la discontinuation des poursuites pendant trois ans. Ce délai est augmenté de six mois dans tous les cas où il y a lieu à demande en reprise d'instance ou à constitution de nouvel avoué. Il ne s'allonge pas à raison des distances, mais est suspendu en cas de force majeure, par exemple en cas de guerre, si le demandeur est dans l'impossibilité de communiquer avec son avoué, et court contre toutes personnes, même contre l'État, les établissements publics, les départements, les communes, les mineurs et les interdits, sauf le recours de ceux-ci contre leurs tuteurs ou administrateurs (art. 397 et 398, C. Proc. Civ.).

La péremption a lieu même quand c'est par la faute du tribunal que l'instance est interrompue, car la partie peut toujours empêcher la péremption de s'accomplir en signifiant par un simple acte d'avoué à avoué sa volonté de ne pas abandonner l'instance. Elle n'a cependant pas lieu de plein droit: il faut qu'elle soit demandée par un acte d'avoué à avoué, à moins que l'avoué ne soit décédé ou interdit ou suspendu depuis le moment où elle s'est produite, auquel cas on procède par voie d'assignation. C'est même la seule manière d'agir lorsque l'affaire est pendante devant le tribunal de commerce, où le ministère d'avoué est inconnu.

Les personnes admises à demander la péremption sont: le défendeur principal et ses créanciers, ceux-ci en vertu de l'article 1166 du Code civil. Le demandeur n'est pas admis à la requérir; il peut seulement se désister, si le défendeur y consent (art. 399 et 400, C. Proc. Civ.).

La péremption n'éteint pas l'action, mais elle emporte extinction de la procédure et de l'interruption de la prescription qui en est résultée. Seuls les actes antérieurs à la demande (sommation, commandement, etc.) conservent leurs effets pendant 30 ans.

Si, cependant, la péremption se produit en cause d'appel, l'effet en est tout autre: l'appel étant déchu, le jugement de première instance acquiert force de chose jugée; seules les voies de recours demeurent réservées (art. 469, C. Proc. Civ.).

Les frais de la procédure périmée incombent au demandeur (art. 401, C. Proc. Civ.

c) *Du désistement.*

Il y a trois espèces de désistement: le désistement d'action, celui d'instance, et celui d'actes de procédures isolés. Le premier a pour conséquence la perte du droit lui-même; le second, celle de l'instance engagée; et le troisième, celle d'actes isolés de la procédure.

A la différence du désistement d'action, celui d'instance peut porter non seulement sur des droits aliénables, mais encore sur des droits qui ne le sont pas, car il n'entraîne pas la perte du droit lui-même, mais seulement celle de l'instance. Il s'en suit que le désistement d'instance peut être donné par celui qui a l'exercice de l'instance, encore que le droit en appartienne à un autre. Un tuteur peut donc se désister d'une instance qu'il a pu engager sans l'autorisation du conseil de famille; un mineur émancipé, de celle qu'il a valablement intentée sans l'assistance du curateur; etc.

Le désistement peut être donné par acte authentique ou par acte sous seings privés, et, plus spécialement, par acte d'avoué à avoué, signé de la partie ou de son mandataire spécial. Il doit être accepté par le défendeur, car abandon d'instance ne signifie pas abandon d'action, et il est possible que le demandeur n'offre d'abandonner l'instance engagée que pour en former une autre. Le défendeur peut donc avoir intérêt à ne pas le laisser sortir de celle qu'il a provoquée mal à propos (art. 402, C. Proc. Civ.).

Le désistement emporte consentement que les choses soient remises de part et d'autre au même état où elles étaient avant l'instance. En conséquence, les intérêts moratoires cessent d'être dus, et la prescription, si elle a été interrompue, reprend de nouveau son cours (art. 2247, C. Civ.).

Quant aux frais causés par l'instance, ils sont mis à la charge du demandeur par simple ordonnance du président, laquelle est exécutoire nonobstant appel ou opposition (art. 403, C. Proc. Civ.).

Le désistement d'un acte de procédure isolé n'influe naturellement en rien sur l'instance même. Celle-ci continue donc ses évolutions en partant du dernier acte qui a précédé celui dont on s'est désisté.

d) De la prescription.

La prescription éteint également l'instance. Tantôt de 30 ans (art. 2262, C. Civ.), tantôt de 20 ans, de 10 ans ou de 5 ans (art. 2265, C. Civ.; 189, C. Com.), ou même d'un délai plus court (art. 2271 à 2273, C. Civ.), elle se différencie du désistement et de la péremption en ce qu'elle n'a pas besoin d'être demandée ou offerte, et en ce qu'elle n'entraîne pas seulement la perte de l'instance, mais aussi celle de l'action.

Il faut distinguer la prescription de l'instance de la prescription de l'action. Alors que la durée de cette dernière varie suivant la nature de l'action, celle de l'instance est trentenaire en règle générale. Il s'en suit que les droits qui s'éteignent par moins de 30 ans lorsqu'ils n'ont pas été déduits en justice, ne s'éteignent plus que par 30 ans dès qu'il y a instance. Il n'y a qu'une seule exception à cette règle: les actions relatives aux lettres de change et aux billets à ordre qui ont un caractère commercial, se prescrivent toujours par 5 ans à compter de la dernière poursuite judiciaire (art. 189 C. Com.).

F. Incidents basés sur une irrégularité de procédure.

a) Des nullités.

Toute nullité d'exploit ou d'acte de procédure doit être proposée *in limine litis*, à moins qu'il ne s'agisse d'une exception d'incompétence *ratione materiæ*, d'une nullité ayant un caractère d'ordre public, ou d'un acte qui ne s'est produit qu'au cours de l'instance, car on ne saurait perdre un droit qui n'est pas encore né (art. 173, C. Proc. Civ.). Il n'est pas nécessaire que le tribunal statue par un jugement séparé sur les exceptions soulevées; il peut statuer sur le déclinatoire et sur le fond par un seul et même jugement.

b) Du désaveu.

Le désaveu peut s'exercer contre l'avoué et contre l'huissier, mais jamais contre l'avocat, car celui-ci n'est pas le mandataire de son client, qu'il se borne à défendre[1].

Le désaveu suppose que l'officier ministériel a excédé le pouvoir qui lui a été conféré. A cet égard il y a lieu de distinguer trois catégories d'actes: 1° Ceux que l'officier ministériel ne peut faire qu'en vertu d'une procuration spéciale; — 2° Ceux qu'il peut faire en vertu du mandat général dont il est investi; — 3° Ceux qu'il peut faire jusqu'à preuve contraire.

Les actes de la première catégorie sont nuls, si l'officier ministériel n'a pas été spécialement autorisé à les faire, comme par exemple en matière de désistement; ceux

[1]) Il en est peut-être différemment en ce qui concerne la justice de paix, depuis la loi du 12 juillet 1905, et le tribunal de commerce, depuis la loi du 13 juillet 1911.

de la seconde catégorie sont valables et obligatoires pour la partie au nom de laquelle ils ont été faits, à moins qu'ils ne contiennent des assertions mensongères, auquel cas le mandant peut s'inscrire en faux; ceux de la troisième catégorie enfin sont réputés être l'expression même de la volonté de la partie. Ce sont les actes de cette dernière catégorie que la partie ne peut faire disparaître que par la procédure du désaveu.

On admet généralement que l'énumération donnée par l'article 352, C. Proc. Civ., qui ne déclare soumis au désaveu que «les offres, aveu ou consentement faits, donnés ou acceptés sans un pouvoir spécial», n'est pas limitative, et qu'il y a lieu de soumettre à la même règle d'autres actes tout aussi graves qu'une offre ou un aveu, tels qu'une délation de serment, une élection de domicile, etc.

L'action, lorsqu'elle est *principale*, se forme, sans préliminaire de conciliation, par un acte signé au greffe par la partie ou par son fondé de pouvoir spécial et authentique, et lorsqu'elle est *incidente*, par un simple acte d'avoué à avoué, signifié à toutes les parties en cause. Mais lorsque l'officier ministériel désavoué est sorti de charge ou décédé, on procède par voie d'exploit, avec assignation au tribunal qui est saisi de l'instance principale. D'ailleurs, il convient de distinguer suivant que l'action en désaveu est formée contre un acte ou une procédure étrangers à l'instance engagée, ou contre un acte qui fait partie de l'instance actuellement pendante.

Dans le premier cas, la demande est portée, conformément au droit commun, au tribunal du domicile du défendeur, s'il s'agit d'un acte de procédure *sans instance*, et au tribunal qui a connu de l'affaire, s'il s'agit d'une *procédure d'une instance antérieure;* dans le second cas au contraire, elle est portée au tribunal qui est saisi de la demande principale (art. 353 à 356, 358, C. Proc. Civ.).

Toute demande en désaveu doit être communiquée au ministère public et jugée, soit par préalable, soit en même temps que le fond. Lorsque le tribunal surseoit à statuer sur la demande principale, il impartit au désavouant un délai pendant lequel il devra obtenir jugement (art. 357 et 359, C. Proc. Civ.).

Si le désaveu est déclaré valable, le jugement ou les dispositions du jugement relatives aux chefs qui ont donné lieu au désaveu, sont annulés, et le désavoué condamné, tant envers le demandeur qu'envers les autres parties, à la réparation du préjudice causé. Si au contraire il est rejeté, mention en est faite en marge de l'acte de désaveu, et le demandeur condamné, s'il y a lieu, non seulement à des dommages-intérêts envers l'officier ministériel désavoué et les autres parties en cause (art. 360 et 361, C. Proc. Civ.), mais encore à l'insertion dans des journaux et à l'affichage du jugement de rejet (art. 1036, C. Proc. Civ.), ainsi qu'aux peines portées contre ceux qui ont outragé un officier ministériel dans l'exercice ou à l'occasion de l'exercice de ses fonctions (art. 224, C. Pén.).

Le désaveu formé à l'occasion d'un jugement passé en force de chose jugée ne peut plus être reçu après l'expiration de la huitaine du jour où le jugement doit être réputé exécuté aux termes de l'article 159 du Code de procédure civile (art. 362, C. Proc. Civ.).

II. Procédure sommaire.

La procédure sommaire est une procédure abrégée, simplifiée, presque entièrement orale. Elle s'applique aux affaires simples, moins importantes ou plus urgentes que les affaires ordinaires, et a pour conséquence une notable économie de temps et de frais. Toutefois, comme elle ne forme qu'une exception, les tribunaux sont obligés d'appliquer les formes de la procédure ordinaire en tout ce qui ne fait pas l'objet d'une disposition spéciale.

Les matières sommaires, dispensées du préliminaire de conciliation et jugées sur un simple acte d'avoué à avoué, sans autres procédures ni formalités (art. 405, C. Proc. Civ.), ne subissent pas les lenteurs du rôle et des vacations: appelées généralement au début de l'audience, elles passent au rôle de la *Chambre des vacations* vers la fin de l'année judiciaire (art. 24, 44 et 66, décret du 30 mars 1808).

En ce qui concerne les règles de l'enquête, elles diffèrent à quatre points de vue des règles ordinaires, savoir: 1° Les faits à prouver n'ont pas besoin d'être articulés d'avance, par écrit; — 2° Les témoins sont entendus, non par un juge-commissaire, mais à l'audience même, en présence des parties; — 3° Il n'y a pas de délais fixes pour commencer et pour terminer l'enquête; — 4° Quand le jugement n'est pas susceptible d'appel, il n'est dressé aucun procès-verbal; il est seulement fait mention, dans le jugement, des noms des témoins et du résultat de leurs dépositions (art. 407 et 410, C. Proc. Civ.).

Sont réputés matières sommaires et instruits comme tels: 1° les appels des jugements de paix; — 2° les demandes personnelles mobilières, à quelque somme qu'elles puissent monter, quand il y a titre non contesté; — 3° les demandes mobilières formées sans titre, lorsqu'elles n'excèdent pas 1500 francs de principal; et les demandes immobilières, lorsqu'elles n'excèdent pas 60 francs de revenu; — 4° les demandes provisoires, ou qui requièrent célérité; — 5° les demandes en paiement de loyers et fermages et d'arrérages de rentes (art. 404, C. Proc. Civ.).

III. Procédure écrite.

L'instruction écrite est le contre-pied de l'instruction sommaire. Lente et ennuyeuse, car tout s'y fait par écrit, elle n'est obligatoire qu'en matière d'enregistrement et de contributions indirectes (art. 17, loi du 27 ventôse an IX; 88, loi du 5 ventôse an XII), mais peut être ordonnée dans tous autres cas, si le tribunal le juge à propos (art. 95, C. Proc. Civ.).

En ce qui concerne la marche à suivre, nous nous bornons à renvoyer aux articles 93 à 115 du Code de procédure civile.

Procédure devant les tribunaux de commerce.

La procédure commerciale est encore beaucoup plus simple que la procédure sommaire, car elle n'admet ni le ministère des avoués, ni la nécessité des conclusions écrites, ni l'obligation de statuer par deux jugements distincts sur les exceptions et sur le fond (art. 414 et 424, C. Proc. Civ.). Cela s'explique peut-être moins encore par ce fait que les magistrats consulaires, élus de leurs pairs, sont par leur origine étrangers à l'étude du droit, que par la nature même des affaires commerciales, qui exigent une prompte solution. Et la preuve, c'est que cette procédure toute spéciale n'est pas seulement observée par les tribunaux de commerce, mais encore par les tribunaux de première instance lorsque ceux-ci en font fonctions (art. 640 et 641, C. Com.)[1].

Les affaires commerciales, réputées toutes urgentes, sont dispensées du préliminaire de conciliation. Le délai d'ajournement est d'un jour franc, outre les délais de distance. Dans les cas qui requièrent célérité, le président du tribunal peut autoriser à assigner de jour à jour, ou même d'heure à heure, et à saisir les effets mobiliers[2]. Cette autorisation devient inutile dans les affaires maritimes où il existe des parties non domiciliées, dans les affaires urgentes ou provisoires, ou dans celles où il s'agit d'agrès, victuailles, équipages et radoubs de vaisseaux prêts à mettre à la voile. Dans ces cas, l'assignation peut être donnée de jour à jour, ou d'heure à heure, sans aucune autorisation (art. 49, 416 à 419, C. Proc. Civ.).

Les parties comparaissent en personne ou par mandataires. Elles peuvent se faire représenter par qui bon leur semble, même par une femme, par un étranger, ou par un magistrat en activité de service[3], mais jamais par un huissier. Quand la partie comparaît en personne accompagnée d'un mandataire, elle l'autorise par sa présence; au cas contraire, elle le munit d'un pouvoir spécial, qui peut être donné au bas de l'original ou de la copie de l'assignation. Il doit être fait mention, dans la minute du jugement, de la forme du pouvoir donné (art. 421, C. Proc. Civ.; 627, C. Com.; 1, Ordonnance du 10 mars 1825)[4].

Le pouvoir, enregistré au préalable, doit, au moment de l'appel de la cause, être exhibé au greffier, qui le vise sans frais.

---

1) Devant les cours d'appel cependant, les affaires commerciales sont jugées comme les affaires civiles sommaires. Le ministère d'avoué y est donc obligatoire (art. 647, C. Com.). — 2) Le porteur d'un billet à ordre ou d' une lettre de change protestés faute de paiement peut, lui aussi, obtenir la permission de saisir conservatoirement les effets mobiliers des tireur, accepteurs et endosseurs; mais cette autorisation n'est presque jamais donnée à Paris (art. 172 et 187, C. Com.). — 3) Art. 86, C. Proc. Civ. — Les magistrats en activité de service peuvent bien représenter les parties, mais non plaider pour elles. Exception n'est faite que pour les juges suppléants. — 4) Lorsque le pouvoir est écrit, le constituant doit faire précéder sa signature des mots manuscrits: „Bon pour pouvoir", si le texte de la procuration n'est point entièrement écrit de sa main.

Les avocats régulièrement inscrits à un barreau et les avoués de l'arrondissement où siége le tribunal, sont dispensés de la nécessité de présenter un pouvoir écrit depuis la loi du 13 juillet 1911.

Comme l'existence de défenseurs officiels n'est pas admise devant les tribunaux de commerce, les honoraires donnés aux avocats ou aux autres mandataires n'entrent pas en taxe et restent toujours à la charge du mandant, quelle que soit l'issue du procès.

Si les parties comparaissent, en personne ou par mandataires, et qu'à la première audience il n'intervienne pas un jugement définitif, celles non domiciliées dans le lieu où siége le tribunal sont tenues d'y faire élection de domicile, faute de quoi toutes significations, même celle du jugement définitif, sont valablement faites au greffe du tribunal. Cette élection, mentionnée sur le plumitif de l'audience, n'empêche cependant pas les parties de se faire les significations à leurs domiciles respectifs réels (art. 422, C. Proc. Civ.).

L'assignation lancée, le demandeur (ou son mandataire) fait lui-même inscrire l'affaire au rôle *(placement)*, avant l'ouverture de l'audience au plus tard. La demande n'a pas besoin d'être motivée; il suffit qu'elle indique sommairement les prétentions du demandeur[1].

Le jour de l'audience arrivé, l'huissier de service appelle les causes, qui sont jugées séance tenante ou renvoyées à une date ultérieure. A Paris, l'usage s'est établi d'accorder trois remises successives de quinzaine en quinzaine, ce qui n'a d'autre raison d'être que de procurer aux mandataires quelques émoluments supplémentaires. Cet abus injustifiable est lourdement ressenti par les petits justiciables.

Après l'expiration des trois quinzaines, le Tribunal de Commerce de la Seine renvoie généralement l'affaire au rapport d'un juge, qui convoque les parties officieusement en son cabinet pour recueillir leurs explications et en rendre compte à ses collègues. Si l'affaire ne présente qu'une difficulté juridique, ou si elle est de peu d'importance, le tribunal n'a plus recours à aucun autre moyen d'instruction et la termine à la quatrième quinzaine; si au contraire elle présente une difficulté technique, ou si l'une des parties le demande, le tribunal renvoie les parties devant un arbitre-rapporteur (arbitre-expert), avec mission d'examiner les comptes, d'entendre les parties, de les concilier si faire se peut, sinon de déposer un rapport motivé. L'arbitre lui-même est pris sur une liste de personnes qui en font une véritable profession sous la surveillance du tribunal.

Les opérations terminées, l'arbitre, qui ne prête pas serment, sauf quand il procède à une expertise proprement dite[2], dépose son rapport au greffe du tribunal sous enveloppe cachetée. La partie la plus diligente assigne alors en ouverture de rapport, après quoi l'affaire est de nouveau portée à l'audience et soumise une seconde fois à trois renvois de quinzaine en quinzaine, à moins qu'elle ne soit inscrite au *grand rôle*, auquel cas elle ne reçoit pas de solution avant au plus tôt 4 à 6 mois (art. 428 à 431, C. Proc. Civ.).

Naguère encore, le demandeur étranger était dispensé de fournir caution en matière commerciale (ancien article 423, C. Proc. Civ.). Une loi du 5 mars 1895 est venue abroger cet article, de sorte qu'aujourd'hui l'étranger demandeur est toujours astreint à fournir caution[3].

L'incompétence du tribunal doit être proposée avant toute défense au fond, à moins qu'il ne s'agisse d'une incompétence *ratione materiæ*, auquel cas elle peut être proposée en tout état de cause, et même soulevée d'office. Le tribunal statue sur le déclinatoire et sur le fond par un seul et même jugement, bien que par deux dispositions distinctes; mais il peut aussi statuer par deux jugements séparés. La décision concernant la compétence est susceptible d'appel, si minime que soit l'intérêt en litige (art. 424 et 425, C. Proc. Civ.).

De même qu'en matière civile, le décès d'une partie interrompt l'instance, mais non aussi le décès du mandataire. Dans ce cas, les héritiers doivent seulement

---

1) Une demande libellée par exemple: „Attendu que le défendeur doit au demandeur une somme de . . . . , ainsi qu'il en sera justifié“, serait suffisamment motivée. — 2) En ce cas, il peut être récusé dans les trois jours de sa nomination. — 3) Voyez cependant la convention de la Haye du 17 juillet 1905, rendue exécutoire en France par un décret du 30 avril 1909.

donner avis au mandant du décès survenu, et pourvoir, en attendant, à ce que les circonstances exigent (art. 2010, C. Civ.).

Lorsqu'une pièce produite est méconnue, déniée ou arguée de faux, et que la partie persiste à s'en servir, le tribunal renvoie l'affaire devant les juges compétents et surseoit à statuer. Si la pièce ne concerne qu'un des chefs de la demande, il peut passer outre au jugement des autres chefs (art. 427, C. Proc. Civ.).

Il en est de même en cas de désaveu contre un huissier, ou de contestation qui roule sur la qualité des parties ou sur une question d'état (art. 426, C. Proc. Civ.).

S'il y a lieu à enquête, elle est faite comme en matière sommaire (art. 432, C. Proc. Civ.).

Le tribunal peut toujours ordonner la comparution personnelle des parties, et, s'il y a empêchement légitime, commettre un de ses membres ou un juge de paix pour les entendre.

En ce qui concerne la preuve, la restriction édictée par l'article 1341 du Code civil ne reçoit pas d'application en matière commerciale. En conséquence, la preuve testimoniale est toujours admise, même contre et outre le contenu aux actes, pourvu que le législateur n'ait pas exigé un acte écrit. Il s'en suit qu'en dehors des moyens de preuve ordinaires, on peut indiquer les moyens suivants: 1° les livres de commerce, lorsqu'ils sont régulièrement tenus, mais seulement entre commerçants et pour faits de commerce; — 2° les bordereaux des agents de change et des courtiers; toutefois, les bordereaux rédigés par les courtiers doivent être signés par les parties, ce qui n'est pas nécessaire pour ceux des agents de change; — 3° les factures ou états détaillés et acceptés, lorsqu'ils indiquent la nature, la quantité, la qualité et le prix des choses vendues ou mises en dépôt (art. 109, C. Com.).

Jugement.

On désigne par le mot jugement toutes sortes de décisions de justice, plus particulièrement celles qui émanent des tribunaux de première instance et des tribunaux de commerce. Les décisions des juges de paix et des conseils de prud'hommes sont plus généralement appelées sentences. Celles des cours d'appel et de la Cour de Cassation sont des arrêts. Enfin, on appelle ordonnances, les décisions rendues par un juge unique, notamment celles rendues par le juge des référés et le juge-commissaire.

Les jugements peuvent être définitifs, préparatoires, interlocutoires ou provisoires. Ils sont définitifs, lorsque, statuant définitivement sur la contestation engagée, ils dessaisissent le tribunal; préparatoires, lorsqu'ils tendent seulement à mettre le procès en état de recevoir une solution définitive; et interlocutoires, lorsque, avant dire droit, le tribunal ordonne une preuve, une vérification ou une instruction qui préjuge le fond, de telle sorte qu'on peut dire d'avance que le tribunal statuera dans tel ou tel sens, suivant que le demandeur aura réussi ou non dans son moyen de preuve.

Enfin, on appelle provisoires, les jugements qui n'ont pas de caractère définitif et qui ne statuent qu'en attendant.

Les jugements interlocutoires sont forcément préparatoires; mais la réciproque n'est pas vraie. Ils se différencient des jugements préparatoires simples par ce fait qu'ils préjugent le fond, en faisant deviner la pensée du juge. Aussi, à la différence de ce qui a lieu pour les jugements préparatoires, les jugements interlocutoires — de même d'ailleurs que les jugements provisoires, — sont toujours susceptibles d'appel, même avant le jugement définitif (art. 451 et 452, C. Proc. Civ.).

Les jugements de première instance et les jugements commerciaux doivent être rendus par trois juges au moins[1], mais, tandis que les premiers sont nécessairement rendus par des magistrats délibérant en nombre impair, les autres peuvent être rendus par des magistrats délibérant en nombre pair[2]. D'autre part, tandis que le nombre des magistrats siégeant au civil ne peut jamais dépasser 6, celui des magistrats siégeant au commerce peut être supérieur à ce chiffre (art. 4, loi du 30 août 1883; 15, loi du 8 décembre 1883; 6, décret du 18 août 1810).

---

[1]) Les sentences de paix sont rendues par un juge unique; celles des prud'hommes par 4 conseillers plus le juge de paix si ce magistrat est appelé pour les départager. — [2]) Il s'en suit que lorsque, dans une affaire civile, plus de trois magistrats ont siégé en nombre pair, le dernier des juges dans l'ordre du tableau doit s'abstenir de voter.

Les débats — publics, à moins que le huis clos n'en ait été prononcé, — sont dirigés par le président, et, à son défaut, par le vice-président ou le juge présent le plus ancien dans l'ordre des nominations. Le président titulaire est libre de choisir la chambre à laquelle il veut s'attacher, et même de présider accidentellement toute autre chambre chaque fois qu'il le juge à propos (art. 46 et 48, décret du 30 mars 1808).

Si, par suite d'empêchements ou de récusations, le tribunal n'est plus en nombre, il se complète par l'adjonction d'un juge d'une autre chambre qui ne tient pas audience dans le même temps, ou par un des juges suppléants, en observant, dans tous les cas, et autant que possible, l'ordre des nominations. A défaut de suppléants, il appelle un avocat attaché au barreau, et, à son défaut, un avoué, en suivant aussi l'ordre du tableau. Toutefois, il faut qu'il y ait au moins deux juges: un jugement rendu par un tribunal composé d'un seul juge et de deux avocats, ou d'un juge et d'un avocat et d'un avoué, serait nul (art. 49, décret du 30 mars 1808).

Si le tribunal, faute de juges, était dans l'impossibilité absolue de se constituer, il pourrait demander au premier président de la cour d'appel du ressort de lui envoyer un juge suppléant d'un autre tribunal du ressort, ce qui diminue grandement, comme nous l'avons déjà dit, les chances de renvoi devant un autre tribunal (loi du 19 avril 1898).

En ce qui concerne les tribunaux de commerce, aucun suppléant ne peut être appelé à participer au jugement que si le nombre des juges est descendu au-dessous de 3, ni aucun juge complémentaire appelé à compléter le tribunal que si, par suite d'empêchements ou de récusations, il ne reste plus un nombre suffisant de juges ou de suppléants. En ce cas, le président du tribunal tire au sort, en séance publique, autant de noms qu'il faut, dans une liste qui est dressée annuellement aux débuts de l'activité judiciaire et qui, composée de 50 noms pour Paris, de 25 pour les tribunaux de neuf membres, et de 15 pour les autres, ne comprend que des éligibles, et, en cas d'insuffisance, des électeurs ayant leur résidence dans la ville où siége le tribunal.

A la différence des tribunaux civils, les tribunaux de commerce n'ont pas besoin d'être composés en majeure partie de juges titulaires; tout ce que la loi veut, c'est qu'il y ait au moins un juge titulaire (art. 15, loi du 8 décembre 1883).

Pour pouvoir participer au jugement, il faut: 1° que le magistrat ne soit ni parent ni allié, jusqu'au troisième degré inclusivement, de l'un des avocats ou avoués en cause (art. 10, loi du 30 août 1883)[1]; — 2° qu'il ait assisté à toutes les audiences (art. 7, loi du 20 avril 1880). Toutefois, à cet égard, il suffit que les conclusions soient reprises; point n'est nécessaire de faire recommencer les plaidoiries.

Les jugements, rendus, hors la présence du ministère public et du greffier, à la majorité absolue des voix, sont prononcés sur-le-champ ou à une audience ultérieure. Si, au sein du tribunal, il se forme plus de deux opinions, les juges les plus faibles en nombre sont tenus, après un nouveau scrutin, de se réunir à l'une des deux opinions émises par le plus grand nombre. En cas de partage absolu, l'affaire est plaidée de nouveau devant le tribunal renforcé de deux juges pour les tribunaux de première instance, et d'un ou de trois juges pour les tribunaux de commerce (juges départiteurs). S'il n'y a pas de juges titulaires, on appelle des juges suppléants, des avocats attachés au barreau, ou des avoués, en suivant l'ordre du tableau (art. 116 à 118, C. Proc. Civ.).

Les opinions des magistrats sont recueillies en commençant par le juge le dernier reçu; le président vote le dernier. Si l'affaire est jugée sur rapport, c'est le rapporteur qui opine le premier (art. 35, décret du 30 mars 1808).

Les jugements sont rédigés par le président ou par le rapporteur, s'il y en a un. Ils doivent, à peine de nullité, être motivés et prononcés en audience publique,

---

[1]) Pour éviter tout soupçon de partialité, la loi dispose en outre que les parents et alliés, jusqu'au degré d'oncle et de neveu inclusivement, ne peuvent être simultanément membres d'un même tribunal ou d'une même cour soit comme juges, soit comme officiers du ministère public, ou même comme greffiers, sans une dispense spéciale. D'ailleurs, aucune dispense ne peut être accordée pour les tribunaux ayant moins de 8 juges (art. 63, loi du 20 avril 1810).

les portes ouvertes et en présence des juges qui les rendent, c'est-à-dire de trois au moins. La présence du ministère public n'est exigée que dans les affaires où il était partie principale (art. 141, C. Proc. Civ.; 7, loi du 10 avril 1810).

En ce qui concerne la rédaction du jugement, elle peut être modifiée même après le prononcé, pourvu que le fond n'en soit pas affecté[1].

Les dépens sont mis à la charge de la partie succombante[2], à moins que le tribunal n'en ait prononcé la compensation en tout ou en partie[3], ce qui arrive généralement quand les deux parties succombent chacune sur quelques-uns des chefs de leurs demandes. Dans des procès entre conjoints, ascendants, descendants, frères et sœurs ou alliés au même degré, la compensation est presque toujours ordonnée (art. 130 et 131, C. Proc. Civ.).

D'ailleurs, on n'entend par dépens que les frais légaux, c'est-à-dire ceux que la partie n'a pu s'empêcher d'exposer: émoluments des avoués, des huissiers, des greffiers; droits de timbre; droits d'enregistrement; taxe des témoins; honoraires des experts; frais de transport des magistrats lorsqu'ils ont été obligés de se déplacer; etc. Mais on n'y comprend pas les faux-frais, comme par exemple les frais de retour d'une traite non acceptée, ou même ceux d'une traite acceptée autres que ceux de protêt; les honoraires des avocats auxquels, en somme, on n'est pas tenu d'avoir recours; ceux des hommes de loi qui auraient été consultés; les frais de traduction autres que ceux d'effets de commerce; etc. Il en est de même encore des droits d'enregistrement perçus sur des actes qu'on a dû faire enregistrer pour produire en justice[4], le procès n'étant en ce cas que la cause occasionnelle de la perception de droits dus dès avant toute contestation. Ces frais ne peuvent être mis à la charge de la partie succombante qu'à titre de dommages-intérêts.

Les avoués (et aussi les huissiers) qui ont excédé les bornes de leur ministère, et les tuteurs, curateurs, héritiers bénéficiaires ou autres administrateurs qui ont compromis les intérêts de leur administration, peuvent être condamnés personnellement aux dépens et même à des dommages-intérêts, s'il y a lieu (art. 132, C. Proc. Civ.).

Par contre, et afin de les encourager à ne pas refuser à leurs clients l'avance des frais nécessaires, la loi autorise les avoués à demander la distraction des dépens, c'est-à-dire une condamnation personnelle de la partie succombante à leur propre bénéfice, en affirmant, lors du jugement, qu'ils ont avancé la plus grande partie des dépens, de telle sorte que l'avoué a une double action: celle contre son client, et celle contre la partie perdante. La taxe est poursuivie et l'exécutoire délivré au nom de l'avoué (art. 133, C. Proc. Civ.).

Le jugement produit plusieurs effets: 1° Il dessaisit le tribunal. Celui-ci ne peut donc plus rien changer au jugement, tout au moins quant au fond, car en ce qui concerne la forme, il lui est loisible, ainsi que nous l'avons dit plus haut, de châtier son style. Le tribunal pourrait même compléter le jugement après coup dans des détails secondaires, en désignant par exemple le juge-commissaire appelé à procéder à l'enquête, ou un huissier pour signifier le jugement, et, s'il y avait des erreurs matérielles, des faux, des omissions ou des doubles emplois, les redresser sur la demande d'une des parties (art. 541, C. Proc. Civ.); — 2° Lorsqu'il déclare des droits préexistants, il rétroagit, en ce sens que les droits reconnus sont censés avoir existé de tout temps; — 3° Il modifie la durée de la prescription, fixée d'une manière uniforme à trente ans, sans égard à la durée primitive (art. 2262, C. Civ.); — 4° Il emporte l'exécution forcée et entraîne l'hypothèque judiciaire (art. 2117 et 2123, C. Civ); — 5° Il est revêtu de l'autorité de la chose jugée, en ce sens qu'étant réputé l'expression de l'exacte vérité, les faits constatés et les droits reconnus ne peuvent être remis en question que par la voie de l'appel, de l'opposition ou de la cassation. *Autorité de chose jugée* ne signifie donc pas *force de chose*

---

1) La lecture du jugement est faite par le président: lui présent, nul autre juge ne peut la faire. — 2) Exception n'est faite que pour l'État lorsqu'il plaide dans un intérêt d'ordre public. S'il succombe, il supporte bien ses propres frais, mais jamais ceux de l'adversaire (art. 121 et 122, décret du 18 juin 1811). — 3) Parfois le tribunal fait masse des dépens et en fait supporter à chacune des parties une proportion déterminée, par exemple la moitié, le tiers, ou bien $^{10}/_{12}$ à l'une et $^{2}/_{12}$ à l'autre, etc. — 4) Il est défendu aux juges de rendre aucun jugement sur des actes non enregistrés, sous peine d'être personnellement tenus des droits (art. 47, loi du 22 frimaire an VII).

jugée, car il n'y a force de chose jugée que lorsque le jugement est définitif et inattaquable. Or, ce n'est pas toujours le cas d'un jugement revêtu de l'autorité de la chose jugée.

Formalités postérieures au jugement.

Le jugement, but de l'instance, n'en est pas le terme. D'autres formalités restent à remplir, soit par le tribunal, soit par les parties.

Comme il importe au plus haut point que le texte du jugement soit bien fixé et le jugement lui-même bien conservé, la loi prend plusieurs précautions. Non seulement elle enjoint au greffier de porter sur la feuille d'audience du jour, dès qu'ils sont rendus, les minutes des jugements, et de faire mention en marge de la feuille des noms des magistrats qui y ont assisté, mais encore elle veut que la feuille elle-même, ainsi d'ailleurs que la minute de chaque jugement, soient signées par le greffier et par le président dans les 24 heures[1]. Les feuilles sont ensuite réunies sous forme de registre, année par année, et présentées tous les mois à la vérification du procureur de la République, chargé de la surveillance générale du tribunal (art. 140, C. Proc. Civ.; 36, 37, 38, 39 et 73, décret du 30 mars 1808). Le greffier qui délivrerait une expédition d'un jugement non signé serait poursuivi comme faussaire (art. 139, C. Proc. Civ.).

La *minute* du jugement, c'est-à-dire l'original du texte dûment signé et complété par l'indication des noms des magistrats et du greffier, est déposée au greffe, à moins que le tribunal n'ait ordonné l'exécution du jugement sur la minute, auquel cas la minute est remise à la partie qui a gagné le procès (art. 811, C. Proc. Civ.). A part cette exception, les parties ne reçoivent que des *expéditions*, c'est-à-dire des copies signées par le greffier seul, mais contenant toutes les énonciations de la minute, ainsi que la date du jugement, la mention qu'il a été rendu publiquement, et le rôle que les parties ont joué dans le procès, les noms de leurs avoués, l'exposé des points de droit et de fait, et les conclusions prises en leur nom. L'expédition délivrée à la partie qui a gagné le procès, s'appelle grosse.

En ce qui concerne spécialement les *qualités*, c'est-à-dire le role joné dans le procès par chacune des parties, il existe une différence capitale entre les affaires civiles et les affaires commerciales. Dans les procès civils, les qualités sont rédigées par les avoués des parties; dans les procès commerciaux au contraire, elles sont l'oeuvre du greffier. De là la conséquence suivante: tandis que dans les affaires civiles, l'avoué de la partie perdante peut contredire aux qualités rédigées par celui de la partie gagnante, rien de semblable n'est possible dans les affaires commerciales; si une partie croit avoir à se plaindre de la rédaction des qualités, elle doit attendre que le jugement lui soit signifié.

Afin de faciliter le contrôle, la loi prescrit à l'avoué chargé de la rédaction des qualités, de les signifier à son adversaire, et à l'huissier chargé de la signification, d'en conserver l'original pendant 24 heures, pendant lesquelles l'opposition est faite par une déclaration à l'huissier, qui en fait mention sur l'original. Passé ce délai, l'opposition ne peut plus se produire que par acte d'avoué à avoué, jusqu'au jour de la levée du jugement (art. 145 à 145, C. Civ. Prov.).

Les qualités réglées, la partie gagnante se fait délivrer une *grosse*, c'est-à-dire une expédition revêtue de la *formule exécutoire*[2]. Si elle la perd, elle ne peut s'en faire délivrer une autre qu'avec l'autorisation du président du tribunal (art. 146, 844 et 845, C. Proc. Civ.).

---

[1]) Si le greffier est empêché de signer, il suffit que le président le déclare en signant lui-même; mais si c'est le président qui est empêché, le jugement est signé dans les 24 heures par le juge le plus ancien y ayant assisté. A défaut d'accomplissement de cette formalité dans le délai voulu, il en est référé à la première chambre de la cour d'appel, qui ordonne, suivant les circonstances, que le jugement soit signé par l'un quelconque des juges ayant assisté au jugement. — [2]) Art. 2, loi du 2 septembre 1871: „Les expéditions des arrêts, jugements, mandats de justice, ainsi que les grosses et expéditions des contrats et de tous autres actes susceptibles d'exécution forcée seront intitulées ainsi qu'il suit: *République française. Au nom du peuple français*, et terminées par la formule suivante: *En conséquence, le Président de la République française mande et ordonne à tous huissiers sur ce requis de mettre ledit arrêt* (*ou ledit jugement, etc.*) *à exécution, aux procureurs généraux et aux procureurs de la République près les tribunaux de première instance d'y tenir la main, à tous commandants et officiers de la force publique de prêter main-forte lorsqu'ils en seront légalement requis*".

Par contre, des expéditions, c'est-à-dire des copies sans la formule exécutoire, peuvent être délivrées en nombre illimité, même à des tiers, la publicité étant une des qualités essentielles de la justice française (art. 853, C. Proc. Civ.).

Avant d'être exécuté, le jugement doit être signifié à l'adversaire et à son avoué[1]. Si l'avoué est décédé, ou s'il a cessé ses fonctions, la signification à partie suffit (art. 147 et 148, C. Proc. Civ.). Si c'est la partie qui est décédée, la signification doit être faite à ses héritiers (art. 877, C. Civ.).

Fixation du montant des condamnations.

1° *Liquidation des dommages-intérêts.* — Si les dommages-intérêts n'ont pas été liquidés dans le jugement même qui les prononce, le chiffre en est évalué par les avoués. Si ceux-ci ne peuvent se mettre d'accord, l'affaire est reportée à l'audience sur un simple acte (art. 523 à 525, C. Proc. Civ.).

2° *Liquidation des fruits et reddition des comptes.* — En ce qui concerne la liquidation des fruits et la reddition des comptes, les choses se passent à peu près de la même manière que pour la liquidation des dommages-intérêts, à cette différence près, que le jugement qui condamne à la restitution des fruits ou à la reddition des comptes nomme un juge-commissaire pour les liquider et fixe le délai dans lequel il devra être procédé. Si les parties font défaut, ou si elles ne peuvent se mettre d'accord, l'affaire est renvoyée à l'audience (art. 526 à 542, C. Proc. Civ.).

3° *Liquidation des dépens.* — Il faut distinguer suivant qu'il s'agit de matière sommaire ou de matière ordinaire. En matière sommaire, les dépens sont liquidés par le jugement même qui les alloue; en matière ordinaire au contraire, il y a lieu de provoquer la taxe, c'est-à-dire la vérification des frais par un des juges qui ont assisté au jugement.

Pour recouvrer les frais qui lui sont adjugés, la partie qui les a obtenus se fait délivrer un *exécutoire*, c'est-à-dire une expédition de l'état taxé, munie de la formule exécutoire. L'adversaire peut faire opposition à la taxe dans les trois jours de la signification par acte d'avoué à avoué, mais la décision qui intervient sur l'opposition n'est susceptible de recours que si le jugement lui-même est frappé d'appel. Le tribunal statue en la chambre du conseil, comme en matière sommaire.

En ce qui concerne les frais dus par la partie à son avoué, celui-ci peut les recouvrer conformément à la loi du 24 décembre 1897, dont nous avons déjà parlé. Nous nous bornerons donc à rappeler ici simplement que l'avoué peut demander la distraction des dépens à son profit, et à renvoyer pour le reste aux articles 133, 543 et 544 du Code de procédure civile et au décret d'administration publique du 16 février 1807, qui régissent la matière.

Exécution du jugement.

On distingue l'exécution volontaire et l'exécution forcée. La première emporte acquiescement et clôt la procédure. Quant à la seconde, une distinction s'impose: pour les jugements d'avant faire droit, l'exécution consiste dans l'accomplissement des mesures ordonnées par le tribunal, telles qu'une enquête, une expertise, une vérification d'écriture, etc.; pour les autres, c'est-à-dire pour les jugements définitifs, elle varie à l'infini, suivant l'étendue et l'objet mêmes du jugement.

S'il s'élève des contestations sur l'exécution du jugement, l'affaire est portée à l'audience du tribunal qui l'a rendu. Toutefois, en cas d'urgence, le tribunal du lieu de la situation peut statuer provisoirement, sauf à renvoyer sur le fond devant le tribunal compétent. Ce dernier est appelé *tribunal d'exécution.*

Les tribunaux de commerce ne connaissent jamais de l'exécution de leurs jugements. S'il y a contestation, elle est portée devant le tribunal de première instance du lieu d'exécution (art. 442, C. Proc. Civ.).

Les tribunaux peuvent ordonner qu'il soit sursis à l'exécution des jugements, toutes choses demeurant en état, et accorder des délais au débiteur. Mais ces délais ne peuvent jamais excéder un an (art. 1244 et 2212, C. Civ.; 17, loi du 22 juillet 1867).

Pour ne pas favoriser certains créanciers au préjudice d'autres, la loi refuse tout délai au débiteur dont les biens ont été vendus à la requête d'autres créanciers,

[1]) L'inscription hypothécaire peut être prise et la saisie-arrêt pratiquée avant toute signification, car ce sont là des mesures conservatoires.

ou qui est en état de faillite, de contumace ou d'emprisonnement, ou qui, par son fait, a diminué les sûretés données par contrat (art. 124, C. Proc. Civ.).

Pareillement, mais pour d'autres motifs, aucun délai ne peut être accordé: 1° au vendeur à réméré qui a laissé passer le délai convenu sans exercer la faculté de rachat qu'il s'était réservée (art. 1661, C. Civ.); — 2° à celui qui a pris l'engagement de rendre dans un délai déterminé les sommes d'argent ou les denrées qui lui ont été prêtées (art. 1900, C. Civ.); — 3° aux souscripteurs d'une lettre de change ou d'un billet à ordre (art. 157 et 187, C. Com.)[1].

Les jugements étrangers ne peuvent être exécutés en France que s'ils sont revêtus de la formule exécutoire par un tribunal français (art. 2123 et 2128, C. Civ.; 546, C. Proc. Civ.).

Des saisies en général.

Il y a plusieurs sortes de saisies, savoir: 1° la saisie-exécution; — 2° la saisie-arrêt; — 3° la saisie-brandon; — 4° la saisie des rentes constituées sur particuliers; — 5° la saisie immobilière; et — 6° l'emprisonnement[2].

Ces diverses saisies peuvent être cumulées, les créanciers ayant pour gage l'ensemble des biens du débiteur (art. 2069 et 2092, C. Civ.).

La saisie peut être opérée à la requête de tout créancier en possession d'un jugement exécutoire. Nul ne saurait l'en empêcher, pas même les créanciers privilégiés ou hypothécaires, qui peuvent seulement demander que leurs créances soient acquittées de préférence[3]. Mais on ne peut saisir: 1° l'État, dont la solvabilité ne saurait être mise en doute et qui, d'ailleurs, ne peut payer qu'en observant les règles spéciales de la comptabilité publique; — 2° les gouvernements étrangers qui jouissent du privilége de l'extraterritorialité; — 3° les départements, communes et établissements publics (hospices, bureaux de bienfaisance, etc.), pour les mêmes raisons que l'État. —

La saisie n'est possible que si la créance est: 1° certaine, c'est-à-dire actuellement existante et pure et simple. Une créance éventuelle ou conditionnelle n'est pas une créance certaine. Il ne serait donc pas possible de saisir en vertu d'un compte non apuré ou d'une condamnation non encore prononcée, car il n'est pas certain que le saissisant sera réellement constitué créancier (art. 2213, C. Civ.; 551, C. Proc. Civ.); — 2° liquide, c'est-à-dire déterminée quant à sa quotité (art. 552, C. Proc. Civ.)[4]; — 3° exigible: „Ne doit rien qui doit à terme", à moins que le débiteur n'ait encouru la déchéance (art. 1186 et 1188, C. Civ.; 124, C. Proc. Civ.).

Sont insaisissables:

A. les droits exclusivement attachés à la personne du débiteur (art. 1166, C. Civ.), comme par exemple le droit d'usage et d'habitation, l'usufruit des père et mère sur les biens de leurs enfants mineurs de 18 ans et non émancipés, etc.;

B. les immeubles dotaux, même quand ils sont stipulés aliénables par contrat de mariage (art. 1554, C. Civ.), à l'exception des cas prévus par les articles 1555 à 1558 du Code civil;

C. *a*) les choses déclarées insaisissables par la loi, comme par excemple les rentes sur l'Etat (art. 4, loi du 8 nivôse an VI; 7 et 8, loi du 22 floréal an VII); les sommes dues au porteur d'une lettre de change ou d'un billet à ordre (art. 149, C. Com.); les navires en partance et leurs papiers de bord (art. 215, C. Com.); le bien de famille (*homestead*) constitué en vertu de la loi du 12 juillet 1909 (art. 10); etc.; — *b*) les provisions alimentaires adjugées par justice, à moins que ce ne soit pour cause d'aliments; les pensions de retraites servies par l'État aux fonctionnaires publics et celles des membres de la Légion d'Honneur, qui ne sont saisissables que dans une certaine mesure (art. 28, loi du 11 avril 1831; 30, loi du 18 avril 1831; 26, loi du 9 juin 1853); les neuf dixièmes des salaires des ouvriers et gens de service et des petits appointements ou traitements des employés, commis et fonctionnaires (art. 1, loi du 12 janvier 1895); — *c*) les sommes et objets disponibles déclarés in-

---

1) Malgré cette prohibition, le tribunal de commerce du département de la Seine (Paris) accorde 25 jours de délai au débiteur qui le demande. — 2) Pour la saisie des navires, voyez les articles 197 et suivants du Code de Commerce et la loi du 10 juillet 1885. — 3) Ceux qui ont un droit de rétention peuvent s'opposer à ce que l'adjudicataire du bien saisi entre en possession avant de les avoir désintéressés. — 4) Il s'en suit que la saisie n'est pas possible pour les dépens adjugés, mais non encore liquidés, ni pour les dommages-intérêts alloués, mais à fixer par état, tant que le chiffre n'en a pas été établi, etc.

saisissables par le testateur ou le donateur; — *d*) les sommes et pensions pour aliments, encore que le testateur ou l'acte de donation ne les déclare pas insaisissables (art. 581 et 582, C. Proc. Civ.);

D. les choses énumérées par l'article 592 du Code de procédure civile, c'est-à-dire: 1° les objets que la loi déclare immeubles par destination; — 2° le coucher nécessaire des saisis et de leurs enfants vivant avec eux; les habits dont les saisis sont vêtus ou cou verts; —3° les livres relatifs à la profession du saisi, jusqu'à la somme de trois cents francs, à son choix; — 4° les machines et instruments servant à l'enseignement pratique ou exercice des sciences et arts, jusqu'à concurrence de la même somme, et au choix du saisi; — 5° les équipements des militaires, suivant l'ordonnance et le grade; — 6° les outils des artisans, nécessaires à leurs occupations personnelles; — 7° les farines et menues denrées nécessaires à la consommation du saisi et de sa famille pendant un mois; — 8° enfin une vache, ou trois brebis, ou deux chèvres, au choix du saisi, avec les pailles, fourrages et grains nécessaires pour la litière et la nourriture desdits animaux pendant un mois.

Ces objets ne peuvent être saisis pour aucune créance, même celle de l'État, si ce n'est pour aliments fournis à la partie saisie, ou sommes dues aux fabricants ou vendeurs desdits objets, ou à celui qui a prêté pour les acheter, fabriquer ou réparer; pour fermages ou moissons des terres à la culture desquelles ils sont employés, loyers des manufactures, moulins, pressoirs, usines dont ils dépendent, et loyers des lieux servant à l'habitation personnelle du débiteur.

Les objets spécifiés sous le n° 2 ne peuvent être saisis pour aucune créance (art. 593, C. Proc. Civ.).

I. Des saisies-exécutions.

On appelle saisie-exécution la procédure par laquelle le créancier met «sous main de justice» les biens mobiliers de son débiteur et les vend pour se payer sur le prix. A moins d'incidents, la justice n'intervient pas dans la saisie-exécution: celle-ci est accomplie tout entière par le créancier, ou, plus exactement, par son huissier. Le délai minimum pour l'exécution est de dix jours entre le commandement et la vente, mais en réalité ce délai est presque toujours dépassé grâce à la procédure des référés.

La saisie-exécution atteint tous les biens mobiliers du débiteur, quelle qu'en soit la situation. Elle peut donc avoir lieu tant au domicile du débiteur qu'à sa résidence, et même sur la voie publique (saisie foraine).

Quatre formalités doivent précéder la saisie-exécution, savoir: 1° le commandement; — 2° le procès-verbal de saisie et l'établissement d'un gardien; — 3° les publications et le récolement; — 4° la vente.

Le commandement.

Le commandement, qui peut être signifié en même temps que le jugement, doit être fait à la personne ou au domicile du débiteur, un jour au moins avant la saisie.

Il doit contenir: *a*) la notification du titre, si elle n'a pas encore eu lieu; — *b*) l'énonciation de la somme liquide pour laquelle il est fait; — *c*) l'ordre de payer cette somme dans un délai de 24 heures; — et *d*) une élection de domicile, jusqu'à la fin de la poursuite, dans la commune où l'exécution doit avoir lieu, à moins que le créancier n'y demeure, auquel cas l'élection devient inutile, car elle n'est imposée que dans l'intérêt du débiteur, qui est autorisé à faire à ce domicile toutes significations quelconques, même d'offres réelles et d'appel (art. 583 et 584, C. Proc. Civ.).

Le procès-verbal de saisie.

Le procès-verbal de saisie est l'acte qui contient l'énumération des objets saisis. La saisie, à moins d'autorisation spéciale, ne peut avoir lieu qu'aux jours ouvrables et aux heures légales, c'est-à-dire entre 6 heures du matin et 6 heures du soir, depuis le 1er octobre jusqu'au 31 mars, et entre 4 heures du matin et 9 heures du soir, depuis le 1er avril jusqu'au 30 septembre.

L'huissier qui dresse le procès-verbal doit être assisté de deux témoins, appelés recors, qui doivent être Français, majeurs, non parents ni alliés des parties ou de l'huissier en cause, jusqu'au degré de cousin issu de germain inclusivement, ni leurs domestiques.

Si on refuse de laisser entrer l'huissier, ou que celui-ci trouve la porte close, il établit gardien pour empêcher le divertissement et se fait assister d'un fonctionnaire public (juge de paix, commissaire de police, maire, adjoint ou conseiller municipal). Les portes et les meubles fermants sont ouverts de force au fur et à mesure de la saisie. L'officier public qui assiste l'huissier ne dresse lui-même aucun procès-verbal, mais il signe celui de l'huissier.

La partie saisissante ne peut être présente à la saisie; elle peut seulement s'y faire représenter par un mandataire.

Si la saisie est faite en la demeure du saisi, elle doit être précédée d'un itératif commandement, c'est-à-dire d'une nouvelle injonction de payer. C'est seulement après cette seconde injonction, restée infructueuse, que l'huissier peut instrumenter. Il ne doit pas fouiller le débiteur ni les personnes attachées à son service, sous peine de poursuites disciplinaires et de dommages-intérêts; mais il peut se faire ouvrir toutes les pièces, même celles occupées par des locataires en garni, ainsi que tous les meubles qui les garnissent. Toute résistance est considérée comme une rébellion et punie comme telle (art. 209, C. Pén.).

L'argent comptant doit être déposé dans une caisse publique ou autre, à moins que l'huissier ne préfère le laisser sur place ou l'emporter chez lui. S'il n'y a pas d'opposition de la part d'autres créanciers, et que le saisi y consente, il peut aussi être remis au saisissant à titre d'acompte.

La saisie terminée, l'huissier indique le jour de la vente, laquelle, à moins d'autorisation spéciale du juge, ne peut avoir lieu que huit jours au plus tôt après la saisie, et établit un gardien[1], qui signe le procès-verbal et en reçoit une copie. Naturellement, pareille copie est laissée également au saisi, qui n'est pas obligé de signer le procès-verbal, à moins qu'il n'ait accepté d'être gardien (art. 585 à 591, 594 à 607, 1037, C. Proc. Civ.).

Les publications et le récolement.

Un jour avant la vente, la partie poursuivante fait apposer des affiches indiquant le jour, l'heure et l'endroit auxquels il sera procédé à la vente des objets saisis. Les mêmes mentions, mais en extrait seulement, sont insérées dans des journaux spécialement désignés à cet effet. Les placards, au nombre de quatre, sont apposés au lieu des objets saisis, à la porte de la mairie de ce lieu, au marché voisin, et à la porte de la justice de paix du canton[2]. L'apposition est constatée par un procès-verbal, auquel est annexé un exemplaire du placard.

Avant de faire procéder à la vente, l'huissier fait le récolement, c'est-à-dire un nouveau procès-verbal dans lequel il constate que les objets saisis lui ont tous été représentés. S'il y a des manquants, il en fait mention dans son exploit (art. 613 à 619, C. Proc. Civ.). Le saisi qui aurait détruit ou détourné, ou tenté de détruire ou de détourner des objets saisis sur lui ou confiés à sa garde, commettrait un délit qui l'exposerait à une peine d'emprisonnement de deux mois au moins et de deux ans au plus (art. 400 et 406, C. Pén.). Quant aux tiers, il faut distinguer suivant qu'ils ont été ou non mis en possession des objets saisis, et suivant qu'ils sont de bonne ou de mauvaise foi. Si l'aliénation ou la constitution de gage n'ont pas été suivies de tradition, elles sont nulles, et la partie au profit de laquelle elles ont été conventies n'en peut demander l'exécution; si, au contraire, la tradition des objets saisis a été faite, le saisissant peut les revendiquer contre les possesseurs de mauvaise foi, mais non contre ceux de bonne foi.

La vente.

La vente est le but naturel de la saisie. Elle a lieu, en ce qui concerne les meubles, au plus prochain marché public, aux jour et heure ordinaires des marchés, un jour de dimanche ou tout autre jour plus avantageux, ou même sur place, si tel est l'intérêt des parties en cause, par les soins d'un commissaire-priseur, là où il y en a, sinon par ceux d'un notaire, d'un huissier, d'un greffier ou d'un courtier de marchandises.

---

[1]) Le gardien peut demander sa décharge, si la vente n'a pas eu lieu au jour indiqué par le procès-verbal, sans qu'elle ait été empêchée par quelque obstacle; et, en cas d'empêchement, deux mois après la saisie. La décharge est demandée par voie de référé. L'huissier ne peut jamais être gardien. — [2]) Lorsque la vente doit avoir lieu ailleurs qu'au marché ou à l'endroit où se trouvent les effets, un cinquième placard est apposé au lieu de la vente.

Lorsque la valeur des objets saisis excède le montant des causes de la saisie, il n'est procédé qu'à la vente des objets suffisant à fournir somme nécessaire pour le paiement de la créance et des frais.

L'adjudication est faite aux enchères, au comptant, au plus offrant et dernier enchérisseur. Faute de paiement, l'objet est revendu sur-le-champ à la folle enchère de l'adjudicataire. Mais l'officier public vendeur peut, du consentement du saisi, ou sous sa responsabilité personnelle, accorder à l'enchérisseur un délai pour s'acquitter. Ce délai est généralement de 24 heures.

Les officiers vendeurs ne peuvent se porter personnellement adjudicataires (art. 1596, C. Civ.), mais ils peuvent le faire pour le compte d'autrui. Ils ne peuvent recevoir aucune somme au-dessus de l'enchère, sous peine de concussion. Ils sont personnellement responsables du prix des adjudications (art. 620 à 625, C. Proc. Civ.).

Incidents de la saisie-exécution.

La saisie-exécution peut être hérissée de nombreux incidents qui en retardent d'autant l'accomplissement. Nous pouvons même dire qu'en les accueillant avec une certaine faveur, les tribunaux ont fini par faire de la saisie-exécution une des procédures les plus coûteuses pour le saisi et les plus dangereuses pour le saisissant, puisque nous assistons parfois à de longues procédures à la suite d'une lettre de change acceptée et protestée faute de paiement à son échéance. Le législateur aurait droit à la reconnaissance de tout le monde, et du saisi en tout premier lieu, s'il voulait enfin se décider à innover en cette matière particulièrement pénible du Code de Procédure.

Les incidents de la saisie-exécution peuvent venir, soit du saisi, soit des autres créanciers, soit enfin de tiers qui prétendent avoir des droits sur les biens saisis.

C'est surtout le saisi, et tout particulièrement le saisi de mauvaise foi, qui a souvent recours aux incidents. Il peut les soulever à deux moments différents: au moment de la saisie ou du commandement, et au moment du récolement. Il suffit pour cela d'un prétexte quelconque, par exemple, la prétention de ne rien devoir, ou d'avoir déjà payé, etc. Il n'a même pas besoin de se déranger: il suffit qu'il déclare à l'huissier qu'il s'oppose à la saisie et qu'il en signe la mention que celui-ci en fait sur le procès-verbal. Dans la pratique, le débiteur n'attend même pas que l'huissier se présente pour enlever les objets saisis. Peu soucieux d'avoir sa visite, il va au-devant de lui et signe, en son étude, le „bon pour référé". Mais cette démarche elle-même n'est pas absolument indispensable: une signification au saisissant fait le même office. Aussitôt l'huissier, qui craint les rigueurs de l'article 1382 du Code civil, suspend les opérations et se transporte devant le juge des référés. Celui-ci, les parties entendues, accorde souvent au saisi de copieux délais — car c'est à cela que neuf fois sur dix se résout l'incident. Que le créancier ne s'étonne donc pas s'il est dans l'obligation de dépenser des sommes importantes et d'attendre souvent de longs mois, des années même, avant de toucher le premier sou vaillant de sa créance la plus certaine. Qu'il se console en se disant que les frais occasionnés incomberont en majeure partie au débiteur, à supposer, bien entendu, que celui-ci n'ait pas, en attendant, pris le moyen expéditif de la clef des champs (art. 607, C. Proc. Civ.).

Il en est autrement de l'opposition des autres créanciers ou des tiers qui prétendent avoir des droits sur les objets saisis. Ici, il faut une grande circonspection, car il s'agit de concilier des droits également respectables.

L'opposition des tiers et des autres créanciers doit être faite par voie d'exploit, mais elle peut se faire aussi, provisoirement tout au moins, sur le procès-verbal de saisie ou de récolement, sauf à être renouvelée ensuite. Elle doit contenir élection de domicile dans le lieu de la saisie, si l'opposant n'y est pas domicilié, et se produire avant la distribution des fonds, car le créancier qui a touché n'est pas obligé de restituer (art. 609 et 610, C. Proc. Civ.).

En ce qui concerne les autres créanciers, ils peuvent procéder, soit par voie de saisie directe, soit par voie de saisie sur saisie. Dans ce dernier cas, l'huissier ne fait pas une nouvelle saisie; il se contente de procéder au récolement sur le procès-verbal dressé par son confrère. Sommation est faite ensuite au premier saisissant d'avoir à vendre le tout dans la huitaine. Faute par celui-ci d'y obtempérer, la vente est faite par le créancier le plus diligent.

Le procès-verbal de récolement vaut opposition sur les deniers de la vente (art. 611 et 612, C. Proc. Civ.).

S'il y a revendication, l'affaire est portée à l'audience par voie d'assignation. Le revendiquant qui succombe est condamné aux frais et à des dommages-intérêts (art. 608, C. Proc. Civ.).

II. Des saisies-arrêts ou oppositions.

La saisie-arrêt ne doit pas être confondue avec la saisie-exécution, dont elle diffère à bien des points de vue, tant en ce qui concerne le fond qu'en ce qui concerne la forme.

La saisie-arrêt ne dépossède pas, comme la saisie-exécution, le débiteur de sa chose; elle immobilise seulement cette dernière, en la mettant sous la main de la justice. Aussi les acteurs qui interviennent dans la saisie-arrêt sont-ils plus nombreux que ceux qui interviennent dans la saisie-exécution, puisque, à côté du créancier et du débiteur, il y a encore une troisième personne, le tiers-saisi.

Il existe deux sortes de saisies-arrêts, celle de droit commun et celle instituée par la loi du 12 janvier 1895. Nous ne parlerons ici que de la première, la seconde étant sans intérêt pour nos lecteurs.

Aux termes de l'acticle 557 du Code de procédure civile, tout créancier muni d'un titre authentique ou privé peut saisir-arrêter entre les mains d'un tiers les sommes ou effets appartenant à son débiteur. A défaut de titre, il peut obtenir l'autorisation du juge du domicile du débiteur, ou de celui du tiers saisi. Lorsque les causes de la saisie n'excèdent pas les limites de la compétence du juge de paix, l'autorisation est donnée par ce dernier (art. 558, C. Proc. Civ.; 14, loi du 12 juillet 1905).

Dans la pratique, on préférera souvent la permission du juge à la production du titre, car ce dernier doit être enregistré au préalable, ce qui exige parfois l'avance de sommes assez élevées. Mais souvent aussi on se heurtera à un refus, le juge ayant pour devoir d'empêcher toute fraude. C'est même pour cela qu'il peut imposer certaines conditions au demandeur, soit en exigeant par exemple une mise en demeure préalable, soit en limitant la saisie-arrêt à un certain chiffre ou à un nombre déterminé de personnes. L'autorisation donnée n'est d'ailleurs toujours que provisoire. En cas de difficulté, il doit en être référé au président, qui est autorisé à modifier ou même à rapporter la décision première, si les circonstances paraissent l'exiger. Bien entendu, la permission de saisir-arrêter ne préjuge rien. C'est une mesure purement conservatoire qui n'influe en rien sur le fond même de l'affaire.

Pour la saisie-exécution, nous l'avons dit, il faut que la créance soit certaine, liquide et exigible. Pour la saisie-arrêt, on n'exige pas la liquidité. Cette différence s'explique par cette considération que la saisie-arrêt n'est pas une exécution pure et simple, définitive et irréparable, mais seulement une mesure purement provisoire et conservatoire. Si donc la créance n'est pas liquide, le juge des référés (du domicile du saisi ou de celui du tiers saisi) en évalue le montant (art. 559, C. Proc. Civ.).

La saisie-arrêt peut être pratiquée non seulement sur le débiteur direct du saisi, mais encore sur le débiteur du débiteur, conformément à l'article 1166 du Code Civil. On peut même la pratiquer sur soi-même, ce qui arrive lorsqu'on se trouve être créancier et débiteur en même temps. C'est là un moyen fort goûté des débiteurs de mauvaise foi, mais il peut être aussi considéré parfois comme le complément naturel de la compensation, en ce sens que, si le débiteur du saisissant cédait la créance qu'il a sur lui avant qu'il soit possible au saisissant d'obtenir un titre exécutoire lui permettant d'opposer la compensation, celui-ci serait obligé de payer au cessionnaire malgré sa propre créance. Pour empêcher des abus sans nombre, ce moyen devra toujours être refusé aux débiteurs visés par l'article 1293 du Code Civil, c'est-à-dire aux dépositaires, aux emprunteurs d'un prêt à gage, à ceux qui ont injustement dépouillé le propriétaire de sa chose, et aux débiteurs d'aliments déclarés insaisissables.

La saisie-arrêt n'est précédée d'aucun commandement. L'exploit contient, en plus des énonciations ordinaires, le nom et la qualité du saisi, l'indication du titre en vertu duquel elle est faite, le montant de la somme, et élection de domicile dans le lieu de la résidence du tiers saisi, si le saisissant n'y est pas domicilié lui-même.

L'huissier qui signifie la saisie-arrêt est tenu, s'il en est requis, de justifier de l'existence du saisissant à l'époque où le pouvoir de saisir lui a été donné. S'il est chargé de la faire entre les mains de personnes qui ne demeurent pas en France sur le continent, il ne doit pas la signifier au parquet du procureur de la République: la loi veut que les saisies-arrêts soient faites à personne ou à domicile (art. 560 et 562, C. Proc. Civ.)[1].

La saisie-arrêt faite, le saisissant est tenu de la dénoncer au débiteur saisi et de l'assigner en validité. Il a pour cela huit jours, outre un jour par 5 myriamètres de distance entre son propre domicile et celui du tiers saisi, ou entre son domicile et celui du débiteur saisi. Ces délais s'augmentent encore des délais de distance de l'article 73 du Code de Procédure Civile lorsque le tiers saisi est domicilié à étranger, car il faut que le saisissant ait le temps de recevoir l'original. Si c'est le saisi qui est domicilié à l'étranger, le saisissant n'a que huit jours pour faire la dénonciation, au parquet du procureur de la République, et c'est le saisi qui peut se prévaloir des délais sus-mentionnés.

Dans un autre délai de huitaine, outre ceux de distance, la demande en validité doit être contre-dénoncée au tiers saisi, qui est libre de refuser toute déclaration avant cette formalité (art. 563, 564 et 566, C. Proc. Civ.).

Tous ces délais ne sont pas francs.

Faute de demande en validité, la saisie-arrêt est nulle; faute de dénonciation de cette demande au tiers saisi, les paiements par lui faits jusqu'à la dénonciation sont valables (art. 565, C. Proc. Civ.).

La demande en validité et celle en mainlevée sont portées devant le tribunal du domicile de la partie saisie[2]; celle en déclaration affirmative, est portée devant le même tribunal, sauf au tiers saisi, si sa déclaration est contestée, à demander le renvoi devant ses juges naturels (art. 567, 568 et 570, C. Proc. Civ.).

D'ailleurs, en tout état de cause, et quel que soit l'état de l'affaire, la partie saisie-arrêtée peut se pourvoir en référé afin d'obtenir l'autorisation de toucher du tiers saisi, nonobstant l'opposition, à la condition de verser à la caisse des dépôts et consignations, ou aux mains d'un tiers commis à cet effet, somme suffisante, arbitrée par le juge des référés, pour répondre éventuellement des causes de la saisie-arrêt, dans le cas où le saisi se reconnaîtrait ou serait jugé débiteur. — Le dépôt ainsi ordonné reste affecté à la garantie des créances pour sûreté desquelles la saisie-arrêt a été opérée, avec privilége exclusif de tout autre.

Le tiers saisi ne peut être assigné en déclaration que s'il y a titre authentique ou jugement ayant validé la saisie. S'il est sur les lieux, il la fait au greffe du tribunal, en personne ou par mandataire, mais toujours assisté d'un avoué, dans les délais ordinaires des ajournements. S'il n'est pas sur les lieux, il faut distinguer suivant quil est domicilié en France ou à l'étranger. Dans le premier cas, il fait sa déclaration, soit devant le juge de paix de son domicile, sans qu'alors il ait besoin de réitérer l'affirmation au greffe, soit, s'il le préfère, au greffe du tribunal saisi de l'affaire. Dans le second cas au contraire, la déclaration doit être faite, soit dans les formes prescrites par les lois du pays où demeure le tiers saisi, soit en France, au greffe du tribunal appelé à statuer.

Dans sa déclaration, le tiers saisi énonce les causes et le montant de la dette; les paiements à compte, si aucuns ont été faits; l'acte ou les causes de libération, s'il a cessé d'être débiteur; et les saisies-arrêts ou oppositions antérieurement formées entre ses mains. Il y joint les pièces justificatives et dépose le tout au greffe. En suite de quoi, l'acte de dépôt est signifié au saisissant et au saisi par un seul exploit contenant constitution d'avoué. Les frais exposés restent à la charge du saisi.

S'il survient de nouvelles oppositions, le tiers saisi est tenu de les dénoncer à l'avoué du premier saisissant, par extrait contenant, outre les noms et élections de domicile des saisissants, les causes pour lesquelles elles ont été pratiquées (art. 571 à 575, C. Proc. Civ.).

---

[1]) Si le tiers saisi habitant l'étranger est rencontré en France, l'exploit peut lui être signifié conformément à l'article 74 de Code de Procédure. — [2]) Si le saisi est un étranger sans domicile ni résidence en France, la demande peut être portée soit devant le tribunal du domicile du tiers saisi, si celui-ci demeure en France, soit devant le tribunal du domicile du saisissant, si ce dernier est Français.

Le tiers saisi qui ne fait pas sa déclaration ou qui ne fournit pas les justifications légales, est déclaré débiteur pur et simple des causes de la saisie. Mais une déclaration simplement tardive ou incomplète ne produirait pas le même effet; le tiers saisi pourrait seulement être condamné aux frais causés par son retard et à des dommages-intérêts, s'il y avait lieu (art. 577, C. Proc. Civ.).

Le tiers saisi qui ne veut pas conserver les fonds saisis-arrêtés, les dépose à la Caisse des Dépôts et Consignations. Ce sera souvent le parti le plus sage à prendre, car la saisie-arrêt a pour effet d'empêcher toute compensation entre le tiers saisi et son créancier, et d'interrompre la prescription. La péremption même de la demande en validité ne ferait pas revivre ses droits, le saisissant pouvant la renouveler à chaque instant, pendant trente ans, conformément au droit commun (art. 1252, 1257, 1298 et 2262, C. Civ.).

Si la saisie-arrêt est validée, le tiers saisi devient le débiteur direct du saisissant. Celui-ci n'a donc qu'à lui signifier le jugement, et, s'il refuse de payer, à l'exécuter comme tout autre débiteur, sans qu'il soit besoin d'aucun autre jugement. S'il y a plusieurs oppositions, il est procédé à une distribution par contribution (art. 579, C. Proc. Civ.).

Si le saisissant négligeait d'assigner en validité, le saisi pourrait lui-même assigner en mainlevée (art. 567, C. Proc. Civ.).

En ce qui concerne les saisies-arrêts pratiquées entre les mains de l'État, peu intéressantes pour nos lecteurs, nous renvoyons aux textes des articles 569 et 580 du Code de Procédure Civile, ainsi qu'aux nombreuses lois spéciales concernant la matière.

III. De la saisie des fruits pendants par racines, ou de la saisie-brandon.

L'expression de saisie-brandon vient de ce qu'autrefois, lorsqu'on saisissait les fruits, on dressait des faisceaux de paille qu'on appelait brandons.

La saisie-brandon ne peut être faite que dans les six semaines qui précèdent l'époque ordinaire de la maturité des fruits. Le procès-verbal de saisie contient l'indication de chaque pièce, sa contenance, sa situation, la nature des fruits et deux au moins de ses tenants et aboutissants.

En ce qui concerne les formes et les conditions de la vente, ainsi que le règlement des incidents, on applique les règles relatives à la saisie-exécution (art. 626, 627 à 634, C. Proc. Civ.).

IV. De la saisie des rentes constituées sur des particuliers.

La saisie des rentes est très rare, car elle ne s'applique ni aux rentes sur l'État, qui sont insaisissables, ni à quantité de rentes viagères, qui, la plupart du temps, le sont également, soit à cause de leur caractère alimentaire, soit parce qu'il en a été ainsi disposé par les constituants. Nous croyons donc pouvoir nous borner à renvoyer tout simplement à ce sujet au texte des articles 636 à 655 du Code de procédure civile.

V. De la distribution par contribution.

Il y a trois sortes de distributions par contribution: 1° la distribution de droit commun; — 2° celle relative aux droits du propriétaire créancier de loyers et de fermages; — et 3° celle concernant les saisies-arrêts pratiquées en vertu de la loi du 12 janvier 1895.

Nous ne parlerons ici que des deux premières, renvoyant pour la troisième au texte de la loi.

A. Procédure de droit commun.

Si les deniers saisis-arrêtés ou le prix de la vente ne suffisent pas pour payer tous les créanciers, il est procédé à une distribution par contribution, c'est-à-dire à une distribution proportionnelle, au marc le franc. Cela peut se faire de deux manières différentes: soit amiablement, soit par voie judiciaire.

a) Règlement amiable.

Le règlement amiable ne se fait pas sans l'intervention du juge, mais celui-ci n'est, en quelque sorte, que le directeur des opérations. C'est en effet lui qui convoque les créanciers sur la réquisition qui lui en est faite, mais il n'est saisi de l'affaire que si les créanciers ne parviennent pas à se régler amiablement. Il est à remarquer à ce propos que le refus d'un seul créancier suffit pour empêcher la contribution de se faire amiablement, sans que pour cela il puisse être condamné aux frais ou à des dommages-intérêts; le seul moyen de se passer de son consentement, c'est de consigner la somme qu'il réclame.

Si les créanciers se mettent d'accord, acte en est dressé et communication en est donnée au dépositaire des deniers, qui paie valablement sur les quittances des créanciers utilement colloqués. Ceux qui ne se sont pas présentés, perdent tout droit aux sommes distribuées (art. 656, C. Proc. Civ.).

b) *Règlement judiciaire.*

Faute par le saisi et les créanciers de s'accorder dans le délai de huitaine, l'officier qui a fait la vente est tenu de consigner dans la huitaine suivante, à la charge de toutes les oppositions, le montant de la vente, déduction faite de ses frais d'après la taxe qui en a été faite par le juge sur la minute du procès-verbal. La consignation est faite, à Paris, à la Caisse des dépôts et consignations, et dans les départements, aux caisses des trésoriers-payeurs généraux ou des receveurs particuliers.

Il est tenu au greffe un registre des contributions, sur lequel, sur la réquisition du saisissant, ou, à son défaut, de la partie la plus diligente, le président commet un juge par simple note portée sur le registre. S'il se présente en même temps deux ou plusieurs requérants, ils se retirent devant le président du tribunal, qui désigne alors celui dont la réquisition sera reçue (art. 657 et 658, C. Proc. Civ.; 95, décret du 16 février 1807). A Paris, cette désignation est faite par la chambre des avoués.

Le poursuivant présente ensuite une requête au juge-commissaire à l'effet d'obtenir une ordonnance en vertu de laquelle il sommera les créanciers de produire leurs créances ou de contredire, s'il y échet, et le saisi de prendre communication des pièces produites. La production doit avoir lieu dans le mois de la sommation, à peine de forclusion (art. 659 à 661, C. Proc. Civ.).

A l'expiration de ce délai, et même avant, si tous les créanciers sommés ont produit, le juge-commissaire dresse ensuite de son procès-verbal l'état de collocation sur les pièces produites, et le poursuivant dénonce la clôture du procès-verbal, par acte d'avoué à avoué, aux créanciers produisants et à la partie saisie, avec sommation d'en prendre communication et de contredire sur le procès-verbal du commissaire, s'il y a lieu (art. 663 et 664, C. Proc. Civ.).

S'il s'élève des difficultés, le juge-commissaire renvoie à l'audience, qui est poursuivie par la partie la plus diligente, sur un simple acte d'avoué à avoué, sans aucune autre procédure. Les créanciers contestants, ceux contestés, la partie saisie, et un avoué, généralement le plus ancien, chargé de représenter la masse des créanciers, sont seuls en cause. Le jugement, rendu sur le rapport du juge-commissaire et les conclusions du ministère public, est susceptible d'appel dans les dix jours de la signification à avoué, et même à partie, si l'avoué est décédé depuis le jugement. L'acte d'appel est signifié au domicile de l'avoué (art. 666 à 669, C. Proc. Civ.). L'appel est la seule voie de recours ordinaire en matière de contribution. L'opposition n'y est pas recevable.

S'il n'y a pas de contestation, ou après l'expiration du délai d'appel, et, s'il y a eu appel, après la signification de l'arrêt, le juge-commissaire clôt son procès-verbal et fait délivrer par le greffier les bordereaux de collocation, appelés «mandements» par la loi. Les intérêts des sommes admises en distribution cessent du jour de la clôture du procès-verbal (art. 665 et 670 à 672, C. Proc. Civ.).

B. Règlement des droits du propriétaire créancier de loyers ou de fermages.

Aux termes de l'article 661 du Code de Procédure Civile, le propriétaire peut appeler la partie saisie et l'avoué le plus ancien en référé devant le juge-commissaire pour faire statuer préliminairement sur son privilége à raison des loyers qui lui sont dus. On est d'accord pour assimiler au propriétaire trois autres catégories de créanciers, savoir: 1° la régie des contributions directes, pour les impôts qui lui sont dus; — 2° les fournisseurs de semences et d'ustensiles; — 3° les ouvriers qui ont fait la récolte.

Les frais de poursuite sont également prélevés par privilége, mais seulement après paiement des loyers dus au propriétaire (art. 662, C. Proc. Civ.).

VI. De la saisie immobilière.

Nous passerons rapidement sur ce chapitre, car une étude détaillée de la saisie immobilière exigerait des développements que ne comporte pas la nature de ce travail, dont le but est de ne donner qu'un aperçu très général de la procédure. Nous ne dirons donc ici que tout juste ce qu'il faut pour donner une idée générale de la saisie immobilière.

La saisie immobilière doit être faite entre le 31e et le 90e jour du commandement. Le procès-verbal contient l'énonciation du titre en vertu duquel la saisie est faite et l'indication des biens saisis. Il est visé par le maire de la commune de la situation avant son enregistrement, et, si la saisie comprend des biens situés dans plusieurs communes, par chacun des maires intéressés.

La saisie immobilière est ensuite dénoncée au saisi dans les quinze jours qui suivent celui de la clôture du procès-verbal, outre les délais de distance. L'original est visé, dans le jour, par le maire du lieu où l'acte de dénonciation a été signifié.

Dans un autre délai de 15 jours à dater de la dénonciation, la saisie et l'exploit de dénonciation sont transcrits sur un registre spécial, au bureau des hypothèques de la situation des biens, pour la partie des objets qui se trouvent dans l'arrondissement. S'il y a des saisies précédentes, le conservateur des hypothèques en fait mention sur l'original qui lui est présenté.

La partie saisie ne peut, à compter du jour de la transcription de la saisie, aliéner les immeubles saisis. Néanmoins, l'aliénation ainsi faite reçoit son exécution si, avant le jour fixé pour l'adjudication, l'acquéreur consigne somme suffisante pour acquitter en principal, frais et intérêts, ce qui est dû aux créanciers inscrits et au saisissant, et s'il leur signifie l'acte de consignation.

Dans les vingt jours au plus tard après la transcription, le poursuivant est tenu de déposer au greffe du tribunal le cahier des charges, et dans un autre délai de huitaine, outre ceux de distance, de sommer le saisi d'en prendre communication.

Pareille sommation est faite, dans le même délai de huitaine, aux autres créanciers inscrits, à la femme du saisi, aux femmes des précédents propriétaires, au subrogé tuteur des mineurs ou interdits, ou aux mineurs devenus majeurs, si les mariage et tutelle sont connus du poursuivant d'après son titre, et avec cet avertissement que, pour conserver les hypothèques sur l'immeuble exproprié, il est nécessaire de les faire inscrire avant la transcription du jugement d'adjudication. Copie en est en outre notifiée au procureur de la République de l'arrondissement, et mention faite, dans les huit jours de la date du dernier exploit, au bureau des hypothèques, en marge de la saisie.

Du jour de cette mention, la saisie ne peut plus être rayée que du consentement des créanciers inscrits ou en vertu de jugements rendus contre eux.

La saisie immobilière transcrite cesse de produire son effet de plein droit, si dans les dix ans de la transcription il n'est intervenu aucune adjudication.

Trente jours au plus tôt et quarante jours au plus tard après le dépôt du cahier des charges, il en est fait publication et lecture à l'audience, au jour indiqué. Trois jours au plus tard avant la publication, le poursuivant, la partie saisie et les créanciers inscrits, sont tenus de faire insérer, à la suite de la mise à prix, leurs dires et observations ayant pour objet d'introduire des modifications dans le cahier. Passé ce délai, ils ne sont plus recevables.

Au jour indiqué par la sommation faite au saisi et aux créanciers, le tribunal donne acte au poursuivant des lecture et publication du cahier des charges, statue sur les dires et observations qui y ont été insérés, et fixe les jour et heure où il procédera à l'adjudication. Le délai entre la publication et l'adjudication est de trente jours au moins et de soixante au plus. Le jugement est porté sur le cahier des charges, à la suite de la mise à prix ou des dires des parties.

Quarante jours au plus tôt et vingt jours au plus tard avant l'adjudication, l'avoué du poursuivant fait insérer dans un ou plusieurs journaux et afficher aux endroits déterminés par l'article 699 du Code de Procédure Civile, un extrait signé de lui et contenant: 1° la date de la saisie et celle de la transcription; — 2° les noms, professions, demeures du saisi, du saisissant et de l'avoué de ce dernier; — 3° la désignation des immeubles, telle qu'elle a été insérée dans le procès-verbal; — 4° la mise à prix; — 5° l'indication du tribunal où la saisie se poursuit, et des jour, lieu et heure de l'adjudication.

Au jour indiqué pour l'adjudication, il y est procédé sur la demande du poursuivant, et, à son défaut, sur celle d'un des créanciers inscrits, à moins qu'elle ne soit remise pour cause grave, auquel cas il est fixé un nouveau jour, qui ne peut être éloigné de moins de quinze jours, ni de plus de soixante.

Les enchères sont faites par le ministère d'avoués, à l'audience. L'enchérisseur cesse d'être obligé si son enchère est couverte par une autre, lors même que cette dernière serait déclarée nulle par la suite.

L'avoué dernier enchérisseur est tenu, dans les trois jours de l'adjudication, de déclarer l'adjudicataire et de fournir son acceptation, sinon de représenter son pouvoir; faute de quoi, il est réputé adjudicataire en son nom.

Dans les huit jours qui suivent l'adjudication, toute personne peut, par le ministère d'un avoué, faire une surenchère, pourvu qu'elle soit du sixième au moins du prix principal de la vente. Elle est faite au greffe du tribunal qui a prononcé l'adjudication et doit être dénoncée, dans les trois jours, aux avoués de l'adjudicataire, du poursuivant et de la partie saisie. Elle ne peut être rétractée.

Si le surenchérisseur ne dénonce pas la surenchère dans les trois jours, le poursuivant, ou tout autre créancier inscrit, ou même le saisi, peut le faire dans les trois jours qui suivent l'expiration de ce délai. Faute de cette dénonciation, la surenchère est nulle de droit, sans qu'il soit besoin de faire prononcer la nullité.

Aux nouvelles enchères, toute personne peut concourir. S'il ne se présente aucun enchérisseur, le surenchérisseur est déclaré adjudicataire.

Si une seconde adjudication a eu lieu après la surenchère, aucune autre surenchère des mêmes biens n'est plus possible: «surenchère sur surenchère ne vaut».

L'avoué poursuivant ne peut se rendre personnellement adjudicataire ou surenchérisseur, à peine de nullité de l'adjudication ou de la surenchère et de dommages-intérêts envers toutes les parties.

L'adjudication ne transmet à l'adjudicataire d'autres droits que ceux qui appartenaient au saisi, mais le jugement d'adjudication dûment transcrit purge toutes les hypothèques: à partir de la transcription, les créanciers n'ont plus d'action que sur le prix.

Des incidents de la saisie immobilière.

Les demandes incidentes sont formées, soit par acte d'avoué à avoué, soit, à défaut d'avoué constitué, par exploit d'ajournement.

Si une saisie a été rayée, les poursuites peuvent être reprises par tout autre saisissant, quel que soit son rang à la transcription.

Faute par l'adjudicataire d'exécuter les clauses de l'adjudication, l'immeuble est revendu à la folle enchère. Le fol enchérisseur est tenu de la différence entre son propre prix et celui de la revente sur folle enchère, sans pouvoir réclamer l'excédent, s'il y en a; ce dernier est versé aux créanciers, et au saisi, si les créanciers sont désintéressés (art. 2166 à 2179 et 2204 à 2217, C. Civ.; 673 à 748, C. Proc. Civ.; loi du 23 octobre 1884).

De l'ordre.

La procédure de l'ordre a pour but de déterminer le rang dans lequel doivent être payés les créanciers privilégiés et hypothécaires. Elle représente donc le contrepied de la procédure de la distribution par contribution, où tous les créanciers ne sont payés qu'au marc le franc, c'est-à-dire proportionnellement à leurs créances.

Dans chaque tribunal, il existe un juge spécialement chargé du règlement des ordres.

L'adjudicataire est tenu de faire transcrire le jugement d'adjudication dans les 25 jours de sa date, sous peine de revente sur folle enchère. Dans la huitaine suivante, le saisissant, et, à son défaut, le créancier le plus diligent, la partie saisie, ou l'adjudicataire, dépose au greffe l'état des inscriptions et requiert l'ouverture du procès-verbal d'ordre. Le juge-commissaire convoque ensuite les créanciers inscrits et les invite à se régler amiablement sur la distribution du prix. La convocation, adressée également à l'adjudicataire et à la partie saisie, est faite par les soins du greffier, aux frais du requérant, par lettres chargées à la poste. Le délai pour comparaître est de dix jours au moins. Les créanciers non comparants sont condamnés à 25 francs d'amende.

Si le règlement a eu lieu amiablement dans le délai d'un mois, le juge dresse le procès-verbal de la distribution et ordonne la délivrance des borderaux aux créanciers utilement colloqués. A défaut, il le constate sur le procès-verbal et déclare l'ordre ouvert. Les créanciers sont ensuite sommés de produire. La sommation, signifiée par un huissier commis, contient l'avertissement que, faute de produire dans les 40 jours, il y aura déchéance. Dans les 20 jours suivants, est dressé l'état de collocation, qui est dénoncé aux créanciers produisants et à la partie saisie. Le délai pour contredire est de 30 jours.

S'il y a contestation, l'affaire est renvoyée à l'audience. Au cas contraire, le juge clôture l'ordre dans les 15 jours qui suivent l'expiration du délai pour contredire. Dans les 10 jours, à partir de celui où l'ordonnance de clôture n'est plus attaquable, le greffier délivre un extrait de l'ordonnance, qui est déposé par l'avoué poursuivant au bureau des hypothèques. Sur la présentation de cet extrait, le conservateur procède à la radiation des inscriptions des créanciers non colloqués.

Dans le même délai de 10 jours, le greffier délivre aux créanciers colloqués un bordereau de collocation, exécutoire contre l'adjudicataire ou contre la caisse des consignations. Au fur et à mesure des paiements, l'inscription est déchargée d'office jusqu'à concurrence de la somme acquittée

Sur la justification par l'adjudicataire du paiement de son prix, l'inscription est définitivement rayée d'office.

L'ordre ne peut être provoqué que s'il y a plus de quatre créanciers. S'il y en a moins, la distribution du prix est réglée par le tribunal statuant comme en matière sommaire.

Tout créancier peut prendre inscription pour conserver les droits de son débiteur; mais le montant de la collocation est distribué entre tous les créanciers incrits ou opposants avant la clôture de l'ordre.

L'adjudication sur folle enchère intervenant dans le cours de l'ordre, et même après le règlement définitif, la délivrance des bordereaux ne donne pas lieu à une nouvelle procédure. Le juge modifie seulement l'état de collocation suivant les résultats de l'adjudication, et rend les bordereaux exécutoires contre le nouvel adjudicataire (art. 749 à 779, C. Proc. Civ.).

Remarquons, pour terminer ce chapitre, qu'en matière d'ordre, certains privilèges sont accordés au Crédit foncier par le décret du 28 février 1852.

VII. De l'emprisonnement.

Depuis la loi du 22 juillet 1867, la contrainte par corps est abolie en matière civile, commerciale, et contre les étrangers. Elle n'existe plus qu'en matière criminelle, correctionnelle et de simple police. On pourrait donc être tenté de dire qu'elle n'appartient plus à la procédure civile. Mais ce serait une erreur, car l'article 5 de la loi déclare étendre les nouvelles dispositions «au cas où les condamnations ont été prononcées par les tribunaux civils au profit d'une partie lésée, pour réparation d'un crime, d'un délit ou d'une contravention reconnue par la juridiction criminelle». Il devient donc nécessaire de ne pas passer entièrement sous silence ces dispositions.

La contrainte par corps existe: 1° au profit des parties civiles, pour le paiement des condamnations aux dommages et intérêts et aux frais; et — 2° au profit de l'État, en outre, pour le paiement des amendes et des restitutions (art. 3 et 4, loi du 22 juillet 1867; 1, loi du 19 décembre 1871).

La contrainte par corps ne peut être exercée contre des individus âgés de moins de seize ans accomplis à l'époque des faits qui ont motivé la poursuite, et elle est réduite de moitié pour le débiteur qui a commencé sa soixantième année au jour de sa comparution devant la justice. D'ailleurs, elle n'est jamais possible contre le débiteur au profit: 1° de son conjoint; — 2° de ses ascendants, descendants, frères ou sœurs; — 3° de son oncle ou de sa tante, de son grand-oncle ou de sa grand'tante, de son neveu ou de sa nièce, de son petit-neveu ou de sa petite-nièce, ni de ses alliés au même degré (art. 13 à 15, loi du 22 juillet 1867).

L'emprisonnement ne peut frapper simultanément le mari et la femme, même pour des dettes distinctes; s'il y a des enfants mineurs, le tribunal peut surseoir à l'exécution pendant un an (art. 16 et 17, loi du 22 juillet 1867).

La durée de la contrainte, fixée par l'article 9 de la loi, est réduite de moitié en cas d'insolvabilité dûment établie (art. 10 et 11, loi du 22 juillet 1867)[1].

L'arrestation est ordonnée par le procureur de la République. Le débiteur ne peut pas être arrêté: — 1° avant le lever et après le coucher du soleil; — 2° les jours de fête légale; — 3° dans les édifices consacrés au culte, pendant les exercices religieux; — 4° dans le lieu et pendant la tenue des séances des au-

[1]) Le jugement déclaratif de faillite suspend l'exercice de la contrainte par application de l'article 443 du Code de Commerce. Cette suspension dure jusqu'à ce que les opérations de la faillite aient pris fin par la clôture pour insuffisance d'actif ou par la dernière assemblée des créanciers après laquelle l'union est dissoute de plein droit.

torités constituées; — 5° dans une maison quelconque, même dans son domicile, à moins d'ordonnance spéciale du juge de paix du lieu; — 6° lorsqu'il est cité comme témoin devant une cour d'appel ou une cour d'assises, un tribunal de première instance ou un juge d'instruction, et qu'il est porteur d'une lettre de sauf-conduit (art. 781 et 782, C. Proc. Civ.).

Le créancier qui requiert la contrainte, doit consigner d'avance les aliments nécessaires pour un mois (art. 788, C. Proc. Civ.; 6, loi de 22 juillet 1867).

Le débiteur obtient son élargissement immédiat, si le créancier y consent, s'il paie sa dette ou présente bonne et valable caution, ou si le créancier néglige de faire la consignation.

Des référés.

Le référé est une procédure dont le but est de faire statuer provisoirement et avec rapidité dans tous les cas d'urgence, ou lorsqu'il s'élève des difficultés sur l'exécution des titres et des jugements.

La demande est portée à une audience tenue par le président du tribunal de première instance, ou par le juge qui le remplace, aux jour et heure indiqués par le tribunal. Mais le président, ou celui qui le représente, peut permettre d'assigner à une heure indiquée, soit à l'audience, soit à son hôtel, même un jour de fête légale, auquel cas l'assignation est donnée par un huissier commis. La décision qui intervient s'appelle *ordonnance de référé.*

Le référé n'est pas toujours donné par voie d'assignation. Il peut l'être aussi moyennant une simple déclaration sur un procès-verbal au cours d'une opération judiciaire, ou même sans l'accomplissement d'aucune formalité. Rien, en effet, n'empêche les parties de se présenter de leur propre mouvement, sans aucun acte de procédure, devant le juge des référés, qui prononce alors comme pourrait le faire un juge de paix (art. 7, 852, 921 et 944, C. Proc. Civ.).

Si le président se trouve embarrassé, il renvoie l'affaire au tribunal (civil) entier, qui statue en état de référé. La décision rendue dans ces conditions s'appelle *jugement de référé.*

Les ordonnances de référé sont susceptibles d'appel dans tous les cas où le tribunal lui-même ne statuerait, s'il était saisi, qu'en premier ressort. Mais c'est le seul recours possible: l'opposition est formellement interdite.

Lorsque l'appel est autorisé, il doit être interjeté au plus tard dans la quinzaine du jour de la signification de l'ordonnance ou du jugement; mais il peut l'être aussi immédiatement, aussitôt après le prononcé. La cour statue comme en matière sommaire, sans procédure.

La décision sur référé ne préjudicie jamais au principal[1]. Elle n'est donc qu'une décision provisiore, en ce sens que, définitive quant à la mesure prescrite, elle ne pourvoit qu'aux besoins du moment. L'exécution en peut être ordonnée avec ou sans caution, même sur la minute et avant tout enregistrement, s'il y a urgence absolue (art. 806 à 811, C. Proc. Civ.).

Voies de recours contre le jugement.

La partie qui succombe dans son instance a plusieurs moyens de recours, qu'on peut diviser en moyens de recours ordinaires et en moyens de recours extraordinaires.

A. Voies de recours ordinaires.

Les voies de recours ordinaires sont celles dont on peut user sans avoir à établir aucun vice de fond ou de forme, par cela même qu'on ne veut pas rester sous le coup du jugement rendu. Elles sont au nombre de deux, savoir: l'opposition et l'appel.

I. L'Opposition.

L'opposition est le moyen par lequel on obtient la rétractation d'un jugement rendu par défaut, c'est-à-dire en l'absence d'une des parties. Elle peut venir, soit du défendeur, ce qui est le cas le plus fréquent, soit du demandeur, ce qui arrive, lorsque, après avoir assigné, celui-ci néglige de comparaître ou de conclure. Les règles sont quelque peu différentes, suivant qu'il s'agit de matière civile ou de matière commerciale.

---

[1]) Il en résulte que le juge des référés ne peut jamais prononcer la condamnation aux dépens: Cour de Cassation, 10 juin 1898 (Dalloz, 1898, 1, 536).

a) En matière civile.

α. Défaut du défendeur.

Le défendeur peut faire défaut de deux manières: soit en ne constituant pas avoué, — défaut contre partie, défaut faute de comparaître ou faute de constituer avoué —, soit en ne concluant pas, après en avoir constitué un, — défaut contre avoué ou défaut faute de conclure[1].

Le défaut est prononcé à l'audience, après l'appel de la cause, et les conclusions adjugées à la partie qui le requiert, lorsqu'elles paraissent justes et bien vérifiées. Si plusieurs parties ont été citées à des délais différents, il ne peut être donné défaut contre toutes qu'après l'expiration du délai le plus long (art. 149 à 151, 434, C. Proc. Civ.).

Le jugement rendu par défaut faute de comparaître doit être signifié par un huissier commis et exécuté dans les six mois de son obtention, sous peine d'être considéré comme non avenu. Ce moyen n'est cependant pas soulevé d'office; il peut seulement être invoqué par le défaillant. Cela peut se faire de deux façons: par voie d'action, alors même que, dans l'intervalle, le demandeur aurait essayé d'exécuter le jugement; et par voie de déclaration sur un acte d'exécution (art. 156, C. Proc. Civ.).

La péremption atteint le jugement et tout ce qui s'en est suivi (signification, commandement, etc.), mais non aussi les actes antérieurs au jugement. L'assignation demeure donc valable, et l'interruption de la prescription définitivement acquise.

Quant aux jugements par défaut faute de conclure, ils ne se prescrivent qu'après 30 ans révolus (art. 2262, C. Civ.).

Le défendeur condamné par défaut peut former opposition au jugement, c'est-à-dire demander au tribunal sa rétractation. Il le fait, soit immédiatement après le prononcé du jugement, soit pendant un certain délai après la signification, suivant que le jugement a été rendu par défaut faute de comparaître ou par défaut faute de conclure. Dans le premier cas, l'opposition est recevable tant que le jugement n'a pas été exécuté; dans le second au contraire, elle ne peut être formée que dans la huitaine du jour de la signification à avoué. Le jugement est réputé exécuté lorsque les meubles saisis ont été vendus, ou lorsque le condamné a été emprisonné ou recommandé[2], ou lorsque la saisie d'un ou de plusieurs de ses immeubles lui a été notifiée, ou que les frais ont été payés, ou lorsqu'il il résulte nécessairement que l'exécution du jugement a été connue de lui (art. 157 à 159, C. Proc. Civ.)[3].

En ce qui concerne les délais dans lesquels les jugements rendus par défaut ne peuvent pas être exécutés, il faut distinguer suivant qu'il s'agit d'un défaut faute de comparaître ou d'un défaut faute de conclure. S'agit-il d'un défaut faute de conclure, l'exécution ne peut avoir lieu avant l'échéance de la huitaine de la signification à avoué; s'agit-il au contraire d'un défaut faute de comparaître, elle peut commencer aussitôt après la signification à personne ou domicile en matière commerciale, et huit jours après, en matière civile. Le tribunal peut cependant, dans l'un et l'autre cas, ordonner l'exécution provisoire s'il y a péril en la demeure (art. 155, C. Proc. Civ.).

Si le jugement a été rendu contre une partie ayant un avoué, l'opposition n'est recevable que si elle est formée par acte d'avoué à avoué. S'il a été rendu contre une partie n'ayant pas d'avoué, elle est formée, soit par acte extrajudiciaire, soit par déclaration sur les commandements, les procès-verbaux de saisie ou d'emprisonnement, ou tout autre acte d'exécution, à la charge par l'opposant de la renouveler dans la huitaine, par requête et avec constitution d'avoué. Passé ce délai, l'opposition n'est plus recevable, et l'exécution est continuée sans qu'il soit besoin de la faire ordonner (art. 160 à 162, C. Proc. Civ.).

---

1) En justice de paix, le défaut faute de conclure n'existe pas. Le défendeur qui comparaît est toujours jugé contradictoirement (art. 19, C. Proc. Civ.). — 2) Un condamné est «recommandé» lorsque, déjà emprisonné pour dette, il voit faire défense au directeur de la maison d'arrêt de le mettre en liberté. — 3) En justice de paix, l'opposition doit être formée dans les trois jours de la signification, à moins que le juge n'en ait fixé un délai plus long, ou qu'il n'ait relevé le défaillant de la déchéance encourue, ce qui arrive lorsque celui-ci justifie qu'il n'a pu former opposition dans les délais pour cause d'absence ou de maladie grave (art. 20 et 21, C. Proc. Civ.). — V. sur ce point: *suprà*, page 41.

L'opposition suspend l'exécution du jugement. Si l'huissier refuse de surseoir à l'exécution ou de recevoir la déclaration du défaillant, celui-ci peut faire constater le refus par un notaire, ou l'assigner en référé devant le président du tribunal. En cas de contestation sur la validité de l'opposition, l'affaire est portée à l'audience. L'exécution est suspendue pendant la durée de l'instance, mais le défaillant qui succombe dans ses prétentions peut être condamné à des dommages-intérêts envers le demandeur.

On ne peut faire défaut qu'une seule fois, en vertu de cet adage que «opposition sur opposition ne vaut». L'opposant qui refuserait de conclure serait donc quand même jugé contradictoirement, et le jugement ainsi obtenu exécutoire aussitôt après la signification (art. 165, C. Proc. Civ.).

S'il y a deux ou plusieurs parties défenderesses, et qu'elles soient toutes défaillantes, il n'est rendu qu'un seul jugement. Mais si l'une ou plusieurs d'entre elles ont constitué avoué, la situation change. Il faut alors que celles qui sont défaillantes soient d'abord atteintes par un jugement de défaut profit-joint ou jugement de jonction, et réassignées au jour de la cause. Le but de cette réassignation est de rendre le jugement à intervenir contradictoire à l'égard de toutes les parties, car il importe au plus haut point d'éviter des contrariétés de jugements (art. 152 et 153, C. Proc. Civ.).

Les jugements rendus par défaut ne peuvent être frappés d'appel qu'après l'expiration des délais d'opposition. Cette règle est d'ordre public. Elle doit donc être soulevée d'office par la cour, sauf au défaillant à renouveler l'appel s'il est encore dans les délais (art. 443 et 455, C. Proc. Civ.).

En ce qui concerne les arrêts rendus par défaut, ils sont soumis aux mêmes règles que les jugements rendus par défaut.

β. Défaut du demandeur.

L'assignation devant necessairement contenir constitution d'avoué, le demandeur ne peut faire défaut que faute de conclure. Ce défaut est appelé défaut-congé (art. 154, C. Proc. Civ.).

b) En matière commerciale.

On remarque certaines différences en matière commerciale et en matière civile

En matière commerciale, le demandeur peut faire défaut faute de comparaître, ce qu'il fait en ne venant à l'audience ni en personne, ni par mandataire, et faute de conclure, ce qu'il fait en ne prenant pas de conclusions. En matière civile, le défaut faute de comparaître n'existe pas pour le demandeur, qui est obligé de constituer avoué dans l'assignation même.

Les jugements rendus par défaut par les tribunaux de commerce sont exécutoires 24 heures après la signification. L'opposition est toujours formée par exploit d'huissier, le ministère d'avoué n'existant pas devant les tribunaux de commerce (art. 435 et 437, C. Proc. Civ.)[1].

En matière commerciale, les jugements de défaut, qu'il soient rendus par défaut faute de comparaître ou par défaut faute de conclure, sont toujours signifiés par un hussier commis; en matière civile, cette obligation n'existe que pour les jugements rendus par défaut faute de comparaître. La signification doit contenir élection de domicile dans la commune où l'exécution doit avoir lieu. L'opposition se fait, soit par exploit d'huissier, signifié au domicile réel ou élu du demandeur, soit par voie de déclaration sur les actes d'exécution, à charge toutefois par l'opposant de la renouveler par exploit dans les trois jours qui suivent. Dans les défauts faute de conclure, l'opposition peut être formée en outre par des conclusions verbales prises à la barre (art. 435, C. Proc. Civ.; 643, C. Com.).

Quant au défaut profit-joint, son admissibilité en matière commerciale est parfois contestée, ce qui ne l'empêche pas d'être généralement pratiqué, car il importe tout aussi bien d'éviter une contrariété de jugements en matière commerciale qu'en matière civile.

En matière civile, nous l'avons dit, l'appel des jugements de défaut susceptibles d'opposition n'est possible que lorsque l'opposition n'est plus recevable. Le contraire a lieu en matière commerciale, où l'appel est possible dès le jour du jugement, de sorte que la partie condamnée par défaut a immédiatement

[1]) En justice de paix, l'opposition est formée, soit par exploit signifié par l'huissier audiencier du juge de paix, soit par des conclusions verbales prises à la barre (art. 20, C. Proc. Civ.).

deux voies de recours à sa disposition: celle de l'appel et celle de l'opposition (art. 645, C. Com.).

II. L'Appel.

L'appel est l'acte par lequel la partie qui a succombé en première instance sollicite la réformation du jugement, en *intimant*, c'est-à-dire en assignant devant une juridiction supérieure, la partie qui a obtenu gain de cause en premier ressort.

Pour pouvoir interjeter appel, il faut: 1° que l'appelant ait qualité pour le faire, c'est-à-dire qu'il ait figuré devant le tribunal de première instance comme partie principale ou intervenante, soit en personne, soit par voie de représentation. Il suit de là que l'appel peut être interjeté non seulement par tous ceux qui étaient personnellement en cause en première instance, mais encore par tous ceux qui étaient représentés par mandataires, tels que le mineur devenu majeur, l'interdit devenu capable, la femme commune, actuellement veuve, divorcée ou séparée de corps, les codébiteurs solidaires, le failli concordataire, les héritiers et successeurs, etc. Mais les tiers qui n'ont pas été en cause, ne peuvent appeler d'un jugement qui les lèse: ils peuvent seulement intervenir devant la Cour, ou former tierce opposition. Tel serait par exemple le cas du garant qui n'aurait pas été appelé en cause devant le tribunal de première instance; — 2° qu'il ait un intérêt: «Pas d'action sans intérêt», dit un vieil adage. Il faut donc que les prétentions de l'appelant aient été repoussées en tout ou en partie par les premiers juges. Le dispositif seul compte à cet égard. S'il s'agissait seulement d'un motif désobligeant pour l'appelant ou d'une énonciation de nature à lui porter préjudice dans l'avenir, l'appel ne serait pas recevable; — 3° enfin, que l'appelant ait la capacité nécessaire pour agir.

* * *

Le délai pour interjeter appel est de deux mois[1], sauf certaines exceptions. Il court, pour les jugements contradictoires, du jour de la signification à personne ou domicile, et pour ceux rendus par défaut, du jour où l'opposition n'est plus recevable[2]. D'ailleurs, pour interjeter appel, il n'est pas nécessaire que le jugement soit signifié. Ce recours peut être introduit avant toute signification, et ce, immédiatement, s'il s'agit de jugements[3] définitifs, contradictoires et exécutoires par provision, ou de jugements provisoires et interlocutoires, et 8 jours après la prononciation de la sentence, s'il s'agit de jugements non exécutoires par provision. Quant aux jugements préparatoires, ils ne peuvent être frappés d'appel qu'avec le jugement définitif (art. 443 et 449 à 451, C. Proc. Civ.).

Sont réputés préparatoires, les jugements rendus pour l'instruction de la cause et qui tendent à mettre le procès en état de recevoir jugement définitif; et interlocutoires, ceux par lesquels le tribunal, avant dire droit, ordonne une preuve, une vérification, ou une instruction qui préjuge le fond (art. 452, C. Proc. Civ.).

Les délais d'appel s'augmentent des délais de distance, s'il y a lieu. En conséquence, les personnes domiciliées hors du ressort, jouissent d'un délai complémentaire de 1 jour par 5 myriamètres de distance, et celles domiciliées à l'étranger d'un délai complémentaire de 1 à 8 mois, suivant les cas. Celles qui sont absentes du territoire européen de la République ou de celui de l'Algérie pour cause de service public, jouissent d'un délai complémentaire de 8 mois. Le même délai de 8 mois est accordé aux gens de mer absents pour cause de navigation (art. 73, 445, 446 et 1033, C. Proc. Civ.). — Les délais extraordinaires sont en outre doublés en cas de guerre maritime.

Tous ces délais emportent déchéance. Ils courent contre toutes parties, sauf en ce qui concerne les interdits et les mineurs non émancipés, contre lesquels ils ne courent qu'à partir du jour où le jugement a été signifié tant au tuteur qu'au subrogé tuteur (art. 509, C. Civ.; 444, C. Proc. Civ.).

Si le jugement a été rendu sur une pièce fausse, ou si la partie a été condamnée faute de représenter une pièce décisive qui était retenue par son adversaire, les délais d'appel ne courent que du jour où le faux a été reconnu ou juridiquement constaté, ou que la pièce a été recouvrée, pourvu que, dans ce dernier cas, il y ait preuve par écrit du jour où la pièce a été recouvrée (art. 448, C. Proc. Civ.).

[1]) Ce délai est de 30 jours pour les jugements des juges de paix (art. 13, loi du 25 mai 1838) et de 10 jours pour les sentences de prud'hommes (art. 34, loi du 27 mars 1907). — [2]) En matière civile seulement. En matière *commerciale*, l'appel et l'opposition peuvent être faits concurremment (art. 645, C. Com.). — [3]) En matière commerciale, l'appel est immédiatement possible, qu'il s'agisse de jugements exécutoires par provision ou non (art. 645, C. Com.).

En ce qui concerne l'intimé, il peut interjeter appel incidemment en tout état de cause, le jugement eût-il été signifié sans protestation (art. 443, 3°, C. Proc. Civ.).

Les délais d'appel sont suspendus par la mort de la partie condamnée. Ils ne reprennent leur cours qu'après la signification du jugement au domicile du défunt, et à compter de l'expiration des délais pour faire inventaire et délibérer (3 mois et 40 jours), si le jugement a été signifié avant cette époque. Cette signification peut être faite aux héritiers collectivement, sans désignation de noms et qualités. D'ailleurs, on ne peut user contre les héritiers des titres exécutoires qu'on avait contre le défunt que huit jours après les leur avoir signifiés (art. 877, C. Civ.; 447, C. Proc. Civ.).

Tous les jugements ne sont pas susceptibles d'appel. Le sont seuls ceux sur la compétence, et ceux qui ont statué sur des demandes indéterminées ou sur des demandes dont la valeur excédait 1500 francs de principal en matière personnelle et réelle mobilière, et 60 francs de revenu en matière immobilière. On entend par demande, le montant des dernières conclusions du demandeur, car c'est la somme à laquelle il conclut définitivement qui fixe le ressort de l'affaire (art. 425 et 454, C. Proc. Civ.; 639, C. Com.; 1 et 2, loi du 11 avril 1838).

Un jugement qualifié à tort comme étant en dernier ressort, n'en serait pas moins susceptible d'appel, et, inversement, aucun appel ne serait possible contre un jugement en dernier ressort qualifié à tort comme étant en premier ressort (art. 453, C. Proc. Civ.).

Lorsque, à une demande principale en dernier ressort portée devant le tribunal civil, il est opposé une demande reconventionnelle ou compensatoire de même limite, il est statué sur le tout sans appel. Au contraire, lorsque, sur plusieurs demandes réunies, l'une d'elles s'élève au-dessus des limites en dernier ressort, le tribunal ne prononce, sur toutes, qu'à charge d'appel. Et lorsque, enfin, une demande reconventionnelle en dommages-intérêts est exclusivement fondée sur la demande principale, le jugement n'est susceptible d'appel que si la valeur de la demande principale dépasse elle-même le montant de la compétence en dernier ressort (art. 639, 3°, C. Com.; 2, loi du 11 avril 1838)[1].

Les parties capables de transiger peuvent renoncer d'avance au droit d'appeler dans les matières susceptibles de transaction, et proroger ainsi la compétence du tribunal. Par contre, il n'est pas possible de saisir d'emblée la cour d'appel, la hiérarchie des tribunaux étant d'ordre public (art. 7, C. Proc. Civ.; 639, 1°, C. Com.).

L'acte d'appel doit contenir assignation dans les délais de la loi et être signifié à personne ou domicile, à peine de nullité. La signification peut être faite tant au domicile réel qu'au domicile élu de l'intimé, à la différence de ce qui se passe pour la signification du jugement de condamnation, qui ne peut jamais avoir lieu qu'au domicile réel du condamné. Quant à l'intimé, il forme son appel par acte d'avoué à avoué, ou par simples conclusions prises à la barre (art. 111, C. Civ.; 443 et 456, C. Proc. Civ.).

L'acte d'appel produit deux effets:

I. Il est dévolutif, c'est-à-dire qu'il transporte le litige du tribunal de première instance à la cour, d'où les conséquences suivantes: 1° le tribunal de première instance est complètement dessaisi de l'affaire; il ne peut donc plus ni interpréter son jugement, ni le compléter, et, s'il y a lieu de décider sur la continuation ou la discontinuation des poursuites, la décision doit être rendue par la cour d'appel; — 2° la cour a plein pouvoir. Elle peut donc, soit confirmer le jugement purement et simplement, soit l'infirmer en tout ou en partie, soit enfin substituer des motifs nouveaux aux motifs anciens. Toutefois, ce pouvoir est limité par l'appel même, en ce sens que la cour ne peut statuer que sur ce qui lui est déféré: *tantum devolutum quantum appellatum*. Cette règle ne reçoit d'exception que s'il y a évocation, c'est-à-dire si la cour attire à elle le litige entier, au lieu de le renvoyer au tribunal. Cela peut arriver: *a*) en cas d'appel d'un jugement interlocutoire, c'est-à-dire lorsque la partie contre laquelle a été rendu le jugement en appelle sans attendre que le fond ait été également jugé par le tribunal; — *b*) lorsqu'un jugement définitif est infirmé pour vice de forme ou pour toute autre cause, notamment pour nullité de l'exploit d'ajournement, composition irrégulière du

[1]) Il en est aujourd'hui de même en matière de paix, depuis la loi du 12 juillet 1905, art. 11. et en matière prud'hommale, depuis la loi du 27 mars 1907, art. 33.

tribunal de première instance, défaut de conclusions du ministère public dans une affaire communicable, absence de motifs, etc. — L'exercice du droit d'évocation ne constitue cependant pas un devoir pour la cour, mais une simple faculté; encore faut-il pour cela: α) que le jugement soit infirmé; — β) que l'affaire soit suffisamment instruite pour recevoir une solution définitive; — γ) qu'il soit statué sur le tout par un seul et même arrêt (art. 473, C. Proc. Civ.); — δ) qu'en cas d'évocation après infirmation pour cause d'incompétence, le tribunal compétent soit situé dans le ressort de la cour. Dans le cas contraire, l'affaire doit être renvoyée devant le tribunal compétent.

II. Il est suspensif. L'exécution du jugement est donc arrêtée, mais à condition: 1° que l'appel soit régulier; — 2° que le jugement ne soit pas exécutoire par provision (art. 457, C. Proc. Civ.).

Quand un jugement a été qualifié à tort comme étant en dernier ressort, on n'en peut empêcher l'exécution, en matière civile, qu'en assignant à bref délai devant la cour pour obtenir des défenses, ou devant le juge des référés en discontinuation des poursuites, et en matière commerciale, qu'en obtenant la permission d'assigner extraordinairement à jour et à heure fixes pour plaider sur l'appel, la cour ne pouvant, à peine de nullité et de responsabilité personnelle de ses membres, accorder des défenses en matière commerciale (art. 806, C. Proc. Civ.; 647, C. Com.).

L'exécution provisoire des jugements de première instance est beaucoup plus fréquente en matière commerciale qu'en matière civile, car non seulement le tribunal de commerce peut l'ordonner en toutes sortes de litiges, soit avec, soit sans caution, mais il est en outre admis par la jurisprudence qu'il n'est même pas nécessaire d'une disposition spéciale pour cela et que tout jugement rendu par un tribunal de commerce jouit de plein droit de l'exécution provisoire; l'intervention du tribunal ne devient nécessaire que pour dispenser de fournir caution. Cette dernière est reçue, conformément soit aux articles 521 et suivants, soit aux articles 440 et 441 du Code de procédure civile, suivant qu'il s'agit de matière civile ou de matière commerciale (art. 439, C. Proc. Civ.).

Si le tribunal a omis de prononcer l'exécution provisoire dans les cas où il aurait dû le faire, c'est à la cour d'en ordonner la réparation (art. 136, C. Proc. Civ.).

Quant aux jugements de paix, ils sont exécutoires par provision aux mêmes conditions que les jugements civils, et en ce qui concerne les sentences rendues par les conseils de prud'hommes, elles peuvent être déclarées exécutoires par provision sans caution jusqu'à concurrence d'un quart de la somme demandée, à condition que ce quart ne dépasse pas la somme de 100 francs (art. 33, loi du 27 mars 1907).

La procédure en usage devant les cours d'appel est la même pour les affaires civiles que pour les affaires commerciales. Le ministère des avoués est donc toujours indispensable. L'appelant est obligé de consigner une amende de 10 francs, appelée «amende de fol appel», qui lui est restituée s'il obtient gain de cause (art. 462, 470 et 471, C. Proc. Civ.; 647, C. Com.).

La procédure sommaire est appliquée non seulement aux affaires civiles instruites ainsi en première instance, mais encore aux affaires commerciales et à celles où l'intimé fait défaut (art. 461 et 463, C. Proc. Civ.).

Aucune demande nouvelle ne peut être formée en appel, à moins qu'il ne s'agisse de compensation ou que la demande nouvelle ne soit la défense à la demande principale. Mais on peut demander les intérêts, arrérages, loyers et autres accessoires échus depuis le jugement de première instance, ainsi que des dommages-intérêts pour le préjudice subi depuis (art. 464 et 465, C. Proc. Civ.).

Les interventions ne sont admises en cause d'appel que de la part de ceux qui pourraient former tierce opposition (art. 466, C. Proc. Civ.).

* * *

Les cours d'appel sont composées de 5 membres au moins, y compris le président. S'il n'y a pas assez de conseillers, on appelle un avocat ou un avoué, en suivant l'ordre du tableau. Toutefois, la majorité doit toujours appartenir aux conseillers, de telle sorte qu'il ne doit jamais y avoir plus de deux avocats ou avoués, ou plus d'un avocat et d'un avoué.

Dans certains cas (prises à partie, renvois après cassation, etc.), les cours doivent siéger en audience solennelle, c'est-à-dire en robes rouges, dans le local de la première chambre, et être composées de 9 conseillers au moins, y compris le président (art. 30, loi du 22 ventôse an XII; art. 1, loi du 30 août 1883).

Lorsqu'il se forme plus de deux opinions dans les délibérations, les conseillers plus faibles en nombre sont tenus de se rallier à l'opinion émise par le plus grand nombre; s'il y a partage absolu, on appelle, pour le vider, un ou plusieurs autres conseillers en suivant l'ordre du tableau, ou, à défaut de conseillers, trois avocats exerçant depuis 10 ans au moins près l'un des tribunaux du ressort (art. 467 et 468, C. Proc. Civ.)[1].

Pour l'exécution des arrêts, on applique les règles suivantes: Si le jugement est confirmé, l'exécution est assurée par le tribunal dont le jugement était frappé d'appel; si au contraire il est infirmé, elle est assurée, soit par la cour elle-même, soit par tel autre tribunal qu'elle désigne (art. 472, C. Proc. Civ.).

Pour tout le reste, on applique les règles en vigueur devant les tribunaux inférieurs (art. 470, C. Proc. Civ.).

B. Voies de recours extraordinaires.

Les voies de recours extraordinaires supposent que la décision attaquée est entachée d'un vice de fond ou d'un vice de forme. Elles n'arrêtent pas, sauf exceptions, l'exécution des jugements; elles obligent seulement à la restitution en cas de réussite.

On ne peut recourir extraordinairement qu'après avoir épuisé toutes les voies ordinaires. Un jugement encore susceptible d'appel ne pourrait donc pas donner ouverture à une voie de recours extraordinaire. De même, les jugements contradictoires des tribunaux civils, ceux des tribunaux de commerce, des juges de paix ou des conseils de prud'hommes, ne sont susceptibles de requête civile ou de pourvoi en cassation que s'ils ont été rendus en dernier ressort. Se pourvoir en cassation contre un jugement de première instance dont on aurait pu faire appel, serait impossible[2].

Les voies de recours extraordinaires sont au nombre de quatre: 1° le pourvoi en cassation; — 2° la requête civile; — 3° la prise à partie; — 4° la tierce opposition.

I. Le pourvoi en cassation.

Le pourvoi en cassation est admissible: 1° pour violation de la loi, en prenant le mot loi dans le sens le plus large. Mais la Cour de Cassation ne juge jamais en fait: lorsqu'elle casse une décision, elle ne la refait pas, elle se contente de renvoyer l'affaire et les parties devant une autre juridiction du même degré et du même ordre que celle dont la décision est annulée (art. 3, décret des 27 novembre — 1er décembre 1790; 87, loi du 27 ventôse an VIII; 7—3°, loi du 20 avril 1810); — 2° pour incompétence et pour excès de pouvoir. Si l'incompétence invoquée est une incompétence *ratione personæ* ou *ratione loci*, elle ne peut être déférée à la Cour de Cassation que si elle a fait l'objet de conclusions spéciales devant les tribunaux inférieurs; si au contraire il s'agit d'une incompétence *ratione materiæ*, la Cour de Cassation peut en être saisie pour la première fois, cette sorte d'incompétence étant d'ordre public. — Les jugements en dernier ressort des tribunaux de paix ne peuvent être déférés à la Cour de Cassation que s'il y a eu excès de pouvoir, c'est-à-dire si l'ordre des juridictions a été troublé. S'il y a eu seulement fausse interprétation, le pourvoi est impossible, car le juge de paix est autorisé à statuer en équité dans toutes les affaires qui ne sont pas susceptibles d'appel (art. 76 et 77, loi du 27 ventôse an VIII; art. 15, loi du 25 mai 1838)[3]; — 3° pour inobservation des formes prescrites à peine de nullité par l'article 7, § 2, de la loi du 20 avril 1810, qui est ainsi conçu: «Les arrêts (et naturellement aussi les jugements) qui ne sont pas rendus par le nombre de juges prescrit, ou qui ont été rendus par des juges qui n'ont pas assisté à toutes les audiences de la cause, ou qui n'ont pas été rendus publiquement, ou qui ne con-

---

1) Comme depuis la loi du 30 avril 1883 les cours doivent toujours siéger en nombre impair, c'est 4 avocats qu'il faudrait appeler aujourd'hui. — 2) Les jugements par défaut ne sont pas soumis à la même règle: la partie condamnée par défaut peut se pourvoir en cassation alors même qu'elle n'aurait pas fait opposition, mais à condition qu'il s'agisse de jugements en dernier ressort. — 3) En matière d'accidents du travail, les sentences rendues par les juges de paix dans la limite de leur compétence sur l'indemnité journalière, les frais de maladie ou funéraires dus à la victime de l'accident, peuvent exceptionnellement être attaquées pour violation de la loi (art. 15, loi du 9 avril 1898; loi du 31 mars 1905). — Les sentences prud'hommales peuvent toujours être attaquées pour violation de la loi (art. 35, loi du 27 mars 1907).

tiennent pas les motifs, sont déclarés nuls»; — 4° pour contrariété de jugements rendus en dernier ressort[1] par différents tribunaux entre les mêmes parties et sur les mêmes moyens (art. 504, C. Proc. Civ.).

* * *

Le délai pour se pourvoir en cassation est uniformément[2] de deux mois, outre les délais de distance, à compter du jour de la signification à personne ou à domicile de la décision objet du pourvoi. Si la décision attaquée a été rendue par défaut, ce délai ne court qu'à compter du jour où l'opposition n'est plus recevable (art. 16, décret du 2 brumaire an IV; 1, loi du 2 juin 1862). — Le défendeur au pourvoi peut toujours former recours incident.

La procédure en usage devant la Cour de Cassation est encore aujourd'hui en très grande partie celle élaborée par d'Aguesseau pour le Conseil du Roi dans le Règlement du 28 juin 1738. Les lois postérieures n'en ont modifié que quelques détails secondaires.

Le pourvoi est formé par requête déposée au greffe, et non par assignation. Signé et présenté par un avocat à la cour de cassation, il doit énoncer le nom du demandeur, celui du défendeur, la date de l'arrêt ou du jugement, la loi qu'on prétend être violée, et les moyens sur lesquels il est basé. Ceux qui sont introduits par les préfets et directeurs d'administration publique, ainsi que ceux qui concernent l'expropriation pour cause d'utilité publique, peuvent ne pas être signés par un avocat. Il en est de même des pourvois formés par le procureur général ou de la République et par les autres membres du ministère public, qui procèdent, le premier par voie de conclusions déposées au greffe de la Cour de Cassation, et les autres, par voie de déclaration faite au greffe de la cour ou du tribunal qui a rendu la décision attaquée. Cette déclaration est transmise ensuite par le ministre de la justice au greffe de la Cour de Cassation (art. 1 et 2, règlement du 28 juin 1738; art. 20, loi du 3 mai 1841).

La requête doit être accompagnée de la copie signifiée, et, à défaut de signification, d'une expédition en due forme de la décision attaquée[3], ainsi que d'une quittance du receveur de l'enregistrement constatant qu'il a été consigné une amende de 187 francs 50 centimes pour les jugements contradictoires, et de 93 francs 75 centimes pour ceux rendus par défaut ou en matière d'expropriation pour cause d'utilité publique (art. 5, titre IV, règlement du 24 juin 1738; art. 17, décret du 2 brumaire an IV).

La requête ne contient qu'un exposé succinct de l'affaire. Des développements plus détaillés ne sont fournis que plus tard, dans le *mémoire ampliatif*, que l'avocat du demandeur dépose au greffe de la cour, un ou deux mois après, suivant qu'il s'agit d'affaires urgentes ou d'affaires ordinaires (art. 7, 10 et 11, ordonnance du 15 janvier 1826).

A la différence de ce qui se passe pour l'appel, le pourvoi en cassation n'est pas suspensif. L'exécution de la décision attaquée n'est donc pas arrêtée par le pourvoi: la Cour de Cassation ne peut, sous aucun prétexte, accorder des défenses ou surseoir à l'exécution. Une exception n'est admise qu'au profit de l'État, à moins que la partie envers laquelle l'État est condamné ne fournisse caution (art. 1, décret du 16 juillet 1793), ou lorsqu'il s'agit de jugements de divorce, de nullité de mariage, ou qui portent suppression, lacération, radiation, réformation ou rétablissement d'une pièce déclarée fausse (art. 16, loi des 27 novembre — 1er décembre 1790; art. 1, décret des 19—24 juillet 1793; art. 15, loi du 9 floréal an VII; art. 263, C. Civ.; art. 241, C. Proc. Civ.).

La Cour de Cassation est composée de trois chambres: chambre des requêtes, chambre civile, et chambre criminelle. La chambre criminelle ne contribue à connaître des pourvois civils que s'ils se produisent après une première cassation. Sauf cette unique exception, elle ne juge que les affaires criminelles[4].

---

1) Il suffit que le *second* des deux jugements soit en dernier ressort. — 2) Donc aussi pour les mineurs, les interdits et les héritiers d'une personne décédée (art. 7, décret du 2 brumaire an IV; 444, C. Civ.). — En matière prud'hommale, le délai n'est que de 5 jours à dater de la signification (art. 35, loi du 27 mars 1907). — 3) Les pourvois formés contre les jugements d'instruction qui n'ont pas été expédiés sont dispensés de cette formalité (art. 4, titre VI, livre Ier, règlement du 28 juin 1838; 2, ordonnance du 15 janvier 1826). — 4) Pendant les vacances judiciaires, elle fait cependant office de chambre de vacations (art. 64, 66 et 67, ordonnance du 15 janvier 1826).

Les pourvois civils subissent une double épreuve[1]: ils ne sont soumis à la chambre civile qu'après avoir été déclarés admis par la chambre des requêtes. C'est donc cette dernière qui est la première maîtresse du sort du pourvoi: le rejette-t-elle, aucun recours n'est plus possible; l'admet-elle au contraire, l'affaire est examinée contradictoirement par la chambre civile.

De là deux sortes de procédures: celle devant la chambre des requêtes, et celle devant la chambre civile.

A. Procédure devant la chambre des requêtes.

Dès que l'affaire est en état, c'est-à-dire dès que le mémoire ampliatif a été déposé, l'affaire est inscrite au rôle et distribuée par le président à un conseiller pour le rapport. Ce dernier doit être déposé au greffe dans le mois pour les affaires urgentes, et dans les deux mois pour les autres. Faute par le rapporteur de se conformer à cette règle, et après un nouveau délai, s'il y a lieu, il est remplacé par un autre.

L'audience commence par la lecture du rapport, qui n'exprime pas d'avis. La parole est ensuite donnée à l'avocat du demandeur et au demandeur lui-même, si la cour le juge à propos. Le ministère public est entendu le dernier, à moins qu'il ne soit partie principale, auquel cas il est soumis aux mêmes règles que les particuliers.

Le défendeur ne figure pas dans l'instance devant la chambre des requêtes, car le pourvoi ne lui a pas été signifié. Mais s'il a connaissance de l'affaire, et c'est la règle générale, il peut faire présenter un mémoire *en surveillance*, c'est-à-dire un exposé à sa façon de la question en litige.

La chambre des requêtes est composée de onze membres au moins, y compris le président. S'il en manque, on appelle un ou plusieurs conseillers d'une autre chambre, en suivant l'ordre du tableau. Elle peut siéger aussi en nombre pair, ce qui peut être favorable au demandeur, car s'il y a partage, le pourvoi est déclaré admis. Les voix sont recueillies par le président en suivant l'ordre des nominations et en commençant par la plus récente. Le rapporteur opine le premier, le président le dernier. S'il y a admission, l'arrêt n'est pas motivé. S'il y a rejet, le demandeur est condamné à 300 francs d'amende, y compris la consignation (art. 20, 21 et 25, titre IV, règlement du 28 juin 1738; art. 13, décret des 27 novembre — 1er décembre 1790; art. 19, décret du 2 brumaire an IV; art. 60 et 89, loi du 27 ventôse an VIII; art. 8 à 10, 12 à 44, ordonnance du 15 janvier 1826).

B. Procédure devant la chambre civile.

Ici la situation change complètement d'aspect, car l'affaire devient contradictoire. Le demandeur au pourvoi doit faire signifier la requête et l'arrêt d'admission dans les formes ordinaires des ajournements, dans les deux mois de l'admission, sous peine de déchéance. La signification est faite, à Paris, par un huissier audiencier près la Cour de Cassation, et dans les départements, par un huissier du domicile du défendeur. S'il s'agit d'étrangers, la signification a lieu au parquet du procureur général près la cour de cassation.

Les délais de comparution sont de deux mois, outre ceux de distance. La comparution consiste en la constitution, dans le délai d'un mois, d'un avocat-avoué à la Cour de Cassation, qui signifie son *mémoire en défense* dans les deux mois de sa constitution. L'expiration de ces délais n'entraîne cependant pas forclusion: le défendeur peut toujours se présenter utilement tant que l'affaire n'est pas jugée.

Quant au reste, la procédure est la même que devant la chambre des requêtes. Si le défendeur fait défaut, l'affaire est quand même examinée avec le plus grand soin, car il importe de ne pas ébranler la chose jugée. Le défendeur qui a fait défaut et qui a été condamné, peut faire opposition dans les deux mois de la signification de l'arrêt, en consignant une amende de 300 francs. S'il l'emporte, la Cour rend un *arrêt de restitution*, mais le condamne à 100 francs de *réfusion de frais* envers l'avocat de son adversaire. Le défaut profit-joint et le défaut-congé sont inconnus devant la Cour de Cassation.

---

1) Sont exceptionnellement portés directement devant la chambre civile: 1° les pourvois formés dans l'intérêt de la loi par le procureur général de la République; — 2° les pourvois formés en matière d'expropriation pour cause d'utilité publique; — 3° ceux formés en matière d'inscription sur la liste des assurés obligatoires pour les retraites ouvrières et paysannes; — 4° ceux dirigés contre les sentences prud'hommales (art. 20 et 22, loi du 3 mai 1842; 196, décret du 24 mars 1911; 35, loi du 27 mars 1907).

Les arrêts de la chambre civile sont toujours motivés. La majorité se forme comme à la chambre des requêtes. S'il y a partage, on appelle d'autres conseillers, au nombre de cinq, en suivant l'ordre du tableau.

S'il y a cassation, l'amende est restituée et les parties replacées au même et semblable point où elles étaient avant la décision cassée. Les procédures antérieures à l'arrêt cassé conservent seules leur valeur.

La Cour de Cassation ne jugeant jamais en fait, ainsi que nous l'avons déjà dit, l'affaire, s'il y a cassation, est renvoyée devant une autre juridiction du même degré et du même ordre que celle qui a rendu la décision annulée[1]. La juridiction de renvoi n'est cependant pas désignée immédiatement dans l'arrêt même qui prononce la cassation; cette désignation n'a lieu que plus tard, dans un arrêt spécial, rendu en la chambre du conseil.

Lorsque la cassation n'a eu lieu que dans l'intérêt de la loi, elle n'emporte aucune restitution; seul l'arrêt est transcrit sur les registres de la cour ou du tribunal censuré.

Les dispositifs des arrêts de cassation sont insérés tous les mois dans le *Bulletin de la Cour de Cassation* (*passim*, règlement du 28 juin 1738; art. 20, décret du 2 brumaire an IV; art. 64 et 85, loi du 27 ventôse an VIII; art. 6 et 21, ordonnance du 15 janvier 1826; art. 7, 8 et 9, loi du 2 juin 1862).

C. Procédure devant la juridiction de renvoi.

Si c'est un arrêt qui est cassé, la juridiction de renvoi statue en audience solennelle, c'est-à-dire en robes rouges et au nombre de neuf membres.

D. Procédure devant les chambres réunies de la Cour de Cassation.

Si la cour de renvoi confirme à son tour la théorie de la cour dont l'arrêt a été cassé, le second pourvoi, formé pour les mêmes motifs et entre les mêmes parties, n'est plus porté devant la chambre civile, mais devant les chambres réunies de la cour de cassation, qui statue alors en audience solennelle, c'est-à-dire en robes rouges et au nombre de 34 conseillers au moins, y compris le président. La procédure en usage est celle qui est suivie devant la chambre civile (art. 3, décret des 27 novembre — 1er décembre 1790; 24, décret du 2 brumaire an IV; 87, loi du 27 ventôse an VIII; 1 à 3, loi du 1er avril 1837).

E. Procédure devant la seconde juridiction de renvoi.

La décision rendue par les chambres réunies de la cour de cassation est considérée comme l'exacte vérité juridique. La seconde juridiction de renvoi ne peut donc pas ne pas s'y conformer, quel que soit son sentiment personnel. Aussi, ne faisant en quelque sorte que l'office de chambre d'enregistrement, ne siége-t-elle qu'en audience ordinaire.

II. La requête civile.

L'expression de requête civile vient probablement de ce que, autrefois, elle était conçue en termes respectueux. Elle peut viser, soit les jugements contradictoirement rendus en dernier ressort par les tribunaux de première instance et d'appel, soit les jugements par défaut rendus également en dernier ressort, mais non susceptibles d'opposition. Elle est possible: 1° s'il y a eu dol personnel, c'est-à-dire des manœuvres frauduleuses telles qu'il est certain que, sans elles, le jugement eût été tout autre. Tel serait le cas par exemple d'une partie qui aurait allégué des faits qu'elle savait être faux, ou nié d'autres qu'elle savait être vrais, ou qui aurait dissimulé des pièces décisives, ou empêché une signification de parvenir à son adresse, ou intercepté un ordre donné par l'adversaire à son avoué, ou colludé avec ce dernier, etc. La jurisprudence considère même comme dol personnel, le fait d'avoir intenté une action à un moment où on savait que le défendeur ne pouvait la repousser qu'en s'exposant à des poursuites criminelles, ou d'avoir reproduit une demande déjà repoussée, en dissimulant l'existence d'un jugement dont on avait seul connaissance. — Le serment décisoire ne peut jamais donner ouverture à la requête civile (art. 1363, C. Civ.); — 2° s'il a été prononcé sur choses non demandées; — 3° s'il a été adjugé plus qu'il n'a été demandé; — 4° s'il a été omis de prononcer sur l'un des chefs de la demande; — 5° si, dans un même

[1]) La cassation a lieu sans renvoi si elle atteint un arrêt qui a admis un appel tardif ou irrégulier. En ce cas, l'arrêt cassé est simplement annulé.

jugement, il y a des dispositions contraires; — 6° si, dans les cas où la loi exige la communication au ministère public, cette communication n'a pas eu lieu et que le jugement ait été rendu contre celui pour qui elle était ordonnée; — 7° si l'on a jugé sur des pièces reconnues ou déclarées fausses depuis le jugement[1]; — 8° si, depuis le jugement, il a été recouvré des pièces décisives qui avaient été retenues par le fait de la partie[2]; — 9° si l'État, les communes, les établissements publics et les mineurs n'ont pas été défendus, ou s'ils ne l'ont pas été valablement (art. 480 et 481, C. Proc. Civ.).

S'il n'y a ouverture que contre un seul chef du jugement, ce chef est seul rétracté, à moins que les autres n'en soient dépendants (art. 482, C. Proc. Civ.).

* * *

De même que le délai pour se pourvoir en cassation, celui pour former requête civile est de deux mois, outre les délais de distance, à dater du jour de la signification à personne ou à domicile, ou du jour où l'opposition n'est plus recevable. Mais alors que, pour le pourvoi en cassation, ce délai court tant à l'égard des mineurs qu'à l'égard des majeurs, en ce qui concerne la requête civile, il ne court qu'à l'égard des majeurs. Pour ce qui est des mineurs et des interdits, il ne court que du jour de la signification à personne ou à domicile faite depuis la majorité ou la mainlevée de l'interdiction (art. 7, décret du 2 brumaire an IV; 483 à 486, C. Proc. Civ.)[3].

Si la requête civile est introduite pour faux, dol, ou découverte de pièces nouvelles, les délais ne courent que du jour où, soit le faux, soit le dol, ont été reconnus, ou les pièces découvertes; si c'est pour contrariété de jugements, ils ne courent que du jour de la signification du dernier jugement (art. 488 et 489, C. Proc. Civ.).

Si la partie condamnée est décédée dans les délais, ce qui en reste à courir, ne commence, contre la succession, qu'après une nouvelle signification et après l'expiration des délais pour faire inventaire et délibérer (art. 447 et 488, C. Proc. Civ.).

* * *

La requête civile est formée, soit par assignation principale au domicile de l'avoué de la partie qui a obtenu le jugement attaqué, si elle est formée dans les six mois de la date du jugement[4], et, après ce délai, au domicile de la partie, soit par acte d'avoué à avoué, si elle se produit au cours d'un procès déjà pendant. Elle doit être portée au tribunal qui a rendu le jugement, et être accompagnée d'une consultation favorable de trois avocats exerçant depuis dix ans au moins près un des tribunaux du ressort de la cour, ainsi que d'une quittance du receveur de l'enregistrement constatant la consignation de 300 francs pour amende et de 150 francs pour dommages-intérêts. Ces sommes sont de la moitié, ou du quart, suivant qu'il s'agit d'arrêts rendus par défaut ou par forclusion, ou de jugements de première instance (art. 490 à 495 et 499, C. Proc. Civ.).

Pas plus que le pourvoi en cassation, la requête civile n'a d'effet suspensif. Elle n'empêche donc pas l'exécution du jugement attaqué, et celui qui a été condamné à délaisser un héritage n'est reçu à plaider sur la requête qu'en rapportant la preuve de l'exécution du jugement au principal (art. 497, C. Proc. Civ.).

Si la requête civile est admise , le jugement est rétracté, les parties sont remises au même et semblable état où elles étaient avant ce jugement, les sommes consignées rendues, et les objets des condamnations perçus en vertu du jugement

---

1) Il faut que les pièces aient été reconnues ou déclarées fausses *depuis* le jugement; si elles l'étaient pendant l'instance, c'est à l'inscription de faux qu'il faudrait recourir. — 2) La rétention des pièces décisives constitue un dol personnel si la partie qui les retient agit de mauvaise foi. Mais si elle agit de bonne foi, c'est-à-dire si elle ne connaît pas elle-même l'importance des pièces qu'elle retient, son cas rentre dans la définition donnée au texte. En ce qui concerne le jugement qui n'est pas en dernier ressort, on applique l'article 448 du Code de Procédure Civile, qui est ainsi conçu: «Dans le cas où le jugement aurait été rendu sur une pièce fausse, ou si la partie avait été condamnée faute de représenter une pièce décisive qui était retenue par son adversaire, les délais de l'appel ne courront que du jour où le faux aura été reconnu ou juridiquement constaté, ou que la pièce aura été recouvrée, pourvu que, dans ce dernier cas, il y ait preuve par écrit du jour où la pièce a été recouvrée, et non autrement». — 3) Pour ce qui est des aliénés, voyez l'article 35 de la loi du 30 juin 1838. — 4) En ce cas, l'avoué de la partie qui a obtenu le jugement est constitué de plein droit, sans aucun nouveau pouvoir (art. 496, C. Proc. Civ.).

rétracté, restitués. Mais le fond même de la contestation (*le rescisoire*) fait l'objet d'une seconde décision (art. 501 et 502, C. Proc. Civ.).

Si la demande est rejetée, le demandeur est condamné à l'amende et aux dommages-intérêts consignés, sans préjudice de plus amples dommages-intérêts, s'il y a lieu (art. 500, C. Proc. Civ.).

Le même jugement ne peut jamais faire l'objet que d'une seule requête civile, en vertu de cet adage que «requête civile sur requête civile ne vaut». La communication au ministère public est toujours obligatoire (art. 498 et 503, C. Proc. Civ.).

Cas où l'on peut, tantôt former la requête civile, tantôt se pourvoir en cassation.

Il y a deux cas où la partie qui succombe peut, suivant les circonstances, former soit une requête civile, soit un pourvoi en cassation. Cela peut arriver: 1° Si les formes prescrites à peine de nullité ont été violées, soit avant, soit lors des jugements, pourvu que la nullité n'ait pas été couverte par les parties et qu'il ne s'agisse ni d'une nullité résultant du défaut de communication au ministère public dans les cas où cette formalité est obligatoire, ni d'un des vices de forme énumérés par la loi du 20 avril 1810. Ces nullités donnent lieu à la requête civile lorsqu'elles n'ont pas été signalées au tribunal qui les a commises, et au pourvoi en cassation, lorsque, informé du fait, le tribunal a refusé d'en tenir compte (art. 3, loi des 27 novembre — 1er décembre 1790; 480, 2°, C. Proc. Civ.); — 2° S'il y a contrariété de jugements en dernier ressort entre les mêmes parties et sur les mêmes moyens, dans les mêmes cours ou tribunaux (art. 480, 6°, C. Proc. Civ.).

III. Prise à partie.

Il y a prise à partie lorsqu'on demande réparation à un juge ou à un tribunal à raison des actes par eux commis dans l'exercice de leurs fonctions. Cela peut arriver dans les quatre cas suivants: 1° s'il y a dol, fraude ou concussion, qu'on prétendrait avoir été commis soit dans le cours de l'instruction, soit lors des jugements; — 2° si la prise à partie est expressément prononcée par la loi; — 3° si la loi déclare les juges responsables à peine de dommages et intérêts; — 4° s'il y a déni de justice, c'est-à-dire refus de répondre les requêtes, ou négligence à juger les affaires en état et en tour d'être jugées.

Le déni de justice est constaté par deux réquisitions faites aux juges en la personne des greffiers, et signifiées de trois jours en trois jours au moins pour les juges de paix et de commerce, et de huitaine en huitaine pour les autres. Les huissiers requis sont tenus de faire ces réquisitions à peine d'interdiction.

La prise à partie contre les juges de paix, contre les tribunaux de commerce ou de première instance ou contre quelqu'un de leurs membres, et la prise à partie contre un conseiller à une cour d'appel ou à une cour d'assises, sont portées à la cour d'appel du ressort; celles contre les cours d'assises, contre les cours d'appel ou l'une de leurs sections, à la cour de cassation (art. 2, loi des 27 novembre — 1er décembre 1790; 60, loi du 27 ventôse an VIII)[1].

Aucun juge ne peut être pris à partie sans permission préalable du tribunal devant lequel la prise à partie doit être portée. A cet effet, il est présenté une requête conçue en termes respectueux et signée, soit de la partie elle-même, soit de son fondé de procuration authentique et spéciale. Si la requête est rejetée, le demandeur est condamné à une amende de 300 francs. Si elle est admise, le juge pris à partie doit s'abstenir de la connaissance du différend, ainsi que de tous ceux que le demandeur, ses parents en ligne directe ou son conjoint peuvent avoir dans son tribunal, jusqu'après le jugement définitif de la prise à partie (art. 505 à 516, C. Proc. Civ.).

IV. La tierce opposition.

On appelle tierce opposition l'action du tiers auquel on oppose un jugement qui lui est préjudiciable et lors duquel ni lui ni ceux qu'il représente n'ont été appelés. La tierce opposition peut être formée, suivant les hypothèses, soit par voie d'action

[1]) Quant à la Cour de Cassation, il faut distinguer entre quelqu'une de ses chambres ou quelques-uns de ses membres et les chambres réunies. La Cour entière ne pourrait jamais être prise à partie, car il n'y a rien au-dessus d'elle; mais ses membres ou quelqu'une de ses chambres pourraient l'être, bien qu'il n'y en ait pas d'exemple. Si, par hasard, une semblable prise à partie se produisait, elle devrait être portée devant les chambres réunies de la Cour de Cassation.

principale, auquel cas elle est portée au tribunal qui a rendu le jugement attaqué[1], soit par voie incidente à l'occasion d'une contestation déjà pendante. Dans ce dernier cas il faut faire une distinction: le tribunal saisi de l'affaire principale est-il égal ou supérieur à celui dont émane le jugement attaqué, c'est lui qui connaîtra de la tierce opposition; est-il au contraire inférieur, l'affaire devra être portée devant le tribunal qui l'a rendu.

En ce qui concerne le tribunal de commerce, il ne peut connaître de la tierce opposition que si c'est lui ou si c'est un autre tribunal de commerce qui a rendu le jugement attaqué. Dans tous les autres cas il doit se déclarer incompétent. Inversement, le tribunal de première instance, ayant plénitude de juridiction, peut connaître d'une tierce opposition formée incidemment contre un jugement rendu par un tribunal de commerce.

Le tribunal saisi incidemment de la tierce opposition peut, suivant les circonstances, passer outre ou surseoir à statuer, en suspendant ou non l'exécution du jugement attaqué. Une exception n'existe qu'en ce qui concerne les jugements portant condamnation à délaisser la possession d'un héritage, ces jugements étant toujours exécutoires nonobstant toute tierce opposition.

La partie dont la tierce opposition est rejetée, est condamnée à une amende de 50 francs, sans préjudice des dommages et intérêts de la partie, s'il y a lieu (art. 474 à 479, C. Proc. Civ.).

Procédures diverses.

La seconde partie du code de procédure civile énumère un certain nombre de procédures spéciales, sur lesquelles il suffira de glisser rapidement.

I. Des offres de paiement et de la consignation.

Tout procès-verbal d'offres doit désigner l'objet offert, de manière qu'on ne puisse y en substituer un autre, et si ce sont des espèces, en contenir l'énumération et la qualité.

Si le créancier refuse les offres, le débiteur peut consigner la somme ou la chose offerte, et assigner en validité (art. 812 à 818, C. Proc. Civ.).

II. Du droit des propriétaires sur les meubles, effets et fruits de leurs locataires et fermiers, ou de la saisie-gagerie et de la saisie-arrêt sur débiteurs forains.

Les propriétaires et principaux locataires de maisons ou biens ruraux, soit qu'il y ait bail, soit qu'il n'y en ait pas, peuvent, un jour après le commandement, et sans permission du juge, faire saisir-gager, pour loyers et fermages échus, les effets et fruits existant dans les dites maisons ou bâtiments ruraux, et sur les terres.

Ils peuvent même faire saisir-gager à l'instant, en vertu d'une permission donnée, sur requête, par le président du tribunal de première instance.

Les effets des sous-fermiers et sous-locataires garnissant les lieux par eux occupés, et les fruits de terres qu'ils sous-louent, peuvent être saisis-gagés pour les loyers et fermages dus par le locataire ou fermier de qui ils tiennent; mais les sous-fermiers ou sous-locataires peuvent obtenir mainlevée en justifiant qu'ils ont payé sans fraude et sans qu'ils puissent opposer les paiements faits par anticipation.

La forme de la saisie-gagerie est la même que celle de la saisie-exécution.

La saisie foraine peut être pratiquée par tout créancier, même sans titre et sans commandement préalable, sur les effets trouvés en la commune qu'il habite, lorsqu'il en a obtenu la permission du président du tribunal de première instance ou du juge de paix du canton. Le saisissant peut être constitué personnellement gardien des effets saisis (art. 819 à 825, C. Proc. Civ.; art. 13, loi du 12 juillet 1905).

III. De la saisie-revendication.

La saisie-revendication ne peut avoir lieu qu'en vertu d'une ordonnance du président du tribunal de première instance. La demande en validité est portée devant le tribunal du domicile de la personne sur qui elle est faite, à moins qu'il n'y ait connexité, auquel cas elle est portée au tribunal saisi de l'instance principale (art. 826 à 831, C. Proc. Civ.).

---

1) S'il s'agit d'un jugement confirmé par la cour, c'est devant elle que doit être portée la tierce opposition principale.

IV. De la surenchère sur aliénation volontaire.

[Ce titre est sans intérêt pour nos lecteurs.]

V. Des voies à prendre pour avoir expédition ou copie d'un acte, ou pour le faire réformer.

Le notaire ou autre dépositaire qui refuserait de délivrer expédition ou copie d'un acte aux parties intéressées en nom direct, aux héritiers ou aux ayants droit, pourrait y être obligé par le tribunal. Pour la délivrance d'une seconde grosse ou d'une minute d'acte, il suffit d'une ordonnance du président du tribunal de première instance.

Quant aux greffiers et dépositaires des registres publics, ils sont tenus d'en délivrer expédition, copie ou extrait, à qui le leur demande, sans aucune ordonnance de justice. Par contre, il ne peut être délivré à la même partie une seconde expédition exécutoire d'un jugement qu'en vertu d'une ordonnance du président du tribunal qui l'a rendu.

S'il y a lieu à rectification d'un acte d'état civil, le tribunal peut ordonner la réunion préalable du conseil de famille. La rectification ordonnée est transcrite en marge de l'acte réformé (art. 839 à 858, C. Proc. Civ.).

VI. De quelques dispositions relatives à l'envoi en possession des biens d'un absent.

Voir les articles 112 à 143 du code civil et les articles 859 et 860 du code de procédure civile.

VII. Autorisation de la femme mariée.

Si le mari est interdit ou absent, ou s'il refuse d'autoriser sa femme à ester en justice, celle-ci peut se faire autoriser par le tribunal (art. 861 à 864, C. Proc. Civ.).

VIII. Des séparations de biens.

Si les affaires du mari sont en désordre, notamment s'il est en faillite, la femme peut demander la séparation judiciaire de ses biens. Les créanciers peuvent intervenir dans l'instance et s'opposer à la demande si elle est faite en fraude de leurs droits, ou même former tierce opposition. La loi prescrit une double publicité destinée à les prévenir. Le délai pour former tierce opposition est d'un an à dater du dernier acte de publicité.

Les effets de la séparation remontent au jour de la demande, quelle que soit la date du jugement ou de l'arrêt définitif.

Toute séparation volontaire est nulle (art. 1443 à 1447, C. Civ.; 865 à 874, C. Proc. Civ.).

IX. De la séparation de corps et du divorce.

De même que le divorce, la séparation de corps emporte toujours séparation de biens (art. 311, C. Civ.; art. 875 à 881, C. Proc. Civ.).

X. Des avis de parents.

Voir les articles 882 à 889 du Code de Procédure Civile.

XI. De l'interdiction.

Sur l'interdiction et le conseil judiciaire, voyez les articles 489 à 515 du code civil et les articles 890 à 897 du Code de Procédure Civile.

XII. Du bénéfice de cession.

Ce titre ne reçoit guère d'application dans la pratique; d'ailleurs, il est de peu d'intérêt pour nos lecteurs (art. 898 à 906, C. Proc. Civ.).

XIII. Procédures relatives à l'ouverture d'une succession.

Voir les articles 907 à 1002 du Code de Procédure Civile.

XIV. L'arbitrage.

Les parties ne sont pas tenues de s'en remettre au jugement des tribunaux établis; elles peuvent aussi, si elles le préfèrent, investir de leur confiance des arbitres librement choisis, à condition cependant qu'elles soient capables de disposer de leurs droits et que le litige n'intéresse pas l'ordre public. Voici, au surplus, rapidement résumées, les règles qui régissent la matière.

Le compromis peut être fait par procès-verbal devant les arbitres choisis, par acte devant notaires, ou sous signature privée. Il désigne les noms des arbitres et les objets en litige, mais le délai peut ne pas être fixé d'avance. Faute de fixation, la mission des arbitres dure trois mois à dater du compromis. Pendant le délai de l'arbitrage, les arbitres ne peuvent être révoqués que du consentement unanime des parties.

En ce qui concerne la procédure, on suit, à moins que les parties n'en aient disposé autrement, les délais et les formes établis pour les tribunaux. Les actes de l'instruction et les procès-verbaux du ministère des arbitres sont faits par tous les arbitres, à moins que le compromis ne les autorise à commettre l'un d'eux.

Le compromis tombe: 1° par le décès, refus, déport ou empêchement d'un des arbitres, s'il n'y a clause qu'il sera passé outre, ou que le remplacement sera au choix des parties ou au choix de l'arbitre ou des arbitres restants; le décès, lorsque tous les héritiers sont majeurs, ne met pas fin au compromis; le délai pour instruire et juger est seulement suspendu pendant le délai pour faire inventaire et délibérer; — 2° par l'expiration du délai stipulé, ou de celui de trois mois, s'il n'en a pas été réglé; — 3° par le partage, si les arbitres n'ont pas le pouvoir de prendre un tiers arbitre.

Les arbitres ne peuvent se déporter si leurs opérations sont commencées, et ils ne peuvent être récusés que pour des causes survenues depuis le compromis. S'il est formé inscription de faux, même purement civil, ou s'il s'élève quelque incident criminel, les parties sont délaissées à se pourvoir.

Les parties sont tenues de produire leurs défenses quinze jours au moins avant l'expiration du délai du compromis. Le jugement doit être signé par tous les arbitres. Dans le cas où il y aurait plus de deux arbitres, si la minorité refuse de le signer, les autres en font mention; le jugement a cependant le même effet que s'il avait été signé par chacun d'eux.

S'il y a partage, les arbitres autorisés à nommer un tiers, sont tenus de le faire par la décision même qui prononce le partage. S'ils ne peuvent en convenir, ils doivent le déclarer dans le procès-verbal, auquel cas le tiers est nommé par le président du tribunal appelé à ordonner l'exécution de la décision arbitrale. Dans les deux cas, les arbitres divisés sont tenus de rédiger leur avis distinct et motivé, soit dans le même procès-verbal, soit dans des procès-verbaux séparés.

Le tiers arbitre est tenu de juger dans le mois du jour de son acceptation, à moins que ce délai n'ait été prolongé par l'acte de nomination. Avant de se prononcer, il doit conférer avec les arbitres divisés, qui sont sommés de se réunir à cet effet. S'ils refusent de se réunir, le tiers arbitre prononce seul; mais il est tenu de se conformer à l'un des avis émis par les autres arbitres. La décision est rendue d'après les règles du droit si le compromis ne donne pouvoir aux arbitres et tiers arbitre de prononcer comme amiables-compositeurs.

Le jugement arbitral est rendu exécutoire par une ordonnance du président du tribunal de première instance dans le ressort duquel il a été rendu, à l'effet de quoi la minute du jugement est déposée dans les trois jours par l'un des arbitres au greffe du tribunal. S'il a été compromis sur l'appel d'un jugement, la décision arbitrale est déposée au greffe du tribunal d'appel, et l'ordonnance rendue par le président de ce tribunal. La connaissance de l'exécution du jugement appartient au tribunal qui a rendu l'ordonnance.

Les jugements arbitraux ne sont pas susceptibles d'opposition, mais ils peuvent être frappés d'appel, si les parties n'ont pas renoncé à ce moyen lors ou depuis le compromis. Lorsque l'arbitrage est sur appel ou sur requête civile, le jugement est toujours définitif et sans appel.

L'appel des jugements arbitraux est porté, savoir: devant les tribunaux de première instance, pour les matières qui, s'il n'y eût point eu d'arbitrage, eussent été, soit en premier, soit en dernier ressort, de la compétence des juges de paix; et devant les cours d'appel, pour les matières qui eussent été, soit en premier, soit en dernier ressort, de la compétence des tribunaux de première instance. Si l'appel est rejeté, l'appelant est condamné à la même amende que s'il s'agissait d'un jugement des tribunaux ordinaires.

Les règles sur l'exécution provisoire des jugements des tribunaux s'appliquent également aux jugements arbitraux, qui ne sont d'ailleurs jamais opposables à des tiers.

La requête civile peut être prise contre les jugements arbitraux; mais ne peuvent être proposés pour ouvertures: 1° l'inobservation des formes ordinaires, si les parties n'en étaient convenues autrement; — 2° le moyen résultant de ce qu'il aurait été prononcé sur choses non demandées.

La compétence appartient au tribunal qui eût été compétent pour connaître de l'appel.

Point n'est besoin de se pourvoir par appel, ou par requête civile: 1° si le jugement a été rendu sans compromis, ou hors des termes du compromis; — 2° s'il l'a été sur un compromis nul ou expiré; — 3° s'il n'a été rendu que par quelques-uns des arbitres, non autorisés à juger en l'absence des autres; — 4° s'il l'a été par un tiers sans que celui-ci ait conféré avec les arbitres partagés; — 5° enfin, s'il a été prononcé sur choses non demandées.

Dans tous ces cas, les parties peuvent se pourvoir par opposition à l'ordonnance d'exécution devant le tribunal qui l'a rendue.

Le pourvoi en cassation n'est possible que contre les jugements des tribunaux, rendus soit sur requête civile, soit sur appel d'un jugement arbitral (art. 1003 à 1028, C. Proc. Civ.). La décision des arbitres est aussi souvent désignée sous le nom de *sentence arbitrale*.

Code de Commerce.[1]

Livre premier. Du commerce en général.

(*Tit. I—V et VII, loi décrétée le 10 septembre 1807, promulguée le 20; Tit. VI, loi du 23 mai 1863, promulguée le 29; Tit. VIII, loi décrétée le 11 septembre 1807, promulguée le 21.*)

Titre premier. Des commerçants.

Art. 1er. Sont commerçants ceux qui exercent des actes de commerce, et en font leur profession habituelle[2].

2. Tout mineur émancipé de l'un et de l'autre sexe, âgé de 18 ans accomplis, qui voudra profiter de la faculté que lui accorde l'article 487 du Code Civil, de faire le commerce, ne pourra en commencer les opérations, ni être réputé majeur, quant aux engagements par lui contractés pour faits de commerce: 1° S'il n'a été préalablement autorisé par son père, ou par sa mère, en cas de décès, interdiction ou absence du père, ou, à défaut du père et de la mère, par une délibération du conseil de famille, homologuée par le tribunal civil; — 2° Si, en outre, l'acte d'autorisation n'a été enregistré et affiché au tribunal de commerce du lieu où le mineur veut établir son domicile[3].

3. La disposition de l'article précédent est applicable aux mineurs même non commerçants, à l'égard de tous les faits qui sont déclarés faits de commerce par les dispositions des articles 632 et 633.

1) *Loi du 15 septembre 1807:* Art. 1er. Les dispositions du Code de Commerce ne seront exécutées qu'à compter du 1er janvier 1808. — **2.** A dater dudit jour 1er janvier 1808, toutes les anciennes lois touchant les matières commerciales sur lesquelles il est statué par ledit Code sont abrogées. — *Ordonnance du 31 janvier 1841:* Vu les lois des 19 mars 1817, 31 mars 1833, 28 mai 1838 et 2 mars 1840, qui ont apporté diverses modifications au Code de commerce; — Nous avons ordonné et ordonnons ce qui suit: — Il ne sera reconnu comme texte officiel du Code de commerce que le texte suivant. — 2) Le commerce est interdit à certaines personnes, notamment aux magistrats, aux avocats, aux avoués, aux notaires, aux huissiers, aux consuls français, etc. Mais les actes de commerce que ces diverses personnes peuvent faire ne sont pas nuls pour cela; ils les exposent seulement à des peines disciplinaires. — 3) L'émancipation peut être révoquée dans certains cas déterminés par la loi (art. 476 à 478, 484 et 485, C. Civ.). Quand l'autorisation de faire le commerce émane du conseil de famille, elle est constatée par un procès-verbal dressé par le greffier de la justice de paix; quand elle émane du père ou de la mère, elle peut être donnée soit par acte authentique, soit par acte sous seing privé. Une autorisation tacite serait insuffisante. — La majorité légale est fixée à vingt et un ans accomplis (art. 488, C. Civ.).

4. La femme ne peut être marchande publique sans le consentement de son mari[1].

5. La femme, si elle est marchande publique, peut, sans l'autorisation de son mari, s'obliger pour ce qui concerne son négoce; et, audit cas, elle oblige aussi son mari, s'il y a communauté entre eux. — Elle n'est pas réputée marchande publique, si elle ne fait que détailler les marchandises du commerce de son mari; elle n'est réputée telle que lorsqu'elle fait un commerce séparé[2].

6. Les mineurs marchands, autorisés comme il est dit ci-dessus, peuvent engager ou hypothéquer leurs immeubles.

Ils peuvent même les aliéner, mais en suivant les formalités prescrites par les articles 457 et suivants du Code Civil[3].

7. Les femmes marchandes publiques peuvent également engager, hypothéquer et aliéner leurs immeubles. — Toutefois leurs biens stipulés dotaux, quand elles sont mariées sous le régime dotal, ne peuvent être hypothéqués ni aliénés que dans les cas déterminés et avec les formes réglées par le Code Civil[4].

Titre deuxième. Des livres de commerce.[5]

8. Tout commerçant est tenu d'avoir un livre-journal qui présente, jour par jour, ses dettes actives et passives, les opérations de son commerce, ses négociations, acceptations ou endossements d'effets, et généralement tout ce qu'il reçoit et paie, à quelque titre que ce soit; et qui énonce, mois par mois, les sommes employées à la dépense de sa maison: le tout indépendamment des autres livres usités dans le commerce, mais qui ne sont pas indispensables. — Il est tenu de mettre en liasse les lettres missives qu'il reçoit, et de copier sur un registre celles qu'il envoie[6] [7].

9. Il est tenu de faire, tous les ans, sous seing privé, un inventaire de ses effets mobiliers et immobiliers, et de ses dettes actives et passives, et de le copier, année par année, sur un registre spécial à ce destiné.

10. Le livre-journal et le livre des inventaires seront paraphés et visés une fois par année. — Le livre de copies de lettres ne sera pas soumis à cette formalité. — Tous seront tenus par ordre de dates, sans blancs, lacunes ni transports en marge.

11. Les livres dont la tenue est ordonnée par les articles 8 et 9 ci-dessus seront cotés, paraphés et visés soit par un des juges des tribunaux de commerce, soit par le maire ou un adjoint, dans la forme ordinaire et sans frais. Les commerçants seront tenus de conserver ces livres pendant dix ans.

12. Les livres de commerce, régulièrement tenus, peuvent être admis par le juge pour faire preuve entre commerçants pour faits de commerce[8].

---

1) Cette autorisation peut être tacite; elle résulte notamment de ce qu'une femme mariée fait le commerce au vu et au su de son mari; si elle est mineure, il faut remplir les formalités de l'art. 2. — La femme séparée de corps n'a besoin d'aucune autorisation (loi du 6 février 1893, modifiant l'article 311 du Code Civil). — 2) Les actes faits par la femme sans le consentement du mari, fût-ce avec l'autorisation de la justice, n'engagent point les biens de la communauté. L'obligation résultant pour le mari des actes de commerce de sa femme n'est pas commerciale: il ne pourrait donc pas de ce fait être actionné devant le tribunal de commerce, ni être déclaré en faillite ou en liquidation judiciaire. — 3) L'aliénation d'immeubles appartenant à un mineur ne peut avoir lieu qu'avec l'autorisation du conseil de famille et après homologation du tribunal. — 4) Les immeubles constitués en dot ne peuvent être aliénés ou hypothéqués ni par le mari, ni par la femme, ni par les deux époux conjointement, sauf certains cas limitativement énumérés par la loi (art. 1554 à 1558, C. Civ.). La femme mariée non séparée de corps ne peut ester en jugement sans l'autorisation de son mari, quand même elle serait marchande publique, ou non commune, ou séparée de biens (art. 215 et 311, C. civ.). 5) La loi du 20 juillet 1837, art. 4, affranchit les livres de commerce du droit de timbre; celle du 22 avril 1905, art. 9, dispense les procès-verbaux de cote et paraphe du droit et de la formalité de l'enregistrement. — 6) Il y a donc trois livres obligatoires: le livre-journal, le livre-copie de lettres, et le livre des inventaires. — Certaines catégories de commerçants (agents de change, courtiers, changeurs, entrepreneurs de transport, brocanteurs, etc.) sont obligés d'avoir des livres spéciaux. — 7) Les sociétés anonymes doivent en outre établir chaque semestre un état sommaire de leur situation active et passive (art. 34, loi du 24 juillet 1867). — 8) Les livres des marchands font preuve contre eux, mais celui qui en veut tirer avantage ne peut les diviser en ce qu'ils contiennent de contraire à sa prétention; ils ne font pas preuve contre les personnes non marchandes, à l'égard desquelles ils peuvent seulement servir de commencement de preuve par écrit (art. 1329, 1330 et 1366, C. Civ.).

13. Les livres que les individus faisant le commerce sont obligés de tenir, et pour lesquels ils n'auront pas observé les formalités ci-dessus prescrites, ne pourront être représentés ni faire foi en justice, au profit de ceux qui les auront tenus; sans préjudice de ce qui sera réglé au livre *des Faillites et banqueroutes*.

14. La communication des livres et inventaires ne peut être ordonnée en justice que dans les affaires de succession, communauté, partage de société, et en cas de faillite.

15. Dans le cours d'une contestation, la représentation des livres peut être ordonnée par le juge, même d'office, à l'effet d'en extraire ce qui concerne le différend.

16. En cas que les livres dont la représentation est offerte, requise ou ordonnée, soient dans des lieux éloignés du tribunal saisi de l'affaire, les juges peuvent adresser une commission rogatoire au tribunal de commerce du lieu, ou déléguer un juge de paix pour en prendre connaissance, dresser un procès-verbal du contenu, et l'envoyer au tribunal saisi de l'affaire.

17. Si la partie aux livres de laquelle on offre d'ajouter foi refuse de les représenter, le juge peut déférer le serment à l'autre partie.

Titre troisième. Des sociétés.[1]

Section première. Des diverses sociétés et de leurs règles.

18. Le contrat de société se règle par le droit civil, par les lois particulières au commerce, et par les conventions des parties[2].

19. La loi reconnaît trois espèces de sociétés commerciales: — La société en nom collectif; la société en commandite; la société anonyme[3].

---

1) Les dispositions concernant les sociétés sont dispersées dans le Code civil, dans le Code de commerce et dans plusieurs lois spéciales, dont voici l'énumération: 1° Loi du 30 mai 1857, sur les sociétés étrangères; — 2° Loi du 24 juillet 1867, sur les sociétés; — 3° Loi du 1er août 1893, modifiant la loi du 24 juillet 1867; — 4° Loi du 5 novembre 1894 et celle du 18 janvier 1908, relatives à la création de sociétés de crédit agricole; — 5° Loi du 9 avril 1898, sur les accidents du travail, soumettant à la surveillance et au contrôle de l'Etat les sociétés d'assurances contre les accidents; — 6° Loi du 9 juillet 1902 et loi du 16 novembre 1903, sur les actions de priorité et la négociation des actions d'apport en cas de fusion de sociétés (V. art. 34 nouveau du Code de commerce et art. 3 nouveau de la loi du 24 juillet 1867); — 7° Loi du 17 mars 1905, sur les sociétés d'assurances sur la vie; — 8° Loi du 23 avril 1906, relative à la création de sociétés de crédit maritime; — 9° Décret du 12 mai 1906, relatif à la constitution de sociétés d'assurances-vie à forme mutuelle ou tontinière. — 10° Loi du 19 décemdre 1907, relative à la surveillance et au contrôle des sociétés de capitalisation. — 2) Voici les dispositions du Code civil relatives au contrat de société (livre III, titre IX):

Chapitre premier. Dispositions générales.

Art. **1832.** La société est un contrat par lequel deux ou plusieurs personnes conviennent de mettre quelque chose en commun, dans la vue de partager le bénéfice qui pourra en résulter. — **1833.** Toute société doit avoir un objet licite, et être contractée pour l'intérêt commun des parties. — Chaque associé doit y apporter ou de l'argent, ou d'autres biens, ou son industrie. — **1834.** Toutes sociétés doivent être rédigées par écrit, lorsque leur objet est d'une valeur de plus de cent cinquante francs. La preuve testimoniale n'est point admise contre et outre le contenu en l'acte de société, ni sur ce qui serait allégué avoir été dit avant, lors et depuis cet acte, encore qu'il s'agisse d'une somme ou valeur moindre de cent cinquante francs.

Chapitre II. Des diverses espèces de sociétés.

1835. Les sociétés sont universelles ou particulières.

Section première. Des sociétés universelles.

1836. On distingue deux sortes de sociétés universelles, la société de tous biens présents, et la société universelle de gains. — **1837.** La société de tous biens présents est celle par laquelle les parties mettent en commun tous les biens meubles et immeubles qu'elles possèdent actuellement, et les profits qu'elles pourront en tirer. — Elles peuvent aussi y comprendre toute autre espèce de gains; mais les biens qui pourraient leur advenir par succession, donation ou legs, n'entrent dans cette société que pour la jouissance: toute stipulation tendant à y faire entrer la propriété de ces biens est prohibée, sauf entre époux, et conformément à ce qui est réglé à leur égard. — **1838.** La société universelle de gains renferme tout ce que les parties acquerront par leur industrie, à quelque titre que ce soit, pendant le cours de la société: les meubles que chacun des associés possède au temps du contrat, y sont aussi compris; mais leurs immeubles personnels n'y entrent que pour la jouissance seulement. — **1839.** La simple convention de société uni-

---

3) Pour les sociétés à capital variable, voyez la loi du 24 juillet 1867, art. 48 et suiv.

20. La *société en nom collectif* est celle que contractent deux personnes ou un plus grand nombre, et qui a pour objet de faire le commerce sous une raison sociale.

---

verselle, faite sans autre explication, n'emporte que la société universelle de gains. — **1840.** Nulle société universelle ne peut avoir lieu qu'entre personnes respectivement capables de se donner ou de recevoir l'une de l'autre, et auxquelles il n'est point défendu de s'avantager au préjudice d'autres personnes.

Section II. De la société particulière.

1841. La société particulière est celle qui ne s'applique qu'à certaines choses déterminées, ou à leur usage, ou aux fruits à en percevoir. — **1842.** Le contrat par lequel plusieurs personnes s'associent, soit pour une entreprise désignée, soit pour l'exercice de quelque métier ou profession, est aussi une société particulière.

Chapitre III. Des engagements des associés entre eux et à l'égard des tiers.

Section première. Des engagements des associés entre eux.

1843. La société commence à l'instant même du contrat, s'il ne désigne une autre époque. — **1844.** S'il n'y a pas de convention sur la durée de la société, elle est censée contractée pour toute la vie des associés, sous la modification portée en l'article 1869; ou, s'il s'agit d'une affaire dont la durée soit limitée, pour tout le temps que doit durer cette affaire. — **1845.** Chaque associé est débiteur envers la société de tout ce qu'il a promis d'y apporter. Lorsque cet apport consiste en un corps certain, et que la société en est évincée, l'associé en est garant envers la société, de la même manière qu'un vendeur l'est envers son acheteur. — **1846.** L'associé qui devait apporter une somme dans la société, et qui ne l'a point fait, devient, de plein droit et sans demande, débiteur des interêts de cette somme, à compter du jour où elle devait être payée. — Il en est de même à l'égard des sommes qu'il a prises dans la caisse sociale, à compter du jour où il les en a tirées pour son profit particulier; — Le tout sans préjudice de plus amples dommages-intérêts, s'il y a lieu. — **1847.** Les associés qui se sont soumis à apporter leur industrie à la société, lui doivent compte de tous les gains qu'ils ont faits par l'espèce d'industrie qui est l'objet de cette société. — **1848.** Lorsque l'un des associés est, pour son compte particulier, créancier d'une somme exigible envers une personne qui se trouve aussi devoir à la société une somme également exigible, l'imputation de ce qu'il reçoit de ce débiteur doit se faire sur la créance de la société et sur la sienne dans la proportion des deux créances, encore qu'il eût par sa quittance dirigé l'imputation intégrale sur sa créance particulière: mais s'il a exprimé dans sa quittance que l'imputation sera faite en entier sur la créance de la société, cette stipulation sera exécutée — **1849.** Lorsqu'un des associés a reçu sa part entière de la créance commune, et que le débiteur est depuis devenu insolvable, cet associé est tenu de rapporter à la masse commune ce qu'il a reçu, encore qu'il eût spécialement donné quittance *pour sa part.* — **1850.** Chaque associé est tenu envers la société, des dommages qu'il lui a causés par sa faute, sans pouvoir compenser avec ces dommages les profits que son industrie lui aurait procurés dans d'autres affaires. — **1851.** Si les choses dont la jouissance seulement a été mise dans la société sont des corps certains et determinés, qui ne se consomment point par l'usage, elles sont aux risques de l'associé propriétaire. — Si ces choses se consomment, si elles se détériorent en les gardant, si elles ont été destinées à être vendues, ou si elles ont été mises dans la société sur une estimation portée par un inventaire, elles sont aux risques de la société. — Si la chose a été estimée, l'associé ne peut répéter que le montant de son estimation. — **1852.** Un associé a action contre la société, non seulement à raison des sommes qu'il a déboursées pour elle, mais encore à raison des obligations qu'il a contractées de bonne foi pour les affaires de la société, et des risques inséparables de sa gestion. — **1853.** Lorsque l'acte de société ne détermine point la part de chaque associé dans les bénéfices ou pertes, la part de chacun est en proportion de sa mise dans le fonds de la société. — A l'égard de celui qui n'a apporté que son industrie, sa part dans les bénéfices ou dans les pertes est réglée comme si sa mise eût été égale à celle de l'associé qui a le moins apporté. — **1854.** Si les associés sont convenus de s'en rapporter à l'un d'eux ou à un tiers pour le règlement des parts, ce règlement ne peut être attaqué s'il n'est évidemment contraire à l'équité. — Nulle réclamation n'est admise à ce sujet, s'il s'est écoulé plus de trois mois depuis que la partie qui se prétend lésée a eu connaissance du règlement, ou si ce règlement a reçu de sa part un commencement d'exécution. — **1855.** La convention qui donnerait à l'un des associés la totalité des bénéfices, est nulle. — Il en est de même de la stipulation qui affranchirait de toute contribution aux pertes, les sommes ou effets mis dans le fonds de la société par un ou plusieurs des associés. — **1856.** L'associé chargé de l'administration par une clause spéciale du contrat de société, peut faire, nonobstant l'opposition des autres associés, tous les actes qui dépendent de son administration, pourvu que ce soit sans fraude. — Ce pouvoir ne peut être révoqué sans cause légitime, tant que la société dure; mais s'il n'a été donné que par acte postérieur au contrat de société, il est révocable comme un simple mandat. — **1857.** Lorsque plusieurs associés sont chargés d'administrer, sans que leurs fonctions soient déterminées, ou sans qu'il ait été exprimé que l'un ne pourrait agir sans l'autre, ils peuvent faire chacun séparément tous les actes de cette administration. — **1858.** S'il a été stipulé que l'un des administrateurs ne pourra rien faire sans l'autre, un seul ne peut, sans une nouvelle convention, agir en l'absence de l'autre, lors même que celui-ci serait dans l'impossibilité actuelle de concourir aux actes d'administration. — **1859.** A défaut de stipula-

21. Les noms des associés peuvent seuls faire partie de la raison sociale.

22. Les associés en nom collectif indiqués dans l'acte de société sont solidaires pour tous les engagements de la société, encore qu'un seul des associés ait signé, pourvu que ce soit sous la raison sociale.

23. La *société en commandite* se contracte entre un ou plusieurs associés responsables et solidaires, et un ou plusieurs associés simples bailleurs de fonds, que l'on nomme *commanditaires* ou *associés en commandite.* — Elle est régie sous un nom

---

tions spéciales sur le mode d'administration, l'on suit les règles suivantes: 1° Les associés sont censés s'être donné réciproquement le pouvoir d'administrer l'un pour l'autre. Ce que chacun fait, est valable même pour la part de ses associés, sans qu'il ait pris leur consentement; sauf le droit qu'ont ces derniers, ou l'un d'eux, de s'opposer à l'opération avant qu'elle soit conclue; — 2° Chaque associé peut se servir des choses appartenant à la société, pourvu qu'il les emploie à leur destination fixée par l'usage, et qu'il ne s'en serve pas contre l'intérêt de la société, ou de manière à empêcher ses associés d'en user selon leur droit; — 3° Chaque associé a le droit d'obliger ses associés à faire avec lui les dépenses qui sont nécessaires pour la conservation des choses de la société; — 4° L'un des associés ne peut faire d'innovations sur les immeubles dépendant de la société, même quand il les soutiendrait avantageuses à cette société, si les autres associés n'y consentent. — **1860.** L'associé qui n'est point administrateur, ne peut aliéner ni engager les choses même mobilières qui dépendent de la société. — **1861.** Chaque associé peut, sans le consentement de ses associés, s'associer une tierce personne relativement à la part qu'il a dans la société: il ne peut pas, sans ce consentement, l'associer à la société, lors même qu'il en aurait l'administration.

Section II. Des engagements des associés à l'égard des tiers.

1862. Dans les sociétés autres que celles de commerce, les associés ne sont pas tenus solidairement des dettes sociales, et l'un des associés ne peut obliger les autres si ceux-ci ne lui en ont conféré le pouvoir. — **1863.** Les associés sont tenus envers le créancier avec lequel ils ont contracté, chacun pour une somme et part égales, encore que la part de l'un d'eux dans la société fût moindre, si l'acte n'a pas spécialement restreint l'obligation de celui-ci sur le pied de cette dernière part. — **1864.** La stipulation que l'obligation est contractée pour le compte de la société, ne lie que l'associé contractant et non les autres, à moins que ceux-ci ne lui aient donné pouvoir, ou que la chose n'ait tourné au profit de la société.

Chapitre IV. Des différentes manières dont finit la société.

1865. La société finit: 1° Par l'expiration du temps pour lequel elle a été contractée; — 2° Par l'extinction de la chose, ou la consommation de la négociation; — 3° Par la mort naturelle de quelqu'un des associés; — 4° Par la mort civile[1], l'interdiction ou la déconfiture de l'un d'eux; — 5° Par la volonté qu'un seul ou plusieurs expriment de n'être plus en société. — **1866.** La prorogation d'une société à temps limité ne peut être prouvée que par un écrit revêtu des mêmes formes que le contrat de société. — **1867.** Lorsque l'un des associés a promis de mettre en commun la propriété d'une chose, la perte survenue avant que la mise en soit effectuée, opère la dissolution de la société par rapport à tous les associés. — La société est également dissoute dans tous les cas par la perte de la chose, lorsque la jouissance seule a été mise en commun, et que la propriété en est restée dans la main de l'associé. — Mais la société n'est pas rompue par la perte de la chose dont la propriété a déjà été apportée à la société. — **1868.** S'il a été stipulé qu'en cas de mort de l'un des associés, la société continuerait avec son héritier, ou seulement entre les associés survivants, ces dispositions seront suivies: au second cas, l'héritier du décédé n'a droit qu'au partage de la société, eu égard à la situation de cette société lors du décès, et ne participe aux droits ultérieurs qu'autant qu'ils sont une suite nécessaire de ce qui s'est fait avant la mort de l'associé auquel il succède. — **1869.** La dissolution de la société par la volonté de l'une des parties ne s'applique qu' aux sociétés dont la durée est illimitée, et s'opère par une renonciation notifiée à tous les associés, pourvu que cette renonciation soit de bonne foi, et non faite à contre-temps. — **1870.** La renonciation n'est pas de bonne foi lorsque l'associé renonce pour s'approprier à lui seul le profit que les associés s'étaient proposé de retirer en commun. — Elle est faite à contre-temps lorsque les choses ne sont plus entières, et qu'il importe à la société que sa dissolution soit différée. — **1871.** La dissolution des sociétés à terme ne peut être demandée par l'un des associés, avant le terme convenu, qu'autant qu'il y en a de justes motifs, comme lorsqu'un autre associé manque à ses engagements, ou qu'une infirmité habituelle le rend inhabile aux affaires de la société, ou autres cas semblables, dont la légitimité et la gravité sont laissées à l'arbitrage des juges. — **1872.** Les règles concernant le partage des successions, la forme de ce partage, et les obligations qui en résultent entre les cohéritiers, s'appliquent aux partages entre associés.

Disposition relative aux sociétés de commerce.

1873. Les dispositions du présent titre ne s'appliquent aux sociétés de commerce que dans les points qui n'ont rien de contraire aux lois et usages du commerce.

---

[1]) La mort civile est abolie par la loi du 31 mai 1854.

social, qui doit être nécessairement celui d'un ou plusieurs des associés responsables et solidaires[1].

24. Lorsqu'il y a plusieurs associés solidaires et en nom, soit que tous gèrent ensemble, soit qu'un ou plusieurs gèrent pour tous, la société est, à la fois, société en nom collectif à leur égard, et société en commandite à l'égard des simples bailleurs de fonds.

25. Le nom d'un associé commanditaire ne peut faire partie de la raison sociale.

26. L'associé commanditaire n'est passible des pertes que jusqu'à concurrence des fonds qu'il a mis ou dû mettre dans la société.

27. (*Ainsi modifié: Loi du 6 mai 1863.*) L'associé commanditaire ne peut faire aucun acte de gestion, même en vertu de procuration.

28. (*Ainsi modifié: Loi du 6 mai 1863.*) En cas de contravention à la prohibition mentionnée dans l'article précédent, l'associé commanditaire est obligé, solidairement avec les associés en nom collectif, pour les dettes et engagements de la société qui dérivent des actes de gestion qu'il a faits, et il peut, suivant le nombre ou la gravité de ces actes, être déclaré solidairement obligé pour tous les engagements de la société ou pour quelques-uns seulement. — Les avis et conseils, les actes de contrôle et de surveillance, n'engagent point l'associé commanditaire.

29. La *société anonyme* n'existe point sous un nom social: elle n'est désignée par le nom d'aucun des associés[2].

30. Elle est qualifiée par la désignation de l'objet de son entreprise.

31. (*Abrogé par l'art. 47 de la loi du 24 juillet 1867.*)

32. Les administrateurs ne sont responsables que de l'exécution du mandat qu'ils ont reçu. — Ils ne contractent, à raison de leur gestion, aucune obligation personnelle ni solidaire relativement aux engagements de la société.

33. Les associés ne sont passibles que de la perte du montant de leur intérêt dans la société.

34. (*Ainsi modifié: Loi du 16 novembre 1903.*) Le capital social des sociétés par actions se divise en actions et même en coupons d'actions d'une valeur nominale égale. — Toute société par actions peut, par délibération de l'assemblée générale constituée dans les conditions prévues par l'article 31 de la loi du 24 juillet 1867, créer des actions de priorité, jouissant de certains avantages sur les autres actions ou conférant des droits d'antériorité, soit sur les bénéfices, soit sur l'actif social, soit sur les deux, si les statuts n'interdisent point, par une prohibition directe et expresse, la création d'actions de cette nature. — Sauf dispositions contraires des statuts, les actions de priorité et les autres actions ont, dans les assemblées, un droit de vote égal. — Dans le cas où une décision de l'assemblée générale comporterait une modification dans les droits attachés à une catégorie d'actions, cette décision ne sera définitive qu'après avoir été ratifiée par une assemblée spéciale des actionnaires de la catégorie visée. — Cette assemblée spéciale[3], pour délibérer valablement, doit réunir au moins la moitié du capital représenté par les actions dont il s'agit, à moins que les statuts ne prescrivent un minimum plus élevé.

35. L'action peut être établie sous la forme d'un titre au porteur. — Dans ce cas, la cession s'opère par la tradition du titre.

36. La propriété des actions peut être établie par une inscription sur les registres de la société. — Dans ce cas, la cession s'opère par une déclaration de transfert inscrite sur les registres, et signée de celui qui fait le transport ou d'un fondé de pouvoir.

37. (*Abrogé par l'art. 47 de la loi du 24 juillet 1867.*)[4]

38. Le capital des sociétés en commandite pourra être aussi divisé en actions, sans aucune dérogation aux règles établies pour ce genre de société[5].

39. Les sociétés en nom collectif ou en commandite doivent être constatées par des actes publics ou sous signature privée, en se conformant, dans ce dernier cas, à l'article 1325 du Code civil.

40. (*Abrogé par l'art. 47 de la loi du 24 juillet 1867.*)

41. Aucune preuve par témoins ne peut être admise contre et outre le contenu dans les actes de sociétés, ni sur ce qui serait allégué avoir été dit avant l'acte,

---

[1]) Pour les sociétés en commandite, voyez la loi du 24 juillet 1867, titre I, art. 1 à 20. — [2]) Pour les sociétés anonymes, voyez la loi du 24 juillet 1867, titre II, art. 21 à 47. — [3]) Mod. par la loi du 22 novembre 1913. — Cf. à la fin du vol. — [4]) Pour les tontines, voyez l'avis du Conseil d'État du 1er avril 1809; pour les sociétés d'assurances, celui du Conseil d'État du 15 octobre 1809. — [5]) Voir la loi du 24 juillet 1867, art. 1, 2, 3, 13 et 14; la loi du 1er août 1893; la loi du 16 novembre 1903.

lors de l'acte ou depuis, encore qu'il s'agisse d'une somme au-dessous de cent cinquante francs.

42 à 46. (*Abrogés par l'art. 65 de la loi du 24 juillet 1867.*)

47. Indépendamment des trois espèces de sociétés ci-dessus, la loi reconnaît les *associations commerciales en participation.*

48. Ces associations sont relatives à une ou plusieurs *opérations de commerce;* elles ont lieu pour les objets, dans les formes, avec les proportions d'intérêt et aux conditions convenues entre les participants.

49. Les associations en participation peuvent être constatées par la représentation des livres, de la correspondance, ou par la preuve testimoniale, si le tribunal juge qu'elle peut être admise.

50. Les associations commerciales en participation ne sont pas sujettes aux formalités prescrites pour les autres sociétés.

Section II. Des contestations entre associés, et de la manière de les décider.

51 à 63. (*Abrogés par la loi du 17 juillet 1856*, art. 1er).

64. Toutes actions contre les associés non liquidateurs et leurs veuves, héritiers ou ayants cause, sont prescrites cinq ans après la fin ou la dissolution de la société, si l'acte de société qui en énonce la durée, ou l'acte de dissolution, a été affiché et enregistré conformément aux articles 42, 43, 44 et 46, et si, depuis cette formalité remplie, la prescription n'a été interrompue à leur égard par aucune poursuite judiciaire[1].

Titre quatrième. Des séparations de biens.

65. Toute demande en séparation de biens sera poursuivie, instruite et jugée conformément à ce qui est prescrit au Code civil, livre III, titre V, chapitre II, section III, et au Code de procédure civile, deuxième partie, livre I, tire VIII[2].

66. Tout jugement qui prononcera une séparation de corps ou un divorce entre mari et femme, dont l'un serait commerçant, sera soumis aux formalités prescrites par l'article 872 du Code de procédure civile; à défaut de quoi, les créanciers seront toujours admis à s'y opposer pour ce qui touche leurs intérêts, et à contredire toute liquidation qui en aurait été la suite[3].

67. Tout contrat de mariage entre époux dont l'un sera commerçant, sera transmis par extrait, dans le mois de sa date, aux greffes et chambres désignés par l'article 872 du Code de procédure civile, pour être exposé au tableau, conformément au même article. — Cet extrait annoncera si les époux sont mariés en communauté, s'ils sont séparés de biens, ou s'ils ont contracté sous le régime dotal.

68. Le notaire qui aura reçu le contrat de mariage sera tenu de faire la remise ordonnée par l'article précédent, sous peine de vingt francs d'amende[4], et même de destitution et de responsabilité envers les créanciers, s'il est prouvé que l'omission soit la suite d'une collusion.

69. L'époux séparé de biens, ou marié sous le régime dotal, qui embrasserait la profession de commerçant postérieurement à son mariage, sera tenu de faire pareille

---

1) Les art. 42, 43, 44 et 46 ont été abrogés par l'art. 65 de la loi du 24 juillet 1867 et remplacés par les art. 55 à 64 de la même loi. — La prescription est interrompue par une citation en justice, donnée même devant un juge incompétent, un commandement ou une saisie (art. 2244 et 2246, C. Civ.). — 2) La séparation de biens ne peut être poursuivie qu'en justice par la femme dont la dot est mise en péril, et lorsque le désordre des affaires du mari donne lieu de craindre que les biens de celui-ci ne soient pas suffisants pour remplir les droits et reprises de la femme. Toute séparation volontaire est nulle. L'aveu du mari est sans valeur (art. 1443, C. Civ.; 870, C. Proc. Civ.). Les effets de la séparation remontent au jour de la demande (art. 1445, al. 2, C. Civ.). Pour la publicité qui doit précéder ou suivre le jugement de séparation, voyez les art. 1445, C. Civ., et 866 à 869 et 872, C. Proc. Civ. — 3) La séparation de corps emporte toujours séparation de biens. Elle a en outre pour effet de rendre à la femme le plein exercice de sa capacité civile (art. 311, al. 2, et 3, C. Civ.). — 4) Loi du 16 juin 1824, art. 10. — Les conventions matrimoniales doivent être rédigées avant le mariage, par acte notarié (art. 1394, al. 1er, C. Civ.). A défaut de contrat, les époux sont mariés sous le régime de la communauté. Si l'acte de célébration du mariage porte qu'ils se sont mariés sans contrat, la femme est réputée à l'égard des tiers capable de contracter dans les termes du droit commun, à moins que, dans l'acte qui contient l'engagement, elle n'ait déclaré avoir fait un contrat de mariage (art. 75, 76, 1391 et 1400, C. Civ.).

remise dans le mois du jour où il aura ouvert son commerce: à défaut de cette remise, il pourra être, en cas de faillite, condamné comme banqueroutier simple.

70. La même remise sera faite, sous les mêmes peines, dans l'année de la publication de la présente loi, par tout époux séparé de biens, ou marié sous le régime dotal, qui, au moment de ladite publication, exercerait la profession de commerçant.

Titre cinquième. Des bourses de commerce, agents de change et courtiers.

Section première. Des bourses de commerce.[1][2]

71. La bourse de commerce est la réunion qui a lieu, sous l'autorité du Roi[3], des commerçants, capitaines de navire, agents de change et courtiers.

72. Le résultat des négociations et des transactions qui s'opèrent dans la bourse détermine le cours du change, des marchandises, des assurances, du fret ou nolis, du prix des transports par terre ou par eau, des effets publics et autres dont le cours est susceptible d'être coté[4].

73. Ces divers cours sont constatés par les agents de change et courtiers, dans la forme prescrite par les règlements de police généraux ou particuliers[5].

Section II. Des agents de change et courtiers.

74. *(Ainsi modifié: Loi du 2 juillet 1862).* La loi reconnaît, pour les actes de commerce, des agents intermédiaires, savoir: les agents de change[6] et les courtiers. — Il y en a dans toutes[7] les villes qui ont une bourse de commerce. — Ils sont nommés par l'Empereur (*le Président de la République*).

75. *(Ainsi modifié: Loi du 2 juillet 1862).* Les agents de change près des bourses pourvues d'un parquet[8] pourront s'adjoindre des bailleurs de fonds intéressés, participant aux bénéfices et aux pertes résultant de l'exploitation de l'office et de la liquidation de sa valeur. Ces bailleurs de fonds ne seront passibles des

---

1) Pour les Bourses: V. les arrêts du Conseil d'État des 24 septembre 1724, 26 novembre 1781, 7 août 1785, 2 octobre 1785, 22 septembre 1786; le décret du 13 fructidor an III; la loi du 28 vendémiaire an IV; l'arrêté du 2 ventôse an IV; la loi du 28 ventôse an IX; l'arrêté du 27 prairial an X; la loi du 28 mars 1885; le décret du 7 octobre 1890; la loi de finances du 28 avril 1893, art. 28 à 33; le règlement d'administration publique du 20 mai 1893; la loi de finances du 13 avril 1898, art. 14; le décret du 29 juin 1898; la loi du 27 février 1902, art. 8 à 11 et 33. — 2) Le mot *Bourse* signifie tantôt une réunion de commerçants (art. 71), tantôt le local où elle se tient (art. 613), tantôt le temps durant lequel elle a lieu, et tantôt l'ensemble des opérations qu'on y traite. — 3) Le texte de 1807 portait: *sous l'autorité du Gouvernement.* — La police de la bourse appartient à l'autorité municipale (à Paris, au Préfet de police). L'aménagement et l'entretien du local sont assurés par la Chambre de commerce. — 4) Il y a deux sortes de bourses: les *bourses d'effets publics et autres* ou *bourses de valeurs*, et les *bourses de marchandises.* Dans le langage usuel, on appelle généralement les premières *bourses* tout court, et les autres *bourses de commerce*, ce qui est inexact, car toutes les bourses sont appelées *bourses de commerce* par la loi. Aussi, pour les différencier des autres, appelle-t-on parfois les bourses de marchandises *bourses du commerce* (loi du 9 avril 1898, art. 20). — La Bourse des valeurs mobilières de Paris appartient à la Ville (loi du 17 juin 1820) et est administrée par le directeur des services municipaux. La *Bourse du commerce* n'en est séparée que depuis 1889. — 5) V. le décret du 20 vendémiaire an IV. — 6) V. sur les agents de change: le règlement du 30 août 1720; l'arrêt du Conseil du 26 novembre 1781; la loi du 8 mai 1791; la loi du 29 juillet 1792; la loi du 28 ventôse an IX; l'arrêté du 29 germinal an IX; l'arrêté du 27 prairial an X; l'avis du Conseil d'Etat du 17 mai 1809; l'ordonnance du 29 mai 1816; l'ordonnance du 3 juillet 1816; le décret du 13 octobre 1859; la loi du 2 juillet 1862; le décret du 1er octobre 1862; la loi du 18 juillet 1866; le décret du 22 décembre 1866; le décret du 5 janvier 1867; la loi du 5 juin 1872, art. 11 et suiv.; la loi du 28 mars 1885; le décret du 7 octobre 1890; le décret du 29 juin 1898; la loi du 11 juin 1909; la loi du 27 février 1912, art. 8 à 11 et 33. — 7) Il ne faut pas prendre la chose à la lettre. Il y a des villes qui ont des Bourses et où cependant le nombre des opérations n'a pas été jugé suffisant pour rendre utile l'établissement de courtiers ou d'agents de change. Par contre, certaines villes ont des agents de change ou des courtiers, mais n'ont pas de Bourse. — V. sur la création et la suppression des offices d'agents de change: décret du 9 octobre 1890, art. 13 et 14. — 8) Le *parquet* est un lieu séparé, placé en vue du public, où les agents de change se tiennent pendant la durée de la Bourse. Il n'y a actuellement que sept bourses à parquet: celles de Paris, Lyon, Marseille, Bordeaux, Toulouse, Lille et Nantes. Dans les autres, les agents de change sont mêlés au public. — Les agents de change près les bourses à parquet sont nommés sur la proposition du Ministre des Finances; les autres sont nommés par le Ministre du Commerce et de l'Industrie (décret du 7 octobre 1890, art. 2).

pertes que jusqu'à concurrence des capitaux qu'ils auront engagés. — Le titulaire de l'office doit toujours être propriétaire en son nom personnel du quart au moins de la somme représentant le prix de l'office et le montant du cautionnement[1]. — L'extrait de l'acte et les modifications qui pourront intervenir seront publiés, à peine de nullité à l'égard des intéressés, sans que ceux-ci puissent opposer aux tiers le défaut de publication.

76. Les agents de change, constitués de la manière prescrite par la loi, ont seuls le droit de faire des négociations des effets publics et autres susceptibles d'être cotés[2], de faire pour le compte d'autrui les négociations des lettres de change ou billets, et de tous papiers commerçables[3], et d'en constater le cours. — Les agents de change pourront faire, concurremment avec les courtiers de marchandises, les négociations et le courtage des ventes ou achats des matières métalliques. Ils ont seuls le droit d'en constater le cours[4] [5] [6] [7].

77. Il y a des courtiers de marchandises[8]; — Des courtiers d'assurances[9]; Des courtiers interprètes et conducteurs de navires; — Des courtiers de transport par terre et par eau[10].

78. Les courtiers de marchandises, constitués de la manière prescrite par la loi, ont seuls le droit de faire le courtage des marchandises, d'en constater le cours; ils exercent, concurremment avec les agents de change, le courtage des matières métalliques.

79. Les courtiers d'assurances rédigent les contrats ou polices d'assurances, concurremment avec les notaires[11]; ils en attestent la vérité par leur signature, certifient le taux des primes pour tous les voyages de mer ou de rivière.

80. Les courtiers interprètes et conducteurs de navires[12] font le courtage des affrètements; ils ont, en outre, seuls le droit de traduire, en cas de contestations portées devant les tribunaux, les déclarations, chartes-parties, connaissements, contrats, et tous actes de commerce dont la traduction serait nécessaire; enfin, de constater le cours du fret ou du nolis. — Dans les affaires contentieuses de commerce, et pour le service des douanes, ils serviront seuls de truchements à tous étrangers, maîtres de navire, marchands, équipages de vaisseau et autres personnes de mer.

---

1) Mais les agents de change ne peuvent former entre eux aucune association particulière pour les opérations de leur ministère: décret du 7 octobre 1890, art. 39. — 2) L'admission à la cote peut être accordée d'office par la Chambre syndicale des agents de change. Mais la Chambre qui admettrait à la cote des valeurs de sociétés irrégulièrement constituées, engagerait sa responsabilité: Cour de cassation, 4 décembre 1897 (Dalloz, 1898. I. 249). — 3) En fait, les agents de change ont abandonné ce monopole. Ce sont les banquiers qui se livrent aujourd'hui aux opérations et aux arbitrages de change. — 4) Les agents de change n'ont pas seuls, à l'exclusion des notaires, le droit de vendre les actions industrielles susceptibles d'être cotées à la Bourse: ils n'ont ce droit qu'autant que la vente doit avoir lieu à la Bourse par voie de négociation. — 5) Le commerce des matières métalliques est libre depuis la loi du 18 juillet 1866, qui a aboli le monopole des courtiers de marchandises; mais les cours des matières métalliques ne peuvent être constatés officiellement que par les agents de change. — 6) L'immixtion dans les fonctions d'agent de change constitue un délit correctionnel et donne lieu à des dommages-intérêts au profit de la compagnie des agents de change (art. 8, loi du 28 ventôse an IX; 6, arrêté du 27 prairial an X; 21, 3°, et 27, décret du 7 octobre 1890; 14, loi du 13 avril 1898; 33, loi du 27 février 1912). — D'ailleurs, les opérations faites par d'autres intermédiaires que les agents de change sont déclarées nulles par l'arrêt du Conseil d'Etat du 24 septembre 1724, art. 18, et par l'arrêté du 27 prairial an X, art. 2. — Les poursuites ne sont possibles que sur réquisition du ministère public ou du ou des agents intéressés. Elles ne peuvent être exercées par la personne elle-même qui a traité avec un intermédiaire non qualifié. — 7) Il y a aujourd'hui deux sortes de courtiers: les courtiers privilégiés et les courtiers libres. Les premiers ont la qualité d'officiers ministériels et jouissent d'un privilège comme les agents de change; les autres sont de simples commerçants. Le délit d'immixtion n'existe, par conséquent, qu'au profit des courtiers privilégiés, qui sont seuls protégés. Les peines dont sont passibles les courtiers marrons, comme on appelle les personnes qui s'immiscent sans droit dans les fonctions des courtiers privilégiés, sont les mêmes que celles qui ont été édictées pour l'immixtion dans les fonctions d'agent de change (V. note 3). — V. sur les courtiers inscrits: la loi du 3 juillet 1861, art. 1 et 2; la loi du 18 juillet 1866, art. 4, 5 et 9; le décret du 5 janvier 1867, art. 1er. — V. aussi la loi du 28 mars 1885. — 8) Le monopole des courtiers de marchandises ou courtiers de commerce a été supprimé par loi du 18 juillet 1866. — Sur les attributions des courtiers inscrits: V. la loi du 18 juillet 1866, art. 4, 5 et 9; le décret du 5 janvier 1867, art. 1er. — 9) Il n'y a plus de courtiers d'assurances. — 10) Le gouvernement n'a jamais usé du droit de nommer des courtiers de transport. — 11) C'est seulement à Marseille que les notaires exercent ces attributions. — 12) Ces courtiers sont appelés parfois *courtiers maritimes*.

81. Le même individu peut, si l'acte du gouvernement qui l'institue l'y autorise, cumuler les fonctions d'agent de change, de courtier de marchandises ou d'assurances, et de courtier interprète et conducteur de navires.

82. Les courtiers de transport par terre et par eau, constitués selon la loi, ont seuls dans les lieux où ils sont établis, le droit de faire le courtage des transports par terre et par eau: ils ne peuvent cumuler, dans aucun cas et sous aucun prétexte, les fonctions de courtiers de marchandises, d'assurances, ou de courtiers conducteurs de navires, désignés aux articles 78, 79 et 80.

83. Ceux qui ont fait faillite ne peuvent être agents de change ni courtiers, s'ils n'ont été réhabilités.

84. Les agents de change et courtiers sont tenus d'avoir un livre revêtu des formes prescrites par l'article 11. — Ils sont tenus de consigner dans ce livre, jour par jour, et par ordre de dates, sans ratures, interlignes ni transpositions, et sans abréviations ni chiffres, toutes les conditions des ventes, achats, assurances, négociations, et en général de toutes les opérations faites par leur ministère[1].

85. Un agent de change ou courtier ne peut, dans aucun cas et sous aucun prétexte, faire des opérations de commerce ou de banque pour son compte. — Il ne peut s'intéresser directement ni indirectement, sous son nom, ou sous un nom interposé, dans aucune entreprise commerciale. — (*Abrogé: Loi du 28 mars 1885, art. 3.*) Il ne peut recevoir ni payer pour le compte de ses commettants.

86. (*Abrogé par la loi du 28 mars 1885, art. 3.*)

87. Toute contravention aux dispositions énoncées dans les deux articles précédents entraîne la peine de destitution, et une condamnation d'amende, qui sera prononcée par le tribunal de police correctionnelle, et qui ne peut être au-dessus de trois mille francs, sans préjudice de l'action des parties en dommages et intérêts.

88. Tout agent de change ou courtier destitué en vertu de l'article précédent ne peut être réintégré dans ses fonctions.

89. En cas de failite, tout agent de change ou courtier est poursuivi comme banqueroutier.

90. (*Ainsi modifié: Loi du 2 juillet 1862.*) Il sera pourvu par des règlements d'administration publique à ce qui est relatif: 1° Aux taux des cautionnements, sans que le maximum puisse dépasser deux cent cinquante mille francs; — 2° A la négociation et à la transmission de la propriété des effets publics et généralement à l'exécution des dispositions contenues au présent titre[2].

Titre sixième. Du gage et des commissionnaires.

(*Loi du 23 mai 1863, promulguée le 29 mai.*)

Section première. Du gage.

91. Le gage constitué soit par un commerçant, soit par un individu non commerçant, pour un acte de commerce, se constate, à l'égard des tiers comme à l'égard des parties contractantes, conformément aux dispositions de l'article 109 du Code de commerce. — Le gage, à l'égard des valeurs négociables, peut aussi être établi par un endossement régulier, indiquant que les valeurs ont été remises en garantie[3]. — A l'égard des actions, des parts d'intérêt et des obligations nominatives des sociétés financières, industrielles, commerciales ou civiles, dont la transmission s'opère par un transfert sur les registres de la société, le gage peut également être établi par un transfert à titre de garantie inscrit sur lesdits registres. — Il n'est pas dérogé aux dispositions de l'article 2075 du Code Napoléon (*Code civil*) en ce qui concerne les créances mobilières, dont le cessionnaire ne peut être saisi à l'égard des tiers que que par la signification du transport faite au débiteur. — Les effets de commerce donnés en gage sont recouvrables par le créancier gagiste[4].

1) V. sur les obligations des agents de change et courtiers: l'arrêté du 27 prairial an X, art. 11, 12, 13, 18 et 19; le décret du 1er octobre 1862, art. 1 et 7; la loi du 18 juillet 1866, art. 6 et 7; la loi du 15 juin 1872, art. 13; la loi du 28 mars 1885; la loi du 13 juillet 1911, art. 10; la loi du 27 février 1912, art. 8, 10, 11 et 33. — 2) V. la loi du 25 mars 1885, art. 5, et les décrets du 7 octobre 1890 et du 29 juin 1898. — 3) Cet endossoment s'appelle *endossement de garantie* ou *endossement pignoratif*. — Sur le gage en général: voyez les articles 2073 à 2084 du Code civil. — 4) La loi du 1er mars 1898 a introduit dans nos codes le nantissement sur les fonds de commerce. Devenue le paragraphe 2 de l'article 2075 du Code civil, elle a été remplacée pour la loi du 17 mars 1909 relative *à la vente et au nantissement des fonds de commerce* qui est beaucoup plus développée.

92. Dans tous les cas, le privilège ne subsiste sur le gage qu'autant que ce gage a été mis et est resté en la possession du créancier ou d'un tiers convenu entre les parties. — Le créancier est réputé avoir les marchandises en sa possession, lorsqu'elles sont à sa disposition dans ses magasins ou navires, à la douane ou dans un dépôt public, ou si, avant qu'elles soient arrivées, il en est saisi par un connaissement ou par une lettre de voiture.

93. A défaut de paiement à l'échéance, le créancier peut, huit jours après une simple signification faite au débiteur et au tiers bailleur de gage, s'ilyen a un, faire procéder à la vente publique des objets donnés en gage. — Les ventes autres que celles dont les agents de change peuvent seuls être chargés sont faites par le ministère des courtiers. Toutefois, sur la requête des parties, le président du tribunal de commerce peut désigner, pour y procéder, une autre classe d'officiers publics. Dans ce cas, l'officier public, quel qu'il soit, chargé de la vente, est soumis aux dispositions qui régissent les courtiers relativement aux formes, aux tarifs et à la responsabilité. — Les dispositions des articles 2 à 7 inclusivement de la loi du 28 mai 1858, sur les ventes publiques, sont applicables aux ventes prévues par le paragraphe précédent. — Toute clause qui autoriserait le créancier à s'approprier le gage ou à en disposer sans les formalités ci-dessus prescrites est nulle[1] [2].

Section II. Des commissionnaires en général.

94. Le commissionnaire est celui qui agit en son propre nom ou sous un nom social pour le compte d'un commettant. — Les devoirs et les droits du commissionnaire qui agit au nom d'un commettant sont déterminés par le Code Napoléon (*Code civil*), livre III, titre XIII.

95. Tout commissionnaire a privilége sur la valeur des marchandises à lui expédiées, déposées ou consignées, par le fait seul de l'expédition, du dépôt ou de la consignation, pour tous les prêts, avances ou paiements faits par lui, soit avant la réception des marchandises, soit pendant le temps qu'elles sont en sa possession. — Ce privilége ne subsiste que sous la condition prescrite par l'article 92 qui précède. Dans la créance privilégiée du commissionnaire, sont compris, avec le principal, les intérêts, commission et frais. — Si les marchandises ont été vendues et livreés pour le compte du commettant, le commissionnaire se rembourse, sur le produit de la vente, du montant de sa créance, par préférence aux créanciers du commettant[3].

Section III. Des commissionnaires pour les transports par terre et par eau.

96. Le commissionnaire qui se charge d'un transport par terre ou par eau est tenu d'inscrire sur son livre-journal la déclaration de la nature et de la quantité des marchandises, et, s'il en est requis, de leur valeur.

97. Il est garant de l'arrivée des marchandises et effets dans le délai déterminé par la lettre de voiture, hors les cas de la force majeure légalement constatée.

98. Il est garant des avaries ou pertes de marchandises et effets, s'il n'y a stipulation contraire dans la lettre de voiture, ou force majeure.

99. Il est garant des faits du commissionnaire intermédiaire auquel il adresse les marchandises.

100. La marchandise sortie du magasin du vendeur ou de l'expéditeur voyage, s'il n'y a convention contraire, aux risques et périls de celui à qui elle appartient, sauf son recours contre le commissionnaire et le voiturier chargés du transport.

101. La lettre de voiture forme un contrat entre l'expéditeur et le voiturier, ou entre l'expéditeur, le commissionnaire et le voiturier[4].

---

1) Sur les priviléges consentis en matière de gage à la Banque de France, au Crédit foncier de France et aux Monts-de-Piété: V. l'ordonnance du 15 juin 1834, la loi du 19 juin 1857 et la loi du 25 juillet 1891. — 2) Pour les magasins généraux et les warrants, voyez la loi du 28 mai 1858, le décret du 12 mars 1859, la loi du 31 août 1870, celle du 30 avril 1906 et celle du 8 août 1913 (ces dernières sur les warrants agricoles et les warrants hôteliers). — 3) *Loi du 8 septembre 1830, relative au droit d'enregistrement des actes de prêts sur dépôts ou consignations de marchandises, fonds publics français, et actions des compagnies d'industrie et de finance*: Article **unique.** Les actes de prêts sur dépôts ou consignations de marchandises, fonds publics français et actions des compagnies d'industrie et de finance, dans le cas prévu par l'article 95 du Code de Commerce, seront admis à l'enregistrement, moyennant le droit fixe de deux francs (*aujourd'hui*, 3 francs: loi du 28 février 1872, art. 4). — 4) La lettre de voiture est soumise au timbre de dimension: loi du 13 brumaire an VII, art. 12; loi du 11 juin 1842, art. 6 et 7; loi du 2 juillet 1862, art. 17.

102. La lettre de voiture doit être datée. — Elle doit exprimer: La nature et le poids ou la contenance des objets à transporter; — Le délai dans lequel le transport doit être effectué. — Elle indique: — Le nom et le domicile du commissionnaire par l'entremise duquel le transport s'opère, s'il y en un; — Le nom de celui à qui la marchandise est adressée; — Le nom et le domicile du voiturier. — Elle énonce: — Le prix de la voiture; — L'indemnité due pour cause de retard. — Elle est signée par l'expéditeur ou le commissionnaire. — Elle présente en marge les marques et numéros des objets à transporter. — La lettre de voiture est copiée par le commissionnaire sur un registre coté et paraphé, sans intervalle et de suite.

Section IV. Du voiturier.[1]

103. Le voiturier est garant de la perte des objets à transporter, hors les cas de la force majeure. — Il est garant des avaries autres que celles qui proviennent du vice propre de la chose ou de la force majeure — *(Ajouté: Loi du 17 mars 1905).* Toute clause contraire insérée dans toute lettre de voiture, tarif ou autre pièce quelconque est nulle[2].

104. Si par l'effet de la force majeure, le transport n'est pas effectué dans le délai convenu, il n'y a pas lieu à indemnité contre le voiturier pour cause de retard.

105. (*Ainsi modifié: Loi du 11 avril 1888.*) La réception des objets transportés et le paiement du prix de la voiture éteignent toute action contre le voiturier pour avarie ou perte partielle, si, dans les trois jours, non compris les jours fériés, qui suivent celui de cette réception et de ce paiement, le destinataire n'a pas notifié au voiturier par acte, extrajudiciaire ou par lettre recommandée, sa protestation motivée[3]. — Toutes stipulations contraires sont nulles et de nul effet. Cette dernière disposition n'est pas applicable aux transports internationaux[4].

106. En cas de refus ou contestation pour la réception des objets transportés, leur état est vérifié et constaté par les experts nommés par le président du tribunal de commerce, ou, à son défaut, par le juge de paix, et par ordonnance au pied d'une requête. — Le dépôt ou séquestre, et ensuite le transport dans un dépôt pubuc, peut en être ordonné. — La vente peut en être ordonnée en faveur du voiturier, jusqu'à concurrence du prix de la voiture.

107. Les dispositions contenues dans le présent titre sont communes aux maîtres de bateaux, entrepreneurs de diligences et voitures publiques.

108. (*Ainsi modifié: Loi du 11 avril 1888.*) Les actions pour avaries, pertes ou retard, auxquelles peut donner lieu contre le voiturier le contrat de transport, sont pres crites dans le délai d'un an, sans préjudice des cas de fraude ou d'infidélité. — Toutes les autres actions auxquelles ce contrat peut donner lieu, tant contre le voiturier ou le commissionnaire que contre l'expéditeur ou le destinataire, aussi bien que cell esqui naissent des dispositions de l'article 541 du Code de procédure civile, sont prescrites dans le délai de cinq ans. — Le délai de ces prescriptions est compté, dans le cas de perte totale, du jour où la remise de la marchandise aurait dû être effectuée, et, dans tous les autres cas, du jour où la marchandise aura été remise ou offerte au destinataire. — Le délai pour intenter chaque action récursoire est d'un mois. Cette prescription ne court que du jour de l'exercice de l'action contre le garanti. — Dans le cas de transports faits pour le compte de l'Etat, la prescription ne commence à courir que du jour de la notification de la décision ministérielle emportant liquidation ou ordonnancement définitif[5].

---

1) V. sur les chemins de fer: loi du 15 juillet 1845; ordonnance du 15 novembre 1846; loi du 13 mai 1863, art. 10; loi du 23 août 1871, art. 2 et 3; loi du 28 février 1872, art. 11; loi du 26 décembre 1889; décret du 1er mars 1901; décret du 1er décembre 1908. — 2) Cette prohibition ne vise que les clauses de non-responsabilité de la perte ou des avaries; celles pour *retard* sont donc valables. — 3) Cette fin de non-recevoir ne s'applique qu'aux actions pour avarie ou perte partielle. Quant aux actions pour *perte totale*, *pour retard* et *en détaxe*, on leur applique les dispositions de la prescription de l'article 108 du Code de Commerce. — 4) V. sur les transports internationaux: convention de Berne du 14 octobre 1890, entrée en vigueur le 1er janvier 1893, et modifiée en 1898 et en 1906. — 5) *Décret du 13 août 1810:* Art. 1er. Les ballots, caisses, malles, paquets, et tous autres objets, qui auraient été confiés, pour être transportés dans l'intérieur de l'Empire, à des entrepreneurs, soit de roulage, soit de messageries par terre ou par eau, lorsqu'ils n'auront pas été réclamés dans le délai de six mois, à compter du jour de l'arrivée au lieu de leur destination, seront vendus par voie d'enchère publique, à la diligence de la régie de l'enregistrement, et après l'accomplissement des formalités suivantes. — **2.** A l'expiration du délai qui vient d'être fixé, les entrepreneurs de messageries et de roulage devront faire aux préposés de la régie de l'enregistrement la déclaration des objets qui

Titre septième. Des achats et ventes.[1]

109. Les achats et ventes se constatent: — Par actes publics; — Par acte sous signature privée; — Par le bordereau ou arrêté d'un agent de change ou courtier, dûment signé par les parties[2]; — Par une facture acceptée; — Par la correspondance; — Par les livres des parties; — Par la preuve testimoniale, dans le cas où le tribunal croira devoir l'admettre[3] [4].

Titre huitième. De la lettre de change, du billet à ordre et de la prescription.[5] [6]

Section première. De la lettre de change.

§ 1er. *De la forme de la lettre de change*[7].

110. (*Ainsi modifié: Loi du 7 juin 1894.*) La lettre de change est tirée, soit d'un lieu sur un autre, soit d'un lieu sur le même lieu. — Elle est datée. — Elle énonce: La somme à payer; — Le nom de celui qui doit payer; — L'époque et le lieu où le paiement doit s'effectuer; — La valeur fournie en espèces, en marchandises, en compte, ou de toute autre manière. — Elle est à l'ordre d'un tiers, ou à l'ordre du tireur lui-même. — Si elle est par 1re, 2e, 3e, 4e, etc., elle l'exprime[8].

---

se trouveront dans le cas de l'article précédent. — **3.** Il sera procédé par le juge de paix, en présence des préposés de la régie de l'enregistrement et des entrepreneurs de messageries ou de roulage, à l'ouverture et à l'inventaire des ballots, malles, caisses et paquets. — **4.** Les préposés de la régie de l'enregistrement seront tenus de faire insérer dans les journaux, un mois avant la vente des objets non réclamés, une note indiquant le jour et l'heure fixés pour cette vente, et contenant en outre les détails propres à ménager aux propriétaires de ces objets la faculté de les reconnaître et de les réclamer. — **5.** Il sera fait un état séparé du produit de ces ventes, pour le cas où il surviendrait, dans un nouveau délai de deux ans à compter du jour de la vente, quelque réclamation susceptible d'être accueillie. — **6.** Les préposés de la régie de l'enregistrement, et ceux de la régie des droits réunis, sont autorisés, tant pour s'assurer de la sincérité des déclarations ci-dessus prescrites que pour y suppléer, à vérifier les registres qui doivent être tenus par les entrepreneurs de messageries ou de roulage.

1) V. sur la vente publique de marchandises neuves en gros et au détail: loi du 25 juin 1841; loi du 28 mai 1858; loi du 3 juillet 1861; décret du 6 juin 1863; loi du 30 décembre 1906; sur la vente et le nantissement des fonds de commerce: loi du 17 mars 1909. — 2) Malgré ce texte, seuls les agents de change signent les bordereaux; l'obligation du secret professionnel empêche, en effet, que les clients donnent leur signature: décret du 7 octobre 1890, art. 40. — 3) Le principe de l'admission de tous les moyens de preuve ne s'applique pas seulement à la vente, mais d'une façon générale à tous les contrats commerciaux, sauf exceptions prévues par la loi. — 4) V. sur les usages commerciaux: loi du 13 juin 1866. — 5) V. sur les chèques: loi du 14 juin 1865, loi du 19 février 1874, art. 5 à 9, et loi du 30 décembre 1911. — 6) V. sur le timbre et l'enregistrement des effets de commerce: loi du 22 frimaire an VII, art. 69; loi du 5 juin 1850, titre 1er, chap. 1er; loi du 7 août 1850, art. 9; loi du 5 mai 1855, art. 15; loi du 27 juillet 1870, art. 6; loi du 23 août 1871, art. 2 et 20; loi du 28 février 1872, art. 10; loi du 19 février 1874; décret du 19 février 1874; décret du 18 juin 1874; loi du 22 décembre 1878; loi du 22 juillet 1881, art. 5; décret du 25 juin 1890. — Les lettres de change et les billets à ordre sont actuellement soumis au droit proportionnel de 5 centimes par 100 francs (lois des 22 décembre 1878, art. 1er, et 29 juillet 1881, art. 5). L'omission est sanctionnée de deux manières: — *a*) Le souscripteur, l'accepteur, le bénéficiaire ou premier endosseur de l'effet non timbré, ainsi que la personne qui l'a fait encaisser, sont susceptibles d'une amende de 6% du montant de l'effet, et s'il y a eu seulement insuffisance de timbre, de la différence, avec solidarité contre tous les contrevenants. C'est le porteur de l'effet qui est tenu de faire l'avance de ces amendes, sauf son recours contre ceux qui en sont passibles (loi du 5 juin 1850, art. 4, 6 et 7); — *b*) Des déchéances sont en outre prononcées contre le porteur de l'effet non timbré. Le porteur est considéré, en principe, comme un porteur négligent, de sorte que le porteur d'un billet à ordre non timbré ne peut agir que contre le souscripteur, et que celui d'une lettre de change non timbrée perd tout recours contre les endosseurs et même, s'il y a acceptation, contre le tireur, pourvu que celui-ci justifie avoir fait provision (loi de 5 juin 1850, art. 5). Le droit de timbre frappe: 1° Les effets tirés de la France sur la France; — 2° Les effets tirés de l'étranger sur la France, qui doivent être timbrés avant d'être négociés, achetés ou payés sur le territoire français; — 3° Les effets tirés de la France sur l'étranger (loi du 5 juin 1850, art. 3 et 9). — Quant aux effets tirés d'un pays étranger sur un autre pays étranger, et qui sont acceptés, endossés ou payés en France, ils ne sont soumis qu'au droit de 50 centimes par 2000 fr. (loi du 20 décembre 1872). L'acquit ne donne lieu à aucune perception, pas plus que les endossements (loi du 23 août 1871, art. 20, 2°). — Pour ce qui concerne l'enregistrement, voyez note sous l'article 176. — 7) Une lettre de change pourrait être établie par acte notarié; ce serait même l'unique forme possible, si le tireur ne savait ou ne pouvait signer, ou si l'on voulait constituer une hypothèque terrestre pour garantir le paiement. — 8) S'il y a pluralité d'exemplaires, le droit de timbre n'est dû qu'une fois: loi du 5 juin 1850, art. 10.

111. Une lettre de change peut être tirée sur un individu et payable au domicile d'un tiers[1]. — Elle peut être tirée par ordre et pour le compte d'un tiers[2] [3].

112. (*Ainsi modifié: Loi du 7 juin 1894.*) Sont réputées simples promesses toutes lettres de change contenant supposition soit de nom, soit de qualité.

113. La signature des femmes et des filles non négociantes ou marchandes publiques sur lettres de change ne vaut, à leur égard, que comme simple promesse.

114. Les lettres de change souscrites par des mineurs non négociants sont nulles à leur égard, sauf les droits respectifs des parties, conformément à l'article 1312 du Code civil[4] [5].

§ 2. *De la provision.*

115. La provision doit être faite par le tireur, ou par celui pour le compte de qui la lettre de change sera tirée, sans que le tireur pour compte d'autrui cesse d'être personnellement obligé envers les endosseurs et le porteur seulement.

116. Il y a provision, si, à l'échéance de la lettre de change, celui sur qui elle est fournie est redevable au tireur, ou à celui pour compte de qui elle est tirée, d'une somme au moins égale au montant de la lettre de change[6].

117. L'acceptation suppose la provision. — Elle en établit la preuve à l'égard des endosseurs. — Soit qu'il y ait ou non acceptation, le tireur seul est tenu de prouver, en cas de dénégation, que ceux sur qui la lettre était tirée avaient provision à l'échéance: sinon il est tenu de la garantir, quoique le protêt ait été fait après les délais fixés.

§ 3. *De l'acceptation.*

118. Le tireur et les endosseurs d'une lettre de change sont garants solidaires de l'acceptation et du paiement à l'échéance.

119. Le refus d'acceptation est constaté par un acte que l'on nomme *protêt faute d'acceptation*[7].

120. Sur la notification du protêt faute d'acceptation, les endosseurs et le tireur sont respectivement tenus de donner caution pour assurer le paiement de la lettre de change à son échéance, ou d'en effecteur le remboursement avec les frais de protêt et de rechange. — La caution, soit du tireur, soit de l'endosseur, n'est solidaire qu'avec celui qu'elle a cautionné.

121. Celui qui accepte une lettre de change, contracte l'obligation d'en payer le montant. — L'accepteur n'est pas restituable contre son acceptation, quand même le tireur aurait failli à son insu avant qu'il eût accepté[8].

122. L'acceptation d'une lettre de change doit être signée. — L'acceptation est exprimée par le mot *accepté*[9]. — Elle est datée, si la lettre est à un ou plusieurs

[1]) Cette traite s'appelle *domiciliataire*. — [2]) Ce tireur s'appelle *tireur pour compte*, et celui pour qui il tire, *donneur d'ordre* ou *ordonnateur*. — [3]) La lettre de change peut aussi contenir des énonciations facultatives, comme par exemple la mention *suivant avis*, ce qui veut dire que le tiré ne doit payer qu'après en avoir reçu l'avis du tireur; *sans autre avis*, ce qui signifie que le tiré peut payer sans aucun avis spécial du tireur; etc. La mention *sans garantie* signifie que le tireur (ou l'endosseur) décline toute responsabilité quant au paiement et à la solvabilité, et celle *sans frais* que le porteur est dispensé de faire dresser un protêt en cas de non-paiement. — [4]) Art. 1312, C. Civ.: Lorsque les mineurs, les interdits ou les femmes mariées sont admis, en ces qualités, à se faire restituer contre leurs engagements, le remboursement de ce qui leur aurait été, en conséquence de ces engagements, payé pendant la minorité, l'interdiction ou le mariage, ne peut être exigé, à moins qu'il ne soit prouvé que ce qui a été payé a tourné à leur profit. — [5]) Les mêmes règles s'appliquent aux interdits et aux individus pourvus d'un conseil judiciaire. — [6]) La jurisprudence admet la transmission de la propriété de la provision, que la lettre de change ait été acceptée ou non, à moins d'une clause contraire, comme par exemple la mention «*non acceptable*». — [7]) Le porteur n'est pas obligé de faire dresser un protêt faute d'acceptation. S'il néglige cette formalité, il n'en résulte pour lui aucune déchéance pour le cas où, postérieurement, le tiré n'acquitte pas la traite. Mais il peut recourir immédiatement contre le tireur et les endosseurs, qui sont garants de l'acceptation, auquel cas il doit d'abord faire dresser le protêt. — [8]) Mais le tiré pourrait faire rescinder son acceptation, s'il était incapable, la nullité de l'acceptation pour cause d'incapacité étant opposable à tout porteur. Et il en est de même pour l'acceptation dont le consentement a été vicié par la violence. — [9]) Le mot *accepté* n'a rien de sacramentel: il pourrait être remplacé par toute autre expression équivalente, comme «je paierai», «je ferai honneur», etc. La signature du tiré suffirait même. — L'acceptation peut d'ailleurs avoir lieu aussi par acte séparé, par exemple, dans une lettre missive adressée par le tiré au tireur ou au porteur. Mais en ce cas l'acceptation n'est pas nécessairement commerciale, c'est-à-dire qu'elle n'est pas forcément soumise à la prescription quinquennale, et que le tiré peut opposer au dernier porteur les exceptions qui étaient opposables aux porteurs précédents.

jours ou mois de vue; — Et, dans ce dernier cas, le défaut de date de l'acceptation rend la lettre exigible au terme y exprimé, à compter de sa date.

123. L'acceptation d'une lettre de change payable dans un autre lieu que celui de la résidence de l'accepteur, indique le domicile où le paiement doit être effectué ou les diligences faites.

124. L'acceptation ne peut être conditionnelle; mais elle peut être restreinte quant à la somme acceptée. — Dans ce cas, le porteur est tenu de faire protester la lettre de change pour le surplus.

125. Une lettre de change doit être acceptée à sa présentation, ou, au plus tard, dans les vingt-quatre heures de la présentation. — Après les vingt-quatre heures, si elle n'est pas rendue acceptée ou non acceptée, celui qui l'a retenue est passible de dommages-intérêts envers le porteur.

§ 4. *De l'acceptation par intervention.*

126. Lors du protêt faute d'acceptation, la lettre de change peut être acceptée par un tiers intervenant pour le tireur ou pour l'un des endosseurs[1]. — L'intervention est mentionnée dans l'acte du protêt; elle est signée par l'intervenant[2].

127. L'intervenant est tenu de notifier sans délai son intervention à celui pour qui il est intervenu.

128. Le porteur de la lettre de change conserve tous ses droits contre le tireur et les endosseurs, à raison du défaut d'acceptation par celui sur qui la lettre était tirée, nonobstant toutes acceptations par intervention.

§ 5. *De l'échéance.*

129. Une lettre de change peut être tirée:

À vue,
à un ou plusieurs jours }
à un ou plusieurs mois } de vue,
à une ou plusieurs usances }
à un ou plusieurs jours }
à un ou plusieurs mois } de date,
à une ou plusieurs usances[3] }
à jour fixe ou à jour déterminé,
en foire.

130. La lettre de change à vue est payable à sa présentation.

131. L'échéance d'une lettre de change

à un ou plusieurs jours }
à un ou plusieurs mois } de vue[4],
à une ou plusieurs usances }

est fixée par la date de l'acceptation, ou par celle du protêt faute d'acceptation.

132. L'usance est de trente jours, qui courent du lendemain de la date de la lettre de change. — Les mois sont tels qu'ils sont fixés par le calendrier grégorien.

133. Une lettre de change payable en foire est échue la veille du jour fixé pour la clôture de la foire, ou le jour de la foire si elle ne dure qu'un jour.

134. (*Ainsi modifié: Loi du 28 mars 1904.*) Si l'échéance d'une lettre de change est à un jour férié légal, elle est payable le premier jour ouvrable qui suit[5]. — Il en est de même des billets à ordre et de tous autres effets de commerce[6].

---

1) On dit alors qu'il y a *acceptation par intervention* ou *sous protêt* ou *par honneur*. — 2) Art. 1236, C. Civ.: Une obligation peut être acquittée par toute personne qui y est intéressé, telle qu'un coobligé ou une caution. — L'obligation peut même être acquittée par un tiers qui n'y est point intéressé, pourvu que ce tiers agisse au nom et en l'acquit du débiteur, ou que, s'il agit en son nom propre, il ne soit pas subrogé aux droits du créancier. — Une acceptation par intervention ne peut se produire qu'après le protêt faute d'acceptation, puisque l'intervention doit être mentionnée dans le protêt. Le tiers qui accepterait par intervention avant tout protêt, ne serait pas accepteur par intervention, mais un donneur d'aval. — 3) On entend par *usance*, un délai fixe de 30 jours. — 4) Une lettre de change tirée à vue doit, en principe, être présentée pour le paiement dans les trois mois de sa date (art. 160). — 5) Les jours fériés légaux sont, outre les dimanches, le jour de l'Ascension, le jour de l'Assomption, le jour de la Toussaint, le jour de Noël, les lundis de Pâques et de la Pentecôte, le jour de l'an et le jour de la fête nationale (14 juillet). — 6) *Loi du 23 décembre 1904:* Art. 1er. — Aucun paiement d'aucune sorte sur effet, mandat, chèque, compte courant, dépôt de fonds ou de titres, ou autrement, ne peut être exigé ni aucun protêt dressé: les 2 janvier, 15 juillet, 16 août, 2 novembre et 26 décembre, lorsque ces jours tombent un lundi. — Dans ce cas, le protêt des effets impayés le samedi précédent, ne pouvant être fait que le mardi suivant, conservera néanmoins toute

135. Tous les délais de grâce, de faveur, d'usage ou d'habitude locale, pour le paiement des lettres de change, sont abrogés.

§ 6. *De l'endossement.*

136. La propriété d'une lettre de change se transmet par la voie de l'endossement[1].

137. L'endossement est daté[2]. — Il exprime la valeur fournie. — Il énonce le nom de celui à l'ordre de qui il est passé.

138. Si l'endossement n'est pas conforme aux dispositions de l'article précédent, il n'opère pas le transport; il n'est qu'une procuration[3].

139. Il est défendu d'antidater les ordres, à peine de faux[4].

§ 7. *De la solidarité.*

140. Tous ceux qui ont signé, accepté ou endossé une lettre de change, sont tenus à la garantie solidaire envers le porteur.

§ 8. *De l'aval.*

141. Le paiement d'une lettre de change, indépendamment de l'acceptation et de l'endossement, peut être garanti par un aval[5].

142. Cette garantie est fournie, par un tiers, sur la lettre même ou par acte séparé. — Le donneur d'aval est tenu solidairement et par les mêmes voies que les tireur et endosseurs, sauf les conventions différentes des parties[6].

§ 9. *Du paiement.*[7]

143. Une lettre de change doit être payée dans la monnaie qu'elle indique[8].

144. Celui qui paie une lettre de change avant son échéance est responsable de la validité du paiement.

---

sa valeur à l'égard du tiré et des tiers, nonobstant toutes dispositions antérieures contraires. — *Loi du 13 juillet 1905, modifiée par celle du 20 décembre 1906:* Art. 1er. — Lorsque les fêtes légales tomberont un vendredi ou un mardi, aucun paiement d'aucune sorte sur effet, mandat, chèque, compte courant, dépôt de fonds ou de titres, ou autrement, ne peut être exigé ni aucun protêt dressé le lendemain des fêtes tombant un vendredi ou la veille des fêtes tombant un mardi. — Dans ce cas, le protêt des effets impayés le samedi ou le lundi précédent ne pouvant être fait que le lundi ou le mercredi suivant, conservera néanmoins toute sa valeur à l'égard du tiré et des tiers, nonobstant toutes dispositions antérieures contraires. — *Loi du 29 octobre 1909:* Article unique. — Lorsque la fête légale du 1er novembre tombera un lundi, aucun paiement d'aucune sorte sur effet, mandat, chèque, compte courant, dépôt de fonds ou de titres ou autrement ne peut être exigé, ni aucun protêt dressé, le lendemain 2 novembre. — Toutefois, le protêt des effets impayés ne pouvant être dressé que le mercredi suivant conservera toute sa valeur à l'égard du tiré et des tiers, nonobstant toutes dispositions antérieures contraires. — *Loi du 27 janvier 1910:* Art. 1er. Dans le cas de mobilisation de l'armée, de fléau ou de calamité publique, d'interruption des services publics gérés par l'État, les départements ou les communes ou soumis à leur contrôle, des décrets rendus en conseils des ministres peuvent, pour tout ou partie du territoire, proroger les détails dans lesquels doivent être faits les protêts et les autres actes destinés à conserver les recours pour toutes les valeurs négociables. — Pendant la durée de la session des Chambres, les prorogations prévues au présent article ne pourront dépasser trente jours francs. Pendant l'intervalle des sessions, la prorogation peut être renouvelée une ou plusieurs fois.

1) Lorsqu'il y a beaucoup d'endossements, on ajoute une *allonge*. — Les effets de commerce sont transmissibles par la voie de l'endossement même après leur échéance, et cet endossement produit vis-à-vis des tiers les mêmes effets que l'endossement antérieur (Cour de cassation, 4 février 1906 [Sirey, 1906. I. 65]). Cet endossement ne transfère d'ailleurs pas seulement la propriété du titre, mais encore toutes les garanties qui y sont attachées, notamment l'hypothèque ou le gage qui aurait été constitué pour en garantir le paiement. — 2) Le fait d'antidater un endossement constitue un faux (Code pénal, art. 147), mais non aussi celui d'antidater la lettre de change elle-même. — Comp. l'art. 139. — 3) L'endossement à titre de procuration est appelé *endossement irrégulier*. — Il résulte de l'article 138 que, le mandat prenant fin en cas de faillite de l'endosseur (Code civil, art 2003), le tiré qui paierait après la faillite entre les mains du porteur s'exposerait à être obligé de payer une seconde fois; et que si c'est le porteur qui est déclaré en faillite avant d'avoir remis le montant de la traite à l'endosseur, celui-ci, étant demeuré propriétaire, a le droit de la revendiquer à l'exclusion des créanciers du failli (art. 174, C. Com.); et qu'enfin, le tiré peut opposer au mandataire, bénéficaire de l'endossement, les moyens de défense opposables à l'endosseur, son mandant, et non des moyens personnels au porteur. — 4) V. note sous l'article 137. — 5) Le donneur d'aval écrit ordinairement: *bon pour aval* ou *pour aval* ou *bon pour*. Mais la signature seule suffirait aussi. — L'aval n'a pas besoin d'être daté. — Il peut être donné sous forme d'endossement. — 6) Le donneur d'aval est donc tenu commercialement. — 7) Pour le recouvrement par la poste des lettres de change: V. la loi du 5 avril 1879, la loi du 17 juillet 1880, la loi du 26 janvier 1892, art. 29. — 8) La loi du 12 août 1870 avait donné cours forcé aux billets de la Banque

145. Celui qui paie une lettre de change à son échéance et sans opposition est présumé valablement libéré.

146. Le porteur d'une lettre de change ne peut être contraint d'en recevoir le paiement avant l'échéance.

147. Le paiement d'une lettre de change fait sur une seconde, troisième, quatrième, etc., est valable, lorsque la seconde, troisième, quatrième, etc., porte que ce paiement annule l'effet des autres.

148. Celui qui paie une lettre de change sur une seconde, troisième, quatrième, etc., sans retirer celle sur laquelle se trouve son acceptation, n'opère point sa libération à l'égard du tiers porteur de son acceptation.

149. Il n'est admis d'opposition au paiement qu'en cas de perte de la lettre de change, ou de la faillite du porteur[1].

150. En cas de perte d'une lettre de change *non acceptée*, celui à qui elle appartient peut en poursuivre le paiement sur une seconde, troisième, quatrième, etc.

151. Si la lettre de change perdue est revêtue de l'acceptation, le paiement ne peut en être exigé sur une seconde, troisième, quatrième, etc., que par ordonnance du juge[2], et en donnant caution.

152. Si celui qui a perdu la lettre de change, qu'elle soit acceptée ou non, ne peut représenter la seconde, troisième, quatrième, etc., il peut demander le paiement de la lettre de change perdue, et l'obtenir par l'ordonnance du juge, en justifiant de sa propriété par ses livres, et en donnant caution.

153. En cas de refus de paiement, sur la demande formée en vertu des deux articles précédents, le propriétaire de la lettre de change perdue conserve tous ses droits par un acte de protestation. — Cet acte doit être fait le lendemain de l'échéance de la lettre de change perdue. — Il doit être notifié aux tireur et endosseurs, dans les formes et délais prescrits ci-après pour la notification du protêt.

154. Le propriétaire de la lettre de change égarée doit, pour s'en procurer la seconde, s'adresser à son endosseur immédiat, qui est tenu de lui prêter son nom et ses soins pour agir envers son propre endosseur; et ainsi en remontant d'endosseur en endosseur jusqu'au tireur de la lettre. Le propriétaire de la lettre de change égarée supportera les frais.

155. L'engagement de la caution, mentionné dans les articles 151 et 152, est éteint après trois ans, si, pendant ce temps, il n'y a eu ni demandes ni poursuites juridiques.

156. Les paiements faits à compte sur le montant d'une lettre de change sont à la décharge des tireur et endosseurs[3]. — Le porteur est tenu de faire protester la lettre de change pour le surplus.

157. Les juges ne peuvent accorder aucun délai pour le paiement d'une lettre de change[4].

§ 10. *Du paiement par intervention.*

158. Une lettre de change protestée peut être payée par tout intervenant pour le tireur ou pour l'un des endosseurs[5]. — L'intervention et le paiement seront constatés dans l'acte de protêt ou à la suite de l'acte.

159. Celui qui paie une lettre de change par intervention est subrogé aux droits du porteur, et tenu des mêmes devoirs pour les formalités à remplir. — Si

---

de France, mais aujourd'hui ces billets n'ont plus que cours légal, sans avoir cours forcé (loi du 3 août 1875, art. 28). — En qui concerne les pièces d'argent, elles ne peuvent être imposées que pour des paiements inférieurs à 50 francs, et en ce qui concerne celles de cuivre et de billon, que pour des paiements inférieurs à 5 francs (décret du 18 août 1810, art. 2). — Sur la *passe de sacs*: V. le décret du 1er juillet 1809 et le décret du 17 novembre 1852.

1) Il en est de même en cas de liquidation judiciaire, le paiement ne pouvant être reçu par le débiteur qu'avec l'assistance du liquidateur (loi du 4 mars 1889, art. 6). — C'est le syndic (ou le liquidateur judiciaire) qui doit informer le tiré de la faillite (ou de la liquidation judiciaire) du porteur. — L'opposition semble également possible en cas d'interdiction judiciaire du porteur et en cas de mariage d'une femme. — 2) A Paris, on procède par voie d'assignation, et c'est un jugement qui est rendu. — 3) Le paiement partiel est-il possible sans le consentement du porteur? Généralement, les auteurs se prononcent pour la négative, et en fait, la Banque de France refuse les paiements partiels. — 4) Malgré cette prohibition, 25 jours sont accordés par le Tribunal de commerce de la Seine au tiré qui le demande. — 5) Le *paiement par intervention* ou *après protêt* ou *sous protêt* ou *par honneur* peut être fait non seulement pour le tireur ou pour l'un des endosseurs, mais encore pour toute autre personne tenue au paiement de la traite, notamment pour un donneur d'aval ou pour l'accepteur.

le paiement par intervention est fait pour le compte du tireur, tous les endosseurs sont libérés. — S'il est fait pour un endosseur, les endosseurs subséquents sont libérés. — S'il y a concurrence pour le paiement d'une lettre de change par intervention, celui qui opère le plus de libérations est préféré. — Si celui sur qui la lettre était originairement tirée, et sur qui a été fait le protêt faute d'acceptation, se présente pour la payer, il sera préféré à tous autres.

§ 11. *Des Droits et Devoirs du porteur.*

160. (*Ainsi modifié: Loi du 3 mai 1862.*) Le porteur d'une lettre de change tirée du continent et des îles de l'Europe ou de l'Algérie, et payable dans les possessions européennes de la France ou dans l'Algérie, soit à vue, soit à un ou plusieurs jours, mois ou usances de vue, doit en exiger le paiement ou l'acceptation dans les trois mois de sa date, sous peine de perdre son recours sur les endosseurs et même sur le tireur, si celui-ci a fait provision. — Le délai est de quatre mois pour les lettres de change tirées des Etats du littoral de la Méditerranée et du littoral de la mer Noire sur les possessions européennes de la France, et réciproquement du continent et des îles de l'Europe, sur les établissements français de la Méditerranée et de la mer Noire. — Le délai est de six mois pour les lettres de change tirées des Etats d'Afrique en deçà du cap de Bonne-Espérance, et des Etats d'Amérique en deçà du cap Horn, sur les possessions européennes de la France, et réciproquement du continent et des îles de l'Europe sur les possessions françaises ou établissements français dans les Etats d'Afrique en deçà du cap de Bonne-Espérance et dans les Etats d'Amérique en deçà du cap Horn. — Le délai est d'un an pour les lettres de change tirées de toute autre partie du monde sur les possessions européennes de la France, et réciproquement du continent et des îles de l'Europe sur les possessions françaises et les établissements français dans toute autre partie du monde. — La même déchéance aura lieu contre le porteur d'une lettre de change à vue, à un ou plusieurs jours, mois ou usances de vue, tirée de la France, des possessions ou établissements français et payable dans les pays étrangers, qui n'en exigera pas le paiement ou l'acceptation dans les délais ci-dessus prescrits pour chacune des distances respectives. Les délais ci-dessus seront doublés en temps de guerre maritime pour les pays d'outre-mer. — Les dispositions ci-dessus ne préjudicieront néanmoins pas aux stipulations contraires qui pourraient intervenir entre le preneur, le tireur et même les endosseurs.

161. Le porteur d'une lettre de change doit en exiger le paiement le jour de son échéance[1] [2].

162. Le refus de paiement doit être constaté, le lendemain du jour de l'échéance, par un acte que l'on nomme *protêt faute de paiement.* — Si ce jour est un jour férié légal, le protêt est fait le jour suivant[2] [3].

163. Le porteur n'est dispensé du protêt faute de paiement, ni par le protêt faute d'acceptation, ni par la mort ou faillite de celui sur qui la lettre de change est tirée. — Dans le cas de faillite de l'accepteur avant l'échéance, le porteur peut faire protester et exercer son recours[4].

---

[1]) *Loi du 6 thermidor an III:* Art. **1**er. Tout *débiteur* de billet à ordre, lettre de change, billet au porteur ou autre effet négociable, dont le porteur ne se sera pas présenté dans les trois jours qui suivront celui de l'échéance, est autorisé à déposer la somme portée au billet, aux mains du receveur de l'enregistrement dans l'arrondissement duquel l'effet est payable. [Depuis l'ordonnance du 3 juillet 1816, art. 2,1°, la consignation est faite à la *Caisse des Dépôts et Consignations.* Les préposés de cette Caisse sont, dans les chefs-lieux de département, les trésoriers-payeurs généraux, et dans les chefs-lieux d'arrondissement, les receveurs particuliers des finances.] — **2.** L'acte de dépôt contiendra la date du billet, celle de l'échéance, et le nom de celui au bénéfice duquel il aura été originairement fait. — **3.** Le dépôt consommé, le débiteur ne sera tenu qu'à remettre l'acte de dépôt en échange du billet. — **4.** La somme déposée sera remise à celui qui représentera l'acte de dépôt, sans autre formalité que celle de la remise d'icelui, et de la signature du porteur sur le registre du receveur. — **5.** Si le porteur ne sait pas écrire, il en sera fait mention sur le registre. — **6.** Les droits attribués aux receveurs de l'enregistrement pour les présents dépôts sont fixés à un pour cent. Ils sont dus par le porteur du billet. — [2]) V. note sous l'article 134. — [3]) La clause *retour sans frais*, apposée par le tireur sur la lettre de change, dispense le porteur de l'obligation de faire protester pour conserver son recours. — Il en est de même en cas de force majeure: loi du 27 février 1910. — [4]) Quand il n'y a pas acceptation, c'est le tireur qui est l'obligé principal; sa faillite permet donc au porteur d'exercer contre les endosseurs les mêmes droits qu'en cas de faillite du tiré accepteur.

164. Le porteur d'une lettre de change protestée faute de paiement peut exercer son action en garantie, — ou individuellement contre le tireur et chacun des endosseurs, — ou collectivement contre les endosseurs et le tireur. — La même faculté existe pour chacun des endosseurs, à l'égard du tireur et des endosseurs qui le précèdent.

165. Si le porteur exerce le recours individuellement contre son cédant, il doit lui en faire notifier le protêt, et, à défaut de remboursement, le faire citer en jugement dans les quinze jours qui suivent la date du protêt, si celui-ci réside dans la distance de cinq myriamètres. — Ce délai, à l'égard du cédant domicilié à plus de cinq myriamètres de l'endroit où la lettre de change était payable, sera augmenté d'un jour par deux myriamètres et demi[1] excédant les cinq myriamètres.

166. (*Ainsi modifié: Loi du 3 mai 1862.*) Les lettres de change tirées de France et payables hors du territoire continental de la France en Europe étant protestées, les tireurs et les endosseurs résidant en France seront poursuivis dans les délais ci-après: — D'un mois pour celles qui étaient payables en Corse, en Algérie, dans les îles Britanniques, en Italie, dans le royaume des Pays-Bas et dans les Etats ou Confédérations limitrophes de la France; — De deux mois pour celles qui étaient payables dans les autres Etats, soit de l'Europe, soit du littoral de la Méditerranée et de celui de la mer Noire; — De cinq mois pour celles qui étaient payables hors d'Europe, en deçà des détroits de Malacca et de la Sonde et en deçà du cap Horn; — De huit mois pour celles qui étaient payables au delà des détroits de Malacca et de la Sonde et au delà du cap Horn. Ces délais seront observés dans les mêmes proportions pour le recours à exercer contre les tireurs et endosseurs résidant dans les possessions françaises hors de la France continentale. — Les délais ci-dessus seront doublés pour les pays d'outre-mer en cas de guerre maritime.

167. Si le porteur exerce son recours collectivement contre les endosseurs et le tireur, il jouit, à l'égard de chacun d'eux, du délai déterminé par les articles précédents. — Chacun des endosseurs a le droit d'exercer le même recours, ou individuellement, ou collectiveemnt, dans le même délai. — A leur égard, le délai court du lendemain de la date de la citation en justice[2].

168. Après l'expiration des délais ci-dessus: Pour la présentation de la lettre de change à vue, ou à un ou plusieurs jours ou mois ou usances de vue; — Pour le protêt faute de paiement; — Pour l'exercice de l'action en garantie; — Le porteur de la lettre de change est déchu de tous droits contre les endosseurs[3].

169. Les endosseurs sont également déchus de toute action en garantie contre leurs cédants, après les délais ci-dessus prescrits, chacun en ce qui le concerne.

170. La même déchéance a lieu contre le porteur et les endosseurs à l'égard du tireur lui-même, si ce dernier justifie qu'il y avait provision à l'échéance de la lettre de change[4]. — Le porteur, en ce cas, ne conserve d'action que contre celui sur qui la lettre était tirée.

171. Les effets de la déchéance prononcée par les trois articles précédents cessent en faveur du porteur, contre le tireur ou contre celui des endosseurs qui, après l'expiration des délais fixés pour le protêt, la notification du protêt ou la citation en jugement, a reçu par compte, compensation ou autrement, les fonds destinés au paiement de la lettre de change.

172. Indépendamment des formalités prescrites pour l'exercice de l'action en garantie, le porteur d'une lettre de change protestée faute de paiement peut, en obtenant la permission du juge, saisir conservatoirement les effets mobiliers des tireur, accepteurs et endosseurs[5].

§ 12. *Des Protêts.*

173. Les protêts faute d'acceptation ou de paiement sont faits par deux notaires, ou par un notaire et deux témoins, ou par un huissier et deux témoins[6]. —

---

1) Aujourd'hui: un jour par cinq myriamètres (50 kilomètres): art. 1033, C. Proc. Civ.; loi du 3 mai 1862. — 2) En cas de paiement amiable, ce délai court du lendemain du jour où l'endosseur a payé amiablement le porteur. — 3) La non-présentation de la lettre de change le jour de l'échéance n'est pas comprise parmi les cas qui font considérer le porteur comme négligent. Celui-ci est seulement responsable du dommage qu'il peut causer par son retard. — Sur les cas de force majeure: V. l'Avis du Conseil d'Etat du 2 janvier 1814 et l'Avis du Conseil d'Etat du 12 novembre 1840. — 4) Le tireur doit faire cette preuve même quand la traite a été acceptée. — 5) En fait, la permission de saisir conservatoirement les effets mobiliers des tireur, accepteur et endosseurs n'est jamais accordée à Paris. — 6) Un décret du 23 mars 1848, art. 2, dispense de l'assistance des témoins.

Le protêt doit être fait: — Au domicile de celui sur qui la lettre de change était payable, ou à son dernier domicile connu[1]; — Au domicile des personnes indiquées par la lettre de change pour la payer au besoin[2]; — Au domicile du tiers qui a accepté par intervention; — Le tout par un seul et même acte. — En cas de fausse indication de domicile, le protêt est précédé d'un acte de perquisition.

174. L'acte de protêt contient: — La transcription littérale de la lettre de change, de l'acceptation, des endossements, et des recommandations qui y sont indiquées; — La sommation de payer le montant de la lettre de change. — Il énonce: — La présence ou l'absence de celui qui doit payer; — Les motifs du refus de payer, et l'impuissance ou le refus de signer.

175. Nul acte, de la part du porteur de la lettre de change, ne peut suppléer l'acte de protêt, hors le cas prévu par les articles 150 et suivants, touchant la perte de la lettre de change.

176. Les notaires et les huissiers sont tenus, à peine de destitution, dépens, dommages-interêts envers les parties, de laisser copie exacte des protêts[3], et de les inscrire en entier, jour par jour et par ordre de dates, dans un registre particulier, coté, paraphé, et tenu dans les formes precrites pour les répertoires. — (*Ajouté: Loi du 24 décembre 1906.*) Ils sont tenus, en outre, à peine de dommages-intérêts, lorsque l'effet indiquera les noms et domicile du tireur de la lettre de change ou du premier endosseur du billet à ordre, de prévenir ceux-ci, dans les quarante-huit heures qui suivent l'enregistrement[4], par la poste et par lettre recommandée, des motifs du refus de payer. Cette lettre donnera lieu, au profit du notaire ou de l'huissier, à un honoraire de vingt-cinq centimes (0 fr. 25) en sus des frais d'affranchissement et de recommandation.

§ 13. *Du rechange.*

177. Le rechange s'effectue par une retraite[5].

178. La retraite est une nouvelle lettre de change, au moyen de laquelle le porteur se rembourse sur le tireur, ou sur l'un des endosseurs, du principal de la lettre protestée, de ses frais, et du nouveau change qu'il paie[6].

179. Le rechange se règle, à l'égard du tireur, par le cours du change du lieu où la lettre de change était payable, sur le lieu d'où elle a été tirée. — Il se règle, à l'égard des endosseurs, par le cours du change du lieu où la lettre de change a été remise ou négociée par eux, sur le lieu où le remboursement s'effectue.

[1]) Le protêt doit toujours être fait à domicile, et non à personne. — [2]) Cette personne s'appelle *recommandataire* ou *de besoin.* — [3]) A Paris, l'huissier ne remet au tiré une copie du protêt que si celui-ci l'exige. — [4]) Le protêt doit être enregistré dans les quatre jours de sa date. En ce cas, il est perçu un droit de 62 centimes et demi par 100 francs: loi du 22 frimaire an VII, art. 20 et 69. — V. aussi page 110, note 6. — [5]) La création d'une retraite ne dispense pas le porteur de l'obligation de notifier le protêt et d'assigner en justice dans les délais fixés par la loi en cas de non-paiement. Aussi les retraites sont-elles généralement à vue. — [6]) Les articles 178 et 179 du Code de Commerce ont été modifiés *provisoirement* par le décret du 24 mars 1848. Ce provisoire dure toujours. — Voici le texte de ce décret: Art. 1er. Les articles 178 et 179 du Code de Commerce sont modifiés de la manière suivante: **178.** La retraite comprend, avec le bordereau détaillé et signé du tireur seulement, et transcrit au dos du titre: 1° Le principal du titre protesté; — 2° Les frais de protêt et de dénonciation, s'il y a lieu; — 3° Les intérêts de retard; — 4° La perte de change; — 5° Le timbre de la retraite, *qui sera soumis au droit fixe de* 0 fr. 35 *a*). — **179.** Le rechange se règle, pour la France continentale, uniformément comme suit: — Un quart pour cent sur les chefs-lieux de département; — demi pour cent sur les chefs-lieux d'arrondissement; — trois quarts pour cent sur toute autre place. — En aucun cas il n'y aura lieu à rechange dans le même département. — Les changes étrangers et ceux relatifs aux possessions françaises en delors du continent seront régis par les usages du commerce (*b*), (*c*), (*d*). — *a*) Le timbre de la retraite est aujourd'hui, comme celui de la lettre de change elle-même, de 5 centimes par 100 francs: loi du 5 juin 1850, art. 1; loi du 23 avril 1871, art. 2; loi du 22 décembre 1878, art. 1; loi du 29 juillet 1881, art. 5. — *b*) Loi du 19 février 1874, art. 3: Le timbre mobile est apposé avant tout usage; il est collé, savoir: 1° Pour les effets créés en France, au recto de l'effet, à côté de la signature du souscripteur; — 2° Pour les effets venant de l'étranger ou des colonies, au recto de l'effet, à côté de la mention de l'acceptation ou de l'aval; à défaut d'acceptation ou d'aval, au verso, avant tout endossement ou acquit, si l'effet n'a pas encore été négocié, et en cas de négociation, immédiatement après le dernier endossement souscrit en pays étranger ou dans les colonies; — 3° Pour les warrants, au dos des warrants et au-dessus du premier endossement. — *c*) Les effets tirés d'un pays étranger sur un autre pays étranger, mais endossés, acceptés ou payés en France, sont soumis au droit de 50 centimes par 2000 francs: loi du 5 juin 1850, art. 1; loi du 20 décembre 1872, art. 3. — *d*) Les effets de commerce sont affranchis du droit de timbre de quittance établi par la loi du 23 août 1871.

180. La retraite est accompagnée d'un compte de retour.

181. Le compte de retour comprend: — Le principal de la lettre de change protestée; — Les frais de protêt et autres frais légitimes, tels que commission de banque, courtage, timbre et ports de lettres. — Il énonce le nom de celui sur qui la retraite est faite, et le prix du change auquel elle est négociée. — Il est certifié par un agent de change. — Dans les lieux où il n'y a pas d'agent de change, il est certifié par deux commerçants. — Il est accompagné de la lettre de change protestée, du protêt, ou d'une expédition de l'acte de protêt. — Dans le cas où la retraite est faite sur l'un des endosseurs, elle est accompagnée, en outre, d'un certificat qui constate le cours du change du lieu où la lettre de change était payable, sur le lieu d'où elle a été tirée[1].

182. Il ne peut être fait plusieurs comptes de retour sur une même lettre de change. — Ce compte de retour est remboursé d'endosseur à endosseur respectivement, et définitivement par le tireur.

183. Les rechanges ne peuvent être cumulés. — Chaque endosseur n'en supporte qu'un seul, ainsi que le tireur.

184. L'intérêt du principal de la lettre de change protestée faute de paiement est dû à compter du jour du protêt.

185. L'intérêt des frais de protêt, rechange et autres frais légitimes, n'est dû qu'à compter du jour de la demande en justice.

186. Il n'est point dû de rechange, si le compte de retour n'est pas accompagné des certificats d'agents de change ou de commerçants, prescrits par l'article 181.

Section II. Du billet à ordre.

187. Toutes les dispositions relatives aux lettres de change, et concernant l'échéance, l'endossement, la solidarité, l'aval, le paiement, le paiement par intervention, le protêt, les devoirs et droits du porteur, le rechange ou les intérêts, sont applicables aux billets à ordre, sans préjudice des dispositions relatives aux cas prévus par les articles 636, 637 et 638[2].

188. Le billet à ordre est daté. — Il énonce: La somme à payer; — Le nom de celui à l'ordre de qui il est souscrit; — L'époque à laquelle le paiement doit s'effectuer; — La valeur qui a été fournie en espèces, en marchandises, en compte, ou de toute autre manière[3] [4].

Section III. De la prescription.

189. Toutes actions relatives aux lettres de change, et à ceux des billets à ordre souscrits par des négociants, marchands ou banquiers, ou pour faits de commerce, se prescrivent par cinq ans, à compter du jour du protêt, ou de la dernière poursuite juridique, s'il n'y a eu condamnation, ou si la dette n'a été reconnue par acte séparé[5]. — Néanmoins les prétendus débiteurs seront tenus, s'ils en sont requis, d'affirmer, sous serment, qu'ils ne sont plus redevables; et leurs veuves, héritiers ou ayants cause, qu'ils estiment de bonne foi qu'il n'est plus rien dû.

---

1) L'exécution des articles 180, 181 et 186 du Code de commerce a été suspendue provisoirement par le décret du 24 mars 1848. Ce provisoire dure toujours. — 2) La loi ne pose aucune règle spéciale en ce qui concerne la capacité de s'obliger par billet à ordre. Il en résulte que toute personne capable de s'obliger peut souscrire ou endosser un billet à ordre, l'incapacité spéciale tenant au sexe ne s'appliquant qu'à la lettre de change (art. 113). — 3) Il faut ajouter la signature du souscripteur. — 4) Pour le timbre et l'enregistrement: V. page 110, note 6, et les notes sous les articles 176, 178 et 179. — 5) Pour substituer la prescription trentenaire de l'article 2262 du Code civil à la prescription quinquennale de l'article 189 du Code de commerce, il ne suffit pas qu'il y ait reconnaissance, il faut que la reconnaissance implique une novation, remplaçant la dette qui résulte de la lettre de change par une dette nouvelle. Tel serait le cas, par exemple, d'une dette entrant dans un compte-courant.

Livre deuxième. Du commerce maritime.[1]

(*Titres I-VIII-IX-X-XI-XIV, lois décrétées le 15 septembre 1807, promulguées le 25.*)

Titre premier. Des navires et autres bâtiments de mer.[2]

190. Les navires et autres bâtiments de mer sont meubles. — Néanmoins ils sont affectés aux dettes du vendeur, et spécialement à celles que la loi déclare privilégiées.

191. Sont privilégiées, et dans l'ordre où elles sont rangées, les dettes ci-après désignées: 1° Les frais de justice et autres, faits pour parvenir à la vente et à la distribution du prix; — 2° Les droits de pilotage, remorquage[3], tonnage, cale, amarrage et bassin ou avant-bassin; — 3° Les gages du gardien, et frais de garde du bâtiment, depuis son entrée dans le port jusqu'à la vente; — 4° Le loyer des magasins où se trouvent déposés les agrès et les apparaux; — 5° Les frais d'entretien du bâtiment et de ses agrès et apparaux, depuis son dernier voyage et son entrée dans le port; — 6° Les gages et loyers du capitaine et autres gens de l'équipage employés au dernier voyage; — 7° Les sommes prêtées au capitaine pour les besoins du bâtiment pendant le dernier voyage, et le remboursement du prix des marchandises par lui vendues pour le même objet; — 8° Les sommes dues au vendeur, aux fournisseurs et ouvriers employés à la construction, si le navire n'a point encore fait de voyage; et les sommes dues aux créanciers pour fournitures, travaux, main-d'œuvre, pour radoub, victuailles, armement et équipement, avant le départ du navire, s'il a déjà navigué; — 9° (*Abrogé: loi du 10 décembre 1874, art. 27*, et *loi du 10 juillet 1885, art. 39*); — 10° Le montant des primes d'assurances faites sur le corps, quille, agrès, apparaux, et sur armement et équipement du navire, dues pour le dernier voyage; — 11° Les dommages-intérêts dus aux affréteurs, pour le défaut de délivrance des marchandises qu'ils ont chargées, ou pour remboursement des avaries souffertes par lesdites marchandises par la faute du capitaine ou de l'équipage.

Les créanciers compris dans chacun des numéros du présent article viendront en concurrence, et au marc le franc, en cas d'insuffisance du prix. — (*Ajouté: loi du 10 décembre 1874, art. 27*, et *loi du 10 juillet 1885, art. 34.*) Les créanciers hypothécaires sur le navire viennent dans leur ordre d'inscription après les créanciers privilégiés.

192. Le privilège accordé aux dettes énoncées dans le précédent article ne peut être exercé qu'autant qu'elles seront justifiées dans les formes suivantes: 1° Les frais de justice seront constatés par les états de frais arrêtés par les tribunaux compétents; — 2° Les droits de tonnage et autres, par les quittances légales des receveurs; — 3° Les dettes désignées par les numéros 1, 3, 4 et 5 de l'article 191 seront constatées par des états arrêtés par le président du tribunal de commerce; — 4° Les gages et loyers de l'équipage, par les rôles d'armement et désarmement arrêtés dans les bureaux de l'inscription maritime; — 5° Les sommes prêtées et la valeur des marchandises vendues pour les besoins du navire pendant le dernier voyage, par des états arrêtés par le capitaine, appuyés de procès-verbaux signés par le capitaine et les principaux de l'équipage, constatant la nécessité des emprunts; — 6° La vente du navire par un acte ayant date certaine, et les fournitures pour l'armement, équipement et victuailles du navire, seront constatées par les mémoires, factures ou états visés par le capitaine et arrêtés par l'armateur, dont un double sera déposé au greffe du tribunal de commerce avant le départ du navire, ou, au plus tard, dans les dix jours après son départ; — 7° (*Abrogé: loi du 10 décembre 1874, art. 27*, et *loi du 10 juillet 1885, art. 39*); — 8° Les primes d'assurances seront constatées par les polices ou par les extraits des livres des courtiers d'assurances; — 9° Les dommages-intérêts dus aux affréteurs seront constatés par les jugements, ou par les décisions arbitrales qui seront intervenues.

---

1) V. loi du 30 janvier 1893; loi du 7 avril 1902; loi du 12 mai 1905; loi du 19 avril 1906; loi du 8 avril 1910, art. 66 et 114. — 2) Les dispositions du livre II du Code de Commerce s'appliquent exclusivement aux bâtiments de mer, non aussi aux navires qui font la navigation fluviale. Ceux-ci et les rapports qui naissent de cette navigation entre les particuliers sont régis par les règles du droit commun. Ils ne sont donc pas susceptibles d'hypothèque et ils peuvent être vendus sans qu'il soit besoin d'en dresser un acte écrit. — 3 Ce mot a été ajouté par la loi du 11 avril 1906.

193. Les privilèges des créanciers seront éteints, — Indépendamment des moyens généraux d'extinction des obligations, — Par la vente en justice faite dans les formes établies par le titre suivant; — Ou lorsqu'après une vente volontaire, le navire aura fait un voyage en mer sous le nom et aux risques de l'acquéreur, et sans opposition de la part des créanciers du vendeur.

194. Un navire est censé avoir fait un voyage en mer, — Lorsque son départ et son arrivée auront été constatés dans deux ports différents et trente jours après le départ; — Lorsque, sans être arrivé dans un autre port, il s'est écoulé plus de soixante jours entre le départ et le retour dans le même port, ou lorsque le navire, parti pour un voyage de long cours, a été plus de soixante jours en voyage, sans réclamation de la part des créanciers du vendeur.

195. La vente volontaire d'un navire doit être faite par écrit, et peut avoir lieu par acte public, ou par acte sous signature privée[1]. — Elle peut être faite pour le navire entier, ou pour une portion du navire, — Le navire étant dans le port ou en voyage[2] [3].

196. La vente volontaire d'un navire en voyage ne préjudicie pas aux créanciers du vendeur. — En conséquence, nonobstant la vente, le navire ou son prix continue d'être le gage desdits créanciers, qui peuvent même, s'ils le jugent convenable, attaquer la vente pour cause de fraude.

Titre deuxième. De la saisie et vente de navires.

197. Tous bâtiments de mer peuvent être saisis et vendus par autorité de justice; et le privilège des créanciers sera purgé par les formalités suivantes.

198. Il ne pourra être procédé à la saisie que vingt-quatre heures après le commandement de payer.

199. Le commandement devra être fait à la personne du propriétaire ou à son domicile, s'il s'agit d'une action générale à exercer contre lui. — Le commandement pourra être fait au capitaine du navire, si la créance est du nombre de celles qui sont susceptibles de privilége sur le navire, aux termes de l'article 191.

200. L'huissier énonce dans le procès-verbal: — Les nom, profession et demeure du créancier pour qui il agit; — Le titre en vertu duquel il procède; — La somme dont il poursuit le paiement; — L'élection de domicile faite par le créancier dans le lieu où siège le tribunal devant lequel la vente doit être poursuivie, et dans le lieu où le navire saisi est amarré; — Les noms du propriétaire et du capitaine; — Le nom, l'espèce et le tonnage du bâtiment. — Il fait l'énonciation et la description des chaloupes, canots, agrès, ustensiles, armes, munitions et provisions. — Il établit un gardien.

201 à 207. (*Abrogés: loi du 10 juillet 1885, art. 39.*)

208. L'adjudication du navire fait cesser les fonctions du capitaine; sauf à lui à se pourvoir en dédommagement contre qui de droit.

209. Les adjudicataires des navires de tout tonnage seront tenus de payer le prix de leur adjudication dans le délai de vingt-quatre heures, ou de le consigner, sans frais, au greffe du tribunal de commerce, à peine d'y être contraints par corps[4]. — A défaut de paiement ou de consignation, le bâtiment sera remis en vente et adjugé trois jours après une nouvelle publication et affiche unique, à la folle enchère des adjudicataires, qui seront également contraints par corps pour le paiement du déficit, des dommages, des intérêts et des frais.

210. Les demandes en distraction seront formées et notifiées au greffe du tribunal avant l'adjudication. — Si les demandes en distraction ne sont formées qu'après l'adjudication, elles seront converties, de plein droit, en oppositions à la délivrance de sommes provenant de la vente.

211. Le demandeur ou l'opposant aura trois jours pour fournir ses moyens. — Le défendeur aura trois jours pour contredire. — La cause sera portée à l'audience sur une simple citation.

---

1) L'écrit n'est pas exigé pour la validité, mais seulement pour la preuve, d'où cette conséquence que la vente pourrait être prouvée par l'aveu ou par le serment. — 2) Pour la mutation en douane: V. loi du 27 vendémiaire an II, art. 17 et 18; loi du 16 mai 1841, art. 6; loi du 23 novembre 1897. — 3) Pour le droit fixe de vente: V. loi du 7 avril 1902, art. 22. — 4) La contrainte par corps a été supprimée en matière civile, commerciale, et contre les étrangers: loi du 22 juillet 1867. — Le premier alinéa de l'article 209 a d'ailleurs été abrogé implicitement par l'article 30 de la loi du 10 juillet 1885.

212. Pendant trois jours après celui de l'adjudication, les oppositions à la délivrance du prix seront reçues; passé ce temps, elles ne seront plus admises.

213. Les créanciers opposants sont tenus de produire au greffe leurs titres de créance, dans les trois jours qui suivent la sommation qui leur en est faite par le creancier poursuivant ou par le tiers saisi; faute de quoi il sera procédé à la distribution du prix de la vente, sans qu'ils y soient compris.

214. La collocation des créanciers et la distribution de deniers sont faites entre les créanciers privilégiés, dans l'ordre prescrit par l'article 191; et entre les autres créanciers, au marc le franc de leurs créances. — Tout créancier colloqué l'est tant pour son principal que pour les intérêts et frais.

215. Le bâtiment prêt à faire voile n'est pas saisissable, si ce n'est à raison de dettes contractées pour le voyage qu'il va faire; et, même dans ce dernier cas, le cautionnement de ces dettes empêche la saisie. — Le bâtiment est censé prêt à faire voile lorsque le capitaine est muni de ses expéditions pour son voyage.

Titre troisième. Des propriétaires de navires.[1]

216. (*Ainsi modifié: loi du 14 juin 1841.*) Tout propriétaire de navire est civilement responsable des faits du capitaine, et tenu des engagements contractés par ce dernier, pour ce qui est relatif au navire et à l'expédition. — Il peut, dans tous les cas, s'affranchir des obligations ci-dessus par l'abandon du navire et du fret[2]. — Toutefois, la faculté de faire abandon n'est point accordée à celui qui est en même temps capitaine et propriétaire ou copropriétaire[3] du navire. Lorsque le capitaine ne sera que copropriétaire, il ne sera responsable des engagements contractés par lui, pour ce qui est relatif au navire et à l'expédition, que dans la proportion de son intérêt. — (*Ajouté: loi du 12 août 1885.*) En cas de naufrage du navire dans un port de mer ou havre, dans un port maritime ou dans les eaux qui leur servent d'accès, comme aussi en cas d'avaries causées par le navire aux ouvrages d'un port, le propriétaire du navire peut se libérer, même envers l'État, de toute dépense d'extraction ou de réparation, ainsi que de tous dommages-intérêts, par l'abandon du navire et du fret des marchandises à bord. — La même faculté appartient au capitaine qui est propriétaire ou copropriétaire du navire, à moins qu'il ne soit prouvé que l'accident a été occasionné par sa faute.

217. Les propriétaires des navires équipés en guerre ne seront toutefois responsables des délits et déprédations commis en mer par les gens de guerre qui sont sur leurs navires, ou par les équipages, que jusqu'à concurrence de la somme pour laquelle ils auront donné caution, à moins qu'ils n'en soient participants ou complices[4].

218. Le propriétaire peut congédier le capitaine. — Il n'y a pas lieu à indemnité, s'il n'y a convention par écrit.

219. Si le capitaine congédié est copropriétaire du navire, il peut renoncer à la copropriété, et exiger le remboursement du capital qui la représente. — Le montant de ce capital est déterminé par des experts convenus, ou nommés d'office.

220. En tout ce qui concerne l'intérêt commun des propriétaires d'un navire, l'avis de la majorité est suivi. — La majorité se détermine par une portion d'intérêt dans le navire, excédant la moitié de sa valeur. — La licitation du navire ne peut être accordée que sur la demande des propriétaires, formant ensemble la moitié de l'intérêt total dans le navire, s'il n'y a, par écrit, convention contraire.

Titre quatrième. Du capitaine.[5] [6] [7]

221. Tout capitaine, maître ou patron, chargé de la conduite d'un navire ou autre bâtiment, est garant de ses fautes, même légères, dans l'exercice de ses fonctions.

---

1) Sur la francisation des navires: V. loi du 21 septembre 1793; loi du 27 vendémiaire an II; loi du 9 juin 1845; loi du 19 mars 1866; loi du 30 juin 1872; loi du 29 janvier 1881; loi du 7 mai 1881; loi du 30 janvier 1893; loi du 7 avril 1902. — 2) L'abandon ne comprend pas l'indemnité d'assurance, laquelle reste au propriétaire. — D'ailleurs, il ne faut pas confondre l'abandon avec le *délaissement* (art. 369 et s.), qui suppose un navire assuré. — 3) Les copropriétaires d'un navire sont parfois appelés *quirataires*, de *quirat*, qui signifie part de copropriété. — 4) La course est abolie: décret du 28 avril 1856. — 5) Voyez sur les conditions auxquelles on est admis à commander un navire: décret du 29 décembre 1901; décret du 17 juillet 1908. — 6) Voyez sur les diverses fonctions que remplit le capitaine à bord du navire: art. 59, 60, 61, 86, 87 et 994, C. Civ., et loi du 8 juin 1893. — 7) Bien qu'ils ne soient pas commerçants, les capitaines sont électeurs et éligibles aux tribunaux de commerce: loi du 8 décembre 1883, art. 1 et 8.

222. Il est responsable des marchandises dont il se charge. — Il en fournit une reconnaissance. — Cette reconnaissance se nomme *connaissement*.

223. Il appartient au capitaine de former l'équipage du vaisseau, et de choisir et louer les matelots et autres gens de l'équipage; ce qu'il fera néanmoins de concert avec les propriétaires, lorsqu'il sera dans le lieu de leur demeure.

224. Le capitaine tient un registre coté et paraphé par l'un des juges du tribunal de commerce, ou par le maire ou son adjoint, dans les lieux où il n'y a pas de tribunal de commerce. — Ce registre contient: — Les résolutions prises pendant le voyage; — La recette et la dépense concernant le navire, et généralement tout ce qui concerne le fait de sa charge, et tout ce qui peut donner lieu à un compte à rendre, à une demande à former.

225. Le capitaine est tenu, avant de prendre charge, de faire visiter son navire, aux termes et dans les formes prescrites par les règlements. — Le procès-verbal de visite est déposé au greffe du tribunal de commerce; il en est délivré extrait au capitaine.

226. Le capitaine est tenu d'avoir à bord: — L'acte de propriété du navire; — L'acte de francisation[1]; — Le rôle d'équipage[2]; — Les connaissements et chartes-parties[3]; — Les procès-verbaux de visite[4]; — Les acquits de paiement ou à caution des douanes[5].

227. Le capitaine est tenu d'être en personne dans son navire à l'entrée et à la sortie des ports, havres ou rivières.

228. En cas de contraventions aux obligations imposées par les quatre articles précédents, le capitaine est responsable de tous les événements envers les intéressés au navire et au déchargement.

229. Le capitaine répond également de tout le dommage qui peut arriver aux marchandises qu'il aurait chargées sur le tillac de son vaisseau sans le consentement par écrit du chargeur. — Cette disposition n'est point applicable au petit cabotage[6].

230. La responsabilité du capitaine ne cesse que par la preuve d'obstacles de force majeure.

231. Le capitaine et les gens de l'équipage qui sont à bord, ou qui sur les chaloupes se rendent à bord pour faire voile, ne peuvent être arrêtés pour dettes civiles, si ce n'est à raison de celles qu'ils auront contractées pour le voyage; et même, dans ce dernier cas, ils ne peuvent être arrêtés, s'ils donnent caution.

232. Le capitaine, dans le lieu de la demeure des propriétaires ou de leurs fondés de pouvoir, ne peut, sans leur autorisation spéciale, faire travailler au radoub du bâtiment, acheter des voiles, cordages et autres choses pour le bâtiment, prendre à cet effet de l'argent sur le corps du navire, ni fréter le navire.

233. (*Ainsi modifié: loi du 10 décembre 1874, art. 28; loi du 10 juillet 1885, art. 35.*) Si le bâtiment est frété du consentement des propriétaires et que quelques-uns fassent refus de contribuer aux frais nécessaires pour l'expédition, le capitaine peut, en ce cas, vingt-quatre heures après sommation faite aux refusants de fournir eur contingent, emprunter hypothécairement pour leur compte, sur leur part

[1]) V. p. 121, note 1. — [2]) V. décret du 19 mars 1852 et décret du 25 octobre 1863. — Les rôles d'équipage sont renouvelés à chaque voyage pour les bâtiments de long cours, et tous les ans pour les autres. — Ce sont des états dressés par l'administrateur de l'inscription maritime et qui contiennent le nom du navire, de son port d'attache, du propriétaire et de l'armateur, le genre de navigation que doit effectuer le navire, les nom et prénoms, la filiation, le lieu et la date de naissance, le domicile, le signalement, le quartier, les folio et numéro d'inscription, le grade au service, la qualité à bord du bâtiment, les conditions d'engagement de toutes les personnes composant l'équipage, les noms des passagers, ainsi que la mention des avances faites au cours de voyage sur les salaires et autorisées par le fonctionnaire compétent. — [3]) La *charte-partie* constate l'affrètement du navire; le *connaissement* est l'écrit qui constate que le capitaine a reçu les marchandises sur le navire. — [4]) Les procès-verbaux de visite ne figurent pas parmi les pièces de bord; ils sont aujourd'hui remplacés par les *registres de visite:* loi du 17 avril 1907, art. 11, al. 3. — [5]) Il faut ajouter: le *congé*, c'est-à-dire un écrit délivré par l'Administration des douanes et constatant que le navire est toujours français; le *manifeste*, qui contient la nomenclature des marchandises formant la cargaison; le *certificat* ou *patente de santé*, c'est-à-dire l'acte qui constate l'état sanitaire des pays de provenance et celui du navire lors du départ; le *livre de bord*. — [6]) V. ordonnance du 18 octobre 1740; arrêté du 14 ventôse an XI; ordonnance du 12 février 1815; ordonnance du 25 novembre 1827; décret du 20 mars 1852; loi du 20 décembre 1892; loi du 30 janvier 1893; loi du 7 avril 1902.

dans le navire, avec l'autorisation du juge. — Au cas où la part serait déjà hypothéquée, la saisie pourra être autorisée par le juge, et la vente poursuivie devant le tribunal civil, comme il est dit ci-dessus.

234. Si, pendant le cours du voyage, il y a nécessité de radoub, ou d'achat de victuailles, le capitaine, après l'avoir constaté par un procès-verbal signé des principaux de l'équipage, pourra, en se faisant autoriser en France par le tribunal de commerce, ou, à défaut, par le juge de paix, chez l'étranger, par le consul français[1], ou, à défaut, par le magistrat des lieux, emprunter sur le corps et quille du vaisseau, mettre en gage ou vendre des marchandises, jusqu'à concurrence de la somme que les besoins constatés exigent. — Les propriétaires, ou le capitaine qui les représente, tiendront compte des marchandises vendues, d'après le cours des marchandises de même nature et qualité dans le lieu de la décharge du navire, à l'époque de son arrivée. — L'affréteur unique ou les chargeurs divers, qui seront tous d'accord, pourront s'opposer à la vente ou à la mise en gage de leurs marchandises, en les déchargeant et en payant le fret en proportion de ce que le voyage est avancé. A défaut du consentement d'une partie des chargeurs, celui qui voudra user de la faculté de déchargement sera tenu du fret entier sur ses marchandises[2].

235. Le capitaine, avant son départ d'un port étranger ou des colonies françaises pour revenir en France, sera tenu d'envoyer à ses propriétaires, ou à leurs fondés de pouvoir, un compte signé de lui, contenant l'état de son chargement, le prix des marchandises de sa cargaison, les sommes par lui empruntées, les noms et demeures des prêteurs.

236. Le capitaine qui aura, sans nécessité, pris de l'argent sur le corps, ravitaillement ou équipement du navire, engagé ou vendu des marchandises ou des victuailles, ou qui aura employé dans ses comptes des avaries ou des dépenses supposées, sera responsable envers l'armement, et personnellement tenu du remboursement de l'argent ou du paiement des objets, sans préjudice de la poursuite criminelle, s'il y a lieu.

237. Hors le cas d'innavigabilité légalement constatée, le capitaine ne peut, à peine de nullité de la vente, vendre le navire sans un pouvoir spécial des propriétaires[3].

238. Tout capitaine de navire, engagé pour un voyage, est tenu de l'achever, à peine de tous dépens, dommages et intérêts envers les propriétaires et les affréteurs[4].

239. Le capitaine qui navigue à profit commun sur le chargement, ne peut faire aucun trafic ni commerce pour son compte particulier, s'il n'y a convention contraire.

240. En cas de contravention aux dispositions mentionnées dans l'article précédent, les marchandises embarquées par le capitaine pour son compte particulier sont confisquées au profit des autres intéressés.

241. Le capitaine ne peut abandonner son navire pendant le voyage, pour quelque danger que ce soit, sans l'avis des officiers et principaux de l'équipage; et, en ce cas, il est tenu de sauver avec lui l'argent et ce qu'il pourra des marchandises les plus précieuses de son chargement, sous peine d'en répondre en son propre nom. — Si les objets ainsi tirés du navire sont perdus par quelque cas fortuit, le capitaine en demeurera déchargé[5].

242. Le capitaine est tenu, dans les vingt-quatre heures de son arrivée, de faire viser son registre, et de faire son rapport. — Le rapport doit énoncer: — Le lieu et le temps de son départ; — La route qu'il a tenue; — Les hasards qu'il a courus; — Les désordres arrivés dans le navire, et toutes les circonstances remarquables de son voyage.

243. Le rapport est fait au greffe, devant le président du tribunal de commerce. — Dans le lieux où il n'y a pas de tribunal de commerce, le rapport est fait au juge de paix de l'arrondissement. — Le juge de paix qui a reçu le rapport est tenu de l'envoyer, sans délai, au président du tribunal de commerce le plus voisin. — Dans l'un et l'autre cas, le dépôt en est fait au greffe du tribunal de commerce.

---

1) Sur les fonctions des consuls dans leurs rapports avec la marine marchande: V. ordonnance du 29 octobre 1833; décret du 22 septembre 1854. — 2) V. aussi: loi du 7 avril 1902, art. 15. — 3) V. ordonnance du 29 octobre 1833, art. 17; décret du 22 septembre 1854, art. 2. — 4) Tous les gens d'équipage sont soumis à cette obligation. S'ils y manquent, ils sont punis comme déserteurs (décret du 24 mars 1852, art. 65) et perdent leurs salaires, dont, en principe, une moitié reste, à titre d'indemnité, à l'armateur, et dont l'autre moitié est dévolue à la Caisse des Invalides de la Marine. — 5) V. décret du 24 mars 1852; loi du 15 avril 1898.

244. Si le capitaine aborde dans un port étranger, il est tenu de se présenter au consul de France, de lui faire un rapport, et de prendre un certificat constatant l'époque de son arrivée et de son départ, l'état et la nature de son chargement[1].

245. Si, pendant le cours du voyage, le capitaine est obligé de relâcher dans un port français, il est tenu de déclarer au président du tribunal de commerce du lieu les causes de sa relâche. — Dans les lieux où il n'y a pas de tribunal de commerce, la déclaration est faite au juge de paix du canton. — Si la relâche forcée a lieu dans un port étranger, la déclaration est faite au consul de France, ou, à son défaut, au magistrat du lieu[1].

246. Le capitaine qui a fait naufrage, et qui s'est sauvé seul ou avec partie de son équipage, est tenu de se présenter devant le juge du lieu, ou, à défaut de juge, devant toute autre autorité civile, d'y faire son rapport, de le faire vérifier par ceux de son équipage qui se seraient sauvées et se trouveraient avec lui, et d'en lever expédition[2].

247. Pour vérifier le rapport du capitaine, le juge reçoit l'interrogatoire des gens de l'équipage, et, s'il est possible, des passagers, sans préjudice des autres preuves. — Les rapports non vérifiés ne sont point admis à la décharge du capitaine, et ne font point foi en justice, excepté dans le cas où le capitaine naufragé s'est sauvé seul dans le lieu où il a fait son rapport. — La preuve des faits contraires est réservée aux parties[2].

248. Hors les cas de péril imminent, le capitaine ne peut décharger aucune marchandise avant d'avoir fait son rapport, à peine de poursuites extraordinaires contre lui.

249. Si les victuailles du bâtiment manquent pendant le voyage, le capitaine, en prenant l'avis des principaux le l'équipage, pourra contraindre ceux qui auront des vivres en particulier de les mettre en commun, à la charge de leur en payer la valeur.

Titre cinquième. De l'engagement et des loyers des matelots et gens de l'équipage.[3] [4]

250. Les conditions d'engagement du capitaine et des hommes d'équipage d'un navire sont constatées par le rôle d'équipage, ou par les conventions des parties.

251. Le capitaine et les gens de l'équipage ne peuvent, sous aucun prétexte, charger dans le navire aucune marchandise pour leur compte, sans la permission des propriétaires et sans en payer le fret, s'ils n'y sont autorisés par l'engagement.

252. Si le voyage est rompu par le fait des propriétaires, capitaine ou affréteurs, avant le départ du navire, les matelots loués au voyage ou au mois sont payés des journées par eux employées à l'équipement du navire. Ils retiennent pour indemnité les avances reçues. — Si les avances ne sont pas encore payées, ils reçoivent pour indemnité un mois de leurs gages convenus. — Si la rupture arrive après le voyage commencé, les matelots loués au voyage sont payés en entier aux termes de leur convention. — Les matelots loués au mois reçoivent leurs loyers stipulés pour le temps qu'ils ont servi, et, en outre, pour indemnité, la moitié de leurs gages pour le reste de la durée présumée du voyage pour lequel ils étaient engagés. — Les matelots loués au voyage ou au mois reçoivent, en outre, leur conduite de retour jusqu'au lieu du départ du navire, à moins que le capitaine, les propriétaires ou affréteurs, ou l'officier d'administration, ne leur procurent leur embarquement sur un autre navire revenant audit lieu de leur départ[5].

253. S'il y a interdiction de commerce avec le lieu de destination du navire, ou si le navire est arrêté par ordre du gouvernement avant le voyage commencé, il n'est dû aux matelots que les journées employées à équiper le bâtiment.

254. Si l'interdiction de commerce ou l'arrêt du navire arrive pendant le cours du voyage, — Dans les cas d'interdiction, les matelots sont payés à proportion du temps qu'ils auront servi; — Dans le cas de l'arrêt, le loyer des mate-

---

1) V. décret du 22 septembre 1854. — 2) V. décret du 22 septembre 1854. — 3) Sur l'inscription maritime: V. loi du 24 décembre 1896. — L'inscription maritime soumet les marins à l'obligation de servir sur les vaisseaux de l'État, toutes les fois qu'ils en sont requis, de 20 à 50 ans, et en temps de guerre dès l'âge de 18 ans. En fait, le service ne dure que 3 ou 4 ans. — 4) Sur la sécurité de la navigation maritime et la réglementation du travail à bord des navires de commerce: V. loi du 17 avril 1907. — Sur les accidents et collisions en mer: V. loi du 10 mars 1891 et loi du 17 avril 1906, art. 44. — 5) V. décret du 24 mars 1852.

lots engagés au mois court pour moitié pendant le temps de l'arrêt. — Le loyer des matelots engagés au voyage est payé aux termes de leur engagement.

255. Si le voyage est prolongé, le prix des loyers des matelots engagés au voyage est augmenté en proportion de la prolongation.

256. Si la décharge du navire se fait volontairement dans un lieu plus rapproché que celui qui est désigné par l'affrètement, il ne leur est fait aucune diminution.

257. Si les matelots sont engagés au profit ou au fret, il ne leur est dû aucun dédommagement ni journées pour la rupture, le retardement ou la prolongation du voyage occasionnés par force majeure. — Si la rupture, le retardement ou la prolongation arrivent par le fait des chargeurs, les gens de l'équipage ont part aux indemnités qui sont adjugées au navire. — Ces indemnités sont partagées entre les propriétaires du navire et les gens de l'équipage dans la même proportion que l'aurait été le fret. — Si l'empêchement arrive par le fait du capitaine ou des propriétaires, ils sont tenus des indemnités dues aux gens de l'équipage.

258. (*Ainsi modifié: Loi du 12 août 1885.*) En cas de prise, naufrage, ou déclaration d'innavigabilité, les matelots engagés au voyage ou au mois sont payés de leurs loyers jusqu'au jour de la cessation de leurs services, à moins qu'il ne soit prouvé, soit que la perte du navire est le résultat de leur faute ou de leur négligence, soit qu'ils n'ont pas fait tout ce qui était en leur pouvoir pour sauver le navire, les passagers et les marchandises, ou pour recueillir les débris. — Dans ce cas, il appartient aux tribunaux de statuer sur la suppression ou la réduction du loyer qu'ils ont encourue. — Ils de sont jamais tenus de rembourser ce qui leur a été avancé sur leurs loyers. — En cas de perte sans nouvelles, les héritiers ou représentants des matelots engagés au mois auront droit aux loyers échus jusqu'aux dernières nouvelles et à un mois en sus. Dans le cas d'engagement au voyage, il sera dû à la succession des matelots moitié des loyers du voyage. — Si l'engagement avait pour objet un voyage d'aller et retour, il sera payé un quart de l'engagement total si le navire a péri en allant, trois quarts s'il a péri dans le retour; le tout sans préjudice des conventions contraires. — Dans tous les cas, le rapatriement des gens de l'équipage est à la charge de l'armement, mais seulement jusqu'à concurrence de la valeur du navire ou de ses débris, et du montant du fret des marchandises sauvées, sans préjudice du droit de préférence, qui appartient à l'équipage pour le paiement de ses loyers.

259. (*Abrogé: loi du 12 août 1885, art. 2.*)

260. Les matelots engagés au fret sont payés de leurs loyers seulement sur le fret, à proportion de celui que reçoit le capitaine.

261. De quelque manière que les matelots soient loués, ils sont payés des journées par eux employées à sauver les débris et les effets naufragés.

262. (*Ainsi modifié: Loi du 12 août 1885.*) Le matelot est payé de ses loyers, traité et pansé aux frais du navire, s'il tombe malade pendant le voyage, ou s'il est blessé au service du navire. — Si le matelot a dû être laissé à terre, il est rapatrié[1] aux dépens du navire; toutefois, le capitaine peut se libérer de tous frais de traitement ou de rapatriement en versant entre les mains de l'autorité française une somme à déterminer d'après un tarif qui sera arrêté par un règlement d'administration publique, lequel devra être revisé tous les trois ans. — Les loyers du matelot laissé à terre lui sont payés jusqu'à ce qu'il ait contracté un engagement nouveau ou qu'il ait été rapatrié. S'il a été rapatrié avant son rétablissement, il est payé de ses loyers jusqu'à ce qu'il soit rétabli. Toutefois, la période durant laquelle les loyers du matelot lui sont alloués ne pourra dépasser, en aucun cas, quatre mois à dater du jour où il a été laissé à terre[2].

263. (*Ainsi modifié: Loi du 12 août 1885.*) Le matelot est traité, pansé et rapatrié de la manière indiquée en l'article précédent aux dépens du navire et du chargement, s'il est blessé en combattant contre les ennemis et les pirates.

264. Si le matelot, sorti du navire sans autorisation, est blessé à terre, les frais de ses pansement et traitement sont à sa charge; il pourra même être congédié par le capitaine. — Ses loyers, en ce cas, ne lui seront payés qu'à proportion du temps qu'il aura servi.

265. (*Ainsi modifié: Loi du 12 août 1885.*) En cas de mort d'un matelot pendant le voyage, si le matelot est engagé au mois, ses loyers sont dus à sa succession jusqu'au jour de son décès. — Si le matelot est engagé au voyage, au profit ou au fret, et pour un voyage d'aller seulement, le total de ses loyers ou de sa part est dû, s'il meurt

1) Sur le rapatriement: V. décret du 22 septembre 1891. — 2) V. décret du 4 mars 1852.

après le voyage commencé; si l'engagement avait pour objet un voyage d'aller et retour, la moitié des loyers et de la part du matelot est due s'il meurt en allant ou au port d'arrivée; la totalité est due s'il meurt en revenant. — Pour les opérations de la grande pêche, la moitié de ses loyers ou de sa part est due s'il meurt pendant la première moitié de la campagne; la totalité est due s'il meurt pendant la seconde moitié. — Les loyers du matelot tué en défendant le navire sont dus en entier pour tout le voyage si le navire arrive à bon port, et, en cas de prise, naufrage ou déclaration d'innavigabilité, jusqu'au jour de la cessation des services de l'équipage[1].

266. Le matelot pris dans le navire et fait esclave ne peut rien prétendre contre le capitaine, les propriétaires ni les affréteurs, pour le paiement de son rachat. — Il est payé de ses loyers jusqu'au jour où il est pris et fait esclave.

267. Le matelot pris et fait esclave, s'il a été envoyé en mer ou à terre pour le service du navire, a droit à l'entier paiement de ses loyers. — Il a droit au paiement d'une indemnité pour son rachat, si le navire arrive à bon port.

268. L'indemnité est due par les propriétaires du navire, si le matelot a été envoyé en mer ou à terre pour le service du navire. — L'indemnité est due par les propriétaires du navire et du chargement, si le matelot a été envoyé en mer ou à terre pour le service du navire et du chargement.

269. Le montant de l'indemnité est fixé à 600 fr. — Le recouvrement et l'emploi en seront faits suivant les formes déterminées par le gouvernement, dans un règlement relatif au rachat des captifs.

270. Tout matelot qui justifie qu'il est congédié sans cause valable, a droit à une indemnité contre le capitaine. — L'indemnité est fixée au tiers des loyers, si le congé a lieu avant le voyage commencé. — L'indemnité est fixée à la totalité des loyers et aux frais du retour, si le congé a lieu pendant le cours du voyage. — Le capitaine ne peut, dans aucun des cas ci-dessus, répéter le montant de l'indemnité contre les propriétaires du navire. — Il n'y a pas lieu à indemnité, si le matelot est congédié avant la clôture du rôle d'équipage. — Dans aucun cas le capitaine ne peut congédier un matelot dans les pays étrangers[2].

271. Le navire et le fret sont spécialement affectés aux loyers des matelots.

272. Toutes les dispositions concernant les loyers, pansements et rachats des matelots, sont communes aux officiers et à tous autres gens de l'équipage.

Titre sixième. Des chartes-parties[3], affrétements ou nolissements.

273. Toute convention pour louage d'un vaisseau, appelée *charte-partie, affrètement* ou *nolissement*, doit être rédigée par écrit. — Elle énonce: — Le nom et le tonnage du navire; — Le nom du capitaine; — Les noms du fréteur et de l'affréteur; — Le lieu et le temps convenus pour la charge et pour la décharge[4]; — Le prix du fret ou nolis; — Si l'affrètement est total ou partiel; — L'indemnité convenue pour les cas de retard[5].

274. Si le temps de la charge et de la décharge du navire n'est point fixé par les conventions des parties, il est réglé suivant l'usage des lieux.

275. Si le navire est frété au mois, et s'il n'y a convention contraire, le fret court du jour où le navire a fait voile.

276. Si, avant le départ du navire, il y a interdiction de commerce avec le pays pour lequel il est destiné, les conventions sont résolues sans dommages-intérêts

---

1) V. décret du 4 mars 1852. — 2) V. décret du 4 mars 1852. — 3) «Cette expression (*charte-partie*) provient d'un très ancien usage. Autrefois, quand on avait dressé un écrit pour constater une convention, l'original (ou charte) était coupé du haut en bas en deux parties et chaque contractant en prenait une; en cas de contestation, on rapprochait les deux parties de l'original, afin d'établir ce qui avait été convenu»: Ch. Lyon-Caen et L. Renault, *Manuel de Droit Commercial*, 11e édition, page 704, nº 920. — 4) Les délais fixés pour la charge ou la décharge sont appelés *jours de planche* ou *staries*. Quand les délais expirent, sans que le chargement ou le déchargement ait été opéré, l'affréteur en retard doit des dommages-intérêts, appelés *surestaries*. En cas de retard exceptionnel, il est dû des dommages-intérêts supplémentaires, appelés *contre-surestaries* ou *sur-surestaries* ou *contrestaries*. Les staries sont généralement, tant au départ qu'à l'arrivée, de 3 jours pour le petit cabotage, et de 15 jours pour la navigation au long cours et pour le grand cabotage. — 5) La convention peut contenir des clauses accessoires relatives au *chapeau du capitaine* et aux *dépenses de navigation*. Le *chapeau du capitaine* est un fret supplémentaire payé au capitaine à raison des soins qu'il donne aux marchandises; les *dépenses de navigation* se rapportent aux événements de mer extraordinaires, on les appelle aussi parfois *avaries-frais*.

de part ni d'autre. — Le chargeur est tenu des frais de la charge et de la décharge de ses marchandises.

277. S'il existe une force majeure qui n'empêche que pour un temps la sortie du navire, les conventions subsistent, et il n'y a pas lieu à dommages-intérêts à raison du retard. — Elles subsistent également, et il n'y a lieu à aucune augmentation de fret, si la force majeure arrive pendant le voyage.

278. Le chargeur peut, pendant l'arrêt du navire, faire décharger ses marchandises à ses frais, à condition de les recharger ou d'indemniser le capitaine.

279. Dans le cas de blocus du port pour lequel le navire est destiné, le capitaine est tenu, s'il n'a des ordres contraires, de se rendre dans un des ports voisins de la même puissance où il lui sera permis d'aborder.

280. Le navire, les agrès et apparaux, le fret et les marchandises chargées, sont respectivement affectés à l'exécution des conventions des parties[1].

Titre septième. Du connaissement.[2]

281. Le connaissement doit exprimer la nature et la quantité ainsi que les espèces ou qualités des objets à transporter. — Il indique: — Le nom du chargeur; — Le nom et l'adresse de celui à qui l'expédition est faite; — Le nom et le domicile du capitaine; — Le nom et le tonnage du navire; — Le lieu du départ et celui de la destination. — Il énonce le prix du fret. — Il présente en marge les marques et numéros des objets à transporter. — Le connaissement peut être à ordre, ou au porteur, ou à personne dénommée.

282. Chaque connaissement est fait en quatre originaux au moins: — Un pour le chargeur; — Un pour celui à qui les marchandises sont adressées; — Un pour le capitaine; — Un pour l'armateur du bâtiment. — Les quatre originaux sont signés par le chargeur et par le capitaine, dans les vingt-quatre heures après le chargement. — Le chargeur est tenu de fournir au capitaine, dans le même délai, les acquits des marchandises chargées.

283. Le connaissement rédigé dans la forme ci-dessus prescrite fait foi entre toutes les parties intéressées au chargement, et entre elles et les assureurs.

284. En cas de diversité entre les connaissements d'un même chargement celui qui sera entre les mains du capitaine fera foi, s'il est rempli de la main du chargeur, ou de celle de son commissionnaire; et celui qui est présenté par le chargeur ou le consignataire sera suivi, s'il est rempli de la main du capitaine.

285. Tout commissionnaire ou consignataire qui aura reçu les marchandises mentionnées dans les connaissements ou chartes-parties sera tenu d'en donner reçu au capitaine qui le demandera, à peine de tous dépens, dommages-intérêts, même de ceux de retardement.

Titre huitième. Du fret ou nolis.

286. Le prix du loyer d'un navire ou autre bâtiment de mer est appelé *fret* ou *nolis*. — Il est réglé par les conventions des parties. — Il est constaté par la charte-partie ou par le connaissement. — Il a lieu pour la totalité ou pour partie du bâtiment, pour un voyage entier ou pour un temps limité, au tonneau[3], au quintal[4], à forfait, ou à cueillette[5], avec désignation du tonnage du vaisseau.

287. Si le navire est loué en totalité, et que l'affréteur ne lui donne pas toute sa charge, le capitaine ne peut prendre d'autres marchandises sans le consentement de l'affréteur. — L'affréteur profite du fret des marchandises qui complètent le chargement du navire qu'il a entièrement affrété.

288. L'affréteur qui n'a pas chargé la quantité de marchandises portée par la charte-partie est tenu de payer le fret en entier, et pour le chargement complet auquel il s'est engagé[6]. — S'il en charge davantage, il paie le fret de l'excédant sur

1) «Le batel est obligé à la marchandise et la marchandise au batel.» — 2) Sur le droit du timbre des connaissements: V. loi du 30 mars 1872. — 3) Le tonneau est, en principe, le poids d'un mètre cube d'eau, soit 1000 kilogrammes, mais en fait le poids varie entre 150 et 1000 kilogrammes: loi du 13 juin 1866, art. 1er, VII. — On distingue le *tonneau de jauge* et le *tonneau d'affrétement*. Le premier est une mesure de capacité servant à fixer la capacité ou tonnage des navires; le second est une mesure de poids ou de volume. — 4) Le quintal *métrique* est de 106 kilogrammes: loi du 11 juillet 1903. Mais, dans la pratique, il n'est généralement compté que pour 50 kilogrammes. — 5) L'affrétement est dit *à cueillette*, quand il est convenu que le contrat sera résolu si le fréteur ne trouve pas à compléter le chargement dans un délai déterminé. Le chargement est réputé complet lorsque les marchandises à transporter forment les trois quarts du plein navire. — 6) «Le vide se paie comme le plein.»

le prix réglé par la charte-partie. — Si cependant l'affréteur, sans avoir rien chargé, rompt le voyage avant le départ, il paiera en indemnité, au capitaine, la moitié du fret convenu par la charte-partie pour la totalité du chargement qu'il devait faire. — Si le navire a reçu une partie de son chargement, et qu'il parte à non-charge, le fret entier sera dû au capitaine.

289. Le capitaine qui a déclaré le navire d'un plus grand port qu'il n'est, est tenu des dommages-intérêts envers l'affréteur.

290. N'est réputé y avoir erreur en la déclaration du tonnage d'un navire, si l'erreur n'exède un quarantième, ou si la déclaration est conforme au certificat de jauge.

291. Si le navire est chargé à cueillette, soit au quintal, au tonneau ou à forfait, le chargeur peut retirer ses marchandises, avant le départ du navire, en payant le demi-fret[1]. — Il supportera les frais de charge, ainsi que ceux de dé charge et de rechargement des autres marchandises qu'il faudrait déplacer, et ceux du retardement.

292. Le capitaine peut faire mettre à terre, dans le lieu du chargement, les marchandises trouvées dans son navire, si elles ne lui ont point été déclarées, ou en prendre le fret au plus haut prix qui sera payé dans le même lieu pour les marchandises de même nature.

293. Le chargeur qui retire ses marchandises pendant le voyage, est tenu de payer le fret en entier et tous les frais de déplacement occasionnés par le déchargement: si les marchandises sont retirées pour cause des faits ou des fautes du capitaine, celui-ci est responsable de tous les frais.

294. Si le navire est arrêté au départ, pendant la route, ou au lieu de sa décharge, par le fait de l'affréteur, les frais du retardement sont dus par l'affréteur. — Si, ayant été frété pour l'aller et le retour, le navire fait son retour sans chargement ou avec un chargement incomplet, le fret entier est dû au capitaine, ainsi que l'intérêt du retardement.

295. Le capitaine est tenu des dommages-intérêts envers l'affréteur, si, par son fait, le navire a été arrêté ou retardé au départ, pendant sa route, ou au lieu de sa décharge. — Ces dommages-intérêts sont réglés par des experts.

296. Si le capitaine est contraint de faire radouber le navire pendant le voyage, l'affréteur est tenu d'attendre, ou de payer le fret en entier. — Dans le cas où le navire ne pourrait être radoubé, le capitaine est tenu d'en louer un autre. — Si le capitaine n'a pu louer un autre navire, le fret n'est dû qu'à proportion de ce que le voyage est avancé[2].

297. Le capitaine perd son fret, et répond des dommages-intérêts de l'affréteur, si celui-ci prouve que, lorsque le navire a fait voile, il était hors d'état de naviguer. — La preuve est admissible nonobstant et contre les certificats de visite au départ.[3]

298. (*Ainsi modifié: loi du 14 juin 1841.*) Le fret est dû pour les marchandises que le capitaine a été contraint de vendre pour subvenir aux victuailles, radoub et autres nécessités pressantes du navire, en tenant par lui compte de leur valeur au prix que le reste ou autre pareille marchandise de même qualité sera vendu au lieu de la décharge, si le navire arrive à bon port. — Si le navire se perd, le capitaine tiendra compte des marchandises sur le pied qu'il les aura vendues, en retenant également le fret porté aux connaissements. — Sauf, dans ces deux cas, le droit réservé aux propriétaires de navire par le paragraphe 2 de l'article 216. — Lorsque de l'exercice de ce droit résultera une perte pour ceux dont les marchandises auront été vendues ou mises en gage, elle sera répartie au marc le franc sur la valeur de ces marchandises et de toutes celles qui sont arrivées à leur destination, ou qui ont été sauvées du naufrage postérieurement aux événements de mer qui ont nécessité la vente ou la mise en gage.

299. S'il arrive interdiction de commerce avec le pays pour lequel le navire est en route, et qu'il soit obligé de revenir avec son chargement, il n'est dû au capitaine que le fret de l'aller, quoique le vaisseau ait été affrété pour l'aller et le retour.

300. Si le vaisseau est arrêté dans le cours de son voyage par l'ordre d'une puissance, — Il n'est dû aucun fret pour le temps de sa détention, si le navire est

1) Le demi-fret s'appelle aussi *faux-fret.* — 2) Ce fret s'appelle *fret proportionnel* ou *fret de distance.* — 3) V. sur les visites auxquelles est soumis le navire avant son départ: loi du 17 avril 1907. — Quand un navire a été visité avant son départ, il est présumé être parti en bon état de navigabilité; l'absence de visite, au contraire, fait présumer que le navire n'était pas au départ en état de tenir la mer.

affrété au mois; ni augmentation de fret, s'il est loué au voyage. — La nourriture et les loyers de l'équipage pendant la détention du navire sont réputés avaries.

301. Le capitaine est payé du fret des marchandises jetées à la mer pour le salut commun, à la charge de contribution.

302. Il n'est dû aucun fret pour les marchandises perdues par naufrage ou échouement, pillées par des pirates ou prises par les ennemis. — Le capitaine est tenu de restituer le fret qui lui aura été avancé, s'il n'y a convention contraire.

303. Si le navire et les marchandises sont rachetées, ou si les marchandises sont sauvées du naufrage, le capitaine est payé du fret jusqu'au lieu de la prise ou du naufrage. — Il est payé du fret entier en contribuant au rachat, s'il conduit les marchandises au lieu de leur destination.

304. La contribution pour le rachat se fait sur le prix courant des marchandises au lieu de leur décharge, déduction faite des frais, et sur la moitié du navire et du fret. — Les loyers des matelots n'entrent point en contribution.

305. Si le consignataire refuse de recevoir les marchandises, le capitaine peut, par autorité de justice, en faire vendre pour le paiement de son fret, et faire ordonner le dépôt du surplus. — S'il y a insuffisance, il conserve son recours contre le chargeur.

306. Le capitaine ne peut retenir les marchandises dans son navire faute de paiement de son fret; — Il peut, dans le temps de la décharge, demander le dépôt en mains tierces, jusqu'au paiement de son fret.

307. Le capitaine est préféré, pour son fret, sur les marchandises de son chargement pendant quinzaine après leur délivrance, si elles n'ont passé en mains tierces[1].

308. En cas de faillite des chargeurs ou réclamateurs avant l'expiration de la quinzaine, le capitaine est privilégié sur tous les créanciers pour le paiement de son fret et des avaries qui lui sont dues.

309. En aucun cas le chargeur ne peut demander de diminution sur le prix du fret.

310. Le chargeur ne peut abandonner pour le fret les marchandises diminuées de prix ou détériorées par leur vice propre ou par cas fortuit. — Si toutefois des futailles contenant vin, huile, miel et autres liquides, ont tellement coulé qu'elles soient vides ou presque vides, lesdites futailles pourront être abandonnées pour le fret.

Titre neuvième. Des contrats à la grosse.[2]

311. Le contrat à la grosse est fait devant notaire, ou sous signature privée. — Il énonce: — Le capital prêté et la somme convenue pour le profit maritime; — Les objets sur lesquels le prêt est affecté; — Les noms du navire et du capitaine; — Ceux du prêteur et de l'emprunteur; — Si le prêt a lieu pour un voyage; — Pour quel voyage, et pour quel temps; — L'époque du remboursement.

312. Tout prêteur à la grosse, en France, est tenu de faire enregistrer son contrat au greffe du tribunal de commerce, dans les dix jours de la date, à peine de perdre son privilège; — Et si le contrat est fait à l'étranger, il est soumis aux formalités prescrites à l'article 234.

313. Tout acte de prêt à la grosse peut être négocié par la voie de l'endossement, s'il est à ordre. — En ce cas, la négociation de cet acte a les mêmes effets et produit les mêmes actions en garantie que celle des autres effets de commerce.

314. La garantie de paiement ne s'étend pas au profit maritime, à moins que le contraire n'ait été expressément stipulé.

315. (*Ainsi modifié: Loi du 12 août 1885.*) Les emprunts à la grosse peuvent être affectés: sur le navire et ses accessoires, sur l'armement et ses victuailles, sur le fret, sur le chargement, sur le profit espéré du chargement, sur la totalité de ces objets conjointement ou sur une partie déterminée de chacun d'eux.

316. Tout emprunt à la grosse, fait pour une somme excédant la valeur des objets sur lesquels il est affecté, peut être déclaré nul, à la demande du prêteur, s'il est prouvé qu'il y a fraude de la part de l'emprunteur.

---

1) Dans le transport terrestre ou fluvial, le privilége du voiturier s'éteint par le dessaisissement: art. 2102, 6°, C. Civ. — 2) Le contrat à la grosse est appelé aussi *prêt à la grosse aventure, prêt à la grosse, prêt à retour de voyage* (cette dernière expression, parce que la somme prêtée ne doit être remboursée qu'au retour du voyage). Le prêteur s'appelle *prêteur* ou *donneur à la grosse*, et l'emprunteur *preneur* ou *emprunteur à la grosse*. L'intérêt promis au prêteur s'appelle *profit maritime, change maritime, intérêt* ou *profit nautique, prime de grosse*.

317. S'il n'y a fraude, le contrat est valable jusqu'à concurrence de la valeur des effets affectés à l'emprunt, d'après l'estimation qui en est faite ou convenue. — Le surplus de la somme empruntée est remboursé avec intérêt au cours de la place.

318. (*Abrogé: Loi du 12 août 1885, art. 2.*)

319. Nul prêt à la grosse ne peut être fait aux matelots ou gens de mer sur leurs loyers ou voyages.

320. Le navire, les agrès et les apparaux, l'armement et les victuailles, même le fret acquis, sont affectés par privilège au capital et intérêts de l'argent donné à la grosse sur le corps et quille du vaisseau. — Le chargement est également affecté au capital et intérêts de l'argent donné à la grosse sur le chargement. — Si l'emprunt a été fait sur un objet particulier du navire ou du chargement, le privilège n'a lieu que sur l'objet, et dans la proportion de la quotité affectée à l'emprunt.

321. Un emprunt à la grosse fait par le capitaine dans le lieu de la demeure des propriétaires du navire, sans leur autorisation authentique ou leur intervention dans l'acte, ne donne action et privilège que sur la portion que le capitaine peut avoir au navire et au fret.

322. Sont affectées aux sommes empruntées, même dans le lieu de la demeure des intéressés, pour radoub et victuailles, les parts et portions des propriétaires qui n'auraient pas fourni leur contingent pour mettre le bâtiment en état, dans les vingt-quatre heures de la sommation qui leur en sera faite.

323. Les emprunts faits pour le dernier voyage du navire sont remboursés par préférence aux sommes prêtées pour un précédent voyage, quand même il serait déclaré qu'elles sont laissées par continuation ou renouvellement. — Les sommes empruntées pendant le voyage sont préférées à celles qui auraient été empruntées avant le départ du navire; et s'il y a plusieurs emprunts faits pendant le même voyage, le dernier emprunt sera toujours préféré à celui qui l'aura précédé.

324. Le prêteur à la grosse sur marchandises chargées dans un navire désigné au contrat ne supporte pas la perte des marchandises, même par fortune de mer, si elles ont été chargées sur un autre navire, à moins qu'il ne soit légalement constaté que ce chargement a eu lieu par force majeure.

325. Si les effets sur lesquels le prêt à la grosse a eu lieu sont entièrement perdus, et que la perte soit arrivée par cas fortuit, dans le temps et dans le lieu des risques, la somme prêtée ne peut être réclamée.

326. Les déchets, diminutions et pertes qui arrivent par le vice propre de la chose, et les dommages causés par le fait de l'emprunteur, ne sont point à la charge du prêteur.

327. En cas de naufrage, le paiement des sommes empruntées à la grosse est réduit à la valeur des effets sauvés et affectés au contrat, déduction faite des frais de sauvetage.

328. Si le temps des risques n'est point déterminé par le contrat, il court à l'égard du navire, des agrès, apparaux, armement et victuailles, du jour que le navire a fait voile, jusqu'au jour où il est ancré ou amarré au port ou au lieu de sa destination. — A l'égard des marchandises, le temps des risques court du jour qu'elles ont été chargées dans le navire, ou dans les gabares pour les y porter, jusqu'au jour où elles sont délivrées à terre,

329. Celui qui emprunte à la grosse sur des marchandises n'est point libéré par la perte du navire et du chargement, s'il ne justifie qu'il y avait, pour son compte, des effets jusqu'à la concurrence de la somme empruntée.

330. Les prêteurs à la grosse contribuent, à la décharge des emprunteurs, aux avaries communes. — Les avaries simples sont aussi à la charge des prêteurs, s'il n'y a convention contraire.

331. S'il y a contrat à la grosse et assurance sur le même navire ou sur le même chargement, le produit des effets sauvés du naufrage est partagé entre le prêteur à la grosse, *pour son capital seulement*, et l'assureur, pour les sommes assurées, au marc le franc de leur intérêt respectif, sans préjudice des privilèges établis à l'article 191.

Titre dixième. Des assurances.[1]

Section première. Du contrat d'assurance, de sa forme et de son objet.

332. Le contrat d'assurance est rédigé par écrit. — Il est daté du jour auquel il est souscrit. — Il y est énoncé si c'est avant ou après midi. — Il peut être fait sous signature privée. — Il ne peut contenir aucun blanc. — Il exprime: — Le nom et le domicile de celui qui fait assurer, sa qualité de propriétaire ou de commissionnaire; — Le nom et la désignation du navire; — Le nom du capitaine; — Le lieu où les marchandises ont été ou doivent être chargées; — Le port d'où ce navire a dû ou doit partir; — Les ports ou rades dans lesquels il doit charger ou décharger; — Ceux dans lesquels il doit entrer; — La nature et la valeur ou l'estimation des marchandises ou objets que l'on fait assurer; — Les temps auxquels les risques doivent commencer et finir; — La somme assurée; — La prime ou le coût de l'assurance; — La soumission des parties à des arbitres, en cas de contestation, si elle a été convenue[2]; — Et généralement toutes les autres conditions dont les parties sont convenues[3].

333. La même police peut contenir plusieurs assurances, soit à raison des marchandises, soit à raison du taux de la prime, soit à raison de différents assureurs.

334. (*Ainsi modifié: Loi du 12 août 1885.*) Toute personne intéressée peut faire assurer le navire et ses accessoires, les frais d'armement, les victuailles, les loyers des gens de mer, le fret net, les sommes prêtées à la grosse et le profit maritime, les marchandises chargées à bord et le profit espéré de ces marchandises, le coût de l'assurance et généralement toutes choses estimables à prix d'argent sujettes aux risques de la navigation. — Toute assurance cumulative est interdite. — Dans tous les cas d'assurances cumulatives, s'il y a eu dol ou fraude de la part de l'assuré, l'assurance est nulle à l'égard de l'assuré seulement; s'il n'y a eu ni dol, ni fraude, l'assurance sera réduite de toute la valeur de l'objet deux fois assuré. S'il y a eu deux ou plusieurs assurances successives, la réduction portera sur la plus récente.

335. L'assurance peut être faite sur le tout ou sur une partie desdits objets, conjointement ou séparément. — Elle peut être faite en temps de paix ou en temps de guerre, avant ou pendant le voyage du vaisseau. — Elle peut être faite pour l'aller et le retour, ou seulement pour l'un des deux, pour le voyage entier ou pour un temps limité; — Pour tous voyages et transports par mer, rivières et canaux navigables.

336. En cas de fraude dans l'estimation des effets assurés, en cas de supposition ou de falsification, l'assureur peut faire procéder à la vérification et estimation des objets, sans préjudice de toutes autres poursuites, soit civiles, soit criminelles.

337. Les chargements faits aux échelles du Levant, aux côtes d'Afrique et autres parties du monde, pour l'Europe, peuvent être assurés, sur quelque navire qu'ils aient lieu, sans désignation du navire ni du capitaine. — Les marchandises elles-mêmes peuvent, en ce cas, être assurées sans désignation de leur nature et espèce. — Mais la police doit indiquer celui à qui l'expédition est faite ou doit être consignée, s'il n'y a convention contraire dans la police d'assurance.

338. Tout effet dont le prix est stipulé dans le contrat en monnaie étrangère est évalué au prix que la monnaie stipulée vaut en monnaie de France, suivant le cours à l'époque de la signature de la police.

339. Si la valeur des marchandises n'est point fixée par le contrat, elle peut être justifiée par les factures ou par les livres: à défaut, l'estimation en est faite suivant le prix courant au temps et au lieu du chargement, y compris tous les droits payés et les frais faits jusqu'à bord.

340. Si l'assurance est faite sur le retour d'un pays où le commerce ne se fait que par troc, et que l'estimation des marchandises ne soit pas faite par la police, elle sera réglée sur le pied de la valeur de celles qui ont été données en échange, en y joignant les frais de transport.

341. Si le contrat d'assurance ne règle point le temps des risques, les risques commencent et finissent dans le temps réglé par l'article 328 pour les contrats à la grosse.

---

[1]) V. loi du 5 juin 1850; loi du 2 juillet 1862, art. 18; loi du 23 août 1871; décret du 25 novembre 1871. — [2]) C'est une exception à la règle générale qui interdit les clauses compromissoires (art. 1006, C. Proc. Civ.). — [3]) On appelle *assurances sur corps* les assurances de navires, et *assurances sur facultés* les assurances de marchandises.

342. L'assureur peut faire réassurer par d'autres les effets qu'il a assurés. — L'assuré peut faire assurer le coût de l'assurance. — La prime de réassurance peut être moindre ou plus forte que celle de l'assurance.

343. L'augmentation de prime qui aura été stipulée en temps de paix pour le temps de guerre qui pourrait survenir, et dont la quotité n'aura pas été déterminée par les contrats d'assurance, est réglée par les tribunaux, en ayant égard aux risques, aux circonstances et aux stipulations de chaque police d'assurance.

344. En cas de perte des marchandises assurées et chargées pour le compte du capitaine sur le vaisseau qu'il commande, le capitaine est tenu de justifier aux assureurs l'achat des marchandises, et d'en fournir un connaissement signé par deux des principaux de l'équipage.

345. Tout homme de l'équipage et tout passager qui apportent des pays étrangers des marchandises assurées en France sont tenus d'en laisser un connaissement dans les lieux où le chargement s'effectue, entre les mains du consul de France, et, à défaut, entre les mains d'un Français notable négociant, ou du magistrat du lieu.

346. Si l'assureur tombe en faillite lorque le risque n'est pas encore fini, l'assuré peut demander caution, ou la résiliation du contrat. — L'assureur a le même droit en cas de faillite de l'assuré.

347. (*Ainsi modifié: Loi du 12 août 1885.*) Le contrat d'assurance est nul, s'il a pour objet les sommes empruntées à la grosse.

348. Toute réticence, toute fausse déclaration de la part de l'assuré, toute différence entre le contrat d'assurance et le connaissement, qui diminueraient l'opinion du risque ou en changeraient le sujet, annulent l'assurance. — L'assurance est nulle, même dans le cas où la réticence, la fausse déclaration ou la différence, n'auraient pas influé sur le dommage ou la perte de l'objet assuré.

Section II. Des obligations de l'assureur et de l'assuré.

349. Si le voyage est rompu avant le départ du vaisseau, même par le fait de l'assuré, l'assurance est annulée; l'assureur reçoit, à titre d'indemnité, demi pour cent de la somme assurée[1].

350. Sont aux risques des assureurs, toutes pertes et dommages qui arrivent aux objets assurés, par tempête, naufrage, échouement, abordage fortuit, changements forcés de route, de voyage ou de vaisseau, par jet, feu, prise, pillage, arrêt par ordre de puissance, déclaration de guerre, représailles, et généralement par toutes les autres fortunes de mer.

351. Tout changement de route, de voyage ou de vaisseau, et toutes pertes et dommages provenant du fait de l'assuré, ne sont point à la charge de l'assureur; et même la prime lui est acquise, s'il a commencé à courir les risques.

352. Les déchets, diminutions et pertes qui arrivent par le vice propre de la chose, et les dommages causés par le fait et faute des propriétaires, affréteurs ou chargeurs, ne sont point à la charge des assureurs.

353. L'assureur n'est point tenu des prévarications et fautes du capitaine et de l'équipage, connues sous le nom de *baraterie de patron*, s'il n'y a convention contraire.

354. L'assureur n'est point tenu du pilotage, touage et lamanage, ni d'aucune espèce de droits imposés sur le navire et les marchandises.

355. Il sera fait désignation, dans la police, des marchandises sujettes, par leur nature, à détérioration particulière ou diminution, comme blés ou sels, ou marchandises susceptibles de coulage; sinon les assureurs ne répondront point des dommages ou pertes qui pourraient arriver à ces mêmes denrées, si ce n'est toutefois que l'assuré eût ignoré la nature du chargement lors de la signature de la police[2].

356. Si l'assurance a pour objet des marchandises pour l'aller et le retour, et si, le vaisseau étant parvenu à sa première destination, il ne se fait point de chargement en retour, ou si le chargement en retour n'est pas complet, l'assureur reçoit seulement les deux tiers proportionnels de la prime convenue, s'il n'y a stipulation contraire.

---

[1]) En ce cas, on dit qu'il y a *rupture du voyage avant le départ.* — [2]) Lorsque le navire n'est pas désigné, l'assurance est dite *in quovis* ou *sur navire indéterminé.* La police est appelée *police flottante* ou *police d'abonnement* lorsque l'assurance *in quovis* a un caractère de généralité très grand, lorsque par exemple une personne fait assurer toutes les marchandises qu'elle expédiera ou qu'elle recevra, sur quelque navire qu'elles soient chargées, pourvu que le transport soit opéré dans le courant de l'année.

357. Un contrat d'assurance ou de réassurance consenti pour une somme excédant la valeur des effets chargés est nul à l'égard de l'assuré seulement, s'il est prouvé qu'il y a dol ou fraude de sa part.

358. S'il n'y a ni dol ni fraude, le contrat est valable jusqu'à concurrence de la valeur des effets chargés, d'après l'estimation qui en est faite ou convenue. — En cas de perte, les assureurs sont tenus d'y contribuer chacun à proportion des sommes par eux assurées. — Ils ne reçoivent pas la prime de cet excédent de valeur, mais seulement l'indemnité de demi pour cent.

359. S'il existe plusieurs contrats d'assurance faits sans fraude sur le même chargement, et que le premier contrat assure l'entière valeur des effets chargés, il subsistera seul. — Les assureurs qui ont signé les contrats subséquents sont libérés; ils ne reçoivent que demi pour cent de la somme assurée. — Si l'entière valeur des effets chargés n'est pas assurée par le premier contrat, les assureurs qui ont signé les contrats subséquents répondent de l'excédent, en suivant l'ordre de la date des contrats.

360. S'il y a des effets chargés pour le montant des sommes assurées, en cas de perte d'une partie, elle sera payée par tous les assureurs de ces effets, au marc le franc de leur intérêt.

361. Si l'assurance a lieu divisément pour des marchandises qui doivent être chargées sur plusieurs vaisseaux désignés, avec énonciation de la somme assurée sur chacun, et si le chargement entier est mis sur un seul vaisseau, ou sur un moindre nombre qu'il n'en est désigné dans le contrat, l'assureur n'est tenu que de la somme qu'il a assurée sur le vaisseau ou sur les vaisseaux qui ont reçu le chargement, nonobstant la perte de tous les vaisseaux désignés; et il recevra néanmoins demi pour cent des sommes dont les assurances se trouvent annulées.

362. Si le capitaine a la liberté d'entrer dans différents ports pour compléter ou échanger son chargement, l'assureur ne court les risques des effets assurés que lorsqu'ils sont à bord, s'il n'y a convention contraire.

363. Si l'assurance est faite pour un temps limité, l'assureur est libre après l'expiration du temps, et l'assuré peut faire assurer les nouveaux risques.

364. L'assureur est déchargé des risques, et la prime lui est acquise, si l'assuré envoie le vaisseau en un lieu plus éloigné que celui qui est désigné par le contrat, quoique sur la même route. — L'assurance a son entier effet, si le voyage est raccourci.

365. Toute assurance faite après la perte ou l'arrivée des objets assurés est nulle, s'il y a présomption qu'avant la signature du contrat, l'assuré a pu être informé de la perte, ou l'assureur de l'arrivée des objets assurés.

366. La présomption existe, si, en comptant trois quarts de myriamètre par heure, sans préjudice des autres preuves, il est établi que de l'endroit de l'arrivée ou de la perte du vaisseau, ou du lieu où la première nouvelle est arrivée, elle a pu être portée dans le lieu où le contrat d'assurance a été passé, avant la signature du contrat.

367. Si cependant l'assurance est faite sur bonnes ou mauvaises nouvelles, laprésomption mentionnée dans les articles précédents n'est point admise. — Le contrat n'est annulé que sur la preuve que l'assuré savait la perte, l'assureur l'arrivée du navire, avant la signature du contrat.

368. En cas de preuve contre l'assuré, celui-ci paie à l'assureur une double prime. — En cas de preuve contre l'assureur, celui-ci paie à l'assuré une somme double de la prime convenue. — Celui d'entre eux contre qui la preuve est faite est poursuivi correctionnellement.

Section III. Du délaissement.[1]

369. Le délaissement des objets assurés peut être fait: — En cas de prise; — De naufrage; — D'échouement avec bris; — D'innavigabilité par fortune de mer; —

[1]) L'assuré a deux actions contre l'assureur: *l'action d'avarie*, par laquelle il obtient une indemnité proportionnée au préjudice souffert, en conservant ce qui reste de la chose assurée; et *l'action en délaissement*, par laquelle il obtient l'intégralité de la somme assurée, comme s'il y avait perte totale, en abandonnant à l'assureur ce qui peut subsister de la chose assurée. Lorsque le sinistre n'est pas majeur, c'est-à-dire lorsqu'il n'est pas grave, l'assuré n'a que l'action d'avarie; dans le cas contraire, il peut, soit exercer l'action en délaissement, soit *régler par avaries*. (Le *règlement par avaries* ne doit pas être confondu avec le *règlement d'avaries*, qui a lieu lorsqu'on procède à une contribution par suite d'un jet [art. 410 à 429].)

En cas d'arrêt d'une puissance étrangère; — En cas de perte ou détérioration des effets assurés, si la détérioration ou la perte va au moins à trois quarts. — Il peut être fait, en cas d'arrêt de la part du gouvernement, après le voyage commencé.

370. Il ne peut être fait avant le voyage commencé.

371. Tous autres dommages sont réputés avaries, et se règlent, entre les assureurs et les assurés, à raison de leurs intérêts.

372. Le délaissement des objets assurés ne peut être partiel ni conditionnel. — Il ne s'étend qu'aux effets qui sont l'objet de l'assurance et du risque.

373. (*Ainsi modifié: Loi du 3 mai 1862.*) Le délaissement doit être fait aux assureurs dans le terme de six mois à partir du jour de la réception de la nouvelle de la perte arrivée aux ports ou côtes d'Europe, ou sur celles d'Asie et d'Afrique, dans la Méditerranée, ou bien, en cas de prise, de la réception de celle de la conduite du navire dans l'un des ports ou lieux situés aux côtes ci-dessus mentionnées; — Dans le délai d'un an après la réception de la nouvelle ou de la perte arrivée, ou de la prise conduite en Afrique en deçà du cap de Bonne-Espérance, ou en Amérique en deçà du cap Horn; — Dans le délai de dix-huit mois après la nouvelle des pertes arrivées ou des prises conduites dans toutes les autres parties du monde; — Et, ces délais passés, les assurés ne seront plus recevables à faire le délaissement.

374. Dans le cas où le délaissement peut être fait, et dans le cas de tous autres accidents au risque des assureurs, l'assuré est tenu de signifier à l'assureur les avis qu'il a reçus. — La signification doit être faite dans les trois jours de la réception de l'avis.

375. (*Ainsi modifié: Loi du 3 mai 1862.*) Si, après six mois expirés, à compter du jour du départ du navire ou du jour auquel se rapportent les dernières nouvelles reçues, pour les voyages ordinaires; — Après un an, pour les voyages de long cours, l'assuré déclare n'avoir reçu aucune nouvelle de son navire, il peut faire le délaissement à l'assureur et demander le paiement de l'assurance, sans qu'il soit besoin d'attestation de la perte. — Après l'expiration des six mois ou de l'an, l'assuré a, pour agir, les délais établis par l'article 373.

376. Dans les cas d'une assurance pour temps limité, après l'expiration des délais établis, comme ci-dessus, pour les voyages ordinaires et peur ceux de long cours, la perte du navire est présumée arrivée dans le temps de l'assurance.

377. (*Ainsi modifié: Loi du 14 juin 1854.*) Sont réputés voyages de long cours ceux qui se font ou delà des limites ci-après déterminées: — Au sud, le 30e degré de latitude nord; — Au nord, le 72e degré de latitude nord; — A l'ouest, le 15e degré de longitude du méridien de Paris; — A l'est, le 44e degré de longitude du méridien de Paris[1].

378. L'assuré peut, par la signification mentionnée en l'article 374, ou faire le délaissement avec sommation à l'assureur de payer la somme assurée dans le délai fixé par le contrat, ou se réserver de faire le délaissement dans les délais fixés par la loi.

379. L'assuré est tenu, en faisant le délaissement, de déclarer toutes les assurances qu'il a faites ou fait faire, même celles qu'il a ordonnées, et l'argent qu'il a pris à la grosse, soit sur le navire, soit sur les marchandises; faute de quoi, le délai du paiement, qui doit commencer à courir du jour du délaissement, sera suspendu jusqu'au jour où il fera notifier ladite déclaration, sans qu'il en résulte aucune prorogation du délai établi pour former l'action en délaissement.

380. En cas de déclaration frauduleuse, l'assuré est privé des effets de l'assurance; il est tenu de payer les sommes empruntées, nonobstant la perte ou la prise du navire.

381. En cas de naufrage ou d'échouement avec bris, l'assuré doit, sans préjudice du délaissement à faire en temps et lieu, travailler au recouvrement des effets naufragés. — Sur son affirmation, les frais de recouvrement lui sont alloués jusqu'à concurrence de la valeur des effets recouvrés.

382. Si l'époque du paiement n'est point fixée par le contrat, l'assureur est tenu de payer l'assurance trois mois après la signification du délaissement.

383. Les actes justificatifs du chargement et de la perte sont signifiés à l'assureur avant qu'il puisse être poursuivi pour le paiement des sommes assurées.

384. L'assureur est admis à la preuve des faits contraires à ceux qui sont consignés dans les attestations. — L'admission à la preuve ne suspend pas les con-

[1]) V. loi du 30 janvier 1893, art. 1er.

damnations de l'assureur au paiement provisoire de la somme assurée, à la charge par l'assuré de donner caution. — L'engagement de la caution est éteint après quatre années révolues, s'il n'y a pas eu de poursuite.

385. Le délaissement signifié et accepté ou jugé valable, les effets assurés appartiennent à l'assureur, à partir de l'époque du délaissement. — L'assureur ne peut, sous prétexte du retour du navire, se dispenser de payer la somme assurée.

386. (*Abrogé: Loi du 12 août 1885, art. 2.*)

387. En cas d'arrêt de la part d'une puissance[1], l'assuré est tenu de faire la signification à l'assureur, dans les trois jours de la réception de la nouvelle. — Le délaissement des objets arrêtés ne peut être fait qu'après un délai de six mois de la signification, si l'arrêt a eu lieu dans les mers d'Europe, dans la Méditerranée ou dans la Baltique; — Qu'après le délai d'un an, si l'arrêt a eu lieu en pays plus éloignés. — Ces délais ne courent que du jour de la signification de l'arrêt. — Dans le cas où les marchandises seraient périssables, les délais ci-dessus mentionnés sont réduits à un mois et demi pour le premier cas, et à trois mois pour le second cas.

388. Pendant les délais portés par l'article précédent, les assurés sont tenus de faire toutes diligences qui peuvent dépendre d'eux, à l'effet d'obtenir la mainlevée des effets arrêtés. — Pourront, de leur côté, les assureurs, ou de concert avec les assurés, ou séparément, faire toutes démarches à même fin.

389. Le délaissement à titre d'innavigabilité ne peut être fait, si le navire échoué peut être relevé, réparé, et mis en état de continuer sa route pour le lieu de sa destination. — Dans ce cas, l'assuré conserve son recours sur les assureurs, pour les frais et avaries occasionnés par l'échouement.

390. Si le navire a été déclaré innavigable, l'assuré sur le chargement est tenu d'en faire la notification dans le délai de trois jours de la réception de la nouvelle.

391. Le capitaine est tenu, dans ce cas, de faire toutes diligences pour se procurer un autre navire à l'effet de transporter les marchandises au lieu de leur destination.

392. L'assureur court les risques des marchandises chargées sur un autre navire, dans le cas prévu par l'article précédent, jusqu'à leur arrivée et leur déchargement.

393. L'assureur est tenu, en outre, des avaries, frais de déchargement, magasinage, rembarquement, de l'excédent du fret, et de tous autres frais qui auront été faits pour sauver les marchandises, jusqu'à concurrence de la somme assurée.

394. Si, dans les délais prescrits par l'article 387, le capitaine n'a pu trouver de navire pour recharger les marchandises et les conduire au lieu de leur destination, l'assuré peut en faire le délaissement.

395. En cas de prise, si l'assuré n'a pu en donner avis à l'assureur, il peut racheter les effets sans attendre son ordre. — L'assuré est tenu de signifier à l'assureur la composition qu'il aura faite, aussitôt qu'il en aura les moyens.

396. L'assureur a le choix de prendre la composition à son compte, ou d'y renoncer: il est tenu de notifier son choix à l'assuré, dans les vingt-quatre heures qui suivent la signification de la composition. — S'il déclare prendre la composition à son profit, il est tenu de contribuer, sans délai, au paiement du rachat dans les termes de la convention, et à proportion de son intérêt; et il continue de courir les risques du voyage, conformément au contrat d'assurance. — S'il déclare renoncer au profit de la composition, il est tenu au paiement de la somme assurée, sans pouvoir rien prétendre aux effets rachetés. — Lorsque l'assureur n'a pas notifié son choix dans le délai susdit, il est censé avoir renoncé au profit de la composition.

Titre onzième. Des avaries.

397. Toutes dépenses extraordinaires faites pour le navire et les marchandises, conjointement ou séparément, — Tout dommage qui arrive au navire ou aux marchandises, depuis leur chargement et départ jusqu'à leur retour et déchargement, — Sont réputés avaries.

398. A défaut de conventions spéciales entre toutes les parties, les avaries sont réglées conformément aux dispositions ci-après.

399. Les avaries sont de deux classes, avaries grosses ou communes, et avaries simples ou particulières.

400. Sont avaries communes: 1° Les choses données par composition et à titre de rachat du navire et des marchandises; — 2° Celles qui sont jetées à la

[1]) On dit alors qu'il y a *embargo*.

mer; — 3° Les câbles ou mâts rompus ou coupés; — 4° Les ancres et autres effets abandonnés pour le salut commun; — 5° Les dommages occasionnés par le jet aux marchandises restée dans le navire; — 6° Les pansements et nourriture des matelots blessés en défendant le navire, les loyer et nourriture des matelots pendant la détention, quand le navire est arrêté en voyage par ordre d'une puissance, et pendant les réparations des dommages volontairement soufferts pour le salut commun, si le navire est affrété au mois; — 7° Les frais du déchargement pour alléger le navire et entrer dans un havre ou dans une rivière, quand le navire est contraint de le faire par tempête ou par la poursuite de l'ennemi; — 8° Les frais faits pour remettre à flot le navire échoué dans l'intention d'éviter la perte totale ou la prise; — Et, en général, les dommages soufferts volontairement, et les dépenses faites d'après délibérations motivées, pour le bien et salut commun du navire et des marchandises, depuis leur chargement et départ jusqu'à leur retour et déchargement.

401. Les avaries communes sont supportées par les marchandises et par la moitié du navire et du fret, au marc le franc de la valeur.

402. Le prix des marchandises est établi par leur valeur au lieu du déchargement.

403. Sont avaries particulières: 1° Le dommage arrivé aux marchandises par leur vice propre, par tempête, prise, naufrage ou échouement; — 2° Les frais faits pour les sauver; — 3° La perte des câbles, ancres, voiles, mâts, cordages, causée par tempête ou autre accident de mer; — Les dépenses résultant de toutes relâches occasionnées soit par la perte fortuite de ces objets, soit par le besoin d'avitaillement, soit par la voie d'eau à réparer; — 4° La nourriture et le loyer des matelots pendant la détention, quand le navire est arrêté en voyage par ordre d'une puissance, et pendant les réparations qu'on est obligé d'y faire, si le navire est affrété au voyage; — 5° La nourriture et le loyer des matelots pendant la quarantaine, que le navire soit loué au voyage ou au mois; Et, en général, les dépenses faites et le dommage souffert par le navire seul, ou pour les marchandises seules, depuis leur chargement et départ jusqu'à leur retour et déchargement.

404. Les avaries particulières sont supportées et payées par le propriétaire de la chose qui a essuyé le dommage ou occasionné la dépense.

405. Les dommages arrivés aux marchandises, faute par le capitaine d'avoir bien fermé les écoutilles, amarré le navire, fourni de bons guindages, et par tous autres accidents provenant de la négligence du capitaine ou de l'équipage, sont également des avaries particulières supportées par le propriétaire des marchandises, mais pour lesquelles il a son recours contre le capitaine, le navire et le fret.

406. Les lamanages, touages, pilotages, pour entrer dans les havres ou rivières, ou pour en sortir, les droits de congés, visites, rapports, tonnes, balises, ancrages et autres droits de navigation, ne sont point avaries; mais ils sont de simples frais à la charge du navire.

407. En cas d'abordage[1] [2] de navires, si l'événement a été purement fortuit, le dommage est supporté, sans répétition, par celui des navires qui l'a éprouvé. — Si l'abordage a été fait par la faute de l'un des capitaines, le dommage est payé par celui qui l'a causé. — S'il y a doute dans les causes de l'abordage, le dommage est réparé à frais communs, et par égale portion, par les navires qui l'ont fait et souffert. — Dans ces deux derniers cas, l'estimation du dommage est faite par experts. — (*Ajouté: Loi du 14 décembre 1897.*) En cas d'abordage, le demandeur pourra, à son choix, assigner devant le tribunal du domicile du défendeur ou devant celui du port français dans lequel, en premier lieu, soit l'un, soit l'autre des deux navires s'est réfugié. — Si l'abordage est survenu dans la limite des eaux soumises à la juridiction française, l'assignation pourra également être donnée devant le tribunal dans le ressort duquel la collision s'est produite.

408. Une demande pour avaries n'est point recevable, si l'avarie commune n'excède pas un pour cent de la valeur cumulée du navire et des marchandises, et si l'avarie particulière n'excède pas aussi un pour cent de la valeur de la chose endommagée.

409. La clause *franc d'avaries* affranchit les assureurs de toutes avaries, soit communes, soit particulières, excepté dans les cas qui donnent ouverture au délaissement; et, dans ces cas, les assurés ont l'option entre le délaissement et l'exercice d'action d'avarie.

---

[1]) Il s'agit ici d'abordages survenus en haute mer. Les abordages survenus dans les eaux intérieures sont régis par les règles du droit commun. — [2]) V. sur les accidents et collisions en mer: loi du 10 mars 1891; décret et règlement du 20 février 1907.

Titre douzième. Du jet et de la contribution.

410. Si, par tempête ou par la chasse de l'ennemi, le capitaine se croit obligé, pour le salut du navire, de jeter en mer une partie de son chargement, de couper ses mâts ou d'abandonner ses ancres, il prend l'avis des intéressés au chargement qui se trouvent dans le vaisseau, et des principaux de l'équipage. — S'il y a diversité d'avis, celui du capitaine et des principaux de l'équipage est suivi.

411. Les choses les moins nécessaires, les plus pesantes et de moindre prix, sont jetées les premières, et ensuite les marchandises du premier pont au choix du capitaine, et par l'avis des principaux de l'équipage.

412. Le capitaine est tenu de rédiger par écrit la délibération, aussitôt qu'il en a les moyens. — La délibération exprime: — Les motifs qui ont déterminé le jet; — Les objets jetés ou endommagés. — Elle présente la signature des délibérants, ou les motifs de leur refus de signer. — Elle est transcrite sur le registre.

413. Au premier port où le navire abordera, le capitaine est tenu, dans les vingt-quatre heures de son arrivée, d'affirmer les faits contenus dans la déliberation transcrite sur le registre.

414. L'état des pertes et dommages est fait dans le lieu du déchargement du navire, à la diligence du capitaine et par experts[1] — Les experts sont nommés par le tribunal de commerce, si le déchargement se fait dans un port français. — Dans les lieux où il n'y a pas de tribunal de commerce, les experts sont nommés par le juge de paix. — Ils sont nommés par le consul de France, et, à son défaut, par le magistrat du lieu, si la décharge se fait dans un port étranger. — Les experts prêtent serment avant d'opérer.

415. Les marchandises jetées sont estimées suivant le prix courant du lieu du déchargement; leur qualité est constatée par la production des connaissements, et des factures s'il y en a.

416. Les experts nommés en vertu de l'article précédent font la répartition des pertes et dommages. — La répartition est rendue exécutoire par l'homologation du tribunal. — Dans les ports étrangers, la répartition est rendue exécutoire par le consul de France, ou, à son défaut, par tout tribunal compétent sur les lieux.

417. La répartition pour le paiement des pertes et dommages est faite sur les effets jetés et sauvés, et sur moitié du navire et du fret, à proportion de leur valeur au lieu du déchargement.

418. Si la qualité des marchandises a été déguisée par le connaissement, et qu'elles se trouvent d'une plus grande valeur, elles contribuent sur le pied de leur estimation, si elles sont sauvées; — Elles sont payées d'après la qualité désignée par le connaissement, si elles sont perdues. — Si les marchandises déclarées sont d'une qualité inférieure à celle qui est indiquée par le connaissement, elles contribuent d'après la qualité indiquée par le connaissement, si elles sont sauvées; — Elles sont payées sur le pied de leur valeur, si elles sont jetées ou endommagées.

419. Les munitions de guerre et de bouche, et les hardes des gens de l'équipage, ne contribuent point au jet; la valeur de celles qui auront été jetées sera payée par contribution sur tous les autres effets.

420. Les effets dont il n'y a pas de connaissement ou déclaration du capitaine ne sont pas payés s'ils sont jetés; ils contribuent s'ils sont sauvés.

421. Les effets chargés sur le tillac du navire contribuent s'ils sont sauvés. — S'ils sont jetés ou endommagés par le jet, le propriétaire n'est point admis à former une demande en contribution: il ne peut exercer son recours que contre le capitaine.

422. Il n'y a lieu à contribution pour raison du dommage arrivé au navire que dans le cas où le dommage a été fait pour faciliter le jet.

423. Si le jet ne sauve le navire, il n'y a lieu à aucune contribution. — Les marchandises sauvées ne sont point tenues du paiement ni du dédommagement de celles qui ont été jetées ou endommagées.

424. Si le jet sauve le navire, et si le navire, en continuant sa route, vient à se perdre, — Les effets sauvés contribuent au jet sur le pied de leur valeur, en l'état où ils se trouvent, déduction faite des frais de sauvetage.

425. Les effets jetés ne contribuent en aucun cas au paiement des dommages arrivés depuis le jet aux marchandises sauvées. — Les marchandises ne contribuent point au paiement du navire perdu, ou réduit à l'état d'innavigabilité.

---

[1] Ces experts sont appelés *dispacheurs*.

426. Si, en vertu d'une délibération, le navire a été ouvert pour en extraire les marchandises, elles contribuent à la réparation du dommage causé au navire.

427. En cas de perte des marchandises mises dans les barques pour alléger le navire entrant dans un port ou une rivière, la répartition en est faite sur le navire et son chargement en entier. — Si le navire périt avec le reste de son chargement, il n'est fait aucune répartition sur les marchandises mises dans les allèges, quoiqu'elles arrivent à bon port.

428. Dans tous les cas ci-dessus exprimés, le capitaine et l'équipage sont privilégiés sur les marchandises ou le prix en provenant pour le montant de la contribution.

429. Si, depuis la répartition, les effets jetés sont recouvrés par les propriétaires, ils sont tenus de rapporter au capitaine et aux intéressés ce qu'ils ont reçu dans la contribution, déduction faite des dommages causés par le jet des frais de recouvrement.

Titre treizième. Des prescriptions.

430. Le capitaine ne peut acquérir la propriété du navire par voie de prescription.

431. L'action en délaissement est prescrite dans les délais exprimés par l'article 373.

432. Toute action dérivant d'un contrat à la grosse, ou d'une police d'assurance, est prescrite après cinq ans, à compter de la date du contrat.

433. Sont prescrites: — Toute action de paiement pour fret de navire, gages et loyers des officiers, matelots et autres gens de l'équipage, un an après le voyage fini[1]; — Pour nourriture fournie aux matelots par l'ordre du capitaine, un an après la livraison; — Pour fournitures de bois et autres choses nécessaires aux constructions, équipement et avitaillement du navire, un an après ces fournitures faites; — Pour salaires d'ouvriers, et pour ouvrages faits, un an après la réception des ouvrages; — (*Ainsi modifié: Loi du 14 décembre 1897.*) Toute demande en délivrance de marchandises ou en dommages-intérêts pour avaries ou retard dans leur transport, un an après l'arrivée du navire. — La même prescription est opposable à l'action des passagers contre le capitaine et les propriétaires du navire ayant pour cause un dommage ou retard éprouvé pendant le voyage.

434. La prescription ne peut avoir lieu, s'il y a cédule, obligation, arrêté de compte ou interpellation judiciaire.

Titre quatorzième. Fins de non-recevoir.

435. Sont non recevables: Toutes actions contre le capitaine et les assureurs, pour dommage arrivé à la marchandise, si elle a été reçue sans protestation; — Toutes actions contre l'affréteur, pour avaries, si le capitaine a livré les marchandises et reçu son fret sans avoir protesté; — (*Ainsi modifié: Loi du 24 mars 1891.*) Ces protestations sont nulles si elles ne sont faites et signifiées dans les vingt-quatre heures et si, dans le mois de leur date, elles ne sont suivies d'une demande en justice.

436. (*Ainsi modifié: Loi du 24 mars 1891.*) Toutes actions en indemnité pour dommage provenant d'abordage sont non recevables si elles n'ont été intentées dans le délai d'un an à compter du jour de l'abordage.

---

[1]) Le voyage est considéré comme fini avec la confection du *rôle de désarmement*, c'est-à-dire avec le renouvellement du rôle de l'équipage.

Livre troisième. Des faillites et banqueroutes.

(*Loi du 28 mai 1838, promulguée le 8 juin.*)

Titre premier. De la faillite.[1] [2]

Dispositions générales.

437. Tout commerçant qui cesse ses paiements est en état de faillite. — La faillite d'un commerçant peut être déclarée après son décès, lorsqu'il est mort en état de cessation de paiements. — La déclaration de la faillite ne pourra être, soit prononcée d'office, soit demandée par les créanciers, que dans l'année qui suivra le décès[3].

Chapitre premier. De la déclaration de faillite et de ses effets.

438. (*Ainsi modifié: Loi du 4 mars 1899.*) Tout failli sera tenu, dans les quinze[2] jours de la cessation de ses paiements, d'en faire la déclaration au greffe du tribunal de commerce de son domicile. Le jour de la cessation de paiements sera compris dans les quinze[4] jours. — En cas de faillite d'une société en nom collectif, la déclaration contiendra le nom et l'indication du domicile de chacun des associés solidaires. Elle sera faite au greffe du tribunal dans le ressort duquel se trouve le siège du principal établissement de la société.

439. La déclaration du failli devra être accompagnée du dépôt du bilan, ou contenir l'indication des motifs qui empêcheraient le failli de le déposer. Le bilan contiendra l'énumeration et l'évaluation de tous les biens mobiliers et immobiliers du débiteur, l'état des dettes actives et passives, le tableau des profits et pertes, le tableau des dépenses; il devra être certifié véritable, daté et signé par le débiteur[5].

440. La faillite est déclarée par jugement du tribunal de commerce[6], rendu, soit sur la déclaration du failli, soit à la requête d'un ou de plusieurs créanciers[7], soit d'office. Ce jugement sera exécutoire provisoirement[8] [9].

441. Par le jugement déclaratif de la faillite, ou par jugement ultérieur rendu sur le rapport du juge-commissaire, le tribunal déterminera, soit d'office, soit sur la poursuite de toute partie intéressée, l'époque à laquelle a eu lieu la cessation de paiements. A défaut de détermination spéciale, la cessation de paiements sera réputée avoir eu lieu à partir du jugement déclaratif de la faillite[10].

---

[1]) V. la loi du 4 mars 1889, portant modification à la législation des faillites. — [2]) La faillite et la liquidation judiciaire n'existent que pour les commerçants. Ceux qui sont *incapables* de faire le commerce (femme mariée, mineur, etc.), sont aussi insusceptibles d'être mis en faillite ou en liquidation judiciaire. Ils peuvent seulement être obligés de restituer dans la mesure où ils se sont enrichis (art. 2 et 4, C. Com., 1312, C. Civ.). — [3]) Le bénéfice de la liquidation judiciaire peut être accordé également après le décès du débiteur: loi du 4 mars 1889, art. 2, al. 3. — [4]) Depuis la loi du 4 mars 1889; autrefois, ce délai était de trois jours. — [5]) Le failli qui n'aurait pas déposé son bilan dans les délais voulus, pourrait être déclaré banqueroutier simple (art. 586, 4°). — [6]) Le tribunal compétent est celui du domicile du débiteur ou celui de son principal établissement commercial. Si plusieurs tribunaux ont prononcé la faillite d'un même débiteur, on peut, soit procéder par voie de règlement de juges (art. 363, C. Proc. Civ.), soit attaquer ceux des jugements qui ont été rendus par des tribunaux incompétents. — Un étranger, quoique son établissement principal soit à l'étranger, peut être mis en faillite en France, s'il y a eu un établissement commercial et s'il y a exercé son industrie: Cour de Cassation, 5 juillet 1897 (Dalloz, 1897. I. 524). — [7]) Le montant de la créance est sans importance. Quelle que soit sa minimité, la faillite peut être prononcée, même si la créance était pourvue d'une garantie ou d'un privilége, ou si elle était onditionnelle ou à terme. Mais il est indispensable qu'elle soit *commerciale*. Sans doute, les créanciers civils peuvent produire à la faillite, mais ils ne peuvent la provoquer. D'ailleurs, on peut procéder tant par voie de requête que par voie d'assignation. — [8]) «La *liquidation judiciaire* ne peut être ordonnée que sur requête présentée par le débiteur»: art. 2, al. 1, loi du 4 mars 1889. — [9]) Sur 100 faillites, il y a environ 5 ou 6 déclarées d'office. Généralement, c'est le Parquet qui informe officieusement le Tribunal de la situation de tel ou tel négociant contre lequel il fait instruire. — D'autre part, si le Tribunal rejette la requête de mise en liquidation judiciaire, il prononce la faillite d'office. — Au surplus, toute liquidation judiciaire peut être convertie en faillite: art. 19, loi du 4 mars 1889. — [10]) En cas de faillite après décès, c'est évidemment au jour de la mort du failli qu'il faut faire remonter la cessation des paiements à défaut d'une fixation expresse.

442. Les jugements rendus en vertu des deux articles précédents seront affichés et insérés par extrait dans les journaux, tant du lieu où la faillite aura été déclarée que de tous les lieux où le failli aura des établissements commerciaux, suivant le mode établi par l'article 42 du présent Code.

443. Le jugement déclaratif de la faillite emporte de plein droit, à partir de sa date, dessaisissement pour le failli de l'administration de tous ses biens, même de ceux qui peuvent lui échoir tant qu'il est en état de faillite[1 2]. — A partir de ce jugement, toute action mobilière ou immobilière ne pourra être suivie ou intentée que contre les syndics[3]. — Il en sera de même de toute voie d'exécution tant sur les meubles que sur les immeubles. — Le tribunal, lorsqu'il le jugera convenable, pourra recevoir le failli partie intervenante[4].

444. Le jugement déclaratif de faillite rend exigibles, à l'égard du failli, les dettes passives non échues[5]. — En cas de faillite du souscripteur d'un billet à ordre, de l'accepteur d'une lettre de change ou du tireur à défaut d'acceptation, les autres obligés seront tenus de donner caution pour le paiement à l'échéance, s'ils n'aiment mieux payer immédiatement.

445. Le jugement déclaratif de faillite arrête, à l'égard de la masse seulement, le cours des intérêts de toute créance non garantie par un privilège, par un nantissement ou par une hypothèque[6]. — Les intérêts des créances garanties ne pourront être réclamés que sur les sommes provenant des biens affectés au privilège, à l'hypothèque ou au nantissement.

446. Sont nuls et sans effet, relativement à la masse, lorsqu'ils auront été faits par le débiteur depuis l'époque déterminée par le tribunal comme étant celle de la cessation de ses paiements, ou dans les dix jours qui auront précédé cette époque: — Tous actes translatifs de propriétés mobilières ou immobilières à titre gratuit[7]; — Tous paiements, soit en espèces, soit par transport, vente, compensation ou autrement, pour dettes non échues[8], et pour dettes échues, tous paiements faits autrement qu'en espèces ou effets de commerce[9]. — Toute hypothèque conventionnelle ou judiciaire, et tous droits d'antichrèse ou de nantissement constitués sur les biens du débiteur pour dettes antérieurement contractées[10 11].

447. Tous autres paiements faits par le débiteur pour dettes échues, et tous autres actes à titre onéreux par lui passés après la cessation de ses paiements et avant

---

1) En cas de liquidation judiciaire, le débiteur n'est pas précisément dessaisi de ses biens, mais il ne peut pas non plus en disposer librement: art. 5 à 7, loi du 4 mars 1889. — 2) Le dessaisissement n'est ni une expropriation, ni une interdiction. Les actes faits par le failli sont donc valables en eux-mêmes, mais ils ne peuvent pas être opposés à la masse. — V. une exception: art. 145 et 149. — Pour la même raison, aucune compensation n'est possible au profit de celui qui est à la fois créancier et débiteur du failli. La masse peut même s'opposer à ce que les obligations résultant de faits illicites commis depuis le jugement de faillite soient exécutées sur l'actif de la faillite. — En ce qui concerne les pensions et traitements servis par l'État, les salaires et appointements dus au failli qui a engagé ses services depuis le jugement déclaratif, ils ne sont atteints par le dessaisissement que dans la mesure où ils sont saisissables. Ainsi, le bien de famille n'étant jamais saisissable, il n'est pas non plus atteint par le dessaisissement (loi du 12 juillet 1909, art. 10). — Quant aux rentes sur l'État: V. loi du 8 nivôse an VI, art. 4; loi du 22 floréal an VII, art. 7; Cour de Cassation, 2 juillet 1894, (Dalloz, 1895. I. 15); 16 juillet 1894 (Dalloz, 1894. I. 497). — Le dessaisissement n'empêche pas le failli d'exercer son activité personnelle en se livrant au commerce ou à l'industrie; la masse peut seulement revendiquer le bénéfice réalisé par le failli, et ce, à l'exclusion de tous créanciers postérieurs au jugement déclaratif, dont les droits auraient une cause étrangère à ce nouveau commerce. Quant aux dettes contractées à raison de ce nouveau commerce, elles sont acquittées sur les biens en provenant à l'exclusion de la masse. — 3) S'il y a liquidation judiciaire, les actions doivent être intentées tant contre les liquidateurs que contre le liquidé: art. 2, al. 1, loi du 4 mars 1889. — 4) Le failli peut aussi faire des actes conservatoires, par exemple interrompre une prescription, signifier un jugement, etc. — 5) V. art. 8 de la loi du 4 mars 1889. — 6) Il en est de même en cas de liquidation judiciaire: art. 8, al. 1, loi du 4 mars 1889. — 7) Il faut assimiler aux donations tout avantage procuré gratuitement par le failli à une autre personne. — 8) L'article 446 ne vise pas les remises de fonds faites par un commerçant à un autre avec lequel il est en compte courant. Ces versements sont valables. — 9) Le chèque est assimilé aux lettres de change et aux billets à ordre. — 10) Est donc nulle l'hypothèque judiciaire qui résulte d'un jugement de condamnation rendu dans la période suspecte. — Quant aux hypothèques légales, elles sont soustraites aux rigueurs de l'article 446, mais celle de la femme est restreinte par l'article 563. — Comp. art. 11, al. 3, loi du 17 mars 1909. — 11) Quant aux actes énumérés par l'article 446, mais antérieurs à la période suspecte, ils ne peuvent être attaqués qu'en vertu de l'article 1167 du Code Civil (action paulienne), ce qui implique la nécessité d'établir la fraude du débiteur, c'est-à-dire la connaissance du préjudice qu'il causait à ses créanciers en faisant l'acte incriminé.

le jugement déclaratif de faillite, pourront être annulés si, de la part de ceux qui ont reçu du débiteur ou qui ont traité avec lui, ils ont eu lieu avec connaissance de la cessation de ses paiements[1] [2] [3].

448. Les droits d'hypothèque et de privilége valablement acquis pourront être inscrits jusqu'au jour du jugement déclaratif de la faillite[4]. — Néanmoins les inscriptions prises après l'époque de la cessation de paiements ou dans les dix jours qui précèdent, pourront être déclarées nulles, s'il s'est écoulé plus de quinze jours entre la date de l'acte constitutif de l'hypothèque ou du privilège et celle de l'inscription[5] [6]. — Ce délai sera augmenté d'un jour à raison de cinq myriamètres de distance entre le lieu où le droit d'hypothèque aura été acquis et le lieu où l'inscription sera prise.

449. Dans le cas où des lettres de change auraient été payées après l'époque fixée comme étant celle de la cessation de paiements et avant le jugement déclaratif de faillite, l'action en rapport ne pourra être intentée que contre celui pour compte duquel la lettre de change aura été fournie. — S'il s'agit d'un billet à ordre, l'action ne pourra être exercée que contre le premier endosseur. — Dans l'un et l'autre cas, la preuve que celui à qui on demande le rapport avait connaissance de la cessation de paiements à l'époque de l'émission du titre devra être fournie[7].

450. (*Ainsi modifié: Loi du 12 février 1872.*) Les syndics auront pour les baux des immeubles affectés à l'industrie ou au commerce du failli, y compris les locaux dépendant de ces immeubles et servant à l'habitation du failli et de sa famille, huit jours, à partir de l'expiration du délai accordé par l'article 492 du Code de Commerce aux créanciers domiciliés en France pour la vérification de leurs créances, pendant lesquels ils pourront notifier au propriétaire leur intention de continuer le bail, à la charge de satisfaire à toutes les obligations du locataire. — Cette notification ne pourra avoir lieu qu'avec l'autorisation du juge-commissaire et le failli entendu[8]. — Jusqu'à l'expiration de ces huit jours, toutes voies d'exécution sur les effets mobiliers servant à l'exploitation du commerce ou de l'industrie du failli, et toutes actions en résiliation du bail seront suspendues, sans préjudice de toutes mesures conservatoires et du droit qui serait acquis au propriétaire de reprendre possession des lieux loués. — Dans ce cas, la suspension des droits d'exécution établie au présent article cessera de plein droit. — Le bailleur devra, dans les quinze jours qui suivront la notification qui lui serait faite par les syndics, former sa demande en résiliation. — Faute par lui de l'avoir formée dans ledit délai, il sera réputé avoir renoncé à se prévaloir des causes de résiliation déjà existantes à son profit.

Chapitre II. De la nomination du juge-commissaire.

451. Par le jugement qui déclarera la faillite, le tribunal de commerce désignera l'un de ses membres pour juge-commissaire.

452. Le juge-commissaire sera chargé spécialement d'accélérer et de surveiller les opérations et la gestion de la faillite. — Il fera au tribunal de commerce le rapport de toutes les contestations que la faillite pourra faire naître, et qui seront de la compétence de ce tribunal.

453. Les ordonnances du juge-commissaire ne seront susceptibles de recours que dans les cas prévus par la loi. Ces recours seront portés devant le tribunal de commerce.

454. Le tribunal de commerce pourra, à toutes les époques, remplacer le juge-commissaire de la faillite par un autre de ses membres.

1) Les remises de fonds en compte courant peuvent être attaquées en vertu de cet article. — 2) La période suspecte de l'article 447 ne comprend pas, comme celle de l'article 446, les dix jours antérieurs à la cessation de paiements. — 3) La *constitution de dot*, et, plus généralement, les donations faites en faveur du mariage sont considérées par la jurisprudence comme des *actes à titre onéreux à l'égard des deux conjoints*. En conséquence, elles ne peuvent être annulées que lorsque les époux avaient *tous deux* connaissance de la cessation de paiements: Cour de Cassation, 18 décembre 1895 (Dalloz, 1898. I. 193). — 4) V. art. 5, al. 2, de la loi du 4 mars 1889. — 5) Le privilége du *vendeur* d'un fonds de commerce peut être inscrit même après le jugement déclaratif, tant que le délai de quinze jours n'est pas écoulé; celui du créancier auquel un fonds de commerce a été constitué en gage, est soumis à la règle du 1er alinéa de l'article 448 du Code de Commerce: loi du 17 mars 1909, art. 2, al. 1er. — 6) L'article 448, al. 2, ne s'applique ni aux inscriptions prises en renouvellement (art. 2154, C. Civ.), ni aux inscriptions spéciales prises pour garantir les intérêts d'une créance (art. 2151, C. Civ.), ni aux inscriptions des hypothèques légales des incapables. — 7) L'article 449 s'applique également aux chèques. — 8) V. art. 18, loi du 4 mars 1889.

Chapitre III. De l'apposition des scellés et des premières dispositions a l'égard de la personne du failli.

455. Par le jugement qui déclarera la faillite, le tribunal ordonnera l'apposition des scellés[1] et le dépôt de la personne du failli dans la maison d'arrêt pour dettes, ou la garde de sa personne par un officier de police ou de justice, ou par un gendarme[2]. — Néanmoins, si le juge-commissaire estime que l'actif du failli peut être inventorié en un seul jour, il ne sera point apposé de scellés, et il devra être immédiatement procédé à l'inventaire. — Il ne pourra, en cet état, être reçu, contre le failli, d'écrou ou recommandation pour aucune espèce de dettes.

456. Lorsque le failli se sera conformé aux articles 438 et 439, et ne sera point, au moment de la déclaration, incarcéré pour dettes ou pour autre cause, le tribunal pourra l'affranchir du dépôt ou de la garde de sa personne. — La disposition du jugement qui affranchirait le failli du dépôt ou de la garde de sa personne pourra toujours, suivant les circonstances, être ultérieurement rapportée par le tribunal de commerce, même d'office.

457. Le greffier du tribunal de commerce adressera, sur-le-champ, au juge de paix, avis de la disposition du jugement qui aura ordonné l'apposition des scellés. — Le juge de paix pourra, même avant ce jugement, apposer les scellés, soit d'office, soit sur la réquisition d'un ou plusieurs créanciers, mais seulement dans le cas de disparition du débiteur ou de détournement de tout ou partie de son actif.

458. Les scellés seront apposés sur les magasins, comptoirs, caisses, portefeuilles, livres, papiers, meubles et effets du failli. — En cas de faillite d'une société en nom collectif, les scellés seront apposés, non seulement dans le siège principal de la société, mais encore dans le domicile séparé de chacun des associés solidaires. — Dans tous les cas, le juge de paix donnera, sans délai, au président du tribunal de commerce, avis de l'apposition des scellés.

459. Le greffier du tribunal de commerce adressera, dans les vingt-quatre heures, au procureur du Roi (*de la République*) du ressort, extrait des jugements déclaratifs de faillite, mentionnant les principales indications et dispositions qu'ils contiennent[3] [4].

460. Les dispositions qui ordonneront le dépôt de la personne du failli dans une maison d'arrêt pour dettes, ou la garde de sa personne, seront exécutées à la diligence, soit du ministère public, soit des syndics de la faillite.

461. Lorsque les deniers appartenant à la faillite ne pourront suffire immédiatement aux frais du jugement de déclaration de la faillite, d'affiche et d'insertion de ce jugement dans les journaux, d'apposition des scellés, d'arrestation et d'incarcération du failli, l'avance de ces frais sera faite, sur ordonnance du juge-commissaire, par le Trésor public, qui en sera remboursé par privilège sur les premiers recouvrements, sans préjudice du privilége du propriétaire.

Chapitre IV. De la nomination et du remplacement des syndics provisoires.

462. Par le jugement qui déclarera la faillite, le tribunal de commerce nommera un ou plusieurs syndics provisoires[5]. — Le juge-commissaire convoquera immédiatement les créanciers présumés à se réunir dans un délai qui n'excédera pas quinze jours. Il consultera les créanciers présents à cette réunion, tant sur la

---

[1]) L'apposition des scellés n'a pas lieu en cas de liquidation judiciaire: art. 4, al. 1, loi du 4 mars 1889. — [2]) L'arrestation du débiteur est extrêmement rare; elle ne peut jamais avoir lieu en cas de liquidation judiciaire. — [3]) Le ministère public ne peut pas provoquer une déclaration de faillite; il peut seulement signaler officieusement au tribunal de commerce une cessation de paiements devenue notoire, auquel cas le tribunal prononce la faillite d'office. — [4]) Au greffe de chaque tribunal de commerce existe un registre spécial sur lequel doivent être inscrits, article par article et à leurs dates respectives, les actes concernant la gestion des faillites. Un relevé de ce registre doit être transmis tous les trois mois au procureur général. (Décret du 25 mars 1880.) — [5]) Les syndics peuvent être choisis par le tribunal, soit parmi les créanciers, soit en dehors d'eux. A Paris et dans quelques grandes villes, il existe des spécialistes, nommés par le tribunal et réunis en une corporation. Les créanciers ne peuvent jamais désigner eux-mêmes le syndic: ils peuvent seulement émettre des avis. — La rétribution des syndics est fixée par le juge-commissaire après la reddition des comptes, mais le failli et les créanciers peuvent former opposition à la taxe dans la huitaine. Il est statué par le tribunal en chambre du conseil: art. 15, al. 3 et 4, et art. 20, loi du 4 mars 1889.

composition de l'état des créanciers présumés que sur la nomination de nouveaux syndics. Il sera dressé procès-verbal de leurs dires et obse vations, lequel sera représenté au tribunal. — Sur le vu de ce procès-verbal et de l'état des créanciers présumés, et sur le rapport du juge-commissaire, le tribunal nommera de nouveaux syndics, ou continuera les premiers dans leurs fonctions. — Les syndics ainsi institués sont définitifs; cependant ils peuvent être remplacés par le tribunal de commerce dans les cas et suivant les formes qui seront déterminés. — Le nombre des syndics pourra être, à toute époque, porté jusqu'à trois; ils pourront être choisis parmi les personnes étrangères à la masse, et recevoir, quelle que soit leur qualité, après avoir rendu compte de leur gestion, une indemnité que le tribunal arbitrera sur le rapport du juge-commissaire[1].

463. Aucun parent ou allié du failli, jusqu'au quatrième degré inclusivement, ne pourra être nommé syndic.

464. Lorsqu'il y aura lieu de procéder à l'adjonction ou au remplacement d'un ou plusieurs syndics, il en sera référé par le juge-commissaire au tribunal de commerce, qui procédera à la nomination suivant les formes établies par l'article 462.

465. S'il a été nommé plusieurs syndics, ils ne pourront agir que collectivement; néanmoins le juge-commissaire peut donner à un ou plusieurs d'entre eux des autorisations spéciales à l'effet de faire séparément certains actes d'administration. Dans ce dernier cas, les syndics autorisés seront seuls responsables.

466. S'il s'élève des réclamations contre quelqu'une des opérations des syndics, le juge-commissaire statuera, dans le délai de trois jours, sauf recours devant le tribunal de commerce. — Les décisions du juge-commissaire sont exécutoires par provision.

467. Le juge-commissaire pourra, soit sur les réclamations à lui adressées par le failli ou par des créanciers, soit même d'office, proposer la révocation d'un ou plusieurs des syndics. — Si, dans les huit jours, le juge-commissaire n'a pas fait droit aux réclamations qui lui ont été adressées, ces réclamations pourront être portées devant le tribunal. — Le tribunal, en chambre du conseil, entendra le rapport du juge-commissaire et les explications des syndics, et prononcera à l'audience sur la révocation.

Chapitre V. Des fonctions des syndics[2].

Section première. Dispositions générales.

468. Si l'apposition des scellés n'avait point eu lieu avant la nomination des syndics, ils requerront le juge de paix d'y procéder.

469. Le juge-commissaire pourra également, sur la demande des syndics, les dispenser de faire placer sous les scellés, ou les autoriser à en faire extraire: 1° Les vêtements, hardes, meubles et effets nécessaires au failli et à sa famille, et dont la délivrance sera autorisée par le juge-commissaire sur l'état que lui en soumettront les syndics; — 2° Les objets sujets à dépérissement prochain ou à dépréciation imminente; — 3° Les objets servant à l'exploitation du fonds de commerce, lorsque cette exploitation ne pourrait être interrompue sans préjudice pour les créanciers.

Les objets compris dans les deux paragraphes précédents seront de suite inventoriés avec prisée par les syndics, en présence du juge de paix, qui signera le procès-verbal.

470. La vente des objets sujets à dépérissement ou à dépréciation imminente, ou dispendieux à conserver, et l'exploitation du fonds de commerce, auront lieu à la diligence des syndics, sur l'autorisation du juge-commissaire[3].

471. Les livres seront extraits des scellés et remis par le juge de paix aux syndics, après avoir été arrêtés par lui; il constatera sommairement, par son procès-verbal, l'état dans lequel ils se trouveront. — Les effets de portefeuille à courte échéance ou susceptibles d'acceptation, ou pour lesquels il faudra faire des actes

---

1) Les syndics sont responsables des titres, livres et papiers qui leur ont été remis pendant 10 ans à partir du jour de la reddition de comptes: art. 11, al. 4, et art. 20, al. 1, loi du 4 mars 1889. — 2) Sur l'institution et les fonctions des contrôleurs: V. la loi du 4 mars 1889, art. 7, 9 et 10. — 3) En cas de liquidation judiciaire, le débiteur peut continuer l'exploitation de son commerce, avec l'assistance du liquidateur et l'autorisation du juge-commissaire: art. 6, al. 2 et 3, loi du 4 mars 1889.

conservatoires, seront aussi extraits des scellés par le juge de paix, décrits et remis aux syndics pour en faire le recouvrement. Le bordereau en sera remis au juge-commissaire. — Les autres créances seront recouvrées par les syndics sur leurs quittances. Les lettres adressées au failli seront remises aux syndics, qui les ouvriront; il pourra, s'il est présent, assister à l'ouverture.

472. Le juge-commissaire, d'après l'état apparent des affaires du failli, pourra proposer sa mise en liberté avec sauf-conduit provisoire de sa personne. Si le tribunal accorde le sauf-conduit, il pourra obliger le failli à fournir caution de se représenter, sous peine de paiement d'une somme que le tribunal arbitrera, et qui sera dévolue à la masse.

473. A défaut, par le juge-commissaire, de proposer un sauf-conduit pour le failli, ce dernier pourra présenter sa demande au tribunal de commerce, qui statuera, en audience publique, après avoir entendu le juge-commissaire.

474. Le failli pourra obtenir pour lui et sa famille, sur l'actif de sa faillite, des secours alimentaires, qui seront fixés, sur la proposition des syndics, par le juge-commissaire, sauf appel au tribunal, en cas de contestation.

475. Les syndics appelleront le failli auprès d'eux pour clore et arrêter les livres en sa présence. — S'il ne se rend pas à l'invitation, il sera sommé de comparaître dans les quarante-huit heures au plus tard. — Soit qu'il ait ou non obtenu un sauf-conduit, il pourra comparaître par fondé de pouvoirs, s'il justifie de causes d'empêchement reconnues valables par le juge-commissaire.

476. Dans le cas où le bilan n'aurait pas été déposé par le failli, les syndics le dresseront immédiatement à l'aide des livres et papiers du failli, et des renseignements qu'ils se procureront, et ils le déposeront au greffe du tribunal de commerce.

477. Le juge-commissaire est autorisé à entendre le failli, ses commis et employés, et toute autre personne, tant sur ce qui concerne la formation du bilan que sur les causes et les circonstances de la faillite.

478. Lorsqu'un commerçant aura été déclaré en faillite après son décès, ou lorsque le failli viendra à décéder après la déclaration de la faillite, sa veuve, ses enfants et ses héritiers pourront se présenter ou se faire représenter pour le suppléer dans la formation du bilan, ainsi que dans toutes les autres opérations de la faillite.

Section II. De la levée des scellés et de l'inventaire.

479. Dans les trois jours, les syndics requerront la levée des scellés, et procéderont à l'inventaire des biens du failli, lequel sera présent ou dûment appelé.

480. L'inventaire sera dressé en double minute par les syndics, à mesure que les scellés seront levés, et en présence du juge de paix, qui le signera à chaque vacation. L'une de ces minutes sera déposée au greffe du tribunal de commerce, dans les vingt-quatre heures; l'autre restera entre les mains des syndics. — Les syndics seront libres de se faire aider, pour sa rédaction comme pour l'estimation des objets, par qui ils jugeront convenable. — Il sera fait récolement des objets qui, conformément à l'article 469, n'auraient pas été mis sous les scellés, et auraient déjà été inventoriés et prisés.

481. En cas de déclaration de faillite après décès, lorsqu'il n'aura point été fait d'inventaire antérieurement à cette déclaration, ou en cas de décès du failli avant l'ouverture de l'inventaire, il y sera procédé immédiatement, dans les formes du précédent article, et en présence des héritiers, ou eux dûment appelés.

482. En toute faillite, les syndics, dans la quinzaine de leur entrée ou de leur maintien en fonctions, seront tenus de remettre au juge-commissaire un mémoire ou compte sommaire de l'état apparent de la faillite, de ses principales causes et circonstances, et des caractères qu'elle paraît avoir. — Le juge-commissaire transmettra immédiatement les mémoires, avec ses observations, au procureur du Roi (*de la République*). S'ils ne lui ont pas été remis dans les délais prescrits, il devra en prévenir le procureur du Roi (*de la République*) et lui indiquer les causes du retard.

483. Les officiers du ministère public pourront se transporter au domicile du failli et assister à l'inventaire. — Ils auront, à toute époque, le droit de requérir communication de tous les actes, livres ou papiers relatifs à la faillite.

Section III. De la vente des marchandises et meubles, et des recouvrements.

484. L'inventaire terminé, les marchandises, l'argent, les titres actifs, les livres et papiers, meubles et effets du débiteur, seront remis aux syndics, qui s'en chargeront au bas dudit inventaire.

485. Les syndics continueront de procéder, sous la surveillance du juge-commissaire, au recouvrement des dettes actives.

486. Le juge-commissaire pourra, le failli entendu ou dûment appelé, autoriser les syndics à procéder à la vente des effets mobiliers ou marchandises. — Il décidera si la vente se fera soit à l'amiable, soit aux enchères publiques, par l'entremise de courtiers ou de tous autres officiers publics préposés à cet effet. — Les syndics choisiront dans la classe d'officiers publics déterminée par le juge-commissaire celui dont ils voudront employer le ministère.

487. Les syndics pourront, avec l'autorisation du juge-commissaire, et le failli dûment appelé, transiger sur toutes contestations qui intéressent la masse, même sur celles qui sont relatives à des droits et actions immobiliers. — Si l'objet de la transaction est d'une valeur indéterminée ou qui excède trois cents francs[1], la transaction ne sera obligatoire qu'après avoir été homologuée, savoir: par le tribunal de commerce pour les transactions relatives à des droits mobiliers, et par le tribunal civil pour les transactions relatives à des droits immobiliers. — Le failli sera appelé à l'homologation; il aura, dans tous les cas, la faculté de s'y opposer. Son opposition suffira pour empêcher la transaction, si elle a pour objet des biens immobiliers.

488. Si le failli a été affranchi du dépôt, ou s'il a obtenu un sauf-conduit, les syndics pourront l'employer pour faciliter et éclairer leur gestion; le juge-commissaire fixera les conditions de son travail.

489. Les deniers provenant des ventes et des recouvrements seront, sous la déduction des sommes arbitrées par le juge-commissaire, pour le montant des dépenses et frais, versés immédiatement à la Caisse des Dépôts et Consignations. Dans les trois jours des recettes, il sera justifié au juge-commissaire desdits versements: en cas de retard, les syndics devront les intérêts des sommes qu'ils n'auront point versées. — Les deniers versés par les syndics, et tous autres consignés par des tiers, pour compte de la faillite, ne pourront être retirés qu'en vertu d'une ordonnance du juge-commissaire. S'il existe des oppositions, les syndics devront préalablement en obtenir la mainlevée. — Le juge-commissaire pourra ordonner que le versement sera fait par la Caisse directement entre les mains des créanciers de la faillite, sur un état de répartition dressé par les syndics et ordonnancé par lui.

Section IV. Des actes conservatoires.

490. A compter de leur entrée en fonctions, les syndics seront tenus de faire tous actes pour la conservation des droits du failli contre ses débiteurs. — Ils seront aussi tenus de requérir l'inscription aux hypothèques sur les immeubles des débiteurs du failli, si elle n'a pas été requise par lui: l'inscription sera prise au nom de la masse par les syndics, qui joindront à leurs bordereaux un certificat constatant leur nomination. — Ils seront tenus aussi de prendre inscription, au nom de la masse des créanciers, sur les immeubles du failli dont ils connaîtront l'existence. L'inscription sera reçue sur un simple bordereau énonçant qu'il y a faillite, et relatant la date du jugement par lequel ils auront été nommés[2].

Section V. De la vérification des créances.

491. A partir du jugement déclaratif de la faillite, les créanciers pourront remettre au greffier leurs titres, avec un bordereau indicatif des sommes par eux réclamées. Le greffier devra en tenir état et en donner récépissé. — Il ne sera responsable des titres que pendant cinq années, à partir du jour de l'ouverture du procès-verbal de vérification[3] [4].

492. Les créanciers qui, à l'époque du maintien ou du remplacement des syndics, en exécution du troisième paragraphe de l'article 462, n'auront pas remis leurs titres, seront immédiatement avertis, par des insertions dans les journaux et par lettres du greffier, qu'ils doivent se présenter en personne ou par fondés de

---

1) En cas de liquidation judiciaire, l'homologation du tribunal n'est nécessaire que si l'objet de la transaction est d'une valeur indéterminée, ou s'il excède 1500 francs: art. 7, al. 2 et 3, loi du 4 mars 1889. — 2) V. art. 4, al. 1, loi du 4 mars 1889. — 3) Les titres à déposer sont: les titres de créances et un *bordereau* (sur papier libre) énonçant les nom, prénoms, profession et domicile du créancier, le montant et les causes de la créance, et les priviléges, hypothèques ou gages qui y sont affectés: art. 11, al. 1, loi du 4 mars 1889. — 4) Si les titres ont été remis au syndic (art. 492), celui-ci en est responsable pendant 10 ans à partir de la reddition de ses comptes: art. 11, al. 3 et 4, loi du 4 mars 1889.

pouvoirs[1], dans le délai de vingt jours à partir desdites insertions, aux syndics de la faillite, et leur remettre leurs titres accompagnés d'un bordereau indicatif des sommes par eux réclamées, si mieux ils n'aiment en faire le dépôt au greffe du tribunal de commerce; il leur en sera donné récépissé[2]. — A l'égard des créanciers domiciliés en France, hors du lieu où siège le tribunal saisi de l'instruction de la faillite, ce délai sera augmenté d'un jour par cinq myriamètres de distance entre le lieu où siège le tribunal et le domicile du créancier. — A l'égard des créanciers domiciliés hors du territoire continental de la France, ce délai sera augmenté conformément aux règles de l'article 73 du Code de procédure civile[3].

493. La vérification des créances commencera dans les trois jours de l'expiration des délais déterminés par les premier et deuxième paragraphes de l'article 492. Elle sera continuée sans interruption. Elle se fera aux lieu, jour et heure indiqués par le juge-commissaire. — L'avertissement aux créanciers ordonné par l'article précédent contiendra mention de cette indication. Néanmoins les créanciers seront de nouveau convoqués à cet effet, tant par lettres du greffier que par insertions dans les journaux. — Les créances des syndics seront vérifiées par le juge-commissaire; les autres le seront contradictoirement entre le créancier ou son fondé de pouvoirs et les syndics, en présence du juge-commissaire, qui en dressera procès-verbal.

494. Tout créancier vérifié ou porté au bilan pourra assister à la vérification des créances, et fournir des contredits aux vérifications faites et à faire. Le failli aura le même droit.

495. Le procès-verbal de vérification indiquera le domicile des créanciers et de leurs fondés de pouvoirs. — Il contiendra la description sommaire des titres, mentionnera les surcharges, ratures et interlignes, et exprimera si la créance est admise ou contestée.

496. Dans tous les cas, le juge-commissaire pourra, même d'office, ordonner la représentation des livres du créancier, ou demander, en vertu d'un compulsoire, qu'il en soit rapporté un extrait fait par les juges du lieu.

497. Si la créance est admise, les syndics signeront, sur chacun des titres, la déclaration suivante: *Admis au passif de la faillite de . . . . pour la somme de . . . . le . . . .* — Le juge-commissaire visera la déclaration. — Chaque créancier, dans la huitaine au plus tard, après que sa créance aura été vérifiée, sera tenu d'affirmer, entre les mains du juge-commissaire, que ladite créance est sincère et véritable[4] [5] [6].

498. Si la créance est contestée, le juge-commissaire pourra, sans qu'il soit besoin de citation, renvoyer à bref délai devant le tribunal de commerce, qui jugera sur son rapport. — Le tribunal de commerce pourra ordonner qu'il soit fait, devant le juge-commissaire, enquête sur les faits, et que les personnes qui pourront fournir des renseignements soient, à cet effet, citées par-devant lui.

499. Lorsque la contestation sur l'admission d'une créance aura été portée devant le tribunal de commerce, ce tribunal, si la cause n'est point en état de recevoir jugement définitif avant l'expiration des délais fixés, à l'égard des personnes domiciliées en France, par les articles 492 et 497, ordonnera, selon les circonstances, qu'il sera sursis ou passé outre à la convocation de l'assemblée pour la formation du concordat. — Si le tribunal ordonne qu'il sera passé outre, il pourra décider par provision que le créancier contesté sera admis dans les délibérations pour une somme que le même jugement déterminera.

---

1) Le pouvoir doit être timbré et enregistré. — 2) V. art. 9 et 12 à 14, loi du 4 mars 1889. — 3) L'assemblée appelée à voter sur le concordat est réunie après l'expiration des délais accordés aux créanciers domiciliés en France: on n'attend pas l'expiration des délais accordés aux créanciers domiciliés à l'étranger ou dans les colonies françaises. Toutefois, les sommes revenant à ces derniers sont mises en réserve: art. 502, 567 et 568. — 4) V. art. 593, 2°, C. Com., et art. 366, C. Pén. — 5) En cas de liquidation judiciaire, la vérification et l'affirmation se font dans la même séance: art. 12, al. 2, loi du 4 mars 1889. — 6) Une créance régulièrement vérifiée, admise et affirmée ne peut plus être contestée, à moins qu'il n'y ait eu dol, fraude ou violence. L'admission est donc irrévocable: Cass.-Civ., 18 juillet 1900 (Sirey, 1900. 1. 460); Cass.-Req., 9 juin 1904 (Dalloz, 1904. I. 471). — Le rejet d'une créance ne produit pas toujours les mêmes effets. Quand elle est rejetée en vertu des articles 446 à 449, le créancier ne peut rien réclamer à la faillite, mais il conserve ses droits contre le failli. Quand, au contraire, la créance a été reconnue éteinte, le créancier n'a pas plus de droits contre le failli que contre la masse.

500. Lorsque la contestation sera portée devant un tribunal civil, le tribunal de commerce décidera s'il sera sursis ou passé outre; dans ce dernier cas, le tribunal civil saisi de la constestation jugera, à bref délai, sur requête des syndics, signifiée au créancier contesté, et sans autre procédure, si la créance sera admise par provision, et pour quelle somme. — Dans le cas où une créance serait l'objet d'une instruction criminelle ou correctionnelle, le tribunal de commerce pourra également prononcer le sursis; s'il ordonne de passer outre, il ne pourra accorder l'admission par provision, et le créancier contesté ne pourra prendre part aux opérations de la faillite tant que les tribunaux compétents n'auront pas statué.

501. Le créancier dont le privilège ou l'hypothèque seulement serait contesté sera admis dans les délibérations de la faillite comme créancier ordinaire.

502. A l'expiration des délais déterminés par les articles 492 et 497, à l'égard des personnes domiciliées en France, il sera passé outre à la formation du concordat et à toutes les opérations de la faillite, sous l'exception portée aux articles 567 et 568 en faveur des créanciers domiciliés hors du territoire continental de la France.

503. A défaut de comparution et affirmation dans les délais qui leur sont applicables, les défaillants connus ou inconnus ne seront pas compris dans les répartitions à faire: toutefois la voie de l'opposition leur sera ouverte jusqu'à la distribution des deniers inclusivement; les frais de l'opposition demeureront toujours à leur charge. — Leur opposition ne pourra suspendre l'exécution des répartitions ordonnancées par le juge-commissaire; mais, s'il est procédé à des répartitions nouvelles avant qu'il ait été statué sur leur opposition, ils seront compris pour la somme qui sera provisoirement déterminée par le tribunal, et qui sera tenue en réserve jusqu'au jugement de leur opposition. — S'ils se font ultérieurement reconnaître créanciers[1], ils ne pourront rien réclamer sur les répartitions ordonnancées par le juge-commissaire; mais ils auront le droit de prélever, sur l'actif non encore réparti, les dividendes afférents à leurs créances dans les premières répartitions.

Chapitre VI. Du concordat et de l'union.

Section première. De la convocation et de l'assemblée des créanciers.

504. Dans les trois jours qui suivront les délais prescrits pour l'affirmation, le juge-commissaire fera convoquer par le greffier, à l'effet de délibérer sur la formation du concordat, les créanciers dont les créances auront été vérifiées et affirmées, ou admises par provision. Les insertions dans les journaux et les lettres de convocation indiqueront l'objet de l'assemblée.

505. Aux lieu, jour et heure qui seront fixés par le juge-commissaire, l'assemblée se formera sous sa présidence; les créanciers vérifiés et affirmés, ou admis par provision, s'y présenteront en personne ou par fondés de pouvoirs. — Le failli sera appelé à cette assemblée; il devra s'y présenter en personne, s'il a été dispensé de la mise en dépôt, ou s'il a obtenu un sauf-conduit, et il ne pourra s'y faire représenter que pour des motifs valables et approuvés par le juge-commissaire.

506. Les syndics feront à l'assemblée un rapport sur l'état de la faillite[2], sur les formalités qui auront été remplies et les opérations qui auront eu lieu; le failli sera entendu. — Le rapport des syndics sera remis, signé d'eux, au juge-commissaire, qui dressera procès-verbal de ce qui aura été dit et décidé dans l'assemblée.

Section II. Du concordat.

§ 1er. *De la formation du concordat.*

507. Il ne pourra être consenti de traité entre les créanciers délibérants et le débiteur failli qu'après l'accomplissement des formalités ci-dessus prescrites. — Ce traité ne s'établira que par le concours d'un nombre de créanciers formant la majorité, et représentant, en outre, les trois quarts[3] de la totalité des créances vérifiées et affirmées, ou admises par provision, conformément à la section V du chapitre V: le tout à peine de nullité.

---

[1]) La procédure de vérification étant close, l'admission doit être prononcée par le tribunal lui-même. — [2]) Il en est de même en cas de liquidation judiciaire. — [3]) Aux termes de l'article 15, al. 1, de la loi du 4 mars 1889, déclaré applicable à l'état de faillite par l'article 20 de cette loi, «le traité entre les créanciers et le débiteur ne peut s'établir que s'il est consenti par *la majorité de tous les créanciers vérifiés et affirmés ou admis par provision, représentant en outre les deux tiers de la totalité des créances vérifiées et affirmées ou admises par provision. Le tout à peine de nullité*».

508. Les créanciers hypothécaires inscrits ou dispensés d'inscription, et les créanciers privilégiés ou nantis d'un gage, n'auront pas voix dans les opérations relatives au concordat pour les dites créances, et elles n'y seront comptées que s'ils renoncent à leurs hypothèques, gages ou privilèges. — Le vote au concordat emportera de plein droit cette renonciation[1] [2].

509. (*Ainsi modifié: Loi du 28 mars 1906.*) Le concordat sera, à peine de nullité, signé séance tenante. S'il est consenti seulement par la majorité en nombre ou par la majorité des trois quarts en somme, la délibération sera remise à huitaine pour tout délai. — Dans ce cas, les créanciers présents ou légalement représentés, ayant signé le procèsverbal de la première assemblée, ne sont pas tenus d'assister à la deuxième assemblée; les résolutions par eux prises et les adhésions données restent définitivement acquises, s'ils ne sont venus les modifier dans cette dernière réunion.

510. Si le failli a été condamné comme banqueroutier frauduleux, le concordat ne pourra être formé. — Lorsqu'une instruction en banqueroute frauduleuse aura été commencée, les créanciers seront convoqués à l'effet de décider s'ils se réservent de délibérer sur un concordat, en cas d'acquittement, et si, en conséquence, ils sursoient à statuer jusqu'après l'issue des poursuites. — Ce sursis ne pourra être prononcé qu'à la majorité en nombre et en somme déterminée par l'article 507. Si, à l'expiration du sursis, il y a lieu à délibérer sur le concordat, les règles établies par le précédent article seront applicables aux nouvelles délibérations.

511. Si le failli a été condamné comme banqueroutier simple, le concordat pourra être formé. Néanmoins, en cas de poursuites commencées, les créanciers pourront surseoir à délibérer jusqu'après l'issue des poursuites, en se conformant aux dispositions de l' article précédent.

512. Tous les créanciers ayant eu droit de concourir au concordat, ou dont les droits auront été reconnus depuis, pourront y former opposition[3]. — L'opposition sera motivée, et devra être signifiée aux syndics et au failli, à peine de nullité, dans les huit jours qui suivront le concordat; elle contiendra assignation à la première audience du tribunal de commerce. — S'il n'a été nommé qu'un seul syndic, et s'il se rend opposant au concordat, il devra provoquer la nomination d'un nouveau syndic, vis-à-vis duquel il sera tenu de remplir les formes prescrites au présent article. — Si le jugement de l'opposition est subordonné à la solution de questions étrangères, à raison de la matière, à la compétence du tribunal de commerce, ce tribunal surseoit à prononcer jusqu'après la décision de ces questions. — Il fixera un bref délai dans lequel le créancier opposant devra saisir les juges compétents et justifier de ses diligences.

513. L'homologation du concordat sera poursuivie devant le tribunal de commerce, à la requête de la partie la plus diligente; le tribunal ne pourra statuer avant l'expiration du délai de huitaine, fixé par l'article précédent. — Si, pendant ce délai, il a été formé des oppositions, le tribunal statuera sur ces oppositions et sur l'homologation par un seul et même jugement. — Si l'opposition est admise, l'annulation du concordat sera prononcée à l'égard de tous les intéressés.

514. Dans tous les cas, avant qu'il soit statué sur l'homologation, le juge-commissaire fera au tribunal de commerce un rapport sur les caractères de la faillite et sur l'admissibilité du concordat.

515. En cas d'inobservation des règles ci-dessus prescrites, ou lorsque des motifs tirés, soit de l'intérêt public, soit de l'intérêt des créanciers, paraîtront de nature à empêcher le concordat, le tribunal en refusera l'homologation[4].

§ 2. *Des effets du concordat.*

516. L'homologation du concordat le rendra obligatoire pour tous les créanciers portés ou non portés au bilan, vérifiés ou non vérifiés, et même pour les cré-

---

[1]) Il faut cependant que le créancier soit capable de renoncer. Une femme mariée ne perdrait donc pas son hypothèque légale en votant au concordat de la faillite de son mari sans avoir été autorisée par lui ou par justice. — [2]) Le créancier dont la créance est garantie par une *caution* peut voter au concordat sans perdre le bénéfice du cautionnement. Mais le créancier qui, ayant à la fois une caution et une hypothèque, vote au concordat, perd tant la caution (art. 2037, C. Civ.) que l'hypothèque (art. 508, C. Com.). — [3]) Seul un créancier peut faire opposition; elle n'est possible ni de la part du failli qui a proposé le concordat, ni de la part du syndic. — [4]) Le jugement qui refuse l'homologation est susceptible d'appel par tout intéressé (failli, syndic, tout créancier); celui au contraire qui homologue le concordat, ne peut être attaqué par la voie de l'appel que par ceux qui ont formé opposition à l'homologation.

anciers domiciliés hors du territoire continental de la France, ainsi que pour ceux qui, en vertu des articles 499 et 500, auraient été admis par provision à délibérer, quelle que soit la somme que le jugement définitif leur attribuerait ultérieurement[1].

517. L'homologation conservera à chacun des créanciers, sur les immeubles du failli, l'hypothèque inscrite en vertu du troisième paragraphe de l'article 490. A cet effet, les syndics feront inscrire aux hypothèques le jugement d'homologation, à moins qu'il n'en ait été décidé autrement par le concordat.

518. Aucune action en nullité du concordat ne sera recevable, après l'homologation, que pour cause de dol[2] découvert depuis cette homologation, et résultant, soit de la dissimulation de l'actif, soit de l'exagération du passif.

519. Aussitot après que le jugement d'homologation sera passé en force de chose jugée, les fonctions des syndics cesseront. — Les syndics rendront au failli leur compte définitif, en présence du juge-commissaire; ce compte sera débattu et arrêté. Ils remettront au failli l'universalité de ses biens, livres, papiers et effets. Le failli en donnera décharge[3]. — Il sera dressé du tout procès-verbal par le juge-commissaire, dont les fonctions cesseront. — En cas de contestation, le tribunal de commerce prononcera[4] [5].

§ 3. *De l'annulation ou de la résolution du concordat*[6].

520. L'annulation du concordat, soit pour dol, soit par suite de condamnation pour banqueroute frauduleuse intervenue après son homologation, libère de plein droit les cautions. — En cas d'inexécution, par le failli, des conditions de son concordat, la résolution de ce traité pourra être poursuivie contre lui devant le tribunal de commerce, en présence des cautions, s'il en existe, ou elles dûment appelées[7]. — La résolution du concordat ne libérera pas les cautions qui y seront intervenues pour en garantir l'exécution totale ou partielle.

521. Lorsque, après l'homologation du concordat, le failli sera poursuivi pour banqueroute frauduleuse, et placé sous mandat de dépôt ou d'arrêt, le tribunal de commerce pourra prescrire telles mesures conservatoires qu'il appartiendra. Ces mesures cesseront de plein droit du jour de la déclaration qu'il n'y a lieu à suivre, de l'ordonnance d'acquittement ou de l'arrêt d'absolution.

522. Sur le vu de l'arrêt de condamnation pour banqueroute frauduleuse, ou par le jugement qui prononcera, soit l'annulation, soit la résolution du concordat, le tribunal de commerce nommera un juge-commissaire et un ou plusieurs syndics. — Ces syndics pourront faire apposer les scellés. — Ils procéderont, sans retard, avec l'assistance du juge de paix, sur l'ancien inventaire, au récolement des valeurs, actions et des papiers, et procéderont, s'il y a lieu, à un supplément d'inventaire. — Ils dresseront un bilan supplémentaire. — Il feront immédiatement afficher et insérer dans les journaux à ce destinés, avec un extrait du jugement qui les nomme, invitation aux créanciers nouveaux, s'il en existe, de produire, dans le délai de vingt jours, leurs titres de créances à la vérification. Cette invitation sera faite aussi par lettres du greffier, conformément aux articles 492 et 493[8].

523. Il sera procédé, sans retard, à la vérification des titres de créances produits en vertu de l'article précédent. — Il n'y aura pas lieu à nouvelle vérification des créances antérieurement admises et affirmées, sans préjudice néanmoins du rejet ou de la réduction de celles qui depuis auraient été payées en tout ou en partie.

---

1) Il s'agit ici des créanciers *dans* la masse; quant aux créanciers qui ont la masse pour débitrice (créanciers *de* la masse), ils peuvent se faire payer sur les biens de la masse malgré le concordat, qui ne leur est pas opposable. Le concordat n'est d'ailleurs pas davantage opposable aux créanciers dont les créances se rattachent à des délits ou à des quasi-délits même antérieurs au jugement déclaratif, mais qui n'ont été reconnues que par des décisions judiciaires postérieures à l'homologation du concordat: Cour de Cassation, 4 avril 1907 (Dalloz, 1907. I. 501). — 2) En droit commun, il y a trois causes d'annulation de contrat: le dol, l'erreur ou la violence: art. 1109 et s., C. Civ. — 3) Pour le règlement des frais et indemnités dus au syndic: V. art. 15, al. 3 et 4, et 20 de la loi du 4 mars 1889. — 4) Les incapacités d'ordre politique ou électoral et les déchéances qui sont les conséquences du jugement déclaratif subsistent dans leur intégralité jusqu'à la réhabilitation (art. 604, C. Com.). — 5) Si le concordat a été homologué, la déclaration de faillite n'est pas inscrite au bulletin n° 3 du casier judiciaire: loi du 5 août 1899, art. 7, 7°. — 6) V. art. 19 de la loi du 4 mars 1889. — 7) Les créanciers peuvent aussi, s'ils le préfèrent, poursuivre l'exécution du concordat, conformément aux principes exprimés à l'article 1184 du Code Civil. — 8) Pour la conversion de la liquidation judiciaire en faillite: V. art. 19, loi du 4 mars 1889.

524. Ces operations mises à fin, s'il n'intervient pas de nouveau concordat, les créanciers seront convoqués à l'effet de donner leur avis sur le maintien ou le remplacement des syndics. — Il ne sera procédé aux répartitions qu'après l'expiration, à l'égard des créanciers nouveaux, des délais accordés aux personnes domiciliées en France, par les articles 492 et 497.

525. Les actes faits par le failli postérieurement au jugement d'homologation et antérieurement à l'annulation ou à la résolution du concordat, ne seront annulés qu'en cas de fraude aux droits des créanciers.

526. Les créanciers antérieurs au concordat rentreront dans l'intégralité de leurs droits à l'égard du failli seulement; mais ils ne pourront figurer dans la masse que pour les proportions suivantes, savoir: — S'ils n'ont touché aucune part du dividende, pour l'intégralité de leurs créances; s'ils ont reçu une partie du dividende, pour la portion de leurs créances primitives correspondante à la portion de dividende promis qu'ils n'auront pas touchée. — Les dispositions du présent article seront applicables au cas où une seconde faillite viendra à s'ouvrir sans qu'il y ait eu préalablement annulation ou résolution du concordat.

Section III. De la clôture en cas d'insuffisance de l'actif.

527. Si, à quelque époque que ce soit, avant l'homologation du concordat ou la formation de l'union, le cours des opérations de la faillite se trouve arrêté par l'insuffisance de l'actif, le tribunal de commerce pourra, sur le rapport du juge-commissaire, prononcer, même d'office, la clôture des opérations de la faillite. — Ce jugement fera rentrer chaque créancier dans l'exercice de ses actions individuelles, tant contre les biens que contre la personne du failli. — Pendant un mois, à partir de sa date, l'exécution de ce jugement sera suspendue.

528. Le failli, ou tout autre intéressé, pourra, à toute époque, le faire rapporter par le tribunal, en justifiant qu'il existe des fonds pour faire face aux frais des opérations de la faillite, ou en faisant consigner entre les mains des syndics somme suffisante pour y pourvoir. — Dans tous les cas, les frais des poursuites exercées en vertu de l'article précédent devront être préalablement acquittés.

Section IV. De l'union des créanciers.

529. S'il n'intervient point de concordat, les créanciers seront de plein droit en état d'union. — Le juge-commissaire les consultera immédiatement, tant sur les faits de la gestion que sur l'utilité du maintien ou du remplacement des syndics. Les créanciers privilégiés, hypothécaires ou nantis d'un gage, seront admis à cette délibération. — Il sera dressé procès-verbal des dires et observations des créanciers, et, sur le vu de cette pièce, le tribunal de commerce statuera comme il est dit à l'article 462. — Les syndics qui ne seraient pas maintenus devront rendre leur compte aux nouveaux syndics, en présence du juge-commissaire, le failli dûment appelé.

530. Les créanciers seront consultés sur la question de savoir si un secours pourra être accordé au failli sur l'actif de la faillite. — Lorsque la majorité des créanciers présents y aura consenti, une somme pourra être accordée au failli, à titre de secours, sur l'actif de la faillite. Les syndics en proposeront la quotité, qui sera fixée par le juge-commissaire, sauf recours au tribunal de commerce, de la part des syndics seulement.

531. Lorsqu'une société de commerce sera en faillite, les créanciers pourront ne consentir de concordat qu'en faveur d'un ou de plusieurs des associés. — En ce cas, tout l'actif social demeurera sous le régime de l'union. Les biens personnels de ceux avec lesquels le concordat aura été consenti en seront exclus, et le traité particulier passé avec eux ne pourra contenir l'engagement de payer un dividende que sur des valeurs étrangères à l'actif social. — L'associé qui aura obtenu un concordat particulier sera déchargé de toute solidarité.

532. Les syndics représentent la masse des créanciers et sont chargés de procéder à la liquidation. — Néanmoins, les créanciers pourront leur donner mandat pour continuer l'exploitation de l'actif. — La délibération qui leur conférera ce mandat en déterminera la durée et l'étendue, et fixera les sommes qu'ils pourront garder entre leurs mains, à l'effet de pourvoir aux frais et dépenses. Elle ne pourra être prise qu'en présence du juge-commissaire, et à la majorité des trois quarts des créanciers en nombre et en somme. — La voie de l'opposition sera ouverte contre cette délibération au failli et aux créanciers dissidents. — Cette opposition ne sera pas suspensive de l'exécution.

533. Lorsque les opérations des syndics entraîneront des engagements qui excéderaient l'actif de l'union, les créanciers qui auront autorisé ces opérations seront seuls tenus personnellement au delà de leur part dans l'actif, mais seulement dans les limites du mandat qu'ils auront donné; ils contribueront au prorata de leurs créances.

534. Les syndics sont chargés de poursuivre la vente des immeubles, marchandises et effets mobiliers du failli, et la liquidation de ses dettes actives et passives; le tout sous la surveillance du juge-commissaire, et sans qu'il soit besoin d'appeler le failli[1].

535. Les syndics pourront, en se conformant aux règles prescrites par l'article 487, transiger sur toute espèce de droits appartenant au failli, nonobstant toute opposition de sa part.

536. Les créanciers en état d'union seront convoqués au moins une fois dans la première année, et, s'il y a lieu, dans les années suivantes, par le juge-commissaire. — Dans ces assemblées, les syndics devront rendre compte de leur gestion[2]. — Ils seront continués ou remplacés dans l'exercice de leurs fonctions, suivant les formes prescrites par les articles 462 et 529.

537. Lorsque la liquidation de la faillite sera terminée, les créanciers seront convoqués par le juge-commissaire. — Dans cette dernière assemblée, les syndics rendront leur compte. Le failli sera présent ou dûment appelé. — Les créanciers donneront leur avis sur l'excusabilité du failli. Il sera dressé, à cet effet, un procèsverbal dans lequel chacun des créanciers pourra consigner ses dires et observations. — Après la clôture de cette assemblée, l'union sera dissoute de plein droit.

538. Le juge-commissaire présentera au tribunal la délibération des créanciers relative à l'excusabilité du failli, et un rapport sur les caractères et les circonstances de la faillite. — Le tribunal prononcera si le failli est ou non excusable.

539. Si le failli n'est pas déclaré excusable, les créanciers rentreront dans l'exercice de leurs actions individuelles, tant contre sa personne que sur ses biens. — S'il est déclaré excusable, il demeurera affranchi de la contrainte par corps[3] à l'égard des créanciers de sa faillite, et ne pourra plus être poursuivi par eux que sur ses biens, sauf les exceptions prononcées par les lois spéciales[4].

540. Ne pourront être déclarés excusables: les banqueroutiers frauduleux, les stellionataires, les personnes condamnées pour vol, escroquerie ou abus de confiance, les comptables de deniers publics.

541. (*Ainsi modifié: Loi du 17 juillet 1856.*) Aucun débiteur commerçant n'est recevable à demander son admission au bénéfice de cession de biens. — Néanmoins, un concordat par abandon total ou partiel de l'actif du failli peut être formé, suivant les règles prescrites par la section II du présent chapitre. — Ce concordat produit les mêmes effets que les autres concordats; il est annulé ou résolu de la même manière. — La liquidation de l'actif abandonné est faite conformément aux paragraphes 2, 3 et 4 de l'article 529, aux articles 532, 533, 534, 535 et 536, et aux paragraphes 1 et 2 de l'article 537. — Le concordat par abandon est assimilé à l'union pour la perception des droits d'enregistrement.

---

1) Ces ventes doivent être faites aux enchères, par les officiers publics compétents. — 2) «Dans la dernière assemblée, les liquidateurs donnent connaissance de leurs frais et indemnités, taxés par le juge-commissaire. Cet état est déposé au greffe. Le débiteur et les créanciers peuvent former opposition à la taxe dans la huitaine. Il est statué par le tribunal en chambre du conseil. — Dans tous les cas où il y a lieu à reddition de comptes par les liquidateurs, la disposition du paragraphe précédent est applicable»: al. 3 et 4 de l'art. 15 de la loi du 4 mars 1889, déclarés applicables à l'état de faillite par l'art. 20 de la même loi. — 3) La contrainte par corps a été abolie par la loi du 22 juillet 1867, mais si le failli a été déclaré excusable, la déclaration de faillite n'est pas inscrite sur le bulletin n° 3 de son casier judiciaire: art. 7, 7°, loi du 5 août 1899. — 4) Les créanciers non désintéressés peuvent bien exercer un droit de saisie individuel, mais ils ne peuvent pas, après la clôture de l'union, faire déclarer de nouveau leur débiteur en faillite: *faillite sur faillite ne vaut.* Ce droit n'appartient qu'aux créanciers envers lesquels le failli s'est obligé depuis la clôture de l'union, auquel cas cependant les créanciers antérieurs peuvent également produire à la seconde faillite pour ce qu'ils n'ont pas reçu dans la première. Si, après la clôture, on découvre de nouveaux biens, la faillite peut être rouverte. Aussi, si, profitant de l'ignorance où l'on était de ces biens, le failli les avait aliénés depuis la dissolution de l'union, cette aliénation ne serait par opposable aux créanciers formant la masse: Cour de Cassation, 4 janvier 1898 (Dalloz, 1898. I. 228).

Chapitre VII. Des différentes espèces de créanciers et de leurs droits en cas de faillite.

Section première. Des coobligés et des cautions.

542. Le créancier porteur d'engagements souscrits, endossés ou garantis solidairement par le failli et d'autres coobligés qui sont en faillite, participera aux distributions dans toutes les masses, et y figurera pour la valeur nominale de son titre, jusqu'à parfait paiement.

543. Aucun recours, pour raison des dividendes payés, n'est ouvert aux faillites des coobligés les unes contre les autres, si ce n'est lorsque la réunion des dividendes que donneraient ces faillites excéderait le montant total de la créance, en principal et accessoires, auquel cas cet excédent sera dévolu, suivant l'ordre des engagements, à ceux des coobligés qui auraient les autres pour garants.

544. Si le créancier porteur d'engagements solidaires entre le failli et d'autres coobligés a reçu, avant la faillite, un acompte sur sa créance, il ne sera compris dans la masse que sous la déduction de cet acompte, et conservera, pour ce qui lui restera dû, ses droits contre le coobligé ou la caution. — Le coobligé ou la caution qui aura fait le paiement partiel sera compris dans la même masse pour tout ce qu'il aura payé à la décharge du failli.

545. Nonobstant le concordat, les créanciers conservent leur action pour la totalité de leurs créances contre les coobligés du failli[1].

Section II. Des créanciers nantis de gage, et des créanciers privilégiés sur les biens meubles.

546. Les créanciers du failli qui seront valablement nantis de gages ne seront inscrits dans la masse que pour mémoire.

547. Les syndics pourront, à toute époque, avec l'autorisation du juge-commissaire, retirer les gages au profit de la faillite, en remboursant la dette.

548. Dans le cas où le gage ne sera pas retiré par les syndics, s'il est vendu par le créancier moyennant un prix qui excède la créance, le surplus sera recouvré par les syndics; si le prix est moindre que la créance, le créancier nanti viendra à contribution pour le surplus, dans la masse, comme créancier ordinaire.

549. (*Ainsi modifié: Loi du 4 mars 1889.*) Le salaire acquis aux ouvriers directement employés par le débiteur, pendant les trois mois qui ont précédé l'ouverture de la liquidation judiciaire ou la faillite, est admis au nombre des créances privilégiées, au même rang que le privilège établi par l'art. 2101 du Code civil pour le salaire des gens de service.

(*Ainsi modifié: Loi du 6 février 1895.*) Le même privilège est accordé aux commis attachés à une ou plusieurs maisons de commerce, sédentaires ou voyageurs, savoir: — S'il s'agit d'appointements fixes, pour les salaires qui leur sont dus durant les six mois antérieurs à la déclaration de la liquidation judiciaire ou de la faillite; — Et, s'il s'agit de remises proportionnelles allouées à titre d'appointements ou de suppléments d'appointements, pour toutes les commissions qui leur sont définitivement acquises dans les trois derniers mois précédant le jugement déclaratif, alors même que la cause de ces créances remonterait à une époque antérieure[2].

550. (*Ainsi modifié: Loi du 12 février 1872.*) L'article 2102 du Code civil est ainsi modifié à l'égard de la faillite: — Si le bail est résilié, le propriétaire d'immeubles affectés à l'industrie ou au commerce du failli aura privilége pour les deux dernières années de location échues avant le jugement déclaratif de faillite, pour l'année courante, pour tout ce qui concerne l'exécution du bail et pour les dommages-intérêts qui pourront lui être alloués par les tribunaux. — Au cas de non-résiliation, le bailleur, une fois payé de tous les loyers échus, ne pourra pas exiger le paiement des loyers en cours ou à échoir, si les sûretés qui lui ont été données lors du contrat

---

[1]) Quant à la caution elle-même, elle n'a de recours ni contre le failli, ni contre la masse; le failli, en ce cas, n'est tenu envers elle que d'une obligation naturelle: Cour de Cassation, 15 janvier 1901 (Dalloz, 1901. I. 325). Le fait par un créancier de n'avoir pas produit à la faillite du débiteur principal, ne libère d'ailleurs pas la caution: Cour de Cassation, 9 février 1906 (Dalloz, 1908. I. 225). Si la caution désire voter au concordat, elle doit se faire subroger dans les droits du créancier en le réglant intégralement (art. 1251, 3°, et 2028, C. Civ.). — [2]) Le privilége de l'art. 549 ne profite ni aux courtiers, ni aux représentants de commerce, ni aux acteurs en cas de faillite d'un entrepreneur de spectacles.

sont maintenues, ou si celles qui lui ont été fournies depuis la faillite sont jugées suffisantes. — Lorsqu'il y aura vente et enlèvement des meubles garnissant les lieux loués, le bailleur pourra exercer son privilège comme au cas de résiliation ci-dessus, et, en outre, pour une année à échoir à partir de l'expiration de l'année courante, que le bail ait ou non date certaine. — Les syndics pourront continuer ou céder le bail pour tout le temps restant à courir, à la charge par eux ou leurs cessionnaires de maintenir dans l'immeuble gage suffisant, et d'exécuter, au fur et à mesure des échéances, toutes les obligations résultant du droit ou de la convention, mais sans que la destination des lieux loués puisse être changée. — Dans le cas où le bail contiendrait interdiction de céder le bail ou de sous-louer, les créanciers ne pourront faire leur profit de la location que pour le temps à raison duquel le bailleur aurait touché ses loyers par anticipation, et toujours sans que la destination des lieux puisse être changée. — Le privilége et le droit de revendication établis par le n° 4 de l'art. 2102 du Code civil au profit du vendeur d'effets mobiliers, ne peuvent être exercés contre la faillite[1].

551. Les syndics présenteront au juge-commissaire l'état des créanciers se prétendant privilégiés sur les biens meubles, et le juge-commissaire autorisera, s'il y a lieu, le paiement de ces créanciers sur les premiers deniers rentrés. — Si le privilège est contesté, le tribunal prononcera.

Section III. Des droits des créanciers hypothécaires et privilégiés sur les immeubles.

552. Lorsque la distribution du prix des immeubles sera faite antérieurement à celle du prix des biens meubles, ou simultanément, les créanciers privilégiés ou hypothécaires, non remplis sur le prix des immeubles, concourront, à proportion de ce qui leur restera dû, avec les créanciers chirographaires, sur les deniers appartenant à la masse chirographaire, pourvu toutefois que leurs créances aient été vérifiées et affirmées suivant les formes ci-dessus établies.

553. Si une ou plusieurs distributions des deniers mobiliers précèdent la distribution du prix des immeubles, les créanciers privilégiés et hypothécaires vérifiés et affirmés concourront aux répartitions dans la proportion de leurs créances totales, et sauf, le cas échéant, les distractions dont il sera parlé ci-après.

554. Après la vente des immeubles et le règlement définitif de l'ordre entre les créanciers hypothécaires et privilégiés, ceux d'entre eux qui viendront en ordre utile sur le prix des immeubles pour la totalité de leur créance ne toucheront le montant de leur collocation hypothécaire que sous la déduction des sommes par eux perçues dans la masse chirographaire. — Les sommes ainsi déduites ne resteront point dans la masse hypothécaire, mais retourneront à la masse chirographaire, au profit de laquelle il en sera fait distraction.

555. A l'égard des créanciers hypothécaires qui ne seront colloqués que partiellement dans la distribution du prix des immeubles, il sera procédé comme il suit: leurs droits sur la masse chirographaire seront définitivement réglés d'après les sommes dont ils resteront créanciers après leur collocation immobilière, et les deniers qu'ils auront touchés au delà de cette proportion, dans la distribution antérieure, leur seront retenus sur le montant de leur collocation hypothécaire, et reversés dans la masse chirographaire.

556. Les créanciers qui ne viennent point en ordre utile seront considérés comme chirographaires, et soumis comme tels aux effets du concordat et de toutes les opérations de la masse chirographaire.

Section IV. Des droits des femmes[2].

557. En cas de faillite du mari, la femme dont les apports en immeubles ne se trouveraient pas mis en communauté reprendra en nature lesdits immeubles et ceux qui lui seront survenus par succession ou par donation entre vifs ou testamentaire.

558. La femme reprendra pareillement les immeubles acquis par elle et en son nom des deniers provenant desdites successions et donations, pourvu que la dé-

---

[1]) Ce paragraphe laisse subsister le privilége du vendeur d'un navire, établi par l'article 191, 8°, du Code de Commerce, et il en est de même du vendeur d'un fonds de commerce qui a fait inscrire son privilége dans les délais prévus par la loi du 17 mars 1909. — [2]) La loi ne restreint nulle part l'hypothèque légale des mineurs et des interdits. Ceux-ci peuvent donc exercer leur hypothèque légale sur *tous* les immeubles du débiteur.

claration d'emploi soit expressément stipulée au contrat d'acquisition, et que l'origine des deniers soit constatée par inventaire ou par tout autre acte authentique.

559. Sous quelque régime qu'ait été formé le contrat de mariage, hors le cas prévu par l'article précédent, la présomption légale est que les biens acquis par la femme du failli appartiennent à son mari, ont été payés de ses deniers, et doivent être réunis à la masse de son actif, sauf à la femme à fournir la preuve du contraire[1].

560. La femme pourra reprendre en nature les effets mobiliers qu'elle s'est constitués par contrat de mariage, ou qui lui sont advenus par succession, donation entre vifs ou testamentaire, et qui ne seront pas entrés en communauté, toutes les fois que l'identité en sera prouvée par inventaire ou par tout autre acte authentique[2]. — A défaut, par la femme, de faire cette preuve, tous les effets mobiliers, tant à l'usage du mari qu'à celui de la femme, sous quelque régime qu'ait été contracté le mariage, seront acquis aux créanciers, sauf aux syndics à lui remettre, avec l'autorisation du juge-commissaire, les habits et linges nécessaires à son usage[3].

561. L'action en reprise résultant des dispositions des articles 557 et 558 ne sera exercée par la femme qu'à la charge des dettes et hypothèques dont les biens sont légalement grevés, soit que la femme s'y soit obligée volontairement, soit qu'elle y ait été condamnée.

562. Si la femme a payé des dettes pour son mari, la présomption légale est qu'elle l'a fait des deniers de celui-ci, et elle ne pourra, en conséquence, exercer aucune action dans la faillite, sauf la preuve contraire, comme il est dit à l'article 559.

563. Lorsque le mari sera commerçant au moment de la célébration du mariage, ou lorsque, n'ayant pas alors d'autre profession déterminée, il sera devenu commerçant dans l'année, les immeubles qui lui appartenaient à l'époque de la célébration du mariage, ou qui lui seraient advenus depuis, soit par succession, soit par donation entre vifs ou testamentaire, seront seuls soumis à l'hypothèque de la femme: 1° Pour les deniers et effets mobiliers qu'elle aura apportés en dot, ou qui lui seront advenus depuis le mariage par succession ou donation entre vifs ou testamentaire, et dont elle prouvera la délivrance ou le paiement par acte ayant date certaine; — 2° Pour le remploi de ses biens aliénés pendant le mariage; — 3° Pour l'indemnité des dettes par elle contractées avec son mari.

564. La femme dont le mari était commerçant à l'époque de la célébration du mariage, ou dont le mari, n'ayant pas alors d'autre profession déterminée, sera devenu commerçant dans l'année qui suivra cette célébration, ne pourra exercer dans la faillite aucune action à raison des avantages portés au contrat de mariage, et, dans ce cas, les créanciers ne pourront, de leur côté, se prévaloir des avantages faits par la femme au mari dans ce même contrat[4].

Chapitre VIII. De la répartition entre les créanciers et de la liquidation du mobilier.

565. Le montant de l'actif mobilier, distraction faite des frais et dépenses de l'administration de la faillite, des secours qui auraient été accordés au failli ou à sa famille, et des sommes payées aux créanciers privilégiés, sera réparti entre tous les créanciers au marc le franc de leurs créances vérifiées et affirmées.

566. A cet effet, les syndics remettront tous les mois, au juge-commissaire, un état de situation de la faillite et des deniers déposés à la Caisse des dépôts et consignations; le juge-commissaire ordonnera, s'il y a lieu, une répartition entre les créanciers, en fixera la quotité, et veillera à ce que tous les créanciers en soient avertis.

567. Il ne sera procédé à aucune répartition entre les créanciers domiciliés en France, qu'après la mise en réserve de la part correspondante aux créances pour lesquelles les créanciers domiciliés hors du territoire continental de la France seront portés sur le bilan. — Lorsque ces créances ne paraîtront pas portées sur le bilan d'une manière exacte, le juge-commissaire pourra décider que la réserve sera aug-

1) Ce serait le cas par exemple de la femme qui prouverait qu'un immeuble a été acquis en échange d'un de ses propres ou en remploi: art. 1407, 1434 et 1435, C. Civ. — 2) L'acte authentique ne pourrait pas être remplacé par un acte sous signature privée, quand même ce dernier aurait acquis date certaine avant le jugement déclaratif. — 3) Mais la femme peut se présenter comme créancière. — 4) Cet article s'applique également aux donations faites durant le mariage. — La femme ne pourrait même pas se présenter comme créancière chirographaire.

mentée, sauf aux syndics à se pourvoir contre cette décision devant le tribunal de commerce.

568. Cette part sera mise en réserve et demeurera à la Caisse des dépôts et consignations jusqu'à l'expiration du délai déterminé par le dernier paragraphe de l'article 492; elle sera répartie entre les créanciers reconnus, si les créanciers domiciliés en pays étranger n'ont pas fait vérifier leurs créances, conformément aux dispositions de la présente loi. — Une pareille réserve sera faite pour raison de créances sur l'admission desquelles il n'aurait pas été statué définitivement.

569. Nul paiement ne sera fait par les syndics que sur la représentation du titre constitutif de la créance. — Les syndics mentionneront sur le titre la somme payée par eux ou ordonnancée conformément à l'article 489. — Néanmoins, en cas d'impossibilité de représenter le titre, le juge-commissaire pourra autoriser le paiement sur le vu du procès-verbal de vérification. — Dans tous les cas, le créancier donnera la quittance en marge de l'état de répartition.

570. L'union pourra se faire autoriser par le tribunal de commerce, le failli dûment appelé, à traiter à forfait de tout ou partie des droits et actions dont le recouvrement n'aurait pas été opéré, et à les aliéner; en ce cas, les syndics feront tous les actes nécessaires. — Tout créancier pourra s'adresser au juge-commissaire pour provoquer une délibération de l'union à cet égard.

Chapitre IX. De la vente des immeubles du failli.

571. A partir du jugement qui déclarera la faillite, les créanciers ne pourront poursuivre l'expropriation des immeubles sur lesquels ils n'auront pas d'hypothèque.

572. S'il n'y a pas de poursuite en expropriation des immeubles commencée avant l'époque de l'union, les syndics seuls seront admis à poursuivre la vente; ils seront tenus d'y procéder dans la huitaine, sous l'autorisation du juge-commissaire, suivant les formes prescrites pour la vente des biens des mineurs[1].

573. La surenchère, après adjudication des immeubles du failli sur la poursuite des syndics, n'aura lieu qu'aux conditions et dans les formes suivantes: — La surenchère devra être faite dans la quinzaine. — Elle ne pourra être au-dessous du dixième du prix principal de l'adjudication. Elle sera faite au greffe du tribunal civil, suivant les formes prescrites par les articles 710 et 711 du Code de procédure civile; toute personne sera admise à surenchérir. — *Loi du 5 janvier 1914.* Semblable procédure sera appliquée aux ventes d'immeubles poursuivies par le syndic avant union.

Chapitre X. De la revendication.

574. Pourront être revendiquées, en cas de faillite, les remises en effets de commerce ou autres titres non encore payés, et qui se trouveront en nature dans le portefeuille du failli à l'époque de sa faillite, lorsque ces remises auront été faites par le propriétaire, avec le simple mandat d'en faire le recouvrement et d'en garder la valeur à sa disposition, ou lorsqu'elles auront été, de sa part, spécialement affectée à des paiements déterminés.

575. Pourront être également revendiquées, aussi longtemps qu'elles existeront en nature[2], en tout ou en partie, les marchandises consignées au failli à titre de dépôt, pour être vendues pour le compte du propriétaire. — Pourra même être revendiqué le prix ou la partie du prix desdites marchandises qui n'aura été ni payé, ni réglé en valeur, ni compensé en compte courant entre le failli et l'acheteur.

576. Pourront être revendiquées les marchandises expédiées au failli, tant que la tradition n'en aura point été effectuée dans ses magasins, ou dans ceux du commissionnaire chargé de les vendre pour le compte du failli. — Néanmoins, la revendication ne sera pas recevable si, avant leur arrivée, les marchandises ont été vendues sans fraude, sur factures et connaissements ou lettres de voiture signées par l'expéditeur. — Le revendiquant sera tenu de rembourser à la masse les acomptes par lui reçus, ainsi que toutes avances faites pour fret ou voiture, commission, assurances ou autres frais, et de payer les sommes qui seraient dues pour mêmes causes.

---

[1]) V. art. 952 et s., C. Proc. Civ. — [2]) Il faut aussi que les marchandises puissent être identifiées: la revendication ne serait pas possible si elles avaient été mêlées à d'autres semblables dont elles ne peuvent être distinguées.

577. Pourront être retenues par le vendeur les marchandises, par lui vendues, qui ne seront pas délivrées au failli, ou qui n'auront pas encore été expédiées, soit à lui, soit à un tiers pour son compte.

578. Dans le cas prévu par les deux articles précédents, et sous l'autorisation du juge-commissaire, les syndics auront la faculté d'exiger la livraison des marchandises, en payant au vendeur le prix convenu entre lui et le failli.

579. Les syndics pourront, avec l'approbation du juge-commissaire, admettre les demandes en revendication; s'il y a contestation, le tribunal prononcera après avoir entendu le juge-commissaire.

Chapitre XI. Des voies de recours contre les jugements rendus en matière de faillite.

580. Le jugement déclaratif de la faillite, et celui qui fixera à une date antérieure l'époque de la cessation de paiements, seront susceptibles d'opposition, de la part du failli, dans la huitaine, et de la part de toute autre partie intéressée, pendant un mois. Ces délais courront à partir des jours où les formalités de l'affiche et de l'insertion énoncée dans l'article 442 auront été accomplies[1].

581. Aucune demande des créanciers tendant à faire fixer la date de la cessation des paiements à une époque autre que celle qui résulterait du jugement déclaratif de faillite, ou d'un jugement postérieur, ne sera recevable après l'expiration des délais pour la vérification et l'affirmation des créances. Ces délais expirés, l'époque de la cessation de paiements demeurera irrévocablement déterminée à l'égard des créanciers.

582. Le délai d'appel, pour tout jugement rendu en matière de faillite, sera de quinze jours seulement à compter de la signification. — Ce délai sera augmenté à raison d'un jour par cinq myriamètres pour les parties qui seront domiciliées à une distance excédant cinq myriamètres du lieu où siège le tribunal.

583. Ne seront susceptibles ni d'opposition, ni d'appel, ni de recours en cassation: 1° Les jugements relatifs à la nomination ou au remplacement du juge-commissaire, à la nomination ou à la révocation des syndics; — 2° Les jugements qui statuent sur les demandes de sauf-conduit et sur celles de secours pour le failli et sa famille; — 3° Les jugements qui autorisent la vente des effets ou marchandises appartenant à la faillite; — 4° Les jugements qui prononcent sursis au concordat, ou admission provisionnelle de créanciers contestés; — 5° Les jugements par lesquels le tribunal de commerce statue sur les recours formés contre les ordonnances rendues par le juge-commissaire dans les limites de ses attributions.

Titre deuxième. Des banqueroutes.

Chapitre premier. De la banqueroute simple.

584. Les cas de banqueroute simple seront punis des peines portées au Code pénal, et jugés par les tribunaux de police correctionnelle, sur la poursuite des syndics, de tout créancier, ou du ministère public[2].

585. Sera déclaré banqueroutier simple tout commerçant failli qui se trouvera dans un des cas suivants: 1° Si ses dépenses personnelles ou les dépenses de sa maison sont jugées excessives; — 2° S'il a consommé de fortes sommes, soit à des opérations de pur hasard, soit à des opérations fictives de bourse ou sur marchandises; — 3° Si, dans l'intention de retarder sa faillite, il a fait des achats pour revendre au-dessous du cours; si, dans la même intention, il s'est livré à des emprunts, circulation d'effets, ou autres moyens ruineux de se procurer des fonds; — 4° Si, après une cessation de ses paiements, il a payé un créancier au préjudice de la masse.

586. Pourra être déclaré banqueroutier simple tout commerçant failli qui se trouvera dans un des cas suivants: 1° S'il a contracté, pour le compte d'autrui,

1) Les délais de l'article 580 sont de rigueur: il n'y a lieu à aucune augmentation à raison des distances. — L'opposition doit être formée par acte signifié au syndic et au créancier qui a provoqué la faillite. — Le failli qui aurait laissé expirer les délais d'opposition, pourrait faire appel dans les délais de l'article 582. — De même, si la faillite a été déclarée sur dépôt de bilan. — Quant aux autres intéressés, ils ne peuvent interjeter appel que s'ils ont été parties au procès. — Le jugement qui déclare ouverte la *liquidation judiciaire n'est susceptible d'aucun recours:* art. 4, al. 3, loi du 4 mars 1889. — 2) Les banqueroutiers simples sont punis d'un emprisonnement d'un mois au moins et de deux ans au plus: art. 402, al 3, C. Pén.

sans recevoir des valeurs en échange, des engagements jugés trop considérables eu égard à sa situation lorsqu'il les a contractés; — 2° S'il est de nouveau déclaré en faillite sans avoir satisfait aux obligations d'un précédent concordat; — 3° Si, étant marié sous le régime dotal, ou séparé de biens, il ne s'est pas conformé aux articles 69 et 70; — 4° Si, dans les quinze[1] jours de la cessation de ses paiements, il n'a pas fait au greffe la déclaration exigée par les articles 438 et 439, ou si cette déclaration ne contient pas les noms de tous les associés solidaires; — 5° Si, sans empêchement légitime, il ne s'est pas présenté en personne aux syndics dans les cas et dans les délais fixés, ou si, après avoir obtenu un sauf-conduit, il ne s'est pas représenté à justice; — 6° S'il n'a pas tenu de livres et fait exactement inventaire; si ses livres ou inventaires sont incomplets ou irrégulièrement tenus, ou s'ils n'offrent pas sa véritable situation active ou passive, sans néanmoins qu'il y ait fraude.

587. Les frais de poursuite en banqueroute simple intentée par le ministère public ne pourront, en aucun cas, être mis à la charge de la masse. — En cas de concordat, le recours du Trésor public contre le failli pour ces frais ne pourra être exercé qu'après l'expiration des termes accordés par ce traité.

588. Les frais de poursuite intentée par les syndics, au nom des créanciers, seront supportés, s'il y a acquittement, par la masse, et s'il y a condamnation, par le Trésor public, sauf son recours contre le failli, conformément à l'article précédent.

589. Les syndics ne pourront intenter de poursuite en banqueroute simple, ni se porter partie civile au nom de la masse, qu'après y avoir été autorisés par une délibération prise à la majorité individuelle des créanciers présents.

590. Les frais de poursuite intentée par un créancier seront supportés, s'il y a condamnation, par le Trésor public; s'il y a acquittement, par le créancier poursuivant.

Chapitre II. De la banqueroute frauduleuse.[2]

591. Sera déclaré banqueroutier frauduleux, et puni des peines portées au Code pénal, tout commerçant failli qui aura soustrait ses livres, détourné ou dissimulé une partie de son actif, ou qui, soit dans ses écritures, soit par des actes publics ou des engagements sous signature privée, soit par son bilan, se sera frauduleusement reconnu débiteur de sommes qu'il ne devait pas[3].

592. Les frais de poursuite en banqueroute frauduleuse ne pourront, en aucun cas, être mis à la charge de la masse. — Si un ou plusieurs créanciers se sont rendus parties civiles en leur nom personnel, les frais, en cas d'acquittement, demeureront à leur charge.

Chapitre III. Des crimes et des délits commis dans les faillites par d'autres que par les faillis.

593. Seront condamnés aux peines de la banqueroute frauduleuse: 1° Les individus convaincus d'avoir, dans l'interêt du failli, soustrait, recélé ou dissimulé tout ou partie de ses biens, meubles ou immeubles; le tout sans préjudice des autres cas prévus par l'article 60 du Code pénal; — 2° Les individus convaincus d'avoir frauduleusement présenté dans la faillite et affirmé, soit en leur nom, soit par interposition de personnes, des créances supposées; — 3° Les individus qui, faisant le commerce sous le nom d'autrui ou sous un nom supposé, se seront rendus coupables de faits prévus en l'article 591.

594. Le conjoint, les descendants ou les ascendants du failli, ou ses alliés aux mêmes degrés, qui auraient détourné, diverti ou recélé des effets appartenant à la faillite, sans avoir agi de complicité avec le failli, seront punis des peines du vol.

---

1) Depuis la loi du 4 mars 1889; autrefois, le dépôt du bilan devait se faire dans les trois jours de la cessation de paiements. — 2) La banqueroute frauduleuse entraîne l'annulation du concordat (art. 518). — La *tentative* est punie en matière de banqueroute frauduleuse, non en matière de banqueroute simple (art. 2 et 3, C. Pén.). Il en est de même de la *complicité* de banqueroute (art. 60 et 403, C. Pén.). — 3) Les banqueroutiers frauduleux sont punis de la peine des travaux forcés à temps: art. 402, al. 2, C. Pén. — Les agents de change et les courtiers privilégiés sont considérés comme banqueroutiers par le fait seul qu'ils sont en faillite. Les peines sont alors, soit celle des travaux forcés à temps, soit celle des travaux forcés à perpétuité, suivant qu'il s'agit de banqueroute simple ou de banqueroute frauduleuse: art. 89, C. Com., et 404, C. P.

595. Dans les cas prévus par les articles précédents, la cour ou le tribunal saisis statueront, lors même qu'il y aurait acquittement: — 1° D'office sur la réintégration à la masse des créanciers de tous biens, droits ou actions frauduleusement soustraits; — 2° Sur les dommages-intérêts qui seraient demandés, et que le jugement ou l'arrêt arbitrera.

596. Tout syndic qui se sera rendu coupable de malversation dans sa gestion sera puni correctionnellement des peines portées en l'article 406 du Code pénal[1].

597. Le créancier qui aura stipulé, soit avec le failli, soit avec toutes autres personnes, des avantages particuliers à raison de son vote dans les délibérations de la faillite, ou qui aura fait un traité particulier duquel résulterait en sa faveur un avantage à la charge de l'actif du failli, sera puni correctionnellement d'un emprisonnement qui ne pourra excéder une année, et d'une amende qui ne pourra être au-dessus de deux mille francs. — L'emprisonnement pourra être porté à deux ans si le créancier est syndic de la faillite.

598. Les conventions seront, en outre, déclarées nulles à l'égard de toutes personnes, et même à l'égard du failli. — Le créancier sera tenu de rapporter à qui de droit les sommes ou valeurs qu'il aura reçues en vertu des conventions annulées.

599. Dans le cas où l'annulation des conventions serait poursuivie par la voie civile, l'action sera portée devant les tribunaux de commerce.

600. Tous arrêts et jugements de condamnation rendus, tant en vertu du présent chapitre que des deux chapitres précédents, seront affichés et publiés suivant les formes établies par l'article 42 du Code de commerce, aux frais des condamnés.

Chapitre IV. De l'administration des biens en cas de banqueroute.

601. Dans tous les cas de poursuite et de condamnation pour banqueroute simple ou frauduleuse, les actions civiles autres que celles dont il est parlé dans l'article 595 resteront séparées, et toutes les dispositions relatives aux biens, prescrites pour la faillite, seront exécutées sans qu'elles puissent être attribuées ni évoquées aux tribunaux de police correctionnelle, ni aux cour d'assises.

602. Seront cependant tenus, les syndics de la faillite, de remettre au ministère public les pièces, titres, papiers et renseignements qui leur seront démandés.

603. Les pièces, titres et papiers délivrés par les syndics seront, pendant le cours de l'instruction, tenus en état de communication par la voie du greffe; cette communication aura lieu sur la réquisition des syndics, qui pourront y prendre des extraits privés, ou en requérir d'authentiques, qui leur seront expédiés par le greffier. — Les pièces, titres et papiers dont le dépôt judiciaire n'aurait pas été ordonné seront, après l'arrêt ou le jugement, remis aux syndics, qui en donneront décharge.

Titre troisième. De la réhabilitation.[2]

604. (*Ainsi modifié: Loi du 30 déc. 1903.*) Est réhabilité de droit le failli qui aura intégralement acquitté les sommes par lui dues en capital, intérêts et frais, sans toutefois que les intérêts puissent être réclamés au delà de cinq ans. — Pour être réhabilité de droit, l'associé d'une maison de commerce tombé en faillite doit justifier qu'il a acquitté dans les mêmes conditions toutes les dettes de la société, lors même qu'un concordat particulier lui aurait été consenti. — En cas de disparition, d'absence ou de refus de recevoir d'un ou de plusieurs créanciers, la somme due

---

[1]) Les peines de l'article 406 du Code Pénal sont celles d'un emprisonnement de deux mois à deux ans, et d'une amende qui ne peut excéder le quart des restitutions et des dommages-intérêts dus aux parties lésées, avec un minimum de 25 francs. — [2]) Sur les déchéances et les incapacités qu'entraîne la faillite: V. loi du 25 ventôse an VII, art. 35; loi du 18 mars 1806, art. 3; décret du 8 juin 1806, art. 50; code de commerce, art. 83 et 613; décret du 16 janvier 1808, art. 19; ordonnance du 8 décembre 1824; décret du 2 février 1852, art. 15, 17°; décret du 16 mars 1852, art. 38 et 39; décret du 24 novembre 1852, art. 2 et 7; loi du 1er juin 1853, art. 6; loi du 18 juillet 1866, art. 2; loi du 10 août 1871, art. 5 et 6; décret du 22 janvier 1872, art. 1, 3 et 4; loi du 21 novembre 1872, art. 2; loi du 8 décembre 1883, art. 2, 8°; loi du 5 avril 1884, art. 14 et 32; loi du 9 décembre 1884, art. 4. — Pour la liquidation judiciaire: V. loi du 4 mars 1889, art. 21; loi du 30 décembre 1903, art. 3. — V. aussi: loi du 5 août 1899, art. 1, 4°, 4 et 7, 7°, et loi du 11 juillet 1900. — La procédure de réhabilitation est dispensée de timbre et d'enregistrement: art. 2, loi du 23 mars 1908.

est déposée à la Caisse des dépôts et consignations, et la justification du dépôt vaut quittance.

605. (*Ainsi modifié: Loi du 30 déc. 1903 et loi du 23 mars 1908.*) Peut obtenir sa réhabilitation en cas de probité reconnue: 1° Le failli qui, avant obtenu un concordat, aura intégralement payé les dividendes promis. Cette disposition est applicable à l'associé d'une maison de commerce tombée en faillite, qui a obtenu des créanciers un concordat particulier; — 2° Celui qui justifie de la remise entière de ses dettes par ses créanciers ou de leur consentement unanime à sa réhabilitation. — Lorsqu'il s'est écoulé dix ans depuis la déclaration de faillite ou de liquidation judiciaire, le failli non banqueroutier et le liquidé judiciaire sont réhabilités de droit sans remplir aucune des formalités prévues par les articles 604 à 611 inclus du Code de commerce. — Cette réhabilitation ne peut porter aucune atteinte aux fonctions des syndics ou liquidateurs, si leur mandat n'est pas terminé, ni aux droits des créanciers au cas où leurs débiteurs ne seraient pas intégralement libérés.

606. (*Ainsi modifié: Loi du 30 déc. 1903 et loi du 31 mars 1906.*) Toute demande en réhabilitation sera adressée au procureur de la République de l'arrondissement dans lequel la faillite a été prononcée, avec les quittances et pièces qui la justifient. — Ce magistrat communiquera les pièces au président du tribunal de commerce qui a déclaré la faillite et au procureur de la République du domicile du demandeur, en les chargeant de recueillir tous les renseignements qu'ils pourront se procurer sur la vérité des faits exposés. — La production des quittances et autres pièces en vue de la réhabilitation n'en rendra pas, par elle-même, l'enregistrement obligatoire.

607. (*Ainsi modifié: Loi du 23 mars 1908*). Avis de la demande sera donné par lettres recommandées, par les soins du greffier du tribunal de commerce, à chacun des créanciers vérifiés à la faillite, ou reconnus par décision judiciaire postérieure, qui n'auront pas été intégralement payés dans les conditions de l'article 604.

608. (*Ainsi modifie: Loi du 23 mars 1908.*) Tout créancier non intégralement payé dans les conditions des paragraphes 1er et 2 de l'article 605 pourra, pendant le délai d'un mois à partir de cet avis, faire opposition à la réhabilitation par simple acte au greffe, appuyé des pièces justificatives. Le créancier opposant pourra, par requête présentée au tribunal et notifiée au débiteur, intervenir dans la procédure de réhabilitation.

609. (*Ainsi modifié: Loi du 30 déc. 1903.*) Après l'expiration du délai, le résultat des enquêtes prescrites ci-dessus et les oppositions formées par les créanciers seront communiqués au procureur de la République saisi de la demande, et transmis par lui, avec son avis motivé, au président du tribunal de commerce.

610. (*Ainsi modifié: Loi du 30 déc. 1903.*) Le tribunal appellera, s'il y a lieu, le demandeur et les opposants et les entendra contradictoirement en chambre du conseil. Le demandeur pourra se faire assister d'un conseil. — Dans le cas de l'article 604, il se bornera à constater la sincérité des justifications produites et, si elles sont conformes à la loi, il prononcera la réhabilitation. — Dans celui de l'article 605, il appréciera les circonstances de la cause. — Le jugement sera rendu en audience publique. — Il pourra être frappé d'appel, tant par le demandeur que par le procureur de la République et les créanciers opposants, dans le délai d'un mois à partir de l'avis qui leur aura été donné par lettres recommandées. — Les créanciers opposants seront également avisés du jugement. Ils pourront exercer leur droit d'opposition devant la Cour d'appel. — La Cour d'appel statuera après examen et suivant les formes ci-dessus prescrites.

611. (*Ainsi modifié: Loi du 30 déc. 1903.*) Si la demande est rejetée, elle ne pourra être reproduite qu'après une année d'intervalle. — Si elle est admise, le jugement ou l'arrêt sera transcrit sur le registre du tribunal de commerce du lieu de la faillite et de celui du domicile du demandeur. — Il sera, en outre, adressé au procureur de la République qui aura reçu la demande et, par les soins de ce dernier, au procureur de la République du lieu de naissance du demandeur, qui en fera mention en regard de la déclaration de faillite sur le casier judiciaire.

612. (*Ainsi modifié: Loi du 30. déc. 1903 et loi du 23 mars 1908.*) Ne sont point admis à la réhabilitation commerciale: les banqueroutiers frauduleux, les personnes condamnées pour vols, escroqueries ou abus de confiance, à moins qu'ils n'aient été réhabilités conformément aux articles 619 et suivants du Code d'in struction criminelle et 10 de la loi du 5 août 1899. — Le deuxième paragraphe de l'article 634 du Code d'Instruction Criminelle est abrogé.

613. Nul commerçant failli ne pourra se présenter à la bourse, à moins qu'il n'ait obtenu sa réhabilitation[1] [2].

614. Le failli pourra être réhabilité après sa mort.

Livre quatrième. De la juridiction commerciale.

(*Loi décrétée le 14 septembre 1807, promulguée le 24.*)

Titre premier. De l'organisation des tribunaux de commerce.

615. Un règlement d'administration publique déterminera le nombre des tribunaux de commerce, et les villes qui seront susceptibles d'en recevoir par l'étendue de leur commerce et de leur industrie[3] [4].

616. L'arrondissement de chaque tribunal de commerce sera le même que celui du tribunal civil dans le ressort duquel il sera placé; et s'il se trouve plusieurs tribunaux de commerce dans le ressort d'un seul tribunal civil, il leur sera assigné des arrondissements particuliers.

617. (*Ainsi modifié: Loi du 18 juillet 1889.*) Chaque tribunal de commerce sera composé d'un président, de juges et de juges suppléants. — Le nombre des juges ne peut être inférieur à deux, non compris le président. — Un règlement d'administration publique fixera pour chaque tribunal le nombre des juges et juges suppléants[5].

618. (*Ainsi modifié: Loi du 21 déc. 1871.*) Les membres des tribunaux de commerce seront nommés dans une assemblée d'électeurs pris parmi les commerçants recommandables par leur probité, esprit d'ordre et d'économie. — Pourront aussi être appelés à cette réunion les directeurs des compagnies anonymes de commerce, de finance et d'industrie, les agents de change, les capitaines au long cours et les maîtres au cabotage ayant commandé des bâtiments pendant cinq ans et domiciliés depuis deux ans dans le ressort du tribunal. Le nombre des électeurs sera égal au dixième des commerçants inscrits à la patente: il ne pourra dépasser mille, ni être inférieur à cinquante; dans le département de la Seine, il sera de trois mille[6].

---

1) *Décret du 8 juin 1806, art. 13:* «Tout entrepreneur qui aura fait faillite ne pourra plus rouvrir de théâtre». — *Ordonnance des 8—21 décembre 1824, art. 10:* «Conformément à l'article 13 du décret du 8 juin 1806, tout directeur qui aura fait faillite ne pourra être appelé de nouveau à la direction d'un théâtre». — 2) *Décret du 16 janvier 1808, sur les statuts de la Banque de France:* «Art. 50. Tout failli non réhabilité ne peut être admis à l'escompte. — Art. 51. Il sera tenu un registre où seront inscrits les noms et demeures des commerçants qui ont fait faillite. Ce registre contiendra: la date ou l'époque de la faillite, l'époque de la réhabilitation, si elle a eu lieu». — 3) V. décret du 6 octobre 1809, concernant l'organisation des tribunaux de commerce. — 4) En 1907, il y avait, en France, 226 tribunaux de commerce et 167 tribunaux civils jugeant commercialement. — 5) *Décret du 20 août 1889,* art. 1er: A l'avenir, le tribunal de commerce de la Seine sera composé de: un président, vingt et un juges titulaires et vingt et un juges suppléants. — 6) Partiellement modifié par la loi du 8 décembre 1883, art. 1er, et la loi du 23 janvier 1898. — *Loi du 8 décembre 1883, art. 1er.* — Les membres des tribunaux de commerce seront élus par les citoyens français commerçants patentés ou associés en nom collectif depuis cinq ans au moins, capitaines au long cours et maîtres de cabotage ayant commandé des bâtiments pendant cinq ans, directeurs des compagnies françaises anonymes de finance, de commerce et d'industrie [a], agents de change et courtiers d'assurances maritimes, courtiers de marchandises, courtiers-interprètes et conducteurs de navires institués en vertu des articles 77, 79 et 80 du Code de commerce, les uns et les autres après cinq années d'exercice, et tous, sans exception, devant être domiciliés depuis cinq ans au moins dans le ressort du tribunal. — Sont également électeurs, dans leur ressort, les membres anciens ou en exercice des tribunaux ou des chambres de commerce, des chambres consultatives des arts et manufactures, les présidents anciens ou en exercice des conseils de prud'hommes. — (*Loi du 23 janvier 1898*). Les femmes qui remplissent les conditions énoncées dans les paragraphes précédents seront inscrites sur la liste électorale; néanmoins, elles ne pourront être appelées à faire partie d'un tribunal de commerce [b].

---

a) Les capitaines au long cours, les maîtres au cabotage et les directeurs de compagnies ne sont cependant ni commerçants, ni patentés. — b) Les femmes peuvent faire partie d'un conseil de prud'hommes: art. 5, loi du 27 mars 1907.

619. (*Loi du 21 déc. 1871.*) La liste des électeurs sera dressée par une commission composée: — 1° Du président du tribunal de commerce, qui présidera, et d'un juge au tribunal de commerce. Pour la première élection qui suivra la création d'un tribunal, on appellera dans la commission le président du tribunal civil et un juge au même tribunal; — 2° Du président et d'un membre de la chambre de commerce; si le président de la chambre de commerce est en même temps président du tribunal, on appellera un autre membre de la chambre; dans les villes où il n'existe pas de chambre de commerce, on appellera le président et un membre de la chambre consultative des arts et métiers; à défaut, on appellera un conseiller municipal; — 3° De trois conseillers généraux choisis, autant que possible, parmi les membres élus dans les cantons du ressort du tribunal; — 4° Du président du conseil des prud'hommes, et, s'il y en a plusieurs, du plus âgé des présidents; à défaut du conseil des prud'hommes, on appellera dans la commission le juge de paix ou le plus âgé des juges de paix de la ville où siége le tribunal; — 5° Du maire de la ville où siége le tribunal de commerce, et, à Paris, du président du conseil municipal.

Les juges au tribunal de commerce, les membres de la chambre de commerce, les juges du tribunal civil, les conseillers généraux et les conseillers municipaux, dans les cas prévus aux paragraphes précédents, seront élus par les corps auxquels ils appartiennent. Chaque année, la commission remplira les vacances provenant de décès ou d'incapacités légales survenues depuis la dernière révision. Elle ajoutera à la liste, en sus du nombre d'électeurs fixés par l'article 619, les anciens membres de la chambre et du tribunal de commerce, et les anciens présidents des conseils de prud'hommes.

Ne pourront être portés sur la liste ni participer à l'élection, s'ils y avaient été portés: 1° Les individus condamnés soit à des peines afflictives ou infamantes, soit à des peines correctionnelles pour des faits qualifiés crimes par la loi, ou pour délit de vol, escroquerie, abus de confiance, usure, attentat aux moeurs, soit pour contrebande quand la condamnation pour ce dernier délit aura été d'un mois au moins d'emprisonnement; — 2° Les individus condamnés pour contraventions aux lois sur les maisons de jeu, les loteries et les maisons de prêts sur gages; — 3° Les individus condamnés pour les délits prévus aux articles 413, 414, 419, 420, 421, 423, 430, § 2, du Code pénal, et aux articles 596 et 597 du Code de commerce; — 4° Les officiers ministériels destitués; — 5° Les faillis non réhabilités, et généralement tous ceux que la loi électorale prive du droit de voter aux élections législatives.

La liste sera envoyée au préfet, qui la fera publier et afficher. Un exemplaire signé par le président du tribunal de commerce sera déposé au greffe du tribunal de commerce. Tout patenté du ressort aura le droit d'en prendre connaissance et, à toute époque, de demander la radiation des électeurs qui se trouveraient dans un des cas d'incapacité ci-dessus. L'action sera portée sans frais devant le tribunal civil, qui prononcera en la chambre du conseil. En appel, la Cour statuera dans la même forme[1].

---

[1]) *Modifié par la loi du 8 décembre 1883, art. 2 et 3:* Art. **2.** Ne pourront participer à l'élection: 1° Les individus condamnés soit à des peines afflictives et infamantes, soit à des peines correctionnelles, pour faits qualifiés crimes par la loi; — 2° Ceux qui ont été condamnés pour vol, escroquerie, abus de confiance, soustractions commises par les dépositaires de deniers publics, attentat aux moeurs; — 3° Ceux qui ont été condamnés à l'emprisonnement pour délit d'usure, pour infraction aux lois sur les maisons de jeu, sur les loteries et les maisons de prêt sur gages, ou par application de l'article 1er de la loi du 27 mars 1851[1], de l'article 1er de la loi du 5 mai 1855[2], des articles 7 et 8 de la loi du 23 juin 1857, et de l'article 1er de la loi du 27 juillet 1867[3]; — 4° Ceux qui ont été condamnés à l'emprisonnement par application des lois du 17 juilllet 1857, du 23 mai 1863 et du 24 juillet 1867 sur les sociétés; — 5° Les individus condamnés pour les délits prévus aux articles 400, 413, 414, 417, 418, 419, 420, 421, 423, 433, 439, 443 du Code Pénal et aux articles 594, 596 et 597 du Code de Commerce; — 6° Ceux qui ont été condamnés à un emprisonnement de six jours au moins ou à une amende de plus de 1000 fr. pour infraction aux lois sur les douanes, les octrois et les contributions indirectes, et à l'article 5 de la loi du 4 juin 1859, sur le transport, par la poste, des valeurs déclarées; — 7° Les notaires, greffiers et officiers ministériels destitués en vertu de décisions judiciaires; — 8° Les faillis non réhabilités dont la faillite a été déclarée soit par

---

[1]) Abrogé par la loi du 1er août 1905, art. 14. — [2]) Abrogé par la loi du 1er août 1905, art. 14. — [3]) Abrogé par la loi du 4 février 1888, art. 7.

620. (*Ainsi modifié: Loi du 5 déc.1876.*) Tout commerçant ou agent de change âgé de trente ans, inscrit à la patente depuis cinq ans et domicilié, au moment de l'élection, dans le ressort du tribunal; toute personne ayant rempli pendant cinq ans les fonctions de directeur de société anonyme; tout capitaine au long cours et maître au cabotage ayant commandé pendant cinq ans, justifiant des mêmes conditions d'âge et de domicile, porté sur la liste des électeurs ou étant dans les conditions voulues pour y être inscrit, pourra être nommé juge ou suppléant. — (*Loi du 21 déc. 1871.*) Les anciens commerçants et agents de change seront éligibles s'ils ont exercé leur commerce pendant le même temps. — Nul ne pourra être nommé juge s'il n'a été nommé suppléant. — Le président ne pourra être choisi que parmi les anciens juges[1].

621. (*Ainsi modifié: Loi du 21 déc. 1871.*) L'élection sera faite au scrutin de liste pour le juges et les suppléants, et au scrutin individuel pour le président. Lorsqu'il d'élire le président, l'objet spécial de cette élection sera annoncé avant d'aller au s'agira scrutin. — Les élections se feront dans le local du tribunal de commerce, sous la présidence du maire du chef-lieu où siège le tribunal, assisté de quatre assesseurs qui seront les deux plus jeunes et les deux plus âges des électeurs présents. — La convocation des électeurs sera faite, dans la première quinzaine de décembre, par le préfet du département. — Au premier tour de scrutin, nul ne sera élu s'il n'a réuni la moitié plus un des suffrages exprimés et un nombre égal au quart du nombre des électeurs inscrits. Au deuxième tour, qui aura lieu huit jours après, la majorité relative sera suffisante. La durée de chaque scrutin sera de deux heures au moins. — Le procès-verbal sera dressé en triple original, et le président en transmettra un exemplaire au préfet et un autre au procureur général; le troisième sera déposé au greffe du tribunal. Tout électeur pourra, dans les cinq jours après l'élection, attaquer les opérations devant la cour d'appel, qui statuera sommairement et sans frais. Le procureur général aura un délai de dix jours pour demander la nullité[2].

---

les tribunaux français, soit par des jugements rendus à l'étranger, mais exécutoires en France; — 9° Et généralement tous les individus privés du droit de vote dans les élections politiques. Art. **3.** Tous les ans, la liste des électeurs du ressort de chaque tribunal sera dressée pour chaque commune par le maire, assisté de deux conseillers municipaux désignés par le conseil, dans la première quinzaine du mois de septembre; elle comprendra tous les électeurs qui rempliront, au 1er septembre, les conditions exigées par les articles précédents.

[1]) *Modifié par la loi du 8 décembre 1883, art. 8*: Art. **8.** Sont éligibles aux fonctions de président, de juge et de juge suppléant, tous les électeurs inscrits sur la liste électorale âgés de trente ans, et les anciens commerçants français ayant exercé leur profession pendant cinq ans au moins dans l'arrondissement et y résidant. — Toutefois, nul ne pourra être élu président s'il n'a exercé pendant deux ans les fonctions de juge titulaire, et nul ne pourra être nommé juge s'il n'a été juge suppléant pendant un an. — [2]) *Modifié par la loi du 8 décembre 1883, art. 10, 11 et 12*: Art. **10.** Le président sera élu au scrutin individuel. — Les juges titulaires et les juges suppléants seront nommés au scrutin de liste, mais par des bulletins distincts déposés dans des boîtes séparées. — Ces élections auront lieu simultanément. — Aucune élection ne sera valable au premier tour de scrutin, si les candidats n'ont pas obtenu la majorité des suffrages exprimés, et si cette majorité n'est pas égale au quart des électeurs inscrits. — Si la nomination n'a pas été obtenue au premier tour, un scrutin de ballottage aura lieu quinze jours après, et la majorité relative suffira, quel que soit le nombre des suffrages. — La durée de chaque scrutin sera de six heures; il s'ouvrira à dix heures du matin et sera fermé à quatre heures du soir. — **11.** Le président de chaque assemblée proclame le résultat de l'élection, et transmet immédiatement au préfet le procès-verbal des opérations électorales. — Dans les vingt-quatre heures de la réception des procès-verbaux, le résultat général de l'élection de chaque ressort est constaté par une commission siégeant à la préfecture et composée ainsi qu'il suit: — Le préfet, président; — Le conseiller général du chef-lieu du département, et, dans le cas où le chef-lieu est divisé en plusieurs cantons, le plus âgé des conseillers généraux du chef-lieu; en cas d'absence ou d'empêchement des conseillers généraux, le conseiller d'arrondissement ou le plus âgé des conseillers d'arrondissement du chef-lieu; — Le maire du chef-lieu du département ou l'un de ses adjoints, en cas d'empêchement ou d'absence. — Dans les trois jours qui suivront les constatations des résultats électoraux par la commission ainsi composée, le préfet transmettra au procureur général près la cour d'appel une copie certifiée du procès-verbal de l'ensemble des constatations et une autre copie, également certifiée, à chacun des greffiers des tribunaux de commerce du département. — Le préfet transmettra également le résultat des opérations électorales à tous les maires des chefs-lieux de canton, qui devront les faire afficher à la porte de la maison commune. — Dans les cinq jours de l'élection, tout électeur aura le droit d'élever des réclamations sur la régularité et la sincérité de l'élection. Dans les cinq jours de la réception

622. A la première élection, le président et la moitié des juges et des suppléants dont le tribunal sera composé, seront nommés pour deux ans; la seconde moitié des juges et des suppléants sera nommée pour un an: aux élections postérieures, toutes les nominations seront faites pour deux ans. — Tous les membres compris dans une même élection seront soumis simultanément au renouvellement périodique, encore bien que l'institution de l'un ou de plusieurs d'entre eux ait été différée[1].

623. (*Ainsi modifié: Loi du 17 juillet 1908.*) Le président et les juges sortant d'exercice après deux années pourront être réélus sans interruption pour deux autres périodes de deux années chacune. Ces trois périodes expirées, ils ne seront éligibles qu'après un an d'intervalle. — Tout membre élu en remplacement d'un autre par suite de décès ou de toute autre cause ne demeurera en exercice que pendant la durée du mandat confié à son prédécesseur. — Toutefois, le président, quel que soit, au moment de son élection, le nombre de ses années de judicature comme juge titulaire, pourra toujours être élu pour deux années, à l'expiration desquelles il pourra être réélu pour deux autres périodes de deux années chacune[2].

624. Il y aura près de chaque tribunal un greffier et des huissiers nommés par le Roi (*le président de la République*): leurs droits, vacations et devoirs, seront fixés par un règlement d'administration publique[3].

625. Il sera établi, pour la ville de Paris seulement, des gardes du commerce pour l'exécution des jugements emportant la contrainte par corps: la forme de leur organisation et leurs attributions seront déterminées par un règlement particulier[4].

626. Les jugements, dans les tribunaux de commerce, seront rendus par trois juges au moins; aucun suppléant ne pourra être appelé que pour compléter ce nombre[5]. — (*Ajouté: Loi du 5 déc. 1876.*) Lorsque, par des récusations ou empêchements, il ne restera pas un nombre suffisant de juges ou de juges suppléants, il y sera pourvu au moyen d'une liste formée annuellement par chaque tribunal de commerce, entre les éligibles du ressort, et, en cas d'insuffisance, entre les électeurs, ayant les uns et les autres leur résidence dans la ville où siége le tribunal. — Cette liste sera de cinquante noms à Paris, de vingt-cinq noms pour les tribunaux de neuf membres, de quinze noms pour les autres tribunaux. — Les juges complémentaires seront appelés dans l'ordre fixé par un tirage au sort fait en séance publique, par le président du tribunal, entre tous les noms de la liste[6].

---

du procès-verbal, le procureur général aura le même droit. — Ces réclamations seront communiquées aux citoyens dont l'élection serait attaquée et qui auront le droit d'intervenir dans les cinq jours de la communication. Elles seront jugées sommairement et sans frais dans la quinzaine par la cour d'appel dans le ressort de laquelle l'élection a eu lieu. — L'opposition ne sera pas admise contre l'arrêt rendu par défaut et qui devra être signifié. — Le pourvoi en cassation contre l'arrêt rendu ne sera recevable que s'il est formé dans les dix jours de la signification. Il aura un effet suspensif et sera instruit suivant les formes indiquées à l'article 6. — **12.** La nullité partielle ou absolue de l'élection ne pourra être prononcée que dans les cas suivants: 1° Si l'élection n'a pas été faite selon les formes prescrites par la loi; — 2° Si le scrutin n'a pas été libre, ou s'il a été vicié par des manoeuvres frauduleuses; — 3° S'il y a incapacité légale dans la personne de l'un ou de plusieurs des élus. — Sont applicables aux élections faites en vertu du présent article, les dispositions des articles 98, 99, 100, 102, 103, 104, 105, 106, 107, 108, 109, 110, 112, 113, 114, 116, 117, 118, 119, 120, 121, 122, 123 de la loi du 15 mars 1849.

[1]) *Modifié par la loi du 8 décembre 1883, art. 18:* Art. **18.** Il sera procédé à une élection générale dans les formes et délais prescrits par la présente loi. — A cette première élection, le président, la moitié des juges et des suppléants dont le tribunal sera composé seront nommés pour deux ans; — la seconde moitié des juges et des suppléants sera nommée pour un an; — aux élections postérieurs, toutes les nominations seront faites pour deux ans; — le tout conformément aux dispositions de l'article 622 du Code de Commerce. — Les présidents et juges en exercice au moment où aura lieu cette élection seront éligibles, sans qu'il soit tenu compte des années de judicature pendant lesquelles ils ont exercé leurs fonctions. — [2]) Loi du 8 décembre 1883, art. 13: L'article 623 du Code de Commerce est maintenu; toutefois le président, quel que soit, au moment de son élection, le nombre de ses années de judicature comme juge titulaire, pourra toujours être élu pour deux années, à l'expiration desquelles il pourra être réélu pour une seconde période de même durée. — [3]) V. décret du 24 mai 1854. — [4]) Devenu sans objet depuis la loi du 22 juillet 1867, qui supprime la contrainte par corps en matière civile, commerciale, et contre les étrangers. — [5]) *Modifié par la loi du 8 décembre 1883, art. 15, al. 2:* Les jugements seront rendus par trois juges au moins; un juge titulaire fera nécessairement partie du tribunal, à peine de nullité. — Mais les tribunaux de commerce n'ont pas besoin de siéger en nombre impair; ils peuvent aussi statuer en nombre pair: Cour de Cassation, 24 février 1904 (Dalloz, 1904. I. 473). — [6]) *Modifié par la loi du 8 décembre 1883, art. 16:* Lorsque, par suite de récusation ou d'empêchement, il ne restera pas un nombre suffisant de juges ou de suppléants, le président du tribunal tirera au sort, en

627. Le ministère des avoués est interdit dans les tribunaux de commerce, conformément à l'article 414 du Code de Procédure Civile; nul ne pourra plaider pour une partie devant ces tribunaux, si la partie, présente à l'audience, ne l'autorise, ou s'il n'est muni d'un pouvoir spécial. Ce pouvoir, qui pourra être donné au bas de l'original ou de la copie de l'assignation, sera exhibé au greffier avant l'appel de la cause, et par lui visé sans frais[1]. — Dans les causes portées devant les tribunaux de commerce, aucun huissier ne pourra, ni assister comme conseil, ni représenter les parties en qualité de procureur fondé, à peine d'une amende de vingt-cinq à cinquante francs, qui sera prononcée, sans appel, par le tribunal, sans préjudice des peines disciplinaires contre les huissiers contrevenants. — Cette disposition n'est pas applicable aux huissiers qui se trouveront dans l'un des cas prévus par l'article 86 du Code de Procédure Civile[2].

628. Les fonctions des juges de commerce sont seulement honorifiques.

629. Ils prêtent serment avant d'entrer en fonctions, à l'audience de la Cour royale (*Cour d'appel*), lorsqu'elle siège dans l'arrondissement communal où le tribunal de commerce est établi; dans le cas contraire, la Cour royale (*Cour d'appel*) commet, si les juges de commerce le demandent, le tribunal civil de l'arrondissement pour recevoir leur serment; et, dans ce cas, le tribunal dresse procès-verbal, et l'envoie à la Cour royale (*Cour d'appel*), qui en ordonne l'insertion dans ses registres. Ces formalités sont remplies sur les conclusions du ministère public et sans frais[3].

630. Les tribunaux de commerce sont dans les attributions et sous la surveillance du ministère de la justice.

Titre deuxième. De la compétence des tribunaux de commerce.

631. (*Ainsi modifié: Loi du 17 juillet 1856.*) Les tribunaux de commerce connaîtront: 1° Des contestations relatives aux engagements et transactions entre négociants, marchands et banquiers; — 2° Des contestations entre associés, pour raison d'une société de commerce; — 3° De celles relatives aux actes de commerce entre toutes personnes.

632. (*Ainsi modifié: Loi du 7 juin 1894.*) La loi répute actes de commerce: — Tout achat de denrées et marchandises pour les revendre, soit en nature, soit après les avoir travaillées et mises en oeuvre, ou même pour en louer simplement l'usage; —

séance publique, les noms des juges complémentaires pris dans une liste dressée annuellement par le tribunal. — Cette liste, où ne seront portés que des éligibles ayant leur résidence dans la ville ou, en cas d'insuffisance, des électeurs ayant légalement leur résidence dans la ville où siège le tribunal, sera de 50 noms pour Paris, de 25 noms pour les tribunaux de neuf membres, et de 15 noms pour les autres tribunaux. — Les juges complémentaires seront appelés dans l'ordre fixé par un tirage au sort, fait en séance publique, par le président du tribunal, entre tous les noms de la liste.

1) *Loi du 13 juillet 1911:* Art. **96.** Les avocats régulièrement inscrits à un barreau sont dispensés de présenter une procuration devant les juridictions commerciales. — **97.** Les avoués près le tribunal de première instance sont dispensés de présenter une procuration devant le tribunal de commerce de leur ressort. — 2) *Ordonnance du 10 mars 1825, prescrivant de nouvelles formalités pour constater l'exécution de l'article 421 du Code de Procédure Civile et de l'article 627 du Code de Commerce:* Art. 1er. Lorsqu'une partie aura été défendue devant le tribunal de commerce par un tiers, il sera fait mention expresse, dans la minute du jugement qui interviendra, soit de l'autorisation que ce tiers aura reçue de la partie présente, soit du pouvoir spécial dont il aura été muni. — **2.** Les magistrats chargés de procéder à la vérification ordonnée par l'article 6 de l'ordonnance du 5 novembre 1823 s'assureront sil a formalité prescrite par l'article précédent est observée dans tous les jugements rendus entre des parties qui ont été défendues ou dont l'une a été défendue par un tiers. Ils consigneront dans leur procès verbal le résultat de leur examen à cet égard. — **3.** En cas de contravention à l'article 1er de la présente ordonnance, il en sera rendu compte à notre garde des sceaux, pour être pris à l'égard du greffier telles mesures qu'il appartiendra. — 3) *Loi du 8 décembre 1883, art. 14:* Dans la quinzaine de la réception du procès-verbal, s'il n'y a pas de réclamations, ou dans la huitaine de l'arrêt statuant sur les réclamations, le procureur général invite les élus à se présenter á l'audience de la cour d'appel, qui procède publiquement à leur réception et en dresse procès-verbal consigné dans ses registres. — Si la cour ne siége pas dans l'arrondissement où le tribunal de commerce est établi, et si les élus le demandent, elle peut commettre, pour leur réception, le tribunal civil de l'arrondissement, qui y procédera en séance publique, à la diligence du procureur de la République. — Le procès-verbal de cette séance est transmis à la cour d'appel, qui en ordonne l'insertion dans ses registres. Le jour de l'installation publique du tribunal de commerce, il est donné lecture du procès-verbal de réception.

Toute entreprise de manufactures, de commission, de transport par terre ou par eau; — Toute entreprise de fournitures, d'agences, bureaux d'affaires, établissements de ventes à l'encan, de spectacles publics; — Toute opération de change, banque et courtage; — Toutes les opérations des banques publiques; — Toutes obligations entre négociants, marchands et banquiers; — Entre toutes personnes, les lettres de change.

633. La loi répute pareillement actes de commerce: — Toute entreprise de construction, et tous achats, ventes et reventes de bâtiments pour la navigation intérieure et extérieure; — Toutes expéditions maritimes; — Tout achat ou vente d'agrès, apparaux et avitaillements; — Tout affrétement ou nolisement, emprunt ou prêt à la grosse; — Toutes assurances et autres contrats concernant le commerce de mer; — Tous accords et conventions pour salaires et loyers d'équipages; — Tous engagements de gens de mer, pour le service de bâtiments de commerce.

634. Les tribunaux de commerce connaîtront également: 1° Des actions contre les facteurs, commis des marchands ou leurs serviteurs, pour le fait seulement du trafic du marchand auquel ils sont attachés[1]; — 2° Des billets faits par les receveurs, payeurs, percepteurs ou autres comptables des deniers publics[2].

635. Les tribunaux de commerce connaîtront de tout ce qui concerne les faillites, conformément à ce qui est prescrit au livre troisième du présent Code.

636. Lorsque les lettres de change ne seront réputées que simples promesses aux termes de l'article 112, ou lorsque les billets à ordre ne porteront que des signatures d'individus non négociants, et n'auront pas pour occasion des opérations de commerce, trafic, change, banque ou courtage, le tribunal de commerce sera tenu de renvoyer au tribunal civil, s'il en est requis par le défendeur[3].

637. Lorsque ces lettres de change et ces billets porteront en même temps des signatures d'individus négociants et d'individus non négociants, le tribunal de commerce en connaîtra; mais il ne pourra prononcer la contrainte par corps[4] contre les individus non négociants, à moins qu'ils ne se soient engagés à l'occasion d'opérations de commerce, trafic, change, banque ou courtage.

638. Ne seront point de la compétence des tribunaux de commerce les actions intentées contre un propriétaire, cultivateur ou vigneron, pour vente de denrées provenant de son cru, les actions intentées contre un commerçant, pour paiement de denrées et marchandises achetées pour son usage particulier. — Néanmoins les billets souscrits par un commerçant seront censés faits pour son commerce, et ceux des receveurs, payeurs, percepteurs ou autres comptables de deniers publics, seront censés faits pour leur gestion, lorsqu'une autre cause n'y sera pas énoncée[5].

639. (*Ainsi modifié: Loi du 3 mars 1840, art. 1er*). Les tribunaux de commerce jugeront en dernier ressort: 1° Toutes les demandes dans lesquelles les parties justiciables de ces tribunaux, et usant de leurs droits, auront déclaré vouloir être jugées définitivement et sans appel; — 2° Toutes les demandes dont le principal n'excédera pas la valeur de quinze cents francs; — 3° Les demandes reconventionnelles ou en compensation, lors même que, réunies à la demande principale, elles excéderaient quinze cents francs.

Si l'une des demandes principale ou reconventionnelle s'élève au-dessus des limites ci-dessus indiquées, le tribunal ne prononcera sur toutes qu'en premier ressort. — Néanmoins il sera statué en dernier ressort sur les demandes en dommages-intérêts, lorsqu'elles seront fondées exclusivement sur la demande principale elle-même[6].

---

1) Ce paragraphe est partiellement modifié par les articles 1er et 32 de la loi du 27 mars 1907. — 2) Peu importe que les engagements pris par les comptables à raison de leur gestion soient authentiques ou sous seing privé. — 3) La loi veut dire que lorsqu'un signataire, commerçant ou non, est tenu commercialement, l'affaire est de la compétence du tribunal de commerce; et que lorsqu'il est tenu civilement, elle appartient au tribunal civil. — La même règle s'applique aux chèques. — 4) La contrainte par corps a été abolie en matière commerciale et civile, et contre les étrangers, par la loi du 22 juillet 1867. — 5) *Loi du 21 avril 1810, art. 32:* L'exploitation des mines n'est pas considérée comme un commerce, et n'est pas sujette à patente. — V. aussi loi du 12 juillet 1905, art. 2, al. 2 et 3. — 6) Les tribunaux de commerce ne connaissent jamais de l'exécution de leurs jugements (art. 442, C. Proc. Civ.). Mais ils sont compétents pour tout ce qui concerne les ventes des fonds de commerce sur saisie ou sur la demande soit du vendeur, soit du créancier gagiste (art. 15 et s., loi du 17 mars 1909).

640. Dans les arrondissements où il n'y aura pas de tribunaux de commerce, les juges du tribunal civil exerceront les fonctions et connaîtront des matières attribuées aux juges de commerce par la présente loi.

641. L'instruction, dans ce cas, aura lieu dans la même forme que devant les tribunaux de commerce, et les jugements produiront les mêmes effets.

Titre troisième. De la forme de procéder devant les tribunaux de commerce.

642. La forme de procéder devant les tribunaux de commerce sera suivie telle qu'elle a été réglée par le titre XXV du livre II de la première partie du Code de procédure civile.

643. Néanmoins les articles 156, 158 et 159 du même Code, relatifs aux jugements par défaut rendus par les tribunaux inférieurs, seront applicables aux jugements par défaut rendus par les tribunaux de commerce.

644. Les appels des jugements des tribunaux de commerce seront portés pardevant les cours dans le ressort desquelles ces tribunaux sont situés.

Titre quatrième. De la forme de procéder devant les cours d'appel.

645. (*Ainsi remplacé: Loi du 3 mai 1862.*) Le délai pour interjeter appel des jugements des tribunaux de commerce sera de deux mois, à compter du jour de la signification du jugement, pour ceux qui auront été rendus contradictoirement, et du jour de l'expiration du délai de l'opposition, pour ceux qui auront été rendus par défaut: l'appel pourra être interjeté du jour même du jugement[1].

646. (*Ainsi rectifié: Loi du 3 mars 1840, art. 2.*) Dans les limites de la compétence fixée par l'article 639 pour le dernier ressort, l'appel ne sera pas reçu, encore que le jugement n'énonce pas qu'il est rendu en dernier ressort, et même quand il énoncerait qu'il est rendu à la charge d'appel.

647. Les cours royales (*cours d'appel*) ne pourront, en aucun cas, à peine de nullité, et même des dommages et intérêts des parties, s'il y a lieu, accorder des défenses ni surseoir à l'exécution des jugements des tribunaux de commerce, quand même ils seraient attaqués d'incompétence; mais elles pourront, suivant l'exigence des cas, accorder la permission de citer extraordinairement à jour et heure fixes, pour plaider sur l'appel[2].

648. Les appels des jugements des tribunaux de commerce seront instruits et jugés dans les cours, comme appels de jugements rendus en matière sommaire. La procédure, jusques et y compris l'arrêt définitif, sera conforme à celle qui est prescrite, pour les causes d'appel, en matière civile, au livre III de la première partie du Code de procédure civile.

---

[1]) Il résulte de cette disposition qu'en cas de jugement par défaut en matière commerciale, la partie condamnée peut, contrairement à ce qui se passe en matière civile (art. 455, C. Proc. Civ.), interjeter appel, bien que la voie de l'opposition lui soit encore ouverte. — [2]) Si la partie gagnante avait été dispensée à tort par le jugement de première instance de fournir caution pour l'exécution provisoire du jugement, la cour pourrait, avant de statuer sur l'appel, décider que l'intimé devra fournir caution s'il désire exécuter par provision.

Code Civil.*

Livre III.

. . . .

Titre sixième. De la vente.

Décrété le 6 mars 1804 (15 ventôse an XII), promulgué le 16 du même mois (25 ventôse an XII).

Chapitre premier. De la nature et de la forme de la vente.

1582. La vente est une convention par laquelle l'un s'oblige à livrer une chose, et l'autre à la payer.

Elle peut être faite par acte authentique ou sous seing privé[1]. — Civ. 1102 et s., 1317, 1322; Com. 109.

1583. Elle est parfaite entre les parties, et la propriété est acquise de droit à l'acheteur à l'égard du vendeur[2], dès qu'on est convenu de la chose et du prix, quoique la chose n'ait pas encore été livrée ni le prix payé. — Civ. 711, 1138, 1141, 1217, 1218, 1591, 1606, 1614, 2182.

1584. La vente peut être faite purement et simplement, ou sous une condition soit suspensive, soit résolutoire.

Elle peut aussi avoir pour objet deux ou plusieurs choses alternatives.

Dans tous ces cas, son effet est réglé par les principes généraux des conventions[3]. — Civ. 1168, 1181, 1185, 1189.

1585. Lorsque des marchandises ne sont pas vendues en bloc, mais au poids, au compte ou à la mesure, la vente n'est point parfaite, en ce sens que les choses vendues sont aux risques du vendeur jusqu'à ce qu'elles soient pesées, comptées ou mesurées; mais l'acheteur peut en demander ou la délivrance ou des dommages et intérêts, s'il y a lieu, en cas d'inexécution de l'engagement[4]. — Civ. 520, 521, 1142, 1182, 1302, 1583, 1604, 1606; Com. 100.

1586. Si, au contraire, les marchandises ont été vendues en bloc, la vente est parfaite, quoique les marchandises n'aient pas encore été pesées, comptées ou mesurées.

1587. A l'égard du vin, de l'huile, et des autres choses que l'on est dans l'usage de goûter avant d'en faire l'achat, il n'y a point de vente tant que l'acheteur ne les a pas goûtées et agréées.

1588. La vente faite à l'essai est toujours présumée faite sous une condition suspensive. — Civ. 1181 et s., 1584.

1589. La promesse de vente vaut vente, lorsqu'il y a consentement réciproque des deux parties sur la chose et sur le prix[5]. — Civ. 1179, 1583, 1592.

[1]) L'acte de vente sous seing privé par lequel le vendeur s'engage à passer un nouvel acte authentique ou sous seing privé de cette vente au profit de l'acquéreur, ou de telle personne qu'il lui plaira de désigner, constitue, non pas seulement un projet de vente, soumis pour sa réalisation à une condition ultérieure, mais une vente parfaite. — Cass. 23 août 1843; 30 juill. 1901. *Pand. fr. périodiques*, 02, 1, 335. — *V.* cependant Cass. 8 nov. 1821. — [2]) *a*) Mais quant aux tiers, *V.* L. 23 mars 1855, *sur la transcription en matière hypothécaire*, art. 1, 3. — *b*) Sur la publicité à donner à la vente des fonds de commerce. *V.* L. 17 mars 1909, art. 3 et s.; — *c*) La perfection de la vente peut être subordonnée à la condition que le prix sera payé à un jour déterminé. — Cass. 22 mars 1905. *Pand. fr. pér.*, 05. 1. 338. — [3]) La vente conditionnelle, faite comme garantie d'une ouverture de crédit non encore réalisé, est parfaite, dans le cas où la condition vient à s'accomplir, du jour du contrat, et non pas seulement du jour de la réalisation du crédit. — Cass. 29 août 1849. — [4]) Dans une vente à la mesure, la propriété n'est transférée, aussi bien que les risques de la chose vendue, sur la tête de l'acquéreur, qu'après le mesurage. — Cass. 24 mars 1860: 31 déc. 1894. — *V.* cependant Cass. 11 nov. 1812. — [5]) *a*) La promesse unilatérale de vente, faite sans qu'un délai soit imposé pour en réclamer l'exécution, peut être rétractée tant que l'exécution n'en a pas été demandée. — Cass. 12 juill. 1847. *Pand. fr. chron.*, III. 1. 75. — *b*) La promesse unilatérale n'emporte aliénation de la chose que du jour

*) Les extraits ci-dessus reproduits des Codes Civil et de Procédure Civile ont été tirés de la petite édition des Codes publiés à la Librairie Générale de Droit et de Jurisprudence par MM. Rivière, Faustin-Hélie et Paul Pont.

1590. Si la promesse de vendre a été faite avec des arrhes, chacun des contractants est maître de s'en départir:

Celui qui les a données, en les perdant.

Et celui qui les a reçues, en restituant le double. — Civ. 1715.

1591. Le prix de la vente doit être déterminé et désigné par les parties[1].

1592. Il peut cependant être laissé à l'arbitrage d'un tiers: si le tiers ne veut ou ne peut faire l'estimation, il n'y a point de vente[2]. — Civ. 1854.

1593. Les frais d'actes et autres accessoires à la vente sont à la charge de l'acheteur[3]. — Civ. 1248, 1382, 1999, 2062.

Chapitre II. Qui peut acheter ou vendre.

1594. Tous ceux auxquels la loi ne l'interdit pas peuvent acheter ou vendre. — Civ. 128, 450, 537, 1123, 1507, 1554, 1576, 1596 et s., 1860; Com. 443.

1595. Le contrat de vente ne peut avoir lieu entre époux que dans les trois cas suivants: 1° Celui où l'un des deux époux cède des biens à l'autre, séparé judiciairement d'avec lui, en paiement de ses droits; — 2° Celui où la cession que le mari fait à sa femme, même non séparée, a une cause légitime, telle que le remploi des ses immeubles aliénés, ou de deniers à elle appartenant, si ces immeubles ou deniers ne tombent pas en communauté; — 3° Celui où la femme cède des biens à son mari en paiement d'une somme qu'elle lui aurait promise en dot, et lorsqu'il y a exclusion de communauté;

Sauf, dans ces trois cas, les droits des héritiers des parties contractantes, s'il y a avantage indirect[4]. — Civ. 1401, 1421, 1443 et s., 1540.

1596. Ne peuvent se rendre adjudicataires, sous peine de nullité, ni par eux-mêmes, ni par personnes interposées: Les tuteurs, des biens de ceux dont ils ont a tutelle; — Les mandataires, des biens qu'ils sont chargées de vendre; — Les administrateurs, de ceux des communes ou des établissements publics confiés à

---

où celui à qui cette promesse est faite a déclaré vouloir en profiter. — Cass. 9 août 1848. *Pand. fr. chr.*, III. 1. 112: 10 mars 1886. *Pand. fr. pér.* 87. 6. 78; 26 mai 1908, *eod.* 09. 1. 327. — *c*) La promesse de vente faite sous une condition suspensive qui ne s'est pas réalisée ne donne ouverture à aucun droit proportionnel de mutation. — Cass. 6 mai 1863.; — *d*) Et on doit considérer comme faite sous condition suspensive la promesse de vente subordonnée à la passation d'un acte notarié et au paiement d'un acompte sur le prix. Si donc celui qui a promis d'acheter se refuse et à la passation de l'acte et au paiement de l'acompte convenu, il n'y a jamais eu vente, et aucun droit proportionnel n'est dû sur cette promesse... Peu importe même qu'il y ait eu prise de possession des biens. — *Même arrêt.* — *V.* aussi Cass. 24 févr. 1896, *Pand. fr. pér.*, 96. 1. 519; 29 juill. 1901. *eod.* 02. 1. 359.

1) *a*) La vente consentie moyennant une rente viagère dont les arrérages sont inférieurs aux revenus de l'immeuble vendu est nulle. — Cass. 28 déc. 1831, *Pand. fr. chr.*, II. 1. 42; 27 mai 1908 et 1er mai 1911, *Pand. fr. pér.*, 1911. 1. 459. — *V.* aussi Cass. 23 juin 1841, dans un cas où une somme minime avait été stipulée par le vendeur en sus de la rente viagère; — *b*) A plus forte raison, dans le cas où l'acheteur ne doit payer que la moitié des fruits de la chose vendue pendant la vie du vendeur et de son épouse. — Cass. 2 juill. 1806; — *c*) Jugé cependant que la vente consentie, à la charge, par l'acheteur d'un immeuble, de loger, nourrir et entretenir le vendeur pendant sa vie, tant en santé qu'en maladie, bien que l'estimation des revenus de l'immeuble soit supérieure à celle de la pension, est valable. — Cass. 16 avril 1822. — *V.* Rivière, *Jurispr. de la Cour de cass.*, nos 489 et s. — 2) En admettant que les tiers à l'arbitrage desquels est laissée la détermination d'un prix de vente ou promesse de vente doivent être nommés dans l'acte à peine de nullité, cette nullité serait couverte par la désignation ultérieure faite des experts ou arbitres, soit par les parties elles-mêmes, soit par un tiers auquel elles auraient donné pouvoir de les nommer. — Cass. 31 mars 1862. — 3) *a*) Les droits d'enregistrement d'une vente sous seing privé sont à la charge de l'acquéreur, à moins de stipulation contraire, alors même que c'est le vendeur qui a donné connaissance de l'acte à la régie. — Cass. 30 juin 1813; — *b*) Les frais d'enregistrement d'une vente sous seing privé peuvent être mis à la charge du vendeur, lorsque cet enregistrement est reconnu n'avoir eu lieu qu'à cause d'un procès intervenu sur l'exécution de la vente, et dans lequel le vendeur a succombé. — Cass. 9 févr. 1832. — 4) *a*) Les ventes consenties par un mari à son épouse sont valables toutes les fois qu'elles ont une cause légitime, bien qu'elles n'aient pas été consenties dans les hypothèses indiquées dans le paragraphe 2 de l'article 1595. — Cass. 23 août 1825, *Pand. fr. chr.*, I. 1. 262; — *b*) Mais la vente faite par un mari à sa femme à titre de remploi des deniers dotaux de celle-ci, manque d'une cause légitime, et par suite est nulle, lorsqu'elle a lieu sans séparation de biens antérieure, et, par conséquent, avant toute exigibilité de la dot de la part de la femme. — Cass. 24 juin 1839; 28 nov. 1855; 15 juin 1881, *Pand. fr. chr.*, VI. 1. 93. — *V.* Rivière, *Jurispr. de la Cour de Cass.*, nos 491 et s.

leurs soins; — Les officiers publics, des biens nationaux dont les ventes se font par leur ministère[1]. — Civ. 450, 911, 1099, 1100, 1991.

1597. Les juges, leurs suppléants, les magistrats remplissant le ministère public, les greffiers, huissiers, avoués, *défenseurs officieux* et notaires, ne peuvent devenir cessionnaires des procès, droits et actions litigieux qui sont de la compétence du tribunal dans le ressort duquel ils exercent leurs fonctions, à peine de nullité, et des dépens, dommages et intérêts[2]. — Civ. 1699; Pr. 711.

Chapitre III. Des choses qui peuvent être vendues.

1598. Tout ce qui est dans le commerce peut être vendu, lorsque des lois particulières n'en ont pas prohibé l'aliénation[3]. — Civ. 538, 1128, 1600, 2226.

1599. La vente de la chose d'autrui est nulle: elle peut donner lieu à des dommages-intérêts lorsque l'acheteur a ignoré que la chose fût à autrui[4]. — Civ. 136, 137, 843, 1021, 1141, 1165, 1409, 1626, 1659, 1696, 1707, 2265, 2280.

1600. On ne peut vendre la succession d'une personne vivante, même de son consentement. — Civ. 791, 1130, 1304.

1601. Si, au moment de la vente, la chose vendue était périe en totalité, la vente serait nulle.

Si une partie seulement de la chose est périe, il est au choix de l'acquéreur d'abandonner la vente, ou de demander la partie conservée, en faisant déterminer le prix par la ventilation[5]. — Civ. 1193, 1195, 1301.

Chapitre IV. Des obligations du vendeur.

Section première. Dispositions générales.

1602. Le vendeur est tenu d'expliquer clairement ce à quoi il s'oblige.

Tout pacte obscur ou ambigu s'interprète contre le vendeur. — Civ. 1156, 1162.

1603. Il a deux obligations principales, celle de délivrer et celle de garantir la chose qu'il vend. — Civ. 1604, 1625.

Section II. De la délivrance.

1604. La délivrance est le transport de la chose vendue en la puissance et possession de l'acheteur. — Civ. 1136.

---

[1]) *a*) *V.* art. 711, C. pr. civ.; — *b*) La défense faite au mandataire de se rendre adjudicataire des biens qu'il est chargé de vendre, ne s'étend pas aux biens qu'il est chargé de gérer et administrer. — Cass. 8 déc. 1862. — *c*) Une vente de biens de mineurs ne peut être annulée par cela seul qu'elle a été passée au profit du fils du tuteur. — Cass. 3 avril 1838; — *d*) Id. de la vente faite au fils du mandataire. — Cass. 4 avril 1837; — *e*) Le subrogé tuteur peut se rendre adjudicataire des biens du mineur. — Cass. 21 déc. 1852. — [2]) Pour que les droits cédés soient réputés *litigieux*, aux termes de l'article 1597, il n'est pas nécessaire que ces droits fassent l'objet d'un litige antérieur à la cession; il suffit qu'ils soient de nature à donner lieu à un procès ou à une contestation. — Cass. 8 frim. an XII; 11 févr. 1851. — [3]) *a*) *V.* notamment *Déclaration* du 7 janvier 1779. — Arrêté 7 therm. an X, art. 2 et 3; — L. 23 mess. an III; *Av. C. d'Ét.* 23 janv. 1808; Ord. 27 août 1817; L. 11 avril 1831, art. 28; L. 18 avril 1831, art. 30; L. 25 juin 1841; Ord. 29 oct. 1846; L. 30 déc. 1906. — *b*) Les ventes de grains en vert et pendants par racines étaient prohibées par la loi du 6 messidor an III; — *c*) Mais la prohibition de vendre les grains en vert a été supprimée par la loi du 9 juillet 1889, article 14. — *d*) *V.* L. 21 juill. 1881, *sur la police sanitaire des animaux;* L. 31 juill. 1895; L. 25 fév. 1905. — *e*) *V.* L. 12 mars 1900, *ayant pour objet de réprimer les abus commis en matière de vente à crédit des valeurs de bourse.* — [4]) *a*) L'article 1599 est applicable à l'échange comme à la vente. — Cass. 16 janv. 1810.; — *b*) La vente de la chose indivise consentie pour le tout par l'un des communistes est valable pour sa part. — Cass. 23 avril et 18 nov. 1879; 26 avril 1894, *Pand. fr. pér.*, 95. 1. 65. — *V.*, toutefois, Cass. 16 janv. 1810; — *c*) Les ventes consenties par l'héritier apparent à des tiers de bonne foi sont valables. — Cass. 16 janv. 1843, *Pand. fr. chr.*, II. 1. 351; 4 août 1885; 26 janv. 1887; — *d*) La vente de la chose d'autrui peut être ratifiée par le propriétaire; et alors l'acquéreur n'en peut plus demander la nullité. — Cass. 23 janv. 1852, *Pand fr. chr.*, II, 1. 43; 20 fév. 1855; — *e*) Du reste, la ratification ne produit d'effet qu'à compter du jour où elle est donnée. — Cass. 12 déc. 1810; 6 juill. 1831; — *f*) L'échange (ou la vente) de la chose d'autrui ne peut plus être attaqué par le copermutant (ou l'acquéreur), lorsque l'échangiste (ou le vendeur) en est devenu propriétaire incommutable. — Cass. 23 juill. 1835, *Pand. fr. chr.*, II. 1. 132. — [5]) La perte d'une partie de la marchandise vendue, quand cette perte, à raison du fractionnement de la marchandise, peut être facilement comblée, n'entraîne pas nécessairement la résolution de la vente, surtout en matière commerciale: il y a lieu seulement à une réduction du prix. — Cass. 10 juin 1856.

1605. L'obligation de délivrer les immeubles est remplie de la part du vendeur lorsqu'il a remis les clefs, s'il s'agit d'un bâtiment, ou lorsqu'il a remis les titres de propriété.

1606. La délivrance des effets mobiliers s'opère: Ou par la tradition réelle, — Ou par la remise des clefs des bâtiments qui les contiennent, — Ou même par le seul consentement des parties, si le transport ne peut pas s'en faire au moment de la vente, ou si l'acheteur les avait déjà en son pouvoir à un autre titre. — Civ. 1138, 1141, 1605.

1607. La tradition des droits incorporels se fait, ou par la remise des titres, ou par l'usage que l'acquéreur en fait du consentement du vendeur. — Civ. 1689 et s., 2075.

1608. Les frais de la délivrance sont à la charge du vendeur, et ceux de l'enlèvement à la charge de l'acheteur, s'il n'y a eu stipulation contraire. — Civ. 1248.

1609. La délivrance doit se faire au lieu où était, au temps de la vente, la chose qui en a fait l'objet, s'il n'en a été autrement convenu. — Civ. 1247, 1264.

1610. Si le vendeur manque à faire la délivrance dans le temps convenu entre les parties, l'acquéreur pourra, à son choix, demander la résolution de la vente, ou sa mise en possession, si le retard ne vient que du fait du vendeur[1]. — Civ. 1139, 1184, 1611, 1614, 1615, 1654.

1611. Dans tous les cas, le vendeur doit être condamné aux dommages et intérêts, s'il résulte un préjudice pour l'acquéreur, du défaut de délivrance au terme convenu. — Civ. 1146.

1612. Le vendeur n'est pas tenu de délivrer la chose, si l'acheteur n'en paie pas le prix, et que le vendeur ne lui ait pas accordé un délai pour le paiement. — Civ. 1650 et s.

1613. Il ne sera pas non plus obligé à la délivrance, quand même il aurait accordé un délai pour le paiement, si, depuis la vente, l'acheteur est tombé en faillite ou en état de déconfiture, en sorte que le vendeur se trouve en danger imminent de perdre le prix; à moins que l'acheteur ne lui donne caution de payer au terme. — Civ. 1188, 1612, 1657; Pr. 124; Com. 437.

1614. La chose doit être délivrée en l'état où elle se trouve au moment de la vente.

Depuis ce jour, tous les fruits appartiennent à l'acquéreur. — Civ. 551, 1615, 1682; Pr. 717.

1615. L'obligation de délivrer la chose comprend ses accessoires et tout ce qui a été destiné à son usage perpétuel[2]. — Civ. 1625, 1692, 2204.

1616. Le vendeur est tenu de délivrer la contenance telle qu'elle est portée au contrat, sous les modifications ci-après exprimées. — Civ. 1765.

1617. Si la vente d'un immeuble a été faite avec indication de la contenance, à raison de tant la mesure, le vendeur est obligé de délivrer à l'acquéreur, s'il l'exige, la quantité indiquée au contrat.

Et si la chose ne lui est pas possible, ou si l'acquéreur ne l'exige pas, le vendeur est obligé de souffrir une diminution proportionnelle du prix[3]. — Civ. 1627, 1636, 1765.

1618. Si, au contraire, dans le cas de l'article précédent, il se trouve une contenance plus grande que celle exprimée au contrat, l'acquéreur a le choix de fournir le supplément du prix, ou de se désister du contrat, si l'excédent est d'un vingtième au-dessus de la contenance déclarée[4]. — Civ. 1681 et s.

1619. Dans tous les autres cas: Soit que la vente soit faite d'un corps certain et limité, — Soit qu'elle ait pour objet des fonds distincts et séparés, — Soit

---

1) L'acheteur qui, faute par le vendeur d'opérer la livraison, demande qu'il soit condamné à exécuter le marché, peut ensuite en appel, pour la première fois, demander la résolution du marché, si, dans l'intervalle, une baisse survenue lui en rend l'exécution préjudiciable: la résolution n'étant, dans ce cas, qu'une forme de dommages-intérêts pour une cause survenue depuis le jugement. — Cass. 12 févr. 1855. — 2) *L.* 9 avril 1910, article unique: «L'aliénation d'une œuvre d'art n'entraîne pas, à moins de convention contraire, l'aliénation du droit de reproduction.» — 3) *V.* note sans l'article suivant. — 4) Dans une vente à tant la mesure, avec déclaration de la contenance, il peut être convenu que le prix sera définitivement déterminé par la contenance déclarée, et que la différence en plus ou en moins qui serait ultérieurement reconnue, ne pourra donner lieu à aucune réclamation de la part du vendeur ou de l'acheteur. Une pareille clause, alors du moins qu'elle est exempte de dol et de fraude, n'a par elle-même rien de contraire à l'ordre public ou aux bonnes mœurs. — Cass. 7 nov. 1853.

qu'elle commence par la mesure, ou par la désignation de l'objet vendu suivie de la mesure, — L'expression de cette mesure ne donne lieu à aucun supplément de prix, en faveur du vendeur pour l'excédent de mesure, ni en faveur de l'acquéreur, à aucune diminution du prix pour moindre mesure, qu'autant que la différence de la mesure réelle à celle exprimée au contrat est d'un vingtième en plus ou en moins, eu égard à la valeur de la totalité des objets vendus, s'il n'y a stipulation contraire.

1620. Dans le cas, où, suivant l'article précédent, il y a lieu à augmentation de prix pour excédent de mesure, l'acquéreur a le choix ou de se désister du contrat, ou de fournir le supplément du prix, et ce, avec les intérêts, s'il a gardé l'immeuble. — Civ. 1681.

1621. Dans tous les cas où l'acquéreur a le droit de se désister du contrat, le vendeur est tenu de lui restituer, outre le prix, s'il l'a reçu, les frais de ce contrat. — Civ. 1630.

1622. L'action en supplément de prix de la part du vendeur, et celle en diminution de prix ou en résiliation du contrat de la part de l'acquéreur, doivent être intentées dans l'année, à compter du jour du contrat, à peine de déchéance[1]. — Civ. 1617.

1623. S'il a été vendu deux fonds par le même contrat, et pour un seul et même prix, avec désignation de la mesure de chacun, et qu'il se trouve moins de contenance en l'un et plus en l'autre, on fait compensation jusqu'à due concurrence; et l'action, soit en supplément, soit en diminution du prix, n'a lieu que suivant les règles ci-dessus établies[2].

1624. La question de savoir sur lequel, du vendeur ou de l'acquéreur, doit tomber la perte ou la détérioration de la chose vendue avant la livraison, est jugée d'après les règles prescrites au titre *des Contrats ou des Obligations conventionnelles en général.* — Civ. 1137, 1138 et s., 1182, 1234, 1302.

Section III. De la garantie.

1625. La garantie que le vendeur doit à l'acquéreur a deux objets: le premier est la possession paisible de la chose vendue; le second, les défauts cachés de cette chose ou les vices rédhibitoires. — Civ. 1599, 1603, 1610, 1641 et s.

§ 1. *De la garantie en cas d'éviction.*

1626. Quoique, lors de la vente, il n'ait été fait aucune stipulation sur la garantie, le vendeur est obligé de droit à garantir l'acquéreur de l'éviction qu'il souffre dans la totalité ou partie de l'objet vendu, ou des charges prétendues sur cet objet, et non déclarées lors de la vente[3]. — Civ. 884, 1148, 1619, 1627, 1628, 1629, 1630, 1636, 1640, 1681, 1705, 2178, 2191; Pr. 717.

1627. Les parties peuvent, par des conventions particulières, ajouter à cette obligation de droit ou en diminuer l'effet; elles peuvent même convenir que le vendeur ne sera soumis à aucune garantie[4]. — Civ. 1134, 1626, 1628, 1643.

---

1) La prescription annale, établie par l'article 1622, a lieu aussi bien lorsque l'action est fondée sur une stipulation particulière entre les parties que lorsqu'elle n'est fondée que sur la loi. — Cass. 22 juill. 1834; 28 avril 1840. — 2) L'article 1623 s'applique même au cas où, indépendamment de la mesure indiquée pour chacun des fonds en particulier, il y a eu désignation de leur mesure *en bloc.* — Cass. 15 févr. 1836. — 3) *a)* Le vendeur est à l'abri de l'action en garantie, par cela seul que l'acheteur avait connaissance de l'existence des causes d'éviction ou des charges, quoiqu'elles n'aient pas été déclarées dans le contrat. — Cass. 20 juin 1843. — *b)* Décidé encore que le vendeur n'est pas garant des charges grevant la chose vendue, alors même qu'elles proviennent de son propre fait (antérieur à la vente), et qu'elles n'ont pas été déclarées lors de la vente, s'il est d'ailleurs constant que l'acquéreur avait une connaissance personnelle de l'existence de ces charges, — Cass. 2 mai 1864; — *c)* Celui qui doit garantir ne peut évincer: *Quem de evictione tenet actio, eumdem agentem repellit exceptio.* — Cass. 24 janv. 1826; — *d)* L'exception de garantie peut être opposée au mineur devenu héritier de son tuteur, même au cas de vente consentie par le tuteur, sans l'accomplissement des formalités légales, d'un immeuble indivis entre lui et le mineur. — Cass. 14 janv. 1840.; — *e)* Décidé encore que le mineur, devenu héritier de son tuteur, ne peut demander la nullité de l'aliénation de ses biens à lui mineur, consentie par le tuteur sans l'observation des formalités légales, lorsque ce dernier s'est porté fort pour le mineur et a promis sa garantie. Le mineur, dans ce cas, est repoussé par la maxime: *Qui doit garantir ne peut évincer.* — Cass. 28 juin 1859; — *f)* L'obligation de garantir est, par sa nature, indivisible et embrasse la chose vendue tout entière, comme chacune des parties qui la composent. — Cass. 18 avril 1860. — *V.* aussi Cass. 8 nov. 1893, *Pand. fr. chr.*, 24. 1. 473. — 4) Au cas d'éviction de l'adjudicataire de biens saisis, la clause de non-garantie insérée dans le cahier des charges à l'égard du poursuivant ne profite pas au saisi. On prétendrait à tort que, dans le cahier des charges, le poursuivant stipule pour le saisi aussi bien que pour lui-même. — Cass. 28 mai 1862.

1628. Quoiqu'il soit dit que le vendeur ne sera soumis à aucune garantie, il demeure cependant tenu de celle qui résulte d'un fait qui lui est personnel: toute convention contraire est nulle. — Civ. 1626, 1629, 1693.

1629. Dans le même cas de stipulation de non-garantie, le vendeur, en cas d'éviction, est tenu à la restitution du prix, à moins que l'acquéreur n'ait connu, lors de la vente, le danger de l'éviction, ou qu'il n'ait acheté à ses périls et risques. — Civ. 1626, 1628, 1638, 1642.

1630. Lorsque la garantie a été promise, ou qu'il n'a rien été stipulé à ce sujet, si l'acquéreur est évincé, il a le droit de demander contre le vendeur: 1° La restitution du prix; — 2° Celle des fruits, lorsqu'il est obligé de les rendre au propriétaire qui l'évince; — 3° Les frais faits sur la demande en garantie de l'acheteur, et ceux faits par le demandeur originaire; — 4° Enfin les dommages et intérêts, ainsi que les frais et loyaux coûts du contrat[1]. — Civ. 1149, 1599, 1621, 1625, 1626, 1629, 1633, 1646, 1681, 2178.

1631. Lorsque, à l'époque de l'éviction, la chose vendue se trouve diminuée de valeur, ou considérablement détériorée, soit par la négligence de l'acheteur, soit par des accidents de force majeure, le vendeur n'en est pas moins tenu de restituer la totalité du prix. — Civ. 1382, 2175.

1632. Mais si l'acquéreur a tiré profit des dégradations par lui faites, le vendeur a droit de retenir sur le prix une somme égale à ce profit.

1633. Si la chose vendue se trouve avoir augmenté de prix à l'époque de l'éviction, indépendamment même du fait de l'acquéreur, le vendeur est tenu de lui payer ce qu'elle vaut au-dessus du prix de la vente. — Civ. 1637.

1634. Le vendeur est tenu de rembourser ou de faire rembourser à l'acquéreur, par celui qui l'évince, toutes les réparations et améliorations utiles qu'il aura faites au fonds.

1635. Si le vendeur avait vendu de mauvaise foi le fonds d'autrui, il sera obligé de rembourser à l'acquéreur toutes les dépenses même voluptuaires ou d'agrément que celui-ci aura faites au fonds. — Civ. 549 et s., 1599, 2268.

1636. Si l'acquéreur n'est évincé que d'une partie de la chose, et qu'elle soit de telle conséquence, relativement au tout, que l'acquéreur n'eût point acheté sans la partie dont il a été évincé, il peut faire résilier la vente.

1637. Si, dans le cas de l'éviction d'une partie du fonds vendu, la vente n'est pas résiliée, la valeur de la partie dont l'acquéreur se trouve évincé lui est remboursée suivant l'estimation à l'époque de l'éviction, et non proportionnellement au prix total de la vente, soit que la chose vendue ait augmenté ou diminué de valeur[2]. — Civ. 1617, 1633.

1638. Si l'héritage vendu se trouve grevé, sans qu'il en ait été fait de déclaration, de servitudes non apparentes, et qu'elles soient de telle importance qu'il y ait lieu de présumer que l'acquéreur n'aurait pas acheté s'il en avait été instruit, il peut demander la résiliation du contrat, si mieux il n'aime se contenter d'une indemnité[3]. — Civ. 1626, 1642.

1639. Les autres questions auxquelles peuvent donner lieu les dommages et intérêts résultant pour l'acquéreur de l'inexécution de la vente doivent être décidées suivant les règles générales établies au titre *des Contrats ou des Obligations conventionnelles en général*. — Civ. 1136 et s., 1142 et s., 1146 et s., 1182, 1184, 1226 et s.

---

[1]) *a*) Le vendeur est obligé de garantir l'acheteur des frais occasionnés par un tiers demandeur dont l'action en éviction est rejetée, et qui se trouve insolvable. — Cass. 3 janv. 1833. — *V.* Rivière, *Jurispr. de la Cour de cass.*, nos 496 et s.; — *b*) Le vendeur qui succombe sur la demande en garantie de l'acheteur évincé ne doit supporter que les frais faits depuis sa mise en cause comme garant. — Cass. 8 nov. 1820. — *Contrà*, Cass. 14 mars 1825. — *V.* Rivière, *Jurispr. de la Cour de cass.*, nos 498 et s. — [2]) L'article 1637 n'est pas applicable au cas où une portion d'immeuble n'appartenant pas au vendeur a été, par erreur, comprise dans la vente. Dans ce cas, l'indemnité due à l'acquéreur peut être fixée d'après la valeur au moment de la vente de l'objet indûment vendu. — Cass. 25 avril 1831. — [3]) *a*) Si l'acquéreur a déclaré, dans le contrat, connaître l'état des lieux, et s'est soumis à toutes les servitudes *apparentes et occultes* dont le fonds pouvait être grevé, il ne peut recourir en garantie à raison d'une servitude de passage existant sur le fonds acquis. — Cass. 26 févr. 1829; — *b*) L'acquéreur ne peut réclamer une indemnité à raison des servitudes non apparentes dont l'héritage vendu se trouve grevé, encore que le contrat ne contienne pas de déclaration expresse et spéciale de l'existence des servitudes, s'il est prouvé que l'acquéreur en avait réellement connaissance. — Cass. 7 févr. 1832.

1640. La garantie pour cause d'éviction cesse lorsque l'acquéreur s'est laissé condamner par un jugement en dernier ressort, ou dont l'appel n'est plus recevable, sans appeler son vendeur, si celui-ci prouve qu'il existait des moyens suffisants pour faire rejeter la demande. — Civ. 1851; Pr. 175 et s.

§ 2. *De la garantie des défauts de la chose vendue*[1].

1641. Le vendeur est tenu de la garantie à raison des défauts cachés de la chose vendue qui la rendent impropre à l'usage auquel on la destine, ou qui diminuent tellement cet usage que l'acheteur ne l'aurait pas acquise, ou n'en aurait donné qu'un moindre prix, s'il les avait connus. — Civ. 1602, 1625, 1636, 1638, 1642, 1643, 1644, 1674.

1642. Le vendeur n'est pas tenu des vices apparents et dont l'acheteur a pu se convaincre lui-même[2]. — Civ. 1116, 1313, 1629, 1674.

1643. Il est tenu des vices cachés, quand même il ne les aurait pas connus, à moins que, dans ce cas, il n'ait stipulé qu'il ne sera obligé à aucune garantie. — Civ. 1627, 1629.

1644. Dans le cas des articles 1641 et 1643, l'acheteur a le choix de rendre la chose et de se faire restituer le prix, ou de garder la chose et de se faire rendre une partie du prix, telle qu'elle sera arbitrée par experts[3]. — Civ. 1617, 1634.

1645. Si le vendeur connaissait les vices de la chose, il est tenu, outre la restitution du prix qu'il en a reçu, de tous les dommages et intérêts envers l'acheteur. — Civ. 1149, 1630 et s.; Pén. 423.

1646. Si le vendeur ignorait les vices de la chose, il ne sera tenu qu'à la restitution du prix, et à rembourser à l'acquéreur les frais occasionnés par la vente. — Civ. 1630, 1650.

1647. Si la chose qui avait des vices a péri par suite de sa mauvaise qualité, la perte est pour le vendeur, qui sera tenu envers l'acheteur à la restitution du prix, et aux autres dédommagements expliqués dans les deux articles précédents.

Mais la perte arrivée par cas fortuit sera pour le compte de l'acheteur[4]. — Civ. 1641.

1648. L'action résultant des vices rédhibitoires doit être intentée par l'acquéreur, dans un bref délai, suivant la nature des vices rédhibitoires, et l'usage du lieu où la vente a été faite[5]. — Civ. 1304.

1649. Elle n'a pas lieu dans les ventes faites par autorité de justice. — Civ. 1684.

Chapitre V. Des obligations de l'acheteur.

1650. La principale obligation de l'acheteur est de payer le prix au jour et au lieu réglés par la vente. — Civ. 1239, 1653, 2102-4°, 2103-1° et s., 2108.

1651. S'il n'a rien été réglé à cet égard lors de la vente, l'acheteur doit payer au lieu et dans le temps où doit se faire la délivrance. — Civ. 1427.

1652. L'acheteur doit l'intérêt du prix de la vente jusqu'au paiement du capital, dans les trois cas suivants: S'il a été ainsi convenu lors de la vente; — Si la chose vendue et livrée produit des fruits ou autres revenus; — Si l'acheteur a été sommé de payer.

---

1) *V.* L. 21 juill. 1881, *sur la police sanitaire des animaux*, et L. 2 août 1884, *concernant les vices rédhibitoires dans les ventes et échanges d'animaux domestiques*, modifiées par la loi du 31 juill. 1895 et la loi du 23 fév. 1905. — 2) L'action pour vice rédhibitoire existe en matière de ventes d'immeubles, aussi bien qu'en matière de ventes de meubles. — Cass. 29 mars 1852; 16 nov. 1853; 23 août 1865. — 3) *a*) Lorsqu'une vente d'immeuble est résiliée à raison de l'existence de vices rédhibitoires, l'acheteur, qui opte pour la remise de la chose vendue et la restitution du prix, a droit également à la restitution des impenses par lui faites sur l'immeuble. — Cass. 29 mars 1852; — *b*) Mais il n'a droit à cette restitution que jusqu'à concurrence de la plus-value que ces impenses ont procurée à l'immeuble; il n'a pas droit à la somme réellement dépensée. — *Même arrêt;* — *c*) *V.* L. 2 août 1884, art. 3 et 4. — A sa date, *Compl.* — 4) *a*) En cas de résolution, pour vice rédhibitoire, d'une vente de graines destinées à être semées, le vendeur est tenu à la restitution du prix, sans que l'acheteur soit, de son côté, tenu à la restitution de la chose, qui a péri par son vice propre, dans l'emploi auquel elle était destinée. — Cass. 22 mars 1853; — *b*) *V.* L. 2 août 1884, art. 10. — 5) *a*) En matière de vente d'immeubles le délai pour intenter l'action rédhibitoire, n'étant pas précisé par la loi, il est laissé à l'appréciation souveraine des juges. — Cass. 16 nov. 1853; — *b*) Quant aux délais pour intenter l'action rédhibitoire en matière de vente d'animaux domestiques, *V.* L. 2 août 1884, art. 5 et 6.

Dans ce dernier cas, l'intérêt ne court que depuis la sommation. — Civ. 1139, 1153, 1905, 2176.

1653. Si l'acheteur est troublé ou a juste sujet de craindre d'être troublé par une action soit hypothécaire, soit en revendication, il peut suspendre le paiement du prix jusqu'à ce que le vendeur ait fait cesser le trouble, si mieux n'aime celui-ci donner caution, ou à moins qu'il n'ait été stipulé que, nonobstant le trouble, l'acheteur paiera[1]. — Civ. 1599, 2011.

1654. Si l'acheteur ne paye pas le prix, le vendeur peut demander la résolution de la vente[2]. — Civ. 883, 1183, 1184, 1223, 1670, 1674, 1978, 2102, 2125, 2146, 2279.

1655. La résolution de la vente d'immeubles est prononcée de suite, si le vendeur est en danger de perdre la chose et le prix.

Si ce danger n'existe pas, le juge peut accorder à l'acquéreur un délai plus ou moins long suivant les circonstances.

Ce délai passé sans que l'acquéreur ait payé, la résolution de la vente sera prononcée. — Civ. 1184, 1244.

1656. S'il a été stipulé, lors de la vente d'immeubles, que faute de paiement du prix dans le terme convenu la vente serait résolue de plein droit, l'acquéreur peut néanmoins payer après l'expiration du délai, tant qu'il n'a pas été mis en demeure par une sommation: mais, après cette sommation, le juge ne peut pas lui accorder de délai. — Civ. 1139, 1184, 1983.

1657. En matière de vente de denrées et effets mobiliers, la résolution de la vente aura lieu de plein droit et sans sommation, au profit du vendeur, après l'expiration du terme convenu pour le retirement[3]. — Civ. 1585, 2102-4°.

Chapitre VI. De la nullité et de la résolution de la vente.

1658. Indépendamment des causes de nullité ou de résolution déjà expliquées dans ce titre, et de celles qui sont communes à toutes les conventions, le contrat de vente peut être résolu par l'exercice de la faculté de rachat et par la vileté du prix. — Civ. 1108 et s., 1183 et s., 1304 et s., 1595 et s., 1616 et s., 1636, 1644 et s., 1654 et s., 1659 et s., 1674 et s.

Section première. De la faculté de rachat.

1659. La faculté de rachat ou de réméré est un pacte par lequel le vendeur se réserve de reprendre la chose vendue, moyennant la restitution du prix principal et le remboursement dont il est parlé à l'article 1673[4]. — Civ. 1038, 1168, 1174, 1599, 1692, 1751.

---

1) L'acquéreur qui a juste crainte d'éviction peut se refuser au paiement de son prix, sans caution, encore que lors de son acquisition il ait connu le danger d'éviction, s'il n'y a pas eu de stipulation particulière à ce sujet. — Cass. 24 mars 1829; 28 août 1839. — 2) *a*) *V.* art. 7, L. 23 mars 1855, *sur la transcription en matière hypothécaire;* L. 17 mars 1909 relative à la vente et au nantissement du fonds de commerce. — *b*) Le vendeur qui, pour sûreté du paiement du prix de vente, s'est fait consentir par l'acquéreur une hypothèque sur l'immeuble de celui-ci, peut demander la résolution de la vente, à défaut de paiement du prix, même après avoir réclamé inutilement la collocation sur le prix de l'immeuble grevé de son hypothèque: cette demande en collocation n'emporte pas renonciation à l'action résolutoire. — Cass. 11 déc. 1855; — *c*) Le vendeur d'un immeuble qui produit à un ordre ouvert à la suite d'une revente est-il non recevable à demander ensuite la résolution de la vente? Dans le sens de l'affirmative, *V.* Cass. 16 juill. 1818. — Mais *V.* Cass. 27 mai 1824; 16 mars 1840. — Rivière, *Jurispr. de la Cour de cass.*, nos 503 et s.; — *d*) En tout cas, la renonciation d'un premier vendeur à l'action, par l'effet de sa production et de sa collocation dans l'ordre ouvert sur un sous-acquéreur, ne porte aucune atteinte à l'action résolutoire du second vendeur contre ce sous-acquéreur, tant que ce second vendeur n'y a pas personnellement renoncé. — Cass. 13 juill. 1847; *Ch. réun.* 20 juin 1850. — 3) L'article 1657 est applicable en matière commerciale comme en matière civile. — Cass. 27 févr. 1828; 6 juin 1848, *Pand. fr. chr.*, III. 1. 108. — 4) *a*) La vente à réméré est une vente parfaite et translative de propriété, mais résoluble par l'exercice éventuel du réméré. — Cass. 18 mai 1813, *Pand. fr. chr.*, I. 1. 138; — *b*) *V.* Sur les droits d'enregistrement pour le retrait, L. 22 frim. an VII, art. 69, § 2. — *c*) Si l'acquéreur meurt avant l'expiration du temps dans lequel le réméré peut être exercé, les héritiers sont tenus d'acquitter le droit de mutation par décès à cause de l'immeuble sujet au rachat, quoique le retrait soit exercé par le vendeur avant la déclaration qui a dû être fournie des biens de la succession de cet acquéreur. — *Décis. min. Fin.*, 13 frim. an XIII.; — *d*) Le bien de famille ne peut être vendu à réméré. — L. 12 juill. 1909. art. 10.

1660. La faculté de rachat ne peut être stipulée pour un terme excédant cinq années.

Si elle a été stipulée pour un terme plus long, elle est réduite à ce terme.

1661. Le terme fixé est de rigueur, et ne peut être prolongé par le juge[1]. — Civ. 1662.

1662. Faute par le vendeur d'avoir exercé son action de réméré dans le terme prescrit, l'acquéreur demeure propriétaire irrévocable[2]. — Civ. 1673, 1751.

1663. Le délai court contre toutes personnes, même contre le mineur, sauf, s'il y a lieu, le recours contre qui de droit. — Civ. 2278.

1664. Le vendeur à pacte de rachat peut exercer son action contre un second acquéreur, quand même la faculté de réméré n'aurait pas été déclarée dans le second contrat. — Civ. 1165.

1665. L'acquéreur à pacte de rachat exerce tous les droits de son vendeur; il peut prescrire tant contre le véritable maître que contre ceux qui prétendraient des droits ou hypothèques sur la chose vendue. — Civ. 2225.

1666. Il peut opposer le bénéfice de la discussion aux créanciers de son vendeur. — Civ. 2021 et s.

1667. Si l'acquéreur à pacte de réméré d'une partie indivise d'un héritage s'est rendu adjudicataire de la totalité sur une licitation provoquée contre lui, il peut obliger le vendeur à retirer le tout lorsque celui-ci veut user du pacte. — Civ. 1686 et s.

1668. Si plusieurs ont vendu conjointement, et par un seul contrat, un héritage commun entre eux, chacun ne peut exercer l'action en réméré que pour la part qu'il y avait. — Civ. 1217.

1669. Il en est de même, si celui qui a vendu seul un héritage a laissé plusieurs héritiers.

Chacun de ces cohéritiers ne peut user de la faculté de rachat que pour la part qu'il prend dans la succession. — Civ. 1220.

1670. Mais, dans le cas des deux articles précédents, l'acquéreur peut exiger que tous les covendeurs ou tous les cohéritiers soient mis en cause, afin de se concilier entre eux pour la reprise de l'héritage entier; et, s'ils ne se concilient pas, il sera renvoyé de la demande. — Civ. 1225, 1685.

1671. Si la vente d'un héritage appartenant à plusieurs n'a pas été faite conjointement et de tout l'héritage ensemble, et que chacun n'ait vendu que la part qu'il y avait, ils peuvent exercer séparément l'action en réméré sur la portion qui leur appartenait.

Et l'acquéreur ne peut forcer celui qui l'exercera de cette manière à retirer le tout.

1672. Si l'acquéreur a laissé plusieurs héritiers, l'action en réméré ne peut être exercée contre chacun d'eux que pour sa part, dans le cas où elle est encore indivise, et dans celui où la chose vendue a été partagée entre eux.

Mais, s'il y a eu partage de l'hérédité, et que la chose vendue soit échue au lot de l'un des héritiers, l'action en réméré peut être intentée contre lui pour le tout. — Civ. 873, 883 et s., 1220 et s.

1673. Le vendeur qui use du pacte de rachat doit rembourser non-seulement le prix principal, mais encore les frais et loyaux coûts de la vente, les réparations nécessaires, et celles qui ont augmenté la valeur du fonds, jusqu'à concurrence de cette augmentation. Il ne peut entrer en possession qu'après avoir satisfait à toutes ces obligations.

---

1) *a*) Les jours fériés sont compris dans le terme fixé pour l'échéance du réméré. — Ainsi, lorsqu'il a été stipulé un réméré expirant au bout de deux ans, à partir du 1er janvier 1827, le délai est expiré le 1er janvier 1829, bien que ce jour soit un jour férié. — Cass. 7 mars 1834; — *b*) La faculté de réméré stipulée, par exemple, le 30 mars, pour cinq ans, sous la condition que le terme ne pourra être anticipé, peut être déclarée valablement exercée le 29 mars de la dernière année. — Cass. 5 déc. 1826. — 2) *a*) Le vendeur n'est pas obligé, lorsqu'il veut reprendre l'immeuble, de faire un paiement effectif du prix, ou des offres réelles; il suffit qu'il fasse connaître à l'acquéreur sa volonté d'exercer le réméré sous les conditions de la loi. — Cass. 5 févr. 1856; — *a'*) Mais la vente n'est résolue que si le prix est restitué. — Cass. 29 oct. 1904, *Pand. fr. pér.* 05. 1. 337; — *b*) L'irrégularité ou l'insuffisance des offres n'emporte pas déchéance: le vendeur peut faire de nouvelles offres. — Cass. 25 avril 1812; — *c*) Le vendeur dont les offres ont été déclarées inadmissibles ou non avenues par un jugement passé en force de chose jugée, n'est pas pour cela déchu du droit d'intenter une nouvelle action en réméré, avec offre de faire compte à l'acheteur de tout ce qui pourra lui être dû. — Cass. 16 août 1837.

Lorsque le vendeur rentre dans son héritage par l'effet du pacte de rachat, il le reprend exempt de toutes les charges et hypothèques dont l'acquéreur l'aurait grevé: il est tenu d'exécuter les baux faits sans fraude par l'acquéreur[1]. — Civ. 1183, 1659, 2103, 2125, 2180, 2195.

Section II. De la rescision de la vente pour cause de lésion.[2]

1674. Si le vendeur a été lésé de plus de sept douzièmes dans le prix d'un immeuble, il a le droit de demander la rescision de la vente, quand même il aurait expressément renoncé dans le contrat à la faculté de demander cette rescision, et qu'il aurait déclaré donner la plus-value[3]. — Civ. 888, 1668, 1677, 1706, 1964, 1968, 1976.

1675. Pour savoir s'il y a lésion de plus de sept douzièmes, il faut estimer l'immeuble suivant son état et sa valeur au moment de la vente[4]. — Civ. 890, 1589, 1674.

1676. La demande n'est plus recevable après l'expiration de deux années, à compter du jour de la vente.

Ce délai court contre les femmes mariées, et contre les absents, les interdits, et les mineurs venant du chef d'un majeur qui a vendu.

Ce délai court aussi et n'est pas suspendu pendant la durée du temps stipulé pour le pacte de rachat[5].

1677. La preuve de la lésion ne pourra être admise que par jugement, et dans le cas seulement où les faits articulés seraient assez vraisemblables et assez graves pour faire présumer la lésion.

1678. Cette preuve ne pourra se faire que par un rapport de trois experts, qui seront tenus de dresser un seul procès-verbal commun, et de ne former qu'un seul avis à la pluralité des voix. — Pr. 303 et s.

1679. S'il y a des avis différents, le procès-verbal en contiendra les motifs, sans qu'il soit permis de faire connaître de quel avis chaque expert a été. — Pr. 318.

1680. Les trois experts seront nommés d'office, à moins que les parties ne se soient accordées pour les nommer tous les trois conjointement. — Pr. 304.

1681. Dans le cas où l'action en rescision est admise, l'acquéreur a le choix, ou de rendre la chose en retirant le prix qu'il en a payé, ou de garder le fonds en payant le supplément du juste prix, sous la déduction du dixième du prix total.

Le tiers possesseur a le même droit, sauf sa garantie contre son vendeur[6]. — Civ. 891, 1618, 1630.

1682. Si l'acquéreur préfère garder la chose en fournissant le supplément réglé par l'article précédent, il doit l'intérêt du supplément, du jour de la demande en rescision.

S'il préfère la rendre et recevoir le prix, il rend les fruits du jour de la demande.

L'intérêt du prix qu'il a payé lui est aussi compté du jour de la même demande, ou du jour du paiement, s'il n'a touché aucuns fruits. — Civ. 1614, 1652.

1683. La rescision pour lésion n'a pas lieu en faveur de l'acheteur.

---

[1]) L'acquéreur n'est tenu de restituer les fruits qu'il a perçus qu'à compter du jour où le vendeur a consommé le rachat par le remboursement ou la consignation du prix de la vente. — Cass. 14 mai 1807. — [2]) *V. L.* 8 juillet 1907, *relative à la vente des engrais.* — [3]) *a*) La vente consentie moyennant une rente viagère peut être rescindée pour cause de lésion. — Cass. 22 févr. 1836; 15 juin 1895, *Pand. fr. pér.*, 96. 1. 456. — *V.* cepend. Rivière, *Jurispr. de la Cour de cass.*, n° 511 et s.; — *b*) N'est pas sujette à la rescision pour lésion la vente de la nue propriété d'un immeuble. Cass. 15 déc. 1832; 16 mai 1900, *Pand. fr. pér.*, 01. 1. 31. — [4]) Au cas de vente, moyennant une rente viagère dépassant les revenus de l'immeuble vendu, on ne peut, à l'effet d'obtenir la rescision de cette vente pour cause de lésion, prendre pour base de la fixation du prix la durée probable de la vie du vendeur, cette durée, nécessairement incertaine, étant l'élément principal du caractère aléatoire du contrat. — Cass. 31 déc. 1855. — [5]) *a*) Quand la vente a été précédée d'une promesse de vente unilatérale, le délai pour la prescription de l'action ne court que du jour de la vente, et non du jour de la promesse. — Cass. 9 août 1848, *Pand. fr. chr.*, II. 1. 112; — *b*) Si la promesse de vente était synallagmatique, le délai courrait du jour de la promesse. — Cass. 2 mai 1827. — [6]) Si le défendeur à l'action en rescision ne demande pas à faire l'option autorisée par l'article 1681, les juges ne sont pas tenus de déterminer le juste prix que l'acquéreur aurait à payer dans le cas où, faisant l'option, il préférerait conserver l'immeuble. — Cass. 9 août 1848.

1684. Elle n'a pas lieu en toutes ventes qui, d'après la loi, ne peuvent être faites que d'autorité de justice[1]. — Civ. 1649.

1685. Les règles expliquées dans la section précédente pour les cas où plusieurs ont vendu conjointement ou séparément, et pour celui où le vendeur ou l'acheteur a laissé plusieurs héritiers, sont pareillement observées pour l'exercice de l'action en rescision. — Civ. 1668 et s.

Chapitre VII. De la licitation.

1686. Si une chose commune à plusieurs ne peut être partagée commodément et sans perte;

Ou si, dans un partage fait de gré à gré de biens communs, il s'en trouve quelques-uns qu'aucun des copartageants ne puisse ou ne veuille prendre.

La vente s'en fait aux enchères, et le prix en est partagé entre les copropriétaires[2]. — Civ. 815 et s., 833, 2109; Pr. 966.

1687. Chacun des copropriétaires est le maître de demander que les étrangers soient appelés à la licitation: ils sont nécessairement appelés lorsque l'un des copropriétaires est mineur. — Civ. 460, 839; Pr. 984 et s.

1688. Le mode et les formalités à observer pour la licitation sont expliqués au titre *des Successions* et au Code de Procédure. — Civ. 827, 838 et s.; Pr. 972 et s., 984 et s.

Chapitre VIII. Du transport des créances et autres droits incorporels.[3]

1689. Dans le transport d'une créance, d'un droit ou d'une action sur un tiers, la délivrance s'opère entre le cédant et le cessionnaire par la remise du titre. — Civ. 1109, 1116, 1179, 1582, 1583, 1607, 1690, 2073.

1690. Le cessionnaire n'est saisi à l'égard des tiers que par la signification du transport faite au débiteur.

Néanmoins le cessionnaire peut être également saisi par l'acceptation du transport faite par le débiteur dans un acte authentique[4]. — Civ. 841, 1130, 1131, 1143, 1242, 1271, 1295, 1322, 1328, 1583, 1607, 1689, 1691, 2075; Pr. 557, Com. 136, 138, 446, 447.

1691. Si, avant que le cédant ou le cessionnaire eût signifié le transport au débiteur, celui-ci avait payé le cédant, il sera valablement libéré[5]. — Civ. 1242 1277, 1295.

---

1) Les ventes par licitation entre majeurs, même faites en justice, sont sujettes à l'action en rescision. — Cass. 4 janvier 1808. — 2) La licitation faite entre copropriétaires ou cohéritiers ne peut être résolue pour défaut de paiement du prix de la part de l'adjudicataire. — Cass. 24 mars 1823; 9 mai 1832; 14 mai 1833. — V. aussi Rivière, *Jurispr. de la Cour de cass.*, n° 240 et suiv. — 3) Sur la cession des salaires et des petits appointements, *V.* L. 20 janvier 1895. — 4) *a)* La cession de droits successifs n'a pas besoin d'être signifiée pour que le cessionnaire soit saisi à l'égard des tiers. — Cass. 6 juillet 1858; 16 avril 1889; *Pand. fr. pér.*, 89. 1. 428. — *V.* Rivière, *Jurispr. de la Cour de cass.*, n° 516; — *b)* L'art. 1690 s'applique aux créances commerciales aussi bien qu'aux créances civiles. — *V.* Cass. 23 nov. 1813 et 9 mars 1864. — *V.* aussi Rivière, *Jurispr. de la Cour de cass.*, n° 520 et suiv.; — *b')* La propriété des bons au porteur se transmet à l'égard des tiers par la simple tradition. — Cass. 31 octobre 1906, *Pand. fr. pér.*, 08. 1. 305; — *c)* Le transport consenti par un failli avant sa cessation de paiements, mais qui n'a pas été signifié, ou qui n'a été signifié qu'après le jugement déclaratif de la faillite, est nul et sans effet à l'égard des créanciers. — Cass. 4 janvier 1847; — *d)* L'acceptation de la cession par le débiteur cédé n'emporte pas novation de la créance cédée. Par suite, le débiteur cédé qui a accepté la cession purement et simplement peut opposer au cessionnaire les exceptions (autres que celle de compensation) qu'il eût pu opposer au cédant. — Cass. 2 août 1847; 2 mai 1853; 4 février 1889, *Pand. fr. pér.* 89. 1. 344; — *e)* Mais le débiteur cédé qui a déclaré s'obliger personnellement au paiement de la dette du cédant, ne peut plus ultérieurement, dans le cas où il serait en droit d'obtenir une réduction sur le montant de sa propre dette, opposer cette réduction au cessionnaire. — Cass. 19 avril 1854; — *f)* La procuration donnée par le débiteur pour accepter un transport peut être sous seing privé. — Cass. 20 juillet 1892, *Pand. fr. pér.*, 93. 1. 254. — 5) *a)* Jugé que les quittances émanées du cédant ne sont pas opposables au cessionnaire, si elles n'ont acquis date certaine que depuis la signification du transport. — Cass. 23 août 1841; — *b)* Mais le débiteur cédé peut opposer au cessionnaire des actes sous seing privé émanés du cédant, bien que ces actes soient sans date certaine antérieure à la notification du transport, lorsqu'ils n'ont pas pour effet de détruire une créance établie par un titre préexistant, mais seulement de prouver que la créance même n'existait pas. — Cass. 26 novembre 1834.

1692. La vente ou cession d'une créance comprend les accessoires de la créance, tels que caution, privilége et hypothèque[1]. — Civ. 1018, 1249, 1615, 2112.

1693. Celui qui vend une créance ou autre droit incorporel doit en garantir l'existence au temps du transport, quoiqu'il soit fait sans garantie. — Civ. 1236, 1626 et s., 1640, 1692, 1694; Com. 168.

1694. Il ne répond de la solvabilité du débiteur que lorsqu'il s'y est engagé, et jusqu'à concurrence seulement du prix qu'il a retiré de la créance.

1695. Lorsqu'il a promis la garantie de la solvabilité du débiteur, cette promesse ne s'entend que de la solvabilité actuelle, et ne s'étend pas au temps à venir, si le cédant ne l'a expressément stipulé. — Civ. 1693, 1694.

1696. Celui qui vend une hérédité sans en spécifier en détail les objets n'est tenu de garantir que sa qualité d'héritier. — Civ. 780, 1156, 1163, 1697, 1698.

1697. S'il avait déjà profité des fruits de quelque fonds, ou reçu le montant de quelque créance appartenant à cette hérédité, ou vendu quelques effets de la succession, il est tenu de les rembourser à l'acquéreur, s'il ne les a expressément réservés lors de la vente. — Civ. 1615.

1698. L'acquéreur doit de son côté rembourser au vendeur ce que celui-ci a payé pour les dettes et charges de la succession, et lui faire raison de tout ce dont il était créancier, s'il n'y a stipulation contraire. — Civ. 1697.

1699. Celui contre lequel on a cédé un droit litigieux peut s'en faire tenir quitte par le cessionnaire, en lui remboursant le prix réel de la cession avec les frais et loyaux coûts, et avec les intérêts à compter du jour où le cessionnaire a payé le prix de la cession à lui faite[2]. — Civ. 841, 1597, 1700 et s.

1700. La chose est censée litigieuse dès qu'il y a procès et contestation sur le fond du droit[3]. — Civ. 1699.

1701. La disposition portée en l'article 1699 cesse: 1° Dans le cas où la cession a été faite à un cohéritier ou copropriétaire du droit cédé; — 2° Lorsqu'elle a été faite à un créancier en paiement de ce qui lui est dû; — 3° Lorsqu'elle a été faite au possesseur de l'héritage sujet au droit litigieux[4].

Code de procédure civile.

Titre vingt-cinquième. Procédure devant les tribunaux de commerce.

414. La procédure devant les tribunaux de commerce se fait sans le ministère d'avoués[5]. — Pr. 49-4°, 415 et s.; Com. 627, 642 et s.

415. Toute demande doit y être formée par exploit d'ajournement, suivant les formalités ci-dessus prescrites au titre *des Ajournements*. — Pr. 61 et s.; Tarif, 29.

416. Le délai sera au moins d'un jour. — Pr. 72, 1033.

417. Dans les cas qui requerront célérité, le président du tribunal pourra permettre d'assigner, même de jour à jour et d'heure à heure, et de saisir les effets mobiliers: il pourra, suivant l'exigence des cas, assujettir le demandeur à donner

---

1) L'hypothèque donnée pour garantie du paiement de lettres de change ou billets à ordre est transmise comme accessoire de la créance, par le fait seul de l'endossement des lettres de change et des billets. — Cass. 24 février 1838; 11 juillet 1839; 20 juin 1854. — *V.* aussi, Cass. 15 mars 1825. — 2) *a*) La disposition de l'art. 1699 ne s'applique pas à la vente d'un immeuble dont la propriété est contestée. — Cass. 24 novembre 1818; — *b*) *Secùs*, dans le cas où le cédant a déclaré ne transmettre que *les droits qu'il a ou peut avoir* sur un immeuble litigieux. — Cass. 28 janvier 1836. — *V.* sur ces deux propositions, Rivière, *Jurispr. de la Cour de cass.*, nos 526, 527. — 3) Des droits ne sont réputés litigieux qu'autant qu'il y a réellement litige sur le fond du droit à l'instant de la cession; il ne suffirait pas d'un litige né depuis la cession. — Cass. 5 juillet 1819; 24 janvier 1827; 20 mars 1843. — 4) *a*) Le cohéritier qui, avant partage, a exercé le retrait de droits litigieux contre un tiers, est tenu de communiquer à ses cohéritiers, si ceux-ci le demandent, le bénéfice de ce retrait. — Cass. 18 juillet 1838; — *b*) Au cas où un droit est contesté entre trois parties, il n'en résulte pas que celui des trois prétendants qui se rend cessionnaire des droits de l'un des autres, puisse être réputé copropriétaire du droit cédé et échapper ainsi au retrait litigieux. — Cass. 22 juillet 1851. — 5) Devant les juridictions consulaires les dépens ne doivent jamais consister que dans les simples déboursés, tels que les

caution, ou à justifier de solvabilité suffisante. Ses ordonnances seront exécutoires nonobstant opposition ou appel. — Pr. 49—2°, 72, 808; Civ. 2040 et s.

418. Dans les affaires maritimes où il existe des parties non domiciliées, et dans celles ou il s'agit d'agrès, victuailles, équipages et radoubs de vaisseaux prêts à mettre à la voile, et autres matières urgentes et provisoires, l'assignation de jour à jour, ou d'heure à heure, pourra être donnée sans ordonnance, et le défaut pourra être jugé sur-le-champ. — Pr. 808; T. 29.

419. Toutes assignations données à bord à la personne assignée seront valables. — Pr. 68.

420. Le demandeur pourra assigner, à son choix: Devant le tribunal du domicile du défendeur; — Devant celui dans l'arrondissement duquel la promesse a été faite et la marchandise livrée; — Devant celui dans l'arrondissement duquel le paiement devait être effectué[1]. — Pr. 59; Civ. 102 et s., 1247, 1606, 1651; Com. 187, 636.

421. Les parties seront tenues de comparaître en personne, ou par le ministère d'un fondé de procuration spéciale. — Pr. 9; Civ. 1987; Com. 627.

422. Si les parties comparaissent, et qu'à la première audience il n'intervienne pas jugement définitif, les parties non domiciliées dans le lieu où siége le tribunal seront tenues d'y faire élection d'un domicile.

L'élection de domicile doit être mentionnée sur le plumitif de l'audience; à défaut de cette élection, toute signification, même celle du jugement définitif, sera faite valablement au greffe du tribunal[2]. — Pr. 436, 440; Civ. 111.

423. Les étrangers demandeurs ne peuvent être obligés, en matière de commerce, à fournir une caution de payer les frais et dommages intérêts auxquels ils pourront être condamnés, même lorsque la demande est portée devant un tribunal civil dans les lieux où il n'y a pas de tribunal de commerce. — (*Abrogé par la Loi du 5 mars 1895.*)

---

droits d'huissier, de timbre, de greffe ou d'enregistrement, et la partie qui a obtenu gain de cause ne peut, à titre de dépens, obtenir la répétition de ce qu'elle a payé à son conseil ou à son mandataire. Les tarifs de frais et dépens adoptés par quelques tribunaux de commerce, la reconnaissance dans une délibération expresse d'une série d'émoluments dont on fait une sorte de tarif non écrit, l'attribution aux agréés des droits fixés pour les avoués par le décret du 16 février 1807, l'augmentation des frais liquidés, en y comprenant les émoluments alloués aux agréés, constituent des excès de pouvoir qui peuvent être déférés à la Cour de Cassation (*Av. C. d'Ét.* 9 mars 1825; Ord. 10 mars 1825; Cass. 17 janvier 1842). — *Circ. g. d. Sc.* 22 mars 1845.

[1]) *a*) Les règles de compétence établies par l'art. 420 ne sont pas restreintes au cas de vente ou d'achat de marchandises: elles s'appliquent aussi à toutes les contestations commerciales dans lesquelles il s'agit d'une livraison ou d'un paiement à faire. — Cass. 8 juillet 1814; 8 mars 1827; 26 février 1839; 13 mai 1857. — *Contrà*, Cass. 22 janvier 1818; 18 février 1862; 21 mars 1892; *Pand. fr. pér.*, 93. 1. 7; 1er août 1892; *ibid.*, 93. 1. 247; — *b*) Pour l'application du second paragraphe de l'art. 420, attributif de juridiction au tribunal dans l'arrondissement duquel la promesse a été faite et la chose livrée, il faut le concours des deux circonstances de *promesse* et de *livraison;* il ne suffirait pas, pour que le tribunal fût compétent, que la livraison ait eu lieu dans son arrondissement, il faut aussi que la promesse y ait été faite. — Cass. 31 août 1852; 12 décembre 1864. — *V.* aussi Cass. 13 novembre 1811; 20 janvier 1881; 17 mars 1847; 14 novembre 1892; *Pand. fr. pér.*, 93. 1. 509; — *c*) La règle exceptionnelle de compétence établie par l'art. 420 ne doit recevoir son application qu'autant que l'existence des circonstances qu'il énumère est reconnue par le défendeur, ou que, en cas de dénégation de sa part, elle est établie par le demandeur. Dans le cas contraire, le défendeur ne peut être assigné que devant le tribunal de son domicile, conformément à la règle générale. — Cass. 14 décembre 1857. — *V.* aussi Cass. 21 mars 1826; 6 décembre 1871; — *d*) Ainsi, la faculté d'assigner devant le tribunal du lieu où la promesse a été faite et la marchandise livrée ne peut être exercée qu'autant que l'existence même de la promesse est reconnue ou n'est pas sérieusement contestée. — Cass. 27 février 1856; 17 avril 1860; 15 juillet 1862, *Pand. fr. chr.*; — *e*) Mais il ne suffit pas, pour que l'art. 420 cesse d'être applicable, que l'existence du marché soit contestée d'une manière quelconque: il faut que la contestation soit sérieuse, engageant sur le fond un véritable litige, et ne cache pas un moyen détourné de se soustraire à la juridiction exceptionnelle établie par la loi. — Cass. 24 décembre 1861; 29 janvier 1862; 12 mars 1867; 25 octobre 1897; *Pand. fr. pér.*, 98. 1. 54; 22 novembre 1898; *ibid.*, 99. 1. 143; 28 juin 1911, *ibid.*, 1911. 1. 470. — [2]) L'élection de domicile faite dans un exploit d'ajournement ne supplée pas à l'élection de domicile que les parties non domiciliées dans le lieu où siége le tribunal sont tenues d'y faire sur le plumitif de l'audience, lorsqu'il n'intervient pas de jugement définitif à la première audience. Dans ce cas, le défaut d'élection de domicile sur le plumitif autorise donc la partie adverse à faire toutes significations au greffe du tribunal, nonobstant l'élection de domicile portée dans l'exploit. — Cass. 25 mars 1862.

424. Si le tribunal est incompétent à raison de la matière, il renverra les parties, encore que le déclinatoire n'ait pas été proposé.

Le déclinatoire pour toute autre cause ne pourra être proposé que préalablement à toute autre défense[1]. — Pr. 168, 169, 170, 426, 442.

425. Le même jugement pourra, en rejetant le déclinatoire, statuer sur le fond, mais par deux dipositions distinctes, l'une sur la compétence, l'autre sur le fond; les dispositions sur la compétence pourront toujours être attaquées par la voie de l'appel[2]. — Pr. 172, 338, 424, 443, 454.

426. Les veuves et héritiers des justiciables du tribunal de commerce y seront assignés en reprise, ou par action nouvelle; sauf, si les qualités sont contestées, à les renvoyer aux tribunaux ordinaires pour y être réglés, et ensuite être jugés sur le fond au tribunal de commerce. — Pr. 174, 187, 342 et s.

427. Si une pièce produite est méconnue, déniée ou arguée de faux, et que la partie persiste à s'en servir, le tribunal renverra devant les juges qui doivent en connaître, et il sera sursis au jugement de la demande principale.

Néanmoins, si la pièce n'est relative qu'à un des chefs de la demande, il pourra être passé outre au jugement des autres chefs. — Pr. 14, 193, 214, 219, 250.

428. Le tribunal pourra, dans tous les cas, ordonner, même d'office, que les parties seront entendues en personne, à l'audience ou dans la chambre, et, s'il y a empêchement légitime, commettre un des juges, ou même un juge de paix pour les entendre, lequel dressera procès-verbal de leurs déclarations. — Pr. 119, 324 et s., 421, 1035.

429. S'il y a lieu à renvoyer les parties devant des arbitres, pour examen de comptes, pièces et registres, il sera nommé un ou trois arbitres pour entendre les parties, et les concilier, si faire se peut, sinon donner leur avis.

S'il y a lieu à visite ou estimation d'ouvrages ou marchandises, il sera nommé un ou trois experts.

Les arbitres et les experts seront nommés d'office par le tribunal, à moins que les parties n'en conviennent à l'audience[3]. — Pr. 302 et s., 305; Com. 52 et s.; T. 29.

430. La récusation ne pourra être proposée que dans les trois jours de la nomination. — Pr. 308 et s., 378 et s., 1029, 1033.

431. Le rapport des arbitres et experts sera déposé au greffe du tribunal. — Pr. 319.

432. Si le tribunal ordonne la preuve par témoins, il y sera procédé dans les formes ci-dessus prescrites pour les enquêtes sommaires. Néanmoins, dans les causes sujettes à appel, les dépositions seront rédigées par écrit par le greffier, et signées par le témoin; en cas de refus, mention en sera faite. — Pr. 407, 413; Civ. 1341; Com. 109, 498, 639.

433. Seront observées, dans la rédaction et l'expédition des jugements, les formes prescrites dans les articles 141 et 146 pour les tribunaux de première instance[4]. — Pr. 545 et s.

434. Si le demandeur ne se présente pas, le tribunal donnera défaut, et renverra le défendeur de la demande.

Si le défendeur ne comparaît pas, il sera donné défaut, et les conclusions du demandeur seront adjugées si elles se trouvent justes et bien vérifiées. — Pr. 19, 149, 150, 153, 154; Com. 642, 643.

435. Aucun jugement par défaut ne pourra être signifié que par un huissier commis à cet effet par le tribunal; la signification contiendra, à peine de nullité,

---

1) L'incompétence des tribunaux de commerce pour connaître des affaires hors de leurs attributions est absolue, et ces tribunaux doivent se dessaisir d'office, si l'incompétence n'est pas proposée. — Cass. 21 juillet 1851. — 2) *a*) L'art. 425 n'autorise pas les juges à joindre le déclinatoire au fond et à ordonner une preuve ou vérification qui porterait à la fois sur l'un et sur l'autre. — Cass. 10 juillet 1837; — *b*) De même, ils ne peuvent ordonner, avant de statuer sur le déclinatoire, une preuve ou vérification qui ne porterait que sur le fond. Spécialement, ils ne peuvent, en cas de contestation sur la qualité des marchandises vendues, en ordonner la vérification par experts avant de statuer sur le déclinatoire proposé par le défendeur. — Cass. 27 mars 1849. — 3) *a*) Les experts peuvent être nommés d'office par le tribunal de commerce, quand il n'apparaît pas que les parties en soient elles-mêmes convenues à l'audience. — Cass. 20 novembre 1854; 11 août 1856; — *b*) De même, en appel, ils peuvent être nommés d'office par la Cour d'appel. — Cass. 10 mars 1858. — 4) *a*) *V.* Décr. 12 juillet 1808; Ord. 9 octobre 1825.; — *b*) Les greffiers des tribunaux de commerce, comme ceux des tribunaux civils, doivent porter sur la feuille d'audience tous les jugements tels qu'ils sont rendus. — *Décis. du Grand Juge*, 31 octobre 1809. — 4) *a*) Il a été dérogé à cet article par l'art. 643 du Code de

élection de domicile dans la commune où elle se fait, si le demandeur n'y est domicilié.

Le jugement sera exécutoire un jour après la signification et jusqu'à l'opposition. — Pr. 20, 153, 155, 156, 1029; Civ. 102, 111; T. 29.

436. L'opposition ne sera plus recevable après la huitaine du jour de la signification[4]. — Pr. 157 et s., 1029; Com. 643; T. 29.

437. L'opposition contiendra les moyens de l'opposant, et assignation dans le délai de la loi; elle sera signifiée au domicile élu. — Pr. 20, 161, 416, 1033; T. 29.

438. L'opposition faite à l'instant de l'exécution, par déclaration sur le procès-verbal de l'huissier, arrêtera l'exécution; à la charge, par l'opposant, de la réitérer dans les trois jours, par exploit contenant assignation; passé lequel délai, elle sera censée non avenue. — Pr. 156 et s., 162, 1029.

439. Les tribunaux de commerce pourront ordonner l'exécution provisoire de leurs jugements, nonobstant l'appel, et sans caution, lorsqu'il y aura titre non attaqué, ou condamnation précédante dont il n'y aura pas d'appel: dans les autres cas, l'exécution provisoire n'aura lieu qu'à la charge de donner caution, ou de justifier de solvabilité suffisante[1]. — Pr. 135 et s., 417, 449, 459; Civ. 2040 et s., T. 29.

440. La caution sera présentée par acte signifié au domicile de l'appelant, s'il demeure dans le lieu où siége le tribunal, sinon au domicile par lui élu en exécution de l'article 422, avec sommation à jour et heure fixes de se présenter au greffe pour prendre communication, sans déplacement, des titres de la caution, s'il est ordonné qu'elle en fournira, et à l'audience, pour voir prononcer sur l'admission, en cas de contestation[2]. — Pr. 518 et s.; Civ. 102, 111, 2018, 2040 et s.; T. 29.

441. Si l'appelant ne comparaît pas, ou ne conteste point la caution, elle fera sa soumission au greffe; s'il conteste, il sera statué au jour indiqué par la sommation: dans tous les cas, le jugement sera exécutoire nonobstant opposition ou appel. — Pr. 519 et s.; T. 29.

442. Les tribunaux de commerce ne connaîtront point de l'exécution de leurs jugements[3]. — Pr. 156, 472, 553; Com. 200, 631, 632.

Commerce, qui a rendu les art. 156, 158, 159 du Code de Procédure Civile applicables aux jugements par défaut rendus par les tribunaux de commerce; en sorte que l'opposition aux jugements par défaut faute de comparaître est recevable jusqu'à l'exécution. — Cass. 31 mars 1828; — *b*) L'art. 436, qui fixe à huitaine du jour de la signification du jugement le délai d'opposition aux jugements par défaut, est resté en vigueur, en matière commerciale, à l'égard des jugements par défaut *faute de plaider*, l'art. 643 du Code de Commerce ne concernant que les jugements par défaut *faute de comparaître*. — Cass. 23 août 1865; — *c*) Décidé de même, que les jugements des tribunaux de commerce rendus par défaut contre une partie qui a comparu ou qui a été représentée par un fondé de pouvoirs ne peuvent être frappés d'opposition que dans la huitaine de la signification. — Cass. 19 février et 8 avril 1868; 15 février 1910, *Pand. fr. pér.*, 10. 1. 351; — *d*) Et ce délai de huitaine n'est pas susceptible d'augmentation à raison des distances. — Cass. 23 août 1865; — *e*) Le délai de huitaine fixé pour l'opposition à un jugement par défaut faute de conclure, rendu en matière commerciale, ne doit pas comprendre le jour de la signification du jugement; mais il doit être tenu compte du jour de l'échéance. — Cass. 1er juillet 1874.

[1]) *a*) Les jugements des tribunaux de commerce sont, de plein droit, exécutoires par provision, moyennant caution: l'exécution provisoire n'a besoin d'être ordonnée que lorsqu'elle doit avoir lieu sans caution. — Cass. 2 avril 1817; — *b*) Le jugement exécutoire par provision, à la charge de donner caution, ne peut être mis à exécution qu'autant que la caution a été préalablement fournie; il ne suffirait pas de la fournir postérieurement à l'exécution. — Cass. 4 novembre 1863. — [2]) Le délai de l'assignation donnée à l'effet d'assister à la réception de la caution offerte, et signifiée au domicile élu par le défendeur, conformément à l'art. 422, n'est pas susceptible d'augmentation à raison de la distance entre le domicile réel du défendeur et le lieu où siége le tribunal. — Cass. 11 août 1862. — [3]) Les tribunaux civils, seuls compétents pour connaître de l'exécution des jugements des tribunaux de commerce, sont également compétents pour connaître des questions accessoires qui se rattachent à cette exécution, alors même que ces questions seraient par elles-mêmes de la compétence des tribunaux de commerce. — Cass. 7 février 1844.

Lois commerciales diverses par ordre chronologique.

Ordonnance de 1681 sur la marine.

. . . .

Livre III. Des contrats maritimes.

Titre IV. De l'engagement et des loyers des matelots.

Art. 3. Si le voyage est rompu par le fait des propriétaires, maîtres ou marchands avant le départ du vaisseau, les matelots loués au voyage seront payés des journées par eux employées à équiper le navire, et d'un quart de leur loyer . . . .

. . . .

11. Le matelot qui sera blessé au service du navire ou qui tombera malade pendant le voyage sera payé de ses loyers et pansé aux dépens du navire, et s'il est blessé en combattant contre les ennemis ou les pirates, il sera pansé aux dépens du navire et de la cargaison.

. . . .

Livre IV. De la police des ports, rades et rivages de la mer.

Titre VII. Du rivage de la mer.

Art. 1er. Sera réputé bord et rivage de la mer, tout ce qu'elle couvre et découvre pendant les nouvelles et pleines lunes, et jusqu'où le grand flot de mars se peut étendre sur les grèves.

2. Faisons défenses à toutes personnes de bâtir sur les rivages de la mer, d'y planter aucuns pieux, ni faire aucuns ouvrages qui puissent porter préjudice à la navigation, à peine de démolition des ouvrages, de confiscation des matériaux et d'amende arbitraire.

. . . .

Décret du 19 juillet 1793,

relatif aux droits de propriété des auteurs d'écrits en tout genre, compositeurs de musique, peintres et dessinateurs.

Art. 1er. (*Ainsi modifié: Loi du 11 mars 1902.*) Les auteurs d'écrits en tout genre, les compositeurs de musique, les architectes, les statuaires, les peintres et dessinateurs qui feront graver des tableaux ou dessins, jouiront, durant leur vie entière, du droit exclusif de vendre, de faire vendre, distribuer leurs ouvrages dans le territoire de la République, et d'en céder la propriété en tout ou en partie.

Le même droit appartiendra aux sculpteurs et dessinateurs d'ornements, quels que soient le mérite et la destination de l'œuvre.

2. Leurs héritiers ou cessionnaires jouiront du même droit durant l'espace de dix ans après la mort des auteurs.

3. Les officiers de paix seront tenus de faire confisquer, à la réquisition et au profit des auteurs, compositeurs, peintres ou dessinateurs et autres, leurs héritiers ou cessionnaires, tous les exemplaires des éditions imprimées ou gravées sans la permission formelle et par écrit des auteurs[1].

4. Tout contrefacteur sera tenu de payer au véritable propriétaire une somme équivalente au prix de trois mille exemplaires de l'édition originale.

---

1) V. décret du 25 prairial an III, décret du 5 février 1810, loi du 14 juillet 1866, loi du 9 avril 1895, loi du 11 mars 1902, loi du 9 avril 1910.

5. Tout débitant d'édition contrefaite, s'il n'est pas reconnu contrefacteur, sera tenu de payer au véritable propriétaire une somme équivalente au prix de cinq cents exemplaires de l'édition originale.

6. Tout citoyen qui mettra au jour un ouvrage, soit de littérature ou de gravure, dans quelque genre que ce soit, sera obligé d'en déposer deux exemplaires à la bibliothèque nationale ou au cabinet des estampes de la République, dont il recevra un reçu signé par le bibliothécaire; faute de quoi il ne pourra être admis en justice pour la poursuite des contrefacteurs.

7. Les héritiers de l'auteur d'un ouvrage de littérature ou de gravure, ou de toute autre production de l'esprit ou du génie qui appartient aux beaux-arts, en auront la propriété exclusive pendant dix années.

Decrét du 25 prairial an III,

interprétatif de celui du 19 juillet 1793, qui assure aux auteurs et artistes la propriété de leurs ouvrages.

Art. 1er. Les fonctions attribuées aux officiers de paix par l'article 3 de la loi du 19 juillet 1793 seront à l'avenir exercées par les commissaires de police, et par les juges de paix dans les lieux où il n'y a pas de commissaire de police.

. . . .

Loi du 6 thermidor an III (25 juillet 1795),

qui autorise le dépôt du montant des billets à ordre ou autres effets négociables, dont le porteur ne se sera pas présenté dans les trois jours qui suivent celui de l'échéance.

V. art. 161, C. Com., note 1.

. . . .

Loi du 22 germinal an XI

relative aux manufactures, fabriques et ateliers.

. . . .

Titre IV. Des marques particulières.[1]

16. La contrefaçon des marques particulières que tout manufacturier ou artisan a le droit d'appliquer sur les objets de sa fabrication, donnera lieu: 1° à des dommages-intérêts envers celui dont la marque aura été contrefaite; — 2° à l'application des peines prononcées contre le faux en écritures privées.

17. La marque sera considérée comme contrefaite, quand on y aura inséré ces mots, *façon de* . . ., et à la suite le nom d'un autre fabricant ou d'une autre ville[2].

18. Nul ne pourra former action en contrefaçon de sa marque, s'il ne l'a préalablement fait connaître d'une manière légale, par le dépôt d'un modèle au greffe du tribunal de commerce d'où relève le chef-lieu de la manufacture ou de l'atelier[3].

. . . .

Loi du 16 pluviôse an XII,

relative aux maisons de prêt sur nantissement.

Art. 1er. Aucune maison de prêt sur nantissement ne pourra être établie qu'au profit des pauvres et avec l'autorisation du Gouvernement.

. . . .

---

[1]) V. avis du Conseil d'État du 20 février 1810, art. 4 à 9. — [2]) V. loi du 28 juillet 1824. — [3]) V. loi du 23 juin 1857, loi du 3 mai 1890 et décret du 27 février 1891.

Loi du 18 mars 1806,

portant établissement d'un conseil de prud'hommes à Lyon.[1]

Titre II. Des fonctions des prud'hommes.

. . . .

Section III. De la conservation de la propriété des dessins.[2]

14. Le conseil de prud'hommes est chargé des mesures conservatrices de la propriété des dessins[3].

. . . .

Décret du 1er juillet 1809,

concernant la retenue qui se fait dans le commerce sous le nom de «Passe de sacs».

V. ci-dessus, page 113, note 8.

Décret du 6 octobre 1809,

concernant l'organisation des tribunaux de commerce.

Art. **1er.** Il y aura un tribunal de commerce dans chacune des villes désignées dans le tableau annexé au présent décret.

2. Ces tribunaux seront composés du nombre de juges et de suppléants fixé par le même tableau.

3. Dans les ressorts des tribunaux civils où il se trouve plusieurs tribunaux de commerce, l'arrondissement de chacun d'eux sera composé des cantons désignés au tableau mentionné dans les articles précédents.

4. Lorsque, par des récusations ou des empêchements, il ne restera pas dans les tribunaux de commerce un nombre suffisant de juges ou de suppléants, ces tribunaux seront complétés par des négociants pris sur la liste formée en vertu de l'article 619 du Code de commerce, et suivant l'ordre dans lequel ils y sont portés, s'ils ont d'ailleurs les qualités énoncées en l'article 620 de la même loi.

5. Le tribunal de commerce de Paris sera divisé en deux sections, et aura quatre huissiers.

6. Les autres tribunaux de commerce n'auront que deux huissiers. — Les huissiers seront, autant que faire se pourra, choisis parmi ceux déjà nommés par nous.

7. . . . .

8. Les membres des tribunaux de commerce porteront, dans l'exercice de leurs fonctions et dans les cérémonies publiques, la robe de soie noire avec des parements de velours.

Décret du 5 février 1810,

contenant règlement sur l'imprimerie et la librairie.

. . . .

Art. **39.** Le droit de propriété est garanti à l'auteur et à sa veuve pendant leur vie, si les conventions matrimoniales de celle-ci lui en donnent le droit, et à leurs enfants pendant vingt ans.

40. Les auteurs, soit nationaux, soit étrangers, de tout ouvrage imprimé ou gravé, peuvent céder leur droit à un imprimeur ou libraire, ou à toute autre personne, qui est alors substituée en leurs lieu et place, pour eux et leurs ayant cause, comme il est dit à l'article précédent.

. . . .

[1]) V. loi du 27 mars 1907, concernant les conseils de prud'hommes, et loi du 11 juillet 1909, sur les dessins et modèles. — [2]) V. avis du Conseil d'État du 20 février 1810, art. 4 à 9. — [3]) V. décret du 17 juillet 1908, loi du 14 juillet 1909 et décret du 28 août 1909, art. 7.

Décret du 13 août 1810,

sur la manière dont il sera procédé dans le cas où des ballots, caisses, malles, paquets et tous autres objets confiés à des entrepreneurs de roulage ou de messageries, n'auront pas été réclamés dans les six mois de l'arrivée à leur destination.

V. ci-dessus, page 109, note 5.

Décret du 18 août 1810,

concernant la monnaie de cuivre et de billon et les pièces de six, douze et vingt-quatre sous.

. . . .

Art. 2. La monnaie de cuivre et de billon de fabrication française ne pourra être employée dans les paiements, si ce n'est de gré à gré, que pour l'appoint de la pièce de 5 francs.

. . . .

Loi du 28 juillet 1824,

relative aux altérations ou suppositions de noms sur les produits fabriqués.[1]

Art. 1er. Quiconque aura, soit apposé, soit fait apparaître, par addition, retranchement, ou par une altération quelconque, sur des objets fabriqués, le nom d'un fabricant autre que celui qui en est l'auteur, ou la raison commerciale d'une fabrique autre que celle où lesdits objets auront été fabriqués, ou enfin le nom d'un lieu autre que celui de la fabrication, sera puni des peines portées en l'article 423 du Code pénal[2], sans préjudice des dommages-intérêts, s'il y a lieu. — Tout marchand, commissionnaire ou débitant quelconque sera passible des effets de la poursuite, lorsqu'il aura sciemment exposé en vente ou mis en circulation des objets marqués de noms supposés ou altérés.

2. L'infraction ci-dessus mentionnée cessera, en conséquence, et nonobstant l'article 17 de la loi du 12 avril 1803 (22 germinal an XI), d'être assimilée à la contrefaçon des marques particulières, prévue par les articles 142 et 143 du Code pénal.

Loi du 4 juillet 1837,

relative aux poids et mesures.

Art. 1er. Le décret du 12 février 1812, concernant les poids et mesures, est et demeure abrogé.

2. Néanmoins, l'usage des instruments de pesage et de mesurage confectionnés en exécution des articles 2 et 5 du décret précité sera permis jusqu'au 1er janvier 1840.

3. A partir du 1er janvier 1840, tous poids et mesures autres que les poids et mesures établis par les lois des 18 germinal an III et 19 frimaire an VIII, constitutives du système métrique décimal, seront interdits sous les peines portées par l'article 479 du Code pénal.

4. Ceux qui auront des poids et mesures autres que les poids et mesures ci-dessus reconnus, dans leurs magasins, boutiques, ateliers ou maisons de commerce, ou dans les halles, foires ou marchés, seront punis, comme ceux qui les emploieront, conformément à l'article 479 du Code pénal.

5. A compter de la même époque, toutes dénominations de poids et mesures autres que celles portées dans le tableau annexé à la présente loi, et établies par la loi du 18 germinal an III, sont interdites dans les actes publics, ainsi que dans les affiches et annonces.

---

1) V. loi du 22 germinal an XI. — 2) L'article 423 du Code Pénal a été abrogé par l'article 15 de la loi du 1er août 1905. Les peines sont aujourd'hui celles prévues par l'article 13 de la même loi.

Elles sont également interdites dans les actes sous seing privé, les registres de commerce et autres écritures privées produites en justice.

Les officiers publics contrevenants seront passibles d'une amende de 20 francs, qui sera recouvrée sur contrainte comme en matière d'enregistrement. L'amende sera de 10 francs pour les autres contrevenants: elle sera perçue pour chaque acte ou écriture sous signature privée; quant aux registres de commerce, ils ne donneront lieu qu'à une seule amende pour chaque contestation dans laquelle ils seront produits.

6. Il est défendu aux juges et arbitres de rendre aucun jugement ou décision en faveur des particuliers sur des actes, registres ou écrits dans lequels les dénominations interdites par l'article précédent auraient été insérées, avant que les amendes encourues aux termes dudit article aient été payées.

7. Les vérificateurs des poids et mesures constateront les contraventions prévues par les lois et règlements concernant le système métrique des poids et mesures. Ils pourront procéder à la saisie des instruments de pesage et de mesurage dont l'usage est interdit par lesdites lois et règlements.

Leurs procès-verbaux feront foi en justice jusqu'à preuve contraire.

Les vérificateurs prêteront serment devant le tribunal d'arrondissement.

8. Une ordonnance royale réglera la manière dont s'effectuera la vérification des poids et mesures.

Loi du 25 juin 1841,

sur les ventes aux enchères de marchandises neuves.[1]

Art. **1er.** Sont interdites les ventes en détail des marchandises neuves, à cri public, soit aux enchères, soit au rabais, soit à prix fixe proclamé avec ou sans l'assistance des officiers ministériels.

2. Ne sont pas comprises dans cette défense les ventes prescrites par la loi, ou faites par autorité de justice, non plus que les ventes après décès, faillite ou cessation de commerce, ou dans tous les autres cas de nécessité dont l'appréciation sera soumise au tribunal de commerce. — Sont également exceptées les ventes à cri public de comestibles et objets de peu de valeur, connus dans le commerce sous le nom de menue mercerie.

3. Les ventes publiques et en détail de marchandises neuves qui auront lieu après décès ou par autorité de justice, seront faites selon les formes prescrites, et par les officiers ministériels préposés pour la vente forcée du mobilier, conformément aux articles 625 et 945 du Code de Procédure Civile.

4. Les ventes de marchandises après faillite seront faites, conformément à l'article 486 du Code de Commerce, par un officier public de la classe que le juge-commissaire aura déterminée. — Quant au mobilier du failli, il ne pourra être vendu aux enchères que par le ministère des commissaires-priseurs, notaires, huissiers ou greffiers de justice de paix, conformément aux lois et règlements qui déterminent les attributions de ces différents officiers.

5. Les ventes publiques et par enchères après cessation de commerce, ou dans les autres cas de nécessité prévus par l'article 2 de la présente loi, ne pourront avoir lieu qu'autant qu'elles auront été préalablement autorisées par le tribunal de commerce, sur la requête du commerçant propriétaire, à laquelle sera joint un état détaillé des marchandises. — Le tribunal constatera, par son jugement, le fait qui donne lieu à la vente; il indiquera le lieu de son arrondissement où se fera la vente; il pourra même ordonner que les adjudications n'auront lieu que par lots dont il fixera l'importance. — Il décidera, d'après les lois et règlements d'attribution, qui, des courtiers ou des commissaires-priseurs et autres officiers publics, sera chargé de la réception des enchères. — L'autorisation ne pourra être accordée, pour cause de nécessité, qu'au marchand sédentaire, ayant depuis un an au moins son domicile réel dans l'arrondissement où la vente doit être opérée. — Des affiches apposées à la porte du lieu où se fera la vente énonceront le jugement qui l'aura autorisée.

6. Les ventes publiques aux enchères de marchandises en gros continueront à être faites par le ministère des courtiers, dans les cas, aux conditions et selon les

[1]) V. loi du 30 décembre 1906.

formes indiqués par les décrets des 22 novembre 1811, 17 avril 1812, la loi du 15 mai 1818, et les ordonnances des 1er juillet 1818 et 9 avril 1818.

7. Toute contravention aux dispositions ci-dessus sera punie de la confiscation des marchandises mises en vente, et, en outre, d'une amende de 50 à 3000 francs, qui sera prononcée solidairement, tant contre le vendeur que contre l'officier public qui l'aura assisté, sans préjudice des dommages-intérêts, s'il y a lieu. — Ces condamnations seront prononcées par les tribunaux correctionnels.

8. Seront passibles des mêmes peines les vendeurs ou officiers publics qui comprendraient sciemment dans les ventes faites par autorité de justice, sur saisie, après décès, faillite, cessation de commerce, ou dans les autres cas de nécessité prévus par l'article 2 de la présente loi, des marchandises neuves ne faisant pas partie du fonds ou mobilier mis en vente.

9. Dans tous les cas ci-dessus où les ventes publiques seront faites par le ministère des courtiers, ils se conformeront aux lois qui les régissent, tant pour les formes de la vente que pour le droit de courtage.

10. Dans les lieux où il n'y aura point de courtiers de commerce, les commissaires-priseurs, les notaires, huissiers et greffiers de justice de paix feront les ventes ci-dessus, selon les droits qui leur sont respectivement attribués par les lois et règlements. — Ils seront, pour lesdites ventes, soumis aux formes, conditions et tarifs imposés aux courtiers.

Loi du 5 juillet 1844, sur les brevets d'invention.

Titre Ier. Dispositions générales.

Art. 1er. Toute nouvelle découverte ou invention dans tous les genres d'industrie confère à son auteur, sous les conditions et pour le temps ci-après déterminés, le droit exclusif d'exploiter à son profit ladite découverte ou invention. — Ce droit est constaté par des titres délivrés par le gouvernement, sous le nom de *brevets d'invention.*

2. Seront considérées comme inventions ou découvertes nouvelles: — L'invention de nouveaux produits industriels; — L'invention de nouveaux moyens ou l'application nouvelle de moyens connus, pour l'obtention d'un résultat ou d'un produit industriel.

3. Ne sont pas susceptibles d'être brevetés: 1° Les compositions pharmaceutiques ou remèdes de toute espèce, lesdits objets demeurant soumis aux lois et règlements spéciaux sur la matière, et notamment au décret du 18 août 1810, relatif aux remèdes secrets; — 2° Les plans et combinaisons de crédit ou de finances.

4. La durée des brevets sera de cinq, dix ou quinze années. — Chaque brevet donnera lieu au paiement d'une taxe, qui est fixée ainsi qu'il suit, savoir: — 500 fr. pour un brevet de cinq ans; — 1000 fr. pour un brevet de dix ans; — 1500 fr. pour un brevet de quinze ans. — Cette taxe sera payée par annuités de 100 fr., sous peine de déchéance, si le breveté laisse écouler un terme sans l'acquitter.

Titre II. Des formalités relatives a la délivrance des brevets.

Section Ire. Des demandes de brevets.

5. (*Ainsi modifié et complété: Loi du 26 décembre 1908, art. 58.*) Quiconque voudra prendre un brevet d'invention devra déposer, sous cachet, au secrétariat de la préfecture, dans le département où il est domicilié, ou dans tout autre département, en y élisant domicile: 1° Sa demande au ministre de l'agriculture et du commerce; — 2° Une description de la découverte, invention ou application faisant l'objet du brevet demandé; — 3° Les dessins ou échantillons qui seraient nécessaires pour l'itelligence de de la description; et — 4° Un bordereau des pièces déposées.

Dans le département de la Seine, le dépôt des demandes de brevets aura lieu aux bureaux de l'Office national de la propriété industrielle.

6. La demande sera limitée à un seul objet principal, avec les objets de détail qui le constituent, et les applications qui auront été indiquées. — Elle mentionnera la durée que les demandeurs entendent assigner à leur brevet dans les limites fixées

par l'article 4, et ne contiendra ni restrictions, ni conditions, ni réserves. — Elle indiquera un titre renfermant la désignation sommaire et précise de l'objet de l'invention. — La description ne pourra être écrite en langue étrangère. Elle devra être sans altération ni surcharges. Les mots rayés comme nuls seront comptés et constatés, les pages et les renvois paraphés. Elle ne devra contenir aucune dénomination de poids ou de mesures autres que celles qui sont portées au tableau annexé à la loi du 4 juillet 1837. — Les dessins seront tracés à l'encre et d'après une échelle métrique. — Un duplicata de la description et des dessins sera joint à la demande. — Toutes les pièces seront signées par le demandeur, ou par un mandataire dont le pouvoir restera annexé à la demande.

7. (*Ainsi modifié: Loi du 26 décembre 1908, art. 58.*) Aucun dépôt ne sera reçu que sur la production d'un récépissé constatant le versement d'une somme de 100 fr. à valoir sur le montant de la taxe du brevet. — Un procès-verbal, dressé sans frais par le secrétaire général de la préfecture dans les départements et à Paris par le directeur de l'office national de la propriété industrielle, constatera chaque dépôt, en énonçant le jour et l'heure de la remise des pièces. — Une expédition dudit procès-verbal sera remise au déposant, moyennant le remboursement des frais de timbre.

8. La durée du brevet courra du jour du dépôt prescrit par l'article 5.

Section II. De la délivrance des brevets.

9. Aussitôt après l'enregistrement des demandes, et dans les cinq jours de la date du dépôt, les préfets transmettront les pièces, sous le cachet de l'inventeur, au ministre de l'agriculture et du commerce, en y joignant une copie certifiée du procès-verbal de dépôt, le récépissé constatant le versement de la taxe, et, s'il y a lieu, le pouvoir mentionné dans l'article 6.

10. A l'arrivée des pièces au ministère de l'agriculture et du commerce, il sera procédé à l'ouverture, à l'enregistrement des demandes et à l'expédition des brevets, dans l'ordre de la réception desdites demandes.

11. (*Ainsi modifié: Loi du 7 avril 1902.*) Les brevets dont la demande aura été régulièrement formée seront délivrés sans examen préalable, aux risques et périls des demandeurs, et sans garantie, soit de la réalité, de la nouveauté ou du mérite de l'invention, soit de la fidélité ou de l'exactitude de la description. — Un arrêté du ministre, constatant la régularité de la demande, sera délivré au demandeur et constituera le brevet d'invention. — A cet arrêté sera joint un exemplaire imprimé de la description et des dessins mentionnés dans l'article 24, après que la conformité avec l'expédition originale en aura été reconnue et établie au besoin. — La première expédition des brevets sera délivrée sans frais. — Toute expédition ultérieure, demandée par le breveté ou ses ayants cause, donnera lieu au paiement d'une taxe de 25 francs. — Les frais de dessin, s'il y a lieu, demeureront à la charge de l'impétrant. — La délivrance n'aura lieu qu'un an après le jour du dépôt de la demande, si la dite demande renferme une réquisition expresse à cet effet. — Le bénéfice de la disposition qui précède ne pourra être réclamé par ceux qui auraient déjà profité des délais de priorité accordés par les traités de réciprocité, notamment par l'article 4 de la convention internationale pour la protection de la propriété industrielle du 20 mars 1883[1].

12. Toute demande dans laquelle n'auraient pas été observées les formalités prescrites par les numéros 2 et 3 de l'article 5, et par l'article 6, sera rejetée. La moitié de la somme versée restera acquise au Trésor; mais il sera tenu compte de la totalité de cette somme au demandeur, s'il reproduit sa demande dans un délai de trois mois, à compter de la date de la notification du rejet de sa requête.

13. Lorsque, par application de l'article 3, il n'y aura pas lieu à délivrer un brevet, la taxe sera restituée.

14. Une ordonnance royale, insérée au *Bulletin des Lois*, proclamera, tous les trois mois, les brevets délivrés.

15. La durée des brevets ne pourra être prolongée que par une loi.

Section III. Des certificats d'addition.

16. Le breveté ou les ayants droit au brevet auront, pendant toute la durée du brevet, le droit d'apporter à l'invention des changements, perfectionnements

[1]) V. loi du 13 avril 1908.

ou additions, en remplissant, pour le dépôt de la demande, les formalités déterminées par les articles 5, 6 et 7. — Ces changements, perfectionnements ou additions, seront constatés par des certificats délivrés dans la même forme que le brevet principal, et qui produiront, à partir des dates respectives des demandes et de leur expédition, les mêmes effets que ledit brevet principal, avec lequel ils prendront fin. — Chaque demande de certificat d'addition donnera lieu au paiement d'une taxe de vingt francs. — Les certificats d'addition pris par un des ayants droit profiteront à tous les autres.

17. Tout breveté qui, pour un changement, perfectionnement ou addition, voudra prendre un brevet principal de cinq, dix ou quinze années, au lieu d'un certificat d'addition expirant avec le brevet primitif, devra remplir les formalités prescrites par les articles 5, 6 et 7, et acquitter la taxe mentionnée dans l'article 4.

18. Nul autre que le breveté ou ses ayants droit, agissant comme il est dit ci-dessus, ne pourra, pendant une année, prendre valablement un brevet pour un changement, perfectionnement ou addition à l'invention qui fait l'objet du brevet primitif. — Néanmoins, toute personne qui voudra prendre un brevet pour changement, addition ou perfectionnement à une découverte déjà brevetée, pourra, dans le cours de ladite année, former une demande qui sera transmise, et restera déposée sous cachet, au ministère de l'agriculture et du commerce. — L'année expirée, le cachet sera brisé et le brevet délivré. — Toutefois, le breveté principal aura la préférence pour les changements, perfectionnements et additions pour lesquels il aurait lui-même, pendant l'année, demandé un certificat d'addition ou un brevet.

19. Quiconque aura pris un brevet pour une découverte, invention ou application se rattachant à l'objet d'un autre brevet, n'aura aucun droit d'exploiter l'invention déjà brevetée, et réciproquement le titulaire du brevet primitif ne pourra exploiter l'invention, objet du nouveau brevet.

Section IV. De la transmission et de la cession des brevets.

20. (*Ainsi modifié: Loi du 26 décembre 1908, art. 58.*) Tout breveté pourra céder la totalité ou partie de la propriété de son brevet. — La cession totale ou partielle d'un brevet, soit à titre gratuit, soit à titre onéreux, ne pourra être faite que par acte notarié, et après le paiement de la totalité de la taxe déterminée par l'article 4. — Aucune cession ne sera valable, à l'égard des tiers, qu'après avoir été enregistrée au secrétariat de la préfecture du département dans lequel l'acte aura été passé. — L'enregistrement des actes passés dans le département de la Seine aura toutefois lieu dans les bureaux de l'Office national de la propriété industrielle. — L'enregistrement des cessions et de tous autres actes emportant mutation, sera fait sur la production et le dépôt d'un extrait authentique de l'acte de cession ou de mutation. — Une expédition de chaque procès-verbal d'enregistrement, accompagnée de l'extrait de l'acte ci-dessus mentionné, sera transmise, par les préfets, au ministre de l'agriculture et du commerce, dans les cinq jours de la date du procès-verbal.

21. Il sera tenu, au ministère de l'agriculture et du commerce, un registre sur lequel seront inscrites les mutations intervenues sur chaque brevet, et, tous les trois mois, une ordonnance royale proclamera, dans la forme déterminée par l'article 14, les mutations enregistrées pendant le trimestre expiré.

22. Les cessionnaires d'un brevet, et ceux qui auront acquis d'un breveté ou de ses ayants droit la faculté d'exploiter la découverte ou l'invention, profiteront, de plein droit, des certificats d'addition qui seront ultérieurement délivrés au breveté ou à ses ayants droit. Réciproquement, le breveté ou ses ayants droit profiteront des certificats d'addition qui seront ultérieurement délivrés aux cessionnaires. — Tous ceux qui auront droit de profiter des certificats d'addition pourront en lever une expédition au ministère de l'agriculture et du commerce, moyennant un droit de vingt francs.

Section V. De la communication et de la publication des descriptions et dessins de brevets.

23. Les descriptions, dessins, échantillons et modèles des brevets délivrés, resteront, jusqu'à l'expiration des brevets, déposés au ministère de l'agriculture et du commerce, où ils seront communiqués sans frais, à toute réquisition. — Toute personne pourra obtenir, à ses frais, copie desdites descriptions et dessins, suivant les formes qui seront déterminées dans le règlement rendu en exécution de l'article 50.

24. (*Ainsi modifié: Loi du 7 avril 1902.*) Les descriptions et dessins de tous les brevets d'invention et certificats d'addition seront publiés *in extenso*, par fascicules séparés, dans leur ordre d'enregistrement. — Cette publication, relativement aux descriptions et dessins des brevets, pour la délivrance desquels aura été requis le délai d'un an prévu par l'article 11, n'aura lieu qu'après l'expiration de ce délai. — Il sera, en outre, publié un catalogue des brevets d'invention délivrés. — Un arrêté du ministre du commerce et de l'industrie déterminera: 1° Les conditions de forme, dimensions et rédaction que devront présenter les descriptions et dessins, ainsi que les prix de vente des fascicules imprimés et les conditions de publication du catalogue; — 2° Les conditions à remplir par ceux qui, ayant déposé une demande de brevet en France et désirant déposer à l'étranger des demandes analogues avant la délivrance du brevet français, voudront obtenir une copie officielle des documents afférents à leur demande en France.

Toute expédition de cette nature donnera lieu au paiement d'une taxe de 25 francs; les frais de dessin, s'il y a lieu, seront à la charge de l'impétrant.

25. Le recueil des descriptions et dessins et le catalogue publiés en exécution de l'article précédent, seront déposés au ministère de l'agriculture et du commerce, et au secrétariat de la préfecture de chaque département, où ils pourront être consultés sans frais.

26. A l'expiration des brevets, les originaux des descriptions et dessins seront déposés au Conservatoire royal (*national*) des arts et métiers.

Titre III. Des droits des étrangers.

27. Les étrangers pourront obtenir en France des brevets d'invention.

28. Les formalités et conditions déterminées par la présente loi seront applicables aux brevets demandés ou délivrés en exécution de l'article précédent.

29. L'auteur d'une invention ou découverte déjà brevetée à l'étranger pourra obtenir un brevet en France; mais la durée de ce brevet ne pourra excéder celle des brevets antérieurement pris à l'étranger.

Titre IV. Des nullités et déchéances, et des actions y relatives.

Section Ire. Des nullités et déchéances.

30. Seront nuls, et de nul effet, les brevets délivrés dans les cas suivants, savoir: 1° Si la découverte, invention ou application n'est pas nouvelle; — 2° Si la découverte, invention ou application n'est pas, aux termes de l'article 3, susceptible d'être brevetée; — 3° Si les brevets portent sur des principes, méthodes, systèmes, découvertes et conceptions théoriques ou purement scientifiques, dont on n'a pas indiqué les applications industrielles; — 4° Si la découverte, invention ou application est reconnue contraire à l'ordre ou à la sûreté publique, aux bonnes mœurs ou aux lois du Royaume (*de la République*), sans préjudice, dans ce cas et dans celui du paragraphe précédent, des peines qui pourraient être encourues pour la fabrication ou le débit d'objets prohibés; — 5° Si le titre sous lequel le brevet a été demandé indique frauduleusement un objet autre que le véritable objet de l'invention; — 6° Si la description jointe au brevet n'est pas suffisante pour l'exécution de l'invention, ou si elle n'indique pas, d'une manière complète et loyale, les véritables moyens de l'inventeur; — 7° Si le brevet a été obtenu contrairement aux dispositions de l'article 18.

Seront également nuls et de nul effet, les certificats comprenant des changements, perfectionnements ou additions qui ne se rattacheraient pas au brevet principal.

31. Ne sera pas réputée nouvelle toute découverte, invention ou application qui, en France ou à l'étranger, et antérieurement à la date du dépôt de la demande, aura reçu une publicité suffisante pour pouvoir être exécutée.

32. (*Ainsi modifié: Loi du 7 avril 1902.*) Sera déchu de tous ses droits: 1° Le breveté qui n'aura pas acquitté son annuité avant le commencement de chacune des années de la durée de son brevet. — L'intéressé aura toutefois un délai de trois mois au plus pour effectuer valablement le paiement de son annuité, mais il devra verser en outre une taxe supplémentaire de 5 francs, s'il effectue le paiement dans le premier mois; de 10 francs, s'il effectue le paiement dans le second mois; et de 15 francs, s'il effectue le paiement dans le troisième mois. — Cette taxe supplémentaire devra être acquittée en même temps que l'annuité en retard; — 2° Le breveté qui n'aura pas mis en exploitation sa découverte ou invention en

France dans le delai de deux ans, à dater du jour de la signature du brevet, ou qui aura cessé de l'exploiter pendant deux années consécutives, à moins que, dans l'un ou l'autre cas, il ne justifie des causes de son inaction; — 3° Le breveté qui aura introduit en France des objets fabriqués en pays étranger et semblables à ceux qui sont garantis par son brevet.

Néanmoins, le ministre du commerce et de l'industrie pourra autoriser l'introduction: 1° Des modèles de machines; — 2° Des objets fabriqués à l'étranger, destinés à des expositions publiques ou à des essais faits avec l'assentiment du Gouvernement[1].

33. Quiconque, dans des enseignes, annonces, prospectus, affiches, marques ou estampilles, prendra la qualité de breveté sans posséder un brevet délivré conformément aux lois, ou après l'expiration d'un brevet antérieur; ou qui, étant breveté, mentionnera sa qualité de breveté ou son brevet sans y ajouter ces mots, *sans garantie du gouvernement*, sera puni d'une amende de cinquante francs à mille francs. — En cas de récidive, l'amende pourra être portée au double.

Section II. Des actions en nullité et en déchéance.

34. L'action en nullité et l'action en déchéance pourront être exercées par toute personne y ayant intérêt. — Ces actions, ainsi que toutes contestations relatives à la propriété des brevets, seront portées devant les tribunaux civils de première instance.

35. Si la demande est dirigée en même temps contre le titulaire du brevet et contre un ou plusieurs cessionnaires partiels, elle sera portée devant le tribunal du domicile du titulaire du brevet.

36. L'affaire sera instruite et jugée dans la forme prescrite, pour les matières sommaires, par les articles 405 et suivants du Code de procédure civile. Elle sera communiquée au procureur du Roi (*de la République*).

37. Dans toute instance tendant à faire prononcer la nullité ou la déchéance d'un brevet, le ministère public pourra se rendre partie intervenante et prendre des réquisitions pour faire prononcer la nullité ou la déchéance absolue du brevet. — Il pourra même se pourvoir directement par action principale pour faire prononcer la nullité, dans les cas prévus aux n°s 2, 4 et 5 de l'article 30.

38. Dans les cas prévus par l'article 37, tous les ayants droit au brevet dont les titres auront été enregistrés au ministère de l'agriculture et du commerce, conformément à l'article 21, devront être mis en cause.

39. Lorsque la nullité ou la déchéance absolue d'un brevet aura été prononcée par jugement ou arrêt ayant acquis force de chose jugée, il en sera donné avis au ministre de l'agriculture et du commerce, et la nullité ou la déchéance sera publiée dans la forme déterminée par l'article 14 pour la proclamation des brevets.

Titre V. De la contrefaçon, des poursuites et des peines.

40. Toute atteinte portée aux droits du breveté, soit par la fabrication de produits, soit par l'emploi de moyens faisant l'objet de son brevet, constitue le délit de contrefaçon. — Ce délit sera puni d'une amende de cent à deux mille francs.

41. Ceux qui auront sciemment recélé, vendu ou exposé en vente, ou introduit sur le territoire français, un ou plusieurs objets contrefaits, seront punis des mêmes peines que les contrefacteurs.

42. Les peines établies par la présente loi ne pourront être cumulées. — La peine la plus forte sera seule prononcée pour tous les faits antérieurs au premier acte de poursuite.

43. Dans le cas de récidive, il sera prononcé, outre l'amende portée aux articles 40 et 41, un emprisonnement d'un mois à six mois. — Il y a récidive lorsqu'il a été rendu contre le prévenu, dans les cinq années antérieures, une première condamnation pour un des délits prévus par la présente loi. — Un emprisonnement d'un mois à six mois pourra aussi être prononcé, si le contrefacteur est un ouvrier ou un employé ayant travaillé dans les ateliers ou dans l'établissement du breveté, ou si le contrefacteur, s'étant associé avec un ouvrier ou un employé du breveté, a eu connaissance, par ce dernier, des procédés décrits au brevet. — Dans ce dernier cas, l'ouvrier ou l'employé pourra être poursuivi comme complice.

[1] V. loi du 13 avril 1908.

44. L'article 463 du Code Pénal pourra être appliqué aux délits prévus par les dispositions qui précèdent.

45. L'action correctionnelle, pour l'application des peines ci-dessus, ne pourra être exercée par le ministère public que sur la plainte de la partie lésée.

46. Le tribunal correctionnel, saisi d'une action pour délit de contrefaçon, statuera sur les exceptions qui seraient tirées par le prévenu, soit de la nullité ou de la déchéance du brevet, soit des questions relatives à la propriété dudit brevet.

47. Les propriétaires de brevet pourront, en vertu d'une ordonnance du président du tribunal de première instance, faire procéder, par tous huissiers, à la désignation et description détaillées, avec ou sans saisie, des objets prétendus contrefaits. — L'ordonnance sera rendue sur simple requête, et sur la représentation du brevet; elle contiendra, s'il y a lieu, la nomination d'un expert pour aider l'huissier dans sa description. — Lorsqu'il y aura lieu à la saisie, ladite ordonnance pourra imposer au requérant un cautionnement qu'il sera tenu de consigner avant d'y faire procéder. — Le cautionnement sera toujours imposé à l'étranger breveté qui requerra la saisie. — Il sera laissé copie au détenteur des objets décrits ou saisis, tant de l'ordonnance que de l'acte constatant le dépôt du cautionnement, le cas échéant; le tout, à peine de nullité et de dommages-intérêts contre l'huissier.

48. A défaut par le requérant de s'être pourvu, soit par la voie civile, soit par la voie correctionnelle, dans le délai de huitaine, outre un jour par trois myriamètres de distance, entre le lieu où se trouvent les objets saisis ou décrits, et le domicile du contrefacteur, recéleur, introducteur ou débitant, la saisie ou description sera nulle de plein droit, sans préjudice des dommages-intérêts qui pourront être réclamés, s'il y a lieu, dans la forme prescrite par l'article 36.

49. La confiscation des objets reconnus contrefaits, et, le cas échéant, celle des instruments ou ustensiles destinés spécialement à leur fabrication, seront, même en cas d'acquittement, prononcées contre le contrefacteur, le recéleur, l'introducteur ou le débitant. — Les objets confisqués seront remis au propriétaire du brevet, sans préjudice de plus amples dommages-intérêts et de l'affiche du jugement, s'il y a lieu.

Titre VI. Dispositions particulières et transitoires.

50. Des ordonnances royales, portant règlement d'administration publique, arrêteront les dispositions nécessaires pour l'exécution de la présente loi, qui n'aura effet que trois mois après sa promulgation.

51. Des ordonnances rendues dans la même forme pourront régler l'application de la présente loi dans les colonies, avec les modifications qui seront jugées nécessaires.

52. Seront abrogés, à compter du jour où la présente loi sera devenue exécutoire, les lois des 7 janvier et 25 mai 1791, celle du 20 septembre 1792, l'arrêté du 17 vendémiaire an VII, l'arrêté du 5 vendemiaire an IX, les décrets des 25 novembre 1806 et 25 janvier 1807, et toutes dispositions antérieures à la présente loi, relatives aux brevets d'invention, d'importation et de perfectionnement.

53. Les brevets d'invention, d'importation et de perfectionnement actuellement en exercice, délivrés conformément aux lois antérieures à la présente, ou prorogés par ordonnance royale, conserveront leur effet pendant tout le temps qui aura été assigné à leur durée.

. . . .

Décret du 23 mars 1848, relatif aux protêts.[1]

. . . .

Art. 2. Les actes de protêt seront désormais dressés sans assistance de témoins.

Décret du 24 mars 1848,

qui modifie provisoirement les articles 178 et 179 du Code de Commerce.

Voyez le texte de ce décret en note sous l'article 178 du Code de Commerce.

[1]) V. aussi C. Com., art. 173.

Loi du 5 juin 1850,

relative au timbre des effets de commerce, des bordereaux de commerce, des actions dans les sociétés, des obligations négociables des départements, communes, établissements publics et compagnies, et des polices d'assurances.

Titre Ier.

Chapitre Ier. Des effets de commerce.

Art. 1er. Le droit de timbre proportionnel sur les lettres de change, billets à ordre ou au porteur, mandats, retraites et tous autres effets négociables ou de commerce, est fixé ainsi qu'il suit: A 5 centimes pour les effets de 100 francs et au-dessous; — A 10 centimes pour ceux au-dessus de 100 francs jusqu'à 200 francs; — A 15 centimes pour ceux au-dessus de 200 francs jusqu'à 300 francs; — A 20 centimes pour ceux au-dessus de 300 francs jusqu'à 400 francs; — A 25 centimes pour ceux au-dessus de 400 francs jusqu'à 500 francs; — A 50 centimes pour ceux au-dessus de 500 francs jusqu'à 1000 francs; — A 1 franc pour ceux au-dessus de 1000 francs jusqu'à 2000 francs; — A 1 franc 50 centimes pour ceux au-dessus de 2000 francs jusqu'à 3000 francs; — A 2 francs pour ceux au-dessus de 3000 francs jusqu'à 4000 francs; — Et ainsi de suite, en suivant la même progression et sans fraction[1].

2. Celui qui reçoit du souscripteur un effet non timbré conformément à l'art. 1er est tenu de le faire viser pour timbre dans les quinze jours de sa date, ou avant l'échéance si cet effet a moins de quinze jours de date, et dans tous les cas avant toute négociation. — Ce visa pour timbre sera soumis à un droit de 15 centimes par 100 francs ou fraction de cent francs, qui s'ajoutera au montant de l'effet, nonobstant toute stipulation contraire[2].

3. Les effets venant soit de l'étranger, soit des îles ou des colonies dans lesquelles le timbre n'aurait pas encore été établi, et payables en France, seront, avant qu'ils puissent y être négociés, acceptés ou acquittés, soumis au timbre ou au visa pour timbre, et le droit sera payé d'après la quotité fixée par l'art. 1er.

4. En cas de contravention aux articles précédents, le souscripteur, l'accepteur, le bénéficiaire ou premier endosseur de l'effet non timbré ou non visé pour timbre, seront passibles chacun d'une amende de 6 pour 100. — A l'égard des effets compris en l'article 3, outre l'application, s'il y a lieu, du paragraphe précédent, le premier des endosseurs résidant en France, et, à défaut d'endossement en France, le porteur, sera passible de l'amende de 6 pour 100. — Si la contravention ne consiste que dans l'emploi d'un timbre inférieur à celui qui devait être employé, l'amende ne portera que sur la somme pour laquelle le droit de timbre n'aura pas été payé.

5. Le porteur d'une lettre de change non timbrée, ou non visée pour timbre, conformément aux articles 1, 2 et 3, n'aura d'action, en cas de non-acceptation, que contre le tireur; en cas d'acceptation, il aura seulement action contre l'accepteur et contre le tireur, si ce dernier ne justifie pas qu'il y avait provision à l'échéance. — Le porteur de tout autre effet sujet au timbre et non timbré, ou non visé pour timbre, conformément aux mêmes articles, n'aura d'action que contre le souscripteur. — Toutes stipulations contraires seront nulles.

6. Les contrevenants seront soumis solidairement au paiement du droit de timbre et des amendes prononcées par l'article 4. Le porteur fera l'avance de ce droit et de ces amendes, sauf son recours contre ceux qui en seront passibles. Ce recours s'exercera devant la juridiction compétente pour connaître de l'action en remboursement de l'effet.

7. Il est interdit à toutes personnes, à toutes sociétés, à tous établissements publics, d'encaisser ou de faire encaisser pour leur compte ou pour le compte d'autrui, même sans leur acquit, des effets de commerce non timbrés ou non visés pour timbre, sous peine d'une amende de 6 pour 100 du montant des effets encaissés.

8. Toute mention ou convention de retour sans frais, soit sur le titre, soit en dehors du titre, sera nulle, si elle est relative à des effets non timbrés ou non visés pour timbre.

---

1) Modifié par la loi du 23 août 1871, art. 2; la loi du 19 février 1874, art. 3; la loi du 22 décembre 1878, art. 1er; la loi du 29 juillet 1881, art. 5. — Il résulte de ces lois combinées que le droit de timbre est aujourd'hui de 5 centimes par 100 francs. — 2) Ce droit est aujourd'hui également de 5 centimes par 100 francs.

9. Les dispositions de la présente loi sont applicables aux lettres de change, billets à ordre, ou autres effets souscrits en France et payables hors de France.

10. L'exemption du timbre accordée par l'article 6 de la loi du 1er mai 1822, aux duplicata de lettres de change, est maintenue. Toutefois, si la première, timbrée ou visée pour timbre, n'est pas jointe à celle mise en circulation et destinée à recevoir les endossements, le timbre ou visa pour timbre devra toujours être opposé sur cette dernière, sous les peines prescrites par la présente loi.

Décret du 4 mars 1852,

relatif à l'engagement des marins du commerce, et à l'application des dispositions non abrogées des anciennes ordonnances de la marine.

Art. 1er. Sont considérées comme dispositions d'ordre public auxquelles il est interdit de déroger par des conventions particulières, les prescriptions des actes ci-dessous indiquées, savoir: — Articles 262, 263, 265 et 270 du Code de Commerce; — Ordonnance du 1er novembre 1745; — Article 37 de celle du 17 juillet 1816; — Articles 1, 5 et 8 de l'arrêté du 5 germinal an XII, et 252, paragraphe 5, du Code de commerce; — Paragraphes 2 et 3 de l'article 3 de l'ordonnance du 9 octobre 1837. — Toutefois, le bénéfice des articles 262 et 263 du Code de commerce n'est point acquis à tout marin délaissé, à compter du jour où il embarque avec salaire sur un autre navire. — Les dispositions de l'ordonnance du 1er novembre 1745 seront appliquées à tout marin faisant partie de l'équipage d'un navire du commerce.

2. Les ordonnances, règlements et arrêts du Conseil, concernant la marine, antérieurs à 1789, et auxquels il n'a point été dérogé, seront appliqués sans qu'il soit nécessaire d'administrer la preuve de leur enregistrement. La production par le ministre de la Marine, le cas échéant, d'une copie authentique de l'un de ces actes, suffira pour en assurer la validité.

Loi du 31 mai 1856,

qui modifié l'article 32 de la loi du 5 juillet 1844 sur les brevets d'invention.

V. art. 32 de la loi 5 juillet 1844.

Loi du 30 mai 1857,

qui autorise les sociétés anonymes et autres associations commerciales, industrielles ou financières, légalement constituées en Belgique, à exercer leurs droits en France.

Art. 1er. Les sociétés anonymes et les autres associations commerciales, industrielles ou financières, qui sont soumises à l'autorisation du gouvernement belge, et qui l'ont obtenue, peuvent exercer tous leurs droits et ester en justice en France, en se conformant aux lois de l'empire.

2. Un décret impérial, rendu en conseil d'Etat, peut appliquer à tous autres pays le bénéfice de l'article 1er.

Loi du 23 juin 1857,

portant fixation du budget général des dépenses et des recettes de l'exercice 1858.[1]

. . . .

Art. **6.** Indépendamment des droits établis par le titre II de la loi du 5 juin 1850, toute cession de titres ou promesses d'actions et d'obligations dans une société, compagnie ou entreprise quelconque, financière, industrielle, commerciale ou civile,

1) V. décret du 17 juillet 1857, portant règlement pour l'exécution de cette loi.

quelle que soit la date de sa création, est assujettie, à partir du 1er juillet 1857, à un droit de transmission de vingt centimes par cent francs de la valeur négociée. — Ce droit, pour les titres au porteur, et pour ceux dont la transmission peut s'opérer sans un transfert sur les registres de la société, est converti en une taxe annuelle et obligatoire de 12 centimes par 100 francs du capital desdites actions et obligations, évalué par leur cours moyen pendant l'année précédente, et, à défaut de cours dans cette année, conformément aux règles établies par les lois sur l'enregistrement[1] [2].

7. Le droit pour les titres nominatifs, dont la transmission ne peut s'opérer que par un transfert sur les registres de la société, est perçu, au moment du transfert, pour le compte du Trésor, par les sociétés, compagnies et entreprises, qui en sont constituées débitrices par le fait du transfert. — Le droit sur les titres mentionnés au paragraphe 2 de l'article précédent est payable par trimestre, et avancé par les sociétés, compagnies et entreprises, sauf recours contre les porteurs desdits titres. — A la fin de chaque trimestre, lesdites sociétés sont tenues de remettre au receveur de l'enregistrement du siège social le relevé des transferts et des conversions, ainsi que l'état des actions et obligations soumises à la taxe annuelle.

8. Dans les sociétés qui admettent le titre au porteur, tout propriétaire d'actions et d'obligations a toujours la faculté de convertir ses titres au porteur en titres nominatifs, et réciproquement. — Dans l'un et l'autre cas, la conversion donne lieu à la perception du droit de transmission. — Néanmoins, pendant un délai de trois mois, à partir de la mise à exécution de la présente loi, la conversion des actions et obligations au porteur, en actions et obligations nominatives, sera affranchie de tout droit.

9. Les actions et obligations émises par les sociétés, compagnies ou entreprises étrangères, sont soumises, en France, à des droits équivalents à ceux qui sont établis par la présente loi et par celle du 5 juin 1850, sur les valeurs françaises; elles ne pourront être cotées et négociées en France qu'en se soumettant à l'acquittement de ces droits. — Un règlement d'administration publique fixera le mode d'établissement et de perception de ces droits, dont l'assiette pourra reposer sur une quotité déterminée du capital social. — Le même règlement déterminera toutes les mesures nécessaires pour l'exécution de la présente loi[3].

10. Toute contravention aux précédentes dispositions et à celles des règlements qui seront faits pour leur exécution, est punie d'une amende de cent francs à cinq mille francs, sans préjudice des peines portées par l'article 39 de la loi du 22 frimaire an VII, pour omission ou insuffisance de déclaration.

11. L'article 15 de la loi du 15 juin 1850 est abrogé.

12. . . . .

Loi du 23 juin 1857,

sur les marques de fabrique et de commerce.[4]

Titre I. Du droit de propriété des marques.

Art. 1er. La marque de fabrique ou de commerce est facultative. — Toutefois, des décrets, rendus en la forme des règlements d'administration publique, peuvent exceptionnellement la déclarer obligatoire pour les produits qu'ils déterminent. — Sont considérés comme marques de fabrique et de commerce, les noms sous une forme distinctive, les dénominations, emblèmes, empreintes, timbres, cachets, vignettes, reliefs, lettres, chiffres, enveloppes et tous autres signes servant à distinguer les produits d'une fabrique ou les objets d'un commerce.

---

1) V. loi du 16 septembre 1871, art. 11, loi du 30 mars 1872, art. 1er, et loi du 26 décembre 1908, art. 5 et 6. — 2) Décret du 23 juin 1879, art. 58: Les droits établis par la loi du 23 juin 1857, art. 6, et par la loi du 16 septembre 1871, art. 11, sur les transmissions de valeurs nominatives par transfert sont perçus, pour le compte du Trésor, préalablement au transfert, par le receveur municipal qui fait l'opération. — L'encaissement des droits et leur versement au Trésor font l'objet d'un compte hors budget, dont la recette est justifiée par des certificats décomptés du maire, et la dépense par les quittances du receveur de l'enregistrement. — 3) V. décret du 11 janvier 1862; loi du 28 décembre 1895, art. 3 et 4; loi du 26 décembre 1908, art. 9; décret du 7 décembre 1909. — 4) V. loi du 26 novembre 1873, relative à l'établissement d'un timbre ou signe spécial destiné à être apposé sur les marques commerciales et de fabrique.

2. (*Ainsi modifié: Loi du 3 mai 1890.*) Nul ne pourra revendiquer la propriété exclusive d'une marque s'il n'a déposé au greffe du tribunal de commerce de son domicile: 1° Trois exemplaires du modèle de cette marque; — 2° Le cliché typographique de cette marque.

En cas de dépôt de plusieurs marques appartenant à une même personne, il n'est dressé qu'un procès-verbal; mais il doit être déposé autant de modèles en triple exemplaire et autant de clichés qu'il y a de marques distinctes. — L'un des exemplaires déposés sera remis au déposant revêtu du visa du greffier et portant l'indication du jour et de l'heure du dépôt. — Les dimensions des clichés ne devront pas dépasser 12 centimètres de côté. — Les clichés seront rendus aux intéressés après la publication officielle des marques par le département du commerce, de l'industrie et des colonies.

3. Le dépôt n'a d'effet que pour quinze années. — La propriété de la marque peut toujours être conservée pour un nouveau terme de quinze années au moyen d'un nouveau dépôt.

4. Il est perçu un droit fixe d'un franc[1] pour la rédaction du procès-verbal de dépôt de chaque marque et pour le coût de l'expédition, non compris les frais de timbre et d'enregistrement.

Titre II. Dispositions relatives aux étrangers.

5. Les étrangers qui possèdent en France des établissements d'industrie ou de commerce jouissent, pour les produits de leurs établissements, du bénéfice de la présente loi, en remplissant les formalités qu'elle prescrit.

6. Les étrangers et les Français dont les établissements sont situés hors de France juissent également du bénéfice de la présente loi, pour les produits de ces établissements, si, dans les pays où ils sont situés, des conventions diplomatiques ont établi la réciprocité pour les marques françaises. — Dans ce cas, le dépôt des marques étrangères a lieu au greffe du tribunal de commerce du département de la Seine.

Titre III. Pénalités.

7. Sont punis d'une amende de cinquante francs à trois mille francs et d'un emprisonnement de trois mois à trois ans, ou de l'une de ces peines seulement: 1° Ceux qui ont contrefait une marque ou fait usage d'une marque contrefaite; — 2° Ceux qui ont frauduleusement apposé sur leurs produits ou les objets de leur commerce une marque appartenant à autrui; — 3° Ceux qui ont sciemment vendu ou mis en vente un ou plusieurs produits revêtus d'une marque contrefaite ou frauduleusement apposée.

8. Sont punis d'une amende de cinquante francs à deux mille francs et d'un emprisonnement d'un mois à un an, ou de l'une de ces peines seulement: 1° Ceux qui, sans contrefaire une marque, en ont fait une imitation frauduleuse de nature à tromper l'acheteur, ou ont fait usage d'une marque frauduleusement imitée; — 2° Ceux qui ont fait usage d'une marque portant des indications propres à tromper l'acheteur sur la nature du produit; — 3° Ceux qui ont sciemment vendu ou mis en vente un ou plusieurs produits revêtus d'une marque frauduleusement imitée ou portant des indications propres à tromper l'acheteur sur la nature du produit.

9. Sont punis d'une amende de cinquante francs à mille francs et d'un emprisonnement de quinze jours à six mois, ou de l'une de ces peines seulement: 1° Ceux qui n'ont pas apposé sur leurs produits une marque déclarée obligatoire; — 2° Ceux qui ont vendu ou mis en vente un ou plusieurs produits ne portant pas la marque déclarée obligatoire pour cette espèce de produits; — 3° Ceux qui ont contrevenu aux dispositions des décrets rendus en exécution de l'article 1er de la présente loi.

10. Les peines établies par la présente loi ne peuvent être cumulées. — La peine la plus forte est seule prononcée pour tous les faits antérieurs au premier acte de poursuite.

11. Les peines portées aux articles 7, 8 et 9 peuvent être élevées au double en cas de récidive. — Il y a récidive lorsqu'il a été prononcé contre le prévenu, dans les cinq années antérieures, une condamnation pour un des délits prévus par la présente loi.

---

[1]) Aujourd'hui, 2 francs: décret du 8 août 1873, art. 4.

12. L'article 463 du Code pénal peut être appliqué aux délits prévus par la présente loi.

13. Les délinqants peuvent, en outre, être privés du droit de participer aux élections des tribunaux et des chambres de commerce, des chambres consultatives des arts et manufactures, et des conseils de prud'hommes, pendant un temps qui n'excédera pas dix ans. — Le tribunal peut ordonner l'affiche du jugement dans les lieux qu'il détermine, et son insertion intégrale ou par extrait dans les journaux qu'il désigne, le tout aux frais du condamné.

14. La confiscation des produits dont la marque serait reconnue contraire aux dispositions des articles 7 et 8 peut, même en cas d'acquittement, être prononcée par le tribunal, ainsi que celle des instruments et ustensiles ayant spécialement servi à commettre le délit. — Le tribunal peut ordonner que les produits confisqués soient remis au propriétaire de la marque contrefaite ou frauduleusement apposée ou imitée, indépendamment de plus amples dommages-intérêts, s'il y a lieu. — Il prescrit, dans tous les cas, la destruction des marques reconnues contraires aux dispositions des articles 7 et 8.

15. Dans le cas prévu par les deux premiers paragraphes de l'article 9, le tribunal prescrit toujours que les marques déclarées obligatoires soient apposées sur les produits qui y sont assujettis. — Le tribunal peut prononcer la confiscation des produits, si le prévenu a encouru, dans les cinq années antérieures, une condamnation pour un des délits prévus par les deux premiers paragraphes de l'article 9.

Titre IV. Juridictions.

16. Les actions civiles relatives aux marques sont portées devant les tribunaux civils et jugées comme matières sommaires. — En cas d'action intentée par la voie correctionnelle, si le prévenu soulève pour sa défense des questions relatives à la propriété de la marque, le tribunal de police correctionnelle statue sur l'exception.

17. Le propriétaire d'une marque peut faire procéder par tous huissiers à la description détaillée, avec ou sans saisie, des produits qu'il prétend marqués à son préjudice en contravention aux dispositions de la présente loi, en vertu d'une ordonnance du président du tribunal civil de première instance, ou du juge de paix du canton, à défaut de tribunal dans le lieu où se trouvent les produits à décrire ou à saisir. — L'ordonnance est rendue sur simple requête et sur la présentation du procès-verbal constatant le dépôt de la marque. Elle contient, s'il y a lieu, la nomination d'un expert, pour aider l'huissier dans sa description. — Lorsque la saisie est requise, le juge peut exiger du requérant un cautionnement, qu'il est tenu de consigner avant de faire procéder à la saisie. — Il est laissé copie, aux détenteurs des objets décrits ou saisis, de l'ordonnance et de l'acte constatant le dépôt du cautionnement, le cas échéant; le tout à peine de nullité et de dommages-intérêts contre l'huissier.

18. A défaut par le requérant de s'être pourvu, soit par la voie civile, soit par la voie correctionnelle, dans le délai de quinzaine, outre un jour par cinq myriamètres de distance entre le lieu où se trouvent les objets décrits ou saisis et le domicile de la partie contre laquelle l'action doit être dirigée, la description ou saisie est nulle de plein droit, sans préjudice des dommages-intérêts qui peuvent être réclamés, s'il y a lieu.

Titre V. Dispositions générales ou transitoires.

19. Tous produits étrangers portant, soit la marque, soit le nom d'un fabricant résidant en France, soit l'indication du nom ou du lieu d'une fabrique française, sont prohibés à l'entrée et exclus du transit et de l'entrepôt, et peuvent être saisis, en quelque lieu que ce soit, soit à la diligence de l'administration des douanes, soit à la requête du ministère public ou de la partie lésée. — Dans le cas où la saisie est faite à la diligence de l'administration des douanes, le procès-verbal de saisie est immédiatement adressé au ministère public. — Le délai dans lequel l'action prévue par l'article 18 devra être intentée, sous peine de nullité de la saisie, soit par la partie lésée, soit par le ministère public, est porté à deux mois. — Les dispositions de l'article 14 sont applicables aux produits saisis en vertu du présent article.

20. Toutes les dispositions de la présente loi sont applicables aux vins, eaux de vie et autres boissons, aux bestiaux, grains, farines, et généralement à tous les produits de l'agriculture.

21. Tout dépôt de marques opéré au greffe du tribunal de commerce antérieurement à la présente loi aura effet pour quinze années, à dater de l'époque où ladite loi sera exécutoire.

22. La présente loi ne sera exécutoire que six mois après sa promulgation. Un règlement d'administration publique déterminera les formalités à remplir pour le dépôt et la publicité des marques, et toutes les autres mesures nécessaires pour l'exécution de la loi[1].

23. Il n'est pas dérogé aux dispositions antérieures qui n'ont rien de contraire à la présente loi.

Loi du 28 mai 1858,

sur les négociations concernant les marchandises déposées dans les magasins généraux.[2]

Art. 1er. (*Ainsi modifié: Loi du 31 août 1870, art. 1er*). Les magasins généraux autorisés par la loi du 28 mai 1858 et le décret du 12 mars 1859 pourront être ouverts par toute personne et par toute société commerciale, industrielle ou de crédit, en vertu d'une autorisation donnée par un arrêté du préfet, après avis de la chambre de commerce, à son défaut, de la chambre consultative, et à défaut de l'une ou de l'autre, du tribunal de commerce. — Cet avis devra être donné dans les huit jours qui suivront la communication de la demande. — A l'expiration de ce délai et dans les trois jours qui suivront, le préfet sera tenu de statuer. — Des récépissés délivrés aux déposants énoncent leurs nom, profession et domicile, ainsi que la nature de la marchandise déposée et les indications propres à en établir l'identité et à en déterminer la valeur.

2. A chaque récépissé de marchandises est annexé, sous la dénomination de *Warrant*, un bulletin de gage contenant les mêmes mentions que le récépissé.

3. Les récépissés et les warrants peuvent être transférés par voie d'endossement, ensemble ou séparément.

4. L'endossement du warrant séparé du récépissé vaut nantissement de la marchandise au profit du cessionnaire du warrant. — L'endossement du récépissé transmet au cessionnaire le droit de disposer de la marchandise, à la charge par lui, lorsque le warrant n'est pas transféré avec le récépissé, de payer la créance garantie par le warrant, ou d'en laisser payer le montant sur le prix de la vente de la marchandise.

5. L'endossement du récépissé et du warrant, transférés ensemble ou séparément, doit être daté. — L'endossement du warrant séparé du récépissé doit, en outre, énoncer le montant intégral, en capital et intérêts, de la créance garantie, la date de son échéance, et les nom, profession et domicile du créancier. — Le premier cessionnaire du warrant doit immédiatement faire transcrire l'endossement sur les registres du magasin, avec les énonciations dont il est accompagné. Il est fait mention de cette transcription sur le warrant.

6. Le porteur du récépissé séparé du warrant peut, même avant l'échéance, payer la créance garantie par le warrant. — Si le porteur du warrant n'est pas connu ou si, étant connu, il n'est pas d'accord avec le débiteur sur les conditions auxquelles aurait lieu l'anticipation de paiement, la somme due, y compris les intérêts jusqu'à l'échéance, est consignée à l'administration du magasin général, qui en demeure reponsable, et cette consignation libère la marchandise.

7. A défaut de paiement à l'échéance, le porteur du warrant séparé du récépissé peut, huit jours après le protêt, et sans aucune formalité de justice, faire procéder à la vente publique aux enchères et en gros de la marchandise engagée, dans les formes et par les officiers publics indiqués dans la loi du 28 mai 1858. — Dans le cas où le souscripteur primitif du warrant l'a remboursé, il peut faire procéder à la vente de la marchandise, comme il est dit au paragraphe précédent, contre le porteur du récépissé, huit jours après l'échéance et sans qu'il soit besoin d'aucune mise en demeure.

8. Le créancier est payé de sa créance sur le prix, directement et sans formalité de justice, par privilége et préférence à tous créanciers, sans autre déduction que

---

[1]) V. décret du 26 juillet 1858, portant règlement d'administration publique pour l'exécution de la loi du 23 juin 1857 sur les marques de fabrique et de commerce. — [2]) V. décrets des 12 mars 1859 et 30 mai 1863 et loi du 31 août 1870.

celle: 1° Des contributions indirectes, des taxes d'octroi et des droits de douane dus par la marchandise; — 2° Des frais de vente, de magasinage et autres frais pour la conservation de la chose.

Si le porteur du récépissé ne se présente pas lors de la vente de la marchandise, la somme excédant celle qui est due au porteur du warrant est consignée à l'administration du magasin général, comme il est dit à l'article 6.

9. Le porteur du warrant n'a de recours contre l'emprunteur et les endosseurs qu'après avoir exercé ses droits sur la marchandise, et en cas d'insuffisance. — Les délais fixés par les articles 165 et suivants du Code de Commerce, pour l'exercice du recours contre les endosseurs, ne courent que du jour où la vente de la marchandise est réalisée. — Le porteur du warrant perd en tous cas son recours contre les endosseurs, s'il n'a pas fait procéder à la vente dans le mois qui suit la date du protêt.

10. Les porteurs de récépissés et de warrants ont, sur les indemnités d'assurances dues, en cas de sinistres, les mêmes droits et privilèges que sur la marchandise assurée.

11. Les établissements publics de crédit peuvent recevoir les warrants comme effets de commerce, avec dispense d'une des signatures exigées par leurs statuts.

12. Celui qui a perdu un récépissé ou un warrant peut demander et obtenir par ordonnance du juge, en justifiant de sa propriété et en donnant caution, un duplicata s'il s'agit du récépissé, le paiement de la créance garantie s'il s'agit du warrant.

13. Les récépissés sont timbrés; ils ne donnent lieu pour l'enregistrement qu'à un droit fixe de un franc. — Sont applicables aux warrants endossés séparément des récépissés, les dispositions du titre 1er de la loi du 5 juin 1850, et de l'article 69, paragraphe 2, n° 6, de la loi du 22 frimaire an VII. — L'endossement d'un warrant séparé du récépissé non timbré et non visé pour timbre, conformément à la loi, ne peut être transcrit ou mentionné sur les registres du magasin, sous peine, contre l'administration du magasin, d'une amende égale au montant du droit auquel le warrant est soumis. — Les dépositaires des registres des magasins généraux sont tenus de les communiquer aux préposés de l'enregistrement, selon le mode prescrit par l'article 54 de la loi du 22 frimaire an VII, et sous les peines y énoncées.

14. Un règlement d'administration publique prescrira les mesures qui seraient nécessaires à l'exécution de la présente loi[1].

15. Sont abrogés le décret du 21 mars 1848 et l'arrêté du 26 mars de la même année. — Est également abrogé, en ce qu'il a de contraire à la présente loi, le décret des 23-26 août 1848.

Loi du 28 mai 1858,

sur les ventes publiques de marchandises en gros.

Art. 1er. La vente volontaire aux enchères, en gros, des marchandises comprises au tableau annexé à la présente loi, peut avoir lieu par le ministère des courtiers, sans autorisation du tribunal de commerce. — Ce tableau peut être modifié, soit d'une manière générale, soit pour une ou plusieurs villes, par un décret rendu dans la forme des règlements d'administration publique et après avis des chambres de commerce.

2. Les courtiers établis dans une ville où siège un tribunal de commerce ont qualité pour procéder aux ventes régies par la présente loi, dans toute localité dépendant du ressort de ce tribunal où il n'existe pas de courtiers. — Ils se conforment aux dispositions prescrites par la loi du 22 pluviôse an VII, concernant les ventes publiques de meubles[2].

3. Le droit de courtage pour les ventes qui font l'objet de la présente loi est fixé, pour chaque localité, par le ministre de l'agriculture, du commerce et des travaux publics, après avis de la chambre et du tribunal de commerce; mais, dans aucun cas, il ne peut excéder le droit établi dans les ventes de gré à gré pour les mêmes sortes de marchandises.

4. Le droit d'enregistrement des ventes publiques en gros est fixé à 10 centimes pour 100 francs.

5. Les contestations relatives aux ventes sont portées devant le tribunal de commerce.

---

1) V. décret du 12 mars 1859. — 2) V. loi du 3 juillet 1861, sur les ventes publiques de marchandises en gros, autorisées ou ordonnées par la justice consulaire.

6. Il est procédé aux ventes dans des locaux spécialement autorisés à cet effet, après avis de la chambre et du tribunal de commerce.

7. Un règlement d'administration publique prescrira les mesures nécessaires à l'exécution de la présente loi. — Il déterminera notamment les formes et les conditions des autorisations prévues par l'article 6[1].

8. Les décrets du 22 novembre 1811 et du 17 avril 1812, et les ordonnances des 1er juillet 1818 et 9 avril 1819, sont abrogés en ce qui concerne les ventes régies par la présente loi; ils sont maintenus en ce qui touche les ventes publiques de marchandises faites par autorité de justice.

Décret du 12 mars 1859,

portant règlement d'administration publique pour l'exécution des lois du 28 mai 1858, sur les négociations concernant les marchandises déposées dans les magasins généraux, et sur les ventes publiques de marchandises en gros.

Titre Ier. Dispositions communes aux magasins généraux et aux salles de ventes publiques.

Art. **1er.** (*Ainsi modifié: Décret du 9 juin 1896.*) Toute demande ayant pour objet l'autorisation d'ouvrir un magasin général est adressée au ministre de l'agriculture, du commerce et des travaux publics, par l'intermédiaire du préfet, avec l'avis de ce fonctionnaire et celui des corps désignés dans la loi du 28 mai 1858. — Le ministre des finances est consulté lorsque l'établissement projeté doit être placé dans les locaux soumis au régime de l'entrepôt réel ou recevoir des marchandises en entrepôt fictif. Les autorisations sont données par décrets rendus sur l'avis de la section des travaux publics, de l'agriculture, du commerce du conseil d'Etat. L'établissement peut être formé spécialement pour une ou plusieurs espèces de marchandises. — Les salles de ventes publiques de marchandises aux enchères et en gros, prévues par la loi du 28 mai 1858, peuvent être ouvertes par toutes personnes et par toute société commerciale, industrielle ou de crédit, en vertu d'une autorisation donnée par un arrêté du préfet, après avis de la chambre de commerce ou, à son défaut, de la chambre consultative des arts et manufactures, et du tribunal de commerce. — Les salles de vente peuvent être formées spécialement pour une ou plusieurs espèces de marchandises.

2. (*Ainsi modifié: Décret du 9 juin 1896.*) Toute personne qui demande l'autorisation d'ouvrir une salle de ventes publiques doit justifier de ressources en rapport avec l'importance de l'établissement projeté. — Les exploitants de magasins généraux peuvent être soumis pour la garantie de leur gestion, à un cautionnement dont le montant est fixé par l'acte d'autorisation et proportionnel autant que possible à la responsabilité qu'ils encourent. Ce cautionnement est versé à la caisse des dépôts et consignations. Il peut être fourni en valeurs publiques françaises dont les titres sont également déposés à la caisse des dépôts et consignations. — Les exploitants de salles de ventes publiques sont soumis, par l'arrêté préfectoral, à l'obligation d'un cautionnement variant de 3000 à 30 000 francs. Ce cautionnement peut être exceptionnellement élevé jusqu'au maximum de 100 000 francs, sur la demande expresse de la chambre de commerce ou, à son défaut, du tribunal de commerce. — Il peut être fourni, en totalité ou en partie, en argent, en rentes, en obligations cotées à la Bourse, ou par une première hypothèque sur des immeubles d'une valeur double de la somme garantie. — Si le cautionnement est fourni en argent, il est versé à la caisse des dépôts et consignations; s'il est fourni en valeurs, les titres sont également déposés à cette caisse. S'il est représenté par une hypothèque, la valeur des immeubles est estimée par le directeur de l'enregistrement et des domaines sur les bases établies pour la perception des droits de mutation en cas de décès. — Pour la conservation de cette garantie, une inscription est prise, dans l'intérêt des tiers, à la diligence et au nom du directeur de l'enregistrement et des domaines.

3. Les propriétaires ou exploitants sont responsables de la garde et de la conservation des marchandises qui leur sont confiées, sauf les avaries et déchets naturels provenant de la nature et du conditionnement des marchandises ou de cas de force majeure[2].

---

1) V. décret du 12 mars 1859. — 2) V. décret du 6 juin 1863 et décret du 29 août 1863

4. Il est interdit aux exploitants de magasins généraux et de salles de ventes de se livrer directement ou indirectement, pour leur propre compte ou pour le compte d'autrui, à aucun commerce ou spéculation ayant pour objet les marchandises. — Ils peuvent se charger: — Des opérations et formalités de douane et d'octroi, déclarations de débarquement et d'embarquement, soumissions et déclarations d'entrée et sortie d'entrepôt, transfert et mutations; — Des règlements de fret et autres entre les capitaines et les consignataires, sous réserve des droits des courtiers et de leur intervention dans la mesure prescrite par les lois; — Des opérations de factage, camionnage et gabarrage extérieur. — Ils peuvent également se charger de faire assurer les marchandises dont ils sont détenteurs, au moyen, soit de polices collectives, soit de polices spéciales, suivant les ordres des intéressés. — Ils peuvent, en outre, être autorisés à se charger de toutes opérations ayant pour objet de faciliter les rapports du commerce et de la navigation avec l'établissement.

5. Il leur est interdit, à moins d'une autorisation spéciale de l'administration, de faire directement ou indirectement avec des entrepreneurs de transports, sous quelque dénomination ou forme que ce puisse être, des arrangements qui ne seraient pas consentis en faveur de toutes les entreprises ayant le même objet. — Les règlements particuliers prévus par l'article 9 doivent contenir les dispositions nécessaires pour assurer la plus complète égalité entre les diverses entreprises de transports, dans leur rapport avec chaque établissement.

6. Les exploitants des magasins généraux et des salles de ventes sont tenus de les mettre, sans préférence ni faveur, à la disposition de toute personne qui veut opérer le magasinage ou la vente de ses marchandises, dans les termes des lois du 28 mai 1858.

7. Les magasins généraux et les salles de ventes publiques sont soumis aux mesures générales de police concernant les lieux publics affectés au commerce, sans préjudice des droits du service des douanes, lorsqu'ils sont établis dans des locaux placés sous le régime de l'entrepôt réel, ou lorsqu'ils contiennent des marchandises en entrepôt fictif.

8. Les tarifs établis par les exploitants, afin de fixer la rétribution due pour le magasinage, la manutention, la location de la salle, la vente, et généralement pour les divers services qui peuvent être rendus au public, doivent être imprimés et transmis, avant l'ouverture des établissements, au préfet et aux corps entendus sur la demande d'autorisation. — Tous les changements apportés aux tarifs doivent être d'avance annoncés par des affiches et communiqués au préfet et aux corps ci-dessus désignés. Si ces changements ont pour objet de relever les tarifs, ils ne deviennent exécutoires que trois mois après qu'ils ont été annoncés et communiqués comme il vient d'être dit. — La perception des taxes doit avoir lieu indistinctement et sans aucune faveur.

9. Chaque établissement doit avoir un règlement particulier qui est communiqué à l'avance, ainsi que tous les changements qui y seraient apportés, comme il est dit à l'article précédent.

10. La loi, le présent décret, le tarif et le règlement particulier sont et demeurent affichés à la principale porte et dans l'endroit le plus apparent de chaque établissement.

11. En cas de contravention ou d'abus commis par les exploitants, de nature à porter un grave préjudice à l'intérêt du commerce, l'autorisation accordée peut être révoquée par un acte rendu dans la même forme que cette autorisation, et les parties entendues.

12. (*Ainsi modifié: Décret du 20 avril 1888.*) Les propriétaires ou exploitants de magasins généraux et de salles de ventes publiques ne peuvent céder leur établissement sans une autorisation délivrée dans les formes et par la même autorité que pour l'autorisation primitive.

Titre II. Dispositions particulières aux magasins généraux et aux récépissés et warrants.

13. Les récépissés de marchandises et les warrants y annexés sont extraits d'un registre à souche.

14. Dans les cas où un courtier est requis pour l'estimation des marchandises, il n'a droit qu'à une vacation, dont la quotité est fixée, pour chaque place, par le ministre de l'agriculture, du commerce et des travaux publics, après avis du tribunal de commerce.

15. A toute réquisition du porteur du récépissé et du warrant réunis, la marchandise déposée doit être fractionnée en autant de lots qu'il lui conviendra, et le titre primitif remplacé par autant de récépissés et de warrants qu'il y aura de lots.

16. Tout cessionnaire du récépissé ou du warrant peut exiger la transcription, sur les registres-à-souches dont ils sont extraits, de l'endossement fait à son profit, avec indication de son domicile.

17. A toute époque, l'administration du magasin général est tenue, sur la demande du porteur du récépissé ou du warrant, de liquider les dettes et les frais énumérés à l'article 8 de la loi du 28 mai 1858 sur les négociations de marchandises, et dont le privilège prime celui de la créance garantie sur le warrant. Le bordereau de liquidation délivré par l'administration du magasin général relate les numéros du récépissé et du warrant auxquels il se réfère.

18. Sur la présentation du warrant protesté, l'administration du magasin général est tenue de donner au courtier désigné pour la vente par le porteur du warrant toutes facilités pour y procéder. — Elle ne délivre la marchandise à l'acheteur que sur le vu du procès-verbal de la vente et moyennant: 1° La justification du paiement des droits et frais privilégiés, ainsi que du montant de la somme prêtée sur le warrant; — 2° La consignation de l'excédent, s'il en existe, revenant au porteur du récépissé, dans le cas prévu par le dernier paragraphe de l'article 8 de la loi.

19. Outre les livres ordinaires de commerce et le livre des récépissés et warrants, l'administration du magasin général doit tenir un livre à souche destiné à constater les consignations qui peuvent lui être faites en vertu des articles 6 et 8 de la loi. — Tous ces livres sont cotés et paraphés par première et dernière, conformément à l'article 11 du Code de Commerce.

Titre III. Dispositions particulières aux ventes publiques de marchandises en gros.

20. (*Ainsi modifié: Décret du 30 mai 1863.*) Il sera procédé aux ventes publiques, à la Bourse ou dans les salles autorisées, conformément au présent décret; toutefois, le courtier est autorisé à vendre sur place, dans le cas où la marchandise ne peut être déplacée sans préjudice pour le vendeur, et où, en même temps, la vente ne peut être convenablement faite que sur le vu de la marchandise. — Le courtier peut également vendre sur place, s'il n'existe pas de bourse ni de salle de vente autorisée dans la commune où la marchandise est déposée[1].

21. (*Ainsi modifié: Décret du 30 mai 1863.*) Le lieu, les jours, les heures et les conditions de la vente, la nature et la quantité de la marchandise doivent être, trois jours au moins à l'avance, publiés au moyen d'une annonce dans l'un des journaux désignés pour les annonces judiciaires de la localité, et, en outre, au moyen d'affiches apposées à la Bourse, ainsi qu'à la porte du local où il doit être procédé à la vente, et du magasin où les marchandises sont déposées. — Deux jours au moins avant la vente, le public doit être admis à examiner et vérifier les marchandises, et toutes facilités doivent lui être données à cet égard. — Toutefois, le président du tribunal de commerce du lieu de la vente peut, sur requête motivée, accorder dispense de l'exposition préalable prescrite par le paragraphe précédent, lorsqu'il s'agit de marchandises qui, à cause de leur nature ou de leur état d'avarie, ne pourraient pas y être soumises sans inconvénients. Mais, en tous cas, des mesures doivent être prises pour que le public puisse examiner les marchandises avant qu'il soit procédé à la vente.

22. Avant la vente, il est dressé et imprimé un catalogue des denrées et marchandises à vendre, lequel porte la signature du courtier chargé de l'opération. Ce catalogue est délivré à tout requérant.

23. (*Ainsi modifié: Décret du 30 mai 1863.*) Le catalogue énonce les marques, numéros, nature et quantités de chaque lot de marchandises, les magasins où elle sont déposées, les jours et les heures où elles peuvent être examinées, et le lieu, les jours et les heures où elles seront vendues. — Sont mentionnées également les époques de livraison, les conditions de paiement, les tares, avaries et toutes les autres indications et conditions qui seront la base et la règle du contrat entre les vendeurs et les acheteurs. — La formation préalable de lots distincts n'est pas obligatoire pour les marchandises en grenier ou en chantier. Si elle n'a pas lieu, le catalogue

[1]) V. loi du 3 juillet 1861; décrets des 6 juin 1863, 29 août 1863 et 7 octobre 1863.

doit mentionner la cause qui empêche d'y procéder et la manière dont s'opérera la livraison. La même mention doit être reproduite dans le procès-verbal de la vente.

24. Lors de la vente, le courtier inscrit immédiatement sur le catalogue, en regard de chaque lot, les noms et domicile de l'acheteur, ainsi que le prix d'adjudication.

25. (*Ainsi modifié: Décret du 30 mai 1863.*) Les lots ne peuvent être, d'après l'évaluation approximative et selon le cours moyen des marchandises, au-dessous de cinq cents francs. — Ce minimum peut être élevé ou abaissé dans chaque localité, pour certaines classes de marchandises, par arrêté du ministre de l'agriculture, du commerce et des travaux publics, rendu après avis de la chambre de commerce ou de la chambre consultative des arts et manufactures. — En cas d'avaries, les marchandises peuvent être vendues par lots d'une valeur inférieure au minimum fixé pour chacune d'elles, mais après auto risation donnée sur requête par le président du tribunal de commerce du lieu de la vente. Le magistrat peut toujours, s'il le juge nécessaire, faire constater l'avarie par un expert qu'il désigne. — Le minimum de la valeur des lots est fixé à cent francs pour les ventes après protêt de warrant de marchandises de toutes espèces.

26. Les enchères sont reçues et les adjudications faites par le courtier chargé de la vente. — Le courtier dresse procès-verbal de chaque séance sur un registre coté et parafé, conformément à l'article 11 du Code de commerce.

27. Faute par l'adjudicataire de payer le prix dans les délais fixés, la marchandise est revendue, à la folle enchère et à ses risques et périls, trois jours après la sommation qui lui a éte faite de payer, sans qu'il soit besoin de jugement.

Loi du 3 juillet 1861,

sur les ventes publiques de marchandises en gros, autorisées ou ordonnées par la justice consulaire.

Art. 1er. Les tribunaux de commerce peuvent, après décès ou cessation de commerce, et dans tous les autres cas de nécessité dont l'appréciation leur est soumise, autoriser la vente aux enchères en gros des marchandises de toute espèce et de toute provenance. — L'autorisation est donnée sur requête; un état détaillé des marchandises à vendre est joint à la requête. — Le tribunal constate par son jugement le fait qui donne lieu à la vente.

2. Les ventes autorisées en vertu de l'article précédent, ainsi que toutes celles qui sont autorisées ou ordonnées par la justice consulaire dans les divers cas prévus par le Code de commerce, sont faites par le ministère des courtiers. — Néanmoins, il appartient toujours au tribunal, ou au juge qui autorise ou ordonne la vente, de désigner, pour y procéder, une autre classe d'officiers publics; dans ce cas, l'officier public, quel qu'il soit, est soumis aux dispositions qui régissent les courtiers, relativement aux formes, aux tarifs et à la responsabilité.

3. Les dispositions des articles 2 à 7 inclusivement de la loi du 28 mai 1858, sur les ventes publiques, sont applicables aux ventes autorisées ou ordonnées comme il est dit dans les deux articles qui précèdent.

Décret du 30 mai 1863,

qui modifie: 1° le tableau annexé à la loi du 28 mai 1858, sur les ventes publiques de marchandises en gros; 2° le décret du 12 mars 1859, portant réglement d'administration publique pour l'exécution de ladite loi.

Art. 1er. Peuvent être vendues en gros, aux enchères publiques, conformément à la loi du 28 mai 1858, dans tout l'empire: 1° Les marchandises de toute provenance portées au tableau annexé au présent décret, lequel remplacera le tableau annexé à ladite loi; — 2° Toutes les marchandises exotiques quelconques destinées à la réexportation.

2. Les articles 20, 21, 23 et 25 du règlement d'administration publique du 12 mars 1859 sont modifiés ainsi qu'il suit: — (V. décret du 12 mars 1859, art. 20, 21, 23 et 25.)

3. Sont abrogés les décrets susvisés des 8 mai et 29 juin 1861, dont les dispositions sont remplacées par celles du présent décret.

Décret du 6 juin 1863,

relatif aux ventes publiques de marchandises en gros autorisées ou ordonnées par la justice consulaire.

Art. 1er. Les dispositions des articles 3, 6 et 20 à 27 inclusivement du règlement d'administration publique du 12 mars 1859 sont applicables aux ventes prévues par la loi du 3 juillet 1861, sauf les additions et modifications ci-après.

2. Les annonces et affiches prescrites par l'article 21 du décret du 12 mars 1859, ainsi que le catalogue qui est dressé et imprimé en exécution de l'article 22 du même décret, doivent énoncer la décision judiciaire qui a autorisé ou ordonné la vente.

La même énonciation doit être insérée au procès-verbal de la vente.

3. Le minimum de la valeur des lots est fixé à cent francs pour les ventes de marchandises de toutes espèces, ordonnées ou autorisées dans les cas prévus par la loi du 3 juillet 1861.

Ce minimum peut être abaissé par le tribunal ou le juge qui ordonne ou autorise la vente.

Décret du 29 août 1863,

portant que les articles 3, 6 et 20 à 27 du règlement d'administration publique du 12 mars 1859, modifié par le décret du 30 mai 1863, sont applicables aux ventes prévues par la loi du 23 mai 1863, qui modifie le titre VI du livre Ier du Code de commerce.

Art. 1er. Les dispositions des articles 3, 6 et 20 à 27 inclusivement du règlement d'administration publique du 12 mars 1859, modifié par le décret du 30 mai 1863, sont applicables aux ventes prévues par la loi du 23 mai 1863, sauf les additions et modifications ci-après.

2. Lorsque, en exécution du paragraphe 2 du nouvel article 93 du Code de commerce, le président du tribunal de commerce aura désigné pour la vente une autre classe d'officiers publics que les courtiers, il en sera fait mention dans les annonces, affiches et catalogues prescrits par les articles 21 et 22 du décret du 12 mars 1859.

3. Le minimum de la valeur des lots est fixé à cent francs pour les ventes de marchandises de toute espèce faites dans les cas prévus par la loi du 23 mai 1863.

Loi du 14 juin 1865, concernant les chèques.[1]

Art. 1er. Le chèque est l'écrit qui, sous la forme d'un mandat de paiement, sert au tireur à effectuer le retrait, à son profit ou au profit d'un tiers, de tout ou partie de fonds portés au crédit de son compte chez le tiré et disponibles. — Il est signé par le tireur et porte la date du jour où il est tiré. — Il ne peut être tiré qu'à vue. — Il peut être souscrit au porteur ou au profit d'une personne dénommée. — Il peut être souscrit à ordre et transmis même par voie d'endossement en blanc. — (*Ajouté: Loi du 19 février 1874, art. 5.*) Le chèque indique le lieu d'où il est émis. La date du jour où il est tiré est inscrite en toutes lettres et de la main de celui qui a écrit le chèque. — Le chèque, même au porteur, est acquitté par celui qui le touche; l'acquit

[1]) V. loi du 19 février 1874 et loi du 30 décembre 1911.

est daté. (*Ajouté: Loi du 30 décembre 1911.*) Toutefois, en ce qui concerne les chèques remis par un banquier à une chambre de compensation, il suffira d'apposer sur le chèque un simple cachet à date avec la mention «compensé». — Toutes stipulations entre le tireur, le bénéficiaire ou le tiré, ayant pour objet de rendre le chèque payable autrement qu'à vue et à première réquisition, sont nulles de plein droit.

2. Le chèque ne peut être tiré que sur un tiers ayant provision préalable; il est payable à présentation.

3. Le chèque peut être tiré d'un lieu sur un autre ou sur la même place[1].

4. L'émission d'un chèque, même lorsqu'il est tiré d'un lieu sur un autre, ne constitue pas, par sa nature, un acte de commerce. — Toutefois, les dispositions du Code de commerce relatives à la garantie solidaire du tireur et des endosseurs, au protêt et à l'exercice de l'action en garantie, en matière de lettres de change, sont applicables aux chèques.

5. Le porteur d'un chèque doit en réclamer le paiement dans le délai de cinq jours, y compris le jour de la date, si le chèque est tiré de la place sur laquelle il est payable, et dans le délai de huit jours, y compris le jour de la date, s'il est tiré d'un autre lieu. — Le porteur d'un chèque qui n'en réclame pas le paiement dans les délais ci-dessus, perd son recours contre les endosseurs; il perd aussi son recours contre le tireur, si la provision a péri par le fait du tiré, après lesdits délais[2].

6. (*Ainsi modifié: Loi du 19 février 1874, art. 6.*) Le tireur qui émet un chèque sans date, ou non daté en toutes lettres, s'il s'agit d'un chèque de place à place; celui qui revêt un chèque d'une fausse date ou d'une fausse énonciation du lieu d'où il est tiré, est passible d'une amende de 6 pour 100 de la somme pour laquelle le chèque est tiré, sans que cette amende puisse être inférieure à 100 francs. — La même amende est due personnellement, et sans recours, par le premier endosseur ou le porteur d'un chèque sans date ou non daté en toutes lettres, s'il est tiré de place à place, ou portant une date postérieure à l'époque à laquelle il est endossé ou présenté. Cette amende est due, en outre, par celui qui paie ou reçoit en compensation un chèque sans date, ou irregulièrement daté, ou présenté au paiement avant la date d'émission. — Celui qui émet un chèque sans provision préalable et disponible est passible de la même amende, sans préjudice des peines correctionnelles, s'il y a lieu.

7.[3]

8. (*Ajouté: Loi du 30 décembre 1911.*) Le chèque traversé de deux barres parallèles ne peut être présenté au paiement que par un banquier; il ne peut être tiré que sur un banquier. — Le barrement peut être effectué par le tireur ou par un porteur.

9. (*Ajouté: Loi du 30 décembre 1911*). Le barrement peut être général ou spécial. — Le barrement est général, s'il ne porte entre les deux barres aucune désignation ou seulement la mention «et compagnie»; il est spécial, si le nom d'un banquier est inscrit entre les deux barres. — Le barrement général peut être transformé en barrement spécial. — Le chèque à barrement spécial ne peut être présenté au paiement que par le banquier désigné. Toutefois, si celui-ci n'opère pas l'encaissement lui-même, il peut se substituer un autre banquier. — Il est interdit au porteur d'effacer le barrement, ainsi que le nom du banquier désigné.

10. (*Ajouté: Loi du 30 décembre 1911.*) Le tiré qui paye le chèque barré à une personne autre qu'un banquier, si le barrement est général, ou à une personne autre que le banquier désigné, si le barrement est spécial, n'est pas libéré.

Loi du 13 juin 1866, concernant les usages commerciaux.

Art. 1er. Dans les ventes commerciales, les conditions, tares et autres usages indiqués dans le tableau annexé à la présente loi sont applicables dans toute l'étendue de l'Empire (*la République*), à défaut de convention contraire.

2. La présente loi sera exécutoire à partir du 1er janvier 1867.

---

1) V. loi du 19 février 1874. — 2) V. lois des 23 décembre 1904, 13 juillet 1905, 24 décembre 1906, 29 octobre 1909 et 17 janvier 1910. — 3) V. loi du 19 février 1874, art. 8.

Tableau annexé.
A la loi concernant les usages commerciaux.
Ire partie. Règles générales.

I. Toute marchandise pour laquelle la vente est faite au poids se vend au poids brut ou au poids net. — Le poids brut comprend le poids de la marchandise et de son contenant. Le poids net est celui de la marchandise à l'exclusion du poids de son contenant. — La tare représente, à la vente, le poids présumé du contenant. La tare s'applique à certaines marchandises que, pour les facilités du commerce, il est d'usage de ne pas déballer.

II. Tout article se vendant au poids et non mentionné au tableau est vendu au poids net.

III. L'acheteur a le droit, en renonçant à la tare d'usage, de réclamer le poids net, même pendant le cours de la livraison.

IV. Pour la marchandise vendue au poids brut, l'emballage doit être conforme aux habitudes du commerce.

V. L'emballage (toile, fût, barrique, caisse, etc.) reste à l'acheteur, sauf les exceptions portées au tableau.

VI. Lorsqu'il y a deux emballages, l'emballage intérieur, en tant qu'il est considéré dans l'usage comme marchandise et qu'il est conforme aux habitudes du commerce, est compris dans le poids net.

VII. Le tonneau de mer s'entend du tonneau d'affrètement tel qu'il est réglé pour l'exécution des articles 3 et 6 de la loi du 3 juillet 1861.

VIII. Sauf les exceptions portées au tableau ci-après, il n'est accordé ni dons, ni surdons, ni tolérance[1].

IX. Dans les ports maritimes, toutes les marchandises autres que les articles manufacturés se vendent sur le pied de 2 pour 100 d'escompte au comptant, et, lorsque le vendeur consent à convertir tout ou partie de l'escompte en terme, l'escompte se règle à raison de ½ pour 100 par mois[2].

IIe partie. Règles spéciales à certaines marchandises.

. . . .

Loi du 14 juillet 1866,
sur les droits des héritiers et des ayants-cause des auteurs.

Art. 1er. La durée des droits accordés par les lois antérieures aux héritiers, successeurs irréguliers, donataires ou légataires des auteurs, compositeurs ou artistes, est portée à cinquante ans, à partir du décès de l'auteur.

Pendant cette période de cinquante ans, le conjoint survivant, quel que soit le régime matrimonial, et indépendamment des droits qui peuvent résulter en faveur de ce conjoint du régime de la communauté, a la simple jouissance des droits dont l'auteur prédécédé n'a pas disposé par acte entre vifs ou par testament.

Toutefois, si l'auteur laisse des héritiers à réserve, cette jouissance est réduite, au profit des héritiers, suivant les proportions et distinctions établies par les articles 913 et 915 du Code Napoléon.

Cette jouissance n'a pas lieu lorsqu'il existe, au moment du décès, une séparation de corps prononcée contre ce conjoint; elle cesse au cas où le conjoint contracte un nouveau mariage.

Les droits des héritiers à réserve et des autres héritiers ou successeurs, pendant cette période de cinquante ans, restent d'ailleurs réglés conformément aux prescriptions du Code Napoléon.

---

1) On entend par *don* une réfaction pour altération ou déchet en quelque sorte forcé de la marchandise; le *surdon* est un forfait facultatif pour l'acheteur, à raison d'avaries ou mouillures accidentelles. La *tolérance*, accordée en général pour le déchet nommé *pousse* ou *poussière*, a pour objet de limiter la réclamation de l'acheteur contre le vendeur. (Note de l'édition officielle du *Bulletin des Lois*.) — 2) V. le tableau annexé au décret du 25 août 1861, inséré au *Bulletin des Lois* du deuxième semestre de 1861, n. 962.

Lorsque la succession est dévolue à l'État, le droit exclusif s'éteint sans préjudice des droits des créanciers et de l'exécution des traités de cession qui ont pu être consentis par l'auteur ou par ses représentants.

2. Toutes les dispositions des lois antérieures contraires à celles de la loi nouvelle sont et demeurent abrogées.

Loi du 18 juillet 1866, sur les courtiers de marchandises.

Titre I. De l'exercice de la profession de courtier de marchandises.

Art. 1er. A partir du 1er janvier 1867, toute personne sera libre d'exercer la profession de courtier de marchandises, et les dispositions contraires du Code de commerce, des lois, décrets, ordonnances et arrêtés actuellement en vigueur seront abrogées.

2. Il pourra être dressé par le tribunal de commerce une liste des courtiers de marchandises de la localité qui auront demandé à y être inscrits[1]. — Nul ne pourra être inscrit sur ladite liste s'il ne justifie: 1° De sa moralité par un certificat délivré par le maire; — 2° Da sa capacité professionnelle par l'attestation de cinq commerçants de la place faisant partie des *notables* chargés d'élire le tribunal de commerce; — 3° De l'acquittement d'un droit d'inscription une fois payé au Trésor. Ce droit d'inscription, qui ne pourra excéder 3000 francs, sera fixé, pour chaque place, en raison de son importance commerciale, par un décret rendu en la forme des règlements d'administration publique, et cessera d'être exigé à l'époque où sera amortie l'avance du Trésor, dont il sera parlé à l'article 17.

Aucun individu en état de faillite, ayant fait abandon de biens ou atermoiement sans s'être depuis réhabilité, ou ne jouissant pas des droits de citoyen français, ne pourra être inscrit sur la liste dont il vient d'être parlé. — Tout courtier inscrit sera tenu de prêter, devant le tribunal de commerce, dans la huitaine de son inscription, le serment de remplir avec honneur et probité les devoirs de sa profession. — Il sera également tenu de se soumettre, en tout ce qui se rapporte à la discipline de sa profession, à la juridiction d'une chambre syndicale, qui sera établie comme il est dit à l'article suivant[2].

3. (*Ainsi modifié: Loi du 22 mars 1893.*) Tous les ans, à l'époque fixée par le règlement de chaque compagnie, les courtiers inscrits éliront parmi eux les membres qui devront composer, pour l'année suivante, la chambre syndicale. — L'organisation et les pouvoirs disciplinaires de cette chambre seront déterminés dans un règlement dressé pour chaque place par le tribunal de commerce, après avis de la chambre de commerce ou de la chambre consultative des arts et manufactures. — Ce règlement sera soumis à l'approbation du ministre de l'agriculture, du commerce et des travaux publics. — La chambre syndicale pourra prononcer, sauf appel devant le tribunal de commerce, les peines disciplinaires suivantes: — L'avertissement; — La radiation temporaire; — La radiation définitive, sans préjudice des actions civiles à intenter par les tiers intéressés, ou même de l'action publique, s'il y a lieu. — Si le nombre des courtiers inscrits n'est pas suffisant pour la constitution d'une chambre syndicale, le tribunal de commerce en remplira les fonctions.

4. Les ventes publiques de marchandises aux enchères et en gros qui, dans les divers cas prévus par la loi, doivent être faites par un courtier, ne pourront être confiées qu'à un courtier inscrit sur la liste dressée conformément à l'article 2, ou, à défaut de liste, désigné, sur la requête des parties intéressées, par le président du tribunal de commerce.

5. A défaut d'experts désignés d'accord entre les parties, les courtiers inscrits pourront être requis pour l'estimation des marchandises déposées dans un magasin général. — Si le courtier requis dans le cas prévu par le paragraphe qui précède réclame plus d'une vacation, il sera statué par le président du tribunal de commerce sans frais et sans recours.

6. Le courtier chargé de procéder à une vente publique, ou qui aura été requis pour l'estimation de marchandises déposées dans un magasin général, ne pourra se rendre acquéreur, pour son compte, des marchandises dont la vente ou l'esti-

---

1) V. décret du 22 décembre 1866. — 2) V. décret du 22 décembre 1866.

mation lui aura été confiée. — Le courtier qui aura contrevenu à la disposition qui précède sera rayé par le tribunal de commerce, statuant disciplinairement et sans appel, sur la plainte d'une partie intéressée ou d'office, de la liste des courtiers inscrits, et ne pourra plus y être inscrit de nouveau, sans préjudice de l'action des parties en dommages-intérêts.

7. Tout courtier qui sera chargé d'une opération de courtage pour une affaire où il avait un intérêt personnel, sans en prévenir les parties auxquelles il aura servi d'intermédiaire, sera poursuivi devant le tribunal de police correctionnelle et puni d'une amende de 500 fr. à 3000 fr., sans préjudice de l'action des parties en dommages-intérêts. S'il était inscrit sur la liste des courtiers, dressée conformément à l'article 2, il en sera rayé et ne pourra plus y être inscrit de nouveau.

8. Les droits de courtage pour les ventes publiques et la quotité de chaque vacation due au courtier, pour l'estimation des marchandises déposées dans un magasin général, continueront à être fixés, pour chaque localité, par le ministre de l'agriculture, du commerce et des travaux publics, après avis de la chambre et du tribunal de commerce.

9. Dans chaque ville où il existe une Bourse de commerce, le cours des marchandises sera constaté par les courtiers inscrits, réunis, s'il y a lieu, à un certain nombre de courtiers non inscrits et de négociants de la place, dans la forme qui sera prescrite par un règlement d'administration publique[1].

Titre II. De l'indemnité à payer aux courtiers de marchandises actuellement en exercice.

10—20 . . . .

Loi du 24 juillet 1867, sur les sociétés.

Titre I. Des sociétés en commandite par actions.

Art. **1er.** (*Ainsi modifié: Loi du 1er août 1893.*) Les sociétés en commandite ne peuvent diviser leur capital en actions ou coupures d'actions de moins de 25 francs lorsque le capital n'excède pas 200 000 francs, de moins de 100 francs lorsque le capital est supérieur à 200 000 francs. — Elles ne peuvent être définitivement constituée, qu'après la souscription de la totalité du capital et le versement en espèces, par chaque actionnaire, du montant des actions ou coupures d'actions souscrites par lui, lorsqu'elles n'excèdent pas 25 francs, et du quart au moins des actions lorsqu'elles sont de 100 francs et au-dessus. — Cette souscription et ces versements sont constatés par une déclaration du gérant dans un acte notarié. — A cette déclaration sont annexés la liste des souscripteurs, l'état des versements effectués, l'un des doubles de l'acte de société, s'il est sous seing privé, et une expédition, s'il est notarié et s'il a été passé devant un notaire autre que celui qui a reçu la déclaration. — L'acte sous seing privé, quel que soit le nombre des associés, sera fait en double original, dont l'un sera annexé, comme il est dit au paragraphe qui précède, à la déclaration de souscription du capital et de versement du quart, et l'autre restera déposé au siège social.

2. Les actions ou coupons d'actions sont négociables après le versement du quart.

3. (*Ainsi modifié: Loi du 1er août 1893.*) Les actions sont nominatives jusqu'à leur entière libération. Les actions représentant des apports devront toujours être intégralement libérées au moment de la constitution de la société. — Ces actions ne peuvent être détachées de la souche et ne sont négociables que deux ans après la constitution définitive de la société. — Pendant ce temps, elles devront, à la diligence des administrateurs, être frappées d'un timbre indiquant leur nature et la date de cette constitution. — (*Ajouté et modifié: Lois du 9 juillet 1902 et du 16 novembre 1903.*) En cas de fusion de sociétés par voie d'absorption ou de création d'une société nouvelle englobant une ou plusieurs sociétés préexistantes, l'interdiction de détacher les actions de la souche et de les négocier ne s'applique

---

[1]) V. décret du 22 décembre 1866.

pas aux actions d'apport attribuées à une société par actions ayant, lors de la fusion, plus de deux ans d'existence.

Les titulaires, les cessionnaires intermédiaires et les souscripteurs sont tenus solidairement du montant de l'action. — Tout souscripteur ou actionnaire qui a cédé son titre cesse, deux ans après la cession, d'être responsable des versements non encore appelés[1].

4. Lorsqu'un associé fait un apport qui ne consiste pas en numéraire, ou stipule à son profit des avantages particuliers, la première assemblée générale fait apprécier la valeur de l'apport ou la cause des avantages stipulés. — La société n'est définitivement constituée qu'après l'approbation de l'apport ou des avantages, donnée par une autre assemblée générale, après une nouvelle convocation. — La seconde assemblée générale ne pourra statuer sur l'approbation de l'apport ou des avantages qu'après un rapport qui sera imprimé et tenu à la disposition des actionnaires, cinq jours au moins avant la réunion de cette assemblée. — Les délibérations sont prises par la majorité des actionnaires présents. Cette majorité doit comprendre le quart des actionnaires et représenter le quart du capital social en numéraire. — Les associés qui ont fait l'apport ou stipulé des avantages particuliers soumis à l'appréciation de l'assemblée n'ont pas voix délibérative. — A défaut d'approbation, la société reste sans effet à l'égard de toutes les parties. — L'approbation ne fait pas obstacle à l'exercice ultérieur de l'action qui peut être intentée pour cause de dol ou de fraude. — Les dispositions du présent article relatives à la vérification de l'apport qui ne consiste pas en numéraire ne sont pas applicables au cas où la société à laquelle est fait ledit apport est formée entre ceux seulement qui en étaient propriétaires par indivis.

5. Un conseil de surveillance, composé de trois actionnaires au moins, est établi dans chaque société en commandite par actions. — Ce conseil est nommé par l'assemblée générale des actionnaires immédiatement après la constitution définitive de la société et avant toute opération sociale. — Il est soumis à la réélection aux époques et suivant les conditions déterminées par les statuts. — Toutefois, le premier conseil n'est nommé que pour une année.

6. Ce premier conseil doit, immédiatement après sa nomination, vérifier si toutes les dispositions contenues dans les articles qui précèdent ont été observées.

7. Est nulle et de nul effet à l'égard des intéressés toute société en commandite par actions constituée contrairement aux prescriptions des articles 1er, 2, 3, 4 et 5 de la présente loi. — Cette nullité ne peut être opposée aux tiers par les associés.

8. Lorsque la société est annulée, aux termes de l'article précédent, les membres du premier conseil de surveillance peuvent être déclarés responsables, avec le gérant, du dommage résultant, pour la société ou pour les tiers, de l'annulation de la société. — La même responsabilité peut être prononcée contre ceux des associés dont les apports ou les avantages n'auraient pas été vérifiés et approuvés conformément à l'article 4 ci-dessus. — (*Ajouté: Loi du 1er août 1893, art. 3.*) L'action en nullité de la société ou des actes et délibérations postérieurs à sa constitution n'est plus recevable lorsque, avant l'introduction de la demande, la cause de nullité a cessé d'exister. L'action en responsabilité, pour les faits dont la nullité résultait, cesse également d'être recevable lorsque, avant l'introduction de la demande, la cause de nullité a cessé d'exister, et en outre que trois ans se sont écoulés depuis le jour où la nullité était encourue. — Si, pour couvrir la nullité, une assemblée générale devait être convoquée, l'action en nullité ne sera plus recevable à partir de la date de la convocation régulière de cette assemblée. — Ces actions en nullité contre les actes constitutifs des sociétés sont prescrites par dix ans. — Cette prescription ne pourra, toutefois, être opposée avant l'expiration des dix années qui suivront la promulgation de la présente loi.

9. Les membres du conseil de surveillance n'encourent aucune responsabilité en raison des actes de la gestion et de leurs résultats. — Chaque membre du conseil de surveillance est responsable de ses fautes personnelles, dans l'exécution de son mandat, conformément aux règles du droit commun.

10. Les membres du conseil de surveillance vérifient les livres, la caisse, le portefeuille et les valeurs de la société. — Ils font, chaque année, à l'assemblée générale, un rapport dans lequel ils doivent signaler les irrégularités et inexactitudes qu'ils ont reconnues dans les inventaires, et constater, s'il y a lieu, les motifs qui s'opposent

[1]) V. décret du 22 janvier 1868, art. 3.

aux distributions des dividendes proposés par le gérant. — Aucune répétition de dividendes ne peut être exercée contre les actionnaires, si ce n'est dans le cas où la distribution en aura été faite en l'absence de tout inventaire ou en dehors des résultats constatés par l'inventaire. — L'action en répétition, dans le cas où elle est ouverte, se prescrit par cinq ans, à partir du jour fixé pour la distribution des dividendes. — Les prescriptions commencées à l'époque de la promulgation de la présente loi pour lesquelles il faudrait encore, suivant les lois anciennes, plus de cinq ans, à partir de la même époque, seront accomplies par ce laps de temps.

11. Le conseil de surveillance peut convoquer l'assemblée générale et, conformément à son avis, provoquer la dissolution de la société.

12. Quinze jours au moins avant la réunion de l'assemblée générale, tout actionnaire peut prendre par lui ou par un fondé de pouvoir, au siège social, communication du bilan, des inventaires et du rapport du conseil de surveillance.

13. L'emission d'actions ou de coupons d'actions d'une société constituée contrairement aux prescriptions des articles 1er, 2 et 3 de la présente loi, est punie d'une amende de 500 à 10 000 francs. — Sont punis de la même peine: — Le gérant qui commence les opérations sociales avant l'entrée en fonctions du conseil de surveillance; — Ceux qui, en se présentant comme propriétaires d'actions ou de coupons d'actions que ne leur appartiennent pas, ont créé frauduleusement une majorité factice dans une assemblée générale, sans préjudice de tous dommages-intérêts, s'il y a lieu, envers la société ou envers les tiers; — Ceux qui ont remis les actions pour en faire l'usage frauduleux. — Dans les cas prévus par les deux paragraphes précédents, la peine de l'emprisonnement de quinze jours à six mois peut, en outre, être prononcée.

14. La négociation d'actions ou de coupons d'actions dont la valeur ou la forme serait contraire aux dispositions des articles 1er, 2 et 3 de la présente loi, ou pour lesquels le versement du quart n'aurait pas été effectué conformément à l'article 2 ci-dessus, est punie d'une amende de 500 à 10 000 francs. — Sont punies de la même peine toute participation à ces négociations et toute publication de la valeur desdites actions.

15. Sont punis des peines portées par l'article 405 du Code pénal, sans préjudice de l'application de cet article à tous les faits constitutifs du délit d'escroquerie: — 1° Ceux qui, par simulation de souscriptions ou de versements ou par publication, faite de mauvaise foi, de souscriptions ou de versements qui n'existent pas, ou de tous autres faits faux, ont obtenu ou tenté d'obtenir des souscriptions ou des versements; — 2° Ceux qui, pour provoquer des souscriptions ou des versements, ont, de mauvaise foi, publié les noms de personnes désignées, contrairement à la vérité, comme étant ou devant être attachées à la société à un titre quelconque; — 3° Les gérants qui, en l'absence d'inventaires ou au moyen d'inventaires frauduleux, ont opéré entre les actionnaires la répartition de dividendes fictifs.

Les membres du conseil de surveillance ne sont pas civilement responsables des délits commis par le gérant.

16. L'article 463 du Code pénal est applicable aux faits prévus par les trois articles qui précèdent.

17. Des actionnaires représentant le vingtième au moins du capital social peuvent, dans un intérêt commun, charger à leurs frais un ou plusieurs mandataires de soutenir, tant en demandant qu'en défendant, une action contre les gérants ou contre les membres du conseil de surveillance, et de les représenter, en ce cas, en justice, sans préjudice de l'action que chaque actionnaire peut intenter individuellement en son nom personnel.

18. Les sociétés antérieures à la loi du 17 juillet 1856, et qui ne se seraient pas conformées à l'article 15 de cette loi, seront tenues, dans un délai de six mois, de constituer un conseil de surveillance, conformément aux dispositions qui précèdent. — A défaut de constitution du conseil de surveillance dans le délai ci-dessus fixé, chaque actionnaire a le droit de faire prononcer la dissolution de la société.

19. Les sociétés en commandite par actions antérieures à la présente loi, dont les statuts permettent la transformation en société anonyme autorisée par le Gouvernement, pourront se convertir en société anonyme dans les termes déterminés par le titre II de la présente loi, en se conformant aux conditions stipulées dans les statuts pour la transformation.

20. Est abrogée la loi du 17 juillet 1856.

Titre II. Des sociétés anonymes.[1]

21. A l'avenir, les sociétés anonymes pourront se former sans l'autorisation du Gouvernement. — Elles pourront, quel que soit le nombre des associés, être formées par un acte sous seing privé fait en double original. — Elles seront soumises aux dispositions des articles 29, 30, 32, 33, 34 et 36 du Code de commerce et aux dispositions contenues dans le présent titre.

22. Les sociétés anonymes sont administrées par un ou plusieurs mandataires à temps, révocables, salariés ou, gratuits, pris parmi les associés. — Ces mandataires peuvent choisir parmi eux un directeur, ou, si les statuts le permettent, se substituer un mandataire étranger à la société et dont ils sont responsables envers elle.

23. La société ne peut être constituée si le nombre des associés est inférieur à sept.

24. Les dispositions des articles 1, 2, 3 et 4 de la présente loi sont applicables aux sociétés anonymes. — La déclaration imposée au gérant par l'article 1er est faite par les fondateurs de la société anonyme; elle est soumise, avec les pièces à l'appui, à la première assemblée générale, qui en vérifie la sincérité.

25. Une assemblée générale est, dans tous les cas, convoquée, à la diligence des fondateurs, postérieurement à l'acte qui constate la souscription du capital social et le versement du quart du capital, qui consiste en numéraire. Cette assemblée nomme les premiers administrateurs; elle nomme également, pour la première année, les commissaires institués par l'article 32 ci-après. — Ces administrateurs ne peuvent être nommés pour plus de six ans: ils sont rééligibles, sauf stipulation contraire. — Toutefois, ils peuvent être désignés par les statuts, avec stipulation formelle que leur nomination ne sera point soumise à l'approbation de l'assemblée générale. En ce cas, ils ne peuvent être nommés pour plus de trois ans. — Le procès-verbal de la séance constate l'acceptation des administrateurs et des commissaires présents à la réunion. — La société est constituée à partir de cette acceptation.

26. Les administrateurs doivent être propriétaires d'un nombre d'actions déterminé par les statuts. — Ces actions sont affectées en totalité à la garantie de tous les actes de la gestion, même de ceux qui seraient exclusivement personnels à l'un des administrateurs. — Elles sont nominatives, inaliénables, frappées d'un timbre indiquant l'inaliénabilité et déposées dans la caisse sociale.

27. Il est tenu, chaque année au moins, une assemblée générale à l'époque fixée par les statuts. Les statuts déterminent le nombre d'actions qu'il est nécessaire de posséder, soit à titre de propriétaire, soit à titre de mandataire, pour être admis dans l'assemblée, et le nombre de voix appartenant à chaque actionnaire, eu égard au nombre d'actions dont il est porteur. — (*Ajouté: Loi du 1er août 1893, art. 4.*) Tous propriétaires d'un nombre d'actions inférieur à celui déterminé pour être admis dans l'assemblée pourront se réunir pour former le nombre nécessaire et se faire représenter par l'un d'eux. — Néanmoins[2], dans les assemblées générales appelées à vérifier les apports, à nommer les premiers administrateurs et à vérifier la sincérité de la déclaration des fondateurs de la société, prescrite par le deuxième paragraphe de l'article 24, tout actionnaire, quel que soit le nombre des actions dont il est porteur, peut prendre part aux délibérations avec le nombre de voix déterminé par les statuts, sans qu'il puisse être supérieur à dix.

28. Dans toutes les assemblées générales, les délibérations sont prises à la majorité des voix. — Il est tenu une feuille de présence; elle contient les noms et domiciles des actionnaires et le nombre d'actions dont chacun d'eux est porteur. — Cette feuille, certifiée par le bureau de l'assemblée, est déposée au siège social et doit être communiquée à tout requérant.

29. Les assemblées générales qui ont à délibérer dans des cas autres que ceux qui sont prévus par les deux articles qui suivent, doivent être composées d'un nombre d'actionnaires représentant le quart au moins du capital social. — Si l'assemblée générale ne réunit pas ce nombre, une nouvelle assemblée est convoquée dans les formes et avec les délais prescrits par les statuts, et elle délibère valablement, quelle que soit la portion du capital représenté par les actionnaires présents.

30. Les assemblées qui ont à délibérer sur la vérification des apports, sur la nomination des premiers administrateurs, sur la sincérité de la déclaration faite par les fondateurs aux termes du paragraphe 2 de l'article 24, doivent être composées

---

1) V. loi du 30 janvier 1907, portant fixation du budget général des dépenses et des recettes de l'exercice 1907, art. 3. — 2) Mod. par la loi du 22 novembre 1913. — Cf. à la fin du vol.

d'un nombre d'actionnaires représentant la moitié au moins du capital social. — Le capital social, dont la moitié doit être représentée pour la verification de l'apport, se compose seulement des apports non soumis à vérification. — Si l'assemblée générale ne réunit pas un nombre d'actionnaires représentant la moitié du capital social, elle ne peut prendre qu'une délibération provisoire. Dans ce cas, une nouvelle assemblée générale est convoquée. Deux avis, publiés à huit jours d'intervalle, au moins un mois à l'avance, dans l'un des journaux désignés pour recevoir les annonces légales, font connaître aux actionnaires les résolutions provisoires adoptées par la première assemblée, et ces résolutions deviennent définitives si elles sont approuvées par la nouvelle assemblée, composée d'un nombre d'actionnaires représentant le cinquième au moins du capital social.

31.[1] Les assemblées qui ont à délibérer sur des modifications aux statuts ou sur des propositions de continuation de la société au delà du terme fixé pour sa durée, ou de dissolution avant ce terme, ne sont régulièrement constituées et ne délibèrent valablement qu'autant qu'elles sont composées d'un nombre d'actionnaires représentant la moitié au moins du capital social.

32. L'assemblée générale annuelle désigne un ou plusieurs commissaires, associés ou non, chargés de faire un rapport à l'assemblée générale de l'année suivante sur la situation de la société, sur le bilan et sur les comptes présentés par les administrateurs. — La délibération contenant approbation du bilan et des comptes est nulle, si elle n'a été précédée du rapport des commissaires. — A défaut de nomination des commissaires par l'assemblée générale, ou en cas d'empêchement ou de refus d'un ou de plusieurs des commissaires nommés, il est procédé à leur nomination ou à leur remplacement par ordonnance du président du tribunal de commerce du siège de la société, à la requête de tout intéressé, les administrateurs dûment appelés.

33. Pendant le trimestre qui précède l'époque fixée par les statuts pour la réunion de l'assemblée générale, les commissaires ont droit, toutes les fois qu'ils le jugent convenable dans l'intérêt social, de prendre communication des livres et d'examiner les opérations de la société. — Ils peuvent toujours, en cas d'urgence, convoquer l'assemblée générale.

34. Toute société anonyme doit dresser, chaque semestre, un état sommaire de sa situation active et passive. — Cet état est mis à la diposition des commissaires. — Il est, en outre, établi chaque année, conformément à l'article 9 du Code de comerce, un inventaire contenant l'indication des valeurs mobilières et immobilières et de toutes les dettes actives et passives de la société. — L'inventaire, le bilan et le compte des profits et pertes sont mis à la disposition des commissaires le quarantième jour, au plus tard, avant l'assemblée générale. Ils sont présentés à cette assemblée.

35. Quinze jours au moins avant la réunion de l'assemblée générale, tout actionnaire peut prendre, au siège social, communication de l'inventaire et de la liste des actionnaires, et se faire délivrer copie du bilan résumant l'inventaire et du rapport des commissaires.

36. Il est fait annuellement, sur les bénéfices nets, un prélèvement d'un vingtième au moins, affecté à la formation d'un fonds de réserve. — Ce prélèvement cesse d'être obligatoire lorsque le fonds de réserve a atteint le dixième du capital social[2].

37. En cas de perte des trois quarts du capital social, les administrateurs sont tenus de provoquer la réunion de l'assemblée générale de tous les actionnaires, à l'effet de statuer sur la question de savoir s'il y a lieu de prononcer la dissolution de la société. — La résolution de l'assemblée est, dans tous les cas, rendue publique. — A défaut par les administrateurs de réunir l'assemblée générale, comme dans le cas où cette assemblée n'aurait pu se constituer régulièrement, tout intéressé peut demander la dissolution de la société devant les tribunaux.

38. La dissolution peut être prononcée sur la demande de toute partie intéressée, lorsqu'un an s'est écoulé depuis l'époque où le nombre des associés est réduit à moins de sept.

39. Larticle 17 est applicable aux sociétés anonymes.

40. Il est interdit aux administrateurs de prendre ou de conserver un intérêt direct ou indirect dans une entreprise ou dans un marché fait avec la société ou

---

1) Mod. par la loi du 22 novembre 1913. — Cf. à la fin du vol. — 2) V. loi du 17 mars 1905, art. 5; loi du 19 décembre 1907, art. 5.

pour son compte, à moins qu'ils n'y soient autorisés par l'assemblée générale. — Il est, chaque année, rendu à l'assemblée générale un compte spécial de l'exécution des marchés ou entreprises par elle autorisés, aux termes du paragraphe précédent.

41. Est nulle et de nul effet à l'égard des intéressés toute société anonyme pour laquelle n'ont pas été observées les dispositions des articles 22, 23, 24 et 25 ci-dessus.

42. (*Ainsi modifié: Loi du 1er août 1893, art. 5.*) Lorsque la nullité de la société ou des actes et délibérations a été prononcée aux termes de l'article précédent, les fondateurs auxquels la nullité est imputable et les administrateurs en fonctions au moment où elle a été encourue, sont responsables solidairement envers les tiers et les actionnaires du dommage résultant de cette annulation. — La même responsabilité solidaire peut être prononcée contre ceux des associés dont les apports ou les avantages n'auraient pas été vérifiés et approuvés conformément à l'article 24. — (*Ajouté: Loi du 1er août 1893, art. 5, § 2*). L'action en nullité et celle en responsabilite en résultant sont soumises aux dispositions de l'article 8 ci-dessus.

43. L'étendue et les effets de la responsabilité des commissaires envers la société sont déterminés d'après les règles générales du mandat.

44. Les administrateurs sont responsables, conformément aux règles du droit commun, individuellement ou solidairement, suivant les cas, envers la société ou envers les tiers, soit des infractions aux dispositions de la présente loi, soit des fautes qu'ils auraient commises dans leur gestion, notamment en distribuant ou en laissant distribuer sans opposition des dividendes fictifs.

45. Les dispositions des articles 13, 14, 15 et 16 de la présente loi sont applicables en matière de sociétés anonymes, sans distinction entre celles qui sont actuellement existantes et celles qui se constitueront sous l'empire de la présente loi. Les adminstrateurs qui, en l'absence d'inventaire ou au moyen d'inventaire frauduleux, auront opéré des dividendes fictifs, seront punis de la peine qui est prononcée dans ce cas par le n° 3 de l'article 15 contre les gérants des sociétés en commandite. — Sont également applicables en matière de sociétés anonymes les dispositions des trois derniers paragraphes de l'article 10.

46. Les sociétés anonymes actuellement existantes continueront à être soumises, pendant toute leur durée, aux dispositions qui les régissent. — Elles pourront se transformer en sociétés anonymes dans les termes de la présente loi, en obtenant l'autorisation du Gouvernement et en observant les formes prescrites pour la modification de leurs statuts.

47. Les sociétés à responsabilité limitée pourront se convertir en sociétés anonymes dans les termes de la présente loi, en se conformant aux conditions stipulées pour la modification de leurs statuts. — Sont abrogés les articles 31, 37 et 40 du Code de commerce et la loi 23 mai 1863, sur les sociétés à responsabilité limité.

Titre III. Dispositions particulières aux sociétés à capital variable.

48. Il peut être stipulé, dans les statuts de toute société, que le capital social sera susceptible d'augmentation par des versements successifs faits par les associés ou l'admission d'associés nouveaux, et de diminution par la reprise totale ou partielle des apports effectués. — Les sociétés dont les statuts contiendront la stipulation ci-dessus seront soumises, indépendamment des règles générales qui leur sont propres suivant leur forme spéciale, aux dispositions des articles suivants.

49. Le capital social ne pourra être porté par les statuts constitutifs de la société au-dessus de la somme de 200 000 francs. — Il pourra être augmenté par des délibérations de l'assemblée générale, prises d'année en année; chacune des augmentations ne pourra être supérieure à 200 000 francs.

50. Les actions ou coupons d'actions seront nominatifs, même après leur entière libération; ils ne pourront être inférieurs à 50 francs[1]. — Ils ne seront négociables qu'après la constitution définitive de la société. — La négociation ne pourra avoir lieu que par voie de transfert sur les registres de la société, et les statuts pourront donner, soit au conseil d'administration, soit à l'assemblée générale, le droit de s'opposer au transfert.

51. Les statuts détermineront une somme au-dessous de laquelle le capital ne pourra être réduit par les reprises des apports autorisées par l'article 48. — Cette

[1] Les mots: „ils ne pourront être inférieurs à 50 francs" ont été supprimés par la loi du 1er août 1893, art. 6.

somme ne pourra être inférieure au dixième du capital social. — La société ne sera définitivement constituée qu'après le versement du dixième.

52. Chaque associé pourra se retirer de la société lorsqu'il le jugera convenable, à moins de conventions contraires et sauf l'application du paragraphe 1er de l'article précédent. — Il pourra être stipulé que l'assemblée générale aura le droit de décider, à la majorité fixée pour la modification des statuts, que l'un ou plusieurs des associés cesseront de faire partie de la société. — L'associé qui cessera de faire partie de la société, soit par l'effet de sa volonté, soit par suite de décision de l'assemblée générale, restera tenu, pendant cinq ans, envers les associés et envers les tiers, de toutes les obligations existant au moment de sa retraite.

53. La société, quelle que soit sa forme, sera valablement représentée en justice par ses administrateurs.

54. La société ne sera point dissoute par la mort, la retraite, l'interdiction, la faillite ou la déconfiture de l'un des associés; elle continuera de plein droit entre les autres associés[1].

Titre IV. Dispositions relatives à la publication des actes de société.

55. Dans le mois de la constitution de toute société commerciale, un double de l'acte constitutif, s'il est sous seing privé, ou une expédition, s'il est notarié, est déposé aux greffes de la justice de paix et du tribunal de commerce du lieu dans lequel est établie la société. — A l'acte constitutif des sociétés en commandite par actions et des sociétés anonymes sont annexées: 1° Une expédition de l'acte notarié constatant la souscription du capital social et le versement du quart; — 2° Une copie certifiée des délibérations prises par l'assemblée générale dans les cas prévus par les articles 4 et 24.

En outre, lorsque la société est anonyme, on doit annexer à l'acte constitutif la liste nominative, dûment certifiée, des souscripteurs, contenant les nom, prénoms, qualités, demeure et le nombre d'actions de chacun d'eux.

56. Dans le même délai d'un mois, un extrait de l'acte constitutif et des pièces annexées est publié dans l'un des journaux désignés pour recevoir les annonces légales. — Il sera justifié de l'insertion par un exemplaire du journal certifié par l'imprimeur, légalisé par le maire et enregistré dans les trois mois de sa date. — Les formalités prescrites par l'article précédent et par le présent article seront observées, à peine de nullité, à l'égard des intéressés; mais le défaut d'aucune d'elles ne pourra être opposé aux tiers par les associés.

57. L'extrait doit contenir les noms des associés autres que les actionnaires ou commanditaires, la raison de commerce ou la dénomination adoptée par la société et l'indication du siège social; la désignation des associés autorisés à gérer, administrer et signer pour la société; le montant du capital social et le montant des valeurs fournies ou à fournir par les actionnaires ou commanditaires; l'époque où la société commence, celle où elle doit finir, et la date du dépôt fait aux greffes de la justice de paix et du tribunal de commerce.

58. L'extrait doit énoncer que la société est en nom collectif ou en commandite simple, ou en commandite par actions, ou anonyme, ou à capital variable. — Si la société est anonyme, l'extrait doit énoncer le montant du capital social en numéraire et en autres objets, la quotité à prélever sur les bénéfices pour composer le fonds de réserve. — Enfin, si la société est à capital variable, l'extrait doit contenir l'indication de la somme au-dessous de laquelle le capital social ne peut être réduit.

59. Si la société a plusieurs maisons de commerce situées dans divers arrondissements, le dépôt prescrit par l'article 55 et la publication prescrite par l'article 56 ont lieu dans chacun des arrondissements où existent les maisons de commerce. — Dans les villes divisées en plusieurs arrondissements, le dépôt sera fait seulement au greffe de la justice de paix du principal établissement.

60. L'extrait des actes et pièces déposés est signé, pour les actes publics, par le notaire, et, pour les actes sous seing privé, par les associés en nom collectif, par les gérants des sociétés en commandite ou par les administrateurs des sociétés anonymes.

61. Sont soumis aux formalités et aux pénalités prescrites par les articles 55 et 56: — Tous actes et délibérations ayant pour objet la modification des statuts, la continuation de la société au delà du terme fixé pour sa durée, la dissolution avant

---

1) V. loi du 5 novembre 1894, relative à la création de sociétés de crédit agricole, art. 1er.

ce terme et le mode de liquidation, tout changement ou retraite d'associés et tout changement à la raison sociale. — Sont également soumises aux dispositions des articles 55 et 56 les délibérations prises dans les cas prévus par les articles 19, 37, 46, 47 et 49 ci-dessus.

62. Ne sont pas assujettis aux formalités de dépôt et de publication les actes constatant les augmentations ou les diminutions du capital social opérées dans les termes de l'article 48, ou les retraites d'associés, autres que les gérants ou administrateurs, qui auraient lieu conformément à l'article 52.

63. Lorsqu'il s'agit d'une société en commandite par actions ou d'une société anonyme, toute personne a le droit de prendre communication des pièces déposées aux greffes de la justice de paix et du tribunal de commerce, ou même de s'en faire délivrer à ses frais expédition ou extrait par le greffier ou par le notaire détenteur de la minute. — Toute personne peut également exiger qu'il lui soit délivré au siège de la société une copie certifiée des statuts, moyennant paiement d'une somme qui ne pourra excéder un franc. — Enfin, les pièces déposées doivent être affichées d'une manière apparente dans les bureaux de la société.

64. Dans tous les actes, factures, annonces, publications et autres documents *imprimés* ou *autographiés*, émanés des sociétés anonymes ou des sociétés en commandite par actions, la dénomination sociale doit toujours être précédée ou suivie immédiatement de ces mots, écrits lisiblement en toutes lettres: *Société anonyme*, ou *Société en commandite par actions*, et de l'énonciation du montant du capital social. — Si la société a usé de la faculté accordée par l'article 48, cette circonstance doit être mentionnée par l'addition de ces mots: *à capital variable*. — Toute contravention aux dispositions qui précèdent est punie d'une amende de 50 francs à 1000 francs.

65. Sont abrogées les dispositions des articles 42, 43, 44, 45 et 46 du Code de commerce.

Titre V. Des tontines et des sociétés d'assurances.

66. Les associations de la nature des tontines et les sociétés d'assurances sur la vie, mutuelles ou à primes, restent soumises à l'autorisation et à la surveillance du Gouvernement[1]. — Les autres sociétés d'assurances pourront se former sans autorisation. Un règlement d'administration publique déterminera les conditions sous lesquelles elles pourront être constituées[2].

67. Les sociétés d'assurances désignées dans le paragraphe 2 de l'article précédent, qui existent actuellement, pourront se placer sous le régime qui sera établi par le règlement d'administration publique, sans l'autorisation du Gouvernement, en observant les formes et les conditions prescrites pour la modification de leurs statuts.

Dispositions diverses

(ajoutées par la loi du 1er août 1893, art. 6).

68. Quel que soit leur objet, les sociétés en commandite ou anonymes qui seront constituées dans les formes du Code de commerce ou de la présente loi seront commerciales et soumises aux lois et usages du commerce.

69. Il pourra être consenti hypothèque au nom de toute société commerciale en vertu des pouvoirs résultant de son acte de formation, même sous seing privé, ou des délibérations ou autorisations constatées dans les formes réglées par ledit acte. L'acte d'hypothèque sera passé en forme authentique, conformément à l'article 2127 du Code civil.

70. Dans les cas où les sociétés ont continué à payer les intérêts ou dividendes des actions, obligations ou tous autres titres remboursables par suite d'un tirage au sort, elles ne peuvent répéter ces sommes lorsque le titre est présenté au remboursement.

71. Dans l'article 50, paragraphe 1er, sont supprimés les mots: „ils ne pourront être inférieurs à 50 francs"[3].

---

1) Le premier alinéa de l'article 66 est abrogé par la loi du 17 mars 1905, art. 22. — 2) V. décret du 22 janvier 1868. — 3) V. aussi les *dispositions transitoires* de la loi du 1er août 1893, art. 7: à sa date.

Décret du 22 janvier 1868,

portant règlement d'administration publique pour la constitution des sociétés d'assurances.[1]

Titre Ier. Des sociétés anonymes d'assurances à primes.

Art. 1er. Les sociétés anonymes d'assurances à primes sont soumises aux dispositions des lois relatives à cette forme de société et, en outre, aux conditions ci-après déterminées. — Elles ne peuvent user des dispositions du titre III de la loi du 24 juillet 1867, particulières aux sociétés à capital variable.

2. La société n'est valablement constituée qu'après le versement d'un capital de garantie qui ne pourra, en aucun cas et alors même que le capital social est moindre de deux cent mille francs, être inférieur à cinquante mille francs[2].

3. L'article 3 de la loi du 24 juillet 1867, relatif à la conversion des actions en actions au porteur, n'est applicable aux sociétés d'assurances à primes que si le fonds de réserve est égal au moins à la partie du capital social non encore versée, et s'il a été intégralement constitué.

4. La société est tenue de faire annuellement un prélèvement d'au moins vingt pour cent sur les bénéfices nets pour former un fonds de réserve. Ce prélèvement devient facultatif lorsque le fonds de réserve est égal au cinquième du capital[3].

5. (*Ainsi modifié: Décret du 10 juillet 1901.*) Le fonds de la société, à l'exception des sommes nécessaires aux besoins du service courant, sont placés de la manière suivante: 1° Jusqu'à concurrence des trois quarts au moins: En immeubles ou en prêts hypothécaires sur des immeubles situés en France ou en Algérie; — En valeurs de l'Etat ou en valeurs ayant une garantie de l'État portant sur le capital ou sur le revenu; — En actions de la Banque de France; — En prêts aux départements, aux communes, aux chambres de commerce de France ou d'Algérie ou en obligations émises par ces divers emprunteurs; — En valeurs jouissant d'une garantie portant sur le capital ou le revenu de la part desdits départements, communes ou chambres de commerce régulièrement autorisés; — En obligations foncières et communales émises par le Crédit Foncier de France; — En prêts ou avances sur les effets publics cidessus désignés; — 2° Pour le surplus: — En immeubles ou prêts hypothécaires sur des immeubles situés dans les colonies françaises, les pays de protectorat ou à l'étranger[3]. — En prêts aux colonies françaises ou en valeurs garanties par ces colonies; — En effets publics de toute nature, français ou étrangers, portés à la cote officielle de la Bourse de Paris et dont la liste sera arrêtée, chaque année, par l'assemblée générale des actionnaires; — En prêts ou avances sur les effets publics ci-dessus désignés; — En valeurs étrangères exigées pour dépôt de cautionnement dans chaque Etat étranger où la société réalise des opérations, pourvu que ces valeurs soient cotées à la Bourse de la capitale dudit Etat et comprises dans la liste annuellement arrêtée par l'assemblée générale.

6. Toute police doit faire connaître: 1° Le montant du capital social; — 2° La portion de ce capital déjà versée ou appelée, et, s'il y a lieu, la délibération par laquelle les actions auraient été converties en actions au porteur; — 3° Le maximum que la compagnie peut, aux termes de ses statuts, assurer sur un seul risque, sans réassurance; — 4° Et, dans le cas où un même capital couvrirait, aux termes des statuts, des risques de nature différente, le montant de ce capital et l'énumération de tous ces risques.

7. Tout assuré peut, par lui ou par un fondé de pouvoir, prendre à toute époque, soit au siège social, soit dans les agences établies par la société, communication du dernier inventaire. — Il peut également exiger qu'il lui en soit délivré une copie certifiée, moyennant le paiement d'une somme qui ne peut excéder un franc.

---

1) V. loi du 30 janvier 1907, portant fixation du budget général des dépenses et des recettes, art. 3. — 2) Décret du 28 février 1899, art. 2: Indépendamment des garanties spécifiées aux articles 2 et 4 du décret du 22 janvier 1868 et de la réserve mathématique, les sociétés anonymes d'assurances françaises ou étrangères à primes fixes doivent justifier de la constitution préalable d'un cautionnement fixé d'après des bases que détermine le ministre, sur l'avis du comité consultatif prévu à l'article 16 ci-après, et affecté, par privilège, au paiement des pensions et indemnités, conformément à l'article 27 de la loi. — 3) *Erratum*: Journal officiel, 17 juillet 1901.

Titre II. Des sociétés d'assurances mutuelles.

Section Ier. De la constitution des sociétés et de leur objet.

8. Les sociétés d'assurances mutuelles peuvent se former soit par un acte authentique, soit par un acte sous seing privé fait en double original, quel que soit le nombre des signataires à l'acte.

9. Les projets de statuts doivent: 1° Indiquer l'objet, la durée, le siège, la dénomination de la société et la circonscription territoriale de ses opérations; — 2° Comprendre le tableau de classification des risques, les tarifs applicables à chacun d'eux, et déterminer les formes suivant quleselles ce tableau et ces tarifs peuvent être modifiées; — 3° Fixer le nombre d'adhérents et le minimum de valeurs assurées au-dessous desquels la société ne peut être valablement constituée, ainsi que la somme à valoir sur la contribution de la première année, qui devra être versée avant la constitution de la société.

10. Le texte entier des projets de statuts doit être inscrit sur toute liste destinée à recevoir les adhésions.

11. Lorsque les conditions ci-dessus ont été remplies, les signataires de l'acte primitif ou leurs fondés de pouvoir le constatent par une déclaration devant notaire.

A cette déclaration sont annexés: 1° La liste nominative dûment certifiée des adhérents, contenant leurs noms, prénoms, qualités et domiciles, et le montant des valeurs assurées par chacun d'eux; — 2° L'un des doubles de l'acte de société, s'il est sous seing privé, ou une expédition, s'il est notarié et s'il a été passé devant un notaire autre que celui qui reçoit la déclaration; — 3° L'état des versements effectués.

12. La première assemblée générale, qui est convoquée à la diligence des signataires de l'acte primitif, vérifie la sincérité de la déclaration mentionnée aux articles précédents; elle nomme les membres du premier conseil d'administration; elle nomme également, pour la première année, les commissaires institués par l'article 21 ci-après. — Les membres du conseil d'administration ne peuvent être nommés pour plus de six ans; ils sont rééligibles, sauf stipulation contraire. Toutefois, ils peuvent être désignés par les statuts, avec stipulation formelle que leur nomination ne sera pas soumise à l'assemblée générale; en ce cas, ils ne peuvent être nommés pour plus de trois ans. — Le procès-verbal de la séance constate l'acceptation des membres du conseil d'administration et des commissaires présents à la réunion. — La société n'est définitivement constituée qu'à partir de cette acceptation.

13. Le compte des frais de premier établissement est apuré par le conseil d'administration et soumis à l'assemblée générale, qui l'arrête définitivement et détermine le mode et l'époque du remboursement.

Section II. Administration des sociétés.

14. L'administration peut être confiée à un conseil d'administration dont les statuts déterminent les pouvoirs. Les membres de ce conseil peuvent choisir parmi eux un directeur, ou, si les statuts le permettent, se substituer un mandataire étranger à la société et dont ils sont responsables envers elle. — L'administration peut également être confiée par les statuts à un directeur nommé par l'assemblée générale et assisté d'un conseil d'administration. Les statuts déterminent, dans ce cas, les attributions respectives du directeur et du conseil.

15. Les membres du conseil d'administration doivent être pris parmi les sociétaires ayant la somme de valeurs assurées déterminée par les statuts.

16. Il est tenu chaque année au moins une assemblée générale, à l'époque fixée par les statuts. — Les statuts déterminent soit le minimum de valeurs assurées nécessaire pour être admis à l'assemblée, soit le nombre des plus forts assurés qui doivent la composer; ils règlent également le mode suivant lequel les sociétaires peuvent s'y faire représenter.

17. Dans toutes les assemblées générales, il est tenu une feuille de présence. Elle contient les noms et domiciles des membres présents. — Cette feuille, certifiée par le bureau de l'assemblée et déposée au siège social, doit être communiquée à tout requérant.

18. L'assemblée générale ne peut délibérer valablement que si elle réunit le quart au moins des membres ayant le droit d'y assister; si elle ne réunit pas ce nombre, une nouvelle assemblée est convoquée dans les formes et avec les délais

prescrits par les statuts, et elle délibère valablement, quel que soit le nombre des membres présents ou representés.

19. L'assemblée générale qui doit délibérer sur la nomination des membres du premier conseil d'administration et sur la sincérité de la déclaration faite, aux termes de l'article **11**, par les signataires de l'acte primitif, doit être composée de la moitié au moins des membres ayant le droit d'y assister. — Si l'assemblée générale ne réunit pas le nombre ci-dessus, elle ne peut prendre qu'une délibération provisoire; dans ce cas, une nouvelle assemblée générale est convoquée. Deux avis, publiés à huit jours d'intervalle, au moins un mois à l'avance, dans l'un des journaux désignés pour recevoir les annonces légales, font connaître aux sociétaires les résolutions provisoires adoptées par la première assemblée, et ces résolutions deviennent définitives si elles sont approuvées par la nouvelle assemblée, composée du cinquième au moins des sociétaires ayant le droit d'y assister.

20. Les assemblées qui ont à délibérer sur des modifications aux statuts ou sur des propositions de continuation de la société au delà du terme fixé pour sa durée, ou de dissolution avant ce terme, ne sont régulièrement constituées et ne délibèrent valablement qu'autant qu'elles sont composées de la moitié au moins des sociétaires ayant le droit d'y assister. — Toute modification de statuts est portée à la connaissance des sociétaires dans le premier récépissé de cotisation qui leur est délivré.

21. L'assemblée générale annuelle désigne un ou plusieurs commissaires, sociétaires ou non, chargés de faire un rapport à l'assemblée générale de l'année suivante sur la situation de la société, sur le bilan et sur les comptes présentés par l'administration. — La délibération contenant approbation du bilan et des comptes est nulle si elle n'a été précédée du rapport des commissaires. — A défaut de nomination des commissaires par l'assemblée générale, ou en cas d'empêchement ou de refus d'un ou de plusieurs d'entre eux, il est procédé à leur nomination ou à leur remplacement par ordonnance du président du tribunal de première instance du siège de la société, à la requête de tout intéressé, les membres du conseil d'administration dûment appelés.

22. Pendant le trimestre qui précède l'époque fixée par les statuts pour la réunion de l'assemblée générale, les commissaires ont droit, toutes les fois qu'ils le jugent convenable dans l'intérêt de la société, de prendre communication des livres et d'examiner les opérations de la société. Ils peuvent toujours, en cas d'urgence, convoquer l'assemblée générale.

23. Toute société doit dresser chaque semestre un état sommaire de sa situation active et passive. — Cet état est mis à la disposition des commissaires. — Il est, en outre, établi chaque année un inventaire ainsi qu'un compte détaillé des recettes et dépenses de l'année précédente et du montant des sinistres. — Ces divers documents sont mis à la disposition des commissaires le quarantième jour au plus tard avant l'assemblée générale. Ils sont présentés à cette assemblée. — L'inventaire et le compte détaillé sont également adressés au ministre de l'agriculture, du commerce et des travaux publics.

24. Quinze jours au moins avant la réunion de l'assemblée générale, tout sociétaire peut prendre, par lui ou par un fondé de pouvoir, au siège social, communication de l'inventaire et de la liste des membres composant l'assemblée générale, et se faire délivrer copie de ces documents.

Section III. De la formation de l'engagement social.

25. Les statuts déterminent le mode et les conditions générales suivant lesquels sont contractés les engagements entre la société et les sociétaires. Toutefois, les sociétaires auront, indépendamment de toute disposition statutaire, le droit de se retirer tous les cinq ans, en prévenant la société six mois d'avance dans la forme indiquée ci-après. Ce droit sera réciproque au profit de la société. — Dans tous les cas où un sociétaire a le droit de demander la résiliation, il peut le faire soit par une déclaration au siège social ou chez l'agent local, dont il lui sera donné récépissé, soit par acte extrajudiciaire, soit par tout autre moyen indiqué dans les statuts. — Les statuts indiquent spécialement le mode suivant lequel se fait l'estimation des valeurs assurées, les conditions réciproques de prorogation ou de résiliation des contrats et les circonstances qui font cesser les effets desdits contrats.

26. Toute modification des statuts relative à la nature des risques garantis et au périmètre de la circonscription territoriale donne de plein droit à chaque sociétaire la faculté de résilier son engagement. — Cette faculté doit être exercée par lui dans un délai de trois mois, à dater de la notification qui lui aura été faite, conformément à l'article 20.

27. Les statuts ne peuvent défendre aux sociétaires de se faire réassurer ou assurer à une autre compagnie. Ils peuvent seulement stipuler que la société sera immédiatement informée et aura le droit de notifier la résiliation du contrat.

28. Les polices remises aux assurés doivent contenir les conditions spéciales de l'engagement, sa durée, ainsi que les clauses de résiliation et de tacite reconduction, s'il en existe dans les statuts. — La police constate, en outre, la remise d'un exemplaire contenant le texte entier des statuts.

Section IV. Des charges sociales.

29. Les tarifs annexés aux statuts fixent, par degrés de risques, le maximum de la contribution annuelle dont chaque sociétaire est passible pour le paiement des sinistres. — Ce maximum constitue le fonds de garantie. — Les statuts peuvent décider que chaque sociétaire sera tenu de verser d'avance une portion de la contribution sociale pour former un fonds de prévoyance. Le montant de ce versement, dont le maximum est fixé dans les statuts, sera déterminé chaque année par l'assemblée générale.

30. Si les statuts le stipulent ainsi, les indications du tableau de classification ne font pas obstacle à ce que le conseil d'administration demeure juge soit de l'application de la classification à tout risque proposé à l'assurance, soit même de l'admissibilité de ce risque.

31. Les statuts déterminent également le maximum de la contribution annuelle qui peut être exigée de chaque sociétaire pour frais de gestion de la société. — La quotité de cette contribution est fixée tous les cinq ans au moins par l'assemblée générale. — Il peut être décidé, soit par les statuts, soit par l'assemblée générale, qu'une somme fixe ou proportionnelle est allouée par traité à forfait à la direction. Ce traité est révisé tous les cinq ans au moins. — L'acte qui l'autorise ou l'approuve détermine en même temps, d'une manière précise, quels sont les frais auxquels la somme allouée a pour objet de pourvoir.

32. Il peut être formé, dans chaque société d'assurances mutuelles, un fonds de réserve ayant pour objet de donner à la société les moyens de suppléer à l'insuffisance de la cotisation annuelle pour le paiement des sinistres. — Le montant du fonds de réserve est fixé tous les cinq ans par l'assemblée générale, nonobstant toute stipulation contraire insérée dans les statuts. — Le mode de formation et l'emploi de ce fonds sont déterminés par les statuts, sauf application des dispositions suivantes: — Dans aucun cas, le prélèvement sur le fonds de réserve ne peut excéder la moitié de ce fonds pour un seul exercice. — En cas de dissolution de la société, l'emploi du reliquat du fonds de réserve est réglé par l'assemblée générale, sur la proposition des membres du conseil d'administration, et soumis à l'approbation du ministre de l'agriculture, du commerce et des travaux publics.

33. Les fonds de la société doivent être placés en rentes sur l'Etat, bons du Trésor ou autres valeurs créées ou garanties par l'Etat, en actions de la Banque de France, en obligations des départements et des communes, du Crédit foncier de France ou des compagnies françaises de chemins de fer qui ont un minimum d'intérêt garanti par l'État. — Ces valeurs sont immatriculées au nom de la société.

Section V. Déclaration, estimation et paiement des sinistres.

34. Les statuts déterminent le mode et les conditions de la déclaration à faire en cas de sinistre par les sociétaires pour le règlement des indemnités qui peuvent leur être dues.

35. L'estimation des sinistres est faite par un agent de la société ou tout autre expert désigné par elle, contradictoirement avec le sociétaire ou avec un expert choisi par lui; en cas de dissidence, il en est référé à un tiers expert désigné, à défaut d'accord entre les parties, par le président du tribunal de première instance de l'arrondissement, ou, si les statuts l'ont ainsi décidé, par le juge de paix du canton où le sinistre a eu lieu.

36. Dans les trois mois qui suivent l'expiration de chaque année, il est fait un règlement général des sinistres à la charge de l'année, et chaque ayant-droit reçoit, s'il y a lieu, le solde de l'indemnité réglée à son profit.

37. En cas d'insuffisance du fonds de garantie et de la part du fonds de réserve déterminée par les statuts, l'indemnité de chaque ayant-droit est diminuée au centime le franc.

Section VI. Dispositions relatives à la publication des actes de société.

38. Dans le mois de la constitution de toute société d'assurances mutuelles, une expédition de l'acte notarié et de ses annexes est déposée au greffe de la justice de paix et, s'il en existe, du tribunal civil du lieu où est établie la société. — A cette expédition est annexée une copie certifiée des délibérations prises par l'assemblée générale, dans les cas prévus par l'article 12.

39. Dans le même délai d'un mois, un extrait de l'acte constitutif et des pièces anexées est publié dans l'un des journaux désignés pour recevoir les annonces légales. Il sera justifié de l'insertion par un exemplaire du journal certifié par l'imprimeur, légalisé par le maire et enregistré dans les trois mois de sa date.

40. L'extrait doit contenir la dénomination adoptée par la société et l'indication du siège social, la désignation des personnes autorisées á gérer, administrer et signer pour la société, le nombre d'adhérents et le minimum de valeurs assurées au-dessous desquels la société ne pouvait être valablement constituée, l'époque où la société a commencé, celle où elle doit finir et la date du dépôt fait au greffe de la justice de paix et du tribunal de première instance. Il indique également si la société doit ou non constituer un fonds de réserve. — L'extrait des actes et pièces déposés est signé, pour les actes publics, par le notaire, et, pour les actes sous seing privé, par les membres du conseil d'administration.

41. Sont soumis aux formalités ci-dessus prescrites tous actes et délibérations ayant pour objet la modification des statuts, la continuation de la société au delà du terme fixé par les statuts, la dissolution avant ce terme et tout changement à la dénomination, ainsi que la transformation de la société dans les conditions indiquées par l'article 67 de la loi du 24 juillet 1867.

42. Toute personne a le droit de prendre communication des pièces déposées au greffe de la justice de paix et du tribunal, ou même de s'en faire délivrer à ses frais expédition ou extrait par le greffier ou par le notaire détenteur de la minute. — Toute personne peut également exiger qu'il lui soit délivré, au siège de la société, une copie certifiée des statuts, moyennant paiement d'une somme qui ne pourra excéder un franc. — Enfin les pièces déposées doivent être affichées d'une manière apparente dans les bureaux de la société.

Loi du 27 juillet 1870,

portant fixation du budget général des recettes et des dépenses de l'exercice 1871.

. . . .

Art. 6. Le droit de timbre auquel sont assujettis les effets de commerce créés en France pourra être acquitté par l'apposition de timbres mobiles. . . . .

Loi du 31 août 1870,

concernant les marchandises déposées dans les magasins généraux.[1]

Art. 1er. Les magasins autorisés par la loi du 28 mai 1858 et le décret du 12 mars 1859 pourront être ouverts par toute personne et par toute société commerciale, industrielle ou de crédit, en vertu d'une autorisation donnée par un arrêté du préfet, après avis de la chambre de commerce, à son défaut, de la chambre consultative, et à défaut de l'une ou de l'autre, du tribunal de commerce. — Cet avis devra être donné dans les huit jours qui suivront la communication de la demande. — A l'expiration de ce délai et dans les trois jours qui suivront, le préfet sera tenu de statuer.

2. Le concessionnaire d'un magasin général devra être soumis, par l'arrêté préfectoral, à l'obligation d'un cautionnement variant de vingt mille à cent mille

---

1) V. loi du 28 mai 1858 et décret du 12 mars 1859.

francs. — Ce cautionnement pourra être fourni, en totalité ou en partie, en argent, en rentes, en obligations cotées à la Bourse, ou par une première hypothèque sur des immeubles d'une valeur double de la somme garantie. — Cette valeur sera estimée par le directeur de l'enregistrement et des domaines, sur les bases établies pour la perception des droits de mutation en cas de décès. — Pour la conservation de cette garantie, une inscription sera prise dans l'intérêt des tiers, à la diligence et au nom du directeur de l'enregistrement et des domaines.

3. Les exploitants de magasins généraux pourront prêter sur nantissement des marchandises à eux déposées, ou négocier les warrants qui les représenteront.

4. Les magasins généraux actuellement existants pourront profiter des dispositions de la présente loi, en se conformant, s'ils ne l'ont pas fait déjà, aux conditions qu'elle impose.

5. Sont abrogés le deuxième paragraphe de l'article 1er de la loi du 28 mai 1858 et toutes dispositions de lois ou décrets antérieurs contraires à la présente loi.

Loi du 30 mars 1872,

relative au droit de transmission sur les titres au porteur, au taux d'abonnement au timbre des lettres de gage et obligations du Crédit foncier, aux droits sur les titres émis par les villes, provinces et établissements publics étrangers.[1]

Art. 1er. A dater du 1er avril 1872, le droit de transmission de quinze centimes sur les titres au porteur de toute nature, établi par la loi du 23 juin 1857 et par l'article 11 de la loi du 16 septembre 1871, est fixé à vingt-cinq centimes annuellement. — Ce droit, ainsi que celui de cinquante centimes sur la transmission des titres nominatifs, établi par l'article 11 de la loi du 16 septembre 1871, seront perçus à l'avenir sur la valeur négociée, déduction faite des versements restant à faire sur les titres non entièrement libérés. — Le taux d'abonnement au timbre des lettres de gage et obligations du Crédit foncier, fixé par l'article 29 de la loi du 8 juillet 1852, est élevé à cinq centimes par mille francs. — Les titres émis par les villes, provinces et corporations étrangères, quelle que soit leur dénomination, et par tout autre établissement public étranger, seront soumis à des droits équivalents à ceux qui sont établis par la présente loi et par celle du 5 juin 1850 sur le timbre. Ils ne pourront être cotés ou négociés en France qu'en se soumettant à l'acquittement de ces droits[2]. — Un règlement d'administration publique fixera pour ces titres le mode d'établissement et de perception de l'impôt, dont l'assiette pourra reposer sur une quotité déterminée du capital[3].

2. *(Ainsi modifié: Loi du 28 décembre 1895, art. 5.)* Nul ne peut négocier, exposer en vente ou énoncer dans un acte ou écrit, soit public, soit sous seing privé, autre qu'un inventaire, lorsqu'ils n'ont pas été préalablement timbrés au droit spécifié dans l'article 3 de la présente loi: 1° Des titres de rentes, emprunts et autres effets publics des gouvernements étrangers; — 2° Des titres d'actions ou d'obligations émis par des sociétés, compagnies ou entreprises étrangères, villes, provinces et corporations étrangères qui n'acquitteraient pas la taxe d'abonnement prévue par l'article 10 du décret du 17 juillet 1857 et l'article 4 du décret du 24 mai 1872. — Tout acte ou écrit, soit public, soit sous signature privée, qui énoncera l'un des titres visés au présent article, devra indiquer le lieu, la date et le numéro du visa pour timbre, ainsi que le montant du droit de timbre payé, ou, si la formalité a été donnée au moyen soit du timbre extraordinaire, soit d'un timbre mobile, les mentions contenues

---

1) V. loi du 25 mai 1872 et loi du 29 juin 1872. — 2) Loi du 28 décembre 1895: Art. 3. A partir du 1er janvier 1896, le droit de timbre au comptant des titres étrangers est fixé, savoir: 1° A deux pour cent (2 pour 100) pour ceux désignés dans les articles 9 de la loi du 28 juin 1857 et 1er, paragraphe 4, de la loi du 30 mars 1872; — 2° A cinquante centimes pour cent (0 fr. 50 pour 100) pour ceux désignés dans l'article 6 de la loi du 13 mai 1863. Ce droit n'est pas soumis aux décimes. Il sera perçu sur la valeur nominale de chaque titre ou coupure considéré isolément et, dans tous les cas, sur un minimum de cent francs (100 francs). — Les titres déjà timbrés au jour de la promulgation de la présente loi tomberont sous son application, mais le droit ci-dessus ne leur sera appliqué qu'imputation faite du montant de l'impôt déjà payé. — **4.** Les dispositions des articles 2 et 3 de la loi du 25 mai 1872 sont applicables aux titres énumérés dans l'article 9 de la loi du 23 juin 1857 et l'article 1er, paragraphe 4, de la loi du 30 mars 1872. — 3) V. décret du 2 janvier 1896.

dans l'empreinte du timbre apposé. — Chaque contravention aux dispositions du présent article sera punie d'une amende de cinq pour cent (5 pour 100) en principal de la valeur nominale des titres qui seront négociés, exposés en vente ou énoncés dans des actes. En aucun cas l'amende ne pourra être inférieure à 100 francs en principal; toutes les parties seront solidaires pour le recouvrement des droits et a mendes. Tout officier public ou ministériel qui aura contrevenu aux dispositions qui précèdent demeurera responsable des droits de timbre et sera, en outre, passible personnellement d'une amende de 100 francs en principal.

3. Les deux décimes ajoutés au principal des droits de timbre de toute nature par l'article 2 de la loi du 23 août 1871 sont applicables aux taxes d'abonnement exigibles depuis la mise à exécution de cette loi, quelle que soit d'ailleurs l'époque à laquelle l'abonnement ait été contracté.

4. Sont exempts du droit de timbre les quittances, reçus ou décharges de toute nature, les reconnaissances et reçus donnés, soit par lettres, soit autrement, pour constater la remise d'effets de commerce à négocier, à accepter ou à encaisser.

5. A partir du 1er janvier 1873, la taxe annuelle représentative des droits de transmission entre-vifs et par décès, fixée par l'article 1er de la loi du 20 février 1849, est élevée à soixante-dix centimes par franc du principal de la contribution foncière. — Cette taxe sera, en outre, soumise à l'avenir aux décimes auxquels sont assujettis les droits d'enregistrement.

Loi du 25 mai 1872,

qui modifie les droits de timbre auxquels sont assujettis les titres de rentes et effets publics des gouvernements étrangers, avec une disposition relative aux connaissements.

. . . .

Art. 2. Aucune émission ou souscription de titres de rentes ou effets publics des Gouvernements étrangers ne peut être annoncée, publiée ou effectuée en France, sans qu'il ait été fait, dix jours à l'avance, au bureau de l'enregistrement de la résidence, une déclaration dont la date est mentionnée dans l'avis ou annonce. — Les titres ou les certificats provisoires de titres souscrits ou émis en France ne pourront être remis aux souscripteurs ou preneurs sans avoir préalablement acquitté les droits de timbre fixés par l'article précédent. — Si le droit a été payé sur le certificat provisoire, le titre définitif correspondant sera timbré sans frais sur la représentation de ce certificat[1].

. . . .

4. Le droit de timbre des connaissements créés en France pourra être acquitté par l'apposition de timbres mobiles. Sont applicables à ces timbres les dispositions des deux premiers paragraphes de l'article 7 de la loi du 30 mars 1872[2].

Loi du 15 juin 1872, relative aux titres au porteur.

Art. 1er. Le propriétaire de titres au porteur qui en est dépossédé par quelque événement que ce soit, peut se faire restituer contre cette perte, dans la mesure et sous les conditions déterminées dans la présente loi.

2. (*Ainsi modifié: Loi du 8 février 1902, art. 1er.*) Le propriétaire dépossédé fera notifier par huissier, au syndicat des agents de change de Paris, un acte d'opposition indiquant le nombre, la nature, la valeur nominale, le numéro et, s'il y a lieu, la série des titres, avec réquisition, sous la condition de paiement du coût, de publier dans la forme qui sera ci-après déterminée, les numéros des titres dont il a été dépossédé. — Il devra aussi, autant que possible, énoncer: 1° L'époque et le lieu où il est devenu propriétaire, ainsi que le mode de son acquisition; — 2° L'époque et le lieu où il a reçu les derniers intérêts ou dividendes; — 3° Les circonstances qui ont accompagné sa dépossession.

---

1) V. loi du 28 décembre 1895. — 2) V. décret du 25 juin 1890, art. 1er.

Cet acte contiendra une élection de domicile à Paris. — Notification sera également faite par huissier, au nom du propriétaire dépossédé, à l'établissement débiteur. — L'acte contiendra les indications ci-dessus requises pour l'exploit notifié au syndicat des agents de change, et, de plus, à peine de nullité, une copie certifiée par l'huissier instrumentaire de la quittance délivrée par le syndicat, du coût de la publication prévue par l'article 11 ci-après. Cette quittance soumise au seul droit de timbre de dix centimes, s'il y échet, sera dispensée d'enregistrement. Il sera fait dans l'acte élection de domicile dans la commune du siège de l'établissement débiteur. — La notification ainsi faite emportera opposition au paiement tant du capital que des intérêts ou dividendes échus ou à échoir, jusqu'à ce que mainlevée en ait été donnée par l'opposant ou ordonnée par justice, ou jusqu'à ce que déclaration ait été faite, par le syndicat des agents de change, à l'établissement débiteur, de la radiation de l'opposition. — S'il s'agit de coupons détachés du titre, il n'y aura pas lieu à la notification au syndicat des agents de change, ni à l'insertion au bulletin quotidien. Le porteur dépossédé ne sera tenu que de l'opposition à l'établissement débiteur.

3. (*Ainsi modifié: Loi du 8 février 1902, art. 1er.*) Lorsqu'il se sera écoulé une année depuis l'opposition sans qu'elle ait été formellement contredite par un tiers se prétendant propriétaire du titre frappé d'opposition, et que, dans cet intervalle, deux termes au moins d'intérêts ou de dividendes auront été mis en distribution, l'opposant pourra se pourvoir auprès du président du tribunal civil du lieu de son domicile, ou, s'il habite hors de France, auprès du président du tribunal civil du siège de l'établissement débiteur, afin d'obtenir l'autorisation de toucher les intérêts ou dividendes échus, ou même le capital des titres frappés d'opposition, dans le cas où ledit capital serait ou deviendrait exigible. — Le même droit appartiendra au porteur dépossédé de titres ne donnant pas droit à des intérêts ou dividendes, ou à l'égard desquels il y a eu cessation des distributions périodiques. Mais, en ce cas, il ne pourra être exercé que lorsqu'il se sera écoulé trois ans depuis l'opposition sans qu'elle ait été contredite dans les termes indiqués ci-dessus.

4. (*Ainsi modifié: Loi du 8 février 1902, art. 1er.*) Si le président accorde l'autorisation, l'opposant devra, pour toucher les intérêts ou dividendes, fournir une caution solvable dont l'engagement s'étendra au montant des annuités exigibles, et, de plus, à une valeur double de la dernière annuité échue. — Après deux ans écoulés depuis l'autorisation, sans que l'opposition ait été contredite dans les termes de l'article 3, la caution sera de plein droit déchargée. — Si l'opposant ne veut ou ne peut fournir la caution requise, il pourra, sur le vu de l'autorisation, exiger de la compagnie le dépôt, à la Caisse des dépôts et consignations, des intérêts ou dividendes échus et de ceux à échoir au fur et à mesure de leur exigibilité. — Après deux ans écoulés depuis l'autorisation, sans que l'opposition ait été contredite dans les termes de l'article 3, l'opposant pourra retirer de la Caisse des dépôts et consignations les sommes déposées et percevoir librement les intérêts ou dividendes à échoir, au fur et à mesure de leur exigibilité.

5. (*Ainsi modifié: Loi du 8 février 1902, art. 1er.*) Si le capital des titres frappés d'opposition est devenu exigible, l'opposant qui aura obtenu l'autorisation ci-dessus pourra en toucher le montant, à charge de fournir caution. Il pourra, s'il le préfère, exiger de la compagnie que le montant dudit capital soit déposé à la Caisse des dépôts et consignations. — Lorsqu'il se sera écoulé dix ans depuis l'époque de l'exigibilité et cinq ans au moins à partir de l'autorisation sans que l'opposition ait été contredite dans les termes de l'article 3, la caution sera déchargée, et, s'il y a eu dépôt, l'opposant pourra retirer de la Caisse des dépôts et consignations les sommes en faisant l'objet.

6. La solvabilité de la caution à fournir en vertu des dispositions des articles précédents sera appréciée comme en matière commerciale. S'il s'élève des difficultés, il sera statué en référé par le président du tribunal du domicile de l'établissement débiteur. — Il sera loisible à l'opposant de fournir un nantissement aux lieu et place d'une caution. Ce nantissement pourra être constitué en titres de rente sur l'Etat. Il sera restitué à l'expiration des délais fixés pour la libération de la caution.

7. (*Ainsi modifié: Loi du 8 février 1902, art. 1er.*) En cas de refus de l'autorisation dont il est parlé en l'article 3, l'opposant pourra saisir, par voie de requête, le tribunal civil de son domicile, ou, s'il habite hors de France, le tribunal civil du siège de l'établissement débiteur, lequel statuera après avoir entendu le ministère

public. Le jugement obtenu dudit tribunal produira les effets attachés à l'ordonnance d'autorisation.

8. Quand il s'agira de coupons au porteur détachés du titre, si l'opposition n'a pas été contredite, l'opposant pourra, après trois années à compter de l'échéance et de l'opposition, réclamer le montant desdits coupons de l'établissement débiteur, sans être tenu de se pourvoir d'autorisation.

9. Les paiements faits à l'opposant suivant les règles ci-dessus posées, libèrent l'établissement débiteur envers tout tiers porteur qui se présenterait ultérieurement. Le tiers porteur au préjudire duquel lesdits paiements auraient été faits, conserve seulement une action personnelle contre l'opposant qui aurait formé son opposition sans cause.

10. Si, avant que la libération de l'établissement débiteur soit accomplie, il se présente un tiers porteur des titres frappés d'opposition, ledit établissement doit provisoirement retenir ces titres contre un récépissé remis au tiers porteur; il doit, de plus, avertir l'opposant, par lettre chargée, de la présentation du titre, en lui faisant connaître le nom et l'adresse du tiers porteur. Les effets de l'opposition restent alors suspendus jusqu'à ce que la justice ait prononcé entre l'opposant et le tiers porteur.

11. (*Ainsi modifié: Loi du 8 février 1902, art. 1er.*) Sur le vu de l'exploit mentionné en l'article 2 et de la réquisition y contenue, le syndicat des agents de change de Paris sera tenu de publier les numéros des titres dont la dépossession lui est notifiée. — Cette publication, qui aura pour effet de prévenir la négociation ou la transmission desdits titres, sera faite le surlendemain, au plus tard, par les soins et sous la responsabilité du syndicat des agents de change de Paris, dans un bulletin quotidien, établi et publié dans les formes et sous les conditions déterminées par un règlement d'administration publique. — Le même règlement fixera le coût de la rétribution annuelle due par l'opposant pour frais de publicité. Cette rétribution sera payée d'avance à la caisse du syndicat, faute de quoi la dénonciation de l'opposition ne sera pas reçue, ou la publication ne sera pas continuée à l'expiration de l'année pour laquelle la rétribution aura été payée. — Un mois après l'échéance de la publication non renouvelée, le syndicat fera parvenir à l'établissement débiteur la liste des titres qui n'auront pas été maintenus au bulletin des oppositions; avis lui sera donné, en même temps, que cette notification lui tient lieu de mainlevée pour tous paiements de coupons, remboursement de capital, conversions, transferts, etc., et lui donne pleine et entière décharge, à condition que les numéros signalés comme rayés du bulletin concordent bien avec ceux inscrits sur les registres de la compagnie frappés d'opposition.

12. Toute négociation ou transmission postérieure au jour où le bulletin est parvenu ou aurait pu parvenir par la voie de la poste dans le lieu où elle a été faite, sera sans effet vis-à-vis de l'opposant, sauf le recours du tiers porteur contre son vendeur et contre l'agent de change par l'intermédiaire duquel la négociation aura eu lieu. Le tiers porteur pourra également, au cas prévu par le précédent article, contester l'opposition faite irrégulièrement ou sans droit. — Sauf le cas où la mauvaise foi serait démontrée, les agents de change ne seront responsables des négociations faites par leur entremise qu'autant que les oppositions leur auront été signifiées personnellement ou quelles auront été publiées dans le bulletin par les soins du syndicat.

13. (*Ainsi modifié: Loi du 8 février 1902, art. 1er.*) Les agents de change doivent inscrire sur leurs livres les numéros des titres qu'ils achètent ou qu'ils vendent. — Ils mentionneront sur les bordereaux d'achats les numéros livrés. Un règlement d'administration publique déterminera le taux de la rémuneration qui sera allouée à l'agent de change pour cette inscription des numéros. — La négociation qui rend sans effet toute publication postérieure de l'opposition sera réputée accomplie dès le moment où aura été opérée sur les livres des agents de change l'inscription des numéros des titres vendus pour compte du donneur d'ordre et livrés par lui. — Si la publication, bien que postérieure à cette inscription, survient avant la livraison ou l'attribution au donneur d'ordre, ou à l'agent de change acheteur, l'opposant pourra, sur la demande de mainlevée formée par l'agent de change ou par tout autre ayant droit, réclamer les titres contre remboursement du prix, par application de l'article 2280 du Code civil.

14. A l'égard des négociations ou transmissions de titres antérieures à la publication de l'opposition, il n'est pas dérogé aux dispositions des articles 2279 et 2280 du Code civil.

15. (*Ainsi modifié: Loi du 8 février 1902, art. 1er.*) Lorsqu'il se sera écoulé dix ans depuis l'autorisation obtenue par l'opposant, conformément à l'article 3, et que, pendant ce laps de temps, l'opposition aura été publiée sans être contredite dans les termes dudit article, l'opposant pourra exiger de l'établissement débiteur qu'il lui soit remis un titre semblable et subrogé au premier. Ce titre devra porter le même numéro que le titre originaire, avec la mention qu'il est délivré par duplicata. — Le titre délivré en duplicata conférera les mêmes droits que le titre primitif et sera négociable dans les mêmes conditions. — Dans le cas du présent article, le titre primitif sera frappé de déchéance, et le tiers qui le représentera après la remise du nouveau titre à l'opposant n'aura qu'une action personnelle contre celui-ci, au cas où l'opposition aurait été faite sans droit. — L'opposant qui réclamera de l'établissement un duplicata payera les frais qu'il occasionnera. — Il devra, de plus, payer à l'avance la publication faite au bulletin, à la rubrique des titres frappés de déchéance, pour le nombre d'années représenté par la feuille des coupons attachée au titre, sans que cette publication puisse, en aucun cas, être limitée à une durée inférieure à dix ans. — Un règlement d'administration publique fixera le coût de la somme à payer au syndicat pour la publication supplémentaire au delà de dix ans[1]). — Pour les titres qui ne portent aucun coupon, l'opposant devra verser au syndicat, à l'avance, le prix de la publication pendant dix ans à la rubrique des titres frappés de déchéance.

16. Les dispositions de la présente loi sont applicables aux titres au porteur émis par les départements, les communes et les établissements publics, mais elles ne sont pas applicables aux billets de la Banque de France, ni aux billets de même nature émis par des établissements légalement autorisés, ni aux rentes et autres titres au porteur émis par l'Etat, lesquels continueront à être régis par les lois, décrets et règlements en vigueur. — Toutefois, les cautionnements exigés par l'administration des finances pour la délivrance des duplicata des titres perdus, volés ou détruits, seront restitués si, dans les vingt ans qui auront suivi, il n'a été formé aucune demande de la part des tiers porteurs, soit pour les arrérages, soit pour le capital. Le Trésor sera définitivement libéré envers le porteur des titres primitifs, sauf l'action personnelle de celui-ci contre la personne qui aura obtenu le duplicata.

17. (*Ajouté: Loi du 8 février 1902, art. 2.*) Le porteur d'un titre frappé d'opposition peut poursuivre la mainlevée de cette opposition de la manière suivante: — Il fera sommation à l'opposant d'avoir à introduire, dans le mois, une demande en revendication, qui sera portée devant le tribunal civil du domicile du porteur actuel du titre. — Cette sommation sera signifiée au domicile de l'opposant et, si celui-ci n'a pas de domicile connu en France, au domicile élu dans l'opposition notifiée au syndicat des agents de change de Paris. — Elle indiquera, autant que possible, l'origine et la cause de la détention du titre, ainsi que la date à partir de laquelle le porteur est à même d'en justifier; en cas d'acquisition par achat, elle indiquera le montant du prix d'achat et contiendra aussi copie d'un certificat délivré par le syndicat des agents de change, mentionnant la date à laquelle les titres ont paru pour la première fois au bulletin, ledit certificat non soumis au droit d'enregistrement. — Si la sommation est faite à la requête d'un agent de change dans les conditions prévues au paragraphe 4 de l'article 13, elle devra contenir un extrait certifié conforme des livres de l'agent de change constatant l'inscription des numéros des titres sur ses livres avant leur publication au bulletin. — Cette sommation contiendra, en outre, assignation à l'opposant à comparaître, dans un délai qui ne pourra pas être moindre d'un mois, à l'audience des référés, devant le président du tribunal du domicile du porteur, pour y entendre, dans les cas qui vont être ci-après spécifiés, prononcer la mainlevée de l'opposition.

18. (*Ajouté: Loi du 8 février 1902, art. 2.*) Si, au jour de l'audience fixée par l'assignation pour la comparution en référé, l'opposant ne justifie pas avoir introduit une demande en revendication, le juge des référés devra prononcer la mainlevée immédiate. — Il en sera de même, quoique l'opposant ait introduit sa demande en revendication, si le porteur justifie, par un borderau d'agent de change ou par d'autres actes probants et non suspects, antérieurs à l'opposition, qu'il est propriétaire des valeurs revendiquées depuis une date antérieure à celle de la publication de l'opposition, et si l'opposant n'offre pas le remboursement du prix d'achat dans les conditions prévues par l'article 2280 du Code civil. — Le juge des référés pourra

[1]) V. décret du 8 mai 1902.

prononcer la mainlevée, même en dehors de toute justification de propriété de la part du porteur, si l'opposant n'allègue à l'appui de sa demande en revendication aucun fait, ou ne produit aucune pièce, de nature à rendre vraisemblable le bien fondé de sa prétention. — Dans tous les cas où la mainlevée sera prononcée, le juge des référés aura le droit de statuer sur les dépens. — Sur la signification de l'ordonnance à l'établissement débiteur et au syndicat accompagné d'un certificat de non-appel, délivré conformément aux dispositions de l'article 548 du Code de procédure civile, l'établissement débiteur et le syndicat devront considérer l'opposition comme nulle et non avenue. — Ils seront quittes et déchargés, sans pouvoir exiger d'autres pièces ou justifications.

19. (*Ajouté: Loi du 8 février 1902, art. 2.*) Un décret en forme de règlement d'administration publique déterminera: 1° Les formes et les conditions de l'avis à donner en vertu du dernier paragraphe de l'article 11; — 2° Les formes et les conditions dans lesquelles seront tenus les livres visés par l'article 13, et destinés à l'inscription des titres vendus et livrés par les donneurs d'ordre, ainsi que le contrôle auquel ils seront soumis[1].

Loi du 29 juin 1872,

relative à un impôt sur le revenu des valeurs mobilières.

Art. **1er.** (*Ainsi complété: Loi du 13 juillet 1911, art. 12.*) Indépendamment des droits de timbre et de transmission établis par les lois existantes, il est établi, à partir du 1er juillet 1872, une taxe annuelle et obligatoire: 1° Sur les intérêts, dividendes, revenus et tous autres produits des actions de toute nature, des sociétés, compagnies ou entreprises quelconques, financières, industrielles, commerciales ou civiles, quelle que soit l'époque de leur création; — 2° Sur les arrérages et intérêts annuels des emprunts et obligations des départements, communes et établissements publics, ainsi que des sociétés, compagnies et entreprises ci-dessus désignées[2]; — 3° Sur les intérêts, produits et bénéfices annuels des parts d'intérêt et commandites dans les sociétés, compagnies et entreprises dont le capital n'est pas divisé en actions[3].

2. Le revenu est déterminé: 1° Pour les actions, par le dividende fixé d'après les délibérations des assemblées générales d'actionnaires ou des conseils d'administration, les comptes rendus ou tous autres documents analogues; — 2° Pour les obligations ou emprunts, par l'intérêt ou le revenu distribué dans l'année; — 3° Pour les parts d'intérêt et commandites, soit par les délibérations des conseils d'administration des intéressés, soit, à défaut de délibération, par l'évalution à raison de 5 pour 100 du montant du capital social ou de la commandite, ou du prix moyen des cessions de parts d'intérêt consenties pendant l'année précédente; — 4° Sur les benéfices qui, par suite de dispositions statuaires, sont distribués aux membres des conseils d'administration des sociétés, compagnies et entreprises désignées aux paragraphes précédents. — Un règlement d'administration publique fixera le mode d'établissement et de perception de la taxe établie au paragraphe ci-dessus.

Les comptes rendus et les extraits des délibérations des conseils d'administration ou des actionnaires seront déposés, dans les vingt jours de leur date, au bureau de l'enregistrement du siège social[4].

3. La quotité de la taxe établie par la présente loi est fixée à 3 pour 100 du revenu des valeurs spécifiées en l'article 1er. — Le montant en est avancé, sauf leur recours, par les sociétés, compagnies, entreprises, villes, départements ou établissements publics. — Pour l'année 1872, les revenus, intérêts et dividendes seront sujets

---

1) V. décret du 8 mai 1902. — 2) Loi du 28 avril 1893, art. 36: „La loi du 29 juin 1872 n'est pas applicable aux emprunts contractés par les sociétés en nom collectif pures et simples". — 3) Loi du 1er décembre 1875: Art. **1er.** Les dispositions de l'article 1er, paragraphe 3, de la loi du 29 juin 1872, ne sont pas applicables aux parts d'intérêt dans les sociétés commerciales en nom collectif, et elles ne s'appliquent, dans les sociétés en commandite dont le capital n'est pas divisé par actions, qu'au montant de la commandite. — **2.** La même exception s'applique aux parts d'intérêt dans les sociétés de toute nature, dites de coopération, formées exclusivement entre des ouvriers ou artisans au moyen de leurs cotisations périodiques. — 4) V. décret du 6 décembre 1872 et loi du 28 décembre 1880, art. 3.

à la taxe pour moitié seulement de leur montant, quelle que soit d'ailleurs l'époque à laquelle le paiement aura lieu. — A partir de la promulgation de la présente loi, le taux des droits et taxe établis par la loi du 23 juin 1857 et par celles des 16 septembre 1871 et 30 mars 1872, est réduit ainsi qu'il suit, savoir: — A 50 centimes par 100 francs pour la transmission ou la conversion des titres nominatifs; — A 20 centimes par 100 francs pour la taxe à laquelle sont assujettis les titres au porteur. — Ces droits et taxe ne sont pas soumis aux décimes[1].

4. Les actions, obligations, titres d'emprunts, quelle que soit d'ailleurs leur dénomination, des sociétés, compagnies, entreprises, corporations, villes, provinces étrangères, ainsi que tout autre établissement public étranger, sont soumis à une taxe équivalente à celle qui est établie par la présente loi sur le revenu des valeurs françaises. — Les titres étrangers ne pourront être cotés, négociés, exposés en vente ou émis en France qu'en se soumettant à l'acquittement de cette taxe, ainsi que des droits de timbre et de transmission. — Un règlement d'administration publique fixera le mode d'établissement et de perception de ces droits, dont l'assiette pourra reposer sur une quotité déterminée du capital social. — Le même règlement déterminera les époques de paiement de la taxe, ainsi que toutes les autres mesures nécessaires pour l'exécution de la présente loi[2].

5. Chaque contravention aux dispositions qui précèdent et à celles du règlement d'administration publique[3] qui sera fait pour leur exécution sera punie conformément à l'article 10 de la loi du 23 juin 1857. — Le recouvrement de la taxe sur le revenu sera suivi, et les instances seront introduites et jugées comme en matière d'enregistrement.

Loi du 20 décembre 1872,

portant fixation du budget général des dépenses et des recettes de l'exercice 1873.

. . . .

Art. 3. (Voyez C. Com., page 110, n. 6, 3.)

Décret du 10 avril 1873,

portant règlement d'administration publique pour l'exécution des articles 11 et 13 de la loi du 15 juin 1872, relative aux titres au porteur.

Art. 1er. L'exploit signifié au syndicat des agents de change de Paris, en exécution de l'article 11 de la loi du 15 juin 1872, mentionnera en toutes lettres et en chiffres les numéros des titres dont la publication sera requise.

2. Le recueil quotidien que publiera la compagnie des agents de change de Paris, conformément au même article de loi, portera pour titre: *Bulletin officiel des oppositions sur les titres au porteur, publié par le syndicat des agents de change de Paris.*

3. Le prix de l'insertion sera de cinquante centimes par numéro de valeur et par an. — En cas de mainlevée de l'opposition avant l'échéance de l'année, le prix payé restera acquis au syndicat.

4. Le Bulletin publiera les oppositions par catégories de valeurs. — Tous les numéros d'une même valeur seront inscrits à la suite les uns des autres, par ordre augmentatif et en chiffres.

5. Il ne pourra être inséré dans le Bulletin ni annonce, ni réclame, ni article quelconque.

6. Les parties intéressées ne pourront faire cesser la publication des numéros frappés d'opposition qu'en justifiant de la mainlevée de l'opposition dans l'une des trois formes suivantes: 1° Par acte notarié; — 2° Par la remise de l'original de l'opposition ou de sa notification au syndicat, avec mention de la mainlevée,

---

1) V. décret du 15 décembre 1875, art. 3; loi du 26 décembre 1908, art. 5 et 6. — 2) V. décrets des 6 décembre 1872, 10 août 1896 et 13 avril 1898, art. 12. — 3) V. décret du 6 décembre 1872.

ladite mention légalisée soit par un agent de change près la Bourse de Paris, soit par le président du tribunal civil, par le préfet ou le juge de paix du domicile de l'opposant; — 3° Par la signification d'une décision judiciaire devenue définitive.

Néanmoins, lorsqu'il s'agira d'une mainlevée partielle, l'opposant pourra arrêter la publication partielle de son opposition par un simple acte extrajudiciaire, mais à la condition de représenter au syndicat l'original de l'opposition à restreindre ou de sa notification et d'inscrire sur ledit original, qui continuera de rester en ses mains, mention de la mainlevée partielle par lui consentie.

7. Le prix de l'abonnement au Bulletin ne pourra pas dépasser 70 francs par an; le prix du numéro ne pourra pas dépasser 50 centimes. — Ces deux maxima sont fixés pour toute la France continentale, les droits de poste compris. Pour les colonies et l'étranger, les droits de poste seront perçus en sus.

8. Le syndicat sera tenu de donner à tout requérant communication gratuite, sans déplacement, des numéros du Bulletin dont le tirage sera épuisé.

9. L'opposant et les tiers porteurs successifs du titre frappé d'opposition ou leurs ayants cause pourront obtenir du syndicat une copie certifiée ou un extrait des actes d'opposition ou de mainlevée les intéressant, moyennant un droit de un franc en sus du timbre.

10. Toute personne pourra obtenir, moyennant un droit de cinquante centimes, l'indication du nom et du domicile de l'opposant, ainsi que de la date de l'opposition.

11. Le taux de la rémuneration allouée aux agents de change pour mentionner sur les bordereaux d'achat les numéros livrés est fixé à cinq centimes par titre.

12. Les prix et tarifs fixés par le présent règlement seront revisés, s'il y a lieu, après la première année de leur mise à exécution.

Loi du 26 novembre 1873,

relative à l'établissement d'un timbre ou signe spécial, destiné à être apposé sur les marques commerciales et de fabrique.[1]

Art. 1er. Tout propriétaire d'une marque de fabrique ou de commerce, déposée conformément à la loi du 23 juin 1857, pourra être admis, sur sa réquisition écrite, à faire apposer par l'État, soit sur les étiquettes, bandes ou enveloppes en papier, soit sur les étiquettes ou estampilles en métal sur lesquelles figure sa marque, un timbre ou poinçon spécial destiné à affirmer l'authenticité de cette marque. — Le poinçon pourra être apposé sur la marque faisant corps avec les objets eux-mêmes, si l'administration les en juge susceptibles.

2. Il sera perçu, au profit de l'État, par chaque apposition du timbre, un droit qui pourra varier de un centime à un franc. — Le droit dû pour chaque apposition du poinçon sur les objets eux-mêmes ne pourra être inférieur à cinq centimes ni excéder cinq francs.

3. La quotité des droits perçus au profit du Trésor sera proportionnée à la valeur des objets sur lesquels doivent être apposées les étiquettes soit en papier, soit en métal, et à la difficulté de frapper d'un poinçon les marques fixées sur les objets eux-mêmes. — Cette quotité sera établie par des règlements d'administration publique qui détermineront, en outre, les métaux sur lesquels le poinçon pourra être appliqué, les conditions à remplir pour être admis à obtenir l'apposition des timbre ou poinçon, les lieux dans lesquels cette apposition pourra être effectuée, ainsi que les autres mesures d'exécution de la présente loi.

4. La vente des objets par le propriétaire de la marque de fabrique ou de commerce à un prix supérieur à celui correspondant à la quotité du timbre ou du poinçon sera punie, par chaque contravention, d'une amende de cent francs à cinq mille francs. — Les contraventions seront constatées dans tous les lieux ouverts au public par tous les agents qui ont qualité pour verbaliser en matière de timbre et de contributions indirectes, par les agents des postes et par ceux des douanes, lors de l'exportation. — Il leur est accordé un quart de l'amende ou portion d'amende recouvrée. — Les contraventions seront constatées et les instances seront suivies et jugées,

---

1) V. décret du 25 juin 1874.

savoir: 1° Comme en matière de timbre, lorsqu'il s'agira du timbre apposé sur les étiquettes, bandes ou enveloppes en papier; — 2° Comme en matière de contributions indirectes, en ce qui concerne l'application du poinçon.

5. Les consuls de France à l'étranger auront qualité pour dresser les procès-verbaux des usurpations de marques, et les transmettre à l'autorité compétente.

6. Ceux qui auront contrefait ou falsifié les timbres ou poinçons établis par la présente loi, ceux qui auront fait usage des timbres ou poinçons falsifiés ou contrefaits, seront punis des peines portées en l'article 140 du Code pénal, et sans préjudice des réparations civiles. — Tout autre usage frauduleux de ces timbres ou poinçons et des étiquettes, bandes, enveloppes et estampilles qui en seraient revêtues, sera puni des peines portées en l'article 142 dudit Code. — Il pourra être fait application des dispositions de l'article 463 du Code pénal.

7. Le timbre ou poinçon de l'Etat apposé sur une marque de fabrique ou de commerce fait partie intégrante de cette marque. — A défaut par l'Etat de poursuivre en France ou à l'étranger la contrefaçon ou la falsification desdits timbre ou poinçon, la poursuite pourra être exercée par le propriétaire de la marque.

8. La présente loi sera applicable dans les colonies françaises et en Algérie.

9. Les dispositions des autres lois en vigueur touchant le nom commercial, les marques, dessins ou modèles de fabrique, seront appliquées au profit des étrangers, si dans leur pays la législation ou des traités internationaux assurent aux Français les mêmes garanties.

Loi du 19 février 1874,

portant augmentation des droits d'enregistrement et de timbre.[1]

Art. 1er. Sont établis à titre extraordinaire et temporaire les augmentations d'impôts et les impôts énumérés dans la présente loi[2].

2. Les divers droits fixes d'enregistrement auxquels les actes extrajudiciaires sont assujettis par les lois en vigueur sont augmentés de moitié[3].

3. Le tarif du droit de timbre proportionnel établi par le numéro 1er de l'article 2 de la loi du 23 août 1871, sur les effets négociables ou de commerce, autres que ceux tirés de l'étranger sur l'étranger et circulant en France, est augmenté de moitié. — A partir du 1er juillet 1874, le droit de timbre des effets négociables ou de commerce au-dessus de cinq cents francs jusqu'à mille francs, sera gradué de cent francs en cent francs sans fraction[4] [5].

4. Sont soumis au droit de timbre proportionnel fixé par l'article précédent: — Les billets, obligations, délégations et tous mandats non négociables, quelle que soit d'ailleurs leur forme ou leur dénomination, servant à procurer une remise de fonds de place à place. — Cette disposition est applicable aux écrits spécifiés ci-dessus souscrits en France et payables hors de France, et réciproquement. — En cas de contravention, le souscripteur, le bénéficiaire ou le porteur, sont passibles chacun de l'amende de 6 pour 100 édictée par l'article 4 de la loi du 5 juin 1850. Sont également applicables, en cas de contravention, les dispositions pénales des articles 6 et 7 de ladite loi du 5 juin 1850.

5. Les dispositions suivantes sont ajoutées à l'article 1er de la loi du 14 juin 1865: — (V. loi du 14 juin 1865, art. 1er.)[6]

6. L'article 6 de la loi du 14 juin 1865 est abrogé et remplacé par les dispositions suivantes: — (V. loi du 14 juin 1865, art. 6.)

7. Celui qui paye un chèque sans exiger qu'il soit acquitté est passible personnellement et sans recours d'une amende de cinquante francs.

8. Les chèques de place à place sont assujettis à un droit de timbre fixe de 20 centimes. — Les chèques sur place continueront à être timbrés à 10 centimes. — Sont applicables aux chèques de place à place non timbrés conformément au présent

---

[1]) V. loi du 14 juin 1865. — [2]) V. décret du 8 juillet 1885. — [3]) V. loi du 26 janvier 1892, art. 5 et 7. — [4]) V. loi du 22 décembre 1878: Art. 1er. A partir du 1er mai 1879, le tarif du droit de timbre proportionnel établi par l'article 3 de la loi du 19 février 1874, sur les effets négociables ou de commerce, autres que ceux tirés de l'étranger sur l'étranger et circulant en France, est réduit des deux tiers. — [5]) V. décret du 8 juillet 1885. — [6]) V. décret du 8 juillet 1885 et loi du 30 décembre 1911, art. 2.

article, les dispositions pénales des articles 4, 5, 6, 7 et 8 de la loi du 5 juin 1850. — Le droit de timbre additionnel peut être acquitté au moyen d'un timbre mobile de dix centimes.

9. Toutes les dispositions législatives relatives aux chèques tirés de France sont applicables aux chèques tirés hors de France et payables en France. — Les chèques pourront, avant tout endossement en France, être timbrés avec des timbres mobiles. — Si le chèque tiré hors de France n'a pas été timbré conformément aux dispositions ci-dessus, le bénéficiaire, le premier endosseur, le porteur ou le tiré, sont tenus, sous peine de l'amende de 6 pour 100, de le faire timbrer aux droits fixés par l'article précédent, avant tout usage en France. — Si le chèque tiré hors de France n'est pas souscrit conformément aux prescriptions de l'article 1er de la loi du 14 juin 1865 et de l'article 5 ci-dessus, il est assujetti aux droits de timbre des effets de commerce. Dans ce cas, le bénéficiaire, le premier endosseur, le porteur ou le tiré, sont tenus de le faire timbrer avant tout usage en France, sous peine d'une amende de 6 pour 100. — Toutes les parties sont solidaires pour le recouvrement des droits et amendes[1].

10. Les recouvrements effectués par les entrepreneurs de transport à titre de remboursement des objets transportés, quel que soit d'ailleurs le mode employé pour la remise des fonds au créancier, ainsi que tous autres transports fictifs ou réels de monnaies ou de valeurs, sont assujettis à la délivrance d'un récépissé ou d'une lettre de voiture dûment timbrés. — Le droit de timbre du récépissé ou celui de la lettre de voiture, fixé dans ce cas à 35 centimes, y compris le droit de la décharge, est supporté par l'expéditeur de la marchandise.

Décret du 25 juin 1874,

portant règlement d'administration publique pour l'exécution de la loi du 26 novembre 1873

Titre Ier. Dispositions générales.

Art. 1er. Tout propriétaire d'une marque de fabrique ou de commerce qui veut être admis à user de la faculté ouverte par la loi du 26 novembre 1873, doit préalablement en faire la déclaration à l'un des bureaux désignés par les articles 5 et 9 ci-après et y déposer en même temps: 1° Une expédition du procès-verbal de dépôt de sa marque, fait en exécution de la loi du 23 juin 1857 et du décret du 26 juillet 1858; — 2° Un exemplaire du dessin, de la gravure ou de l'empreinte qui représente sa marque. Cet exemplaire est revêtu d'un certificat du greffier, attestant qu'il est conforme au modèle annexé au procès-verbal de dépôt; — 3° L'original de sa signature, dûment légalisé. Il y a autant de signatures déposées que de propriétaires ou d'associés ayant la signature sociale et qui voudront user de la faculté de requérir l'apposition du timbre ou du poinçon de l'Etat.

En cas de transmission, à quelque titre que ce soit, de la propriété de la marque, le nouveau propriétaire justifie de son droit par le dépôt des actes ou pièces qui établissent cette transmission. Il dépose, en outre, l'original de sa signature dûment légalisé.

Il est dressé, sur un registre, procès-verbal des déclarations et dépôts prescrits par le présent article. Le procès-verbal est signé par le déclarant, à qui en est délivré récépissé ou ampliation.

2. Toutes les fois que le propriétaire d'une marque de fabrique ou de commerce veut faire apposer sur cette marque le timbre ou le poinçon, il remet au receveur du bureau dans lequel la déclaration et le dépôt prévus par l'article précédent ont été effectués une réquisition écrite sur papier non timbré et conforme aux modèles ci-annexés sous les numéros 1 et 2.

La réquisition, dressé au bureau sur une formule fournie gratuitement par l'administration, est datée et signée. Elle est accompagnée d'un spécimen des étiquettes, bandes, enveloppes ou estampilles à timbrer ou poinçonner, lequel reste déposé avec la réquisition.

[1]) V. loi du 5 juin 1850 et loi du 23 août 1871.

Ne peuvent être admises que les réquisitions donnant ouverture à la perception de cinq francs de droits au moins.

3. Les déclarations, dépôts et réquisitions prévus par les deux articles précédents peuvent être faits par un mandataire spécial, à la condition de déposer au bureau, soit l'original en brevet, soit une expédition authentique de sa procuration, laquelle est certifiée par le fondé de pouvoir.

. . . .

Décret du 25 mars 1880,

portant qu'il sera tenu, au greffe de chaque tribunal de commerce et de chaque tribunal civil jugeant commercialement, un registre sur lequel seront inscrits, pour chaque faillite, les actes relatifs à la gestion des syndics.[1]

Art. 1er. Il sera tenu au greffe de chaque tribunal de commerce et de chaque tribunal civil jugeant commercialement, un registre coté et paraphé, conformément aux prescriptions de l'article 11 du Code de commerce, sur lequel seront inscrits, pour chaque faillite, article par article et à leurs dates respectives, les actes relatifs à la gestion des syndics, recettes, dépenses et versements à la Caisse des dépôts et consignations, d'après les états de situation fournis par les syndics.

2. Ce registre, tenu sous la surveillance spéciale du juge commissaire de chaque faillite, sera communiqué au failli et aux créanciers, sur leur demande.

3. Tous les trois mois, un relevé indiquant sommairement la situation de chaque faillite, d'après les énonciations du registre, sera transmis au procureur général par le greffier du tribunal.

4. Les greffiers auront droit, pour la tenue du registre, les communications à faire au failli et aux créanciers et l'établissement des relevés trimestriels, à un émolument fixe de 2 francs par trimestre et par faillite. — Cet émolument sera payé par la masse et par privilège comme frais de justice.

Loi du 8 décembre 1883,

relative à l'élection des juges membres des tribunaux de commerce.

Art. 1er. Les membres des tribunaux de commerce seront élus par les citoyens français commerçants patentés ou associés en nom collectif depuis cinq ans au moins, capitaines au long cours et maître de cabotage ayant commandé des bâtiments pendant cinq ans, directeurs des compagnies françaises anonymes de finance, de commerce et d'industrie, agents de change et courtiers d'assurances maritimes, courtiers de marchandises, courtiers interprètes et conducteurs de navires institués en vertu des articles 77, 79 et 80 du Code de commerce, les uns et les autres après cinq années d'exercice, et tous, sans exception, devant être domiciliés depuis cinq ans au moins dans le ressort du tribunal. — Sont également électeurs, dans leur ressort, les membres anciens ou en exercice des tribunaux et des chambres de commerce, des chambres consultatives des arts et manufactures, les présidents anciens ou en exercice des conseils de prud'hommes. — (*Ajouté: Loi du 23 janvier 1898.*) Les femmes qui remplissent les conditions énoncées dans les paragraphes précédents seront inscrites sur la liste électorale; néanmoins, elles ne pourront être appelées à faire partie d'un tribunal de commerce.

2. Ne pourront participer à l'élection: 1° Les individus condamnés, soit à des peines afflictives et infamantes, soit à des peines correctionnelles, pour faits qualifiés crimes par la loi; — 2° Ceux qui ont été condamnés pour vol, escroquerie, abus de confiance, soustractions commises par les dépositaires de deniers publics, attentats aux mœurs; — 3° Ceux qui ont été condamnés à l'emprisonnement pour délit d'usure, pour infraction aux lois sur les maisons de jeu, sur les loteries et les maisons de prêt sur gages, ou par application de l'article 1er de la loi du 27 mars

[1] V. C. Com., art. 452, 489, 566, 624.

1851[1], de l'article 1er de la loi du 5 mai 1855[2], des articles 7 et 8 de la loi du 23 juin 1857, et de l'article 1er de la loi du 27 juillet 1867[3]; — 4° Ceux qui ont été condamnés à l'emprisonnement par application des lois du 17 juillet 1857, du 23 mai 1863 et du 24 juillet 1867 sur les sociétés; — 5° Les individus condamnés pour les délits prévus aux articles 400, 413, 414, 417, 418, 419, 420, 421, 423, 433, 439, 443 du Code pénal, et aux articles 594, 596 et 597 du Code de commerce; — 6° Ceux qui ont été condamnés à un emprisonnement de six jours au moins ou à une amende de plus de 1000 francs pour infraction aux lois sur les douanes, les octrois et les contributions indirectes, et à l'article 5 de la loi du 4 juin 1859, sur le transport, par la poste, des valeurs déclarées; — 7° Les notaires, greffiers et officiers ministériels destitués en vertu de décisions judiciaires; — 8° Les faillis non réhabilités dont la faillite a été déclarée soit par les tribunaux français, soit par des jugements rendus à l'étranger, mais exécutoires en France; — 9° Et généralement tous les individus privés du droit de vote dans les élections politiques.

3. Tous les ans, la liste des électeurs du ressort de chaque tribunal sera dressée pour chaque commune par le maire, assisté de deux conseillers municipaux désignés par le conseil, dans la première quinzaine du mois de septembre; elle comprendra tous les électeurs qui rempliront, au 1er septembre, les conditions exigées par les articles précédents.

4. Le maire enverra la liste ainsi préparée au préfet ou au sous-préfet, qui fera déposer la liste générale au greffe du tribunal de commerce et la liste spéciale de chacun des cantons du ressort au greffe de chacune des justices de paix correspondantes: l'un et l'autre dépôt devant être effectués trente jours au moins avant l'élection. L'accomplissement de ces formalités sera annoncé, dans le même délai, par affiches apposées à la porte de la mairie de chaque commune du ressort du tribunal. — Ces listes électorales seront communiquées sans frais à toute réquisition.

5. Pendant les quinze jours qui suivront le dépôt des listes, tout commerçant patenté du ressort, et en général tout ayant droit compris dans l'article 1er, pourra exercer ses réclamations, soit qu'il se plaigne d'avoir été indûment omis, soit qu'il demande la radiation d'un citoyen indûment inscrit. Ces réclamations seront portées devant le juge de paix du canton, par simple déclaration au greffe de la justice de paix du domicile de l'électeur dont la qualité sera mise en question. Cette déclaration se fera sans frais et il en sera donné récépissé. — Le juge de paix statuera sans opposition ni appel dans les dix jours, sans frais ni forme de procédure, et sur simple avertissement donné, par les soins du juge de paix lui-même, à toutes les parties intéressées. — La sentence sera, le jour même, transmise au maire de la commune de l'intéressé, lequel en fera audit intéressé la notification dans les vingt-quatre heures de la réception. — Toutefois, si la demande portée devant le juge de paix implique la solution préjudicielle d'une question d'état, il renverra préalablement les parties à se pourvoir devant les juges compétents, et fixera un bref délai dans lequel la partie qui aura élévé la question préjudicielle devra justifier de ses diligences. Il sera procédé, en ce cas, conformément aux articles 855, 857 et 858 du Code de Procédure. — Les actes judiciaires auxquels l'instance devant le juge de paix donnera lieu ne seront pas soumis au timbre et seront enregistrés gratis.

6. La décision du juge de paix pourra être déférée à la Cour de Cassation dans tous les cas par ceux qui y auront été parties, et, en outre, dans le cas où le jugement ordonnerait l'inscription, sur la liste, d'une personne qui n'y figurait pas, par tout électeur inscrit sur la liste électorale. — Le pourvoi ne sera recevable que s'il est formé dans les dix jours de la notification de la décision. Il ne sera pas suspensif. Il sera formé par simple requête, dénoncé aux défendeurs dans les dix jours qui suivront, et jugé d'urgence, sans frais ni consignation d'amende. L'intermédiaire d'un avocat à la Cour de cassation ne sera pas obligatoire. — Les pièces et mémoires fournis par les parties seront transmis sans frais par le greffier de la justice de paix au greffier de la Cour de cassation. — La chambre civile de la Cour de Cassation statuera définitivement sur le pourvoi.

7. La liste rectifiée, s'il y a lieu, par suite de décisions judiciaires, sera close définitivement dix jours avant l'élection. Cette liste servira pour toutes les élections de l'année.

---

1) Abrogé par l'article 14 de la loi du 1er août 1905. — 2) Abrogé par l'article 14 de la loi du 1er août 1905. — 3) La loi du 27 juillet 1867 est abrogée par la loi du 4 février 1888, art. 7.

8. Sont éligibles aux fonctions de président, de juge et de juge suppléant tous les électeurs inscrits sur la liste électorale, âgés de trente ans, et les anciens commerçants français ayant exercé leur profession pendant cinq ans au moins dans l'arrondissement et y résidant. — Toutefois, nul ne pourra être élu président s'il n'a exercé pendant deux ans les fonctions de juge titulaire, et nul ne pourra être nommé juge s'il n'a été juge suppléant pendant un an.

9. Le vote aura lieu par canton, à la mairie du chef-lieu. Dans les villes divisées en plusieurs cantons, le maire désignera, pour chaque canton, le local où s'effectueront les opérations électorales et déléguera, pour y présider, l'un de ses adjoints ou l'un des conseillers municipaux. — L'assemblée électorale sera convoquée par le préfet du département dans la première quinzaine de décembre au plus tard. Elle sera présidée par le maire ou son délégué, assisté de quatre électeurs, qui seront les deux plus âgés et les deux plus jeunes des membres présents. Le bureau ainsi composé nomme un secrétaire pris dans l'assemblée. Il statue sur toutes les questions qui peuvent s'élever dans le cours de l'élection. — Cette assemblée pourra être divisée en plusieurs sections par arrêté du préfet, sur l'avis conforme du conseil général, dans les localités où cette division sera jugée nécessaire. — Le préfet pourra, par arrêté pris sur l'avis conforme du conseil général, convoquer les électeurs de deux cantons au chef-lieu de l'un de ces cantons en une seule assemblée électorale, qui sera présidée par le maire de ce chef-lieu.

10. Le président sera élu au scrutin individuel. — Les juges titulaires et les juges suppléants seront nommés au scrutin de liste, mais par des bulletins distincts déposés dans des boîtes séparées. — Ces élections auront lieu simultanément. — Aucune élection ne sera valable au premier tour de scrutin si les candidats n'ont pas obtenu la majorité des suffrages exprimés, et si cette majorité n'est pas égale au quart des électeurs inscrits. — Si la nomination n'a pas été obtenue au premier tour, un scrutin de ballotage aura lieu quinze jours après, et la majorité relative suffira, quel que soit le nombre des suffrages. — La durée de chaque scrutin sera de six heures; il s'ouvrira à dix heures du matin et sera fermé à quatre heures du soir.

11. Le président de chaque assemblée proclame le résultat de l'élection et transmet immédiatement au préfet le procès-verbal des opérations électorales. — Dans les vingt-quatre heures de la réception des procès-verbaux, le résultat général de l'élection de chaque ressort est constaté par une commission siégeant à la préfecture et composée ainsi qu'il suit: — Le préfet, président; — Le conseiller général du chef-lieu du département, et, dans le cas où le chef-lieu est divisé en plusieurs cantons, le plus âgé des conseillers généraux du chef-lieu; en cas d'absence ou d'empêchement des conseillers généraux, le conseiller d'arrondissement ou le plus âgé des conseillers d'arrondissement du chef-lieu; — Le maire du chef-lieu du département ou l'un de ses adjoints, en cas d'empêchement ou d'absence. — Dans les trois jours qui suivront les constatations des résultats électoraux par la commission ainsi composée, le préfet transmettra au procureur général près la cour d'appel une copie certifiée du procès-verbal de l'ensemble des constatations et une autre copie, également certifiée, à chacun des greffiers des tribunaux de commerce du département. — Le préfet transmettra également le résultat des opérations électorales à tous les maires des chefs-lieux de canton, qui devront les faire afficher à la porte de la maison commune. — Dans les cinq jours de l'élection, tout électeur aura le droit d'élever des réclamations sur la régularité et la sincérité de l'élection. Dans les cinq jours de la réception du procès-verbal, le procureur général aura le même droit. — Ces réclamations seront communiquées aux citoyens dont l'élection serait attaquée et qui auront le droit d'intervenir dans les cinq jours de la communication. Elles seront jugées sommairement et sans frais dans la quinzaine par la cour d'appel dans le ressort de laquelle l'élection a eu lieu. — L'opposition ne sera pas admise contre l'arrêt rendu par défaut et qui devra être signifié. — Le pourvoi en cassation contre l'arrêt ne sera recevable que s'il est formé dans les dix jours de la signification. Il aura un effet suspensif et sera instruit suivant les formes indiquées à l'article 6.

12. La nullité partielle ou absolue de l'élection ne pourra être prononcée que dans les cas suivants: 1° Si l'élection n'a pas été faite selon les formes prescrites par la loi; — 2° Si le scrutin n'a pas été libre, ou s'il a été vicié par des manœuvres frauduleuses; — 3° S'il y a incapacité légale dans la personne de l'un ou de plusieurs des élus.

Sont applicables aux élections faites en vertu du présent article les dispositions des articles 98, 99, 100, 102, 103, 104, 105, 106, 107, 108, 109, 110, 112, 113, 114, 116, 117, 118, 119, 120, 121, 122, 123 de la loi du 15 mars 1849.

13. *Abrogé: Loi du 17 juillet 1908, art. 3.*

14. Dans la quinzaine de la réception du procès-verbal, s'il n'y a pas de réclamations, ou dans la huitaine de l'arrêt statuant sur les réclamations, le procureur général invite les élus à se présenter à l'audience de la cour d'appel, qui procède publiquement à leur réception et en dresse procès-verbal consigné dans ses registres. — Si la cour ne siège pas dans l'arrondissement où le tribunal de commerce est établi, et si les élus le demandent, elle peut commettre, pour leur réception, le tribunal civil de l'arrondissement, qui y procédera en séance publique, à la diligence du procureur de la République. — Le procès-verbal de cette séance est transmis à la cour d'appel, qui en ordonne l'insertion dans ses registres. Le jour de l'installation publique du tribunal de commerce, il est donné lecture du procès-verbal de réception.

15. Le rang à prendre dans le tableau des juges et des suppléants sera fixé par l'ancienneté, c'est-à-dire par le nombre des années de judicature avec ou sans interruption, et, entre les juges élus pour la première fois et par le même scrutin, par le nombre de voix que chacun d'eux aura obtenu dans l'élection, et, en cas d'égalité de suffrages, la priorité appartiendra au plus âgé. — Les jugements seront rendus par trois juges au moins; un juge titulaire fera nécessairement partie du tribunal, à peine de nullité.

16. Lorsque, par suite de récusation ou d'empêchement, il ne restera pas un nombre suffisant de juges ou de suppléants, le président du tribunal tirera au sort, en séance publique, les noms des juges complémentaires pris dans une liste dressée annuellement par le tribunal. — Cette liste, où ne seront portés que des éligibles ayant leur résidence dans la ville ou, en cas d'insuffisance, des électeurs ayant légalement leur résidence dans la ville où siège le tribunal, sera de 50 noms pour Paris, de 25 noms pour les tribunaux de neuf membres, et de 15 noms pour les autres tribunaux. — Les juges complémentaires seront appelés dans l'ordre fixé par un tirage au sort, fait en séance publique, par le président du tribunal, entre tous les noms de la liste.

17. Dans les villes de Paris et de Lyon, il y aura autant de collèges électoraux qu'il y a d'arrondissements. — Le vote aura lieu dans chaque mairie d'arrondissement sur les listes électorales dressées conformément aux dispositions de la présente loi. — Dans les circonscriptions suburbaines comprises dans les départements de la Seine et du Rhône, les élections auront lieu au chef-lieu de canton, conformément aux règles précédemment établies.

18. Il sera procédé à une élection générale dans les formes et délais prescrits par la présente loi. — A cette première élection, le président, la moitié des juges et des suppléants dont le tribunal sera composé, seront nommés pour deux ans; — la seconde moitié des juges et des suppléants sera nommée pour un an; — aux élections postérieures, toutes les nominations seront faites pour deux ans; — le tout conformément aux dispositions de l'article 622 du Code de Commerce. — Les présidents et juges en exercice au moment où aura lieu cette élection seront éligibles, sans qu'il soit tenu compte des années de judicature pendant lesquelles ils ont exercé leurs fonctions.

19. Les pouvoirs des juges actuels sont maintenus jusqu'à l'installation de ceux qui doivent les remplacer.

20. Il sera statué par une loi spéciale sur le mode d'élection des chambres de commerce et des chambres consultatives des arts et manufactures.

21. Toutes dispositions antérieures qui seraient contraires à la présente loi sont et demeurent abrogées.

Loi du 28 mars 1885, sur les marchés à terme.[1]

Art. **1er.** Tous marchés à terme sur effets publics et autres, tous marchés à livrer sur denrées et marchandises sont reconnus légaux. — Nul ne peut, pour se soustraire aux obligations qui en résultent, se prévaloir de l'article 1965 du Code civil[2], lors même qu'ils se résoudraient par le paiement d'une simple différence.

2. Les articles 421 et 422 du Code pénal sont abrogés.

3. Sont abrogées les dispositions des anciens arrêts du Conseil des 24 septembre 1724, 7 août, 2 octobre 1785 et 22 septembre 1786, l'article 15, chapitre 1er,

[1]) V. décret du 7 octobre 1890 et décret du 29 juin 1898. — [2]) Art. 1965, C. civ.: „La loi n'accorde aucune action pour une dette de jeu ou pour le paiement d'un pari".

l'article 4, chapitre II, de la loi du 28 vendémiaire an IV, les articles 85, paragraphe 3, et 86 du Code de commerce.

4. L'article 13 de l'arrêté du 27 prairial an X[1] est modifié ainsi qu'il suit: — „Chaque agent de change est responsable de la livraison et du paiement de ce qu'il aura vendu ou acheté. Son cautionnement sera affecté à cette garantie". —

5. Les conditions d'exécution des marchés à terme par les agents de change seront fixées par le règlement d'administration publique prévu par l'article 90 du Code de commerce.

Loi du 10 juillet 1885,

qui modifie celle du 10 décembre 1874, sur l'hypothèque maritime.[2]

Art. 1er. Les navires sont susceptibles d'hypothèques; ils ne peuvent être hypothéqués que par la convention des parties.

2. Le contrat par lequel l'hypothèque maritime est consentie doit être rédigé par écrit; il peut être fait par acte sous signatures privées. — Le droit d'enregistrement de l'acte constitutif d'hypothèque authentique ou sous seing privé est fixé à un franc (1 fr.) par mille francs des sommes ou valeurs portées au contrat. — (*Ajouté: Loi du 13 juillet 1907.*) Pour les consentements à mainlevées totales ou partielles, ce droit sera de 20 centimes en principal par 1.000 francs du montant des sommes faisant l'objet de la mainlevée. — En cas de simple réduction de l'inscription, il ne sera dû pour les mainlevées partielles qu'un droit fixe de 5 francs qui ne pourra toutefois excéder le droit proportionnel exigé au cas de mainlevée totale.

3. L'hypothèque sur le navire ne peut être consentie que par le propriétaire ou par son mandataire justifiant d'un mandat spécial. — Si le navire a plusieurs propriétaires, il pourra être hypothéqué par l'armateur titulaire pour les besoins de l'armement ou de la navigation, avec l'autorisation de la majorité, telle qu'elle est établie par l'article 220 du Code de commerce, et celle du juge, comme il est dit à l'article 233. — Dans le cas où l'un des copropriétaires voudrait hypothéquer sa part indivise dans le navire, il ne pourra le faire qu'avec l'autorisation de la majorité, conformément à l'article 220 du Code de commerce.

4. L'hypothèque consentie sur le navire ou sur portion de navire s'étend, à moins de convention contraire, au corps du navire, aux agrès, apparaux, machines et autres accessoires.

5. L'hypothèque maritime peut être constituée sur un navire en construction. Dans ce cas, l'hypothèque doit être précédée d'une déclaration faite au receveur principal du bureau des douanes dans la circonscription duquel le navire est en construction. — Cette déclaration indiquera la longueur de la quille du navire et approximativement ses autres dimensions, ainsi que son tonnage présumé. Elle mentionnera l'emplacement de la mise en chantier du navire.

6. L'hypothèque est rendue publique par l'inscription sur un registre spécial tenu par le receveur principal du bureau des douanes dans la circonscription duquel le navire est en construction, ou du bureau dans lequel le navire est immatriculé, s'il est déjà pourvu d'un acte de francisation. — Des décrets détermineront, pour les chantiers de construction établis en dehors du rayon maritime, le bureau des douanes dans la circonscription duquel ils devront être compris.

7. Tout propriétaire d'un navire construit en France, qui demande à le faire admettre à la francisation, est tenu de joindre aux pièces requises à cet effet un état des inscriptions prises sur le navire en construction ou un certificat qu'il n'en existe aucune. — Les inscriptions non rayées sont reportées d'office à leurs dates respectives, par le receveur des douanes, sur le registre du lieu de francisation, si celui-ci est autre que celui de la construction. — Si le navire change de port d'immatricule, les inscriptions non rayées sont pareillement reportées d'office par le receveur des douanes du nouveau port où il est immatriculé, sur son registre et avec mention de leurs dates respectives[3].

---

1) V. cet arrêté. — 2) V. loi du 26 février 1887, art. 7, et décret du 6 août 1887. — 3) V. décret du 18 juin 1886, art. 3.

8. Pour opérer l'inscription, il est présenté au bureau du receveur des douanes un des originaux du titre constitutif d'hypothèque, lequel y reste déposé s'il est sous seing privé ou reçu en brevet, ou une expédition s'il en existe minute. — Il y est joint deux borderaux signés par le requérant, dont l'un peut être porté sur le titre présenté. Ils contiennent: 1° Les noms, prénoms et domiciles du créancier et du débiteur, et leur profession, s'ils en ont une; — 2° La date et la nature du titre; — 3° Le montant de la créance exprimée dans le titre; — 4° Les conventions relatives aux intérêts et au remboursement; — 5° Le nom et la désignation du navire hypothéqué, la date de l'acte de francisation ou de la déclaration de la mise en construction; — 6° Election de domicile par le créancier dans le lieu de la résidence du receveur des douanes.

9. Le receveur des douanes fait mention sur son registre du contenu aux bordereaux, et remet au requérant l'expédition du titre s'il est authentique, et l'un des bordereaux, au pied duquel il certifie avoir fait l'inscription.

10. S'il y a deux ou plusieurs hypothèques sur le même navire ou sur la même part de propriété du navire, le rang est déterminé par l'ordre de priorité des dates de l'inscription. — Les hypothèques inscrites le même jour viennent en concurrence, nonobstant la différence des heures de l'inscription.

11. L'inscription conserve l'hypothèque pendant dix ans, à compter du jour de sa date; son effet cesse si l'inscription n'a pas été renouvelée avant l'expiration de ce délai sur le registre tenu en douane[1].

12. Si le titre constitutif de l'hypothèque est à ordre, sa négociation par voie d'endossement emporte la translation du droit hypothécaire.

13. L'inscription garantit, au même rang que le capital, deux années d'intérêt en sus de l'année courante[2].

14. Les inscriptions sont rayées, soit du consentement des parties intéressées ayant capacité à cet effet, soit en vertu d'un jugement en dernier ressort ou passé en force de chose jugée[3].

15. A défaut de jugement, la radiation totale ou partielle de l'inscription ne peut être opérée par le receveur des douanes que sur le dépôt d'un acte authentique de consentement à la radiation donné par le créancier ou son cessionnaire justifiant de ses droits. — Dans le cas où l'acte constitutif de l'hypothèque est sous seing privé, ou si, étant authentique, il a été reçu en brevet, il est communiqué au receveur des douanes, qui y mentionne, séance tenante, la radiation totale ou partielle[4].

16. Le receveur des douanes est tenu de délivrer à tous ceux qui le requièrent l'état des inscriptions subsistant sur le navire, ou un certificat qu'il n'en existe aucune[5].

17. Les créanciers ayant hypothèque inscrite sur un navire ou portion de navire le suivent en quelques mains qu'il passe, pour être colloqués et payés suivant l'ordre de leurs inscriptions. — Si l'hypothèque ne grève qu'une portion de navire, le créancier ne peut saisir et faire vendre que la portion qui lui est affectée. Toutefois, si plus de la moitié du navire se trouve hypothéquée, le créancier pourra, après saisie, le faire vendre en totalité, à charge d'appeler à la vente les copropriétaires. — Dans tous les cas de copropriété, par dérogation à l'article 883 du Code civil, les hypothèques consenties durant l'indivision, par un ou plusieurs des copropriétaires, sur une portion du navire, continuent à subsister après le partage ou la licitation. — Toutefois, si la licitation s'est faite en justice dans les formes déterminées par les articles 23 et suivants de la présente loi, le droit des créanciers n'ayant hypothèque que sur une portion du navire sera limité au droit de préférence sur la partie du prix afférente à l'intérêt hypothéqué[6].

18. L'acquéreur d'un navire ou d'une portion de navire hypothéqué, qui veut se garantir des poursuites autorisées par l'article précédent, est tenu, avant la poursuite ou dans le délai de quinzaine, de notifier à tous les créanciers inscrits sur le registre du port d'immatricule, au domicile élu dans leurs inscriptions: 1° Un extrait de son titre, indiquant seulement la date et la nature de l'acte, le nom du vendeur, le nom, l'espèce et le tonnage du navire, et les charges faisant partie du prix; — 2° Un tableau sur trois colonnes, dont la première contiendra la date des inscriptions; la seconde, le nom des créanciers; la troisième, le montant des créances inscrites. — Cette notification contiendra constitution d'avoué[7].

---

1) V. C. Civ., art. 2154. — 2) V. C. Civ., art. 2151. — 3) V. C. Civ., art. 2157. — 4) V. C. Civ., art. 2158. — 5) V. C. Civ., art. 2196. — 6) V. C. Civ., art. 2166. — 7) V. C. Civ., art. 2183.

19. L'acquéreur déclarera par le même acte qu'il est prêt à acquitter, sur-le-champ, les dettes hypothécaires jusqu'à concurrence de son prix, sans distinction des dettes exigibles ou non exigibles[1].

20. Tout créancier peut requérir la mise aux enchères du navire ou portion de navire, en offrant de porter le prix à un dixième en sus, et de donner caution pour le paiement du prix et des charges[2].

21. Cette réquisition, signée du créancier, doit être signifiée à l'acquéreur dans les dix jours des notifications. Elle contiendra assignation devant le tribunal civil du lieu où se trouve le navire, ou, s'il est en cours de voyage, du lieu où il est immatriculé, pour voir ordonner qu'il sera procédé aux enchères requises[3].

22. La vente aux enchères aura lieu à la diligence soit du créancier qui l'aura requise, soit de l'acquéreur, dans les formes établies pour les ventes sur saisies[4].

23. Au cas de saisie, le saisissant devra, dans le délai de trois jours, notifier au propriétaire copie du procès-verbal de saisie, et le faire citer devant le tribunal civil du lieu de la saisie, pour voir dire qu'il sera procédé à la vente des choses saisies. — Si le propriétaire n'est pas domicilié dans le ressort du tribunal, les significations et citations lui seront données en la personne du capitaine du bâtiment saisi, ou, en son absence, en la personne de celui qui représentera le propriétaire ou le capitaine, et le délai de trois jours sera augmenté d'un jour par cinq myriamètres de la distance de son domicile, sans que le délai puisse dépasser un mois. — S'il est étranger, hors de France et non représenté, les citations et significations seront données ainsi qu'il est prescrit par l'article 69 du Code de procédure civile.

24. Le procès-verbal de saisie sera transcrit au bureau du receveur des douanes du lieu où le navire est en construction ou de celui où il est immatriculé, dans le délai fixé au paragraphe 1er de l'article précédent, avec augmentation d'un jour par cinq myriamètres de la distance du lieu où se trouve le tribunal qui doit connaître de la saisie et de ses suites. — Dans la huitaine, le receveur des douanes délivrera un état des inscriptions, et dans les trois jours qui suivront (avec augmentation du délai à raison des distances comme il est dit ci-dessus), la saisie sera dénoncée aux créanciers inscrits, aux domiciles élus dans leurs inscriptions, avec indication du jour de la comparution devant le tribunal civil. — Le délai de la comparution sera calculé à raison d'un jour par cinq myriamètres de distance entre le lieu où le navire est immatriculé et le lieu où siège le tribunal dans le ressort duquel la saisie a été pratiquée, sans qu'en aucun cas et tous calculs faits, il puisse dépasser les termes fixés par les deux derniers paragraphes de l'article 23[5].

25. Le tribunal fixera par son jugement la mise à prix et les conditions de la vente. Si, au jour fixé pour la vente, il n'est pas fait d'offre, le tribunal déterminera par jugement le jour auquel les enchères auront lieu sur une nouvelle mise à prix inférieure à la première, et qui sera déterminée par le jugement.

26. La vente se fera à l'audience des criées du tribunal civil, quinze jours après une apposition d'affiche et une insertion de cette affiche dans un des journaux imprimés au lieu où siège le tribunal, et, s'il n'y en a pas, au chef-lieu du département, sans préjudice de toutes autres publications qui seraient autorisées par le tribunal. — Néanmoins, le tribunal pourra ordonner que la vente sera faite soit devant un autre tribunal civil, soit en l'étude et par le ministère d'un notaire, soit par un courtier conducteur de navires à la Bourse ou dans tout autre lieu du port où se trouve le navire saisi. — Dans ces divers cas, le jugement réglementera la publicité locale.

27. Les affiches seront apposées au grand mât ou sur la partie la plus apparente du bâtiment saisi, à la porte principale du tribunal devant lequel on procédera, dans la place publique et sur le quai du port où le bâtiment sera amarré, ainsi qu'à la Bourse de commerce, s'il y en a une.

28. Les annonces et affiches devront indiquer: — Les nom, profession et demeure du poursuivant; — Les titres en vertu desquels il agit; — Le montant de la somme qui lui est due; — L'élection de domicile par lui faite dans le lieu où siège le tribunal civil et dans le lieu où se trouve le bâtiment; — Les nom, profession et domicile du propriétaire du bâtiment saisi; — Le nom du bâtiment, et, s'il est armé ou en armement, celui du capitaine; — Le mode de puissance motrice du navire, à voiles ou à vapeur, à roues ou à hélice, s'il est à voiles, son tonnage légal; s'il est à vapeur, les deux tonnages légaux, brut et net, ainsi que le nombre de chevaux

1) V. C. Civ., art. 2184. — 2) V. C. Civ., art. 2185. — 3) V. C. Civ., art. 2186. — 4) V. C. Civ., art. 2187. — 5) V. décret du 18 juin 1886, art. 3 et 6.

nominaux de sa machine motrice; — Le lieu où il se trouve; — La mise à prix et les conditions de la vente; — Les jours, lieu et heure de l'adjudication.

29. La surenchère n'est pas admise en cas de vente judiciaire.

30. L'adjudicataire sur saisie, comme l'adjudicataire par suite de surenchère, sera tenu de verser son prix, sans frais, à la Caisse des dépôts et consignations, dans les vingt-quatre heures de l'adjudication, à peine de folle enchère. — Il devra, dans les cinq jours suivants, présenter requête au président du tribunal civil, pour faire commettre un juge devant lequel il citera les créanciers par acte signifié aux domiciles élus, à l'effet de s'entendre à l'amiable sur la distribution du prix. — L'acte de convocation sera affiché dans l'auditoire du tribunal et inséré dans l'un des journaux imprimés au lieu où siège le tribunal, et, s'il n'y en a pas, dans l'un de ceux qui seront imprimés dans le département. — Le délai de la convocation sera de quinzaine, sans augmentation à raison de la distance.

31. Dans le cas où les créanciers ne s'entendraient pas sur la distribution du prix, il sera dressé procès-verbal de leurs prétentions et contredits. — Dans la huitaine, chacun des créanciers devra déposer au greffe une demande de collocation contenant constitution d'avoué avec titres à l'appui. — A la requête du plus diligent, les créanciers seront, par un simple acte d'avoué à avoué, appelés devant le tribunal, qui statuera à l'égard de tous, même des créanciers privilégiés.

32. Le jugement sera signifié, dans les trente jours de sa date, à avoué seulement pour les parties présentes, et aux domiciles élus pour les parties défaillantes. Ce jugement ne sera pas susceptible d'opposition. — Le délai d'appel sera de dix jours à compter de la signification du jugement, outre un jour pour cinq myriamètres de distance entre le siège du tribunal et le domicile élu dans l'inscription. — L'acte d'appel contiendra assignation et l'énonciation des griefs à peine de nullité. — La disposition finale de l'article 762 du Code de procédure civile sera appliquée, ainsi que les articles 761, 763 et 764 du même code, relativement à la procédure devant la Cour. — Dans les huit jours qui suivront l'expiration du délai d'appel, et, s'il y a appel, dans les huit jours de l'arrêt, le juge déjà désigné dressera l'état des créances colloquées, en principal, intérêts et frais. Les intérêts des créances utilement colloquées cesseront de courir à l'égard de la partie saisie. Les dépens des contestations ne pourront être pris sur les deniers à distribuer, sauf les frais de l'avoué le plus ancien. — Sur ordonnance rendue par le juge-commissaire, le greffier délivrera les bordereaux de collocation exécutoires contre la Caisse des dépôts et consignations, dans les termes de l'article 770 du Code de procédure civile. La même ordonnance autorisera la radiation par le receveur des douanes des inscriptions des créanciers non colloqués. Il sera procédé à cette radiation sur la demande de toute partie intéressée.

33. La vente volontaire d'un navire grevé d'hypothèques à un étranger, soit en France, soit à l'étranger, est interdite. Tout acte fait en fraude de cette disposition est nul, et rend le vendeur passible des peines portées par l'article 408 du Code pénal. L'article 463 du même Code pourra être appliqué. — Les hypothèques consenties à l'étranger n'ont d'effet à l'égard des tiers, comme celles consenties en France, que du jour de leur inscription sur les registres de la recette principale des douanes du port d'immatricule du navire. — Sont néanmoins valables les hypothèques constituées sur le navire acheté à l'étranger avant son immatriculation en France, pourvu qu'elles soient régulièrement inscrites par le consul français sur le congé provisoire de navigation, et reportées sur le registre du receveur des douanes du lieu où le navire sera immatriculé. — Ce report sera fait sur la réquisition du créancier, qui devra produire à l'appui le bordereau prescrit par l'article 8 de la présente loi. — Les dispositions du présent article seront mentionnées sur l'acte de francisation.

34. L'article 191 du Code de commerce est terminé par la disposition suivante: — (Voyez C. Com., art. 191).

35. L'article 233 du Code de commerce est modifié ainsi qu'il suit: — (Voyez C. com., art. 233).

36. Les navires de vingt tonneaux et au-dessus seront seuls susceptibles de l'hypothèque créée par la présente loi.

37. Le tarif des droits à percevoir par les employés de l'administration des douanes, ainsi que le cautionnement spécial à leur imposer, à raison des actes auxquels donnera lieu la présente loi, les émoluments et honoraires dus aux notaires et aux courtiers-conducteurs de navires pour les ventes dont ils pourront être chargés, seront fixés par des décrets rendus dans la forme des règlements d'administration publique[1]. — La responsabilité de la régie des douanes du fait de ses agents ne s'applique pas aux attributions conférées aux receveurs par les dispositions qui précèdent.

38. L'intérêt conventionnel en matière de prêts hypothécaires sur navire est libre. L'intérêt légal est de six pour cent, comme en matière commerciale[2].

39. Sont abrogés: — Le paragraphe 9 de l'article 191 et le paragraphe 7 de l'article 192 du Code de commerce; — Les articles 201, 202, 203, 204, 205, 206 et 207 du même Code; — La loi du 10 décembre 1874 sur l'hypothèque maritime; — Et généralement toutes les dispositions contraires à la présente loi.

Loi du 4 mars 1889,

portant modification à la législation des faillites.

Art. 1er. Tout commerçant qui cesse ses paiements peut obtenir, en se conformant aux dispositions suivantes, le bénéfice de la liquidation judiciaire telle qu'elle est réglée par la présente loi[3].

2. La liquidation judiciaire ne peut être ordonnée que sur requête présentée par le débiteur au tribunal de commerce de son domicile, dans les quinze jours de la cessation de ses paiements. Le droit de demander cette liquidation appartient au débiteur assigné en déclaration de faillite pendant cette période. — La requête est accompagnée du bilan et d'une liste indiquant le nom et le domicile de tous les créanciers[4]. — Peuvent être admis au bénéfice de la liquidation judiciaire de la succession de leur auteur, les héritiers qui en font la demande dans le mois du décès de ce dernier décédé dans la quinzaine de la cessation de ses paiements, s'ils justifient de leur acceptation pure et simple ou bénéficiaire[5].

3. En cas de cessation de paiements d'une société en nom collectif ou en commandite, la requête contient le nom et l'indication du domicile de chacun des associés ayant la signature sociale[6]. — En cas de cessation de paiements d'une société anonyme, la requête est signée par le directeur ou l'administrateur qui en remplit les fonctions. — Dans tous les cas, elle est déposée au greffe du tribunal dans le ressort duquel se trouve le siège social. A défaut de siège social en France, le dépôt est effectué au greffe du tribunal dans le ressort duquel la société a son principal établissement.

4. Le jugement qui statue sur une demande d'admission à la liquidation judiciaire est délibéré en chambre du conseil et rendu en audience publique. Le débiteur doit être entendu en personne, à moins d'excuses reconnues valables par le tribunal. Si la requête est admise, le jugement nomme un des membres du tribunal juge-commissaire et un ou plusieurs liquidateurs provisoires[7]. Ces derniers, qui sont immédiatement prévenus par le greffier, arrêtent et signent les livres du débiteur dans les vingt-quatre heures de leur nomination, et procèdent avec celui-ci à l'inventaire[8]. Ils sont tenus, dans le même délai, de requérir les inscriptions d'hypothèques mentionnées en l'article 490 du Code de commerce. — Dans le cas où une société est déclarée en état de liquidation judiciaire, s'il a été nommé antérieurement un liquidateur, celui-ci représentera la société dans les opérations de la liquidation judiciaire. Il rendra compte de sa gestion à la première réunion des créanciers. Toutefois, il pourra être nommé liquidateur provisoire. — Le jugement qui déclare ouverte la liquidation judiciaire est publié conformément à l'article 442 du Code de commerce. Il n'est susceptible d'aucun recours et ne peut être attaqué par voie de tierce opposition[9]. Cependant, si le tribunal est saisi en même temps d'une

1) V. décret du 18 juin 1886. — 2) Loi du 12 janvier 1886: *Article unique.* Les lois des 3 septembre 1807 et 19 décembre 1850, dans leurs dispositions relatives à l'intérêt conventionnel, sont abrogées en matière de commerce; elles restent en vigueur en matière civile. — 3) V. C. Com., art. 437, al. 1er. — 4) L'exigence de la liste des créanciers est spéciale à la liquidation judiciaire: Comp. art. 439, C. Com. — 5) Comp. art. 437, al 2 et 3, C. Com. — La *faillite* peut être déclarée *dans l'année* qui suit le décès, soit sur la demande des intéressés, soit même d'office. La *liquidation judiciaire* ne peut jamais être déclarée d'office, et les héritiers qui la sollicitent sont privés des délais ordinaires (3 mois et 40 jours) pour faire inventaire et délibérer (art. 795, C. Civ.). — 6) Comp. art. 438, al. 2, C. Com. — 7) Comp. art. 462, C. Com. — 8) Les scellés ne sont pas apposés. — 9) Le contraire a lieu pour la faillite: art. 580, C. com. — Le débiteur semble pourtant avoir le droit d'appeler dans le cas où le tribunal rejette la demande de liquidation sans prononcer la faillite (art. 24).

requête en admission au bénéfice de la liquidation judiciaire et d'une assignation en déclaration de faillite, il statue sur le tout par un seul et même jugement, rendu dans la forme ordinaire, exécutoire par provision et susceptible d'appel dans tous les cas[1].

5. (*Ainsi modifié: Loi du 4 avril 1890.*) A partir du jugement qui déclare ouverte la liquidation judiciaire, les actions mobilières ou immobilières, et toutes voies d'exécution, tant sur les meubles que sur les immeubles, sont suspendues comme en matière de faillite,. Celles qui subsistent doivent être intentées ou suivies à la fois contre les liquidateurs et le débiteur[2]. — Il ne peut être pris sur les biens de ce dernier d'autres inscriptions que celles mentionnées en l'article 4, et les créanciers ne peuvent poursuivre l'expropriation des immeubles sur lesquels ils n'ont pas d'hypothèque. De son côté, le débiteur ne peut contracter aucune nouvelle dette, ni aliéner tout ou partie de son actif, sauf dans les cas qui sont énumérés ci-après[3].

6. Le débiteur peut, avec l'assistance des liquidateurs, procéder au recouvrement des effets et créances exigibles, faire tous actes conservatoires, vendre les objets sujets à dépérissement ou à dépréciation imminente ou dispendieux à conserver, et intenter ou suivre toute action mobilière ou immobilière[4]. — Au refus du débiteur, il pourra être procédé par les liquidateurs seuls, avec l'autorisation du juge-commissaire. Toutefois, s'il s'agit d'une action à intenter, cette autorisation ne sera pas demandée, mais les liquidateurs devront mettre le débiteur en cause. — Le débiteur peut aussi, avec l'assistance des liquidateurs et l'autorisation du juge-commissaire, continuer l'exploitation de son commerce ou de son industrie[5]. — L'ordonnance du juge-commissaire qui autorise la continuation de l'exploitation est exécutoire par provision, et peut être déférée, par toute partie intéressée, au tribunal de commerce. — Les fonds provenant des recouvrements et ventes sont remis aux liquidateurs, qui les versent à la Caisse des dépôts et consignations.

7. Le débiteur peut, après l'avis des contrôleurs qui auraient été désignés conformément à l'article 9, avec l'assistance des liquidateurs et l'autorisation du juge-commissaire, accomplir tous actes de désistement, de renonciation ou d'acquiescement. — Il peut, sous les mêmes conditions, transiger sur tout litige dont la valeur n'excède pas 1500 francs. — Si l'objet de la transaction est d'une valeur indéterminée ou excédant 1500 francs, la transaction n'est obligatoire qu'après avoir été homologuée dans les termes de l'article 487 du Code de commerce. — L'article 1er de la loi du 11 avril 1838 sur les tribunaux civils de première instance est applicable à la détermination de la valeur des immeubles sur lesquels a porté la transaction. Tout créancier peut intervenir sur la demande en homologation de la transaction[6].

8. Le jugement qui déclare ouverte la liquidation judiciaire rend exigibles, à l'égard du débiteur, les dettes passives non échues; il arrête, à l'égard de la masse seulement, le cours des intérêts de toute créance non garantie par un privilège, par un nantissement ou par une hypothèque[7]. — Les intérêts des créances garanties ne peuvent être réclamés que sur les sommes provenant des biens affectés au privilège, à l'hypothèque ou au nantissement.

9. Dans les trois jours du jugement, le greffier informe les créanciers, par lettres et par insertions dans les journaux, de l'ouverture de la liquidation judiciaire et les convoque à se réunir, dans un délai qui ne peut excéder quinze jours, dans une des salles du tribunal, pour examiner la situation du débiteur. Le jour de la réunion est fixé par le juge-commissaire. — Au jour indiqué, le débiteur, assisté des liquidateurs provisoires, présente un état de situation qu'il signe et certifie sincère et véritable, et qui contient l'énumération et l'évaluation de tous ses biens mobiliers et immobiliers, le montant des dettes actives et passives, le tableau des profits et pertes et celui des dépenses. — Les créanciers donnent leur avis sur la nomination des liquidateurs définitifs. Ils sont consultés par le juge-commissaire sur l'utilité d'élire immédiatement parmi eux un ou deux contrôleurs. — Ces contrôleurs peuvent être élus à toute période de la liquidation, s'ils ne l'ont été dans cette première assemblée. — Il est dressé de cette réunion et des dires et observations des créanciers un procès-

1) Les délais d'appel sont évidemment ceux de l'article 582 du Code de Commerce; art. 24 de la loi du 4 mars 1889. — 2) Comp. art. 443, al. 2 et 3, C. Com. — 3) Comp. art. 448, al. 1er, C. Com. — 4) Les quittances sont signées par le débiteur et par les liquidateurs. — Comp. art. 470 et 471, C. Com. — 5) Le débiteur reçoit et ouvre lui-même sa correspondance: l'article 471 du Code de Commerce n'est pas applicable. — V. aussi art. 470, C. Com. — 6) Comp. art. 407, C. Com. — 7) Comp. art. 444 et 445, C. Com.

verbal portant fixation par le juge-commissaire, dans un délai de quinzaine, de la date de la première assemblée de vérification des créances. — Ce procès-verbal est signé par le juge-commissaire et par le greffier. Sur le vu de cette pièce et le rapport du juge-commissaire, le tribunal nomme des liquidateurs définitifs.

10. Les contrôleurs sont spécialement chargés de vérifier les livres et l'état de situation présenté par le débiteur et de surveiller les opérations des liquidateurs; ils ont toujours le droit de demander compte de l'état de la liquidation judiciaire, des recettes effectuées et des versements faits. — Les liquidateurs sont tenus de prendre leur avis sur les actions à intenter ou à suivre. — Les fonctions des contrôleurs sont gratuites. Ils ne peuvent être révoqués que par le tribunal de commerce, sur l'avis conforme de la majorité des créanciers et la proposition du juge-commissaire. Ils ne peuvent être déclarés responsables qu'en cas de faute lourde et personnelle. — Les liquidateurs peuvent recevoir, quelle que soit leur qualité, une indemnité qui est taxée par le juge-commissaire.

11. A partir du jugement d'ouverture de la liquidation judiciaire, les créanciers pourront remettre leurs titres, soit au greffe, soit entre les mains des liquidateurs. En faisant cette remise, chaque créancier sera tenu d'y joindre un bordereau énonçant ses nom, prénoms, profession et domicile, le montant et les causes de sa créance, les privilèges, hypothèques ou gages qui y sont affectés. — Cette remise n'est astreinte à aucune forme spéciale. — Le greffier tient état des titres et bordereaux qui lui sont remis et en donne récépissé. Il n'est responsable des titres que pendant cinq années à partir du jour de l'ouverture du procès-verbal de vérification. — Les liquidateurs sont responsables des titres, livres et papiers qui leur ont été remis, pendant dix ans, à partir du jour de la reddition de leurs comptes[1].

12. Après la réunion dont il est parlé en l'article 9, ou le lendemain au plus tard, les créanciers sont convoqués en la forme prévue par le même article pour la première assemblée de vérification. Les lettres de convocation et les insertions dans les journaux portent que ceux d'entre eux qui n'auraient pas fait à ce moment la remise des titres et bordereaux mentionnés en l'article 11 doivent faire cette remise, de la manière indiquée audit article, dans le délai fixé pour la réunion de l'assemblée de vérification. Ce délai peut être augmenté, par ordonnance du juge-commissaire, à l'égard des créanciers domiciliés hors du territoire continental de la France. — La vérification et l'affirmation des créances ont lieu dans la même réunion et dans les formes prescrites par le Code de commerce en tout ce qui n'est pas contraire à la présente loi[2].

13. Le lendemain des opérations de la première assemblée de vérification, il est adressé, en la forme prescrite en l'article 9, une convocation à tous les créanciers, invitant ceux qui n'ont pas produit à faire leur production. — Les créanciers sont prévenus que l'assemblée de vérification à laquelle ils sont convoqués sera la dernière. Cette assemblée a lieu quinze jours après la première. — Si des lettres de change ou des billets à ordre souscrits ou endossés par le débiteur et non échus au moment de cette dernière assemblée sont en circulation, les liquidateurs pourront obtenir du juge-commissaire la convocation d'une nouvelle assemblée de vérification.

14. Le lendemain de la dernière assemblée, dans laquelle le juge-commissaire prononce la clôture de la vérification, tous les créanciers vérifiés, ou admis par provision, sont invités, en la forme prescrite par l'article 9, à se réunir pour entendre les propositions de concordat du débiteur et en délibérer. — Cette réunion a lieu quinze jours après la dernière assemblée de vérification. — Toutefois, en cas de contestation sur l'admission d'une ou plusieurs créances, le tribunal de commerce peut augmenter ce délai sans qu'il soit dérogé pour le surplus aux dispositions des articles 499 et 500 du Code de Commerce.

15. Le traité entre les créanciers et le débiteur ne peut s'établir que s'il est consenti par la majorité de tous les créanciers vérifiés et affirmés ou admis par provision, représentant en outre les deux tiers de la totalité des créances vérifiées et affirmées ou admises par provision. Le tout à peine de nullité. — Si le concordat est homologué, le tribunal déclare la liquidation judiciaire terminée. Lorsque le

[1]) Comp. art. 491, C. Com. — [2]) Comp. art. 492 et 497, C. Com. — S'il y a liquidation judiciaire, la vérification et l'affirmation se font dans la même séance; s'il y a faillite, il y a un intervalle de huit jours.

concordat contient abandon d'un actif à réaliser, les créanciers sont consultés sur le maintien ou le remplacement des liquidateurs et des contrôleurs. Le tribunal statue sur le maintien ou le remplacement des liquidateurs. Les opérations de réalisation et de répartition de l'actif abandonné se suivent conformément aux dispositions de l'article 541 du Code de Commerce. — Dans la dernière assemblée, les liquidateurs donnent connaissance de l'état de leurs frais et indemnités, taxés par le juge-commissaire. Cet état est déposé au greffe. Le débiteur et les créanciers peuvent former opposition à la taxe dans la huitaine. Il est statué par le tribunal en chambre du conseil. — Dans tous les cas où il y a lieu à reddition de comptes par les liquidateurs, la disposition du paragraphe précédent est applicable.

16. Sont nuls et sans effet, tant à l'égard des parties intéressées qu'à l'égard des tiers, tous traités ou concordats qui, après l'ouverture de la liquidation judiciaire, n'auraient pas été souscrits dans les formes ci-dessus prescrites.

17. Les prescriptions du décret du 18 juin 1880, contenant le tarif des droits et émoluments que les greffiers des tribunaux de commerce sont autorisés à percevoir, sont applicables au cas de liquidation judiciaire comme au cas de faillite.

18. La notification à faire, s'il y a lieu, au propriétaire dans les termes de l'article 450 du Code de commerce, est faite par le débiteur et les liquidateurs avec l'autorisation du juge-commissaire, les contrôleurs entendus. Ils ont, pour cette notification, un délai de huit jours, à partir de la première assemblée de vérification.

19. La faillite d'un commerçant admis au bénéfice de la liquidation judiciaire peut être déclarée par jugement du tribunal de commerce, soit d'office, soit sur la poursuite des créanciers: 1° S'il est reconnu que la requête à fin de liquidation judiciaire n'a pas été présentée dans les quinze jours de la cessation des paiements; — 2° Si le débiteur n'obtient pas de concordat.

Dans ce cas, si la faillite n'est pas déclarée, la liquidation judiciaire continue jusqu'à la réalisation et la répartition de l'actif, qui se feront conformément aux dispositions du deuxième alinéa de l'article 15 de la présente loi. Si la faillite est déclarée, il est procédé conformément aux articles 529 et suivants du Code de commerce. — Le tribunal déclare la faillite à toute période de la liquidation judiciaire: 1° Si, depuis la cessation de paiements ou dans les dix jours précédents, le débiteur a consenti l'un des actes mentionnés dans les articles 446, 447, 448 et 449 du Code de commerce, mais dans le cas seulement où la nullité aura été prononcée par les tribunaux compétents ou reconnue par les parties; — 2° Si le débiteur a dissimulé ou exagéré l'actif ou le passif, omis sciemment le nom d'un ou de plusieurs créanciers, ou commis une fraude quelconque, le tout sans préjudice des poursuites du ministère public; — 3° Dans les cas d'annulation ou de résolution du concordat; — 4° Si le débiteur en état de liquidation judiciaire a été condamné pour banqueroute simple ou frauduleuse.

Les opérations de la faillite sont suivies sur les derniers errements de la procédure de la liquidation.

20. L'article 11 et les dispositions des paragraphes 1er, 3e et 4e de l'article 15 de la présente loi sont applicables à l'état de faillite. — Sont également applicables à l'état de faillite les dispositions de la loi présente concernant l'institution des contrôleurs.

21. A partir du jugement d'ouverture de la liquidation judiciaire, le débiteur ne peut être nommé à aucune fonction élective; s'il exerce une fonction de cette nature, il est réputé démissionnaire[1].

22. L'article 549 du Code de Commerce est modifié ainsi qu'il suit: — (V. C. Com., art. 549).

23. Le premier paragraphe de l'article 438 du Code de Commerce et le n° 4 de l'énumération faite par l'article 586 sont modifiés comme il suit: — (V. C. Com., art. 438, § 1er, et 586, § 4).

24. Toutes les dispositions du Code de Commerce qui ne sont pas modifiées par la présente loi continueront à recevoir leur application en cas de liquidation judiciaire comme en cas de faillite.

---

[1]) Le liquidé reste donc électeur, mais il n'est plus éligible, et l'incapacité établie par l'article 613 du Code de Commerce doit être considérée comme maintenue à sa charge en vertu de l'article 24 de la loi. Par contre, il ne subit pas les incapacités établies par les lois spéciales. — V. aussi art. 6 et 7, 7°, loi du 5 août 1899. — Pour ce qui est des faillis, voyez la loi du 30 décembre 1903, art. 1er, et celle du 23 mars 1908, art. 1er.

Dispositions transitoires.

25. Le commerçant en état de cessation de paiements dont la faillite n'aura pas été déclarée, ou dont le jugement déclaratif de faillite ne sera pas devenu définitif à la date de la promulgation de la présente loi, pourra obtenir le bénéfice de la liquidation judiciaire. Cette faculté s'exercera devant la juridiction saisie. La requête devra, dans tous les cas, être présentée dans la quinzaine de la promulgation. — Les faillites déclarées antérieurement à cette promulgation continueront à être régies par les dispositions du Code de commerce; sont toutefois applicables à ces faillites les dispositions de la présente loi concernant l'institution des contrôleurs. — Le jugement qui homologuera le concordat obtenu par le débiteur dont la faillite aura été déclarée antérieurement à la promulgation de la présente loi, ou qui déclarera celui-ci excusable, pourra décider que le failli ne sera soumis qu'aux incapacités édictées par l'article 21 contre les débiteurs admis à la liquidation judiciaire. — Cette disposition sera applicable à tout ancien failli qui aura obtenu son concordat et qui aura été déclaré excusable. Il devra saisir par requête le tribunal de commerce qui a déclaré sa faillite et produire son casier judiciaire. Cette requête sera affichée pendant quinze jours dans l'auditoire. Le tribunal statuera en chambre du conseil. Sa décision n'est susceptible d'aucun recours. — L'inscription sur les listes électorales pourra être faite, à la suite de ces formalités, jusqu'au 31 mars, date de la clôture des listes.

26. La présente loi est applicable aux colonies de la Guadeloupe, de la Martinique et de la Réunion.

Décret du 20 août 1889,

modifiant le nombre des membres du tribunal de commerce de la Seine.

V. C. Com., art. 617, note.

Loi du 4 avril 1890,

portant modification du paragraphe 1er de l'article 5 de la loi du 4 mars 1889 sur la législation des faillites.

Article Unique. Le paragraphe 1er de l'art. 5 de la loi du 4 mars 1889 est modifié de la façon suivante: — (V. loi du 4 mars 1889, art. 5, § 1er).

Loi du 3 mai 1890,

portant modification de l'article 2 de la loi du 23 juin 1857 sur les marques de fabrique et de commerce[1].

Article Unique. L'article 2 de la loi du 23 juin 1857, sur les marques de fabrique et de commerce, est modifié comme suit: — (V. loi du 23 juin 1857, art. 2).

Loi du 11 janvier 1892,

relative à l'établissement du tarif général des douanes.

. . . .

Art. 15. Sont prohibés à l'entrée, exclus de l'entrepôt, du transit et de la circulation, tous produits étrangers, naturels ou fabriqués, portant, soit sur eux-mêmes, soit sur des emballages, caisses, ballots, enveloppes, bandes ou étiquettes, etc., une marque de fabrique ou de commerce, un nom, un signe ou une indication

[1]) V. décret du 27 février 1891.

quelconque de nature à faire croire qu'ils ont été fabriqués en France ou qu'ils sont d'origine française. — Cette disposition s'applique également aux produits étrangers fabriqués ou naturels, obtenus dans une localité de même nom qu'une localité française, qui ne porteront pas, en même temps que le nom de cette localité, le nom du pays d'origine et la mention «importé» en caractères manifestement apparents.

. . . .

Décret du 17 décembre 1892,

relatif aux marques de fabrique.

Art. 1er. Toute personne domiciliée en France, propriétaire d'une marque de fabrique et de commerce déposée conformément aux dispositions des lois des 23 juin 1857 et 3 mai 1890 et du décret réglementaire du 27 février 1891, qui désirera s'assurer dans les autres États la protection de cette marque par application de l'arrangement ci-dessus visé du 14 avril 1891, devra verser au Trésor une somme de 25 francs dont elle adressera le récépissé au ministre du commerce et de l'industrie, avec les pièces suivantes: 1° Une requête en vue d'obtenir l'enregistrement de ladite marque au bureau international de la propriété industrielle, à Berne; — 2° Une demande en double exemplaire, dressée sur les formules réglementaires qui lui seront délivrées par le ministère du commerce et de l'industrie; — 3° Un cliché typographique de la marque; — 4° Un mandat postal de 100 francs au nom du bureau international de la propriété industrielle de Berne; — 5° Une procuration spéciale dûment enregistrée si la demande d'enregistrement est faite par un fondé de pouvoirs.

. . . .

Loi du 22 mars 1893,

modifiant l'article 3 de la loi du 18 juillet 1866 sur les courtiers de marchandises.

Article Unique. Le paragraphe 1er de l'article 3 de la loi du 18 juillet 1866 sur les courtiers de marchandises est modifié ainsi qu'il suit: — (V. loi du 18 juillet 1866, art. 3, § 1er).

Loi du 1er août 1893,

portant modification de la loi du 24 juillet 1867 sur les sociétés par actions.

Art. 1er. Les paragraphes 1 et 2 de l'article 1er de la loi du 24 juillet 1867 sont modifiés comme suit: — (V. loi du 24 juillet 1867, art. 1er, §§ 1 et 2).

2. L'article 3 est modifié comme suit: — (V. loi du 24 juillet 1867, art. 3).

3. A l'article 8 sont ajoutées les dispositions suivantes: — (V. loi du 24 juillet 1867, art. 8).

4. Au paragraphe 1er de l'article 27 est ajouté ce qui suit: — (V. loi du 24 juillet 1867, art. 27).

5. Dans le paragraphe 1er de l'article 42, aux mots: „responsables solidairement envers les tiers sans préjudice du droit des actionnaires“ sont substitués les termes suivants: — (V. loi du 24 juillet 1867, art. 42).

Au même article est ajouté le paragraphe suivant: — (V. loi du 24 juillet 1867, art. 42).

6. Sont ajoutées à la loi les dispositions suivantes: — (V. loi du 24 juillet 1867, art. 68 à 71).

Dispositions transitoires.

7. Pour les sociétés par actions en commandite ou anonymes déjà existantes, sans distinction entre celles antérieures à la loi du 24 juillet 1867 et celles postérieures, il n'est pas dérogé à la faculté qu'elles peuvent avoir de convertir leurs actions

en titres au porteur avant libération intégrale. — Quant aux actions nominatives des mêmes sociétés, les deux ans après lesquels tout souscripteur ou actionnaire qui a cédé son titre cesse d'être responsable des versements non appelés ne courront, à l'égard des créanciers antérieurs à la présente loi, qu'à partir de l'entrée en vigueur de la loi, et sauf application de l'article 2257 du Code civil pour les créances conditionnelles ou à terme et les actions en garantie. — Les dispositions de l'article 8 et celles de l'article 42 s'appliquent aux sociétés déjà constituées sous l'empire de la loi du 24 juillet 1867. — Dans les mêmes sociétés, l'action en nullité résultant des articles 7 et 41 ne sera plus recevable si les causes de nullité ont cessé d'exister au moment de la présente loi. — En tous cas, l'action en responsabilité pour les faits dont la nullité résultait ne cessera d'être recevable que trois ans après la présente loi. — Les sociétés civiles actuellement constituées sous d'autres formes pourront, si leurs statuts ne s'y opposent pas, se transformer en sociétés en commandite ou en sociétés anonymes par décision d'une assemblée générale spécialement convoquée et réunissant les conditions tant de l'acte social que de l'article 31 ci-dessus.

Loi du 7 juin 1894,

qui modifie les articles 110, 112 et 632 du Code de Commerce sur la lettre de change.

Article unique. Le paragraphe premier de l'article 110, l'article 112 et le dernier paragraphe de l'article 632 du Code de Commerce sont modifiés ainsi qu'il suit: — (V. C. Com., art. 110, 112 et 632).

Loi du 5 novembre 1894,

relative à la création de sociétés de crédit agricole.[1]

Art. 1er. (*Ainsi modifié: Lois des 14 janvier 1908 et 18 février 1910.*) Des sociétés de crédit agricole peuvent être constituées, soit par la totalité ou par une partie des membres d'un ou plusieurs syndicats professionnels agricoles, soit par la totalité ou par une partie des membres d'une ou plusieurs sociétés d'assurances mutuelles agricoles régies par la loi du 4 juillet 1900; elles ont exclusivement pour objet de faciliter et même de garantir les opérations concernant la production agricole et effectuées par ces syndicats et ces sociétés d'assurances ou par des membres de ces syndicats ou de ces sociétés d'assurances, ainsi que par les sociétés coopératives agricoles constituées d'après les dispositions de la loi du 28 décembre 1906. — Ces sociétés du crédit agricole peuvent également consentir des prêts individuels à long terme, destinés à faciliter l'acquisition, l'aménagement, la transformation et la reconstitution des petites exploitations rurales. — Ces sociétés peuvent recevoir des dépôts de fonds en comptes courants avec ou sans intérêts, se charger, relativement aux opérations concernant l'industrie agricole, des recouvrements et des paiements à faire pour les syndicats ou pour les membres de ces syndicats. Elles peuvent, notamment, contracter les emprunts nécessaires pour constituer ou augmenter leur fonds de roulement. — Le capital social ne peut être formé par des souscriptions d'actions. Il pourra être constitué à l'aide de souscriptions des membres de la société. Ces souscriptions formeront des parts qui pourront être de valeur inégale; elles seront nominatives et ne seront transmissibles que par voie de cession aux membres des syndicats et avec l'agrément de la société. — La société ne pourra être constituée qu'après versement du quart du capital souscrit. — Dans le cas où la société serait constituée sous la forme de société à capital variable, le capital ne pourra être réduit par les reprises des apports des sociétaires sortants au-dessous du montant du capital de fondation[2].

2. Les statuts détermineront le siège et le mode d'administration de la société de crédit, les conditions nécessaires à la modification de ces statuts et à la dissolution de la société, la composition du capital et la proportion dans laquelle chacun de ses membres contribuera à sa constitution. — Ils détermineront le maximum

1) V. décret du 11 avril 1905. — 2) V. loi du 24 juillet 1867, art. 50.

des dépôts à recevoir en comptes courants. — Ils régleront l'étendue et les conditions de la responsabilité qui incombera à chacun des sociétaires dans les engagements pris par la société. — Les sociétaires ne pourront être libérés de leurs engagements qu'après la liquidation des opérations contractées par la société antérieurement à leur sortie.

3. Les statuts détermineront les prélèvements qui seront opérés au profit de la société sur les opérations faites par elle. — Les sommes résultant de ces prélèvements, après acquittement des frais généraux et paiement des intérêts des emprunts et du capital social, seront d'abord affectées, jusqu'à concurrence des trois quarts au moins, à la constitution d'un fonds de réserve, jusqu'à ce qu'il ait atteint au moins la moitié de ce capital. — Le surplus pourra être réparti, à la fin de chaque exercice, entre les syndicats et entre les membres des syndicats au prorata des prélèvements faits sur leurs opérations. Il ne pourra, en aucun cas, être partagé, sous forme de dividende, entre les membres de la société. — A la dissolution de la société, ce fonds de réserve et le reste de l'actif seront partagés entre les sociétaires, proportionnellement à leur souscription, à moins que les statuts n'en aient affecté l'emploi à une œuvre d'intérêt agricole.

4. Les sociétés de crédit autorisées par la présente loi sont des sociétés commerciales, dont les livres doivent être tenus conformément aux prescriptions du Code de commerce. — Elles sont exemptes du droit de patente ainsi que de l'impôt sur les valeurs mobilières.

5. Les conditions de publicité prescrites pour les sociétés commerciales ordinaires sont remplacées par les dispositions suivantes: — Avant toute opération, les statuts, avec la liste complète des administrateurs ou directeurs et des sociétaires, indiquant leurs noms, profession, domicile, et le montant de chaque souscription, seront déposés, en double exemplaire, au greffe de la justice de paix du canton où la société a son siège principal. Il en sera donné récépissé. — Un des exemplaires des statuts et de la liste des membres de la société sera, par les soins du juge de paix, déposé au greffe du tribunal de commerce de l'arrondissement. — Chaque année, dans la première quinzaine de février, le directeur ou un administrateur de la société déposera, en double exemplaire, au greffe de la justice de paix du canton, avec la liste des membres faisant partie de la société à cette date, le tableau sommaire des recettes et des dépenses, ainsi que des opérations effectuées dans l'année précédente. Un des exemplaires sera déposé par les soins du juge de paix au greffe du tribunal de commerce. — Les documents déposés au greffe de la justice de paix et du tribunal de commerce seront communiqués à tout requérant.

6. (*Ainsi modifié: Loi du 20 juillet 1901.*) Les membres chargés de l'administration de la société seront personnellement responsables, en cas de violation des statuts ou des dispositions de la présente loi, du préjudice résultant de cette violation. — En outre, au cas de fausse déclaration relative aux statuts ou aux noms et qualités des administrateurs, des directeurs ou des sociétaires, ils pourront être poursuivis et punis d'une amende de seize francs (16 fr.) à cinq cents francs (500 fr.).

7. La présente loi est applicable à l'Algérie et aux colonies.

Loi du 6 février 1895,

portant modification de l'article 549 du Code de Commerce.

Article unique. Le dernier alinéa de l'article 549 du Code de Commerce est modifié ainsi qu'il suit: — (V. C. Com., art. 549).

Loi du 14 décembre 1897,

modifiant les articles 407 et 433 du Code de Commerce.

Art. 1er. L'article 407 du Code de Commerce est modifié comme il suit: — Il sera ajouté à l'article une disposition finale ainsi rédigée: — (V. C. Com., art. 407.)

2. Le dernier paragraphe de l'article 433 du Code de Commerce est modifiée de la manière suivante: — (V. C. Com., art. 433.)

Loi du 23 janvier 1898,

ayant pour objet de conférer l'électorat aux femmes pour l'élection aux tribunaux de commerce.

L'article 1er de la loi du 8 décembre 1883 est complété par la disposition suivante: — (V. loi du 8 décembre 1883, art. 1er).

Loi du 15 février 1898, relative au commerce de brocanteur.

Art. 1er. Tout brocanteur, revendeur de vieux meubles, linges, hardes, bijoux, livres, vaisselles, armes, métaux, ferraille et autres objets et marchandises de hasard, ou qui achète les mêmes marchandises neuves de personnes autres que celles qui les fabriquent ou en font le commerce, est tenu: 1° De se faire préalablement inscrire sur les registres ouverts à cet effet à la préfecture de police, s'il habite Paris ou dans le ressort de la préfecture de police, ou à la préfecture du département qu'il habite. A cet effet, il sera tenu de présenter sa patente ou un certificat de décharge et un certificat d'individualité; il lui sera remis un bulletin d'inscription qu'il sera tenu de présenter à toute réquisition; — 2° D'avoir un registre coté et paraphé par le commissaire de police ou, à son défaut, par le maire, et sur lequel il inscrira, jour par jour et sans blanc ni rature, les noms, surnoms, qualités et demeures de ceux avec qui il contracte, ainsi que la nature, la qualité et le prix desdites marchandises; il devra présenter ce registre, tenu en état, à toute réquisition; — 3° En cas de changement de domicile, de faire une déclaration au commissariat de police ou, à défaut, à la mairie, tant du lieu qu'il quitte qu'au commissariat et à la mairie du lieu où il va s'établir.

Toute contravention aux prescriptions ci-dessus énoncées sera punie d'une amende de un franc (1 fr.) à cinq francs (5 fr.) et, en cas de récidive, d'un emprisonnement de un à cinq jours et d'une amende de dix francs (10 fr.) à quinze francs (15 fr.) ou de l'une de ces deux peines seulement.

2. Il est spécialement défendu aux personnes visées dans l'article 1er d'acheter aucuns meubles, hardes, linges, bijoux, livres, métaux, vaisselles, en un mot tout objet mobilier quelconque, d'enfants mineurs sans le consentement exprès et écrit des père, mère et tuteurs, ni d'acheter d'aucune personne dont le nom et la demeure ne leur seraient pas connus, à moins que leur identité ne soit certifiée par deux témoins connus qui devront signer au registre, sous peine d'un emprisonnement de cinq jours à un mois et d'une amende de cinq francs (5 fr.) à deux cents francs (200 fr.).

3. Le brocanteur n'ayant pas boutique est tenu aux mêmes obligations. Il doit, en outre, porter ostensiblement et présenter à toute réquisition la médaille qui lui sera délivrée et sur laquelle seront inscrits ses nom et prénoms et numéro d'inscription. — Il est, de plus, soumis à toutes les mesures de police prescrites, pour la tenue des foires et marchés, par les arrêtés préfectoraux et municipaux. — En cas de contraventions aux dispositions du présent article, les pénalités prévues par l'article 1er seront appliquées.

4. Les tribunaux pourront appliquer, en cas de circonstances atténuantes, l'article 463 du Code pénal pour toutes les infractions à la présente loi.

5. La présente loi est applicable en France et en Algérie.

6. Toutes dispositions et ordonnances antérieures à la présente loi et relatives au brocantage sont et demeurent abrogées.

Décret du 22 juin 1898,

portant règlement d'administration publique pour l'application de l'article 12 de la loi de finances du 13 avril 1898, relatif à l'émission, la mise en souscription, l'exposition en vente ou l'introduction sur le marché français des titres étrangers.[1]

Art. 1er. Les sociétés, compagnies, entreprises, corporations, villes, provinces étrangères, ainsi que tous autres établissements publics étrangers, peuvent s'affranchir de l'obligation de faire agréer un représentant responsable des droits de timbre

[1]) V. loi du 13 avril 1898, art. 12, et loi du 30 janvier 1907, art. 3.

et de transmission, ainsi que de la taxe sur le revenu dont ils sont ou pourront être redevables envers le Trésor, en déposant à la Caisse des dépôts et consignations un cautionnement en numéraire dont le montant sera déterminé par le ministre des finances ou, en vertu de la délégation du ministre, par le directeur général de l'enregistrement.

2. Ce cautionnement ne pourra être inférieur à la somme représentant approximativement le total des taxes annuelles exigibles pour une période de trois années et calculées à raison des cinq dixièmes des titres pour lesquels l'abonnement aura été demandé. Il pourra, toutefois, être réduit, s'il y a lieu, après la fixation par le ministre des finances du nombre des titres passibles des taxes.

3. Le versement du cautionnement à la Caisse des dépôts et consignations sera accompagné: 1° D'une copie de la décision du ministre ou du directeur général de l'enregistrement qui aura fixé le montant du cautionnement; — 2° D'une déclaration préalablement visée par l'administration de l'enregistrement, indiquant l'affectation spéciale de la somme déposée et contenant autorisation au profit de ladite administration de prélever sur ce cautionnement le montant des taxes annuelles de timbre, de transmission et de revenu, ainsi que des amendes, frais et accessoires qui pourront être dus au Trésor. — Il sera délivré par la Caisse un récépissé constatant le versement de la somme déposée et son affectation spéciale au paiement des taxes annuelles de timbre, de transmission et de revenu, ainsi que des amendes, frais et accessoires qui pourront être dus au Trésor. — L'amende prévue par l'article 3 de la loi du 25 mai 1872 ne cessera d'être applicable que lorsque le récépissé délivré au déposant aura été remis par lui, à titre de pièce justificative, au service de l'enregistrement.

4. Le capital du cautionnement est seul affecté spécialement à la garantie du paiement des taxes annuelles, amendes, frais et accessoires dus au Trésor. — La Caisse des dépôts et consignations pourra, en conséquence, à défaut d'opposition, payer chaque année, à la société ou collectivité étrangère déposante, au taux de 2 pour 100 fixé par l'article 60 de la loi de finances du 26 juillet 1893, les intérêts du cautionnement courus pendant l'année précédente. La personne qui aura signé la déclaration prévue par l'article 3, 2°, aura qualité, jusqu'à avis contraire donné par la société ou collectivité étrangère, pour encaisser les intérêts sans que la Caisse ait à réclamer aucune justification.

5. Les sociétés, compagnies, entreprises et autres collectivités étrangères désignées par l'article 1er pourront être autorisées à substituer au représentant responsable déjà agréé un cautionnement en numéraire dont la fixation et la réalisation auront lieu dans les conditions déterminées par les articles précédents. Elles pourront toujours renoncer à cette faculté et retirer leur cautionnement, en numéraire, à la charge de faire agréer un représentant responsable par le directeur général de l'enregistrement.

6. Le cautionnement ne pourra être remboursé que sur une autorisation du directeur général de l'enregistrement. Ce remboursement sera, le cas échéant, effectué entre les mains de la personne qui aura signé la déclaration d'affectation spéciale brévue par l'article 3, 2°, et qui donnera décharge à la Caisse.

7. L'Administration de l'enregistrement pourra faire verser dans ses caisses tout ou partie du cautionnement en produisant à la Caisse des dépôts et consignations une déclaration du directeur général de l'enregistrement, indiquant le montant des taxes annuelles de timbre, de transmission et du revenu, ainsi que les amendes, frais et accessoires dus au Trésor par la société ou collectivité étrangère déposante. La Caisse n'aura, pour sa libération, aucune autre justification à demander.

8. Il sera publié au *Journal officiel*, le 15 janvier et le 15 juillet de chaque année, une liste des valeurs étrangères pour lesquelles un représentant responsable aura été agréé ou un cautionnement versé et qui, au 31 décembre de l'année précédente et au 30 juin de l'année courante, acquittent les taxes annuelles.

Loi du 12 mars 1900,

ayant pour objet de réprimer les abus commis en matière de vente à crédit des valeurs de Bourse.

Art. 1er. Sera déclarée nulle, sur la demande de l'acheteur, sans préjudice de tous dommages-intérêts, même s'il y a eu commencement d'exécution, toute cession, quelque forme qu'elle emprunte, consentie par acte sous signatures privées, de valeurs ou parts de valeurs cotées à la Bourse, moyennant un prix payable à terme en totalité ou en partie, si elle contrevient à l'une des prescriptions des articles 2 et 3 ci-après.

2. L'acte doit être fait en double original et chacun des originaux en contenir la mention. — Chaque original doit indiquer clairement, en toutes lettres et d'une façon apparente: 1° L'un des cours cotés à la Bourse de Paris dans les quatre jours précédant la cession, et, à défaut, le dernier cours coté; — 2° Le numéro de chacune des valeurs vendues; — 3° Le prix total de vente de chacune des valeurs, y compris tous frais de timbre et de recouvrement par la poste ou autrement; — 4° Le taux d'intérêt, les délais et conditions de remboursement.

3. Les paiements fractionnés ne peuvent être échelonnés sur une durée de plus de deux ans.

4. Le vendeur est tenu de conserver le titre vendu. Il ne peut ni s'en dessaisir ni le mettre en gage. Il doit le représenter à toute réquisition de l'acheteur. — Toute stipulation contraire est nulle. — Il en est de même de toute clause ou de toute mention dérogeant directement ou indirectement aux règles générales de la compétence.

5. Le vendeur qui aura détourné, dissipé ou mis en gage, au préjudice de l'acheteur, le titre qu'il avait vendu, sera puni des peines portées en l'article 406 du Code Pénal. L'article 463 pourra être appliqué.

6. Il est interdit aux établissements qui se livrent à la vente à crédit des valeurs de Bourse de faire entrer dans leur dénomination les mots «caisse d'épargne». Leurs directeurs sont, en cas de contravention à cette défense, passibles d'une amende de 25 à 3 000 francs.

7. Les dispositions de la présente loi ne sont pas applicables aux ordres de Bourse.

Loi du 7 avril 1900,

sur le taux de l'intérêt de l'argent.

Art. 1er. L'intérêt légal sera en matière civile de quatre pour cent (p. 100) et en matière commerciale de cinq pour cent (5 p. 100).

2. Les articles suivants du Code Civil sont modifiés et complétés ainsi qu'il suit: — (V. C. Civ., art. 1153, 1904.)

3. Les dispositions contraires à la présente loi sont abrogées.

Décret du 10 juillet 1901,

modifiant le décret du 22 janvier 1868, portant règlement d'administration publique pour la constitution des sociétés d'assurances.

Art. 1er. L'article 5 du décret du 22 janvier 1868 est modifié ainsi qu'il suit: — (V. décret du 22 janvier 1868, art. 5).

Loi du 20 juillet 1901,

modifiant l'article 6 de la loi du 5 novembre 1894, relative à la création de sociétés de crédit agricole.

Article unique. L'article 6 de la loi du 5 novembre 1894, relative à la création de sociétés de crédit agricole, est modifié comme suit: — (V. loi du 5 novembre 1894, art. 6).

Loi du 8 février 1902,

portant modification de la loi du 15 juin 1872, sur les titres au porteur.[1]

Art. 1er. Les articles 2, 3, 4, 5, 7, 11, 13, 15 de la loi du 15 juin 1872 sont modifiés comme suit: — (V. loi du 15 juin 1872, art. 2, 3, 4, 5, 7, 11, 13 et 15).

2. Sont ajoutées à la loi les dispositions suivantes: — (V. loi du 15 juin 1872, art. 17, 18 et 19).

Loi du 7 avril 1902,

portant modification de divers articles de la loi du 5 juillet 1844 sur les brevets d'invention.

Art. 1er. Les articles 11, 24 et 32 de la loi du 5 juillet 1844, ce dernier déjà modifié par la loi du 31 mai 1856, sont modifiés et complétés comme il suit: — (V. loi du 5 juillet 1844, art. 11, 24 et 32).

2. Seront publiés, conformément aux prescriptions de l'article 24 précité, les descriptions et les dessins des brevets d'invention et certificats d'addition qui auront été demandés depuis le 1er janvier 1902.

Loi du 9 juillet 1902,

tendant à compléter l'article 34 du Code de Commerce et l'article 3 de la loi du 24 juillet 1867 en ce qui concerne les actions de priorité et les actions d'apport.

Art. 1er. L'article 34 du Code de commerce est ainsi complété (*Modifié depuis: Loi du 16 novembre 1903*): — (V. C. Com., art. 34).

2. Le paragraphe 3 de l'article 3 de la loi du 24 juillet 1867, modifié par la loi du 1er août 1893, est ainsi complété (*Modifié depuis: Loi du 16 novembre 1903*): — (V. loi du 24 juillet 1867, art. 3, § 3).

Loi du 11 mars 1902,

étendant aux œuvres de sculpture la loi des 19—24 juillet 1793 sur la propriété artistique et littéraire.

Art. 1er. Il est ajouté à l'art. 1er de la loi des 19—24 juillet 1793 sur la propriété artistique, après les mots: «Les auteurs d'écrits en tous genres, les compositeurs de musique...» les mots: «des architectes, les statuaires...»

2. Il est ajouté à l'art. 1er de la loi des 19—24 juillet 1793, un paragraphe ainsi conçu: — (V. loi des 19—24 juillet 1793, art. 1er).

Décret du 20 mai 1903,

relatif à l'enregistrement international des marques de fabrique.

Vu l'arrangement signé à Madrid, le 14 avril 1891, et créant un service d'enregistrement international des marques de fabrique et de commerce actuellement en vigueur entre la Belgique, le Brésil, l'Espagne, l'Italie, les Pays-Bas, le Portugal, la Suisse, la Tunisie et la France;

Art. 1er. Toute personne propriétaire d'une marque régulièrement déposée en France et se trouvant dans les conditions prévues par l'arrangement précité, qui désirera s'assurer la protection de cette marque dans les autres États qui ont adhéré

[1]) V. décret du 8 mai 1902.

audit arrangement ou qui y adhéreront par la suite, devra verser à Paris, à la caisse du receveur central de la Seine et dans les départements, aux caisses des trésoriers-payeurs généraux ou des receveurs particuliers des finances, une somme de 25 fr.

Le récépissé constatant le versement de ladite somme devra être adressé à l'Office national de la propriété industrielle, avec les pièces suivantes: 1° Une requête en vue d'obtenir l'enregistrement de ladite marque au bureau international de la propriété industrielle à Berne, laquelle devra indiquer les nom, profession et adresse du propriétaire de la marque, le numéro d'ordre et la date du dépôt, en France, de cette marque, ainsi que les produits qu'elle sert à désigner; — 2° Trois exemplaires de la marque conforme au modèle déposé en exécution de l'article 3 du décret du 27 février 1891, portant règlement d'administration publique pour l'exécution de la loi du 23 juin 1857, modifiée par celle du 3 mai 1890; Dans les cas où la couleur serait revendiquée comme élément distinctif, l'intéressé devra également fournir quarante reproductions en couleur de la marque avec une brève description faisant mention de la couleur; — 3° Un cliché typographique reproduisant exactement la marque et qui ne doit pas avoir moins de 15 millimètres ni plus de 10 centimètres, soit en longueur, soit en largeur, sur une épaisseur de 24 millimètres; ce cliché sera conservé au bureau international; — 4° Le talon d'un mandat postal au nom du bureau international de la propriété industrielle, à Berne, représentant l'émolument dû à ce bureau et dont le montant est de 100 fr. lorsqu'il s'agit de l'enregistrement d'une seule marque et de 50 fr. seulement pour les marques autres que la première, lorsqu'il s'agit d'une demande d'enregistrement collective présentée par un même propriétaire; — 5° Une procuration spéciale dûment enregistrée, si la demande est faite par un fondé de pouvoirs.

2. Le décret du 25 avril 1893 est et demeure rapporté.

Loi du 16 novembre 1903,

modifiant la loi du 9 juillet 1902, relative aux actions de priorité.

Article Unique. Les articles 1 et 2 de la loi du 9 juillet 1902 sont modifiés ainsi qu'il suit:

Art. 1er. L'article 34 du Code de Commerce est ainsi complété: — (V. C. Com., art. 34).

2. Le paragraphe 3 de l'article 3 de la loi du 24 juillet 1867, modifié par la loi du 1er août 1893, est ainsi complété: — (V. loi du 24 juillet 1867, art. 3, § 3).

Loi du 30 décembre 1903,

relative à la réhabilitation des faillis.[1]

Art. 1er. (*Ainsi modifié: Loi du 23 mars 1908.*) Les faillis non condamnés pour banqueroute simple ou frauduleuse ne peuvent être inscrits sur la liste électorale pendant trois ans à partir de la déclaration de faillite. — Ils ne sont éligibles qu'après réhabilitation.

2. Les articles 604 à 612 du Code de Commerce sont modifiés comme il suit: — (V. C. Com., art. 604 à 612)[2]. — Le deuxième paragraphe de l'article 634 du Code d'instruction criminelle est abrogé.

3. Les dispositions ci-dessus et l'article 614 du Code de Commerce sont applicables aux commerçants qui ont obtenu la liquidation judiciaire.

4. Sont abrogées les dispositions du décret organique du 2 février 1852 contraires à la présente loi.

5. (*Ajouté: Loi du 23 mars 1908.*) La procédure de réhabilitation prévue par les articles 604 à 612 inclus du Code de Commerce, est dispensée de timbre et d'enregistrement.

6. . . . .

---

1) V. loi du 31 mars 1906. — 2) Les articles 605, 607, 608 et 612 ont été de nouveau modifiés par la loi du 23 mars 1908.

Loi du 28 mars 1904,

décidant que les effets de commerce échus un dimanche ou un jour férié légal ne seront payables que le lendemain.

Article Unique. L'article 134 du Code de commerce est modifié ainsi qu'il suit: — (V. C. Com., art. 134).

Loi du 8 décembre 1904,

interdisant en France l'assurance en cas de décès des enfants de moins de douze ans.

Art. 1er. Est considérée comme contraire à l'ordre public toute assurance au décès reposant sur la tête d'enfants de moins de douze ans.

2. Sont exceptées les contre-assurances contractées en vue d'assurer, en cas de décès, le remboursement des primes versées pour une assurance en cas de vie.

Loi du 23 décembre 1904,

décidant que lorsque les fêtes légales tomberont un dimanche, aucun paiement ne sera exigé et aucun protêt ne sera dressé le lendemain de ces fêtes.[1]

Art. 1er: — (V. C. Com., art. 134, note).

2. La présente loi est applicable à l'Algérie et aux colonies.

Loi du 17 mars 1905,

ajoutant un paragraphe à l'article 103 du Code de Commerce.

Article Unique: L'article 103 du Code de Commerce est complété par un troisième paragraphe ainsi conçu: — (V. C. com., art. 103, § 3).

Loi du 17 mars 1905,

relative à la surveillance et au contrôle des sociétés d'assurances sur la vie, et de toutes les entreprises dans les opérations desquelles intervient la durée de la vie humaine.[2]

Titre Ier. Enregistrement des entreprises.

Art. 1er. Sont assujetties à la présente loi les entreprises françaises ou étrangères de toute nature qui contractent des engagements dont l'exécution dépend de la durée de la vie humaine. — Sont exceptées les sociétés définies par la loi du 1er avril 1898 sur les sociétés de secours mutuels et les institutions de prévoyance publiques ou privées régies par des lois spéciales.

2. Ces entreprises doivent limiter leurs opérations à une ou plusieurs de celles qui font l'objet de la présente loi. Il leur est interdit de stipuler ou de réaliser l'exécution de contrats ou l'attribution de bénéfices par la voie de tirage au sort. — Elles ne peuvent fonctionner qu'après avoir été enregistrées, sur leur demande, par le ministre du commerce. Dans le délai maximum de six mois à dater du dépôt de la demande, le ministre du commerce fait mentionner l'enregistrement au *Journal officiel* ou notifie le refus d'enregistrement aux intéressés. — Aucune modification, soit aux statuts, soit aux tarifs de primes ou cotisations, ne peut être mise en vigueur qu'après nouvel enregistrement obtenu dans les mêmes formes[3].

[1]) V. loi du 13 juillet 1905, décret du 20 janvier 1906, lois des 20 décembre 1906, 29 octobre 1909 et 27 janvier 1910. — [2]) V. décret du 17 mars 1905. — [3]) Décret du 20 janvier 1906, art. 1er: „L'enregistrement prévu à l'article 2 de la loi du 17 mars 1905 cesse d'être valable si l'entreprise n'a pas commencé à fonctionner dans le délai d'un an à partir de la publication de l'enregistrement au *Journal officiel.*"

3. Le refus d'enregistrement doit être motivé par une infraction soit aux lois, notamment à celles qui régissent les sociétés, soit aux décrets prévus par l'article 9 ci-après. — Les intéressés peuvent former un recours pour excès de pouvoir devant le Conseil d'Etat qui devra statuer dans les trois mois.

Titre II. Garanties.

4. Pour les sociétés françaises anonymes ou en commandite, les statuts doivent spécifier la dissolution obligatoire en cas de perte de la moitié du capital social. — Pour les sociétés à forme mutuelle ou à forme tontinière, les statuts déterminent le mode de règlement et l'emploi des sommes perçues, ainsi que la quotité des prélèvements destinés à faire face aux frais de gestion de l'entreprise.

5. Les sociétés françaises anonymes ou en commandite doivent avoir un capital social au moins égal à 2 millions de francs. — Les sociétés françaises à forme mutuelle ou à forme tontinière devront constituer un fonds de premier établissement qui ne peut être inférieur à 50 000 francs et qui doit être amorti en quinze ans au plus. — Toutes les entreprises sont tenues, en outre, de constituer, dans les conditions prévues à l'article 9, paragraphe 4, une réserve de garantie qui tient lieu du prélèvement prescrit par l'article 36 de la loi du 24 juillet 1867. Toutefois, cette réserve n'est pas obligatoire pour les opérations à forme tontinière.

6. Toutes les entreprises qui contractent des engagements déterminés sont tenues de constituer des réserves mathématiques, égales à la différence entre les valeurs des engagements respectivement pris par elles et par les assurés dans les conditions déterminées par le décret prévu à l'article 9, paragraphe 5. Cette obligation ne s'applique aux entreprises étrangères que pour les contrats souscrits ou exécutés en France et en Algérie. — Les entreprises produiront annuellement, à l'époque et dans les formes déterminées par le ministre, et après avis du comité consultatif des assurances sur la vie prévu à l'article 10, la comparaison: 1° Entre la mortalité réelle de leurs assurés et la mortalité prévue par les tables admises pour le calcul de leurs réserves mathématiques et de leurs tarifs; — 2° Entre le taux de leurs placements réels et celui qui a été admis pour les calculs susvisés.

En cas d'écarts notables ou répétés portant sur un de ces éléments, des arrêtés ministériels peuvent exiger, au plus tous les cinq ans, une rectification des bases du calcul des réserves mathématiques des opérations en cours et des tarifs des primes ou cotisations. — Ces arrêtés sont pris sur avis conforme du comité consultatif des assurances sur la vie, les représentants de l'entreprise ayant été entendus et mis en demeure de fournir leurs observations par écrit dans un délai d'un mois. Ils fixent le délai dans lequel la rectification doit être opérée; le montant des versements corrélatifs à la rectification des réserves mathématiques doit être, à la fin de chaque exercice, au moins proportionnel à la fraction du délai couru. — Les sociétés à forme tontinière sont tenues de faire, dans les conditions fixées par le décret prévu à l'article 9, paragraphe 7, emploi immédiat de toutes les cotisations, déduction faite des frais de gestion statutaires.

7. Lorsque les bénéfices revenant aux assurés ne sont pas payables immédiatement après la liquidation de l'exercice qui les a produits, un compte individuel doit mentionner chaque année la part de ces bénéfices attribuable à chacun des contrats souscrits ou exécutés en France et en Algérie et être adressé aux assurés. — Jusqu'à concurrence du montant des réserves mathématiques et de la réserve de garantie, ainsi que du montant des comptes spécifiés à l'alinéa précédent, l'actif des entreprises françaises est affecté au règlement des opérations d'assurances par un privilège qui prendra rang après le paragraphe 6 de l'article 2101 du Code civil. — Pour les entreprises étrangères, les valeurs représentant la portion d'actif correspondante doivent, à l'exception des immeubles, faire l'objet d'un dépôt à la caisse des dépôts et consignations, dans les conditions prévues à l'article 9, paragraphe 6. Le seul fait de ce dépôt confère privilège aux assurés, sur lesdites valeurs, pour les contrats souscrits ou exécutés en France et en Algérie.

8. Un règlement d'administration publique, rendu sur la proposition des ministres du commerce et des finances, détermine les biens mobiliers et immobiliers en lesquels devra être effectué le placement de l'actif des entreprises françaises et, pour les entreprises étrangères, de la portion d'actif afférente aux contrats souscrits ou exécutés en France et en Algérie, ainsi que le mode d'évaluation annuelle des différentes catégories de placements et les garanties à présenter pour les valeurs qui ne pourraient avoir la forme nominative. — Les entreprises sont tenues de

produire au ministre, dans les formes et délais qu'il prescrit après avis du comité consultatif, des états périodiques des modifications survenues dans la composition de leur actif.

9. Des décrets rendus après avis du comité consultatif des assurances sur la vie prévu à l'article ci-après déterminent: 1° Les pièces et justifications à produire à l'appui des demandes d'enregistrement, ainsi que le montant du dépôt préalable à effectuer à la caisse des dépôts et consignations par les différentes catégories d'entreprises et les conditions de réalisation et de restitution dudit dépôt; — 2° Le délai passé lequel cessera d'être valable l'enregistrement d'une entreprise qui n'aurait pas commencé à fonctionner; — 3° Le maximum des dépenses de premier établissement pour les différentes espèces d'entreprises françaises et le délai d'amortissement desdites dépenses; — 4° La fixation, pour chaque catégorie d'entreprises, de la réserve de garantie; — 5° Les différentes tables de mortalité, le taux d'intérêt et les chargements d'après lesquels doivent être calculées au minimum les primes ou cotisations des opérations à réaliser, ainsi que les réserves mathématiques. Publication de ces fixations est effectuée au *Journal officiel* au moins six mois avant le début du premier exercice auquel elles doivent s'appliquer; — 6° Les conditions de dépôt et de retrait des valeurs représentant, pour les entreprises étrangères, la portion d'actif visée à l'article 7; — 7° Les conditions dans lesquelles doivent être gérées les entreprises à forme tontinière; — 8° Les conditions dans lesquelles les entreprises sont tenues d'inscrire sur des registres spéciaux les contrats souscrits ou exécutés en France et en Algérie; — 9° Les conditions dans lesquelles doivent fonctionner les entreprises de gestion d'assurances sur la vie, et suivant lesquelles peuvent être perçus les frais de gestion dans les limites d'un maximum fixé. Ces entreprises doivent déposer à la caisse des dépôts et consignations un capital de garantie de 100 000 francs. Elles ne peuvent valablement se faire attribuer la gestion pour une période initiale de plus de vingt ans, à l'expiration de laquelle leur mandat ne pourra être renouvelé pour des périodes de plus de dix ans. Chaque renouvellement ne pourra être effectué qu'un an avant l'expiration de la période en cours.[1]

Titre III. Surveillance et contrôle.

10. Il est constitué auprès du ministre du commerce un comité consultatif des assurances sur la vie, composé de vingt et un membres, savoir: deux sénateurs et trois députés élus par leurs collègues, le directeur de l'assurance et de la prévoyance sociales au ministère du commerce, le directeur général de la caisse des dépôts et consignations, un représentant du ministre des finances, trois membres agrégés de l'institut des actuaires français, le président de la chambre de commerce ou un membre de la chambre délégué par lui, un professeur de la faculté de droit de Paris, deux directeurs ou administrateurs de sociétés d'assurances à forme mutuelle ou à forme tontinière, deux directeurs ou administrateurs de sociétés anonymes ou en commandite d'assurances, quatre personnes spécialement compétentes en matière d'assurances sur la vie[2]. — Un décret détermine le mode de nomination et de renouvellement des membres, ainsi que la désignation du président, du vice-président et du secrétaire. — Le comité doit être consulté au sujet des demandes d'enregistrement prévues par l'article 2, et dans les autres cas prévus par la présente loi. Il peut être saisi par le ministre de toutes autres questions relatives à l'application de la loi. — La présence de neuf membres au moins est nécessaire pour la validité de ses délibérations, dans les cas spécifiés au troisième alinéa de l'article 6, à l'article 18 et à l'article 21.

11. Toute entreprise est tenue: 1° De publier en langue française un compte rendu annuel de toutes ses opérations, avec états et tableaux annexes; — 2° De produire ledit compte rendu au ministre du commerce et de le déposer aux greffes des tribunaux civils et des tribunaux de commerce, tant du département de la Seine que du siège social; — 3° De le délivrer à tout assuré ou associé qui en fait la demande, moyennant le paiement d'une somme qui ne peut excéder 1 franc; 4° De publier annuellement et à ses frais au *Journal officiel* un compte rendu sommaire comprenant: le compte général des profits et pertes, la balance générale des écritures et le mouvement général des opérations en cours.

Des arrêtés ministériels pris après avis du comité consultatif des assurances sur la vie déterminent, au moins trois mois avant le début de l'exercice, les modèles

[1]) V. décret du 20 janvier 1906. — [2]) V. décret du 17 mars 1905.

des états et tableaux à annexer au compte rendu publié, la date de production et de dépôt du compte rendu, la forme et le délai de la publication prescrite au *Journal officiel*. — Les entreprises doivent en outre communiquer au ministre, à toute époque et dans les formes et délais qu'il détermine, tous les documents et éclaircissements qui lui paraissent nécessaires. — Elles sont soumises à la surveillance de commissaires contrôleurs assermentés qui seront recrutés dans les conditions déterminées par décrets, après avis du comité consultatif des assurances sur la vie, et qui pourront à toute époque vérifier sur place toutes les opérations, indépendamment de toutes personnes exceptionnellement déléguées par le ministre à cet effet.

12.[1] Les entreprises étrangères doivent, en ce qui concerne les opérations régies par la présente loi, avoir en France et en Algérie un siège spécial et une comptabilité spéciale pour tous les contrats souscrits ou exécutés en France et en Algérie et accréditer auprès du ministre du commerce un agent préposé à la direction de toutes ces opérations. Cet agent doit être domicilié en France; il représente seul l'entreprise auprès du ministre, vis-à-vis des titulaires de contrats souscrits en France et en Algérie, et devant les tribunaux. Il doit justifier au préalable de pouvoirs statutaires suffisants pour la gestion directe de l'entreprise en France et en Algérie, notamment pour la signature des polices, avenants, quittances et autres pièces relatives aux opérations réalisées. — Toute entreprise est tenue de produire au ministre du commerce, dans le délai qu'il détermine, la traduction en langue française, certifiée conforme, des documents en langue étrangère se rapportant à ses opérations et pour lesquels cette traduction est requise. — Les conditions générales et particulières des polices, les avenants et autres documents se rapportant à l'exécution des contrats doivent être rédigés ou traduits en langue française. Dans ce dernier cas, le texte français fait seul foi à l'égard des assurés français.

13. Le ministre du commerce présente chaque année au Président de la République et fait publier au *Journal officiel* un rapport d'ensemble sur le fonctionnement de la présente loi et sur la situation de toutes les entreprises qu'elle régit. — Les frais de toute nature résultant de la surveillance et du contrôle sont à la charge des entreprises. Un arrêté ministériel fixe, à la fin de chaque exercice, la répartition de ces frais entre les entreprises, au prorata du montant global des primes et des cotisations de toute nature encaissées par elles au cours de l'exercice, exception faite des opérations réalisées hors de France et d'Algérie par les entreprises étrangères, et sans que la contribution de chacune des entreprises puisse dépasser 1 pour 1000 dudit montant. — Il y joint le compte détaillé des recettes et dépenses afférentes à la surveillance et au contrôle des entreprises.

Titre IV. Pénalités.

14. Les entreprises sont passibles, de plein droit et sans aucune mise en demeure, d'amendes administratives, recouvrées comme en matière d'enregistrement, à la requête du ministre du commerce, savoir: 1° D'une amende de 20 francs par jour pour retard apporté à chacune des productions visées par le troisième alinéa de l'article 11 et le deuxième alinéa de l'article 12; — 2° D'une amende de 100 francs par jour pour retard apporté à chacune des productions ou publications visées par le deuxième alinéa de l'article 6, les paragraphes 1er, 2 et 4 de l'article 11.

15. Les contraventions aux dispositions des premier et troisième alinéas de l'article 6, aux premier et troisième alinéas de l'article 7, à l'article 8, à l'article 20, à l'article 21, ainsi qu'au règlement d'administration publique prévu par l'article 8 et aux décrets prévus par les paragraphes 3 à 8 de l'article 9, sont constatées par procès-verbaux des commissaires contrôleurs, qui font foi jusqu'à preuve contraire, sans préjudice des constatations et poursuites de droit commun; elles sont poursuivies devant le tribunal correctionnel à la requête du ministère public et punies d'une amende de 100 à 5 000 francs, et, en cas de récidive, de 500 à 10 000 francs.

16. Sont poursuivis devant le tribunal correctionnel et passibles d'une amende de 16 à 100 francs, toute personne qui aurait proposé ou fait souscrire des polices d'assurances, et notamment chacun des administrateurs ou directeurs d'entreprises, qui réalisent des opérations visées par la présente loi avant la publication au *Journal officiel* de l'enregistrement prévu à l'article 2, ou qui effectuent des opérations nouvelles après la publication du décret prévu par l'article 18 ou après le refus d'enregistrement prévu par l'article 19. — L'amende est prononcée pour chacune des

[1]) V. *Erratum*, Journal officiel, 23 mars 1905.

opérations réalisées par le contrevenant, qui peut être, en outre, en cas de récidive, condamné à un emprisonnement d'un mois au plus. — Sous les mêmes peines, les prospectus, affiches, circulaires et tous autres documents destinés à être distribués au public ou publiés par une entreprise assujettie à la présente loi doivent toujours porter, à la suite du nom ou de la raison sociale de l'entreprise, la mention ci-après, en caractères uniformes: «Entreprise privée, assujettie au contrôle de l'Etat», sans renfermer aucune assertion susceptible d'induire en erreur soit sur la véritable nature ou l'importance réelle des opérations, soit sur la portée du contrôle. — Toute déclaration ou dissimulation frauduleuse, soit dans les comptes rendus, soit dans tous autres documents produits au ministre du commerce ou portés à la connaissance du public, est punie des peines prévues par l'article 405 du Code pénal. — L'article 463 du Code Pénal est applicable à tous les faits punis par le présent article et l'article précédent.

17. Les jugements prononcés contre les entreprises ou leurs représentants, en exécution de l'article précédent ou de l'article 15, doivent être publiés, aux frais des condamnés ou des entreprises civilement responsables, dans le *Journal officiel* et dans deux autres journaux au moins, désignés par le tribunal.

18. L'enregistrement d'une entreprise, effectué en vertu de l'article 2 de la presente loi, cesse d'être valable dès qu'un décret constate que l'entreprise ne fonctionne plus en conformité soit de ses statuts, soit de la présente loi ou des décrets et arrêtés qu'elle prévoit. Ce décret est rendu après avis conforme du comité consultatif des assurances sur la vie, les représentants de l'entreprise ayant été mis en demeure de fournir leurs observations par écrit ou d'être entendus dans un délai d'un mois sur communication des irrégularités relevées contre l'entreprise. Le comité doit émettre son avis motivé dans le mois suivant. — Dans un délai de huitaine, à compter de la notification du décret, l'entreprise peut se pourvoir pour excès de pouvoir devant le Conseil d'État, qui doit statuer dans le mois. Ce pourvoi est suspensif. La publication du décret au *Journal officiel* ne pourra être faite qu'après le rejet du pourvoi par le Conseil d'État.

Titre V. Dispositions transitoires.

19. Les entreprises françaises ou étrangères soumises à la présente loi et opérant en France ou en Algérie à l'époque de sa promulgation sont tenues de se conformer immédiatement à ses dispositions, et notamment de demander l'enregistrement spécifié à l'article 2, dans un délai de deux mois à compter de la promulgation des règlements d'administration publique prévus par les articles 8 et 22, ainsi que des décrets prévus par l'article 9. — Elles peuvent toutefois continuer provisoirement leurs opérations jusqu'à ce que solution soit donnée à cette demande.

20. Les entreprises françaises régulièrement autorisées en vertu de la législation en vigueur pourront, après obtention de l'enregistrement spécifié à l'article 2, modifier, sans autorisation du Gouvernement, leurs statuts approuvés, à charge de se conformer à la législation sur les sociétés. — Par dérogation à l'article 5 ci-dessus, elles ne seront pas tenues d'élever leur capital social au minimum spécifié audit article. — Elles pourront, d'autre part, si elles obtiennent l'enregistrement prévu à l'article précédent, conserver les placements antérieurement effectués par elles en conformité de leurs statuts, sans tenir compte des limitations imposées par le règlement d'administration publique prévu à l'article 8, sous réserve de ne plus effectuer, à compter de sa promulgation, aucun placement dans les catégories pour lesquelles les limites fixées seront atteintes ou dépassées, et ce, jusqu'à ce que la proportion réglementaire soit rétablie. — Toutefois, l'emploi en placements sur première hypothèque, pour la moitié au plus de la valeur estimative, pourra, pendant une période maximum de vingt-cinq ans, être renouvelé pour une somme égale à celle que lesdites entreprises consacraient à cet emploi antérieurement au 1er juillet 1904.

21. Pour chacune des entreprises enregistrées par application de l'article 19, un arrêté ministériel, pris sur avis conforme du comité consultatif des assurances sur la vie, fixe, dans les conditions spécifiées à l'avant-dernier alinéa de l'article 6, les bases du calcul des réserves mathématiques des opérations réalisées antérieurement à la mise en vigueur du décret prévu par le paragraphe 5 de l'article 9.

22. Est abrogé le premier alinéa de l'article 66 de la loi du 24 juillet 1867, ainsi que toutes autres dispositions relatives aux tontines et aux sociétés d'assurances sur la vie. — Un règlement d'administration publique déterminera les conditions dans lesquelles pourront être constituées les sociétés d'assurances sur la vie à forme mutuelle ou tontinière.

23. La présente loi est applicable à l'Algérie et aux colonies de la Réunion, la Martinique, la Guadeloupe, la Guyane, l'Inde française et la Nouvelle-Calédonie.

Loi du 13 juillet 1905,

décidant que, lorsque les fêtes légales tomberont un vendredi, aucun paiement ne sera exigé, ni aucun protêt ne sera dressé le lendemain de ces fêtes; lorsqu'elles tomberont le mardi, aucun paiement ne sera exigé, ni aucun protêt ne sera dressé la veille de ces fêtes.[1]

Art. 1er. (*Modifié depuis: Loi du 20 décembre 1906*): — (V. C. Com., art. 134, note).

2. La présente loi est applicable à l'Algérie et aux colonies.

Décret du 20 janvier 1906,

relatif à la déchéance d'enregistrement des entreprises d'assurances sur la vie.[2]

Art. 1er. — (V. loi du 17 mars 1905, art. 2, note).

2. Toute entreprise qui, avant l'expiration dudit délai, n'a pas justifié de ce fonctionnement est de plein droit déchue du bénéfice de l'enregistrement et ne pourra réaliser d'opérations qu'après un enregistrement nouveau. Le ministère du commerce fait mentionner cette déchéance au *Journal officiel.*

Décret du 20 janvier 1906,

relatif aux dépenses de premier établissement des entreprises françaises d'assurances sur la vie.[3]

Art. 1er. Les dépenses de premier établissement des entreprises françaises sont limitées: 1° Pour les sociétés à forme mutuelle ou tontinière, à la quotité du fonds de premier établissement; — 2° Pour les autres sociétés, au quart du capital social.

2. Ces dépenses doivent être complètement amorties en quinze ans au plus à compter de l'enregistrement.

Décret du 20 janvier 1906,

déterminant les différentes tables de mortalité, le taux d'intérêt et les chargements[3] d'après lesquels doivent être calculées au minimum les primes ou cotisations des opérations à réaliser par les entreprises d'assurances sur la vie, ainsi que les réserves mathématiques.[4]

V. le texte dans le *Journal officiel* du 25 janvier 1906.

---

[1]) V. lois des 23 décembre 1904, 20 décembre 1906, 29 octobre 1909 et 27 janvier 1910. — [2]) Voi loi du 17 mars 1905, art. 9, et décret du 22 juin 1906. — [3]) On nomme *chargements* tout ce qui grève l'affaire (frais généraux, commissions, etc....). — [4]) V. loi du 17 mars, art. 9.

Décret du 20 janvier 1906,

relatif à l'inscription des contrats d'assurances sur la vie.[1]

V. le texte dans le *Journal officiel* du 25 janvier 1906.

Loi du 28 mars 1906,

modifiant l'article 509 du Code de Commerce.

Article unique. L'article 509 du Code de Commerce est ainsi modifié: — (V. C. Com., art. 509).

Loi du 31 mars 1906,

modifiant les dispositions de la loi du 30 décembre 1903 (articles 606 et 607 du Code de commerce).[2]

Art. 1er. Les dispositions de la loi du 30 décembre 1903 sont modifiées ainsi qu'il suit: — (V. C. Com., art. 606 et 607).

Loi du 12 avril 1906, relative au remorquage.

. . . .

Art. 2. Le paragraphe 2 de l'article 191 du Code de Commerce est ainsi complété: — (V. C. Com., art. 191, § 2).

Loi du 12 avril 1906,

étendant à toutes les exploitations commerciales les dispositions de la loi du 9 avril 1898 sur les accidents du travail.

V. le texte dans le *Journal officiel* du 15 avril 1906.

Loi du 23 avril 1906,

créant des sociétés de crédit maritime.

Art. 1er. Des sociétés de crédit maritime peuvent être constituées par la totalité ou une partie des membres d'un ou plusieurs syndicats professionnels. Elles ont exclusivement pour objet de faciliter ou de garantir les opérations concernant les industries maritimes et effectuées par ces syndicats ou par des membres de ces syndicats. Ces sociétés peuvent recevoir des dépôts de fonds en comptes courants, avec ou sans intérêts, se charger, relativement aux opérations concernant les industries maritimes, des recouvrements et des paiements à faire pour les syndicats ou pour leurs membres. Elles peuvent notamment contracter des emprunts nécessaires pour constituer ou augmenter leur fonds de roulement. — Le capital social ne peut être formé par des souscriptions d'actions. Il pourra être constitué à l'aide de souscriptions des membres de la société. — Ces souscriptions formeront des parts qui pourront être de valeurs inégales; elles seront nominatives et ne seront transmissibles que par voie de cession et avec l'agrément de la société. A la dissolution de la société, le fonds de réserve et le reste de l'actif seront partagés entre les sociétaires proportionnellement à leur souscription, à moins que les statuts n'en aient affecté l'emploi à une œuvre d'intérêt maritime.

1) V. loi du 17 mars 1905, art. 9. — 2) V. loi du 30 décembre 1903 et loi du 23 mars 1908.

2. Ces sociétés de crédit maritime seront soumises aux conditions et bénéficieront des avantages portés aux articles 1er (§§ 4 et 5), 2, 3 (§§ 1, 2 et 3), 4, 5, 6 (modifié par la loi du 20 juillet 1901) et 7 (§ 1er) de la loi du 5 novembre 1894, relative à la création de sociétés de crédit agricole. — Un décret fixera les moyens de contrôle et de surveillance à exercer par le ministre de la marine sur ces sociétés.

Loi du 30 avril 1906,
modifiant la loi du 18 juillet 1898 sur les warrants agricoles.

Art. 1er. Tout agriculteur peut emprunter sur les produits agricoles ou industriels de son exploitation, qui ne sont pas immeubles par destination, y compris le sel marin et les animaux lui appartenant, soit en en conservant la garde dans les bâtiments ou sur les terres de cette exploitation, soit en en confiant le dépôt aux syndicats, comices et sociétés agricoles dont il est adhérent, ou à des tiers convenus entre les parties. — L'emprunt peut également être contracté par le sociétés coopératives agricoles sur les produits dont elles sont devenues propriétaires, lorsque les statuts ne s'y opposent pas. — Le produit warranté reste, jusqu'au remboursement des sommes avancées, le gage du porteur du warrant. — L'emprunteur ou le dépositaire des produits warrantés est responsable de la marchandise qui reste confiée à ses soins et à sa garde, et cela sans aucune indemnité opposable aux bénéficiaires du warrant.

2. Le cultivateur, lorsqu'il ne sera pas propriétaire ou usufruitier de son exploitation, devra, avant tout emprunt, sauf ce qui sera dit ci-après, aviser le propriétaire du fonds loué de la nature, de la valeur et de la quantité des marchandises qui doivent servir de gage pour l'emprunt, ainsi que du montant des sommes à emprunter. — Cet avis devra être donné au propriétaire, usufruitier ou à leur mandataire légal désigné, par l'intermédiaire du greffier de paix du canton de la situation des objets warrantés; si l'emprunteur est une société coopérative agricole, la compétence appartiendra au greffier du canton du siège légal de cette société. La lettre d'avis sera remise au greffier qui devra la viser, l'enregistrer et l'envoyer sous forme de pli d'affaires recommandé avec accusé de réception. — Le propriétaire, l'usufruitier ou le mandataire légal désigné pourront, dans le cas où des termes échus leur seraient dus, dans un délai de huit jours francs à partir de la date de l'accusé de réception, s'opposer au prêt sur lesdits produits par une autre lettre envoyée également sous pli d'affaires recommandé au greffier du juge de paix. — Toutefois, si le prêteur y consent, et sous la condition que l'emprunteur devra conserver la garde des produits warrantés dans les bâtiments ou sur les terres de l'exploitation, aucun avis ne sera donné au propriétaire ou usufruitier, et le consentement donné sera mentionné dans les clauses particulières du warrant; mais, en ce cas, le privilège du bailleur subsistera dans les termes de droit. — Le bailleur pourra renoncer à son privilège jusqu' à concurrence de la dette contractée, en apposant sa signature sur le warrant.

3. Pour établir la pièce dénommée warrant, le greffier de la justice de paix du canton où se trouvent les objets à warranter inscrira, d'après les déclarations de l'emprunteur, la nature, la quantité, la valeur et le lieu de situation des produits, gage de l'emprunt, le montant des sommes empruntées, ainsi que les clauses et conditions particulières relatives au warrant, arrêtées entre les parties. — Il transcrira sur un registre spécial le warrant ainsi rédigé et, sur le warrant, il mentionnera le volume et le numéro de la transcription, avec la mention des warrants préexistants sur les mêmes produits. — Si l'emprunteur ne sait signer, le warrant est signé pour lui, en sa présence dûment constatée par le greffier. — Lorsque les produits warrantés ne restent pas entre les mains de l'emprunteur lui-même, le dépositaire et le bailleur des lieux où est effectué le dépôt ne peuvent faire valoir aucun droit de rétention ou de privilège à l'encontre du bénéficiaire du warrant ou de ses ayants cause. — L'acceptation de la garde des produits engagés sera constatée par récépissé signé du dépositaire des produits et, s'il y a lieu, du bailleur des locaux où ils sont en dépôt, porté sur le warrant lui-même ou donné séparément pour l'accompagner. — Dans le cas où l'emprunteur ne sera point propriétaire ou usufruitier de l'exploitation, le greffier devra, en outre des indications ci-dessus, mentionner la date de l'envoi de l'avis au propriétaire ou usufruitier ainsi que la non-opposition de leur part après huit jours francs à partir de la date de l'accusé de réception de la lettre recommandée, comme il est dit ci-dessus.

4. Le warrant agricole peut également être établi, entre les parties, sans l'observation des formalités ci-dessus prescrites. — Mais en ce cas, d'une part, il n'est opposable aux tiers qu'après sa transcription au greffe de la justice de paix, conformément à l'article 3 qui précède, et, d'autre part, il ne prime les privilèges, soit du bailleur, soit du dépositaire des produits warrantés et du propriétaire des locaux où est effectué le dépôt, que si les avis ou consentements prévus par les articles précédents ont été donnés.

5. Le warrant indiquera si le produit warranté est assuré ou non et, en cas d'assurance, le nom et l'adresse de l'assureur. — Faculté est donnée aux prêteurs de continuer ladite assurance jusqu'à la réalisation du produit warranté. — Les porteurs de warrants ont, sur les indemnités d'assurances dues en cas de sinistres, les mêmes droits et privilèges que sur les produits assurés.

6. Le greffier délivrera à tout prêteur qui le requerra, avec l'autorisation de l'emprunteur, un état des warrants inscrits au nom de ce dernier ou un certificat établissant qu'il n'existe pas d'inscription. Cet état ne remontera pas à une époque antérieure à cinq années.

7. La radiation de l'inscription sera opérée sur la justification, soit du remboursement de la créance garantie par le warrant, soit d'une mainlevée régulière. — L'emprunteur qui aura remboursé son warrant fera constater le remboursement au greffe de la justice de paix; mention du remboursement ou de la mainlevée sera faite sur le registre prévu à l'article 3; certificat lui sera donné de la radiation de l'inscription. L'inscription sera radiée d'office après cinq ans, si elle n'a pas été renouvelée avant l'expiration de ce délai; si elle est inscrite à nouveau après la radiation d'office, elle ne vaudra à l'égard des tiers que du jour de la nouvelle date.

8. L'emprunteur conserve le droit de vendre les produits warrantés à l'amiable et avant le paiement de la créance, même sans le concours du prêteur; mais la tradition à l'acquéreur ne peut être opérée que lorsque le créancier a été désintéressé. — L'emprunteur peut, même avant l'échéance, rembourser la créance garantie par le warrant; si le porteur du warrant refuse les offres du débiteur, celui-ci peut, pour se libérer, consigner la somme offerte, en observant les formalités prescrites par l'article 1259 du Code civil; les offres sont faites au dernier ayant droit connu par les avis donnés au greffier, en conformité de l'article 10 qui suit. Sur le vu d'une quittance de consignation régulière et suffisante, le juge de paix du canton où le warrant est inscrit rendra une ordonnance aux termes de laquelle le gage sera transporté sur la somme consignée. — En cas de remboursement anticipé d'un warrant agricole, l'emprunteur bénéficie des intérêts qui restaient à courir jusqu'à l'échéance du warrant, déduction faite d'un délai de dix jours.

9. Les établissements publics de crédit peuvent recevoir les warrants comme effets de commerce avec dispense d'une des signatures exigées par leurs statuts.

10. Le warrant est transmissible par voie d'endossement. L'endossement est daté et signé; il énonce les noms, professions, domiciles des parties. — Tous ceux qui ont signé ou endossé un warrant sont tenus à la garantie solidaire envers le porteur. — L'escompteur ou les réescompteurs d'un warrant seront tenus d'aviser, dans les huit jours, le greffier du juge de paix par pli récommandé avec accusé de réception, ou verbalement contre récépissé de l'avis. — L'emprunteur pourra, par une mention spéciale inscrite au warrant, dispenser l'escompteur et les réescompteurs de donner cet avis; mais, dans ce cas, il n'y a pas lieu à l'application des dispositions des deux derniers paragraphes de l'article 8.

11. Le porteur du warrant doit réclamer à l'emprunteur paiement de sa créance échue et, à défaut de ce paiement, constater et réitérer sa réclamation par lettre recommandée adressée au débiteur et pour laquelle un avis de réception sera demandé. — S'il n'est pas payé dans les cinq jours de l'envoi de cette lettre, le porteur du warrant est tenu, à peine de perdre ses droits contre les endosseurs, de dénoncer le défaut de paiement, quinze jours francs au plus tard après l'échéance, par avertissement pour chacun des endossuers remis au greffier de la justice de paix compétent, qui lui en donne récépissé. Le greffier fait connaître cet avertissement, dans la huitaine qui le suit, aux endosseurs, par lettre recommandée pour laquelle un avis de réception doit être demandé. — En cas de refus de paiement, le porteur du warrant peut, quinze jours après la lettre recomandée adressée à l'emprunteur comme il est ci-dessus prescrit, faire procéder, par un officier public ou ministériel, à la vente publique de la marchandise engagée. Il y est procédé en vertu d'une ordonnance du juge de paix rendue sur requête, fixant les jour, lieu et heure de la vente;

elle sera annoncée huit jours au moins à l'avance par affiches apposées dans les lieux indiqués par le juge de paix, qui pourra même l'autoriser sans affiches après une ou plusieurs annonces à son de trompe ou de caisse; le juge de paix pourra, dans tous les cas, en autoriser l'annonce par la voie des journaux. La publicité donnée sera constatée par une mention insérée au procès-verbal de vente. — L'officier public chargé de procéder préviendra par lettre recommandée le débiteur et les endosseurs huit jours à l'avance, des lieu, jour et heure de la vente. — Les articles 622, 623, 624 et 625 du Code de procédure civile sont applicables aux ventes prévues par la présente loi. — Pour les tabacs warrantés, la vente publique est remplacée par une opposition entre les mains du comptable chargé d'en effectuer le paiement lors de sa livraison au magasin de la régie où il doit être livré, et ce par simple pli recommandé avec accusé de réception. Ce magasin sera désigné dès la création du warrant et dans son libellé même.

12. Le porteur du warrant est payé directement de sa créance sur le prix de vente, par privilège et de préférence à tous créanciers, sauf l'exception prévue par l'avant-dernier paragraphe de l'article 2 et sans autres déductions que celle des contributions directes et des frais de vente et sans autres formalités qu'une ordonnance du juge de paix.

13. Si le porteur du warrant fait procéder à la vente, conformément à l'article 11 ci-dessus, il ne peut plus exercer son recours contre les endosseurs et même contre l'emprunteur qu'après avoir fait valoir ses droits sur le prix des produits warrantés. En cas d'insuffisance du prix pour le désintéresser, un délai d'un mois lui est imparti à dater du jour où la vente de la marchandise est réalisée, pour exercer son recours contre les endosseurs.

14. Tout emprunteur convaincu d'avoir fait une fausse déclaration ou d'avoir constitué un warrant sur des produits déjà warrantés, sans avis préalable donné au nouveau prêteur; tout emprunteur ou dépositaire convaincu d'avoir détourné, dissipé ou volontairement détérioré au préjudice de son créancier le gage de celui-ci, sera poursuivi correctionellement sous inculpation d'escroquerie ou d'abus de confiance, selon les cas, et frappé des peines prévues aux articles 405 ou 406 et 408 du Code pénal.

15. Lorsque, pour l'exécution de la présente loi, il y aura lieu à référé, ce référé sera porté devant le juge de paix de la situation des objets warrantés.

16. Les tarifs établis et les mesures ordonnées antérieurement pour l'exécution de la loi du 18 juillet 1898 resteront en vigueur jusqu'à ce qu'il ait été ordonné autrement par décret nouveau[1]. — Le montant des droits du greffier à prévoir audit décret devra être inférieur d'un tiers au total des droits prévus par le décret du 29 octobre 1898 pour les warrants ne dépassant pas 1000 francs en capital, à moins que l'emprunteur ne demande la délivrance simultanée de plusieurs warrants dont le total serait supérieur à cette somme. — Les avis prescrits par la présente loi seront envoyés en la forme et avec la taxe des papiers d'affaires recommandés.

17. Sont dispensés de la formalité du timbre et de l'enregistrement les lettres et accusés de réception, les renonciations, acceptations et consentements prévus aux articles 2, 3, 10 et 11, le registre sur lequel les warrants seront inscrits, la copie des inscriptions d'emprunt, le certificat négatif et le certificat de radiation mentionnés aux articles 6 et 7. — Le warrant est passible du droit de timbre des effets de commerce (0,05 pour 100). — L'enregistrement (0,50 pour 100) ne deviendra obligatoire qu'en cas de vente opérée en vertu de l'article 11. — Le droit à percevoir sur le prix de ladite vente sera de 0,10 pour 100 (comme pour les marchandises neuves).

18. Le bénéfice de la présente loi s'appliquera aux ostréiculteurs.

19. La présente loi est applicable à l'Algérie. — L'article 463 du Code pénal est applicable à la présente loi. — La loi du 18 juillet 1898 est abrogée.

---

1) V. le décret du 7 septembre 1906, fixant les allocations dues aux greffiers des justices de paix pour l'exécution de la loi du 30 avril 1906 sur les warrants agricoles.

Décret du 12 mai 1906,

portant règlement d'administration publique sur la constitution des sociétés d'assurances-vie à forme mutuelle ou tontinière.[1]

Titre I. Dispositions générales.

Art. 1er. Les sociétés à forme mutuelle ou tontinière contractant des engagements dont l'exécution dépend de la durée de la vie humaine peuvent se former soit par un acte authentique, soit par un acte sous seing privé, fait en double original, quel que soit le nombre des signataires à l'acte.

2. Les projets de statuts doivent: 1° Indiquer l'objet, la durée, le siège, la dénomination de la société; — 2° Déterminer le montant du fonds de premier établissement; — 3° Fixer le nombre d'adhérents et le minimum de valeurs de contrats au-dessous desquels la société ne peut être valablement constituée, ainsi que la quote-part des premières cotisations qui devra être versée avant la constitution de la société.

3. Le texte entier des projets de statuts doit être inscrit sur toute liste destinée à recevoir les adhésions.

4. Lorsque le nombre des adhérents et le minimum de valeurs de contrats fixés par les projets de statuts, auront été réunis, les fondateurs de la société ou leurs fondés de pouvoirs le constatent par une déclaration devant notaire. A cette déclaration sont annexés: 1° La liste nominative dûment certifiée des adhérents, contenant leurs noms, prénoms, qualités et domiciles et le montant des contrats souscrits par chacun d'eux; — 2° L'un des doubles de l'acte de société, s'il est sous seing privé, ou une expédition s'il est notarié et s'il a été passé devant un notaire autre que celui qui reçoit la déclaration; — 3° L'état des versements effectués.

5. La première assemblée générale, qui est convoquée à la diligence des fondateurs, vérifie la sincérité de la déclaration mentionnée à l'article précédent; elle nomme les membres du conseil d'adminstration. Elle nomme également pour la première année les commissaires institués par l'article 20 ci-après. Les membres du conseil d'administration ne peuvent être nommés pour plus de six ans; ils sont rééligibles, sauf stipulation contraire. Toutefois, ils peuvent être désignés par les statuts, avec stipulation formelle que leur nomination ne sera pas soumise à l'assemblée générale; dans ce cas, ils ne peuvent être nommés pour plus de trois ans. — La société n'est définitivement constituée qu'après l'acceptation des membres du conseil d'administration et des commissaires.

6. Le compte des frais de premier établissement est apuré par le conseil d'administration et soumis à l'assemblée générale, qui l'arrête définitivement.

7. Dans le mois de la constitution de la société, une expédition de la déclaration faite devant notaire et de ses annexes est déposée au greffe du tribunal civil de l'arrondissement dans lequel se trouve le siège de la société. A cette expédition est annexée une copie certifiée des délibérations prises par l'assemblée générale constitutive.

8. Dans le même délai d'un mois, un extrait de l'acte constitutif et des pièces annexées est publié dans l'un des journaux qui se publient dans le lieu où siège le tribunal, ou, s'il n'y en a pas, dans l'un de ceux publiés dans le département.

9. L'extrait doit contenir la dénomination adoptée par la société, l'indication du siège social et la désignation des personnes autorisées à gérer, administrer et signer pour la société; il indique le nombre d'adhérents et la valeur de contrats souscrits au-dessous desquels la société ne pouvait être valablement constituée, l'époque où la société a commencé, celle où elle doit finir et la date du dépôt fait en exécution de l'article 7 ci-dessus. Il indique également si la société doit ou non constituer un fonds temporaire de garantie. — L'extrait des actes et pièces déposés est signé, pour les actes publics, par le notaire, et, pour les actes sous seing privé, par les membres du conseil d'administration.

10. Tous actes et délibérations ayant pour objet la modification des statuts, la continuation de la société au delà du terme fixé par les statuts, la dissolution avant ce terme et tout changement à la dénomination de la société sont soumis aux mêmes formalités que les actes et délibérations relatifs à la formation de la société.

---

[1]) V. décret du 22 juin 1906.

11. Toute personne a le droit de prendre communication des pièces déposées au greffe du tribunal et de s'en faire délivrer à ses frais expédition ou extrait par le greffier ou par le notaire détenteur de la minute. — Toute personne peut également exiger qu'il lui soit délivré, au siège de la société, une copie certifiée des statuts, moyennant le paiement d'une somme qui ne pourra excéder 1 franc.

12. Les sociétés ne peuvent traiter avec une entreprise de gestion que si les statuts l'ont explicitement prévu. Dans ce cas, les statuts doivent stipuler que les traités de gestion seront soumis à l'approbation préalable de l'assemblée générale, et que tous les documents[1] destinés au public devront porter, immédiatement après la dénomination de la société, celle de l'entreprise chargée de sa gestion.

13. Les statuts déterminent les pouvoirs du conseil d'administration, qui devra être composé de cinq membres au moins. Le conseil pourra, si les statuts l'y autorisent, déléguer une partie de ses pouvoirs à l'un de ses membres, ou à un directeur pris en dehors de son sein.

14. Les membres du conseil d'administration doivent être pris parmi les adhérents remplissant les conditions exigées par les statuts et, notamment, ayant souscrit des contrats pour une valeur déterminée par ces statuts. — Pendant la durée de leurs fonctions, ils ne pourront ni résilier leurs contrats, ni en toucher les capitaux, ni en opérer la cession, à moins de les remplacer par des contrats équivalents.

15. Le conseil d'administration élit parmi ses membres un président, un vice-président et un secrétaire dont les fonctions durent un an. Ils sont rééligibles. — Le conseil d'administration se réunit au moins une fois par mois. La présence de la moitié plus un des membres est nécessaire pour la validité des délibérations. Celles-ci sont prises à la majorité absolue des voix des membres du conseil. Le vote par procuration est interdit.

16. Il est tenu chaque année au moins une assemblée générale, à l'époque fixée par les statuts. Les statuts déterminent le minium de valeur des contrats qu'il est nécessaire d'avoir souscrit pour être admis à l'assemblée. — Les adhérents peuvent se faire représenter par un mandataire, membre lui-même de l'assemblée générale, sans que, toutefois, un même mandataire puisse disposer de plus de cinq voix.

17. Les statuts indiquent les conditions dans lesquelles sont faites les convocations à l'assemblée générale; ces convocations doivent être individuelles et précéder de vingt jours au moins la date fixée pour la tenue de l'assemblée. — Elle contient les noms et domiciles des membres présents. — Cette feuille, certifiée par le bureau de l'assemblée et déposée au siège social, doit être communiquée à tout requérant.

18. L'assemblée générale ne peut délibérer valablement que si elle réunit le quart au moins des membres ayant le droit d'y assister; si elle ne réunit pas ce nombre, une nouvelle assemblée est convoquée dans les formes et avec les délais prescrits par les statuts, et elle délibère valablement, quel que soit le nombre des membres présents ou représentés.

19. L'assemblée générale qui doit délibérer sur la nomination des membres du premier conseil d'administration et sur la sincérité de la déclaration faite, aux termes de l'article 4, par les fondateurs, doit être composée de la moitié au moins des membres ayant le droit d'y assister. — Si l'assemblée générale ne réunit pas le nombre ci-dessus, elle ne peut prendre qu'une délibération provisoire; dans ce cas, une nouvelle assemblée générale est convoquée. Deux avis, publiés à huit jours d'intervalle, au moins un mois à l'avance, dans l'un des journaux mentionnés à l'article 8, font connaître aux adhérents les résolutions provisoires adoptées par la première assemblée, et ces résolutions deviennent définitives si elles sont approuvées par la nouvelle assemblée, composée du cinquième au moins des adhérents ayant le droit d'y assister. — Il sera procédé de même pour les assemblées qui ont à délibérer sur des modifications aus statuts ou sur des propositions de continuation de la société au delà du terme fixé pour sa durée, ou de dissolution avant ce terme. — Toute modification de statuts est portée à la connaissance des adhérents dans le premier récépissé de cotisation qui leur est délivré.

20. L'assemblée générale annuelle désigne un ou plusieurs commissaires, adhérents ou non, chargés de faire un rapport à l'assemblée générale de l'année suivante sur la situation de la société, sur le bilan et sur les comptes présentés par l'admi-

[1]) V. *Erratum*, Journal officiel, 16 mars 1906.

nistration. — La délibération contenant approbation du bilan et des comptes est nulle si elle n'a été précédée du rapport des commissaires. — A défaut de nomination des commissaires par l'assemblée générale, ou en cas d'empêchement ou de refus d'un ou de plusieurs d'entre eux, il est procédé à leur nomination ou à leur remplacement par ordonnance du président du tribunal de première instance du siège de la société, à la requête de tout intéressé, les membres du conseil d'administration dûment appelés.

21. Pendant le trimestre qui précède l'époque fixée par les statuts pour la réunion de l'assemblée générale, les commissaires ont droit, toutes les fois qu'ils le jugent convenable dans l'intérêt de la société, de prendre communication des livres et d'examiner les opérations de la société. Ils peuvent toujours, en cas d'urgence, convoquer l'assemblée générale.

22. Quinze jours au moins avant la réunion de l'assemblée générale, tout adhérent peut prendre ou faire prendre par un fondé de pouvoirs, au siège social, communication de l'inventaire et de la liste des membres composant l'assemblée générale, et se faire dé livrer copie de ces documents.

23. Les statuts déterminent le mode et les conditions générales suivant lesquels sont contractés les engagements entre la société et les adhérents.

Titre II. Dispositions spéciales aux sociétés à forme mutuelle.

24. Pour qu'une société à forme mutuelle puisse être valablement constituée, un nombre minimum de 500 contrats doit être souscrit sur des têtes distinctes pour un minimum de 500 000 francs de capitaux assurés ou de 50 000 francs de rentes viagères assurées.

25. Les statuts déterminent le maximum du chargement à ajouter aux primes pures pour faire face: 1° Aux frais d'administration de la société; — 2° A la constitution de la réserve de garantie; — 3° A l'amortissement du fonds de premier établissement et, s'il y a lieu, du fonds temporaire de garantie prévu à l'article suivant.

26. Indépendamment du fonds de premier établissement, les statuts peuvent prévoir la constitution d'un fonds temporaire de garantie qui ne peut dépasser 1 500 000 francs et qui doit être intégralement amorti lorsque la réserve de garantie atteint ce chiffre. La portion amortie doit être chaque année au moins égale au chiffre atteint par la réserve de garantie lors de l'inventaire de l'exercice précédent.

27. Les excédents réalisés au cours de chaque exercice, après acquittement intégral des charges sociales, appartiennent à l'ensemble des adhérents et leur profitent exclusivement. — Les statuts doivent spécifier le mode et les bases de répartition de ces excédents. — Les statuts doivent également prévoir le cas où l'actif de la société deviendrait insuffisant pour faire face à ses engagements et indiquer comment il serait procédé pour y pourvoir.

Titre III. Dispositions spéciales aux sociétés à forme tontinière.

28. Les associations en cas de survie ou en cas de décès que forment les sociétés à forme tontinière ne peuvent être valablement constituées que si elle comprennent au moins 100 membres.

29. Aucune association en cas de survie ne peut avoir une durée inférieure à dix aus, ni supérieure à vingt-cinq ans, comptés à partir du 1er janvier de l'année au cours de laquelle elle a été ouverte. — La durée pendant laquelle une associations en cas de survie demeure ouverte doit être inférieure d'au moins cinq ans à sa durée totale.

30. Il est interdit aux sociétés à forme tontinière de garantir à leurs adhérents que la liquidation des associations dont ils font partie leur procurera une somme déterminée à l'avance.

31. Leurs statuts doivent spécifier: 1° La cessation, en cas de décès du sociétaire, du versement des annuités que le souscripteur aurait encore à faire aux association en cas de survie; — 2° La réduction des droits acquis au bénéficiaire, s'il y a eu cessation des versements du souscripteur aux associations en cas de survie, sous la condition de justifier de l'existence du sociétaire et du paiement d'une fraction de la souscription totale, sans que les statuts puissent fixer cette fraction à plus de trois dixièmes; — 3° Les bases de répartition pour les contrats ainsi réduits, avec exclusion ou non du partage des intérêts et bénéfices; — 4° Les délais et les formes dans lesquels la société est tenue d'aviser les intéressés de l'expiration des associations en cas de survie; — 5° Les délais pour la production des pièces et justifications réglementaires à l'appui des liquidations d'associations, ainsi que l'affectation des sommes non retirées par les ayants droit, dans un délai déterminé, à partir du 31 décembre de l'année pendant laquelle a eu lieu la répartition; — 6° L'affectation des fonds des associations en cas de survie, qui ne pourraient être liquidées par suite du décès ou de la forclusion de tous leurs membres, ainsi que des associations en cas de décès qui ne pourraient être liquidées par suite de l'absence de décès; — 7° Le mode de paiement des cotisations aux associations en cas de décès, qui devront être exigibles d'avance, au début de chaque année, sauf la première, qui pourra être payée à l'échéance choisie par le souscripteur et qui devra alors être réduite d'un quart, de la moitié ou des trois quarts, selon que le versement de la cotisation aura lieu dans le deuxième, le troisième ou le quatrième trimestre de l'année; — 8° La quotité des prélèvements qui pourra être affectée à la constitution[1] d'une réserve en faveur des survivants des associations en cas de décès; — 9° Les conditions dans lesquelles le fonds de premier établissement sera versé, rémunéré et amorti, sans, d'autre part, pouvoir être augmenté; — 10° Les conditions dans lesquelles la société, en cas de dissolution ou de retrait d'enregistrement, pourra procéder à la liquidation par anticipation des associations en cours, en vertu d'une délibération spéciale de l'assemblée générale des souscripteurs et sous réserve su visa du ministre du commerce.

Décret du 9 juin 1906,

portant règlement d'administration publique pour l'exécution de l'article 8 de la loi du 17 mars 1905, relativement au placement de l'actif des entreprises d'assurances sur la vie.

V. le texte dans le *Journal officiel* du 14 juin 1906.

Décret du 22 juin 1906,

relatif à l'enregistrement des entreprises d'assurances sur la vie.

V. le texte dans le *Journal officiel* du 26 juin 1906.

Décret du 22 juin 1906,

relatif à la réserve des garanties des entreprises d'assurances sur la vie.

V. le texte dans le *Journal officiel* du 28 juin 1906.

Décret du 22 juin 1906,

relatif au dépôt de valeurs à la Caisse des dépôts et consignations pour les entreprises étrangères d'assurances sur la vie.

V. le texte dans le *Journal officiel* du 28 juin 1906.

Décret du 22 juin 1906,

relatif aux conditions dans lesquelles doivent être gérées les entreprises à forme tontinière.

V. le texte dans le *Journal officiel* du 28 juin 1906.

[1]) V. *Erratum*, Journal officiel, 16 mars 1906.

Décret du 22 juin 1906,

relatif aux conditions de fonctionnement des entreprises de gestion d'assurances sur la vie.

V. le texte dans le *Journal officiel* du 28 juin 1906.

Loi du 1er juillet 1906,

relative à l'application en France des conventions internationales concernant la propriété industrielle.

Article Unique. Les Français peuvent revendiquer l'application à leur profit, en France, en Algérie et dans les colonies françaises, des dispositions de la convention internationale pour la protection de la propriété industrielle signée à Paris, le 20 mars 1883, ainsi que des arrangements, actes additionnels et protocoles de clôture qui ont modifié ladite convention, dans tous les cas où ces dispositions sont plus favorables que la loi française, pour protéger les droits dérivant de la propriété industrielle, et notamment en ce qui concerne les délais de priorité et d'exploitation en matière de brevets d'invention.

Loi du 20 décembre 1906,

modifiant l'article 1er de la loi du 12 juillet 1905, décidant que, lorsque les fêtes légales tomberont un vendredi, aucun paiement ne sera exigé ni aucun protêt ne sera dressé le lendemain de ces fêtes; lorsqu'elles tomberont le mardi, aucun paiement ne sera exigé ni aucun protêt ne sera dressé la veille de ces fêtes.[1]

Article Unique. Le paragraphe 1er de l'article 1er de la loi du 13 juillet 1905 est remplacé par la disposition suivante: — (V. C. Com., art. 134, note).

Loi du 22 décembre 1906,

modifiant l'article 176 du Code de Commerce.

Article Unique. Il est ajouté à l'article 176 du Code de Commerce la disposition suivante: — (V. C. Com., art. 176).

Loi du 30 décembre 1906,

sur les ventes au déballage, complétant la loi du 25 juin 1841.

Art. 1er. Les ventes de marchandises neuves, non comprises dans les prohibitions de la loi du 25 juin 1841, sur les ventes aux enchères, ne pourront être faites sous la forme de soldes, liquidations, ventes forcées ou déballages, sans une autorisation spéciale du maire de la ville où la vente doit avoir lieu. — Pour obtenir cette autorisation, le demandeur sera tenu de fournir un inventaire détaillé des marchandises à liquider, en indiquant leur importance en numéraire et le délai nécessaire pour leur écoulement. — Il pourra être tenu de justifier de la provenance des marchandises par la production de ses livres et de ses factures. — Pendant la durée de la liquidation, il lui sera interdit de recevoir d'autres marchandises que celles figurant à l'inventaire pour lequel l'autorisation a été accordée.

2. Toute contravention aux dispositions ci-dessus sera punie de la confiscation des marchandises mises en vente, et en outre d'une amende de cinquante francs (50 fr.) à trois mille francs (3,000 fr.), sans préjudice des dommages-intérêts, s'il y a lieu.

3. Pour le délit prévu par la présente loi, et pour celui établi par la loi du 25 juin 1841, la tentative sera punie comme le délit consommé.

[1]) V. lois des 23 décembre 1904, 13 juillet 1905, 29 octobre 1909 et 27 janvier 1910.

Loi du 31 janvier 1907,

portant fixation du budget général des dépenses et des recettes de l'exercice 1907.

. . . .

Art. 3. L'émission, l'exposition, la mise en vente, l'introduction sur le marché en France d'actions, d'obligations ou de titres, de quelque nature qu'ils soient, de sociétés françaises ou étrangères, seront, en ce qui concerne ceux de ces titres offerts au public à partir du 1er mars 1907, assujetties aux formalités ci-après: — Préalablement à toute mesure de publicité, les émetteurs, exposants, metteurs en vente et introducteurs devront faire insérer dans un bulletin annexe au *Journal officiel*, dont la forme sera déterminée par décret[1], une notice contenant les énonciations suivantes: 1° La dénomination de la société ou la raison sociale; — 2° L'indication de la législation (française ou étrangère) sous le régime de laquelle fonctionne la société; — 3° Le siége social; — 4° L'objet de l'entreprise; — 5° La durée de la société; — 6° Le montant du capital social, le taux de chaque catégorie d'actions et le capital non libéré; — 7° Le dernier bilan certifié pour copie conforme ou la mention qu'il n'en a pas été dressé encore. — Devront être également indiqués le montant des obligations qui auraient déjà été émises par la société avec énumération des garanties qui y sont attachées et, s'il s'agit d'une nouvelle émission d'obligations, le nombre ainsi que la valeur des titres à émettre, l'intérêt à payer pour chacun d'eux, l'époque et les conditions de remboursement et les garanties sur lesquelles repose la nouvelle émission. — Il devra, en outre, être fait mention des avantages stipulés au profit des fondateurs et des administrateurs, du gérant et de toute autre personne, des apports en nature et de leur mode de rémunération, des modalités de convocation aux assemblées générales et de leur lieu de réunion. — Les émetteurs, exposants, metteurs en vente et introducteurs devront être domiciliés en France; ils seront tenus de revêtir la notice ci-dessus de leur signature et de leur adresse. — Les affiches, prospectus et circulaires devront reproduire les énonciations de la notice et contenir mention de l'insertion de ladite notice au bulletin annexe du *Journal officiel*, avec référence au numéro dans lequel elle aura été publiée. — Les annonces dans les journaux devront reproduire les mêmes énonciations ou, tout au moins, un extrait de ces énonciations avec référence à ladite notice et indication du numéro du bulletin annexe du *Journal officiel* dans lequel elle aura été publiée. — Toute société étrangère qui procède en France à une émission publique, à une exposition, à une mise en vente ou à une introduction d'actions, d'obligations ou de titres de quelque nature qu'ils soient, sera tenue, en outre, de publier intégralement ses statuts, en langue française, au même bulletin annexe du *Journal officiel* et avant tout placement de titres. — Les infractions aux dispositions édictées ci-dessus seront constatées par les agents de l'enregistrement; elles seront punies d'une amende de dix mille à vingt mille francs (10.000 fr. à 20.000 fr.). — L'article 463 du Code pénal est applicable aux peines prévues par le présent article.

. . . .

Loi du 27 mars 1907, concernant les conseils de prud'hommes.

Titre I. Attributions. Institution et organisation des conseils de prud'hommes.

Art. 1er. Les conseils de prud'hommes sont institués pour terminer par voie de conciliation les différends qui peuvent s'élever à l'occasion du contrat de louage d'ouvrage dans le commerce et l'industrie entre les patrons ou leurs représentants et les employés, ouvriers et apprentis de l'un et de l'autre sexe qu'ils emploient. — Ils jugent dans les conditions de compétence déterminées par les articles 32, 33, 34 et 35 de la présente loi les différends à l'égard desquels la conciliation a été sans effet. — Leur mission, comme conciliateurs et comme juges, s'applique également aux différends nés entre ouvriers à l'occasion du travail. — Néanmoins, ils ne peuvent connaître des actions en dommages-intérêts motivés par des accidents dont les ouvriers, ou em-

[1]) Ce décret porte la date du 27 février 1907. — V. aussi décret du 3 février 1912.

ployés, ou apprentis auraient été victimes. — Ils doivent donner leur avis sur les questions qui leur seront posées par l'autorité administrative. — Ils exercent, en outre, les attributions qui leur sont confiées par des lois spéciales.

2. Les conseils de prud'hommes sont établis par décrets rendus en la forme des règlements d'administration publique, sur la proposition du ministre de la justice et du ministre du travail et de la prévoyance sociale, après avis des chambres de commerce et des chambres consultatives des arts et manufactures et des conseils municipaux des communes intéressées, dans les villes où l'importance de l'industrie ou du commerce en démontre la nécessité. — La création d'un conseil de prud'hommes est de droit lorsqu'elle est demandée par le conseil municipal de la commune où il doit être établi, avec avis favorable des chambres de commerce et des chambres consultatives des arts et manufactures, du conseil général du département, du ou des conseils d'arrondissement su ressort indiqué et de la majorité des conseils municipaux des communes devant composer la circonscription projetée.

3. Le décret d'institution détermine le ressort du conseil, le nombre des catégories dans lesquelles sont répartis les commerces et les industries soumis à sa juridiction et le nombre des prud'hommes affectés à chaque catégorie, sans que le nombre total des membres du conseil puisse être impair ou inférieur à douze. Les ouvriers et les employés sont classés dans des catégories distinctes. — Le décret détermine, s'il y a lieu, les sections des conseils et leur composition. — Des modifications pourront être apportées dans la même forme au décret d'institution.

4. Les membres des conseils de prud'hommes sont élus pour six ans. Ils sont renouvelés par moitié tous les trois ans. Néanmoins, ils conservent leurs fonctions jusqu' à l'installation de leurs successeurs.

5. A condition: 1° D'être inscrits sur les listes électorales politiques; — 2° D'être âgés de vingt-cinq ans révolus; — 3° D'exercer depuis trois ans, apprentissage compris, une profession dénommée dans le décret d'institution du conseil et de résider dans le ressort de ce conseil depuis un an.

Sont électeurs ouvriers: les ouvriers, les chefs d'équipe ou contremaîtres prenant part à l'exécution matérielle des travaux industriels et les chefs d'atelier de famille travaillant eux-mêmes.

Electeurs employés: les employés de commerce et d'industrie et les contremaîtres ne remplissant que des fonctions de surveillance ou de direction.

Electeurs patrons: les patrons occupant pour leur compte un ou plusieurs ouvriers ou employés, les associés en nom collectif, ceux qui gèrent ou dirigent pour le compte d'autrui une fabrique, une manufacture, un atelier, un magasin, une mine et généralement une entreprise industrielle ou commerciale quelconque; les présidents et membres des conseils d'administration, les ingénieurs et chefs de service tant dans les exploitations minières que dans les diverses industries.

Sont inscrites également sur les listes électorales, suivant la distinction ci-dessus, les femmes possédant la qualité de Française, réunissant les conditions d'âge, d'exercice de la profession et de résidence et n'ayant encouru aucune des condamnations prévues aux articles 15 et 16 du décret organique du 2 février 1852.

6. (*Ainsi modifié: Loi du 15 novembre 1908.*) Sont éligibles, à condition de résider depuis trois ans dans le ressort du conseil: 1° Les électeurs âgés de trente ans, sachant lire et écrire, inscrits sur les listes électorales spéciales ou justifiant des conditions requises pour y être inscrits; — 2° Les anciens électeurs hommes n'ayant pas quitté la profession depuis plus de cinq ans et l'ayant exercée cinq ans dans le ressort.

7. Les conseils de prud'hommes sont composés d'un nombre égal, pour chaque catégorie, d'ouvriers ou d'employés et de patrons. Il doit y avoir au moins deux prud'hommes patrons et deux prud'hommes ouvriers ou employés dans chaque catégorie.

8. Les prud'hommes ouvriers ou employés sont élus par les électeurs ouvriers ou employés, les prud'hommes patrons par les électeurs patrons, réunis dans des assemblées distinctes présidées chacune par le juge de paix ou l'un de ses suppléants. — Dans le cas où, pour la commodité du vote, il est établi plusieurs bureaux de scrutin, le préfet peut désigner dans son arrêté un maire ou un adjoint pour présider un ou plusieurs bureaux.

9. Les élections ont lieu au scrutin de liste et par catégorie. — Au premier tour de scrutin, aucune élection ne sera valable si les candidats n'ont pas obtenu la majorité absolue des suffrages exprimés et si cette majorité n'est pas égale au quart des électeurs inscrits; la majorité relative suffira au deuxième tour. — En cas d'égalité de suffrages au deuxième tour, le candidat le plus âgé sera proclamé élu.

10. Chaque année, dans les vingt jours qui suivent la revision des listes électorales politiques, le maire de chaque commune du ressort, assisté d'un électeur ouvrier, d'un électeur employé et d'un électeur patron désignés par le conseil municipal, inscrit sur des tableaux différents le nom, la profession et le domicile des électeurs ouvriers, employés et patrons. — Pendant la même période se fera l'inscription des femmes électeurs, et seront reçues les déclarations des employés concernant le genre de commerce ou industrie auquel ils sont attachés. — Ces tableaux sont adressés au préfet, qui dresse et arrête la liste de chaque catégorie d'électeurs. — Les listes sont déposées tant au secrétariat du conseil de prud'hommes qu'au secrétariat de chacune des mairies du ressort. Les électeurs sont avisés du dépôt par affiches apposées à la porte des mairies. Dans la üuinzaine üui suit la publication, des réclamations peuvent être formées contre la confection des listes; elles sont portées devant le juge de paix du canton, instruites et jugées conformément aux articles 5 et 6 de la loi du 8 décembre 1883 sur les élections consulaires. — Les rectifications sont opérées conformément à l'article 7 de la même loi.

11. Le renouvellement triennal doit porter sur la moitié des membres ouvriers ou employés et sur la moitié des membres patrons, compris dans chaque catégorie du conseil. Dans chacune de ces catégories, le sort désigne les prud'hommes qui sont remplacés la première fois. — Les prud'hommes sortants sont rééligibles.

12. Lorsqu'il y a lieu de procéder à des élections, le préfet convoque les électeurs au moins vingt jours d'avance, en indiquant le jour et l'endroit de leur réunion. Il fixe les heures d'ouverture et de clôture de chaque tour de scrutin. — Il peut y avoir plusieurs sections de vote. — Les élections se font toujours un dimanche. Le deuxième tour de scrutin auro lieu le dimanche suivant.

13. Les règles établies par les articles 13, 18 à 25, 26, paragraphes 1er et 3, 27 à 29 de la loi du 5 avril 1884 sur les élections municipales s'appliquent aux opérations électorales pour les conseils de prud'hommes. — Dans les trois jours qui suivent la réception du procès-verbal des élections, le préfet transment des copies certifiées de ce procès-verbal au procureur général et au secrétaire du conseil de prud'hommes. — Les protestations contre les élections sont formées, instruites et jugées conformément à l'article 11, paragraphes 5, 6 et 7, et à article 12 de la loi du décembre 1883. — Avis de l'arrêt est donné au préfet.

14. Dans la quinzaine de la réception du procès-verbal, s'il n'y a pas de réclamation, ou dans les quinze jours qui suivent la décision définitive, le procureur de la République invite les élus à se présenter à l'audience du tribunal civil, qui procède publiquement à leur réception et en dresse procès-verbal consigné dans ses registres. — Au cours de cette réception, les élus prêtent individuellement le serment suivant: — «Je jure de remplir mes devoirs avec zèle et intégrité et de garder le secret des délibérations.» — Le jour de l'installation publique du conseil de prud'hommes, il est donné lecture du procès-verbal de réception.

15. Dans le cas où une ou plusieurs vacances se produisent dans le conseil, par suite de décès, de démission, d'annulation des premières élections ou de toute autre cause, il est procédé à des élections complémentaires dans le délai d'un mois à dater du fait qui y donne lieu, à moins qu'il n'y ait pas plus de trois mois entre le fait et l'époque du prochain renouvellement triennal. — Tout membre élu dans ces conditions ne demeure en fonctions que pendant la durée du mandat qui avait été confié à son prédécesseur. — Tout conseiller prud'homme ouvrier ou employé qui devient patron, et réciproquement, doit déclarer au procureur de la République et au président du conseil qu'il a perdu la qualité en laquelle il a été élu. Cette déclaration a pour effet nécessaire la démission. — A défaut de déclaration, l'assemblée générale est saisie de la question par son président ou par le procureur de la République. Le membre du conseil auquel elle s'applique est appelé à cette réunion pour y fournir ses explications. — Le procès-verbal est transmis dans la huitaine par le président au procureur de la République, et par celui-ci dans un semblable délai au président du tribunal civil. — Sur le vu du procès-verbal, la démission est déclarée, s'il y a lieu, par le tribunal civil en chambre du conseil, sauf appel devant la cour du ressort. Avis de la décision est donnée au préfet par le procureur de la République et, en cas d'appel, par le procureur général.

16. S'il y a lieu de procéder à des élections complémentaires, soit parce que les premières élections n'ont pas donné de résultats satisfaisants pour la constitution

ou le complément de conseil, soit parce qu'un ou plusieurs prud'hommes élus ont refusé de se faire installer, ont donné leur démission ou ont été déclarés démissionnaires par application de l'article 44, et si l'un de ces divers faits vient à se reproduire, il n'est pourvu aux vacances qui peuvent en résulter que lors du prochain renouvellement triennal, et le conseil ou la section fonctionne, quelle que soit la qualité des membres régulièrement élus ou en exercice, pourvu que leur nombre soit au moins égal à la moitié du nombre total des membres dont il doit être composé. — La même disposition est applicable au cas où une ou plusieurs élections ont été annulées pour cause d'inéligibilité des élus.

17. Les prud'hommes, réunis en assemblée générale de section sous la présidence du doyen d'âge, élisent parmi eux, au scrutin secret, à la majorité absolue des membres présents, un président et un vice-président. — Après deux tours de scrutin, sans qu'aucun des candidats ait obtenu la majorité absolue des membres présents, si, au troisième tour de scrutin, il y a partage des voix, le conseiller le plus ancien en fonctions sera élu. Si les deux candidats avaient un temps de service égal, la préférence serait accorde au plus âgé; il en sera de même dans le cas de création d'un nouveau conseil.

18. Lorsque le président est choisi parmi les prud'hommes ouvriers ou employés, le vice-président ne peut l'être que parmi les prud'hommes patrons, et réciproquement. — Le président sera alternativement un ouvrier ou employé, ou un patron. — Le sort décidera si c'est un patron ou si c'est un ouvrier ou employé qui présidera le premier. — Exceptionnellement, dans le cas prévu par l'article 16, le président et le vice-président peuvent être pris tous deux soit parmi les prud'hommes ouvriers ou employés, soit parmi les prud'hommes patrons si le conseil ne se trouve composé que de l'un ou de l'autre élément. — Les réclamations contre l'élection des membres du bureau sont soumises à la cour d'appel, dans les conditions déterminées par l'avant-dernier alinéa de l'article 13; elles doivent être faites dans la quinzaine.

19. Le président et le vice-président sont élus pour une année; ils sont rééligibles sous la condition d'alternance de l'article précédent. — Ils restent en fonctions jusqu'à l'installation de leurs succeseurs.

20. Chaque section des conseils de prud'hommes comprend: 1° Un bureau de conciliation; — 2° Un bureau de jugement.

21. Le bureau de conciliation est composé d'un prud'homme ouvrier ou employé et d'un prud'homme patron; la présidence appartient alternativement à l'ouvrier ou à l'employé et au patron, suivant un roulement établi par le règlement particulier de chaque section. — Celui des deux qui préside le bureau le premier est désigné par le sort. — Exceptionnellement et dans les cas prévus par l'article 16, les deux membres composant le bureau peuvent être pris parmi les prud'hommes ouvriers ou employés ou parmi les prud'hommes patrons, si la section ne se trouve composée que d'un seul élément.

22. Les séances du bureau de conciliation ont lieu au moins une fois par semaine. Elles ne sont pas publiques.

23. Le bureau de jugement se compose d'un nombre toujours égal de prud'hommes patrons et de prud'hommes ouvriers ou employés, y compris le président ou le vice-président siégeant alternativement. Ce nombre est au moins de deux patrons et de deux ouvriers ou employés. A défaut du président ou du vice-président, la présidence appartiendra au conseiller le plus ancien en fonctions; s'il y a égalité dans la durée des fonctions, au plus âgé. — Exceptionnellement, dans les cas prévus à l'article 16, le bureau de jugement peut valablement délibérer, un nombre de membres pair et au moins égal à quatre étant présents, alors même qu'il ne serait pas formé d'un nombre égal d'ouvriers ou d'employés et de patrons. — Les délibérations du bureau de jugement sont prises à la majorité absolue des membres présents. — En cas de partage, l'affaire est renvoyée dans le plus bref délai devant le même bureau de jugement, présidé par le juge de paix de la circonscription ou l'un de ses suppléants. — Si la circonscription du conseil comprend plusieurs cantons ou arrondissements de justice de paix, le juge de paix appelé à faire partie du bureau de jugement et à en exercer la présidence sera le plus ancien en fonctions ou le plus âgé, ainsi qu'il est dit ci-dessus pour la présidence. — Toutefois, le président du tribunal civil dans le ressort duquel le conseil de prud'hommes a son siége devra, dans le cas où il en sera ainsi ordonné par le ministre de la justice, établir entre les juges de paix de la circonscription du conseil un roulement aux termes duquel ils feront le service à leur tour pendant un temps déterminé. — En seront dispensés, s'ils le demandent, les juges de paix des cantons hors desquels le siège du conseil est fixé. — Les séances du bureau de jugement sont publiques. Si les débats sont de nature à produire du scandale, le conseil peut ordonner le huis clos. — Le prononcé du jugement devra toujours avoir lieu en audience publique.

24. Il est attaché à chaque conseil un ou plusieurs secrétaires et, s'il y a lieu, un ou plusieurs secrétaires adjoints nommés par décret rendu sur la proposition du ministre de la juistice et sur une liste de trois candidats arrêtée an assemblée générale à la majorité absolue. Ils prêtent serment devant le tribunal civil. Leurs traitements sont fixés pour les conseils existants par un règlement d'administration publique et par décret pour les conseils qui seront créés à l'avenir. — Le secrétaire assiste et tient la plume aux audiences des bureaux de conciliation et de jugement. — Les secrétaires et secrétaires adjoints ne pourront être révoqués de leurs fonctions que par décret rendu sur la proposition du ministre de la justice, soit d'office, soit sur une délibération signée par les deux tiers des prud'hommes, réunis en assemblée générale.

25. Il ne peut exister dans chaque ville qu'un conseil de prud'hommes. — Le conseil peut être divisé en sections. Les catégories d'ouvriers et les catégories d'employés sont classées dans des sections distinctes. Chaque section est autonome. — Les présidents et vice-présidents des sections se réunissent chaque année pour élire parmi les premiers, dans les formes prévues à l'article 17, le président du conseil de prud'hommes qui est chargé des rapports avec l'administration, et, entre les sections, de l'administration intérieure et de la discipline générale.

Titre II. De la procédure devant les conseils de prud'hommes.

26. Les parties sont tenues de se rendre en personne au jour et à l'heure fixés devant le bureau de conciliation ou le bureau de jugement. — Elles peuvent se faire assister et, en cas d'absence ou de maladie, se faire représenter par un ouvrier ou employé ou par un patron exerçant la même profession. — Les chefs d'entreprises industrielles ou commerciales peuvent toujours se faire représenter par le directeur gérant ou par un employé de leur établissement. — Le mandataire doit être porteur d'un pouvoir sur papier libre; ce pouvoir pourra être donné au bas de l'orginal ou de la copie de l'assignation. — Les parties peuvent déposer des conclusions écrites; elles ne peuvent faire signifier aucunes défenses. — Les parties pourront se faire représenter ou assister par un avocat régulièrement inscrit au barreau ou par un avoué exerçant prés du tribunal civil de l'arrondissement. — L'avocat et l'avoué seront dispensés de présenter une procuration.

27. Le défendeur est appelé devant le bureau de conciliation par une simple lettre du secrétaire qui jouira de la franchise postale. — La lettre doit contenir les jour, mois et an, les nom, profession et domicile du demandeur, l'indication de l'objet de la demande, le jour et l'heure de la comparution. Elle est remise à la poste par les soins du secrétaire ou portée par le demandeur, au choix de ce dernier.

28. Les parties peuvent toujours se présenter volontairement devant le bureau de conciliation, et, dans ce cas, il est procédé à leur égard comme si l'affaire avait été introduite par une demande directe.

29. Si, au jour fixé par la lettre du secrétaire, le demandeur ne comparaît pas, la cause est rayée du rôle et ne peut être reprise qu'après un délai de huit jours. — Si le défendeur ne comparaît pas, ni personne ayant qualité pour lui, ou si la conciliation n'a pu avoir lieu, l'affaire est renvoyée à la prochaine audience du bureau de jugement. — Le secrétaire convoque alors les parties soit par lettres recommandées, avec avis de réception, soit par minstère d'huissier. — Dans le cas de convocation par lettres recommandées, à défaut d'avis de réception, le défendeur est cité par huissier. La citation contient les énonciations prescrites pour la lettre par l'article 27. — Le délai pour la comparution sera dans les deux cas d'un jour franc. Si la convocation a lieu par lettre recommandée, le point de départ du délai sera la date de la remise figurant à l'avis de réception. — Les témoins seront appelés dans les mêmes formes et délais.

30. Dans les cas où la conciliation n'a pu avoir lieu, la cause, au lieu d'être renvoyée à une prochaine audience, peut être immédiatement jugée par le bureau de jugement, si les deux parties y consentent.

31. Au jour fixé, si l'une des parties ne comparaît pas, la cause est jugée par défaut.

32. Les jugements des conseils de prud'hommes sont définitifs et sans appel, sauf du chef de la compétence, lorsque le chiffre de la demande n'excède pas trois cents francs (300 fr.) en capital. — Les différends entre les employés et leurs patrons sont de la compétence des tribunaux ordinaires lorsque le chiffre de la demande excède mille francs (1000 fr.). Cette limitation ne s'applique pas aux différends entre les ouvriers et leurs patrons.

33. Les conseils de prud'hommes connaissent de toutes les demandes reconventionnelles ou en compensation qui, par leur nature, rentrent dans leur compétence. — Lorsque chacune des demandes principales, reconventionnelles ou en compensation, sera dans les limites de la compétence du conseil en dernier ressort, il prononcera sans qu'il y ait lieu à appel. — Si l'une de ces demandes n'est susceptible d'être jugée qu'à charge d'appel, le conseil ne prononcera sur toutes qu'en premier ressort. Néanmoins, il statuera en dernier ressort si seule la demande reconventionnelle en dommages-intérêts, fondée exclusivement sur la demande principale, dépasse sa compétence en premier ressort. — Dans les différends entre les employés et leurs patrons, si la demande principale excède la compétence du conseil en dernier ressort, il statuera à charge d'appel sur la demande reconventionnelle en dommages-intérêts fondée exclusivement sur la demande principale, même si elle est supérieure à mille frans (1000 fr.). — Toutes les demandes dérivant du contrat de louage entre les mêmes parties doivent faire l'objet d'une seule instance, à peine d'être déclarées non recevables, à moins que le demandeur ne justifie que les causes des demandes nouvelles ne sont nées à son profit ou n'ont été connues de lui que postérieurement à l'introduction de la demande primitive. — Les jugements susceptibles d'appel peuvent être déclarés exécutoires par provision avec dispense de caution jusqu'à concurrence du quart de la somme, sans que ce qartqu puisse dépasser cent francs (100 fr.). Pour le surplus l'exécution provisoire peut être ordonnée à la charge par le demandeur de fournir caution.

34. Si la demande est supérieure à trois cents francs (300 fr.), il peut être fait appel des jugements des conseils de prud'hommes devant le tribunal civil. — L'appel ne sera recevable ni avant les trois jours qui suivront celui de la prononciation du jugement, à moins qu'il y ait lieu à exécution provisoire, ni après les dix jours qui suivront la signification. — L'appel sera instruit et jugé comme en matière commerciale, sans assistance obligatoire d'un avoué. Si les parties intéressées ne comparaissent pas en personne, elles ne peuvent être représentées que dans les conditions indiquées à l'article 26. Elles peuvent notamment se faire représenter et défendre devant le tribunal civil soit par un avoué près ledit tribunal, soit par un avocat inscrit à un barreau. Dans ce cas une procuration ne sera pas exigée. — Le tribunal civil devra statuer dans les trois mois à partir de l'acte d'appel.

35. Les jugements rendus en dernier ressort par les conseils de prud'hommes pourront être attaqués par la voie du recours en cassation pour excès de pouvoir ou violation de la loi. — Les pourvois seront formés au plus tard le cinquième jour à dater de la signification du jugement par déclaration au secrétariat du conseil, et notifiés dans la huitaine à peine de déchéance. — Dans la quinzaine de la notification, les pièces seront adressées à la cour de cassation; aucune amende ne sera consignée; le ministère d'avocat ne sera pas obligatoire. — Le pourvoi sera porté directement devant la chambre civile. — La cour de cassation statuera dans le mois qui suivra la réception des pièces. — Les jugements des tribunaux civils ayant statué sur appel, par application de l'article 34 de la présente loi, pourront être attaqués par la voie du recours en cassation pour incompétence, excès de pouvoir ou violation de la loi. — Les pourvois en cassation contre ces jugements sont soumis aux règles prescrites par les deuxième, troisième, quatrième et cinquième alinéas du présent article. Mais la déclaration du pourvoi sera faite au greffe du tribunal.

36. Le conseil, en cas d'absence, d'empêchement ou de refus d'autorisation du mari, peut autoriser la femme mariée à se concilier, demander ou défendre devant lui.

37. Les mineurs qui ne peuvent être assistés de leur père ou tuteur peuvent être autorisés par le conseil à se concilier, demander ou défendre devant lui.

38. Les membres des conseils de prud'hommes peuvent être récusés: 1° Quand ils ont un intérêt personnel à la contestation; — 2° Quand ils sont parents ou alliés d'une des parties jusqu'au degré de cousin germain inclusivement; — 3° Si, dans l'année qui a précédé la récusation, il y a eu action judiciaire, criminelle ou civile entre eux et l'une des parties ou son conjoint, ou ses parents et alliés en ligne directe;

— 4° S'ils ont donné un avis écrit dans l'affaire; — 5° S'ils sont patrons, ouvriers ou employés de l'une des parties en cause.

La partie qui veut récuser un prud'homme est tenue de former la récusation avant tout débat et d'en exposer les motifs dans une déclaration revêtue de sa signature, qu'elle remet au secrétaire du conseil de prud'hommes, ou verbalement faite au même secrétaire, et dont il lui est délivré récépissé. — Le prud'homme récusé sera tenu de donner au bas de la déclaration, dans le délai de deux jours, sa réponse par écrit, portant ou son acquiesement à la récusation ou son opposition avec ses observations sur les moyens de récusation. — Dans les trois jours de la réponse du prud'homme qui refuse d'acquiescer à la récusation, ou faute par lui de répondre, une copie de la déclaration de récusation et des observations du prud'homme, s'il y en a, sera envoyée par le président du conseil au président du tribunal civil dans le ressort duquel le conseil est situé. — La récusation y sera jugée en dernier ressort dans la huitaine sans qu'il soit besoin d'appeler les parties. Avis de la décision sera immédiatement donné au président du conseil par les soins du procureur de la République.

39. Les fonctions de prud'homme sont entièrement gratuites vis-à-vis des parties; ils ne peuvent réclamer aucuns frais des parties pour les formalités remplies par eux.

40. Les actes de procédure, les jugements et actes nécessaires à leur exécution sont rédigés sur papier visé pour timbre et enregistrés en débet. Le visa pour timbre est donné sur l'original au moment de son enregistrement. — Par exception, les procès-verbaux, jugements et actes, seront enregistrés gratis toutes les fois qu'ils constateront que l'objet de la contestation ne dépasse pas la somme de vingt francs (20 fr.). — Ces dispositions sont applicables aux causes portées en appel ou devant la cour de cassation. — La partie qui succombe est condamnée aux dépens envers le Trésor. — Les paragraphes qui précèdent sont applicables à toutes les causes qui sont de la compétence des conseils de prud'hommes et dont les juges de paix sont saisis dans les lieux où ces conseils ne sont pas établis, et ce, conformément à l'article 27 de la loi du 22 janvier 1851. — L'assistance judiciaire peut être accordée devant les conseils de prud'hommes dans les mêmes formes et conditions que devant les justices de paix. — La partie assistée judiciairement pourra obtenir du bâtonnier de l'ordre la commission d'un avocat pour présenter ses moyens de défense devant le bureau de jugement du conseil de prud'hommes. — (*Ajouté: Loi du 13 novembre 1908.*) Les demandes qui sont de la compétence de conseils de prud'hommes et dont les juges de paix sont saisis dans les lieux où ces conseils ne sont pas établis, sont formées, instruites et jugées, tant devant la juridiction de première instance que devant les juges d'appel ou la cour de cassation, conformément aux règles établies par les dispositions du présent titre.

41. La compétence des conseils de prud'hommes est fixée, pour le travail dans un établissement, par la situation de cet établissement et, pour le travail en dehors de tout établissement, par le lieu où l'engagement a été contracté. Lorsque le conseil est divisé en sections, la section compétente est déterminée par le genre de travail, quelle que soit la nature de l'établissement.

42. Dans les cas urgents, les conseils de prud'hommes peuvent ordonner telles mesures qui seront jugées nécessaires pour empêcher que les objets qui donnent lieu à une réclamation ne soient enlevés ou déplacés, ou détériorés.

43. Les articles 5, 7, 10, 11, 12, 13, 14, 15, 18, 20, 21, 22, 28, 29, 31, 32, 33, 34, 35, 36, 37, 38, 39, 40, 41, 42, 43, 46, 47, 54, 55, 73, 130, 131, 156, 168, 169, 170, 171, 172, 442, 452, 453, 454, 455, 456, 457, 458, 459, 460, 474, 480 et 1033 du Code de procédure civile, 63 du décret du 20 avril 1810, 17 de la loi du 30 août 1883, sont applicables à la juridiction des prud'hommes en tout ce qu'ils n'ont pas de contraire à la présente loi.

Titre III. De la discipline des conseils de prud'hommes.

44. Tout membre d'un conseil de prud'hommes qui, sans motifs légitimes et après mise en demeure, se refuserait à remplir le service auquel il est appeleé, peut être déclaré démissionnaire.

45. Le président constate le refus de service par un procès-verbal contenant l'avis motivé du conseil ou de la section, le prud'homme préalablement entendu ou dûment appelé. — Si le conseil ou la section n'émet pas son avis dans le délai d'un mois à dater de la convocation, le président fait mention de cette abstention dans le procès-verbal qu'il transmet au procureur de la République, lequel en saisit le tribunal civil.

46. Sur le vu du procès-verbal, la démission est déclarée par le tribunal en chambre du conseil, soit que le conseil de prud'hommes ait délibéré ou non. En cas de réclamation, il est statué en chambre du conseil par la cour d'appel. La réclamation doit être faite dans la quinzaine du jugement. Devant le tribunal comme devant la cour, l'intéressé doit être appelé.

47. Tout membre d'un conseil de prud'hommes qui aura gravement manqué à ses devoirs dans l'exercice de ses fonctions sera appelé devant le conseil ou la section pour s'expliquer sur les faits qui lui sont reprochés. — L'initiative de cet appel appartient au président du conseil de prud'hommes et au procureur de la République. — Dans le délai d'un mois à dater de la convocation, le procès-verbal de la séance de comparution est adressé parle président du conseil de prud'hommes au procureur de la République. — Le procès-verbal est transmis par le procureur de la République, avec son avis, au ministre de la justice. Les peines suivantes peuvent être prononcées selon les cas: — La censure; — La suspension pour un temps qui ne peut excéder six mois; — La déchéance.

48. La censure et la suspension peuvent être prononcées par arrêté du ministre de la justice. La déchéance est prononce par décret.

49. Tout prud'homme élu, qui refuse de se faire installer, donne sa démission ou est déclaré démissionnaire en vertu de l'article 44, ne peut être réélu avant le délai de trois ans à partir de son refus, de sa démission ou de la décision du tribunal qui le déclare démissionnaire [1].

50. Tout prud'homme contre lequel la déchéance a été prononcée ne peut plus être réélu aux mêmes fonctions [2].

51. L'acceptation du mandat impératif, à quelque époque et sous quelque forme qu'elle se produise, constitue de la part d'un conseiller prud'homme un manquement grave à ses devoirs. — Si le fait est reconnu par les juges chargés de statuer sur la validité des opérations électorales, il entraîne de plein droit l'annulation de l'éaction de celui qui s'en est rendu coupable. — Si la preuve n'est rapportée qu'ultérieurement, il est procédé conformément aux dispositions des articles 47 et 48. — L'acceptation du mandat impératif ainsi reconnue a pour conséquence nécessaire, dans le premier cas l'inéligibilité, dans le second la déchéance.

52. En cas de plainte en prévarivation contre les membres des conseils de prud'hommes, il sera procédé contre eux suivant la forme établie à l'égard des juges par l'article 483 du Code d'instruction criminelle.

53. Les articles 4 et 5 du Code civil, 505 à 508, 510 à 516 du Code de procédure civile, 126, 127 et 185 du Code pénal sont applicables aux conseils de prud'hommes et à leurs membres individuellement. — La prise à partie sera portée devant la cour d'appel.

54. Les conseils de prud'hommes ou leurs sections peuvent être dissous par un décret rendu sur la proposition du ministre de la justice. — Dans ce cas, les élections générales devront avoir lieu dans le délai de deux mois à partir de la date du décret de dissolution. — Jusqu'à l'installation du nouveau conseil ou de la nouvelle section, les litiges seront portés devant le juge de paix du domicile du défendeur. — Les conseils de prud'hommes peuvent être également supprimés par décret rendu en la forme des règlements d'administration publique, sur la proposition du ministre de la justice et du ministre du travail et de la prévoyance sociale.

Titre IV. Dispositions générales.

55. Chaque conseil de prud'hommes prépare en assemblée générale un règlement pour son régime intérieur. — Ce règlement n'est exécutoire qu'après l'approbation du ministre de la justice, et après celle du ministre du travail et de la prévoyance sociale en ce qui concerne les attributions administratives et consultatives du conseil.

56. Les conseils de prud'hommes se réunissent en assemblée générale toutes les fois que la demande en est faite par l'autorité supérieure, par la moitié plus un des membres en exercice, ou lorsque le président le juge utile. Le procès-verbal de chaque assemblée générale est transmis dans la quinzaine, par le président, au ministre de la justice et, s'il y a lieu, au ministre du travail et de la prévoyance sociale.

---

1) V. loi du 8 mars 1912. — 2) V. loi du 8 mars 1912.

57. Les membres des conseils de prud'hommes portent, soit à l'audience, soit dans les cérémonies publiques, sur le côté gauche de la poitrine et attachée par un ruban, une médaille en argent, signe de leurs fonctions. Un arrêté ministériel indiquera le module et les mentions de la médaille, ainsi que la couleur du ruban.

58. Il est payé aux secrétaires du conseil de prud'hommes, en dehors de leurs traitements, les sommes suivantes: — Pour la convocation, par simple lettre, devant le bureau de conciliation, quinze centimes (0 fr. 15); — Pour la convocation, par lettre recommandée, avec avis de réception, devant le bureau de jugement, soixante-quinze centimes (0 fr. 75); — Pour chaque extrait de jugement délivré au Trésor, vingt-cinq centimes (0 fr. 25); — Pour chaque rôle d'expédition qu'ils livreront et qui contiendront vingt lignes à la page et douze syllabes en moyenne à la ligne, quarante centimes (0 fr. 40); — Pour l'expédition, si elle est requise, du procès-verbal de non-conciliation et qui ne contiendra que la mention sommaire que les parties n'ont pu s'accoder, quatre-vingts centimes (0 fr. 80). — Pour la rédaction du procès-verbal de chaque dépôt de dessins ou modèles et pour l'émolument de l'expédition, un france (1 fr.). — Les frais de papier — de registre, d'expédition ou autres — seront à la charge du secrétaire, à l'exception du timbre des procès-verbaux et expéditions prévus à l'alinéa précédent. — Le secrétaire touche directement des parties les droits qui lui sont alloués, même ceux provenant des expéditions qu'il délivre.

Il est alloué à l'huissier: — Pour chaque citation, un franc vingt-cinq centimes (1 fr. 25); — Pour la signification d'un jugement, un franc soixante-quinze centimes (1 fr. 75). — S'il y a une distance de plus d'un demi-myriamètre entre la demeure de l'huissier et le lieu où devront être remises la citation et la signification, il sera payé par myriamètre et fraction de myriamètre en sus, aller et retour: — Pour la citation, un franc soixante-quinze centimes (1 fr. 75). — Pour la signification, deux francs (2 fr.). — Pour la copie des pièces qui pourra être donnée avec les jugements rendus, il sera alloué, pour chaque rôle d'expédition de vingt lignes à la page et de douze syllabes à la ligne, vingt centimes (0 fr. 20).

59. Il est alloué aux témoins entendus par les conseils de prud'hommes qui en font la demande, une somme de 2 francs (2 fr.) comme indemnité pour perte de temps. Les témoins domiciliés hors du canton, à plus de 2 myriamètres et demi et moins de 5, reçoivent quatre francs (4 fr.); au-dessus de 5 myriamètres, ils reçoivent quatre francs (4 fr.) par 5 myriamètres ou fraction de 5 myriamètres.

60. Tout secrétaire d'un conseil de prud'hommes convaincu d'avoir exigé une taxe plus forte que celle qui lui est allouée est puni comme concussionnaire.

Titre V. Dépenses des conseils de prud'hommes.

61. Le local nécessaire aux conseils de prud'hommes est fourni par la ville où ils sont établis.

62. Les dépenses obligatoires pour les communes comprises dans la circonscription d'un conseil de prud'hommes sont les suivantes: 1° Frais de premier établissement; — 2° Achat des insignes; — 3° Chauffage; — 4° Eclairage et menus frais; — 5° Frais d'élection; — 6° Rétribution du ou des secrétaires et du ou des secrétaires-adjoints attachés au conseil.

63. Le président de chaque conseil de prud'hommes soumet, dans le courant de mois de décembre de chaque année, à l'approbation du préfet du département, l'état des dépenses désignées dans l'article ci-dessus.

Titre VI. Des conseils de prud'hommes aux colonies et en Algérie.

64. La présente loi est applicable aux colonies de la Guadeloupe, de la Martinique et de la Réunion.

65. Elle est applicable à l'Algérie avec les modifications ci-après.

66. Sont éligibles les électeurs âgés de trente ans, domiciliés depuis deux ans et sachant lire et écrire le français.

67. Dans les circonscriptions où l'importance de la population musulmane le comporte, les conseils de prud'hommes comprennent des assesseurs musulmans. Les décrets d'institution indiquent le nombre des prud'hommes assesseurs musulmans. — Les patrons assesseurs musulmans et les ouvriers ou employés assesseurs musulmans sont toujours en nombre égal dans chaque catégorie.

68. Dans les causes où se trouvent un ou plusieurs musulmans non admis à la jouissance des droits de citoyen français, le bureau de conciliation et le bureau

de jugement comprennent, en outre des membres prévus aux articles 21 et 23, deux prud'hommes assesseurs musulmans, l'un patron, l'autre ouvrier ou employé, ayant voix délibérative.

69. Les prud'hommes assesseurs musulmans sont élus par les musulmans non admis à la jouissance des droits de citoyen français, inscrits sur la liste électorale municipale et remplissant les conditions indiquées à l'article 5 de la présente loi. — La liste de ces électeurs est dressée séparément.

70. Les prud'hommes assesseurs musulmans sont élus dans la même forme que les autres prud'hommes. — Ils sont soumis aux mêmes conditions d'éligibilité. — Toutefois, pour l'assessorat, il suffit aux candidats de savoir parler français, s'ils savent lire et écrire leur langue maternelle. — Ils ne peuvent faire partie du bureau, mais ils prennent part à sa nomination au même titre que les autres membres.

71. Il peut être attaché aux conseils de prud'hommes d'Algérie des interprètes qui sont nommés dans la même forme que le secrétaire; avant d'entrer en fonctions, ils prêtent le serment professionnel devant le tribunal civil. — Leur traitement est fixé dans les formes prescrites par l'article 24.

72. Les prud'hommes assesseurs musulmans sont renouvelés par moitié, tous les trois ans, conformément à l'article 11.

Titre VII. Dispositions spéciales.

73. Sont abrogés: 1° Les articles 1er à 9, 29 et suivants de la loi du 18 mars 1806; — 2° Le décret du 11 juin 1809; — 3° Le décret du 3 août 1810; — 4° Les décrets des 27 mai et 6 juin 1848; — 5° Les décrets du 7 août 1850, sous réserve de son application aux contestations prévues par l'article 27, paragraphe 2, de la loi du 22 janvier 1851; — 6° L'article 18, premier alinéa, de la loi du 22 février 1851; — 7° La loi du 1er juin 1853; — 8° La loi du 4 juin 1864; — 9° La loi du 7 février 1880; — 10° La loi du 23 février 1881; — 11° La loi du 24 novembre 1883; — 12° La loi du 10 décembre 1884; — 13° La loi du 15 juillet 1905; — Et généralement toutes les dispositions contraires à la présente loi.

Titre VIII. Disposition transitoire.

74. Les secrétaires et commis secrétaires, en exercice au moment de la promulgation de la présente loi, seront maintenus dans leurs fonctions avec le titre de secrétaire et de secrétaires-adjoints.

Loi du 13 juillet 1907,

réduisant à 20 centimes par 1000 francs le droit de radiation de l'hypothèque maritime.

Article Unique. L'article 2 de la loi du 10 juillet 1885 est ainsi complété: — (V. loi du 10 juillet 1885, art. 2).

Loi du 19 décembre 1907,

relative à la surveillance et au contrôle des sociétés de capitalisation.[1]

Titre I. Enregistrement des entreprises.

Art. 1er. Sont assujetties à la présente loi les entreprises françaises ou étrangères de toute nature qui, sous le titre de sociétés de capitalisation, de reconstitution de capitaux ou sous toute autre dénomination, font appel à l'épargne en vue de la capitalisation et contractent, en échange de versements uniques ou périodiques, directs ou indirects, des engagements déterminés.

2. Ces entreprises ne peuvent fonctionner qu'après avoir été enregistrées, sur leur demande, par le ministre du travail.

---

1) V. 8 décrets du 1er avril 1908 et décret du 17 juillet 1908, relatifs à l'exécution de cette loi.

Dans le délai maximum de six mois, à dater du dépôt de la demande, le ministre du travail fait mentionner l'enregistrement au *Journal Officiel* ou notifier le refus d'enregistrement aux intéressés.

Aucune modification soit aux statuts, soit aux tarifs, soit aux tableaux d'amortissement, ne peut être mise en vigueur qu'apres nouvel entegistrement obtenu dans les mêmes formes.

Ces entreprises enregistrées peuvent ester en justice, acquérir à titre onéreux et effectuer tous les actes de gestion prévus par leurs statuts en conformité de l'article précédent.

3. Le refus d'enregistrement doit être motivé par une infraction soit aux lois, notamment à celles qui régissent les sociétés, soit aux décrets prévus par l'article 9 ci-après.

Au cas de refus d'enregistrement, ou si le délai de six mois prévu à l'article 2 s'est écoulé sans qu'il soit intervenu de décision, les intéressés pourront former un recours pour excès de pouvoir devant le Conseil d'Etat, qui dexra statuer dans les trois mois.

Titre II. Garanties.

4. Les entreprises doivent spécifier, dans leurs contrats et leurs statuts: 1° Leur objet, leur titre et leur siège; — 2° L'interdiction de percevoir, sous quelque forme que ce soit, des droits d'entrée; — 3° La limitation des sommes à prélever pour frais de gestion, en proportion des versements; — 4° Les conditions de déchéance opposables aux souscripteurs pour retards dans les versements, sans que ces déchéances puissent avoir effet avant un délai d'un mois à dater du jour de l'échéance. Ce délai ne court, si le contrat est nominatif, qu'à partir d'une mise en demeure par lettre recommandée; — 5° La quotité maximum que peuvent atteindre, le cas échéant, les retenues en cas de déchéance eu égard au montant et à la durée des versements effectués; — 6° La substitution de plein droit de tous les héritiers des titulaires de contrats nominatifs auxdits titulaires, ainsi que l'interdiction pour l'entreprise de stipuler à leurs décès aucun versement supplémentaire ou aucune retenue spéciale; — 7° La durée maximum de la capitalisation pour les diverses catégories de contrats, sans que cette durée, à compter du premier versement effectué, puisse jamais excéder cinquante aus; — 8° En cas de remboursements anticipés par voie de tirage au sort, les conditions de publicité dans lesquelles devront avoir lieu les opérations.

Les sociétés françaises, anonymes ou en commandite, doivent, en outre, stipuler dans leurs statuts leur dissolution obligatoire en cas de perte de la moitié du capital social: les sociétés françaises à forme mutuelle doivent y déterminer le mode de règlement et l'emploi des sommes perçues. Si les contrats de l'entreprise prévoient la faculté d'opérer des remboursements directs ou indirects à époque indéterminée, par voie de tirage ou autrement, la durée de capitalisation ne peut jamais excéder trente-trois ans et toute combinaison de remboursement doit être au préalable enregistrée dans les formes prévues à l'article 1er au vu des conditions et tableaux d' amortissement qui devront comporter, pour tous les souscripteurs d'une même série, le remboursement, soit de sommes égales, soit de sommes croissant avec les tirages successifs, sans que le dernier remboursement puisse excéder le double du premier.

Tout contrat doit reproduire le tableau d'amortissement le concernant, et tout souscripteur, ou porteur, après chaque tirage, a droit, sur sa demande, à la délivrance gratuite de la liste intégrale des titres sortis dans les séries qui l'intéressemt et non encore remboursés.

5. Les sociétés françaises, anonymes ou en commandite, doivent avoir un capital social au moins égal à un million de francs (1 million), divisé en actions nominatives ne pouvant être libérées de plus de moitié.

Les sociétés françaises à forme mutuelle devront constituer un fonds de premier établissement, qui ne peut être inférieur à cinquante mille francs (50 000 fr.) et qui doit être amorti en quinze ans au plus. Toutes les entreprises sont tenues en outre de constituer, dans les conditions prévues à l'article 9, paragraphe 4, une réserve de garantie, qui tient lieu du prélèvement prescrit par l'article 36 de la loi du 24 juillet 1867.

6. Toutes les entreprises sont tenues de constituer des réserves mathématiques égales aux engagements qu'elles assument, dans les conditions déterminées par le décret prévu à article 9, paragraphe 5. Cette obligation ne s'applique aux

entreprises étrangères que pour les contrats souscrits ou exécutés en France et en Algérie.

Les entreprises produiront annuellement, à l'époque et dans les formes déterminées *par le ministre* et après avis du comité consultatif prévu à l'article 10, la comparaison entre le taux de leurs placements réels et celui qui a été admis pour le calcul de leurs réserves mathématiques et de leurs tarifs.

En cas d'écarts notables ou répétés, des arrêtés ministériels peuvent exiger, au plus tous les cinq ans, une rectification des bases des réserves mathématiques des opérations en cours, ainsi que des tarifs.

Ces arrêtés sont pris sur avis conforme du comité consultatif, les représentants de l'entreprise ayant été entendus et mis en demeure de fournir leurs observations par écrit dans un délai d'un mois. Ils fixent le délai dans lequel la rectification doit être opérée; le montant des versements corrélatifs à la rectification des réserves mathématiques doit être, à la fin de chaque exercice, au moins proportionnel à la fraction du délai courue.

7. Jusqu'à concurrence du montant des réserves mathématiques et de la réserve de garantie, l'actif des entreprises françaises est affecté au règlement de leurs opérations par un privilège qui prendra rang après le paragraphe 6 de l'article 2101 du code civil.

Pour les entreprises étrangères, les valeurs représentant la portion d'actif correspondante doivent, à l'exception des immeubles, faire l'objet d'un dépôt à la Caisse des dépôts et consignations dans les conditions prévues à l'article 9, paragraphe 6. Le seul fait de ce dépôt confère privilége aux intéressés sur lesdites valeurs pour les contrats souscrits ou exécutés en France et en Algérie.

8. Un règlement d'administration publique, rendu sur la proposition des ministres du travail et des finances, détermine les mobiliers et immobiliers en lesquells devra être effectué le placement de l'actif des entreprises françaises et, pour les entreprises étrangères, de la portion d'actif afférente aux contrats souscrits ou exécutés en France ou en Algérie, ainsi que le mode d'évaluation annuelle des différentes catégories de placement et les garanties à présenter pour les valeurs qui ne pourraient avoir la forme nominative.

Les entreprises sont tenues de produire au ministre du travail, dans les formes et délais qu'il prescrit, après avis du comité consultatif, des états périodiques des modifications survenues dans la composition de leur actif.

9. Des décrets rendus après avis du comité consultatif déterminent: 1° Les pièces et justifications à produire à l'appui des demandes d'enregistrement, ainsi que le montant du dépôt préalable à effectuer à la Caisse des dépôts et consignations par les différentes categories d'entreprises et les conditions de réalisation et de restitution dudit dépôt; — 2° Le délai passé lequel cessera d'être valable l'enregistrement qui n'aurait pas commencé à fonctionner; — 3° Le maximun des dépenses de premier étavlissement pour les differentes espèces d'entreprises françaises et le délai d'amortissement des dites dépenses; — 4° La fixation, pour chaque catégorie d'entreprises, de la réserve de garantie; — 5° Le taux d'intérêt maximum et le chargement minimum d'après lesquels doivent être calculés les tarifs de versement, ainsi que les réserves mathématiques et le mode de calcul de ces réserves. Publication de ces fixations est effectuée au *Journal Officiel*, au moins six mois avant le début du premier exercice auquel elles doivent s'appliquer; — 6° Les conditions de dépôt et de retrait des valeurs représentant, pour les entreprises étrangères, la portion d'actif visée à l'article 7; — 7° Les conditions dans lesquelles les entreprises sont tenues d'inscrire sur des registres spéciaux les contrats souscrits ou exécutés en France et en Algérie; — 8° Les conditions dans lesquelles doivent fonctionner les entreprises de gestion des entreprises de capitalisation et suivant lesquelles peuvent être perçus les frais de gestion dans les limites d'un maximum fixé. Ces entreprises doivent déposer à la Caisse des dépôts et consignations un capital de garantie de cent mille francs (100 000 francs). Elles ne peuvent valablement se faire attribuer la gestion pour une période initiale de plus de vingt ans, à l'expiration de laquelle leur mandat ne pourra être renouvelé pour des périodes de plus de dix ans. Chaque renouvellement ne pourra être effectué qu'un an avant l'expiration de la période en cours.

Titre III. Surveillance et contrôle.

10. Le comité consultatif constitué par l'article 10 de la loi du 17 mars 1905, relative à la surveillance et au contrôle des sociétés d'assurances sur la vie, prendra le titre de comité consultatif des assurances sur la vie et des entreprises de capitalisation; il sera complété par l'adjonction de deux membres pris parmi les administrateurs ou directeurs d'entreprises de capitalisation.

Il doit être consulté au sujet des demandes d'enregistrement prévues par l'article 2 et dans les autres cas prévus par la présente loi. Il peut être saisi par le ministre de toutes autres questions relatives à l'application de la loi.

La présence de neuf membres au moins est nécessaire pour la validité de ses délibérations, dans les cas spécifiés au troisième alinéa de l'article 6, à l'article 18 et à l'article 21.

11. Toute entreprise est tenue: 1° De publier en langue française un compte rendu annuel de toutes ses opérations, avec états et tableaux annexés; — 2° De produire ledit compte rendu au ministre du travail et de le déposer aux greffes des tribunaux civils et des tribunaux de commerce, tant du département de la Seine que du siège social; — 3° De le délivrer à tout souscripteur ou porteur de bons qui en fait la demande, moyennant le paiement d'une somme qui ne peut excéder un franc (1 fr.).

Des arrêtés ministériels, pris après avis du comité consultatif, déterminent, au moins trois mois avant le début de l'exercice, les modèles des états et tableaux à annexer au compte rendu publié et la date de production et de dépôt du compte rendu.

Les entreprises doivent en outre communiquer au ministre, à toute époque et dans les formes et délais qu'il détermine, tous les documents et éclaircissements qui lui paraissent nécessaires.

Elles sont soumises au contrôle prévu par le dernier alinéa de l'article 11 de la loi du 17 mars 1905.

12. Les entreprises étrangéres doivent, en ce qui concerne les opérations régies par la présente loi, avoir en France un siège spécial et une comptabilité spéciale pour toutes leurs opérations réalisées en France et en Algérie et accréditer auprès du ministre du travail un agent préposé à la directin de toutes ces opérations. Cet agent doit être domicilié en France; il représente seul l'entreprise auprès du ministre vis-àvis des titulaires de contrats souscrits en France et en Algérie, et devant les tribunaux. Il doit justifier au préalable de pouvoirs statutaires suffisants pour la gestion directe de l'entreprise en France et en Algérie, notamment pour la signature des polices, bons, quittances et autres pièces relatives aux opérations réalisées.

Toute entreprise est tenue de produire au ministre du travail, dans le délai qu'il détermine, la traduction en langue française, certifiée conforme, des documents en langue étrangère se rapportant à ses opérations et pour lesquels cette traduction est requise.

Les conditions générales et particulières des polices, les bons et tous les documents se rapportant à l'exécution des contracts doivent être rédigés ou traduits en langue française. Dans ce dernier cas, le texte français fait seul foi à l'égard des souscripteurs et des porteurs français.

13. Le ministre du travail présente chaque année au président de le République et fait publier au *Journal Officiel* un rapport d'ensemble sur le fonctionnement de la présente loi et sur la situation de toutes les entreprises qu'elle régit.

Les frais de toute nature résultat de la surveillance et du contrôle sont à la charge des entreprises. Un arrêté ministériel fixe, à la fin de chaque exercice, la répartition de ces frais entre les entreprises au prorata du montant global des versements encaissés par elle au cours de l'exercice, exception faite des opérations réalisées hors de France et d'Algérie par les entreprises étrangères.

Au compte rendu est joint le compte détaillé des recettes et dépenses afférentes au contrôle des entreprises.

Titre IV. Pénalités.

14. Les entreprises sont passibles, de plein droit et sans aucune mise en demeure, d'amendes administratives, recouvrées comme en matière d'enregistrement, à la reüuête du ministre du travail, savoir: 1° D'une amende de vingt francs (20 fr.) par jour pour retard apporté à chacune des productions visées par le troisiènne alinéa de l'article 11 et le deuxiènne alinéa de l'article 12; — 2° D'une amende de cent francs (100 fr.) par jour pour retard apporté à chacune des productions ou publications visées par le deuxième alinéa de l'article 6 et les paragraphes 1er et 2 de l'article 11.

En cas d'opposition, les instances seront instruites et jugées selon les formes prescrites par l'article 76 de la loi du 28 avril 1816.

15. Les contraventions aux dispositions des premier et troisième alinéas de l'article 6, aux premier et troisième alinéas de l'article 7, à l'article 8, à l'article 20, à l'article 21, ainsi qu'au réglement d'administration publique prévu par l'article 8 et aux décrets prévus par les paragraphes 3 à 7 de l'article 9, sont constatées par procès-verbaux des commissaires contrôleurs qui font foi jusqu'à preuve contraire, sans préjudice des constatations et poursuites de droit commun; elles sont poursuivies devant le tribunal correctionnel à la requête du ministère public et punies d'une amende de cent à cinq mille francs (100 à 5000 fr.) et, en cas de récidive, de cinq cents à dix mille francs (500 à 10 000 fr.).

16. Sont poursuivies devant le tribunal correctionnel et passibles d'une amende de seize à cent francs (16 à 100 fr.), toutes personnes qui auraient proposé ou fait souscrire des polices ou bons de capitalisation, et notamment chacun des administrateurs ou directeurs d'entreprises qui réalisent des opérations visées par la présente loi avant la publication au *Journal Officiel* de l'enregistrement prévu à l'article 2, ou qui effectuent des opérations nouvelles après la publication du décret prévu par l'article 18 ou après le refus d'enregistrement prévu par l'article 19.

L'amende est prononcée pour chacune des opérations réalisées par le contrevenant, qui peut être en outre, en cas de récidive, condamné à un emprisonnement d'un mois au plus.

Sous les mêmes peines, les prospectus, affiches, circulaires et tous autres documents destinés à être distribués au public et publiés par une entreprise assujettie à la présente loi doivent toujours porter, à la suite du nom ou de la raison sociale de l'entreprise, la mention ci-après, en caractères uniformes: «Entreprise privée, assujettie au contrôle de l'État», sans renfermer aucune assertion susceptible d'induire en erreur soit sur la véritable nature ou l'importance réelle des opérations, soit sur la portée du contrôle.

Toute déclaration ou dissimulation frauduleuse, soit dans les comptes rendus, soit dans tous les autres documents produits au ministre du travail, ou portés à la connaissance du public, est punie des peines prévues par l'article 405 du Code Pénal.

L'article 463 du Code Pénal est applicable à tous les faits punis par le présent article et l'article précédent.

17. Les jugements prononcés contre les entreprises ou leurs représentants, en exécution de l'article précédent et de l'article 15, et devenus définitifs, doivent être publiés, aux frais des condamnés ou des entreprises civilement responsables, dans le *Journal Officiel* et dans deux autres journaux au moins désignés par le tribunal.

18. L'enregistrement d'une entreprise effectué en vertu de l'article 2 de la présente loi cesse d'être valable dès qu'un décret constate que l'entreprise ne fonctionne plus en conformité soit de ses statuts, soit de la présente loi ou des décrets et arrêtés qu'elle prévoit. Ce décret est rendu après avis conforme du comité consultatif, les représentants de l'entreprise ayant été mis en demeure de fournir leurs observations par écrit, ou d'être entendus dans un délai d'un mois sur communication des irrégularités relevées contre l'entreprise. Le comité doit émettre son avis motivé dans le mois suivant.

Dans un délai de huitaine à compter de la notification du décret, l'entreprise peut se pourvoir pour excès de pouvoir devant le Conseil d'État, qui doit statuer dans le mois. Ce pourvoi est suspensif. La publication du décret au *Journal Officiel* ne pourra être faite qu'après le rejet du pourvoi par le Conseil d'État.

Titre V. Dispositions transitoires.

19. Les entreprises françaises ou étrangères soumises à la présente loi et opérant en France ou en Algérie à l'époque de sa promulgation sont tenues de se conformer immédiatement à ses dispositions, et notamment de demander dans un délai de deux mois à compter de la promulgation du réglement d'administration publique prévu par l'article 8, ainsi que des décrets prévus par l'article 9, l'enregistrement spécifié par l'article 2, pour leurs statuts, tarifs et tableaux d'amortissement destinés à rester en vigueur.

Elles peuvent toutefois continuer provisoirement leurs opérations jusqu'à ce que solution soit donnée à cette demande.

Les entreprises auxquelles l'enregistrement sera refusé pourront former un recours pour excès de pouvoir devant le Conseil d'Etat, qui devra statuer dans le mois.

Elles devront cesser la réalisation de toute opération nouvelle aussitôt après le refus d'enregistrement ou le rejet de leur pourvoi.

20. Par dérogation à l'article 5 ci-dessus, elles ne seront pas tenues d'élever leur capital social au minimum spécifié audit article, à charge de justifier de l'existence d'une réserve de garantie égale à cinq pour cent (5 p. 100) au moins du montant des réserves mathématiques afférentes aux contracts réalisés avant la mise en vigueur du décret prévu à l'article 9, paragraphe 5.

Elles pourront, d'autre part, si elles obtiennent l'enregistrement prévu à l'article précédent, conserver les placements antérieurement effectués par elles en conformité de leurs statuts, sans tenir compte des limitations imposées par le règlement d'administration publique prévu à l'article 8, sous réserve de n'effectuer, à compter de sa promulgation, aucun placement dans les catégories pour lesquelles les limites fixées seront atteintes ou dépassées, et ce, jusqu'à ce que la proportion réglementaire soit établie.

Toutefois, l'emploi en placement sur première hypothèque, pour la moitié au plus de la valeur estimative, pourra, pendant une période maximum de vingt-cinq ans, être renouvelé pour une somme égale à celle que lesdites entreprises consacraient à cet emploi antérieurement au 1er juillet 1904.

21. Pour chacune des entreprises enregistrées par application de l'article 19, un arrêté ministeriel, pris sur avis conforme du comité consultatif, fixe, dans les conditions spécificiées au dernier alinéa de l'article 6, les bases du calcul des réserves mathématiques des opérations réalisées antérieurement à la mise en vigueur du décret prévu par le paragraphe 5 de l'article 9.

22. Les limitations de durée de capitalisation spécifiées à l'article 4 ne s'appliqueront pas aux contrats en cours au moment de la mise en vigueur de la présente loi.

Toutefois, à l'expiration d'un délai de cinquante ans à compter de la promulgation de la présente loi, ou d'un délai de vingt-cinq ans si les titres étaient stipulés remboursables à époque aléatoire, tout souscripteur ou porteur aura droit au remboursement immédiat du montant de la réserve mathématique de son contrat. Il devra exercer ce droit dans l'année qui suivra l'expiration desdits délais.

23. Les tableaux ou conditions d'amortitissement correspondant aux contrats souscrits avant la production prescrite par le dernier alinéa de l'article 4 devront être gratuitement délivrés à tout souscripteur ou porteur qui en fera la demande.

Le passif et l'actif correspondant à l'exécution des contrats souscrits avant l'entrée en vigueur de la présente loi font l'objet d'une comptabilité spéciale.

24. Seront de plein droit réduits à une durée de vingt ans à partir du 1er janvier de l'année qui suivra celle de la promulgation de la présente loi, les traités des sociétés de gestion des entreprises de capitalisation, s'ils comportent une durée plus longue.

25. La présente loi est applicable à l'Algérie et aux colonies de la Réunion, la Martinique, la Guadeloupe, la Guyane, l'Inde française et la Nouvelle Calédonie.

Loi du 14 janvier 1908,

modifiant le paragraphe 1er de l'article 1er de la loi du 5 novembre 1894, relative à la création de sociétés de crédit agricole.

Article Unique. Le paragraphe 1er de l'article 1er de la loi du 5 novembre 1894 est et demeure modifié de la façon suivante: — (V. loi du 5 novembre 1894, art. 1er, § 1er).

Loi du 23 mars 1908,

modifiant la loi du 30 décembre 1903, relative à la réhabilitation des faillis.

Art. 1er. L'article 1er et l'article 2 de la loi du 30 décembre 1903, en ce qui concerne les articles 605, 607, 608 et 612 du Code de commerce, modifiés par cette loi, sont modifiés et complétés ainsi qu'il suit: — (V. C. Com., art. 605, 607, 608 et 612).

2. La loi du 30 décembre 1903 est complétée par les articles suivants:

«*Art. 5.* La procédure de réhabilitation, prévue par les articles 604 à 612 inclus du Code de commerce, est dispensée de timbre et d'enregistrement.

6. Cette loi est applicable à l'Algérie et aux colonies.»

3. Le 1° de l'article 8 de la loi du 5 août 1899, modifiée par la loi du 11 juillet 1900, est rédigé ainsi qu'il suit:

«Cessent d'être inscrites au bulletin n° 3 délivré au simple particulier: 1° deux ans après l'expiration de la peine corporelle, la condamnation unique à moins de six jours d'emprisonnement, ou à cette peine jointe à une amende ne dépassant pas 25 fr.; deux ans après qu'elle sera devenue définitive, la condamnation unique à une amende ne dépassant pas 50 fr.; deux ans après le jugement déclaratif, les déclarations de faillite.»

Disposition transitoire.

Les citoyens ayant droit au bénéfice de la présente loi devront, à partir du jour de la promulgation, être inscrits sur les listes électorales jusqu'à la clôture de ces listes, c'est-à-dire au 31 mars 1908.

Loi du 13 avril 1908,

relative à la protection temporaire de la propriété industrielle dans les expositions internationales étrangères officielles ou officiellement reconnues, et dans les expositions organisées en France ou dans les colonies avec l'autorisation de l'administration ou avec son patronage.

Art. 1er. Une protection temporaire est accordée aux inventions brevetables, aux dessins et modèles industriels, ainsi qu'aux marques de fabrique ou de commerce pour les produits qui seront régulièrement admis aux expositions étrangères internationales, officielles ou officiellement reconnues.

Cette protection, dont la durée est fixée à douze mois à dater de l'ouverture officielle de l'exposition, aura pour effet de conserver aux exposants ou à leurs ayants cause, sous les conditions ci-après, le droit de rèclamer, pendant ce délai, la protection dont leurs découvertes, dessins, modèles ou marques seraient légalement susceptibles.

La durée de la protection temporaire ne sera augmentée ni des délais de priorité prévus par l'article 4 de la convention internationale du 20 mars 1883, modifiée par l'acte additionnel de Bruxelles du 14 décembre 1900, ni de ceux fixés par l'article 11 de la loi du 5 juillet 1844 modifiée par celle du 7 avril 1902.

2. Les exposants qui voudront jouir de la protection temporaire devront se faire délivrer, par l'autorité chargée de représenter officiellement la France à l'exposition, un certificat de garantie qui constatera que l'objet pour lequel la protection est demandée est réellement exposé.

La demande dudit certificat devra être faite au cours de l'exposition et au plus fard dans les trois premiers mois de l'ouverture officielle de l'exposition; elle sera accompagnée d'une description exacte de l'objet à garantir et, s'il y a lieu, de dessins dudit objet.

Les demandes seront inscrites sur un registre spécial, qui sera transmis avec lesdites demandes et les pièces jointes au ministère du commerce et de l'industrie aussitôt après la clôture officielle de l'exposition, et communiquées sans frais à toute réquisition par les soins de l'Office national de la propriété industrielle.

3. Un décret déterminera, à l'occasion de chaque exposition présentant les caractères visés à l'article 1er, les mesures nécessaires pour l'application de la présente loi.

4. La même protection est accordée aux inventions brevetables, aux dessins et modèles, ainsi qu'aux marques de fabrique ou de commerce pour les produits qui seront régulièrement admis aux expositions organisées, en France ou dans les colonies, avec l'autorisation de l'administration ou avec son patronage.

Un décret déterminera les mesures nécessaires pour l'application du présent article[1].

Est abrogée la loi du 23 mai 1868.

[1]) V. le décret du 17 juillet 1908, relatif à la protection temporaire de la propriété industrielle dans les expositions organisées en France avec l'autorisation de l'administration ou avec son patronage.

Loi du 17 juillet 1908,

modifiant l'article 623 du Code de Commerce, abrogeant l'article 13 de la loi du 8 décembre 1883 et prolongeant le mandat de juge consulaire.

Art. 1er. Le premier paragraphe de l'article 623 du Code de Commerce est modifié ainsi qu'il suit: — (V. C. Com., art. 623).

2. La présente loi ne sera exécutoire qu'en 1909.

3. L'article 13 de la loi du 8 décembre 1883 est abrogé, ainsi que toutes les dispositions contraires à la présente loi.

Loi du 13 novembre 1908,

modifiant l'article 40 de la loi du 27 mars 1907, concernant les conseils de prud'hommes.

Article unique. L'article 40 de la loi du 27 mars 1907 est complété par le paragraphe suivant: — (V. loi du 27 mars 1907, art. 40).

Loi du 15 novembre 1908,

conférant aux femmes l'éligibilité aux conseils de prud'hommes.

Article unique. L'article 6 de la loi du 27 mars 1907 est modifié comme suit: — (V. loi du 27 mars 1907, art. 6).

Loi du 26 décembre 1908,

portant fixation du budget général des dépenses et des recettes de l'exercice 1909.

Art. 58. A partir du 1er janvier 1909, le dépôt des demandes de brevets d'invention et de certificats d'addition, ainsi que l'enregistrement des actes comportant cession ou mutation en matière de brevets aura lieu, en ce qui concerne le département de la Seine, dans les bureaux de l'Office national de la propriété industrielle. — En conséquence, les articles 5, 7 (§ 2) et 20 (§ 3) de la loi du 5 juillet 1844, sont modifiés ou complétés de la manière suivante: — (V. loi du 5 juillet 1844, art. 5, 7 et 20).

Loi du 17 mars 1909,

relative à la vente et au nantissement des fonds de commerce.

Chapitre Ier. De la vente des fonds de commerce.

Art. 1er. Le privilége du vendeur d'un fonds de commerce n'a lieu que si la vente a été constatée par un acte authentique ou sous seing privé, dûment enregistré, et que s'il a été inscrit sur un registre public tenu au greffe du tribunal de commerce dans le ressort duquel le fonds est exploité. — Il ne porte que sur les éléments du fonds énumérés dans la vente et dans l'inscription, et à défaut de désignation précise, que sur l'enseigne et le nom commercial, le droit au bail, la clientèle et l'achalandage. — Des prix distincts sont établis pour les éléments incorporels du fonds, le matériel et les marchandises. — Le privilége du vendeur qui garantit chacun de ces prix, ou ce qui en reste dû, s'exerce distinctement sur les prix respectifs de la revente afférents aux marchandises, au matériel et aux éléments incorporels du fonds. — Nonobstant toute convention contraire, les paiements partiels autres que les paiements comptant s'imputent d'abord sur le prix des marchandises, ensuite sur le prix du matériel. — Il y a lieu à ventilation du prix de revente mis en distribution, s'il s'applique à un ou plusieurs éléments non compris dans la première vente.

2. L'inscription doit être prise, à peine de nullité, dans la quinzaine de la date de l'acte de vente. Elle prime toute inscription prise dans le même délai du chef de l'acquéreur; elle est opposable à la faillite et à la liquidation judiciaire de l'acquéreur, ainsi qu'à sa succession bénéficiaire. — L'action résolutoire, établie par l'article 1654 du Code Civil, doit, pour produire effet, être mentionnée et réservée expressément dans l'inscription. Elle ne peut être exercée au préjudice des tiers après l'extinction du privilége. Elle est limitée, comme le privilége, aux seuls éléments qui ont fait partie de la vente. — En cas de résolution judiciaire ou amiable de la vente, le vendeur est tenu de reprendre tous les éléments du fonds qui ont fait partie de la vente, même ceux pour lesquels son privilège et l'action résolutoire sont éteints; il est comptable du prix des marchandises et du matériel existant au moment de sa reprise de possession d'après l'estimation qui en sera faite par expertise contradictoire, amiable ou judiciaire, sous la déduction de ce qui pourra lui rester dû par privilège sur les prix respectifs des marchandises et du matériel, le surplus, s'il y en a, devant rester le gage des créanciers inscrits et, à défaut, des créanciers chirographaires. — Le vendeur qui exerce l'action résolutoire doit la notifier aux créanciers inscrits sur le fonds au domicile par eux élu dans leurs inscriptions. Le jugement ne peut intervenir qu'après un mois écoulé depuis la notification. — Le vendeur, qui a stipulé lors de la vente que, faute de paiement dans le terme convenu, la vente serait résolue de plein droit, ou qui en a obtenu de l'acquéreur la résolution à l'amiable, doit notifier aux créanciers inscrits, aux domiciles élus, la résolution encourue ou consentie, qui ne deviendra définitive qu'un mois après la notification ainsi faite. — Lorsque la vente d'un fonds est poursuivie aux enchères publiques, soit à la requête d'un syndic de faillite, de tous liquidateurs ou administrateurs judiciaires, soit judiciairement à la requête de tout autre ayant droit, le poursuivant doit la notifier aux précédents vendeurs, au domicile élu dans leurs inscriptions, avec déclaration que, faute par eux d'intenter l'action résolutoire dans le mois de la notification, ils seront déchus, à l'égard de l'adjudicataire, du droit de l'exercer. — L'article 550 du Code de Commerce n'est applicable ni au privilège ni à l'action résolutoire du vendeur d'un fonds de commerce.

3. (*Ainsi modifié: Loi du 31 juillet 1913*). Toute vente ou cession de fonds de commerce, consentie même sous condition ou sous la forme d'un autre contrat, ainsi que toute mise en société ou toute attribution de fonds de commerce par partage ou licitation, sera, dans la quinzaine de sa date, publiée, à la diligence de l'acquéreur, sous forme d'extrait ou d'avis dans un journal d'annonces légales du ressort du tribunal de commerce où se trouve le fonds, ou, à défaut, dans un journal d'annonces légales de l'arrondissement. — L'extrait ou avis contiendra la date de l'acte, les noms, prénoms et domiciles de l'ancien et du nouveau propriétaire, la nature et le siége du fonds, l'indication du délai ci-après fixé pour les oppositions et une élection de domicile dans le ressort du tribunal. — La publication sera renouvelée du huitième au quinzième jour après la première insertion.

Dans dix jours au plus tard après la seconde insertion, tout créancier du précédent propriétaire, que sa créance soit ou non exigible, pourra former au domicile élu, par simple acte extrajudiciaire, opposition au paiement du prix; l'opposition, à peine de nullité, énoncera le chiffre et les causes de la créance et contiendra une élection de domicile dans le ressort du tribunal de la situation du fonds. Le bailleur ne peut former opposition pour loyers en cours ou à échoir, et ce nonobstant toutes stipulations contraires. Aucun transport amiable ou judiciaire du prix, ou de portion du prix, ne sera opposable aux créanciers qui se seront ainsi fait connaître dans ce délai.

Au cas d'opposition du paiement du prix le vendeur pourra, en tout état de cause, après l'expiration du délai de dix jours, se pourvoir en référé devant le président du tribunal civil afin d'obtenir l'autorisation de toucher son prix malgré l'opposition à la condition de verser à la caisse des dépôts et consignations, ou aux mains d'un tiers commis à cet effet, somme suffisante, fixée par le juge des référés, pour répondre éventuellement des causes de l'opposition dans le cas où il se reconnaîtrait ou serait jugé débiteur. Le dépôt ainsi ordonné sera affecté spécialement, aux mains du tiers détenteur, à la garantie des créances pour sûreté desquelles l'opposition aura été faite, et privilége exclusif de tout autre leur sera attribué sur ledit dépôt, sans que, toutefois, il puisse en résulter transport judiciaire au profit de l'opposant ou des opposants en cause à l'égard des autres créanciers opposants du vendeur, s'il en existe. A partir de l'exécution de l'ordonnance de référé, l'acquéreur sera déchargé et les effets de l'opposition seront transportés sur le tiers détenteur.

Le juge des référés n'accordera l'autorisation demandée que s'il lui est justifié par une déclaration formelle de l'acquéreur mis en cause, faite sous sa responsabilité personnelle et dont il sera pris acte, qu'il n'existe pas d'autres créanciers opposants que ceux contre lesquels il est procédé. L'acquéreur, en exécutant l'ordonnance, ne sera pas libéré de son prix à l'égard des autres créanciers opposants antérieurs à ladite ordonnance, s'il en existe.

Si l'opposition a été faite sans titre et sans cause ou est nulle en la forme et s'il n'y a pas instance engagée au principal, le vendeur pourra se pourvoir en référé devant le président du tribunal civil, à l'effet d'obtenir l'autorisation de toucher son prix, malgré l'opposition.

L'acquéreur, qui sans avoir fait, dans les formes prescrites, les publications ou avant l'expiration du délai de dix jours aura payé son vendeur, ne sera pas libéré à l'égard des tiers.

4. Si la vente ou cession d'un fonds de commerce comprend des succursales situées dans la France continentale, en Algérie ou dans les colonies, l'inscription et la publication prescrites par les articles 2 et 3 doivent être faites également dans chacun des ressorts où ces succursales ont leur siége. Le délai, qui est de quinzaine dans la France continentale, est d'un mois en Corse et en Algérie, de trois mois dans les colonies. — La publication contiendra élection de domicile dans le ressort du tribunal de la situation de l'établissement principal et dans le ressort où se trouve la succursale, si celle-ci forme l'objet unique de la cession.

5. Pendant les vingt jours qui suivent la seconde insertion, une expédition ou l'un des originaux de l'acte de vente est tenu, au domicile élu, à la disposition de tout créancier opposant ou inscrit pour être consulté sans déplacement. — Pendant le même délai, tout créancier inscrit ou qui a formé opposition dans le délai de dix jours fixé par l'article précédent, peut prendre, au domicile élu, communication de l'acte de vente et des oppositions et, si le prix ne suffit pas à désintéresser les créanciers inscrits et ceux qui se sont révélés par des oppositions au plus tard dans les dix jours qui suivent la seconde insertion, former, en se conformant aux prescriptions de l'article 23 ci-après, une surenchère du sixième du prix principal du fonds de commerce, non compris le matériel et les marchandises. — La surenchère du sixième n'est pas admise après la vente judiciaire d'un fonds de commerce ou la vente poursuivie à la requête d'un syndic de faillite, de liquidateurs et d'administrateurs judiciaires, ou de co-propriétaires indivis du fonds, faite aux enchères publiques et conformément à l'article 17 de la présente loi. — L'officier public commis pour procéder à la vente devra n'admettre à enchérir que des personnes dont la solvabilité lui sera connue, ou qui auront déposé soit entre ses mains, soit à la Caisse des dépôts et consignations, avec affectation spéciale au paiement du prix, une somme qui ne pourra être inférieure à la moitié du prix total de la première vente, ni à la portion du prix de ladite vente stipulée payable comptant, augmentée de la surenchère. — L'adjudication sur surenchère du sixième aura lieu aux mêmes conditions et délais que la vente sur laquelle la surenchère est intervenue. — Si l'acquéreur surenchéri est dépossédé par suite de la surenchère, il devra, sous sa responsabilité, remettre les oppositions formées entre ses mains à l'adjudicataire, sur récépissé, dans la huitaine de l'adjudication, s'il ne les a pas fait connaître antérieurement par mention inséré au cahier des charges; l'effet de ces oppositions sera reporté sur le prix de l'adjudication.

6. Lorsque le prix de la vente est définitivement fixé, qu'il y ait eu ou non surenchère, l'acquéreur, à défaut d'entente entre les créanciers pour la distribution amiable de son prix, est tenu, sur la sommation de tout créancier, et dans la quinzaine suivante, de consigner la portion exigible du prix, et le surplus au fur et à mesure de l'exigibilité, à la charge de toutes les oppositions faites entre ses mains ainsi que des inscriptions grevant le fonds et des cessions qui lui ont été notifiées.

7. Dans la quinzaine de la publication de l'acte de société contenant apport d'un fonds de commerce, tout créancier non inscrit de l'associé qui a fait l'apport fera connaître au greffe du tribunal de commerce où le dépôt de l'acte a eu lieu sa qualité de créancier et la somme qui lui est due. Il lui sera délivré par le greffier un récépissé de sa déclaration. — Si le fonds est apporté dans une société déjà formée, les créanciers non inscrits de l'associé auquel le fonds appartenait feront la déclaration au greffe du tribunal de commerce de la situation du fonds, dans la quinzaine de la publication de l'acte constatant l'apport, effectuée en conformité de l'article 3 ci-dessus. — A défaut par les co-associées, ou l'un d'eux, de former dans

la quinzaine suivante une demande en annulation de la société ou de l'apport, ou si l'annulation n'en est pas prononcée, la société est tenue solidairement avec le débiteur principal au paiement du passif déclaré dans le délai ci-dessus et justifié.

Chapitre II. Du nantissement des fonds de commerce.

8. Les fonds de commerce peuvent faire l'objet de nantissements, sans autres conditions et formalités que celles prescrites par la présente loi. — Le nantissement d'un fonds de commerce ne donne pas au créancier gagiste le droit de se faire attribuer le fonds en paiement et jusqu'à due concurrence.

9. Sont seuls susceptibles d'être compris dans le nantissement soumis aux dispositions de la présente loi comme faisant partie d'un fonds de commerce: l'enseigne et le nom commercial, le droit au bail, la clientèle et l'achalandage, le mobilier commercial, le matériel ou l'outillage servant à l'exploitation du fonds, les brevets d'invention, les licences, les marques de fabrique et de commerce, les dessins et modèles industriels, et généralement les droits de propriété industrielle, littéraire ou artistique qui y sont attachés. — Le certificat d'addition postérieur au nantissement qui comprend le brevet auquel il s'applique suivra le sort de ce brevet et fera partie, comme lui, du gage constitué. — A défaut de désignation expresse et précise dans l'acte qui le constitue, le nantissement ne comprend que l'enseigne et le nom commercial, le droit au bail, la clientèle et l'achalandage. — Si le nantissement porte sur un fonds de commerce et ses succursales, celles-ci doivent être désignées par l'indication précise de leur siége.

10. Le contrat de nantissement est constaté par un acte authentique ou par un acte sous seing privé, dûment enregistré. — Le privilége résultant du contrat de nantissement s'établit par le seul fait de l'inscription sur un registre public tenu au greffe du tribunal de commerce dans le ressort duquel le fonds est exploité. — La même formalité devra être remplie au greffe du tribunal de commerce dans le ressort duquel est située chacune des succursales du fonds comprise dans le nantissement.

11. L'inscription doit être prise, à peine de nullité du nantissement, dans la quinzaine de la date de l'acte constitutif. — En cas de faillite ou de liquidation judiciaire, les articles 446, 447 et 448, paragraphe premier, du Code de Commerce, sont applicables aux nantissements de fonds de commerce.

12. Le rang des créanciers gagistes entre eux est déterminé par la date de leus inscriptions. Les créanciers inscrits le même jour viennent en concurrence.

Chapitre III. Dispositions communes à la vente et au nantissement des fonds de commerce.

Section Ire. De la réalisation du gage et de la purge des créances inscrites.

13. En cas de déplacement du fonds de commerce, les créances inscrites deviendront de plein droit exigibles si le propriétaire du fonds n'a pas fait connaître aux créanciers inscrits, quinze jours au moins d'avance, son intention de déplacer le fonds et le nouveau siège qu'il entend lui donner. — Dans la quinzaine de l'avis à eux notifié ou dans la quinzaine du jour où ils auront eu connaissance du déplacement, le vendeur ou le créancier gagiste doivent faire mentionner, en marge de l'inscription existante, le nouveau siège du fonds, et si le fonds a été transféré dans un autre ressort, faire reporter à sa date l'inscription primitive avec l'indication du nouveau siège, sur le registre du tribunal de ce ressort. — Le déplacement du fonds de commerce, sans le consentement du vendeur ou des créanciers gagistes, peut, s'il en résulte une dépréciation du fonds, rendre leurs créances exigibles. — L'inscription d'un nantissement peut également rendre exigibles les créances antérieures ayant pour cause l'exploitation du fonds. — Les demandes en déchéance du terme formées en vertu des deux paragraphes précédents devant le tribunal de commerce sont soumises aux règles de procédure édictées par le paragraphe 8 de l'article 15 ci-après.

14. Le propriétaire qui poursuit la résiliation du bail de l'immeuble dans lequel s'exploite un fonds de commerce grevé d'inscriptions doit notifier sa demande aux créanciers antérieurement inscrits, au domicile élu par eux dans leurs inscriptions. Le jugement ne peut intervenir qu'après un mois écoulé depuis la notification. — La résiliation amiable du bail ne devient définitive qu'un mois après la notification qui en a été faite aux créanciers inscrits, aux domiciles élus.

15. Tout créancier qui exerce des poursuites de saisie-exécution, et le débiteur contre lequel elles sont exercées, peuvent demander devant le tribunal de commerce dans le ressort duquel s'exploite le fonds, la vente du fonds de commerce du saisi avec le matériel et les marchandises qui en dépendent. — Sur la demande du créancier poursuivant, le tribunal de commerce ordonne qu'à défaut de paiement dans le délai imparti au débiteur, la vente du fonds aura lieu à la requête dudit créancier, après l'accomplissement des formalités prescrites par l'article 17 de la présente loi. — Il en sera de même si, sur l'instance introduite par le débiteur, le créancier demande à poursuivre la vente du fonds. — S'il ne le demande pas, le tribunal de commerce fixe le délai dans lequel la vente du fonds devra avoir lieu à la requête du débiteur, suivant les formalités édictées par l'article 17 ci-après, et il ordonne que, faute par le débiteur d'avoir fait procéder à la vente dans ledit délai, les poursuites de saisie-exécution seront reprises et continuées sur les derniers errements. — Il nomme, s'il y a lieu, un administrateur provisoire du fonds, fixe les mises à prix, détermine les conditions principales de la vente, commet pour y procéder l'officier public qui dresse le cahier des charges. — La publicité extraordinaire, lorsqu'elle est utile, est réglée par le jugement ou, à défaut, par ordonnance du président du tribunal de commerce rendue sur requête. — Il peut, par la décision rendue, autoriser le poursuivant, s'il n'y a pas d'autre créancier inscrit ou opposant, et sauf prélèvement des frais privilégiés au profit de qui de droit, à toucher le prix directement et sur sa simple quittance, soit de l'adjudicataire, soit de l'officier public vendeur, selon les cas, en déduction ou jusqu'à concurrence de sa créance en principal, intérêts et frais. — Le tribunal de commerce statue, dans la quinzaine de la première audience, par jugement non susceptible d'opposition, exécutoire sur minute. L'appel du jugement est suspensif; il est formé dans la quinzaine de sa signification à partie et jugé sommairement par la cour dans le mois; l'arrêt est exécutoire sur minute.

16. Le vendeur et le créancier gagiste inscrits sur un fonds de commerce peuvent également. même en vertu de titres sous seing privé, faire ordonner la vente du fonds qui constitue leur gage, huit jours après sommation de payer faite au débiteur et au tiers détenteur, s'il y a lieu, demeurée infructueuse. — La demande est portée devant le tribunal de commerce dans le ressort duquel s'exploite ledit fonds, lequel statue comme il est dit aux paragraphes 5, 6, 7 et 8 de l'article précédent.

17. Le poursuivant fait sommation au propriétaire du fonds et aux créanciers inscrits antérieurement à la décision qui a ordonné la vente, au domicile élu par eux dans leurs inscriptions, quinze jours au moins avant la vente, de prendre communication du cahier des charges, de fournir leurs dires et observations et d'assister à l'adjudication, si bon leur semble. — La vente a lieu dix jours au moins après l'apposition d'affiches indiquant: les noms, professions, domiciles du poursuivant et du propriétaire du fonds, la décision en vertu de laquelle on agit, une élection de domicile dans le lieu où siège le tribunal de commerce dans le ressort duquel s'exploite le fonds, les divers éléments constitutifs dudit fonds, la nature de ses opérations, sa situation, les mises à prix, les lieu, jour et heure de l'adjudication, les nom et domicile de l'officier public commis et dépositaire du cahier des charges. — Ces affiches sont obligatoirement apposées, à la diligence de l'officier public, à la porte principale de l'immeuble et de la mairie de la commune où le fonds est situé, du tribunal de commerce dans le ressort duquel se trouve le fonds et de l'officier public commis. — L'affiche sera insérée, dix jours aussi avant la vente, dans un journal d'annonces légales du tribunal de commerce, et, à défaut, du tribunal de l'arrondissement où le fonds est situé. — La publicité sera constatée par une mention faite dans le procès-verbal de vente. — Il sera statué, s'il y a lieu, sur les moyens de nullité de la procédure de vente antérieure à l'adjudication, et sur les dépsen, par le président du tribunal civil de l'arrondissement où s'exploite le fonds; ces moyens devront être opposés, à peine de déchéance, huit jours au moins avant l'adjudication. Le paragraphe 8 de l'article 15 est applicable à l'ordonnance rendue par le président.

18. Le tribunal de commerce, saisi de la demande en paiement d'une créance se rattachant à l'exploitation d'un fonds de commerce, peut, s'il prononce une condamnation et si le créancier le requiert, ordonner par le même jugement la vente du fonds. Il statue dans les termes des paragraphes 5 et 6 de l'article 15 ci-dessus et fixe le délai après lequel, à défaut de paiement, la vente pourra être poursuivie. — Les dispositions de l'article 15, paragraphe 8, et de l'article 17 sont applicables à la vente ainsi ordonnée par le tribunal de commerce.

19. Faute par l'adjudicataire d'exécuter les clauses de l'adjudication, le fonds sera vendu à sa folle enchère, selon les formes prescrites par l'article 17 ci-dessus. — Le fol enchérisseur est tenu, envers les créanciers du vendeur et le vendeur lui-même de la différence entre son prix et celui de la revente sur folle enchère, sans pouvoir réclamer l'excédent s'il y en a.

20. Il ne sera procédé à la vente séparée d'un ou plusieurs éléments d'un fonds de commerce grevé d'inscriptions, poursuivie soit sur saisie-exécution, soit en vertu de la présente loi, que dix jours au plus tôt après la notification de la poursuite aux créanciers qui se seront inscrits quinze jours au moins avant ladite notification, au domicile élu par eux dans leurs inscriptions. Pendant ce délai de dix jours, tout créancier inscrit, que sa créance soit ou non échue, pourra assigner les intéressés devant le tribunal de commerce dans le ressort duquel s'exploite le fonds, pour demander qu'il soit procédé à la vente de tous les éléments du fonds, à la requête du poursuivant ou à sa propre requête, dans les termes et conformément aux dispositions des articles 15, 16 et 17 ci-dessus. — Le matériel et les marchandises seront vendus en même temps que le fonds sur des mises à prix distinctes, ou moyennant des prix distincts si le cahier des charges oblige l'adjudicataire à les prendre à dire d'experts. — Il y aura lieu à ventilation du prix pour les éléments du fonds non grevés des priviléges inscrits.

21. Aucune surenchère n'est admise lorsque la vente a eu lieu dans les formes prescrites par les articles 5, 15, 16, 17, 18, 20 et 23 de la présente loi.

22. Les priviléges du vendeur et du créancier gagiste suivent le fonds en quelques mains qu'il passe. — Lorsque la vente du fonds n'a pas eu lieu aux enchères publiques en vertu et conformité des articles 5, 15, 16, 17, 18, 20 et 23 de la présente loi, l'acquéreur qui veut se garantir des poursuites des créanciers inscrits est tenu, à peine de déchéance, avant la poursuite ou dans la quinzaine de la sommation de payer a lui faite, de notifier à tous les créanciers inscrits, au domicile élu par eux dans leurs inscriptions: — 1° Les nom, prénoms et domicile du vendeur, la désignation précise du fonds, le prix, non compris le matériel et les marchandises, ou l'évaluation du fonds en cas de transmission à titre gratuit, par voie d'échange ou de reprise, sans fixation de prix, en vertu de convention de mariage, les charges, les frais et loyaux coûts exposés par l'acquéreur; — 2° Un tableau sur trois colonnes contenant: la première, la date des ventes ou nantissements antérieurs et des inscriptions prises; la seconde, les noms et domiciles des créanciers inscrits; la troisième, le montant des créances inscrites, avec déclaration qu'il est prêt à acquitter sur-le-champ les dettes inscrites jusqu'à concurrence de son prix, sans distinction des dettes exigibles ou non exigibles. La notification contiendra élection de domicile dans le ressort du tribunal de commerce de la situation du fonds. — Dans le cas où le titre du nouveau propriétaire comprendrait divers éléments d'un fonds, les uns grevés d'inscriptions, les autres non grevés, situés ou non dans le même ressort, aliénés pour un seul et même prix ou pour des prix distincts, le prix de chaque élément sera déclaré dans la notification, par ventilation, s'il y a lieu, du prix total exprimé dans le titre.

23. Tout créancier inscrit sur un fonds de commerce peut, lorsque l'article 21 n'est pas applicable, requérir sa mise aux enchères publiques, en offrant de porter le prix principal, non compris le matériel et les marchandises, à un dixième en sus et de donner caution pour le paiement des prix et charges ou de justifier de solvabilité suffisante. — Cette réquisition, signée du créancier, doit être, à peine de déchéance, signifiée à l'acquéreur et au débiteur précédent propriétaire dans la quinzaine des notifications, avec assignation devant le tribunal de commerce de la situation du fonds, pour voir statuer, en cas de contestation, sur la validité de la surenchère, sur l'admissibilité de la caution ou la solvabilité du surenchérisseur, et voir ordonner qu'il sera procédé à la mise aux enchères publiques du fonds avec le matériel et les marchandises qui en dépendent, et que l'acquéreur surenchéri sera tenu de communiquer son titre et l'acte de bail ou de cession de bail à l'officier public commis. Le délai de quinzaine ci-dessus n'est pas susceptible d'augmentation à raison de la distance entre le domicile élu et le domicile réel des créanciers inscrits. — A partir de la signification de la surenchère, l'acquéreur, s'il est entré en possession du fonds, en est de droit administrateur séquestre et ne pourra plus accomplir que des actes d'administration. Toutefois, il pourra demander au tribunal de commerce ou au juge de référé, suivant les cas, à tout moment de la procédure, la nomination d'un autre administrateur; cette demande peut également être formée par tout créancier. — Le surenchérisseur ne peut, même en payant le montant de la soumission, empêcher par un désistement l'adjudication publique, si ce n'est du consentement de tous les créanciers inscrits. — Les formalités de la procédure et de la vente seront accomplies à la diligence du surenchérisseur et, à son défaut, de tout créancier inscrit ou de l'acquéreur, aux frais, risques et périls du surenchérisseur et sa caution restant engagée, selon les règles prescrites par les articles 15, paragraphes 5, 6, 7 et 8; 16, 17 et 20, paragraphe 3, ci-dessus. — A défaut d'enchère, le créancier surenchérisseur est déclaré adjudicataire. — L'adjudicataire est tenu de prendre le matériel et les marchandises existant au moment de la prise de possession, aux prix fixés par une expertise amiable ou judiciaire, contradictoirement entre l'acquéreur surenchéri, son vendeur et l'adjudicataire. — Il est tenu, au delà de son prix d'adjudication, de rembourser à l'acquéreur dépossédé les frais et loyaux coûts de son contrat, ceux des notifications, ceux d'inscription et de publicité prévus par les articles 2, 3 et 4 ci-dessus, et à qui de droit ceux faits pour parvenir à la revente. — L'article 19 est applicable à la vente et à l'adjudication sur surenchère. — L'acquéreur surenchéri, qui se rendra adjudicataire par suite de la revente sur surenchère, aura son recours tel que de droit contre le vendeur pour le remboursement de ce qui excède le prix stipulé par son titre et pour l'intérêt de cet excédent à compter du jour de chaque paiement.

Section II. Formalités de l'inscription. Obligations du greffier.

24. Le vendeur ou le créancier gagiste, pour inscrire leur privilège, représentent, soit eux-mêmes, soit par un tiers, au greffier du tribunal de commerce, l'un des originaux de l'acte de vente ou du titre constitutif du nantissement s'il est sous seing privé ou une expédition s'il existe en minute. L'acte de vente ou de nantissement sous seing privé reste déposé au greffe. — Il y est joint deux bordereaux écrits sur papier libre; l'un d'eux peut être porté sur l'original ou sur l'expédition du titre; ils contiennent: 1° Les noms, prénoms et domiciles du vendeur et de l'acquéreur, ou du créancier et du débiteur, ainsi que du propriétaire du fonds si c'est un tiers, leur profession, s'ils en ont une; — 2° La date et la nature du titre; — 3° Les prix de la vente établis distinctement pour le matériel, les marchandises et les éléments incorporels du fonds, ainsi que les charges évaluées, s'il y a lieu, ou le montant de la créance exprimée dans le titre, les conditions relatives aux intérêts et à l'exigibilité; — 4° La désignation du fonds de commerce et de ses succursales, s'il y a lieu, avec l'indication précise des éléments qui les constituent et sont compris dans la vente ou le nantissement, la nature de leurs opérations et leur siège, sans préjudice de tous autres renseignements propres à les faire connaître; si la vente ou le nantissement s'étend à d'autres éléments du fonds de commerce que l'enseigne, le nom commercial, le droit au bail et la clientèle, ces éléments doivent être nommément désignés; — 5° Election de domicile par le vendeur ou le créancier gagiste dans le ressort du tribunal de la situation du fonds. — Les ventes ou cessions de fonds de commerce comprenant des marques de fabrique et de commerce, des dessins ou modèles industriels, ainsi que les nantissements de fonds qui comprennent des brevets d'invention ou licences, des marques ou des dessins et modèles, doivent, en outre, être inscrits à l'Office national de la propriété industrielle, sur la production du certificat d'inscription délivré par le greffier du tribunal de commerce, dans la quinzaine qui suivra cette inscription, à peine de nullité à l'égard des tiers, des ventes, cessions ou nantissements en ce qu'ils s'appliquent aux brevets d'invention et aux licences, aux marques de fabrique et de commerce, aux dessins et modèles industriels. — Les brevets d'invention compris dans la cession d'un fonds de commerce restent soumis pour leur transmissions aux règles édictées par la section IV du titre 11 de la loi du 5 juillet 1844.

25. Le greffier transcrit sur son registre le contenu des bordereaux et remet au requérant tant l'expédition du titre que l'un des bordereaux au pied duquel il certifie avoir fait l'inscription.

26. Il mentionne en marge des inscriptions les antériorités, les subrogations et radiations totales ou partielles dont il lui est justifié. Les antériorités et les subrogations pourront résulter d'actes sous seing privé, dûment enregistrés.

27. Si le titre d'où résulte le privilège inscrit est à ordre, la négociation par voie d'endossement emporte la translation du privilège.

28. L'inscription conserve le privilège pendant cinq années à compter du jour de sa date; son effet cesse si elle n'a pas été renouvelée avant l'expiration

de ce délai. — Elle garantit au même rang que le principal deux années d'intérêts.

29. Les inscriptions sont rayées, soit du consentement des parties intéressées et ayant capacité à cet effet, soit en vertu d'un jugement passé en force de chose jugée. — A défaut de jugement, la radiation totale ou partielle ne peut être opérée par le greffier que sur le dépôt d'un acte authentique de consentement à la radiation donné par le créancier ou son cessionnaire régulièrement subrogé et justifiant de ses droits. — La radiation totale ou partielle de l'inscription prise à l'Office national sera opérée sur la production du certificat de radiation délivré par le greffier du tribunal de commerce.

30. Lorsque la radiation, non consentie par le créancier, est demandée par voie d'action principale, cette action est portée devant le tribunal de commerce du lieu où l'inscription a été prise. — Si l'action a pour objet la radiation d'inscriptions prises dans des ressorts différents sur un fonds et ses succursales, elle sera portée pour le tout devant le tribunal de commerce dans le ressort duquel se trouve l'établissement principal.

31. La radiation est opérée au moyen d'une mention faite par le greffier en marge de l'inscription. — Il en est délivré certificat aux parties qui le demandent.

32. Les greffiers des tribunaux de commerce sont tenus de délivrer à tous ceux qui le requièrent soit l'état des inscriptions existantes, avec les mentions d'antériorité, de radiations partielles et de subrogations partielles ou totales, soit un certificat qu'il n'en existe aucune ou simplement que le fonds est grevé. — Un état des inscriptions ou mentions effectuées à l'Office national devra de même être délivré à toute réquisition. — L'officier public commis pour procéder à la vente d'un fonds de commerce pourra, s'il le juge utile, se faire délivrer par le greffier copie des actes de vente sous seing privé déposés au greffe et concernant ledit fonds. Il pourra également se faire délivrer expédition des actes authentiques de vente concernant ce fonds.

33. Dans aucun cas, les greffiers ne peuvent refuser ni retarder les inscriptions ni la délivrance des états ou certificats requis. — Ils sont responsables de l'omission sur leurs registres des inscriptions requises en leur greffe, et du défaut de mention dans leurs états ou certificats d'une ou plusieurs inscriptions existantes, à moins, dans ce dernier cas, que l'erreur ne provînt de désignations insuffisantes qui ne pourraient leur être imputées.

34. Le droit d'inscription de la créance du vendeur ou du créancier gagiste est fixée à cinq centimes par cent francs (0 fr. 05 pour 100), sans addition d'aucun décime. Il sera perçu lors de l'enregistrement de l'acte de vente sur le prix ou la portion du prix non payé et lors de l'enregistrement du contrat de nantissement sur le capital de la créance. — Le droit d'inscription dû pour les inscriptions prises soit en renouvellement, soit en vertu de la disposition transitoire ci-après, sera perçu par l'administration de l'enregistrement sur la présentation des bordereaux, avant leur dépôt au greffe du tribunal de commerce. — Sont affranchis du timbre: le registre des inscriptions tenu par le greffier en exécution de l'article 25, les bordereaux d'inscription, les reconnaissances de dépôts, les états, certificats, extraits et copies dressés en exécution de la présente loi, ainsi que les pièces produites pour obtenir l'accomplissement d'une formalité et qui restent déposées au greffe, et les copies qui en seront délivrées en exécution de l'article 32, paragraphe 3, à la condition que ces pièces mentionnent expressément leur destination. — Les bordereaux d'inscription ainsi que les états ou certificats et copies d'acte de vente sous seing privé, délivrés par les greffiers, sont exempts de la formalité de l'enregistrement.

35. Le droit d'enregistrement auquel seront assujettis les actes de consentement à mainlevées totales ou partielles d'inscription est fixé à deux centimes et demi par cent francs (0 fr. 025 pour 100) du montant des sommes faisant l'objet de la mainlevée, sans addition d'aucun décime, et la formalité de la radiation au greffe du tribunal de commerce ne donnera lieu à aucun droit. — S'il y a seulement réduction de l'inscription, il ne sera perçu qu'un droit de 2 francs (2 fr.) par chaque acte, sans que ce droit puisse excéder toutefois le droit proportionnel qui serait exigible sur la mainlevée totale.

36. Le paragraphe ajouté à l'article 2075 du Code Civil par la loi du 1er mars 1898 est abrogé.

37. (*Ainsi modifié: Loi du 1er avril 1909*). La présente loi ne sera exécutoire, sauf ce qui est dit aux paragraphes 1 et 2 de la disposition transitoire, que six mois après sa promulgation, et, dans ce délai, un règlement d'administration publique[1] déterminera toutes les mesures d'exécution de la loi, notamment les émoluments à allouer aux greffiers des tribunaux de commerce, les conditions dans lesquelles seront effectuées à l'Office national de la propriété industrielle, les inscriptions radiations et délivrances d'états ou certificats négatifs concernant les ventes, cessions ou nantissements des fonds de commerce qui comprennent des brevets d'invention ou licences, des marques de fabrique et de commerce, des dessins et modèles industriels. — Le règlement d'administration publique déterminera, en outre, les droits à percevoir par le Conservatoire des arts et métiers, pour le service de l'Office national, sur les inscriptions et mentions d'antériorité, de subrogation et de radiation, les états d'inscriptions ou certificats qu'il n'en existe aucune.

38. Un règlement d'administration publique déterminera les conditions d'application de la présente loi à l'Algérie et aux colonies.

Disposition transitoire

(*Ainsi modifiée: Loi du 1er avril 1909*).

Les paragraphes 1, 2, 3, 4 et 6 de l'article 1er, les paragraphes 1, 2, 3 et 7 de l'article 2, les paragraphes 1 et 2 de l'article 13, et les articles 14, 22 à 26, 28 à 31, 34 et 35 de la présente loi seront applicables aux ventes de fonds de commerce antérieures à la promulgation de la loi, si les vendeurs ont fait inscrire le privilége dans le mois de cette promulgation. — L'article 2, paragraphes 4, 5 et 6, l'article 6, l'article 13, paragraphes 3, 4 et 5, les articles 15 à 21, 27, 32 et 33 seront applicables dans tous les cas aux ventes antérieures à la promulgation. — Les créanciers gagistes inscrits antérieurement à la promulgation de la loi, et dont l'inscription n'énoncera pas ce qui leur est dû en principal et les conditions relatives aux intérêts et à l'exigibilité, devront la régulariser en la renouvelant conformément à l'article 24 ou, s'ils le préfèrent, par une mention en marge de l'inscription existante, dans les six mois qui suivront la promulgation de la loi, à défaut de quoi cette inscription ne sera pas opposable aux créanciers qui auront satisfait aux dispositions de la présente loi. — La durée des inscriptions de nantissement prises avant la promulgation de la présente loi est limitée à cinq années à compter de la promulgation. Elles devront, à peine d'extinction du privilége, être renouvelées avant l'expiration de ce délai.

Loi du 1er avril 1909,

modifiant l'article 37 et la disposition transitoire de la loi du 17 mars 1909, relative à la vente et au nantissement des fonds de commerce.

Art. 1er. La loi du 17 mars 1909, relative à la vente et au nantissement des fonds de commerce, sera exécutoire dès la promulgation de la présente loi, sauf en ce qui concerne les mesures d'application renvoyées à un règlement d'administration publique.

2. Pourront se placer sous le régime de la loi du 17 mars 1909, les vendeurs et les créanciers gagistes dont les contrats seront intervenus entre la promulgation de ladite loi et la promulgation de la présente loi, à la charge d'inscrire leur privilége dans la quinzaine de cette dernière promulgation.

3. Jusqu'à la publication du règlement d'administration publique prévu par l'article 37 de la loi du 17 mars 1909, les greffiers des tribunaux de commerce sont autorisés à percevoir les émoluments fixés par l'article 8, 2°, 4° et 8°, du décret du 18 juin 1880 et par l'article 1er du décret du 23 juin 1892.

4. Les deux premiers paragraphes de la disposition transitoire de la loi du 17 mars 1909 sont rectifiés ainsi qu'il suit: — (V. loi du 17 mars 1909, disposition transitoire.)

---

[1]) V. le décret du 28 août 1909, portant règlement d'administration publique pour l'exécution des lois des 17 mars et 1er avril 1909 sur la vente et le nantissement des fonds de commerce.

Loi du 14 juillet 1909, sur les dessins et modèles.[1]

Art. 1er. Tout créateur d'un dessin ou modèle et ses ayants cause ont le droit exclusif d'exploiter, vendre ou faire vendre ce dessin ou modèle, dans les conditions prévues par la présente loi, sans préjudice des droits qu'ils tiendraient d'autres dispositions légales et notamment de la loi des 19-24 juillet 1793, modifiée par la loi du 11 mars 1902.

2. La présente loi est applicable à tout dessin nouveau, à toute forme plastique nouvelle, à tout objet industriel qui se différencie de ses similaires, soit par une configuration distincte et reconnaissable lui conférant un caractère de nouveauté, soit par un ou plusieurs effets extérieurs lui donnant une physionomie propre et nouvelle. — Mais, si le même objet peut être considéré à la fois comme un dessin ou modèle nouveau et comme une invention brevetable et si les éléments constitutifs de la nouveauté du dessin ou modèle sont inséparables de ceux de l'invention, ledit objet ne peut être protégé que conformément à la loi du 5 juillet 1844.

3. Les dessins ou modèles régulièrement déposés jouissent seuls du bénéfice de la présente loi. — La propriété d'un dessin ou modèle appartient à celui qui l'a créé ou à ses ayants droit; mais le premier déposant dudit dessin ou modèle est présumé, jusqu'à preuve contraire, en être le créateur. — La publicité donnée à un dessin ou modèle, antérieurement à son dépôt, par une mise en vente ou par tout autre moyen, n'entraîne la déchéance ni du droit de propriété ni de la protection spéciale accordée par la présente loi.

4. Des décrets spéciaux à certaines industries pourront prescrire les mesures nécessaires pour permettre aux industriels de faire constater leur priorité d'emploi d'un dessin ou modèle, notamment par la tenue de registres privés soumis à l'estampille administrative.

5. Le dépôt est effectué, sous peine de nullité, au secrétariat du conseil des prud'hommes ou, à défaut du conseil de prud'hommes, au greffe du tribunal de commerce du domicile du déposant. — Lorsque le domicile du déposant est situé hors de France, le dépôt est effectué, sous peine de nullité, au secrétariat du conseil de prud'hommes du département de la Seine. — La déclaration de chaque dépôt est transcrite sur un registre avec la date, l'heure du dépôt et un numéro d'ordre, un certificat de dépôt reproduisant ces mentions est remis au déposant. — Le dépôt comporte, sous peine de nullité, deux exemplaires identiques d'un spécimen ou d'une représentation de l'objet revendiqué, avec légende explicative, si le déposant le juge nécessaire, le tout contenu dans une boîte hermétiquement fermée et sur laquelle sont apposés le cachet et la signature du déposant, ainsi que le sceau et le visa du secrétariat ou du greffe, de telle sorte qu'on ne puisse l'ouvrir sans faire disparaître ces certifications. — Le même dépôt peut comprendre de 1 à 100 dessins ou modèles qui doivent être numérotés du premier au dernier. Les dessins ou modèles non numérotés ou portant des numéros répétés ou au delà de 100 ne seront pas considérés comme valablement déposés au regard de la présente loi.

6. La boîte déposée peut rester au secrétariat ou au greffe pendant une période de cinq années au maximum; aussi longtemps qu'elle y est laissée, le dépôt des objets qu'elle renferme demeure secret. — Le déposant ou ses ayants cause peuvent toujours, dès le début comme au cours de la susdite période, requérir la publicité du dépôt, soit à l'égard de tous les objets compris dans la boîte, soit seulement à l'égard de l'un ou de plusieurs d'entre eux. — Le déposant ou ses ayants droit, lorsqu'ils veulent opposer le dépôt aux tiers, doivent requérir l'ouverture de la boîte scellée, en faire extraire l'objet ou les objets au sujet desquels ils entendent engager une instance judiciaire et demander la publicité du dépôt au regard desdits objets. — Lorsque la publicité du dépôt d'un dessin ou modèle est requise par le déposant ou ses ayants cause, la boîte déposée est adressée à l'Office national qui procède à l'ouverture de ladite boîte, prélève les deux exemplaires du dessin ou modèle, constate l'identité de ces deux exemplaires, fait reproduire par un procédé photographique l'un d'eux qui sera destiné à être communiqué aux tribunaux, s'il y a lieu, tandis que l'autre exemplaire demeurera à l'Office où il sera communiqué dans

[1]) V. le décret du 26 juin 1911, portant règlement d'administration publique pour l'exécution de la loi du 14 juillet 1909 sur les dessins et modèles.

les conditions déterminées par le règlement prévu à l'article 15 ci-après. — Les autres objets contenus dans la boîte et pour lesquels la publicité n'est pas requise sont remis sous scellés fermés avec certification à l'appui. — Une épreuve de la reproduction du dessin ou modèle rendu public, avec copie de la légende et les explications nécessaires pour compléter ladite reproduction, est mise à la disposition du public à l'Office national. — Des épreuves, portant également copie des mentions explicatives et de la déclaration du dépôt, seront délivrées, moyennant une taxe, au déposant qui en fera la demande ou à ses ayants cause, ainsi qu'à toute partie engagée dans une contestation judiciaire relative au dessin ou modèle.

7. La durée totale de la protection, accordée par la présente loi au dessin ou modèle déposé, est, sous la réserve et les conditions ci-après indiquées, de cinquante ans à partir de la date du dépôt. — A l'expiration de la période des cinq premières années, pendant laquelle le dépôt peut rester au secrétariat ou au greffe, la boîte, renfermant sous scellés les objets pour le dépôt desquels la publicité n'a pas été requise avant ce terme, est restituée au déposant sur sa demande. — S'il veut maintenir son dépôt, soit au regard de tous les objets contenus dans la boîte, soit seulement au regard de l'un ou de plusieurs d'entre eux, le déposant doit, avant l'expiration des susdites cinq années, requérir le maintien de ce dépôt, soit avec la publicité prévue à l'alinéa 4 de l'article 6, soit sous la forme secrète, pour chacun desdits objets. — La boîte scellée est adressée à l'Office national qui procède à son ouverture et en extrait les objets pour lesquels le maintien du dépôt a été demandé; il donne à chacun de ceux pour lesquels elle a été requise la publicité prévue aux alinéas 4 et 6 de l'article 6, met sous une enveloppe fermée et scellée avec certification à l'appui les deux exemplaires de chacun de ceux pour lesquels le maintien du secret a été requis et laisse les autres objets dans la boîte à nouveau close et scellée comme il est prescrit à l'alinéa 5 de l'article 6, en prévision de la restitution qui peut être réclamée en vertu de l'alinéa 2 du présent article. — Le dépôt ainsi maintenu à l'Office national, soit avec publicité, soit à couvert, prend fin vingt-cinq ans après la date de son enregistrement au secrétariat ou au greffe si, avant l'expiration dudit délai, le déposant n'en a pas demandé la prorogation pour une nouvelle période de vingt-cinq ans. — Au début de cette nouvelle période, le dépôt conservé, sous la forme secrète, à l'Office national, reçoit, par les soins de celui-ci, la publicité prévue aux alinéas 4 et 6 de l'article 6 si elle ne lui a pas déjà été demandée au cours de la seconde période.

8. Au moment où les dépôts s'effectuent, il est versé au secrétariat du conseil ou au greffe du tribunal une indemnité de 3 fr. 95 par dépôt, plus 5 centimes par objet déposé. Sont compris dans la susdite indemnité l'allocation prévue par l'article 58 de la loi du 29 mars 1907 et les frais de timbre. — Lorsque, soit au cours, soit à la fin de la première période, la publicité du dépôt est requise, il est payé une taxe de 30 francs par chacun des objets qui, sur la demande du déposant, sont extraits de la boîte scellée et conservés, avec publicité, par l'Office national, conformément aux dispositions de l'alinéa 4 de l'article 6; la taxe est de 5 francs par chacun des objets que l'Office, sur la demande du déposant, garde en dépôt sous la forme secrète. — La prorogation d'un dépôt, à l'expiration des vingt-cinq premières années, est subordonnée au paiement d'une nouvelle taxe dont le montant est de 50 francs par chacun des objets qui demeurent protégés si le dépôt a été rendu public et de 75 francs s'il est resté jusqu'alors secret.

9. Lorsque la publicité d'un dépôt ou que son maintien avec ou sans publicité n'ont pas été demandés avant le terme prescrit de cinq années et que, à l'expiration de ce délai, la boîte scellée n'a pas été réclamée, les scellés sont ouverts et les objets renfermés dans la boîte sont transmis aux établissements qui auront été désignés, à cet effet, par décret. — Sont également remis auxdits établissements: après vingt-cinq ans, les objets pour lesquels aucune prorogation de dépôt n'a été requise; après cinquante ans, ceux dont le dépôt a été prorogé. — Les objets que les établissements sus-indiqués auront jugé dignes d'être conservés seront exposés ou communiqués au public; sur chacun d'eux seront mentionnés les nom, prénoms, qualité et domicile du déposant ainsi que la date du dépôt. Des inscriptions signaleront au public que ces renseignements sont donnés aux intéressés pour les inviter et les aider à rechercher si le droit exclusif de reproduire ceux de ces objets qui constituent des dessins ou des sculptures, au sens purement technique de ces mots, est encore garanti par la loi du 19-24 juillet 1793, modifiée par la loi du 11 mars 1902.

10. Toute atteinte portée sciemment aux droits garantis par la présente loi est punie d'une amende de 25 à 2,000 francs. — Dans les cas de récidive, ou si le délinquant est une personne ayant travaillé pour la partie lésée, il est prononcé, en outre, un emprisonnement d'un mois à six mois. — Il y a récidive lorsqu'il a été prononcé contre le prévenu dans les cinq années antérieures une première condamnation pour un des délits prévus par la présente loi. — Les coupables peuvent, en outre, être privés pendant un temps qui n'excédera pas cinq années, du droit d'élection et d'éligibilité pour les tribunaux et chambres de commerce, ainsi que pour les conseils de prud'hommes.

11. Les faits antérieurs au dépôt ne donnent ouverture à aucune action dérivant de la présente loi. — Les faits postérieurs au dépôt, mais antérieurs à sa publicité ne peuvent donner lieu, en vertu du précédent article, à une action, même au civil, qu'à la charge par la partie lésée d'établir la mauvaise foi de l'inculpé. — Aucune action, pénale ou civile, ne peut être intentée, en vertu du même article, avant que le dépôt n'ait été rendu public. — Lorsque les faits sont postérieurs à la publicité du dépôt, leurs auteurs peuvent exciper de leur bonne foi, mais à la condition d'en rapporter la preuve. — La confiscation, au profit de la partie lésée, des objets portant atteinte aux droits garantis par la présente loi est prononcée, même en cas d'acquittement. — Le tribunal, en cas de codamnation, peut en outre prononcer la confiscation des instruments ayant servi spécialement à la fabrication des objets incriminés.

12. La partie lésée peut, même avant la publicité du dépôt, faire procéder par tous huissiers, à la description détaillée, avec ou sans saisie, des objets ou instruments incriminés, en vertu d'une ordonnance rendue par le président du tribunal civil dans le ressort duquel les opérations devront être effectuées, sur simple requête, production du certificat de dépôt et récépissé des taxes prévues à l'article 8. — Le président a la faculté d'autoriser le requérant à se faire assister d'un officier de police ou du juge de paix du canton et d'imposer au requérant un cautionnement que celui-ci est tenu de consigner avant de faire procéder à l'opération; ce cautionnement est toujours imposé à l'étranger qui requiert la saisie. — Copie est laissée aux détenteurs des objets décrits tant de l'ordonnance que de l'acte constatant le dépôt du cautionnement, le tout à peine de nullité et de dommages-intérêts contre l'huissier. — A défaut par le requérant de s'être pourvu, soit par la voie civile, soit par la voie correctionnelle, dans le délai de quinzaine, outre un jour par cinq myriamètres de distance entre le lieu où se trouvent les objets décrits ou saisis et le domicile de la partie à poursuivre, la description ou saisie est nulle de plein droit, sans préjudice des dommages-intérêts.

13. Le bénéfice de la présente loi s'applique aux dessins et modèles dont les auteurs ou leurs ayants cause sont Français ou domiciliés en France, ou ont en France des établissements industriels ou commerciaux, ou sont, par leur nationalité, leur domicile ou leurs établissements industriels ou commerciaux, ressortissants d'un État qui assure la réciprocité, par sa législation intérieure ou ses conventions diplomatiques, pour les dessins et modèles français.

14. La présente loi entrera en vigueur six mois après sa promulgation. — A dater de cette époque, les dépôts antérieurs qui seraient encore valables d'après la législation précédente seront soumis aux dispositions de la présente loi; les dépôts à perpétuité cesseront d'être valables cinquante ans après sa mise en vigueur; les dépôts faits pour cinq ans au moins pourront être renouvelés, dans les conditions prévues par la présente loi, avant l'expiration du délai pour lequel ils ont été effectués. — Les déposants ou leurs ayants cause auront la faculté de réclamer soit la restitution, soit l'ouverture et la publicité de leurs dépôts antérieurs, dans les conditions prévues aux alinéas 2 et 3 de l'article 7, avec faculté de faire établir un duplicata du dépôt.

15. Un règlement d'administration publique fixera la matière, les dimensions, le poids, le mode de fermeture de la boîte à déposer, la formule de la déclaration, les conditions d'ouverture et de publicité du dépôt, les conditions dans lesquelles se feront la restitution au déposant après la première période, la communication de l'exemplaire destiné aux tribunaux et sa réintégration à l'Office national, la taxe afférente aux mesures transitoires prévues par l'alinéa 3 de l'article 11 et toutes autres dispositions nécessaires pour l'exécution de la présente loi. — Les taxes prévues par la présente loi, à l'exception de l'indemnité visée par le paragraphe 1er de l'article 8, seront perçues par le Conservatoire national des arts et métiers, pour le service de l'Office national de la propriété industrielle.

16. Des règlements d'administration publique détermineront les conditions dans lesquelles la présente loi sera appplicable à l'Algérie et aux colonies.

17. Sont abrogés les articles 15 à 19 de la loi du 18 mars 1806 et toutes autres dispositions contraires à la présente loi relatives aux dessins et modèles de fabrique.

Décret du 28 août 1909,

portant règlement d'administration publique pour l'exécution des lois des 17 mars et 1er avril 1909 sur la vente et le nantissement des fonds de commerce.

Titre Ier. Formalités relatives à l'inscription au greffe du tribunal de commerce du privilége résultant de la vente ou du nantissement d'un fonds de commerce.

Art. **1er.** Les pièces mentionnées à l'article 24 de la loi du 17 mars 1909 et toutes autres pièces produites aux greffes des tribunaux de commerce et des tribunaux civils jugeant commercialement, reçoivent un numéro d'entrée au moment de leur production. — Ces pièces sont enregistrées sur un registre à souche et il en est délivré un récépissé extrait dudit registre et mentionnant: 1° Le numéro d'entrée apposé sur les pièces conformément au paragraphe ci-dessus; — 2° La date du dépôt des pièces; — 3° Le nombre et la nature de ces pièces avec l'indication du but dans lequel le dépôt a été fait; — 4° Les noms des parties; — 5° La nature et le siége du fonds de commerce. — Le récipissé est daté et signé par le greffier auquel il est rendu contre remise de la pièce portant, conformément à l'article 25 de la loi, la certification que l'inscription du privilége a été effectuée. — Le registre est signé par première et dernière feuille, coté et paraphé en tous ses feuillets par le président du tribunal. Il est arrêté chaque jour.

2. Les greffiers des tribunaux ci-dessus mentionnés sont tenus d'avoir, pour l'exécution des articles 1, 2, 10, 24 et 25 de la loi du 17 mars 1909, deux registres destinés, le premier à l'inscription du privilége du vendeur d'un fonds de commerce, le second à l'inscription du privilége résultant du contrat de nantissement d'un fonds de commerce. — Ces registres sont divisés en cinq colonnes destinées à recevoir: — 1° Un numéro d'ordre; — 2° Le numéro d'entrée apposé conformément au paragraphe 1er de l'article 1er ci-dessus; — 3° La mention des antériorités, des subrogations et des changements de siége du fonds; — 4° La copie littérale du bordereau d'inscription, lequel ne doit contenir que les indications prévues à l'article 24 précité et, s'il y a lieu, la réserve de l'action résolutoire établie par l'article 1654 du Code civil; — 5° La mention des radiations totales ou partielles. — Ils sont signés, cotés, paraphés et arrêtés comme il est dit ci-dessus. — Les inscriptions sont faites de suite et jour par jour, sans aucun blanc ni interligne. — Chaque registre contient à la fin un répertoire alphabétique des noms des débiteurs ou vendeurs avec l'indication des numéros des inscriptions qui les concernent.

3. Le dépôt des actes sous seing privé de vente ou de nantissement de fonds de commerce, prescrit par l'article 24 de la loi du 17 mars 1909, est constaté sur un registre spécial que les greffiers sont tenus d'avoir. — Ce registre est divisé en deux colonnes. — La première contient le numéro d'ordre du registre. — Dans la seconde est inscrit le procès-verbal de dépôt contenant la date à laquelle il a été fait; la mention, la date et le coût de l'enregistrement de l'acte; son numéro d'entrée; sa nature; l'indication du nom du créancier et du débiteur ou du vendeur et de l'acheteur, la nature et l'adresse du fonds de commerce. — Ce procès-verbal est signé par le greffier. — Le registre de dépôt, complété par un répertoire alphabétique des noms des débiteurs ou vendeurs, est signé, coté, paraphé et arrêté comme il est dit ci-dessus.

4. Les déclarations de créance faites aux greffiers en exécution de l'article 7 de la loi du 17 mars 1909 sont inscrites sur un registre à souche que les greffiers sont tenus d'avoir. — Ce registre est divisé en quatre colonnes destinées à recevoir: 1° Le numéro d'ordre de la déclaration; — 2° Le procès-verbal de la déclaration contenant la date à laquelle elle a été faite, le nom du déclarant, le nom et l'adresse du débiteur avec l'indication de la nature et du siége du fonds dont il est propriétaire, le montant de la créance, l'indication de l'apport du fonds dans une société dout la nature et le siége doivent être déterminés, la date et le numéro du dépôt au greffe de l'acte de constitution de ladite société. — Ce procès-verbal est signé par le greffier; — 3° La reproduction du numéro d'ordre; — 4° Le certificat de la déclaration de créance qui doit reproduire succinctement les indications portées à la colonne de la déclaration. — Ce certificat, composé des mentions des troisième et quatrième colonnes du registre, est détaché et remis au déclarant. Il doit être daté et signé par le greffier. — Le registre de déclaration de créance, complété par un répertoire alphabétique des noms des débiteurs, est signé, coté et paraphé comme il est dit ci-dessus. — Il est arrêté chaque jour.

5. Chaque année, au mois de décembre, le président du tribunal se fait représenter les registres prévus par les articles ci-dessus; il en vérifie la tenue, s'assure que les prescriptions du présent règlement ont été rigoureusement suivies et en donne l'attestation au pied de la dernière inscription.

6. Les registres sur lesquels les priviléges résultant des actes de vente ou de nantissement ont été, entre la date de la promulgation de la loi du 17 mars 1909 et celle de la publication du présent règlement, inscrits en exécution des articles 1er et 10 de la loi précitée, doivent mentionner, en marge ou à la suite de ces inscriptions, les antériorités, subrogations et radiations et contenir, à la fin, un répertoire alphabétique des noms des débiteurs ou vendeurs. — En ce qui concerne le dépôt des actes sous seing privé de vente ou de nantissement prescrit par l'article 24 de la loi du 17 mars 1909 et les déclarations de créance prévues par l'article 7 de la même loi qui, antérieurement à la publication du présent décret, n'ont pas été mentionnés sur des registres tenus au greffe, les greffiers sont autorisés à ne pas effectuer ces mentions sur des registres conformes aux prescriptions des articles 3 et 4 qui précèdent, mais ils doivent conserver aux minutes du greffe, par ordre de date et de numéro d'entrée et cotés et paragraphés par le président du tribunal, les actes sous seing privé de vente ou de nantissement et ceux constatant les déclarations de créance. Un répertoire alphabétique des noms des débiteurs ou vendeurs est dressé et annexé à ces actes.

Titre II. Formalités des inscriptions et mentions à l'Office national de la propriété industrielle.

7. Lorsque les ventes ou cessions de fonds de commerce comprennent des marques de fabrique et de commerce et des dessins ou modèles industriels et lorsque les nantissements desdits fonds comprennent des brevets d'invention ou licences, des marques ou des dessins et modèles, le certificat d'inscription délivré par le greffier du tribunal de commerce, en exécution de l'article 24 de la loi du 17 mars 1909, doit mentionner: — 1° En ce qui concerne les ventes, cessions ou nantissements de fonds de commerce comprenant des marques de fabrique ou de commerce; — Les nom, prénoms et adresse du titulaire de la marque déposée conformément à la loi du 23 juin 1857, le tribunal de commerce qui a reçu le dépôt, la date à laquelle il a été effectué, ainsi que le numéro de ce dépôt; les produits que la marque sert à distinguer; les nom, prénoms et adresse du vendeur et de l'acquéreur, ou du créancier gagiste et du débiteur en cas de nantissement; — 2° En ce qui concerne les ventes, cessions ou nantissements de fonds comprenant des dessins ou modèles industriels: — Les nom, prénoms et adresse du titulaire du dessin ou modèle déposé conformément aux lois des 18 mars 1806 et 14 juillet 1909, le conseil de prud'hommes ou le tribunal qui a reçu le dépôt et la date à laquelle il a été effectué; le numéro qui a été attribué au dépôt; enfin, les noms, prénoms et adresses, soit du vendeur et de l'acquéreur, soit du créancier gagiste et du débitour, dans le cas de nantissement; — 3° En ce qui concerne les nantissements de fonds qui comprennent les brevets d'invention ou licences; — Les nom, prénoms et adresse du titulaire du brevet, la date à laquelle il a été déposé, le titre de l'invention, le numéro de délivrance, les noms, prénoms et adresses du créancier gagiste et du débiteur.

8. Le certificat de radiation, délivré par le greffier, en exécution de l'article 29 de la loi du 17 mars 1909, doit contenir les mêmes indications que celles qui sont prévues pour le certificat d'inscription visé à l'article 7.

9. Les demandes à fin d'inscription ou de radiation, de mention d'antériorité ou de subrogation, sont déposées ou envoyées par la poste, sous pli recommandé, à l'Office national de la propriété industrielle, à l'adresse du ministre du commerce et de l'industrie; elles indiquent les noms, prénoms, domiciles du demandeur et du mandataire, s'il y a lieu; elles sont accompagnées: — 1° Du certificat délivré par le greffier du tribunal de commerce, conformément aux articles 24 ou 29 de la loi du 17 mars 1909, en ce qui concerne les inscriptions et radiations, ou des justifications prévues par l'article 26 de la même loi, en ce qui concerne les antériorités et subrogations; — 2° Du montant approximatif de la taxe fixée par l'article 20 ci-après. En cas d'insuffisance du versement, le déposant ou l'expéditeur sera mis en demeure de compléter la somme due dans un délai déterminé.

10. Il est tenu à l'Office national de la propriété industrielle, pour l'enregistrement des demandes prévues à l'article précédent, un registre-journal à souche sur lequel ces demandes sont portées dans l'ordre de leur arrivée à l'Office. — Elles reçoivent un numéro d'entrée au moment de leur production. — Il en est délivré un récépissé extrait du registre à souche et constatant la matérialité du dépôt.

11. Dans aucun des cas l'Office national de la propriété industrielle ne peut refuser les certificats qu'il est requis de transcrire sur ces registres, lorsque le dépôt en a été fait dans les formes prescrites par l'article 9 du présent règlement.

12. Les certificats d'inscription ou de radiation sont transcrits sur un registre spécial dûment coté et paraphé. La copie de chaque certificat porte, en tête, le jour du dépôt, les nom, prénoms et domicile du requérant et ceux du mandataire s'il y a lieu. — Il est fait mention des subrogations et radaitions en marge des inscriptions antérieurement portées sur le registre. — Il est tenu, pour ce registre, deux répertoires alphabétiques contenant, l'un les noms des parties, l'autre, l'indication des marques de fabrique ou de commerce, des dessins et modèles et des brevets d'invention avec la mention des numéros des inscriptions qui les concernent.

13. Les inscriptions ou radiations, les mentions d'antériorité et de subrogation prévues par l'article qui précède sont consignées, dans les archives de l'Office national, sur les registres du dépôt central, en regard des marques de fabrique ou de commerce, sur ceux des dessins et modèles qu'il y a lieu, ou sur les arrêtés de délivrance des brevets d'invention que les inscriptions, radiations et mentions précitées concernent. A défaut de place sur les registres du dépôt central des marques, sur ceux des dessins et modèles ou sur les titres des brevets, les mentions ci-dessus prescrites sont portées sur des pièces spéciales, revêtues de la signature du directeur de l'Office, qui sont annexées auxdits registres ou versées aux dossiers des brevets.

14. Un certificat reproduisant succinctement les indications portées sur le registre prévu à l'article 12 ci-dessus et les mentions effectuées en vertu de l'article 13, et daté et signé par le directeur de l'Office, est délivré au déposant.

15. Le registre spécial à prévu l'article 12 qui précède peut être consulté, sans frais, à l'Office national de la propriété industrielle. — Les mentions portées, en exécution de l'article 13 ci-dessus, aux archives de l'Office national, sur les registres des marques de fabrique ou de commerce, sur ceux des dessins et modèles, sur les arrêtés de délivrance des brevets d'invention ou sur les pièces annexées auxdits registres et arrêtés, sont communiquées au public dans les mêmes conditions que les marques de fabrique, les dessins et modèles et les brevets d'invention.

16. Toute personne peut se faire délivrer, à titre de simple renseignement, à la condition d'acquitter, au préalable, les taxes prévues par le présent règlement et sur une demande écrite adressée à l'Office national de la propriété industrielle, sous le couvert du ministre du commerce et de l'industrie, un état des inscriptions et mentions et des mentions d'antériorité et de subrogation portées sur les registres et consignées aux archives ainsi qu'un certificat des radiations ou un certificat négatif.

17. Les différentes inscriptions, radiations et mentions demandées à l'Office national depuis la promulgation de la loi du 17 mars 1909, et avant la mise en vigueur du présent règlement, sont portées, dans l'ordre du dépôt des demandes à l'Office national, sur le registre prévu à l'article 12 ci-dessus et consignées aux archives de l'Office sur les registres des marques de fabrique ou de commerce et sur les arrêtés de délivrance des brevets d'invention.

Titre III. Emoluments et droits.

Section Ire. Fixation des émoluments des greffiers.

18. Il est alloué aux greffiers: — Pour l'apposition du numéro d'entrée et l'établissement tant de la souche que du récépissé prévus à l'article 1er ci-dessus,

50 centimes. — Pour la transcription d'un bordereau sur l'un des deux registres institués par l'article 2 et pour la certification de l'inscription au pied du bordereau, 1 franc. — Pour toute mention, sur les mêmes registres, d'antériorité, de subrogation ou de changement de siége du fonds, 50 centimes. — Pour toute mention de radiation totale ou partielle ou de renouvellement d'inscription, 1 franc. — Pour la rédaction du procès-verbal de dépôt prévu à l'article 3 du présent décret, 50 centimes. — Pour tout certificat d'inscription des ventes, cessions ou nantissements en ce qu'ils s'appliquent aux brevets d'invention et aux licences, aux marques de fabrique et de commerce, aux dessins et modèles industriels, prévu à l'article 24 de la loi du 17 mars 1909, 1 franc. — Pour tout état d'inscription (par inscription) ou tout certificat de radiation, 1 franc. — Pour tout certificat négatif d'inscription, 1 franc. — Pour la rédaction de la déclaration de créance en vertu de l'article 17 de la loi du 17 mars 1909 et pour la délivrance du certificat qui la constate, 1 franc. — Pour tout certificat négatif de déclaration de créance, 1 franc. — Pour la délivrance des copies des actes de vente sous seing privé déposés et des expéditions des actes authentiques de vente de fonds de commerce, par chaque rôle d'expédition, 60 centimes.

19. L'accomplissement des formalités prescrites par les lois des 17 mars et 1er avril 1909 et le présent règlement ne peut donner lieu, pour les greffiers, à aucune perception autre que celles prévues à l'article 18 ci-dessus.

Section II. Fixation des droits dus pour le service de l'Office national de la propriété industrielle.

20. Les formalités d'inscription et de radiation, les mentions d'antériorité et de subrogation, ainsi que la délivrance des états d'inscription et de mention ou de certificats qu'il n'en existe aucune, donnent lieu à la perception, par le Conservatoire national des arts et métiers, pour le service de l'Office national de la propriétés industrielle, des taxes ci-après: — Enregistrement de la demande sur le registre-journal, apposition du numéro d'entrée et établissement tant de la souche que du récépissé prévus à l'article 10 qui précède, 50 centimes. — Inscription, sur le registre institué par l'article 12, relative soit à la vente ou au nantissement d'un fonds de commerce comprenant les marques de fabrique ou de commerce, ou des dessins ou modèles, soit au nantissement d'un fonds de commerce comprenant des brevets d'invention ou des licences et radiation de ces inscriptions, 1 franc. — Mention, sur le même registre, d'antériorité ou de subrogation, 50 centimes. — Mention prescrite par l'article 13 ci-dessus, aux archives de l'Office national, sur les registres du dépôt central des marques de fabrique, sur ceux des dessins ou modèles, ou sur les arrêtés de délivrance des brevets d'invention, et radiation de ces mentions, y compris l'établissement d'un bordereau destiné à la recherche et à l'identification des marques, dessins, modèles ou brevets, 1 franc 50. — Certificat prévu à l'article 14 du présent décret, 50 centimes. — Pour la mention ci-dessus prescrite sur les registres des marques de fabrique ou des dessins ou modèles, ou sur les arrêtés de délivrance des brevets d'invention, pour chaque marque en sus de la première, ou pour chaque brevet, dessin ou modèle en sus du premier: — Jusqu'à 50, 1 franc; — De 51 à 100, 50 centimes; — Au-dessus de 100, 25 centimes. — Délivrance d'un état d'inscription ou de mention, ou d'un certificat de radiation, concernant, pour un même intéressé, soit une ou plusieurs marques de fabrique ou de commerce, soit un ou plusieurs brevets, une ou plusieurs licences, soit un ou plusieurs dessins ou modèles, ou délivrance d'un certificat négatif, 1 franc.

21. Le montant de ces diverses taxes doit être acquitté, lors du dépôt de la demande, entre les mains de l'agent comptable du Conservatoire national des arts et métiers ou être envoyé par la poste.

Titre IV. Taxation des frais de l'administration provisoire.

22. Les frais et indemnités dus, s'il y a lieu, à l'administrateur provisoire nommé par application de l'article 15, paragraphe 5, de la loi du 17 mars 1909, sont taxés par le président du tribunal de commerce.

Loi du 29 octobre 1909,

prorogeant la date des échéances lorsque le 1er novembre sera un lundi.

V. C. Com., art. 134, note 4.

Loi du 27 janvier 1910,

relative à la prorogation des délais des protêts et des actes destinés à conserver les recours en matière de valeurs négociables.

V. C. Com., art. 134, note 4.

Loi du 18 février 1910,

modifiant le paragraphe 1er de l'article 1er de la loi du 5 novembre 1894, relative à la création de sociétés de crédit agricole.

V. la loi du 5 novembre 1894, art. 1er, § 1er.

Loi du 9 avril 1910,

relative à la protection du droit des auteurs en matière de reproduction des œuvres d'art.

Article unique. L'aliénation d'une œuvre d'art n'entraîne pas, à moins de convention contraire, l'aliénation du droit de reproduction.

Décret de 26 juin 1911,

portant règlement d'administration publique pour l'exécution de la loi du 17 juillet 1909 sur les dessins et modèles.

Titre Ier. Formalités du dépôt.

Art. 1er. Le dépôt que tout créateur de dessins ou modèles ou ses ayants cause peuvent faire au secrétariat du conseil de prud'hommes de leur domicile ou, à défaut, au greffe du tribunal de commerce ou du tribunal civil, en vue de bénéficier des avantages de la loi du 14 juillet 1909, est soumis aux dispositions ci-après.

Lorsque le dépôt est fait au secrétariat du conseil de prud'hommes du département de la Seine par application de l'article 5, paragraphe 2, de ladite loi, il est soumis aux mêmes dispositions.

2. Le dépôt peut être effectué par un mandataire. Le mandat est dispensé de toute formalité de légalisation, de timbre et d'enregistrement; il reste annexé à la déclaration prévue à l'article 3.

3. Le dépôt doit être accompagné d'une déclaration écrite sur papier libre, signée du créateur du dessin ou modèle, de son ayant cause ou de son mandataire.

La déclaration indique: 1° Les nom, prénoms, profession et domicile du déposant et, le cas échéant, ceux du mandataire; — 2° Le nombre et la nature des objets déposés; — 3° Les numéros des objets auxquels serait annexée une légende explicative, conformément au paragraphe 4 de l'article 5 de la loi du 14 juillet 1909; — 4° Les empreintes des cachets apposés par le déposant sur la boîte qui contient les dessins ou modèles.

4. Les modèles peuvent être déposés soit en grandeur naturelle, soit en agrandissement ou réduction.

5. Lorsque le dépôt est effectué sous la forme d'une représentation de l'objet, le déposant choisit, à ses risques et périls, les moyens les plus propres à prévenir toute altération de ladite représentation et à en permettre la reproduction à l'aide de procédés photographiques. — A cet effet, les dessins ou les photographies de

l'objet, si le déposant a recours à l'un de ces modes de représentation, ne doivent pas être pliés; ils sont mis à plat ou roulés dans la boîte qui les contient. — Le déposant a la faculté de subdiviser un même dessin en plusieurs parties repérées par des lignes de raccordement munies de lettres ou chiffres de référence. — Lorsque le déposant use de cette faculté, il fournit, sur un feuillet séparé, une figure d'ensemble où sont tracées les lignes de raccordement des figures partielles. — Les dimensions des dessins, photographies ou feuillets ne peuvent être inférieures de 8 centimètres de longueur sur 8 centimètres de largeur. — Au verso du dessin ou de la photographie, le déposant appose sa signature dans la partie supérieure gauche, et il inscrit, dans la partie supérieure droite, le numéro qu'il attribue à l'objet déposé, s'il s'agit d'un dépôt multiple.

6. Quand le déposant juge nécessaire d'accompagner l'objet déposé d'une légende, celle-ci est écrite sur un feuillet séparé portant le même numéro que celui mentionné sur l'objet; elle est signée du déposant.

7. Les objets déposés sont renfermés dans une boîte rectangulaire en métal ou en bois. — Les dimensions extérieures de la boîte ne peuvent être supérieures à 50 centimètres de longueur, 60 centimètres de largeur et 25 centimètres de hauteur. Le poids total de la boîte, y compris son contenu, ne peut excéder 8 kilogrammes. — Sur l'une des faces de la boîte, le déposant inscrit ses nom, prénoms, profession et domicile, le nombre et la nature des objets déposés, ainsi que le premier et le dernier des numéros qui leur ont été attribués; il y appose sa signature. — Le secrétaire ou le greffier inscrit sur la boîte la date, l'heure et le numéro d'ordre du dépôt et y appose son visa ainsi que le sceau du secrétariat ou du greffe. — La boîte est entourée d'une ficelle ou d'un fil de métal croisé sur le fond et sur le couvercle, maintenu par deux cachets au moins. Ces cachets sont apposés sur la ligature, l'un par le déposant, l'autre par le secrétaire ou le greffier. — Le couvercle de la boîte doit être disposé de manière que celle-ci puisse être ouverte par l'Office national de la propriété industrielle sans être détériorée.

8. Le secrétaire ou le greffier ne reçoit le dépôt que si les formalités prescrites par les articles 2, 3 et par les paragraphes 1, 2, 3 et 5 de l'article 7 du présent décret ont été remplies.

9. Le numéro d'ordre attribué au dépôt, la date et l'heure auxquelles il a été effectué sont inscrits sur la déclaration de dépôt. — Les déclarations de dépôt sont classées au secrétariat ou au greffe par ordre de date et de numéro. — Les noms des déposants sont reportés sur des fiches classées par ordre alphabétique. Toutefois, lorsque le nombre moyen annuel des dépôts sera inférieur à un chiffre fixé par un arrêté ministériel, les fiches pourront être remplacées par un répertoire alphabétique.

10. Le registre prévu au paragraphe 3 de l'article 5 de la loi du 14 juillet 1909 est fourni par le secrétaire ou le greffier; il doit être sur papier timbré. Il est coté et paragraphé par le président du conseil de prud'hommes ou du tribunal de commerce. — La transcription de la déclaration sur le registre est certifiée conforme par le secrétaire ou le greffier. — Chaque année, au mois de décembre, le président du conseil de prud'hommes ou du tribunal se fait présenter le registre; il en vérifie la tenue, s'assure que les prescriptions de la loi et du présent décret ont été suivies et en donne l'attestation au pied de la dernière transcription.

Titre II. Publicité des dépôts.

11. La réquisition de publicité prévue au paragraphe 2 de l'article 6 de la loi du 14 juillet 1909 peut être faite, soit simultanément avec la déclaration de dépôt, soit postérieurement au cours de la période de vingt-cinq ans à partir de l'enregistrement du dépôt. — Elle est adressée au secrétaire du conseil de prud'hommes, au greffier du tribunal ou au directeur de l'Office national de la propriété industrielle, suivant que la boîte est encore au secrétariat ou au greffe, ou qu'elle a déjà été transmise à l'Office national, à la suite d'une réquisition de publicité antérieure ou d'une demande de prorogation de dépôt. — Elle est établie sur papier libre; elle indique les nom, prénoms, profession et domicile du déposant, le lieu, la date et le numéro d'ordre du dépôt, l'empreinte des cachets du déposant, le nombre et les numéros des objets pour lesquels la publicité est requise. — Elle est signée du créateur du dessin ou modèle, de son ayant cause ou de leur mandataire. Le mandat est dispensé de toute formalité de légalisation, de timbre et d'enregistrement. Il reste annexé à la réquisition de publicité.

12. Lorsque la réquisition de publicité est adressée au secrétariat du conseil de prud'hommes ou au greffe du tribunal, mention en est faite en marge de la transcription de la déclaration de dépôt. — La date et l'heure de sa réception sont inscrites sur la réquisition.

13. La boîte renfermant le dépôt est transmise sans délai, avec la réquisition de publicité, accompagnée de la déclaration de dépôt, à l'Office national qui en donne récépissé au secrétaire ou au greffier. — Lorsqu'il y a lieu de recourir à l'entremise de l'administration des postes, la boîte, la réquisition et la déclaration doivent être transmises par envoi recommandé. — Le montant des frais résultant de cette transmission doit être préalablement consigné par l'auteur de la réquisition entre les mains du secrétaire ou du greffier.

14. Si le montant de la taxe prévue par le paragraphe 2 de l'article 8 de la loi du 14 juillet 1909 ne parvient pas au conservatoire national des arts et métiers dans un délai de deux jours, à dater de la réception de la réquisition de publicité et de la boîte par l'Office national, ou si la somme reçue est inférieure à ladite taxe, avis en est donné à l'intéressé par lettre recommandée du directeur de l'Office national. — Faute par l'intéressé d'avoir opéré l'intégralité du versement dans un délai de huitaine à dater de cet avis, la boîte est renvoyée au déposant, à ses frais. Il en est dûment avisé par lettre recommandée. — Le montant de la somme versée lui est également renvoyée, s'il y a lieu.

15. Dès leur arrivée à l'Office national, la réquisition de publicité et la boîte sont enregistrées sous un même numéro d'ordre. — La réquisition de publicité est transcrite sur un registre, sur papier libre, tenu par l'Office national. — Les noms des auteurs des réquisitions de publicité sont reportés sur des fiches classées par ordre alphabétique. — Lorsque la boîte aura été renvoyée au déposant, par application de l' article 14 du présent règlement, il en sera fait mention en marge de la transcription de la réquisition de publicité.

16. Si, lors de l'arrivée de la boîte à l'Office national de la propriété industrielle, le directeur de ce service conteste l'identité de la boîte avec celle qui a fait l'objet de la déclaration de dépôt transmise, ou s'il constate que les conditions imposées par les paragraphes 4 et 5 de l'article 7 du présent décret pour assurer la conservation du dépôt ne sont plus remplies, il en est dressé procès-verbal. — La boîte est mise sous scellés et placée provisoirement dans les archives de l'Office national où elle est tenue à la disposition du signataire de la réquisition de publicité. — Avis en est donné sans délai, par lettre recommandée, au secrétariat ou au greffe, ainsi qu'au signataire de la réquisition de publicité.

17. Lorsqu'aucune contestation n'est élevée au sujet de la régularité du dépôt, la boîte est ouverte en présence du directeur ou de son délégué, assisté de deux fonctionnaires de l'Office national. — L'intéressé, s'il a exprimé le désir d'assister à l'ouverture de la boîte, devra être préalablement avisé du jour et de l'heure auxquels il doit être procédé à cette opération.

18. Lorsqu'après ouverture de la boîte, il est constaté que les formalités prescrites à peine de nullité par le paragraphe 4 de l'article 5 de la loi du 14 juillet 1909 n'ont pas été remplies, il en est dressé procès-verbal. — La boîte, à nouveau close, est mise sous scellés et placée provisoirement dans les archives de l'Office national, où elle est tenue à la disposition du signataire de la réquisition de publicité. — Avis en est donné sans délai, par lettre recommandée, au signataire de la réquisition de publicité.

19. Après qu'il a été constaté que les formalités mentionnées aux articles 16 et 18 du présent règlement ont été observées, les deux exemplaires de chacun des objets dont la publicité est requise sont extraits de la boîte. L'un de ces exemplaires est photographié; les exemplaires photographiés sont ensuite replacés, sous enveloppe scellée, dans la boîte, avec les objets pour lesquels la publicité n'a pas été demandée, réunis eux-mêmes sous une autre enveloppe scellée. — Sont remis dans la même boîte les exemplaires destinés à être communiqués, conformément aux dispositions du paragraphe 4 de l'article 6 de la loi du 14 juillet 1909. — La boîte est de nouveau close, scellée et revêtue du sceau de l'Office national pour être conservée dans les archives. — Il est dressé procès-verbal des opérations prévues au présent article.

20. Les épreuves mises à la disposition du public à l'Office national, conformément aux prescriptions du paragraphe 6 de l'article 6 de la loi du 14 juillet 1909, sont collées sur des registres spéciaux. — Chaque épreuve porte en tête l'indication du lieu et de la date du dépôt au secrétariat du conseil de prud'hommes ou au greffe du tribunal. les nom, prénoms, profession et domicile du déposant, le numéro d'ordre attribué au dépôt lors de son arrivée à l'Office national, la date à partir de laquelle l'épreuve a été mise à la disposition du public.

Elle est accompagnée, le cas échéant, de la légende prévue au paragraphe 4 de l'article 5 de la loi du 14 juillet 1909.

La communication au public des registres ci-dessus prévue est gratuite. Elle a lieu, ainsi que celle de l'exemplaire conservé dans les archives, sous la surveillance d'un agent de l'Office national. — Les exemplaires et les épreuves ne peuvent être ni copiés, ni photographiés, ni reproduits d'une façon quelconque.

21. Les demandes tendant à obtenir la délivrance d'une épreuve photographique, par application du paragraphe final de l'article 6 de la loi du 14 juillet 1909, sont adressées par écrit, sur papier libre, au directeur de l'Office national. Elles doivent être accompagnées de la justification des titres du demandeur à la délivrance et du versement d'une taxe de 10 francs par épreuve.

22. La liste des objets, dont la publicité a été requise, est publiée dans le *Bulletin officiel de la propriété industrielle et commerciale.* — Des répertoires annuels, établis par les soins de l'Office national et indiquant par ordre alphabétique les noms des déposants dont les dessins et modèles ont été publiés, sont communiqués gratuitement au public.

Titre III. Prorogation de la durée des dépôts.

23. La réquisition tendant au maintien du dépôt, par application des paragraphes 3 et 5 de l'article 7 de la loi du 14 juillet 1909, est établie sur papier libre. — Elle est adressée au secrétariat du conseil de prud'hommes ou au greffe du tribunal, à moins que la boîte n'ait été déjà transmise à l'Office national, auquel cas elle est adressée à l'Office national. — Elle doit parvenir, avant l'expiration des périodes de cinq et de vingt-cinq ans fixées dans les paragraphes susmentionnés, au secrétariat du conseil de prud'hommes, au greffe du tribunal ou à l'Office national, qui en accusent réception.

24. La réquisition indique les nom, prénoms, profession et domicile du déposant, et, s'il y a lieu, de son mandataire, le lieu, la date et le numéro d'ordre du dépôt, l'empreinte des cachets du déposant et, le cas échéant, la date des réquisitions antérieures de publicité partielle ou de prorogation. — Est applicable à la réquisition de prorogation le paragraphe final de l'article 11.

25. Lorsqu'il s'agit de la réquisition de prorogation formée avant l'expiration de la première période de cinq ans, la réquisition indique, en outre, le nombre, la nature et les numéros: 1° Des objets dont le maintien du dépôt sous la forme secrète est requis; — 2° De ceux à restituer au déposant; — 3° De ceux pour lesquels la publicité est demandée. — Si le déposant requiert la prorogation du dépôt sous la forme secrète pour tous les objets que comporte le dépôt, la boîte est classée sans être ouverte dans les archives de l'Office national. — Si le déposant ne requiert la prorogation du dépôt sous la forme secrète que pour une partie des objets, il est procédé à l'ouverture de la boîte. Les objets pour lesquels la prorogation du dépôt sous la forme secrète est requise sont mis sous enveloppe scellée dans la boîte; ceux dont la restitution est demandée sont remis au signataire de la réquisition conformément à l'article 29 du présent règlement; il est procédé à l'égard des autres objets suivant les prescriptions de l'article 19. — Il est dressé procès-verbal des opérations prévues au présent article.

26. Les dispositions des articles 12 à 18 du présent règlement sont applicables aux réquisitions de prorogation.

Titre IV. Restitution des dépôts.

27. Le déposant ou ses ayants cause qui, au cours ou avant l'expiration de la période des cinq premières années, veulent obtenir la restitution totale ou partielle d'un dépôt, adressent une demande sur papier libre au secrétaire du conseil de prud'hommes, au greffier du tribunal ou au directeur de l'Office national, suivant que la boîte est au secrétariat ou au greffe ou a été transmise à l'Office national. — Lorsque la demande est formée par un ayant cause, elle doit être appuyée de la justification du droit qu'il a de réclamer cette restitution, au lieu et place du titulaire du dépôt.

28. La demande contient les indications prescrites par les articles 24 et 25, paragraphe 1, et elle est soumise aux formalités des articles 12 et 15 du présent règlement.

29. Si le déposant demande la restitution de la totalité des objets déposés, la boîte lui est remise par le secrétaire ou le greffier dans le cas où elle n'a pas étte transmise à l'Office national; il en donne décharge en marge de la transcription de la déclaration du dépôt. — Dans le cas où la boîte a été déjà transmise à l'Office national en vue d'une publicité partielle, elle est renvoyée directement par l'Office au déposant, aux frais de ce dernier. — Si le déposant demande la restitution d'une partie des objets déposés, ceux-ci sont extraits de la boîte à l'Office national et renvoyés directement au déposant à ses frais; mais si la boîte est encore au secrétariat ou au greffe, elle est transmise à l'Office national et il est procédé dans ce dernier cas, comme dans le premier, suivant les prescriptions des paragraphes 3 et 4 de l'article 25.

Titre V. Communication des dépôts aux tribunaux.

30. Lorsque la juridiction saisie d'un litige demande la communication d'un exemplaire d'un dessin ou d'un modèle préalablement publié par l'Office national, le procureur de la République ou le procureur général, suivant le cas, et si la juridiction saisie est un tribunal de commerce, le président de ce tribunal, adresse une réquisition écrite au directeur de l'Office national aux fins d'envoi de l'exemplaire au greffe de ladite juridiction.

31. Le directeur de l'Office national joint à l'exemplaire qui est envoyé au greffe sous enveloppe scellée, un certificat indiquant la date du dépôt, celle de sa réception à l'Office national et celle de la publicité du dessin ou modèle.

32. Chaque fois qu'il est procédé à un examen de l'exemplaire communiqué, l'ouverture ou la fermeture de l'enveloppe scellée est faite en audience ou en chambre du conseil. Le greffier en dresse procès-verbal. — Lorsque la communication de l'exemplaire du dessin ou du modèle a cessé d'être utile, ledit exemplaire est placé par le greffier dans une enveloppe revêtue du sceau du tribunal ou de la cour et cette enveloppe est réexpédiée sans délai au directeur de l'Office national avec un extrait du procès-verbal.

33. Le directeur de l'Office national en donne récépissé au greffe, après avoir vérifié l'identité de l'exemplaire restitué avec celui classé dans les archives de l'Office national. Il est dressé de cette vérification un procès-verbal dont un extrait est annexé à l'exemplaire remis dans la boîte à nouveau close et scellée.

34. Lorsque la juridiction saisie autorise les experts à prendre communication de l'exemplaire du dessin ou modèle à l'Office national, ceux-ci adressent au directeur de cet établissement une demande accompagnée d'une expédition de la décision par laquelle ils ont été désignés. — Le directeur fait connaître aux experts, en leur retournant cette expédition, le jour et l'heure où cette communication leur sera faite. A la date fixée, la boîte est ouverte dans les formes prescrites par l'article 17, et l'exemplaire visé dans la décision de la juridiction est mis sur place sous les yeux des experts. — L'examen terminé, il est dressé procès-verbal et l'objet est replacé dans la boîte qui est à nouveau scellée et classée dans les archives de l'Office national.

Titre VI. Dispositions transitoires et dispositions générales.

35. Les dépôts visés à l'article 14 de la loi du 14 juillet 1909 sont soumis aux dispositions des titres II et IV du présent règlement, relatives à la publicité et à la restitution des dépôts. — Ceux de ces dépôts qui ont été faits pour une durée de cinq ans sont soumis aux dispositions du titre III du présent règlement, relatives à la prorogation des dépôts.

36. Les dispositions de l'article 9 de la loi du 14 juillet 1909, relatives à la remise des objets aux établissements désignés par décret sont applicables à tous les dépôts visés par l'article 14 de ladite loi, au moment de l'expiration des divers délais pour lesquels ils ont été faits ou prorogés.

37. Les taxes prévues par l'article 8 de la loi 14 juillet 1909, pour la publicité et la prorogation des dépôts, sont applicables pour la publicité et la prorogation des dépôts visés à l'article 14 de ladite loi. — Elles sont perçues par le conservatoire national des arts et métiers, pour le service de l'Office national de la propriété industrielle.

Loi du 13 juillet 1911,

portant fixation de budget général des dépenses et des recettes de l'exercice 1911.

. . . .

Art. **10.** Les courtiers, les commissionnaires et toutes autres personnes faisant commerce habituel de recueillir des offres et des demandes relatives à des marchés de marchandises et denrées doivent tenir un répertoire où sont consignées les opérations d'achats ou de ventes à livrer ou à termes traitées ou non dans une bourse de commerce et concernant des marchandises ou denrées dont le trafic à livrer est réglementé dans une bourse de commerce. Le répertoire ci-dessus prévu doit être coté, paraphé et arrêté, chaque année, par le président du tribunal de commerce, conformément à l'article 11 du Code de Commerce. — Les opérations doivent y être inscrites jour par jour à leurs dates, sans blanc ni interligne et par ordre de numéros, en indiquant la nature des marchandises ou denrées, leur quantité et leur prix, les noms des parties en présence ou des donneurs d'ordre et l'époque de la livraison. — Un extrait du répertoire, portant les mentions ci-dessus prescrites, sera remis aux contractants par les intermédiaires visés au premier paragraphe du présent article, dans les vingt-quatre heures qui suivent la conclusion du marché. Cet extrait sera réputé avis d'exécution et fera foi des conditions du marché.

11. A partir du 1er janvier 1912, tout achat ou vente de marchandises à terme ou à livrer, visées à l'article précédent et inscrites au répertoire, seront soumis à un droit de timbre proportionnel, dont la quotité et le mode de perception seront déterminés par une loi.

12. L'article 1er de la loi du 29 juin 1872 est complété ainsi qu'il suit: — (V. loi du 29 juin 1872, art. 1er).

. . . .

96. Les avocats régulièrement inscrits à un barreau sont dispensés de présenter une procuration devant les juridictions commerciales[1].

97. Les avoués près le tribunal de première instance sont dispensés de présenter une procuration devant le tribunal de commerce de leur ressort.

Loi du 30 décembre 1911,

concernant les chèques barrés.

Art. **1er.** La loi du 14 juin 1865 est complétée par les dipositions suivantes: — (V. loi du 14 juin 1865, art. 8, 9 et 10).

2. Le paragraphe 2 de l'article 5 de la loi du 19 février 1874 est complété par la disposition suivante: — (V. loi du 19 février 1874, art. 5, et celle du 14 juin 1865, art. 1er).

Lois du 8 mars 1912,

ayant pour objet le relèvement des incapacités prévues par les articles 49 et 50 de la loi du 27 mars 1907, relative aux conseils de prud'hommes.

Art. **1er.** Les membres des conseils de prud'hommes qui auront refusé de se faire installer ou donné leur démission ou qui auront été, soit déclarés démissionnaires, soit déchus de leurs fonctions, peuvent d'office ou sur leur demande être relevés des incapacités prévues par les articles 49 et 50 de la loi du 27 mars 1907.

2. Les demandes en relèvement sont adressées au ministre de la Justice. Elles ne sont recevables que s'il s'est écoulé un délai d'un an depuis le refus d'installation, la démission ou la déclaration de démission, ou de six ans à partir de la déchéance. — Toute demande rejetée après un examen au fond ne pourra être renouvelée qu'après un nouveau délai, qui sera d'un an dans le premier cas et de six ans dans le second.

3. Le relèvement ne peut, en aucun cas, être prononcé soit d'office, soit sur la demande des intéressés, que par décret rendu après avis du conseil d'administration du ministère de la justice.

1) V. Code de commerce, art. 627.

Loi du 16 juillet 1912,

sur l'exercice des professions ambulantes et la réglementation de la circulation des nomades.

Art. 1er. Tous individus domiciliés en France ou y possédant une résidence fixe, qui voudront, quelle que soit leur nationalité, exercer une profession, une industrie ou un commerce ambulants, seront tenus d'en faire la déclaration à la préfecture ou à la sous-préfecture de l'arrondissement où ils ont leur domicile ou leur résidence fixe. — La déclaration comprendra les noms, prénoms, professions, domiciles, résidences, dates et lieux de naissance des déclarants. Récépissé leur en sera délivré sur la seule justification de leur identité. — L'exercice d'une profession, d'une industrie ou d'un commerce ambulants sans déclaration préalable et le défaut de présentation du récépissé, visé au paragraphe précédent, à toute réquisition des officiers de police judiciaire ou des agents de la force ou de l'autorité publique constitueront des contraventions. Les contrevenants seront punis d'une amende de cinq francs à quinze francs (5 fr. à 15 fr.) et pourront l'être, en outre, d'un emprisonnement d'un à cinq jours. En cas de récidive ou de déclaration mensongère, l'emprisonnement sera prononcé.

2. Tous individus de nationalité française qui, n'ayant en France ni domicile, ni résidence fixe, voudront circuler sur le territoire français pour exercer la profession de commerçants ou industriels forains, devront demander un carnet d'identité reproduisant leur signalement avec photographie à l'appui et énonçant leurs noms, prénoms, lieux et dates de naissance, ainsi que leur dernier domicile ou leur dernière résidence avec l'indication du genre de commerce ou d'industrie qu'ils entendront exercer. — Ce carnet sera délivré par le préfet pour l'arrondissement du chef-lieu du département, et par le sous-préfet pour les autres arrondissements. — Le carnet d'identité des commerçants et industriels forains devra être présenté à toute réquisitions des officiers de police judiciaire ou des agents de la force ou de l'autorité publique. — Tous individus sans domicile ni résidence fixe qui accompagneront les commerçants ou industriels forains devront, dans les mêmes conditions, être munis d'un carnet d'identité. — Les commerçants et industriels forains ne pourront employer les personnes visées au paragraphe précédent qu'après s'être assurés qu'elles sont bien pourvues du carnet d'identité. — Toute infraction aux dispositions du présent article sera puni d'une amende de seize francs à cent francs (16 fr. à 100 fr.) et d'un emprisonnement de cinq jours à un mois ou de l'une de ces deux peines seulement. En cas de récidive ou de déclaration mensongère, la peine d'emprisonnement sera nécessairement prononcée.

3. Sont réputés nomades pour l'application de la présente loi, quelle que soit leur nationalité, tous individus circulant en France sans domicile ni résidence fixes et ne rentrant dans aucune des catégories ci-dessus spécifiées, même s'ils ont des ressources ou prétendent exercer une profession. Ces nomades devront être munis d'un carnet anthropométrique d'identité. — Ceux qui se trouveront en France lors de la mise à exécution de la loi devront, dans un délai d'un mois, demander le carnet prévu au paragraphe précédent, soit au préfet dans l'arrondissement du chef-lieu du département, soit au sous-préfet dans les autres arrondissements. — Les nomades venant de l'étranger ne seront admis à circuler en France qu'à la condition de justifier d'une identité certaine, constatée par la production de pièces authentiques, tant pour eux-mêmes que pour toutes personnes voyageant avec eux. Ils adresseront leur demande de carnet à la préfecture ou à la sous-préfecture du département ou de l'arrondissement frontière. — La délivrance du carnet anthropométrique d'identité ne sera jamais obligatoire pour l'administration. Elle ne fera pas obstacle à l'application des dispositions de la loi du 3 décembre 1849 sur le séjour des étrangers en France, non plus qu'à l'exercice des droits reconnus aux maires sur le territoire de leurs communes, par les lois et règlements relatifs au stationnement des nomades. — Tous nomades séjournant dans une commune devront, à leur arrivée et à leur départ, présenter leurs carnets à fin de visa, au commissaire de police, s'il s'en trouve un dans la commune, sinon au commandant de la gendarmerie, et, à défaut de brigade de gendarmerie, au maire. — Le carnet anthropométrique d'identité devra être présenté par son titulaire à toute réquisition des officiers de police judiciaire ou des agents de la force ou de l'autorité publique. — Toute infraction

aux dispositions du présent article sera punie des peines édictées contre le vagabondage.

4. Le carnet anthropométrique d'identité est individuel. Toutefois, le chef de famille devra se munir d'un carnet collectif comprenant tous les membres de la famille. — Les mentions à porter sur ces carnets seront déterminées par les règlements d'administration publique prévus à l'article 10 de la présente loi. Elles comporteront notamment: — 1° L'état civil et le signalement de toutes les personnes voyageant avec le chef de famille, ainsi que les liens de droit ou de parenté le rattachant à chacune de ces personnes; — 2° La mention, au fur et à mesure qu'ils interviendront, des actes de naissance, de mariage, de divorce et de décès des personnes ci-dessus visées. Dans chacune de ces circonstances, le carnet devra être produit aux officiers de l'état civil pour l'inscription desdites mentions; — 3° Le numéro de la plaque de contrôle spécial dont devront être munis, à compter de la mise à exécution de la présente loi, les véhicules de toute nature employés par les nomades, indépendamment des plaques prévues par les articles 3 de la loi du 30 mai 1851 et 16 du décret du 10 août 1852. — Toute infraction aux dispositions du présent article sera punie des peines portées aux articles 479 et 480 du code pénal.

5. Seront punis de deux à cinq années d'emprisonnement et d'une amende de cent francs à mille francs (100 fr. à 1.000 fr.): Ceux qui auront fabriqué, soit un faux récépissé de la déclaration prévue à l'article 1er, soit un faux carnet d'identité, soit une fausse plaque spéciale de contrôle; — Ceux qui auront altéré ou falsifié, soit un récépissé, soit un carnet d'identité originairement véritables, soit une plaque spéciale de contrôle, ou qui auront sciemment fait usage d'un récépissé de déclaration ou d'un carnet d'identité fabriqué, altéré ou falsifié, ou d'une plaque spéciale de contrôle fabriquée, altérée ou falsifiée.

6. Seront punis d'un emprisonnement de deux à six mois et d'une amende de cinquante francs à cinq cents francs (50 fr. à 500 fr.): — Tous individus qui, pour obtenir soit le récépissé de déclaration prévu à l'article 1er, soit le carnet d'identité prévu aux articles 2, 3 et 4, auront pris un nom supposé, quand même cette supposition de nom n'aurait pas pour effet de faire inscrire une condamnation au casier judiciaire d'un tiers réellement existant. — Tous individus qui auront fait usage d'un carnet délivré sous un autre nom que le leur ou ne s'appliquant pas à leur personne.

7. En cas d'infraction soit à la présente loi, soit aux lois et règlements de police, les voitures et animaux des nomades pourront être provisoirement retenus, à moins de caution suffisante. Les frais de fourrière seront à la charge des délinquants ou contrevenants; au cas de non-paiement, le jugement de condamnation ordonnera la vente dans les formes prévues par l'article 617 du code de procédure civile.

8. Les dispositions des articles 1er 2, 3 et 4 ci-dessus ne sont pas applicables aux salariés de toute catégorie qui travaillent d'habitude dans les entreprises industrielles, commerciales ou agricoles.

. . . .

10. La présente loi sera applicable six mois après sa promulgation.

Avant l'expiration de ce délai, des règlements d'administration publique[1] détermineront les conditions d'application de la loi, notamment en ce qui touche la délivrance et les modalités du carnet anthropométrique d'identité pour les nomades, les mentions et les visas à porter sur ce carnet, ainsi que la nature et les indications de la plaque spéciale de contrôle prévue par l'article 4.

11. Un règlement spécial d'administration publique, rendu après avis du Conseil supérieur d'hygiène publique de France, déterminera les mesures de prophylaxie, notamment les vaccinations et revaccinations périodiques, auxquelles devront être soumis tous les ambulants forains et nomades, ainsi que les étrangers visés à l'article 9 assujettis à la présente loi. — Les infractions aux dispositions de ce règlement d'administration publique seront punies d'un emprisonnement de six jours à un mois et d'une amende de seize francs à deux cents francs (16 fr. à 200 fr.) ou de l'une de ces deux peines seulement.

12. L'article 463 du code pénal est applicable aux cas prévus par la présente loi.

13. Toutes dispositions contraires à la présente loi sont abrogées, sans qu'il soit en rien dérogé aux lois et règlements en vigueur concernant les pouvoirs du préfet de police, des préfets des départements et des autorités municipales pour la

---

1) V. décret du 16 février 1913.

police de la voie publique, des halles, marchés, fêtes locales et, généralement, pour la protection du bon ordre, de la sûreté et de la salubrité publiques.

14. Des règlements d'administration publique détermineront les conditions dans lesquelles la présente loi sera applicable à l'Algérie et aux colonies de la Guadeloupe, de la Martinique et de la Réunion.

Décret du 16 février 1913,

portant règlement d'administration publique pour l'exécution de la loi du 16 juillet 1912 sur l'exercice des professions ambulantes et la réglementation de la circulation des nomades.

Titre Ier. Ambulants.

Art. 1er. La déclaration prévue par l'article 1er de la loi du 16 juillet 1912 est exigée de tous ceux qui, Français ou étrangers, exercent une profession, une industrie ou un commerce ambulants soumis ou non à la patente, hors de la commune dans laquelle ils ont soit leur résidence fixe, soit un domicile où ils reviennent périodiquement pour y séjourner dans l'intervalle de leurs tournées. — Cette déclaration ne dispense pas les étrangers de celle qu'ils doivent faire en vertu de la loi du 8 août 1893 modifiée par l'article 9 de la loi du 16 juillet 1912. — Pour le département de la Seine, la déclaration doit être faite à la préfecture de police.

2. A l'appui de leur déclaration qui doit comprendre l'indication de la nationalité, des nom, prénoms, domicile ou résidence, date et lieu de naissance, profession, les intéressés doivent produire toutes pièces justificatives de nature à établir leur identité. — Ils doivent justifier de leur domicile ou de leur résidence par un certificat du commissaire de police ou, à défaut de commissaire de police, par un certificat du maire de la commune établissant qu'ils exercent une profession, une industrie ou un commerce ambulants et qu'ils reviennent périodiquement dans cette commune. — Ils produisent également, à moins qu'ils n'exercent une profession, une industrie ou un commerce compris dans les exceptions prévues par la loi des patentes, l'extrait du rôle des patentes les concernant. — Un récépissé de leur déclaration, indiquant la profession, l'industrie ou le commerce qu'ils exercent leur est aussitôt délivré.

3. En cas de perte du récépissé, le titulaire doit se pourvoir d'un nouveau récépissé, en se conformant aux prescriptions indiquées à l'article 2.

Titre II. Forains.

4. Tout forain, c'est-à-dire tout individu de nationalité française qui, n'ayant en France ni domicile ni résidence fixe, se transporte habituellement pour exercer sa profession, son industrie ou son commerce, dans les villes et villages, les jours de foire, de marché ou de fête locale, doit déposer à la préfecture ou à la sous-préfecture de l'arrondissement dans lequel il se trouve une demande à l'effet d'obtenir le carnet d'identité prescrit par l'article 2 de la loi du 15 juillet 1912. — A l'appui de sa demande, l'intéressé doit justifier de son identité, prouver qu'il possède la nationalité française et déposer trois épreuves de sa photographie sur papier simple; une épreuve est collée sur le carnet d'identité. — La même obligation est imposée à tout individu sans domicile ni résidence fixe qui accompagne un forain ou est employé par lui. — Toutefois, il n'est pas établi de carnet d'identité pour les enfants qui n'ont pas treize ans révolus, appartenant à la famille du forain ou à celles de ses employés. — Pour le département de la Seine, la demande doit être adressée à la préfecture de police.

5. Le carnet d'identité des forains porte un numéro d'ordre et la date de sa délivrance. — Il est établi dans les préfectures et les sous-préfectures des notices contenant toutes les indications figurant aux carnets visés ci-dessus. Un double de chaque notice est adressé au ministère de l'intérieur.

6. En cas de perte du carnet d'identité, le titulaire fait immédiatement une déclaration de perte à la préfecture ou à la sous-préfecture, s'il se trouve dans un chef-lieu de département ou d'arrondissement, dans les autres localités au commissariat de police et, à défaut de commissariat, à la brigade de gendarmerie la plus voisine. Il y mentionne le lieu où le premier carnet a été délivré. Récépissé

de sa déclaration lui est aussitôt remis. Ce récépissé est valable pendant huit jours jusqu'à la délivrance du nouveau carnet d'identité qui doit porter la mention «duplicata».

Titre III. Nomades.

7. Tout individu réputé nomade dans les conditions prévues à l'article 3 de la loi du 16 juillet 1912 doit déposer à la préfecture ou à la sous-préfecture de l'arrondissement dans lequel il se trouve une demande à l'effet d'obtenir un carnet anthropométrique d'identité. — Il est tenu de justifier de son identité. — Il doit, pour le département de la Seine, adresser sa demande à la préfecture de police.

8. Le carnet anthropométrique porte les nom et prénoms, ainsi que les surnoms sous lesquels le nomade est connu, l'indication du pays d'origine, la date et le lieu de naissance, ainsi que toutes les mentions de nature à établir l'identité. — Il doit, en outre, recevoir le signalement anthropométrique qui indique notamment la hauteur de la taille, celle du buste, l'envergure, la longueur et la largeur de la tête, le diamètre bizygomatique, la longueur de l'oreille droite, la longueur des doigts médius et auriculaire gauches, celle de la coudée gauche, celle du pied gauche, la couleur des yeux: des cases sont réservées pour les empreintes digitales et pour les deux photographies (profil et face) du porteur du carnet. — Tout carnet anthropométrique porte un numéro d'ordre et la date de la délivrance. — Il n'est pas établi de carnet d'identité pour les enfants qui n'ont pas treize ans révolus.

. . . .

10. Il est établi dans les préfectures et sous-préfectures des notices individuelles et collectives contenant toutes les indications figurant aux carnets visés ci-dessus. Un double de chaque notice est adressé au ministère de l'intérieur.

11. En cas de perte du carnet anthropométrique d'identité ou du carnet collectif, le titulaire fait immédiatement une déclaration de perte à la préfecture, ou à la sous-préfecture de l'arrondissement dans lequel il se trouve. Un récépissé provisoire lui est aussitôt remis: ce récépissé tient lieu de carnet jusqu'à ce qu'il lui ait été délivré un nouveau carnet ou qu'il lui ait été notifié le refus de carnet, sans que ce délai puisse excéder trois jours. Le nouveau carnet qui peut être délivré, si les justifications produites par le demandeur sont suffisantes, porte la mention «duplicata».

12. Tout nomade devant séjourner dans une commune doit, à son arrivée et à son départ, faire viser son carnet individuel par le commissaire de police, à défaut ou en l'absence de commissaire de police, par le commandant de la brigade de gendarmerie, et à défaut de brigade de gendarmerie, par le maire de ladite commune. — Tous les agents de la force ou de l'autorité publique rencontrant des nomades en cours de route, doivent se faire présenter les carnets individuels et collectifs et apposer leurs visas sur le carnet individuel. — Les visas de ces diverses autorités sont apposés sur les cases du carnet individuel, avec indication du lieu, du jour et de l'heure.

13. Lorsque toutes les cases du carnet anthropométrique sont remplies par les visas des diverses autorités énumérées ci-dessus, le titulaire doit demander à la préfecture ou à la sous-préfecture de l'arrondissement dans lequel il se trouve un nouveau carnet anthropométrique d'identité. — Ce carnet lui est remis en échange de l'ancien qui doit être conservé, au moins pendant dix ans, aux archives de la préfecture ou de la sous-préfecture. — Mention de la délivrance du nouveau carnet anthropométrique est faite sur le carnet collectif.

14. La plaque de contrôle spécial prescrite par l'article 4 de la loi du 16 juillet 1912 est apposée à l'arrière de la voiture d'une façon apparente. Elle doit mesurer au moins 18 centimètres de hauteur sur 36 de largeur, porter un numéro d'ordre en chiffres de 10 centimètres de hauteur, l'inscription «loi du 16 juillet 1912» et l'estampille du ministère de l'intérieur. — Elle est délivrée par les préfectures et les sous-préfectures dans les mêmes conditions que les carnets d'identité. — Dans le cas où cette plaque serait délivrée postérieurement au carnet collectif, mention doit en être faite sur ce carnet et avis en est donné au ministère de l'intérieur. — En cas de perte de la plaque, le chef de famille ou de groupe fait immédiatement une déclaration de perte à la préfecture ou à la sous-préfecture de l'arrondissement dans lequel il se trouve. Un récépissé de la déclaration lui est délivré. Cette pièce devra être restituée au moment de la remise de la nouvelle plaque. — En cas de vente ou de destruction de voiture, le chef de famille ou de groupe doit en faire la déclaration à la préfecture ou à la sous-préfecture de l'arrondissement dans lequel il se trouve. S'il remplace immédiatement la voiture vendue ou détruite, la plaque dont celle-ci était munie est apposée sur le nouveau véhicule, dont la description sera portée sur le carnet collectif, conformément aux prescriptions de l'article 9 du présent décret. — Si le chef de famille ou de groupe ne remplace pas immédiatement la voiture vendue ou détruite, il doit déposer la plaque à la préfecture ou à la sous-préfecture. Mention de la suppression de voiture et du dépôt de la plaque est faite au carnet collectif. — Les préfectures et les sous-préfectures signalent sans retard au ministère de l'intérieur les déclarations de pertes de plaques, les ventes ou destructions de voitures, les dépôts de plaque et les appositions de plaque sur les nouveaux véhicules.

Titre IV. Dispositions générales.

15. Des arrêtés ministériels détermineront les dispositions de détail concernant: 1° Le récépissé de déclaration délivré aux individus exerçant une profession, une industrie ou un commerce ambulants; — 2° Le carnet d'identité des commerçants ou industriels forains, ainsi que les photographies qu'ils doivent déposer à l'appui de leur demande; — 3° Le carnet anthropométrique d'identité délivré aux nomades; — 4° Le carnet collectif délivré aux chefs de famille ou de groupe; — 5° La plaque de contrôle spécial dont sont munis les véhicules employés par les nomades; — 6° Les notices individuelles des forains et les notices individuelles et collectives des nomades conservées au ministère de l'intérieur et dans les préfectures et sous-préfectures.

. . . .

Loi du 31 juillet 1913,

modifiant l'article 3 de la loi du 17 mars 1909, relative à la vente et au nantissement des fonds de commerce.

Art. 1er. L'article 3 de la loi du 17 mars 1909, sur la vente et le nantissement des fonds de commerce, est modifié comme suit: — (V. loi du 17 mars 1909, art. 3, p. 269.)

Disposition transitoire.

2. La disposition de l'article 3 qui ne permet pas au bailleur de former opposition sur le prix du fonds pour loyers en cours ou à échoir, est applicable aux oppositions non validées par décisions judiciaires devenues définitives avant la promulgation de la présente loi.

Loi du 8 août 1913,

relative au warrant-hôtelier.

Art. 1er. Tout exploitant d'hôtel à voyageurs peut emprunter, sur le mobilier commercial, le matériel ou l'outillage servant à son exploitation, tout en en conservant la garde dans les locaux de l'hôtel, à la condition que ces objets ne soient pas immeubles par destination.

Les objets servant de garantie à la créance restent, jusqu'au remboursement des sommes empruntées, le gage du prêteur et de ses ayants-droit.

L'emprunteur est responsable desdits objets qui demeurent confiés à ses soins, sans aucune indemnité opposable au prêteur et à ses ayants-droit.

2. L'exploitant d'hôtel, lorsqu'il n'est pas propriétaire ou usufruitier de l'immeuble dans lequel il exerce son industrie, doit, avant tout emprunt, aviser par acte extrajudiciaire le propriétaire ou l'usufruitier du fonds loué, ou leur mandataire légal, de la nature, de la quantité et de la valeur des objets constitués en gage, ainsi que du montant des sommes à emprunter. Ce même avis devra être réitéré par lettre, par l'intermédiaire du greffier de la justice de paix du canton où est exploité l'hôtel meublé. La lettre d'avis sera remise au greffier qui devra la viser, l'enregistrer et l'envoyer sous forme de pli d'affaire recommandé avec accusé de réception.

Le propriétaire, l'usufruitier ou leur mandataire légal, dans un délai de quinze jours francs à partir de la notification de l'acte précité, peuvent s'opposer à l'emprunt par acte extrajudiciaire, adressé au greffier, lorsque l'emprunteur n'a pas payé les loyers échus, six mois de loyers en cours et six mois à échoir.

L'emprunteur peut obtenir mainlevée de l'opposition moyennant l'acquittement des loyers précités.

Le défaut de réponse de la part du propriétaire, de l'usufruitier, ou de leur mandataire légal, dans le délai fixé ci-dessus, est considéré comme une non-opposition à l'emprunt.

Le privilége du bailleur est réduit jusqu'à concurrence de la somme prêtée sur les objets servants de gage à l'emprunt. Il subsiste dans les termes de droit si l'emprunt est réalisé malgré l'opposition du bailleur.

Le bailleur peut toujours renoncer, soit à son opposition, soit au paiement des loyers ci-dessus indiqués, en apposant sa signature sur le registre prévu à l'article 3.

3. Les constitutions de gages régies par la présente loi sont faites dans les formes ci-après: Il est tenu, dans chaque greffe de tribunal de commerce, un registre à souche, coté et paraphé, dont le volant et la souche portent chacun, d'après les déclarations de l'emprunteur, les indications suivantes: 1° Les noms, professions et domiciles des parties; — 2° La nature des objets mis en gage, les indications propres à établir leur identité et à déterminer leur valeur, ainsi que le lieu de leur situation; — 3° L'inexistence d'aucun privilége de vendeur, de nantissement ou de gage sur lesdits objets; — 4° Le nom de la compagnie à laquelle ils sont assurés, ainsi que l'immeuble, pendant toute la durée du prêt, contre l'incendie; — 5° Le montant de la créance garantie et la date de son échéance, ainsi que toutes les clauses et conditions particulières arrêtées entre les parties; — 6° La date de la notification de l'acte extrajudiciaire adressé au propriétaire, à l'usufruitier ou à leur mandataire légal, et celle de leur réponse; — 7° Le montant du loyer annuel de l'hôtel et la justification que les loyers énumérés à l'article 2 ont été acquittés.

Le volant contenant les mentions ci-dessus constitue le warrant hôtelier.

4. Le warrant hôtelier est délivré par le greffier du tribunal de commerce dans le ressort duquel est exploité l'hôtel. L'emprunteur qui le reçoit donne décharge de la remise du titre, en apposant sa signature avec la date sur le registre. Il ne peut être délivré qu'un seul warrant pour les mêmes objets. Le warrant est transféré par l'emprunteur au prêteur par voie d'endossement daté et signé.

Le prêteur doit, dans un délai de cinq jours, faire transcrire sur le registre le premier endossement: mention de cette transcription est également énoncée sur le warrant.

5. Le warrant est transmissible par voie d'endossement établi suivant les prescriptions de l'article 4, mais non soumis à la formalité de la transcription comme le premier endossement.

Tous ceux qui ont signé ou endossé un warrant sont tenus à la garantie solidaire envers le porteur.

L'escompteur et les réescompteurs d'un warrant sont tenu d'aviser, dans les huit jours, le greffier du tribunal de commerce, par pli recommandé, avec accusé de réception, ou verbalement contre récépissé de l'avis.

L'emprunteur peut, par une mention spéciale inscrite sur le warrant, dispenser l'escompteur et les réescompteurs de donner cet avis; en ce cas, il n'y a pas lieu à application des dispositions des deux derniers paragraphes de l'article 8.

6. Le greffier est tenu de délivrer à tout prêteur qui le requiert, soit un état des warrants inscrits, soit un certificat établissant qu'il n'existe aucune inscription de warrant.

Il sera tenu de faire la même délivrance à tout hôtelier ressortissant de son greffe qui le requerra, mais seulement en ce qui concerne le fonds exploité par lui.

Cet état ne remontera pas à une époque antérieure de cinq années.

7. La radiation de l'inscription est opérée sur la justification soit du remboursement de la créance garantie par le warrant, soit d'une mainlevée régulière.

L'emprunteur qui aura remboursé son warrant, fera constater son remboursement au greffe du tribunal de commerce, et mention du remboursement ou de la mainlevée sera faite sur le registre prévu à l'article 3; certificat lui sera donné de la radiation de l'inscription.

L'inscription est radiée d'office après cinq ans, si elle n'a pas été renouvelée avant l'expiration de ce délai; si elle est inscrite à nouveau après la radiation d'office, elle ne vaut, à l'égard des tiers, que du jour de la date.

8. L'emprunteur conserve le droit de vendre les objets warrantés à l'amiable et avant le paiement de la créance, même sans le concours du prêteur, mais leur tradition à l'acquéreur ne peut être opérée qu'après désintéressement du créancier.

L'emprunteur, même avant l'échéance, peut rembourser la créance garantie par le warrant; si le porteur du warrant refuse les offres du débiteur, celui-ci peut, pour se libérer, consigner la somme offerte, en observant les formalités prescrites par l'article 1259 du code civil; les offres sont faites au dernier ayant droit connu par les avis donnés au greffier, en conformité de l'article 5 ci-dessus. Sur le vu d'une quittance de consignation régulière et suffisante, le président du tribunal de commerce dans le ressort duquel le warrant est inscrit, rend une ordonnance aux termes de laquelle le gage est transporté sur la somme consignée.

En cas de remboursement anticipé d'un warrant, l'emprunteur bénéficie des intérêts qui restaient à courir jusqu'à l'échéance du warrant, déduction faite d'un délai de dix jours.

9. Les établissements publics de crédit peuvent recevoir les warrants hôteliers comme effets de commerce, avec dispense d'une des signatures exigées par leurs statuts.

10. Les porteurs de warrants ont, sur les indemnités d'assurances, en cas de sinistres, les mêmes droits et priviléges que sur les objets assurés.

11. Le porteur de warrant doit réclamer à l'emprunteur paiement de sa créance échue, et, à défaut de ce paiement, réitérer sa réclamation par lettre recommandée, adressée au débiteur et pour laquelle un avis de réception sera demandé.

Faute de paiement du warrant à l'échéance, le porteur a, pour la réalisation du gage, les droits que confèrent aux créanciers privilégiés ou garantis par un nantissement les dispositions des articles 16 à 23 de la loi du 17 mars 1909.

Toutefois, le bailleur peut exercer son privilége jusqu'à concurrence de six mois de loyer, non compris les loyers en cours et les loyers d'avance visés en l'article 2 de la présente loi.

Si le porteur fait procéder à la vente, il ne peut plus exercer son recours contre les endosseurs et même contre l'emprunteur, qu'après avoir fait valoir ses droits sur le prix des objets warrantés. En cas d'insuffisance du prix pour le désintéresser, un délai de trois mois lui est imparti, à dater du jour où la vente est réalisée, pour exercer son recours contre les endosseurs.

12. Le porteur du warrant est payé directement de sa créance sur le prix de vente, par privilége et de préférence à tous créanciers et sans autre déduction que celle des contributions directes et des frais de vente et sans autre formalité qu'une ordonnance du président du tribunal de commerce.

13. Tout emprunteur convaincu d'avoir fait une fausse déclaration ou d'avoir constitué un warrant sur des objets dont il n'est pas propriétaire ou déjà donnés en gage ou en nantissement; tout emprunteur convaincu d'avoir détourné, dissipé ou volontairement détérioré au préjudice de son créancier le gage de celui-ci, sera poursuivi correctionnellement sous inculpation d'escroquerie ou d'abus de confiance, selon les cas, et frappé des peines prévues aux articles 405, 406 et 408 du Code Pénal. L'article 463 du code pénal est applicable aux infractions prévues par la présente loi.

14. Le montant des droits à percevoir par le greffier sera fixé par décret.

Les avis prescrits par la présente loi seront envoyés en la forme et avec la taxe des papiers d'affaires recommandés.

15. Sont dispensés de la formalité du timbre et de l'enregistrement les lettres et accusés de réception, les renonciations, acceptations et consentements prévus ci-dessus, le registre sur lequel les warrants seront inscrits la copie des inscriptions du warrant, le certificat négatif, le certificat de radiation mentionné à l'article 7.

Le warrant est passible du droit de timbre des effets de commerce, cinq centimes pour cent (0,05 p. 100).

L'enregistrement, cinquante centimes pour cent (0 fr. 50 p. 100), ne deviendra obligatoire qu'en cas de vente prévue pour non paiement.

Le droit à percevoir sur le prix de ladite vente sera de dix centimes pour cent (0 fr. 10 p. 100) comme pour les marchandises neuves.

16. Sauf dans les cas où le bailleur donnerait son consentement exprès, la constitution du warrant ne peut être appliquée aux objets mobiliers se trouvant dans des immeubles dont les baux auront date certaine au jour de la promulgation de la présente loi.

La présente loi est applicable à l'Algérie. Elle ne sera exécutoire que trois mois après sa promulgation.

Conventions et traités.

La France a adhéré à toutes les conventions internationales multiples ayant pour objet la propriété industrielle, la procédure, les postes et télégraphes et les transports par chemin de fer, — les seules qui touchent à des degrés divers au droit commercial.

Il nous a paru inutile de les reproduire ici, la traduction officielle de ces documents dans toutes les langues se trouvant partout à la portée des travailleurs.

Pourtant, on nous saura gré de reproduire ci-dessus le décret plus difficile à trouver rendu à la date du 8 avril 1911 pour l'application de la dernière convention de la Haye, et l'arrangement passé entre l'Allemagne et la France et qui lui sert de bases.

Quant aux traités de commerce, on sait que la France applique depuis 1892 le double tarif de douanes, c'est-à-dire que, basant le maximum de ses perceptions douanières sur un tarif fixe, elle s'est interdit de l'abaisser, en cas de conventions plus favorables avec de certaines pays, au-dessous d'un minimum fixé par la loi du 11 janvier 1892.

Au fur et à mesure de l'échéance des traités antérieurs, pour la discussion desquels le Gouvernement avait eu les mains libres, ces traités furent donc dénoncés et remplacés par d'autres rentrant dans les termes de la loi susvisée.

Il suffit de mentionner ici le principe des conventions commerciales nouvelles que la France a conclus depuis vingt ans. Leur reproduction, qui n'est souvent qu'une affirmation d'amitié suivie d'un tarif sortirait absolument du caractère du présent ouvrage, et l'énumération même d'instruments si constamment modifiés et renouvelés présenterait peu d'intérêt.

Simplifications des rapports entre les autorités judiciaires de la France et de l'Allemagne.

Déclaration du 29 mars 1911. — Application de la Convention de la Haye du 17 juillet 1905, sur la procédure civile. (J. Off. 8 avril 1911.)

Art. 1er. Une déclaration ayant été signée à Paris, le 29 mars 1911, entre la France et l'Allemagne en vue d'apporter de nouvelles simplifications dans les rapports entre les autorités judiciaires des deux pays en ce qui concerne l'application de la Convention de la Haye du 17 juillet 1905, sur la procédure civile, ladite déclaration, dont la teneur suit, est approuvée et sera insérée au *Journal Officiel.*

Déclaration.

Le Gouvernement de la République française, et le Gouvernement impérial allemand, également désireux d'apporter de nouvelles simplifications dans les rapports entre les autorités judiciaires des deux pays, sont convenus, en ce qui concerne l'application de la Convention de la Haye sur la procédure civile, du 17 juillet 1905, des dispositions suivantes:

Art. 1er. Conformément à la faculté prévue aux articles 1, alinéa 4, et 9, alinéa 4, de la Convention de la Haye du 17 juillet 1905, sur la procédure civile, la communication directe est admise entre les autorités judiciaires françaises et allemandes en ce qui concerne, en matière civile et commerciale, la transmission des actes judiciaires et extrajudiciaires et des commissions rogatoires.

Art. 2. Les actes judiciaires et extrajudiciaires destinés à des personnes résidant en Allemagne et les commissions émanant des tribunaux français à exécuter dans l'Empire seront transmis directement par l'autorité judiciaire, compétente à cet effet, au président du *Landgericht* allemand dans le ressort duquel se trouve le destinataire de l'acte ou bien dans le ressort duquel la commission rogatoire doit être exécutée.

En cas d'incompétence de l'autorité à qui a été envoyé un acte judiciaire ou extrajudiciaire, cette autorité le transmettra directement à l'autorité compétente et en informera l'autorité requérante de la même façon que cela a été prescrit pour les commissions rogatoires dans les articles 12 et 13 de la Convention.

3. En ce qui concerne l'application des articles 1 et 2 de la présente déclaration, les lettres de transmission des actes judiciaires et extrajudiciaires et des commis-

sions rogatoires seront rédigées dans la langue de l'autorité requérante et conformément aux formules annexées à la présente déclaration.

Il n'est pas dérogé à l'article 3 de la Convention du 17 juillet 1905 en ce qui concerne la traduction des actes judiciaires et extrajudiciaires dont la signification, d'après la forme prescrite par la législation interne, est requise, ni à l'article 10 en ce qui concerne la traduction des commissions rogatoires.

Toutefois, la traduction des actes judiciaires et extrajudiciaires et des commissions rogatoires, de même que celle des pièces prévues au troisième alinéa de l'article 19 pourront être certifiées conformes par un traducteur-juré de l'État requérant.

En outre, si les traductions visées à l'alinéa précédent, dans le cas où leur envoi est prescrit par la Convention, ne sont pas annexées, elles seront effectuées par les soins de l'autorité requise aux frais de l'autorité requérante.

4. Conformément à la faculté prévue à l'article 6, alinéa 2, combiné avec l'alinéa 1, n° 3, du même article de la Convention, chacune des parties peut faire effectuer, directement et sans contrainte, par ses agents diplomatiques et consulaires, des significations sur le territoire de l'autre partie, dans tous les cas où il ne s'agit pas de ressortissants de cette dernière.

Il en est de même, conformément à la faculté prévue à l'article 15 de la Convention, en ce qui concerne l'exécution des commissions rogatoires.

5. Conformément à la faculté prévue à l'article 16, alinéa 2, de la Convention, le remboursement des indemnités payées aux témoins ne sera pas exigé.

Il en sera de même en ce qui concerne les indemnités des témoins mentionnés à l'article 23, alinéa 2, de la Convention .

6. Le remboursement des frais prévus par la Convention et la présente déclaration (notamment le remboursement des frais de traduction visé à l'article 3, alinéa 4), sera réclamé directement par l'autorité requise, en même temps qu'elle renverra à l'autorité requérante les pièces constatant l'exécution de la demande qui leur a été adressée. L'autorité requérante enverra, par mandat postal et franc de port, à l'adresse qui lui aura été indiquée, le montant des frais réclamés.

Les frais ci-dessus mentionnés seront évalués d'après les tarifs en vigueur dans l'État requis.

7. Toutes les difficultés résultant de l'application de la présente déclaration, notamment celles résultant de l'article 6, seront réglées par voie diplomatique.

8. La présente déclaration entrera en vigueur deux mois après sa promulgation dans les deux pays conformément aux lois internes. Ses effets cesseront à l'expiration d'un délai de six mois à partir de la dénonciation notifiée par l'une ou l'autre des parties contractantes.

Fait à Paris, en double exemplaire, le 29 mars 1911.

(L. S.) Signé: Jean Cruppi. (L. S.) Signé: Schœn.

Modèle.

Pour la transmission des actes judiciaires et extrajudiciaires destinés à des personnes résidant en Allemagne.

(lieu et date)

La à (autorité requérante) prie M. le président du *Landgericht* à (autorité requise) de faire effectuer la signification de l'acte ci-joint auquel se réfèrent les indications ci-dessous par simple remise (dans la forme prescrite par la législation allemande intérieure) et conformément à l'article 2 (3) de la convention relative à la procédure civile conclue, la à Haye, le 17 juillet 1905, et de lui envoyer la pièce certifiant la signification.

(Une traduction en langue allemande est annexée à l'acte à signifier.

Les frais de traduction de l'acte à signifier seront remboursés conformément à l'article 3, alinéa 4 et à l'article 6 de la déclaration du 29 mars 1911[1].)

(nom)
(qualité)

Autorité dont l'acte émane:
Nom et qualité des parties:
Adresse du destinataire:
Nature de l'acte:

---

1) Si la signification ne doit pas être effectuée par simple remise (art. 2), mais dans la forme prescrite par la législation interne allemande (art. 3), insérer l'alinéa 2, ou si aucune traduction n'est annexée, insérer l'alinéa 3 dans la lettre de transmission.

Modèle.

Pour la transmission des commissions rogatoires à exécuter en Allemagne.

(lieu et date)

La à (autorité requérante) prie M. le président du *Landgericht* à (autorité requise) de faire exécuter la commission rogatoire ci-jointe conformément à l'article 11 de la Convention relative à la procédure civile conclue à la Haye, le 17 juillet 1905, et de lui renvoyer avec la pièce constatant l'exécution. Une traduction en langue allemande est annexée à la commission rogatoire:

(Les frais de traduction de la commission rogatoire seront remboursés conformément à l'article 3, alinéa 4, et à l'article 6 de la déclaration du 29 mars 1911[1].)

(nom)
(qualité)

Fait à Paris, le 6 avril 1911.

Loi du 22 novembre 1913,

portant modification de l'art. 34 du Code de commerce et des art. 27 et 31 de la loi du 24 juillet 1867 sur les sociétés par actions. (Journ. off. du 23 nov. 1913.)

Art. 1er. L'art. 31 de la loi du 24 juillet 1867 est remplacé par les dispositions suivantes:

Art. 31. Sauf dispositions contraires des statuts, l'assemblée générale, délibérant comme il est dit ci-après, peut modifier les statuts dans toutes leurs dispositions. Elle ne peut toutefois changer la nationalité de la société ni augmenter les engagements des actionnaires.

Nonobstant toute clause contraire de l'acte de société, dans les assemblées générales qui ont à délibérer sur les modifications aux statuts, tout actionnaire, quel que soit le nombre des actions dont il est porteur, peut prendre part aux délibérations avec un nombre de voix égal aux actions qu'il possède, sans limitation.

Les assemblées qui ont à délibérer sur les modifications touchant à l'objet ou à la forme de la société ne sont régulièrement constituées et ne délibèrent valablement qu'autant qu'elles sont composées d'un nombre d'actionnaires représentant les trois quarts au moins du capital social. Les résolutions, pour être valables, doivent réunir les deux tiers au moins des voix des actionnaires présents ou représentés.

Dans tous les cas autres que ceux prévus par le précédent paragraphe, si une première assemblée ne remplit pas les conditions ci-dessus fixées, une nouvelle assemblée peut être convoquée dans les formes statuaires et par deux insertions, à quinze jours d'intervalle, dans le *Bulletin annexe* du *Journal officiel* et dans un journal d'annonces légales du lieu où la société est établie. Cette convocation reproduit l'ordre du jour en indiquant la date et le résultat de la précédente assemblée. La seconde assemblée délibère valablement si elle se compose d'un nombre d'actionnaires représentant la moitié au moins du capital social. Si cette seconde assemblée ne réunit pas la moitié du capital, il peut être convoqué, dans les formes ci-dessus, une troisième assemblée qui délibère valablement, si elle se compose d'un nombre d'actionnaires représentant le tiers du capital social. Dans toutes ces assemblées, les résolutions, pour être valables, devront réunir les deux tiers des voix des actionnaires présents ou représentés.

2. Le dernier paragraphe de l'art. 34 du Code de commerce est ainsi modifié: Cette assemblée spéciale, pour délibérer valablement, doit réunir au moins la portion du capital que représentent les actions dont il s'agit, déterminée par les paragraphes 2, 3 et 4 de l'art. 31 de la loi du 24 juillet 1867.

3. Le paragraphe 1er de l'art. 27 de la loi du 24 juillet 1867, modifié par l'art. 4 de la loi du 1er août 1893, est ainsi complété: Cette disposition est applicable même aux sociétés constituées avant le 1er août 1893.

4. Les dispositions de l'art. 31, paragraphe 4, de la loi du 24 juillet 1867, et de l'art. 34 du Code de commerce modifiés par la présente loi, s'appliquent aux sociétés déjà constituées sous l'empire de la loi du 24 juillet 1867.

---

[1]) Si la traduction n'est pas jointe, insérer l'alinéa 3 dans la lettre de transmission.

Art. 2. Le ministre des affaires étrangères et le garde des sceaux, ministre de la justice, sont chargés, chacun en ce qui le concerne, de l'exécution du présent décret.

Table des matières.

Code de Commerce.

Livre Ier. Du commerce en général.

Livre II. Du commerce maritime.

Livre III. Des faillites et banqueroutes.

Livre IV. De la justice commerciale.

Code civil.

Livre III.

Code de procédure civile.

I. Partie.

Livre II.

Index analytique des lois formant l'appendice chronologique.

www.ingramcontent.com/pod-product-compliance
Ingram Content Group UK Ltd.
Pitfield, Milton Keynes, MK11 3LW, UK
UKHW020104200726
13856UKWH00002B/369

9 782013 54687